Regina Toepfer

Kinderlosigkeit

Ersehnte, verweigerte und bereute Elternschaft im Mittelalter

Mit 14 Abbildungen

J. B. Metzler Verlag

Die Autorin
Regina Toepfer, geboren 1975, ist Professorin für germanistische Mediävistik an der Technischen Universität Braunschweig und Sprecherin des DFG-Schwerpunktprogramms ›Übersetzungskulturen der Frühen Neuzeit‹. Zu ihren Forschungsgebieten gehören Erzähltheorie, Übersetzungsliteratur und Gender Studies.

Gefördert von der VolkswagenStiftung als Opus Magnum

ISBN 978-3-476-05674-0
ISBN 978-3-476-05675-7 (eBook)
https//doi.org/10.1007/978-3-476-05675-7

Die Deutsche Nationalbibliothek verzeichnet diese Publikation in der Deutschen Nationalbibliografie; detaillierte bibliografische Daten sind im Internet über http://dnb.d-nb.de abrufbar.

J.B. Metzler
© Springer-Verlag GmbH Deutschland, ein Teil von Springer Nature, 2020

Das Werk einschließlich aller seiner Teile ist urheberrechtlich geschützt. Jede Verwertung, die nicht ausdrücklich vom Urheberrechtsgesetz zugelassen ist, bedarf der vorherigen Zustimmung des Verlags. Das gilt insbesondere für Vervielfältigungen, Bearbeitungen, Übersetzungen, Mikroverfilmungen und die Einspeicherung und Verarbeitung in elektronischen Systemen.

Die Wiedergabe von allgemein beschreibenden Bezeichnungen, Marken, Unternehmensnamen etc. in diesem Werk bedeutet nicht, dass diese frei durch jedermann benutzt werden dürfen. Die Berechtigung zur Benutzung unterliegt, auch ohne gesonderten Hinweis hierzu, den Regeln des Markenrechts. Die Rechte des jeweiligen Zeicheninhabers sind zu beachten.

Der Verlag, die Autoren und die Herausgeber gehen davon aus, dass die Angaben und Informationen in diesem Werk zum Zeitpunkt der Veröffentlichung vollständig und korrekt sind. Weder der Verlag, noch die Autoren oder die Herausgeber übernehmen, ausdrücklich oder implizit, Gewähr für den Inhalt des Werkes, etwaige Fehler oder Äußerungen. Der Verlag bleibt im Hinblick auf geografische Zuordnungen und Gebietsbezeichnungen in veröffentlichten Karten und Institutionsadressen neutral.

Umschlagabbildung: Jean Mansel: Vita Christi. Paris Biblioteca de l'Arsenal: Ms. 5206, fol. 174 (Ausschnitt)

J.B. Metzler ist ein Imprint der eingetragenen Gesellschaft Springer-Verlag GmbH, DE und ist ein Teil von Springer Nature
Die Anschrift der Gesellschaft ist: Heidelberger Platz 3, 14197 Berlin, Germany

Inhalt

Einleitung 1

Bedeutung von Kinderlosigkeit: Heutige Klagen und
historische Fälle 4
Macht der Sprache: Reden und Schreiben über Kinderlosigkeit 7
Kategorie der Un*fruchtbarkeit: Normativitätskritik und
Fertilitätssternchen 12
Anlage des Buches: Fünf Wissensbereiche und sieben Narrative 15

1
Theologie: Heilsgeschichten der Un∗fruchtbarkeit 21

Alttestamentliche Geschichten: Unfruchtbarkeit als Schande 24
Neutestamentliche Aussagen: Familienkritische Tendenzen 31
Patristisch-scholastische Lehre: Sex und Sünde 36
Luthers Ehelehre: Fruchtbarkeit als Drang 45
Ausblick 48

2
Medizin: Körperkonzepte der Un∗fruchtbarkeit 51

Vormoderne Reproduktionsvorstellungen: Samentheorien und
Sexuallehren 54
Medizinische Diagnosen: Körperliche Ursachen von Kinderlosigkeit 62
Fertilitätsfördernde Mittel: Hormontherapie und Fruchtbarkeitsgürtel 69
Das therapierte Geschlecht: ›Frau sein‹ gleich ›krank sein‹ 77
Ausblick 82

3
Recht: Gesetze zur Un∗fruchtbarkeit 85

Kirchliches Eherecht: Impotente Männer und kinderwünschende Frauen 88
Erbrecht: Kinderlose Erblasser und angewünschte Kinder 97
Strafrecht: Kastrierte Männer und klagende Frauen 107
Ausblick 114

4
Dämonologie: Metaphysik der Un∗fruchtbarkeit 117

Dämonische Ursachen: Impotenz durch Schadenszauber 120
Dämonische Mittel: Legale und illegale Wege zum Kind 128
Dämonische Unfruchtbarkeit: Reproduktionstechniken des Teufels 133
Dämonische Fruchtbarkeit: Teufels- und Hexenkinder 140
Ausblick 147

5
Ethik: Lebensideale der Un∗fruchtbarkeit 149

Eheklagen: Das Glück der Kinderlosen 152
Hochzeitsreden: Das Glück der Eltern 163
Unfruchtbarkeitskatechese: Das Unglück kinderloser Frauen 173
Ausblick 181

6
Göttliche Hilfe: Auf ein Kind warten 185

Soziale Diskriminierung: Kinderlos werden 188
Reproduktive Frömmigkeit: Fruchtbarkeit erflehen 196
Fertile Gnade: Himmlische Heilszusagen 202
Religiöse Erwartungen: Reproduktionstheologische Regeln 207
Ausblick 212

7
Gefährliche Dritte: Ein Kind um jeden Preis 215

Fertile Stellvertreterinnen und Stellvertreter: Problematische Positionen 218
Bedrängte Frauen: Moralansprüche an Wunschmütter 226
Marginalisierte Männer: Abwertung der Wunschväter 232
Auffällige Kinder: Postnatale Folgen 238
Ausblick 242

8
Soziale Alternative: Ein Kind annehmen 245

Genealogische Herkunft: Aussetzung und Verlust 248
Soziale Familien: Annahme und Erziehung 254
Familiäre Enthüllung: Kindheit und Identität 264
Soziale und biologische Elternschaft im Vergleich 270
Ausblick 273

9
Mystische Mutterschaft: Das Kind verehren 275

Unterdrücktes Begehren: Moderne Perspektiven auf Wunschmütter 278
Das christliche Mutter-Kind-Ideal: Maria als Identifikationsfigur 284
Spirituelle Elternschaft: Mütterlich denken und handeln 291
Ausblick 298

10
Erzwungene Elternschaft: Ein Kind bereuen 301

Reproduktionsforderungen: Männer unter Druck 303
Erzwungene Vaterschaft: Gualtieris fragwürdiges Verhalten 310
Reproduktionserwartungen: Wenn Frauen bereuen 319
Ausblick 326

11
Keusche Ehe: Kein Kind wollen *329*

Wider die Norm: Keuschheit als Lebensideal *332*
Perfekte Partner: Gemeinsame Ideale *341*
Einseitiges Begehren: Auswegszenarien *345*
Identitätsfragen: Asexualität und Keuschheit *351*
Ausblick *356*

12
Höfische Liebe: Kinderwunschlos glücklich *359*

Isoldes Kinderlosigkeit: Liebe statt Reproduktion *362*
Glück durch Partnerliebe: Das Ideal der Zweisamkeit *366*
Verlorenes Glück: Kinder als Kompensation *373*
Glücksvorstellungen im Wandel: Leben und Literatur *378*
Ausblick *385*

Epilog *387*

Ungleiche Sichtbarkeit: Kinderlose Männer
und kinderlose Frauen *390*
Erzählen von Kinderlosigkeit: Vorgebrachte
und verschwiegene Geschichten *394*
Vergleichende Un*fruchtbarkeitsforschung:
Analogien und Differenzen *399*

Anmerkungen *407*

Dank *473*

Literaturverzeichnis *475*

Abbildungsverzeichnis *503*

Namenregister *505*

Einleitung

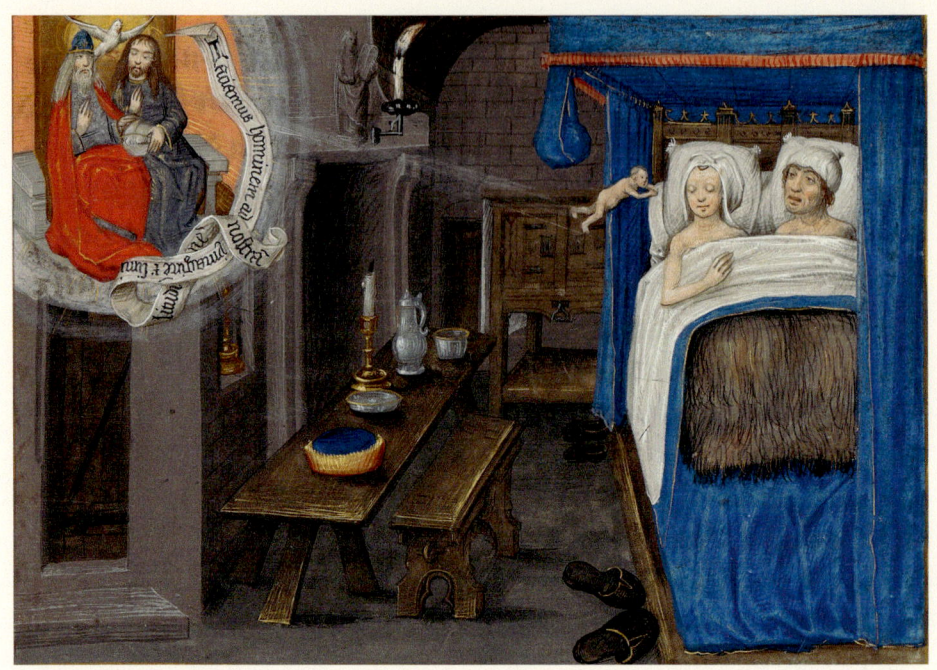

Abb. 1 *Empfängnis eines kinderlosen Paares* – Miniatur aus der Vita Christi *des Jean Mansel (15. Jh.)*

Für eine Mittelalter-Germanistin ist es nicht selbstverständlich, dass ihre Forschungen auch über das eigene Fach hinaus auf Interesse stoßen. Wie sehr aber gerade das Thema Kinderlosigkeit Menschen umtreibt, merkte ich in den vergangenen sieben Jahren immer wieder, wenn ich von meinem Buchprojekt erzählte. In kürzester Zeit entwickelten sich aus recht unverbindlichen Fragen intensive Gespräche. Für einige ist das Thema relevant, weil sie sich in absehbarer Zeit ein Kind wünschen, für andere, weil sie keine Kinder bekommen können, wieder andere haben sich bewusst gegen Nachwuchs entschieden. Menschen hingegen, die Kinder haben, bemitleiden oder beneiden ihre kinderlosen Bekannten, von denen manche überlegen, ob sie nicht doch Nachwuchs bekommen können oder sollten. Durch die Fragen meiner Gesprächspartnerinnen und Gesprächspartner, die oft wenig oder gar nichts mit mittelalterlicher Kultur zu tun hatten, veränderte sich mein eigenes Erkenntnisinteresse. Während ich mich anfänglich nur mit der historischen Wahrnehmung von Unfruchtbarkeit beschäftigte, interessierten mich die Parallelen und Unterschiede zwischen Mittelalter und Moderne bald immer mehr.

Auf diese Weise ist ein literaturwissenschaftliches Verfahren entstanden, das ich als historisierende Komparatistik bezeichnen möchte: Gegenwärtige und vergangene Phänomene werden in diesem Buch in Beziehung gesetzt und miteinander verglichen. Obwohl man aufgrund der großen Fortschritte auf vielen Wissensgebieten – allen voran in den Bereichen der Biologie, der Sexualwissenschaft und der Reproduktionsmedizin – meinen könnte, dass unsere jetzigen Auffassungen nichts mehr mit dem Mittelalter zu tun haben, lassen sich strukturelle Analogien zu historischen Wissensbereichen und Narrativen der Kinderlosigkeit beobachten. Deshalb ist es mir möglich, bei meiner kulturhistorischen Untersuchung aktuelle Themen wie Samenspende, Leihmutterschaft, Adoption, Asexualität oder ›Regretting Motherhood‹ zu berücksichtigen. Mein Ziel ist allerdings nicht, eine teleologische Entwicklungslinie zu zeichnen, sondern einen Dialog zwischen heutigen Rezipientinnen und Rezipienten und vormodernen Texten zu initiieren. Schon der Untertitel des Buches macht auf dieses Vorhaben aufmerksam, indem er sich mit der bereuten Elternschaft auf ein Phänomen bezieht, das erst vor wenigen Jahren überhaupt in den wissenschaftlichen und öffentlichen Fokus geriet.

Das Mittelalter steht weder in ungebrochener Kontinuität zur Gegenwart, noch ist es eine ganz andere Epoche, wie in dem beliebten Paradigma der Alterität beschworen wird. Manche Erzählmuster sind uns noch immer vertraut und bis in die Gegenwart prägend, andere Argumentationsweisen völlig fremd. Dieses Oszillieren zwischen Nähe und Distanz macht einen besonderen Reiz der Beschäftigung mit Geschichten älterer Epochen aus. Der Blick zurück ist aus verschiedenen Gründen erhellend: Erstens lassen sich Kontinuitäten erkennen, die zeigen, was für eine lange Tradition manche Argumente haben und in welchen Kontexten sie ursprünglich entstanden sind. Für ungewollt Kinderlose kann das Wissen sogar tröstend sein, dass sie nicht die einzigen sind und sich seit der Antike Menschen nach einem Kind sehnten. Zweitens erleichtert es die historische Distanz, eine übergeordnete Position einzunehmen, konkurrierende Interessen offenzulegen und verschiedene Diskursstränge zu identifizieren. Weder in der Vergangenheit noch in der Gegenwart wollen alle Menschen ein Kind bekommen, vielmehr gibt es auch welche, die sich der Reproduktion entziehen, oder Mütter und Väter, die ihre Elternschaft in Frage stellen. Drittens tragen mögliche Differenzen und Brüche in den Auffassungen von Kinderlosigkeit dazu bei, gängige Überzeugungen zu relativieren. Es fällt leichter, heutige Positionen nicht absolut zu setzen, wenn man weiß, dass sich Bewertungskriterien im Verlauf der Geschichte geändert haben. Unsere stark von der Reproduktionsmedizin geprägten Konzepte stellen nur eine Phase in der Deutungsgeschichte von Fruchtbarkeit und Unfruchtbarkeit dar. Sie werden weitere Änderungen erfahren und ähneln den vormodernen Vorstellungen in mancher Hinsicht mehr, als gemeinhin angenommen wird.

Bedeutung von Kinderlosigkeit: Heutige Klagen und historische Fälle

Kinderlosigkeit ist ein vielbehandeltes Thema in Politik, Feuilleton und Gesellschaft.[1] Beklagt wird in der Gegenwart die geringe Zahl an Geburten, die Deutschland im internationalen Vergleich auf einen hinteren Platz verweist: In kaum einem anderen europäischen Land würden im Durchschnitt weniger Kinder geboren. Während sich Expertinnen und Experten über die Gründe für die Reproduktionsträgheit der Deutschen streiten, versucht die Regierung, Anreize zu setzen, um das Gebärverhalten der Bevölkerung positiv zu beeinflussen. Neben etablierten Steuerungselementen wie Kindergeld, Elterngeld und Familienfreibetrag werden negative Maßnahmen, vor allem finanzielle Abgaben für Kinderlose, erwogen. Die niedrige Geburtenrate bietet Anlass für bedrohliche Zukunftsszenarien: Ganze Regionen würden entsiedelt, der Generationenvertrag werde brüchig und die älter werdende Bevölkerung sei kaum mehr zu versorgen. Werde der Nachwuchsmangel nicht behoben, stünden das Wirtschaftswachstum und der Wohlstand auf dem Spiel. Viele solcher Prognosen gehen mit dem mal verdeckt, mal laut geäußerten Vorwurf einher,

Kinderlose würden sich auf Kosten der Allgemeinheit bereichern und seien nicht bereit, zur Zukunftssicherung der Gesellschaft beizutragen. Durch die medizinische Entwicklung, in deren Verlauf ein eigener Wirtschaftszweig zur Behandlung von Sterilität und Zeugungsunfähigkeit entstanden ist, wird diese negative Einschätzung verstärkt. Fehlende Reproduktion erscheint weder mit biologischen Ursachen zu entschuldigen noch aus sozialer Perspektive zu verantworten. Vor allem Frauen werden stark kritisiert, wenn sie keine Kinder bekommen wollen.

Weder die Angst um die Zukunft noch das Fehlen von Kindern sind historisch neue Phänomene. Zwar interessiert sich der Staat erst seit dem 18. Jahrhundert für die Bevölkerungsregulierung,[2] doch hatte das Reproduktionsverhalten schon lange zuvor politische Relevanz. Im Mittelalter war die Zeugung von Nachkommen eine der wichtigsten Pflichten von Herrscherinnen und Herrschern. Der Fortbestand einer Dynastie hing davon ab, ob die Thronfolge gesichert war. Deshalb stellt die Sorge um einen Erben das beständigste Thema mittelalterlicher Reichsgeschichte dar. »Wehe den Völkern, denen keine Hoffnung bleibt, durch Nachkommen ihrer Herren regiert zu werden«, klagt denn auch der Bischof und Geschichtsschreiber Thietmar von Merseburg in seiner Chronik (1012–1018).[3] Politische und religiöse Motive waren bei der Kinderfrage eng miteinander verwoben. Die Fruchtbarkeit des Königpaares wurde als göttliches Zeichen interpretiert und mit dem Wohlergehen des Reiches in eins gesetzt. Von der Sorge eines Herrscherpaares, keinen Nachwuchs zu bekommen, zeugt der Briefwechsel Hildegards von Bingen. In den frühen 1160er Jahren baten Friedrich Barbarossa (um 1122–1190) und seine Frau Beatrix von Burgund (um 1140–1184) die angesehene Ordensfrau und Naturforscherin um Fürsprache. Nach dem Tod ihrer kleinen Söhne fürchteten sie, kinderlos zu bleiben, und setzten auf religiöse Hilfe. Hildegard sollte durch ihre Verdienste bei Gott erlangen, dass Beatrix »noch fruchtbar werde und die gesegnete Frucht ihres Leibes zur Fortpflanzung ihres Geschlechtes Christus darbieten könne«.[4] Hildegard wies die drängende Bitte zurück. Sie erklärte, nicht zuständig zu sein und kein Kind ins Leben rufen zu können. Doch Barbarossa und Beatrix hatten – im Unterschied zu anderen Paaren – Glück. Ihre Hoffnung auf Nachkommen erfüllte sich noch.

Aus der mittelalterlichen Historiographie sind prominente Personen bekannt, deren Ehen kinderlos blieben.[5] Zu ihnen gehören die Kaiserpaare Heinrich II. (973/978–1024) und Kunigunde (gest. 1033), Heinrich V. (1086–1125) und Mathilde von England (gest. 1167), mit denen das Herrschergeschlecht der Salier sein Ende nahm, sowie Otto IV. (1175/76–1218) und Beatrix von Schwaben (1198–1212). Auch die ikonographisch wohl bekanntesten Vertreter des

Mittelalters hatten keine Kinder: Im Westchor des Naumburger Doms sind lebensgroße Skulpturen der Stifterinnen und Stifter aufgestellt, unter denen sich Markgraf Ekkehard II. von Meißen (um 985–1046) und seine Gemahlin Uta von Ballenstedt (um 1000 – vor 1046) befinden. Vor allem Utas anmutige und vornehme Gestalt fasziniert Betrachterinnen und Betrachter bis in die Gegenwart, wohl ohne dass diese von der Kinderlosigkeit des Markgrafenpaares wissen. Doch hätten Ekkehard und Uta ihren Besitz wohl nicht der Kirche vermacht und wären kaum zweihundert Jahre später vom Naumburger Meister porträtiert worden, wenn sie einen leiblichen Erben gehabt hätten.

Unfruchtbarkeit konnte im Mittelalter dramatische Folgen haben und zu Scheidungsverfahren, zum Ende einer Dynastie und zu Kämpfen um die Thronfolge führen. Schon früh wurden in erster Linie Frauen dafür verantwortlich gemacht, wenn Kinder fehlten. Immer wieder wurden adlige und hochadlige Frauen verstoßen, wenn sie die gesellschaftlichen Erwartungen nicht erfüllten.[6] So ist Lothar II. (855–869) für den Ehestreit bekannt, der seine Regierungszeit dominierte. Nachdem seine Frau Thietberga ihm keinen Erben geboren hatte, wollte er sich von ihr trennen und eine frühere Beziehung wiederaufnehmen, aus der ein Sohn hervorgegangen war. König David von Schottland (gest. 1370) verstieß gleich zwei Frauen, weil keine ihm den ersehnten Thronfolger gebar. Berühmt-berüchtigt ist das Verhalten Heinrichs VIII. von England (1491–1547), dessen sechs Ehen auch mit seinem Wunsch zu erklären sind, einen männlichen Erben zu zeugen. Nachdem seine Söhne tot zur Welt kamen oder kurz nach der Geburt starben und nur eine Tochter überlebte, ließ Heinrich die Ehe mit seiner ersten Frau, Katharina von Aragon (1485–1536), für ungültig erklären. Sein Beispiel legt zudem nahe, dass Kinderlosigkeit im Mittelalter etwas anderes bedeutete als heute und sowohl vom Geschlecht also auch von der Lebensdauer des Nachwuchses abhängig war: Eine Ehe galt im Hochadel als unfruchtbar, wenn aus ihr keine männlichen Erben hervorgingen.

Statistisch gesehen war Kinderlosigkeit im Mittelalter weiter verbreitet als heute. Sind zurzeit rund zehn Prozent aller Ehepaare ungewollt kinderlos, bekamen in der Vormoderne ungefähr doppelt so viele keinen Nachwuchs.[7] Detailstudien gelangen zu dem Ergebnis, dass sechzehn Prozent der verheirateten Männer und siebzehn Prozent der Ehefrauen in englischen Herzogsfamilien kinderlos waren. In Florenz blieben im 15. Jahrhundert fünfundzwanzig Prozent der Haushalte ohne Nachwuchs, und in Basel stieg die Rate bei bestimmten Berufsgruppen wie den Gerbern sogar auf über vierzig Prozent. In der Stadt scheint der Anteil kinderloser Ehen generell viel höher gewesen zu sein als auf dem Land, wie eine Untersuchung der nordwestschweizerischen Herrschaft Farnsburg nahelegt (34 vs. 19 Prozent). Demnach stellte Kinderlosigkeit im Mittelalter standesübergreifend ein Problem dar. Gedanken über die Überalterung der Gesellschaft oder einen unerfüllbaren Generationenvertrag machte sich allerdings niemand. Stattdessen sorgten sich Menschen um ihre individuelle Versorgung im Alter oder die Weitergabe des Erbes. Unfruchtbarkeit galt im Hochadel wie im Bürgertum, bei Bauern wie bei Handwerkern als Stigma und führte zur sozialen Exklusion, wie ein Sprichwort aus Mecklenburg eindrucksvoll bezeugt: »Wer die Welt nicht vermehrt, ist den Kirchhof nicht wert.«[8] Kinderlosen wurde – wie Selbstmördern – das Recht abgesprochen, auf geweihtem Boden bestattet zu werden. Nicht einmal mit dem Tod endete demnach ihre Diskriminierung.

Trotz der eklatanten Bedeutung hat das Thema Kinderlosigkeit nur wenig Beachtung in der historischen Forschung gefunden. Die deutsche Historikerin Claudia Opitz stellte schon im Jahr 1990 in dem Buch *Evatöchter und Bräute Christi* fest, dass »Not und Elend, Hoffnung und Ringen vermeintlich oder tatsächlich steriler Frauen des Mittelalters noch weitgehend im Dunkeln« liegen.[9] Ursache dafür sei die irrige Annahme, dass Kinder ›natürlicherweise‹ geboren würden und deshalb nur die Verhinderung von Reproduktion kulturgeschichtlich bemerkenswert sei. An diesem Forschungsdefizit hat sich in den letzten dreißig Jahren wenig geändert. Immerhin aber werden Unfruchtbarkeit, Sterilität und Impotenz in einschlägigen Lexika, sexualgeschichtlichen Beiträgen und Überblicksartikeln behandelt und gynäkologische Schriften ediert. Hervorzuheben sind Gabriela Signoris geschichtswissenschaftliche Studie zu kinder- und familienlosen Erblassern im spätmittelalterlichen Basel (2001) und das medizinhistorische Themenheft von Daphna Oren-Magidor und Catherine Rider zu *Infertility in Medieval and Early Modern Medicine* (2016). Von einem wachsenden Forschungsinteresse zeugt auch das jüngst erschienene *Palgrave Handbook of Infertility in History* (2017), dessen Beiträge von der Antike bis in die Gegenwart reichen.

Macht der Sprache: Reden und Schreiben über Kinderlosigkeit

Als Literaturwissenschaftlerin interessieren mich Diskurse und Narrative, nicht Zahlen und Fakten. In diesem Buch geht es weder darum, wie die Situation von Kinderlosen ›wirklich gewesen‹ ist noch wie viele Paare in bestimmten Regionen von Unfruchtbarkeit betroffen waren. Statistiken zu erheben ist generell schwierig, geben die historischen Quellen doch nur eingeschränkt und vornehmlich über die Situation des Hochadels Auskunft. Doch selbst wenn man das Reproduktionsverhalten verschiedener sozialer Gruppen ermitteln könnte, was finge man mit diesem statistischen Wissen an? Um die kulturelle Bedeutung von Elternschaft zu rekonstruieren, benötigt man weitere Zeugnisse und andere Informationen. Anliegen meines Buches ist zu verstehen, wie Kinderlosigkeit die Stellung, das Verhalten und das Selbstverständnis von Menschen in verschiedenen Epochen prägt. Deshalb frage ich danach, wie mittelalterliche Autoren über Fruchtbarkeit und Unfruchtbarkeit sprechen, welche Wertungen sie vornehmen und welche Muster ihren Interpretationen zugrundeliegen, auch um damit gegenwärtige Diskussionen kulturhistorisch einordnen und fundiert beurteilen zu können.

Beginnt man mit der Untersuchung auf der Mikroebene der Sprache, fällt der Befund zunächst negativ aus: Bemerkenswerterweise kommt der Begriff ›Kinderlosigkeit‹ erst um 1800 auf und nimmt seit den 1970er Jahren massiv zu. Während er sich auf eine imaginäre Bezugsgröße bezieht, das Nichtvorhandensein eines Kindes offenlegt und so einen defizitären Status anzeigt, orientiert sich die Terminologie im Mittelalter ganz an der fehlenden reproduktiven Tätigkeit. Eine Ehefrau ohne Kinder wird in mittelhochdeutschen Texten als ›unvruhtbære‹ oder ›unbërhaft‹ bezeichnet, ihre ›unvruhtbârkeit‹ oder ›unbërhaftikeit‹ als Untauglichkeit verstanden.[10] Semantisch ist Kinderlosigkeit also ein modernes Phänomen, doch wird der deutlich ältere Begriff der Unfruchtbarkeit auch im Mittelalter nur dann verwendet, wenn eine soziale Leerstelle im Leben einzelner Menschen, verheirateter Paare oder im Gefüge ganzer Verwandtschaftszweige markiert werden soll.

Mit der Bettszene, die in der *Vita Christi* des Jean Mansel (Leben Christi; 15. Jh.) abgebildet ist und rund eine halbe Seite der Pariser Handschrift umfasst, lässt sich dieser Zusammenhang veranschaulichen (Abb. 1): Um einen Mangel wahrnehmen und darstellen zu können, ist ein Wunsch- oder Gegenbild erforderlich. Die Eheleute, die züchtig nebeneinander im Bett liegen, sind ausgerechnet dadurch als Kinderwunschpaar identifizierbar, dass ihnen ein kleiner nackter Mensch zufliegt. Verfolgt man die helle Verbindungslinie, die das Kind mit der trinitarischen Figurengruppe im oberen linken Bildteil verbindet, lässt sich die Unfruchtbarkeitsgeschichte komplettieren. Ein kinderloses Paar bekommt dank himmlischer Unterstützung Nachwuchs. Das lateinische Spruchband, das Vater, Sohn und Heiligen Geist von der Schlafzimmerszenerie trennt, weist durch das Zitat von Gen 1,26 Gott selbst als Urheber des neuen Lebens aus: »Lasst uns Menschen machen nach unserem Abbild«.[11] Wie in der bekannten Ikonographie von Marias Verkündigung wird ein Fruchtbarkeitswunder durch einen von oben kommenden Lichtstrahl visualisiert. Im Vergleich mit Verkündigungsszenen fällt die Anwesenheit des Mannes fast störend auf. Mit offenen Augen blickt er dem Kind entgegen, während seine Frau die Empfängnis zu verschlafen scheint. Auch seine vor dem Bett abgestellten, leicht vergrößerten Pantoffeln ziehen Aufmerksamkeit auf sich. Schräg und ungeordnet stehen die Schuhe nebeneinander und zeigen an, dass im Leben des Paares etwas aus dem Lot geraten ist.

Sucht man nach Aussagen und Erzählungen über Menschen, die keine Kinder haben, wird man in der Literatur vor der Moderne überreich fündig: Das Thema wird behandelt in den alt- und neutestamentlichen Schriften, in der Exegese, den Werken der Kirchenväter und Kirchenlehrer, in theologischen Traktaten, Bußbüchern, Sentenzen und Predigten, im Eherecht und in Kanonisationsakten. Ausführungen zur fehlenden Reproduktionsfähigkeit finden sich in medizinischen Werken, die antikes, byzantinisches und arabisches Wissen vermitteln, ebenso wie in Traktaten zur Frauenheilkunde, Arzneibüchern, medizinischen Kompendien und historiographischen Quellen. In religiösen Wundererzählungen spielt Unfruchtbarkeit in der Bibeldichtung, in Legenden, Heiligenviten und Mirakelbüchern eine Rolle, doch auch in verschiedensten anderen Gattungen kommt sie als Motiv vor: In der Brautwerbungs- und der Heldenepik, in Antiken- und Artusromanen, Mären und Novellen, Sangsprüchen und Meisterliedern, in Minne-, Aventiure- und Prosaromanen, in Briefen, Ehetraktaten, Autobiographien und Kasualgedichten wird von Menschen erzählt, die sich nach einem Kind sehnen oder die Elternschaft für sich ablehnen. Die Vermutung, dass Kinderlosigkeit tabuisiert und daher in historischen Quellen nur selten erwähnt werde,[12] lässt sich für das europäische Mittelalter rasch widerlegen. Unfruchtbarkeit ist, so zeigt die Vielzahl an Textsorten, ein ubiquitäres Thema.

Die Quellenauswahl meines Buches erstreckt sich von der Antike bis in die Frühe Neuzeit, wobei die Werke des hohen und späten Mittelalters den Schwerpunkt bilden. Die Fülle an Material macht es unmöglich, sämtliche Texte auszuwerten. Der Fokus liegt auf der christlichen Literatur; islamische Diskurse können nicht, jüdische Narrative nur punktuell einbezogen werden. Statt einen Anspruch auf Vollständigkeit zu erheben, werde ich exemplarisch vorgehen. Zum einen interessiert mich, wie in der wissensvermittelnden Literatur über Unfruchtbarkeit gesprochen wird. Aus medizinischer Perspektive werden Sterilität und Impotenz nämlich anders beurteilt als im Bereich der Theologie oder des Rechts. Zum anderen beschäftige ich mich mit Geschichten gewollter und ungewollter Kinderlosigkeit in der mittelalterlichen Erzählliteratur. Dabei rücken jene Menschen ins Zentrum, die in Romanen oft nur Randfiguren sind; über sie wird geredet, während sie nur selten selbst ihre

Stimme erheben dürfen. Von Belang für meine Fragestellung sind sowohl Kommentare übergeordneter Sprechinstanzen als auch die Verhaltensweisen innerhalb der erzählten Welt. Wie gehen andere Figuren mit Paaren ohne Nachwuchs um? Grenzen sie aus, zeigen sie Mitgefühl oder verhalten sie sich neutral und betrachten das Reproduktionsverhalten gar als sekundär?

Für eine kulturhistorische Untersuchung von Kinderlosigkeit erscheint mir die Erzählliteratur besonders aufschlussreich. Einerseits spiegeln sich in ihr die verschiedenen wissenschaftlichen Diskurse, andererseits wirken die durch sie vermittelten Ideale und narrativen Schemata langfristig nach. Manche mittelalterlichen Erzählmuster prägen noch heute unsere Vorstellungen von Kinderlosigkeit, wohingegen viele normative Vorgaben längst an Bedeutung verloren haben. Narrative sind langlebiger als Gesetzestexte und üben unbemerkt Einfluss auf das Denken, Fühlen, Reden und Handeln von Menschen jenseits der Literatur aus.

In der aktuellen Debatte bestimmen zwei konkurrierende Deutungen das öffentliche Sprechen über Kinderlosigkeit. Die erste Sichtweise entspricht der Gattung der Klage, wird aber nicht von einem Individuum, sondern von einem Kollektiv aus Politik, Wirtschaft und Gesellschaft vorgetragen. Dieser Klagegesang insinuiert, dass in Deutschland zu wenige Kinder geboren werden, und kann sich bis zu der Anklage steigern, dass Kinderlose den gesellschaftlichen Zusammenhalt gefährden. Die zweite Sichtweise ist dem technischen Fortschrittsglauben verpflichtet und suggeriert, dass sich Unfruchtbarkeit reproduktionsmedizinisch kurieren lässt. Beide Deutungen konvergieren in dem Punkt, dass sie Menschen ohne Kind Schuld zuweisen; Kinderlose gelten entweder als egoistisch oder als träge, weil sie sich nicht medizinisch helfen lassen.

Auch Wissenschaftlerinnen und Wissenschaftler erzählen Geschichten, wenn sie ihre Erkenntnisse vermitteln. Bei einem Buch über Kinderlosigkeit im Mittelalter mag man zuerst an eine Passionsgeschichte denken. Die Verstoßung unfruchtbarer Ehefrauen und der Ausschluss Kinderloser aus der Friedhofsgemeinschaft legen es nahe, Unfruchtbarkeit als Geschichte sozialer Diskriminierung zu deuten. Von Anfang an stand für mich fest, dass ich dieses Narrativ nicht durchgängig verwenden wollte. Die leidvolle Situation von Kinderlosen rückte dann zwar in den Fokus, aber Strategien zur Überwindung dieses Leids geraten nicht in den Blick. Für die Erforschung von Kinderlosigkeit ist eine solche Perspektive problematisch: Die Marginalisierung in der historischen Praxis setzt sich auf der Betrachtungsebene fort; verheiratete Frauen, die keinen Nachwuchs gebären, werden auf die passive Rolle des Opfers reduziert. Die gesellschaftliche Stigmatisierung ist zwar ein wichtiger Aspekt, genügt aber keineswegs, um den Umgang mit Kinderlosigkeit erschöpfend zu behandeln.

Statt die Exklusion von Kinderlosen zu stark zu gewichten, wollte ich ursprünglich die entgegengesetzte These vertreten und auf die produktiven Folgen von Unfruchtbarkeit aufmerksam machen: Sterilität führt zu besonderer Aktivität. Sowohl in der pragmatischen als auch in der poetischen Literatur des Mittelalters werden Strategien entwickelt, um den Mangel an Nachwuchs auszugleichen. Da Kinderlosigkeit als gesellschaftliches Defizit gilt, versuchen Paare, Unfruchtbarkeit mit erheblichem Aufwand zu kompensieren. Sie ergreifen Gegenmaßnahmen und erwägen Handlungsalternativen. Der Störfall der Unfruchtbarkeit setzt also ein hohes Maß an Produktivität frei und besitzt ein besonderes kulturelles, narratives und wissenschaftliches Potential. Ein solcher Ansatz bietet den Vorteil, dass Kinderlose als Akteurinnen und Akteure ihrer eigenen Geschichte erscheinen. Sie werden als Handelnde wahrgenommen, die Lösungswege zu ihrer Integration und Rehabilitation entwickeln.

Doch ist die These von der kulturellen Produktivität der Unfruchtbarkeit ebenfalls nicht unproblematisch, sondern aus folgenden Gründen zu kritisieren: Die Dichotomie von Fruchtbarkeit und Unfruchtbarkeit wird fortgeschrieben, so dass diese Interpretation letztlich sogar zur Festigung der Ungleichheitsverhältnisse beiträgt. Die Aktivitäten von Kinderlosen werden als Kompensations- oder Sublimierungsversuche betrachtet und ihre Leistungen auf diese Weise subtil abgewertet. Unter anderen Vorzeichen wiederholt sich also die Marginalisierung. Ein grundlegender Perspektivwechsel kann erst erfolgen, wenn die Entstehung der Differenz zwischen Fruchtbarkeit und Unfruchtbarkeit beachtet wird. Wie wird die Reproduktion zum Normalfall erklärt? Auf welche Weise werden Menschen, die keine Kinder bekommen, ausgegrenzt? Gibt es auch gegenteilige Auffassungen und unter welchen Voraussetzungen ändern sich solche Bewertungen?

In der berühmten Rede *The Danger of a Single Story* weist die nigerianische Autorin Chimamanda Adichie darauf hin, wie verheerend es ist, nur eine einzige Erzählweise zuzulassen.[13] Auf diese Weise werden Stereotype erzeugt und reproduziert, die zwar nicht falsch, aber unvollständig sind. An ihren eigenen Rezeptionserfahrungen macht sie fest, wie koloniale Interpretationen in den Geschichten schwarzer Menschen innerhalb und außerhalb des afrikanischen Kontinents weiterwirken. Was Adichie für Erzählungen von People of Color problematisiert, gilt ebenso für andere Menschen, die aufgrund bestimmter Identitätsmerkmale diskriminiert werden. Auch über Kinderlosigkeit lassen sich verschiedene Geschichten erzählen, je nachdem, wer seine Version in welcher Situation gegenüber wem vortragen darf. Geschichten können sich weiterentwickeln, aber auch aus einer anderen Perspektive präsentiert und kommentiert werden. Anliegen meines Buches ist es, die Vielfalt und Heterogenität von Geschichten über Kinderlose im Mittelalter darzustellen. Daher unterscheide ich sieben verschiedene Narrative, die mit dem bitteren Leid ungewollt kinderloser Paare beginnen und mit dem wunschlosen Glück von Liebenden enden. Kinderlosigkeit wird in verschiedenen Kontexten thematisiert, die keineswegs immer mit Abwertung und Exklusion verbunden sind.

Kategorie der Un*fruchtbarkeit: Normativitätskritik und Fertilitätssternchen

Kinder zu haben oder nicht zu haben, das ist für das Selbstverständnis von Menschen grundlegend. Deshalb betrachte ich Fertilität als eine eigene Identitätskategorie, auch wenn sie untrennbar mit anderen Kategorien wie Geschlecht, Sexualität, Körper und Disability verknüpft ist. Wie wenig sich biologische und soziale, naturbedingte und kulturelle Aspekte voneinander trennen lassen, haben der französische Diskursanalytiker Michel Foucault für das Verständnis von Sexualität und die US-amerikanische Queer-Theoretikerin Judith Butler für die Kategorie ›Gender‹ dargelegt.[14] Ihre Ansätze lassen sich auf die Kategorie ›Fertility‹ übertragen. Anknüpfend an Foucault und Butler, verstehe ich Kinderlosigkeit als ein Dispositiv, das Sprach- und Denkstrukturen, Handlungsoptionen sowie juristische und institutionelle Rahmenbedingungen vorgibt, um körperliche Phänomene zu deuten.

Die Rede über Kinderlosigkeit geht von folgender Beobachtung aus: Viele heterosexuelle Paare bekommen Nachwuchs, wenn sie im gebärfähigen Alter regelmäßig vaginalen Sex haben und nicht verhüten; andere Paare bekommen unter denselben Bedingungen keinen Nachwuchs. Obwohl die Kategorie ›Fertility‹ zweifellos eine körperliche Dimension hat, ist die Wahrnehmung und Erfahrung des Körpers diskursiv geformt. Um biologische Phänomene überhaupt erfassen und untersuchen zu können, werden sprachliche Begriffe benötigt, die wiederum mit bestimmten Ideen, Vorstellungen und Konzepten verknüpft sind. Unbemerkt wird unser Denken, Beobachten und Beschreiben so durch vorgängige Schemata gesteuert; selbst eine medizinische Indikation lässt sich nicht von interpretativen Verfahrensweisen trennen. Aus diesem Grund unterscheide ich in meinem Buch auch nicht zwischen den Begriffen ›Unfruchtbarkeit‹ und ›Kinderlosigkeit‹, von denen sich der eine durchaus in einem körperlichen und der andere in einem kulturellen Sinne hätte definieren lassen. Doch da keiner der Begriffe vordiskursiv denkbar ist, würde eine solche Differenzierung neue Missverständnisse hervorrufen. Menschen, die sich nicht fortpflanzen können, werden für unfruchtbar erklärt. Eine solche kulturelle Zuschreibung ist per se negativ konnotiert. Menschen werden abgewertet, indem ihnen das Etikett ›kinderlos‹ angeheftet wird. Die Wahrnehmung anderer wirkt sich wiederum auf die eigene Identitätsbildung aus. Wie die Geschlechtsidentität ist auch die fertile Identität von Menschen ein Effekt verschiedener Institutionen, Praktiken und Diskurse mit diffusen Ursprungsorten. Eine Kulturgeschichte der Kinderlosigkeit untersucht die Faktoren, die in der Vergangenheit das Selbst- und das Fremdbild von Menschen ohne Nachwuchs beeinflusst haben und die möglicherweise noch in der Gegenwart wirksam sind.

Meine Studie ist normativitätskritisch angelegt, insofern ich Unfruchtbarkeit nicht als Abweichung von einem naturgegebenen Normalzustand, sondern als eine durch Diskriminierung geprägte soziale Bezugskategorie begreife. Statt die Marginalisierung unter dem scheinbar emanzipatorischen Vorzeichen der Selbsthilfe fortzuschreiben, frage ich nach den Begründungsmechanismen für die Ungleichbehandlung von Menschen mit Kindern und Menschen ohne Kinder. Wie kommt die Binarität von Fruchtbarkeit und Unfruchtbarkeit zustande? Auf welche Weise wird eine Differenz zwischen Eltern und Kinderlosen konstruiert, legitimiert und etabliert? Welchen Einfluss haben soziale Faktoren auf das Begehren, Mutter oder Vater werden zu wollen? Eine normativitätskritische Perspektive bedeutet nicht, dass Kinderwünschenden ihre schmerzlichen Erfahrungen und negativen Emotionen abgesprochen werden. Stattdessen geht es um die kulturellen Schemata, die diese Wahrnehmungen prägen und die Wunscheltern tiefes Leid empfinden lassen. Zudem legt eine solche Analyse offen, dass Kinderlose keine homogene Gruppe bilden, wie es die Meistererzählung vom Unglück verhinderter Eltern glauben macht. Nicht alle Menschen wünschen sich Kinder, vielmehr gibt es epochenübergreifend Frauen und Männer, die ein Leben ohne Partner und Familie führen wollen. Auch hierfür finden sich vorgängige Erklärungsmuster, auf die Individuen zurückgreifen, um mit deren Hilfe zu verschiedenen Subjekt-Positionen zu gelangen.

Die Zweiteilung in Eltern und Kinderlose greift aber noch aus einem anderen Grund zu kurz: Wenn sich Fertilität mit anderen Kategorien wie Stand, Geschlecht oder Herkunft kreuzt, sind ganz unterschiedliche Formen der Auf- und Abwertung zu beobachten: Fruchtbarkeit wird bei Frauen anders bewertet als bei Männern, bei Schwarzen anders als bei Weißen, bei Menschen mit Migrationsgeschichte anders als bei Alteingesessenen, bei Christen oder Juden anders als bei Musliminnen und Muslimen, bei Menschen niedrigerer Einkommensstufen oder geringem Bildungsgrad anders als bei Menschen höherer Klassen, bei körperlich Beeinträchtigten anders als bei jenen, die den gängigen Gesundheits-, Schönheits- und Mobilitätsidealen entsprechen. Alle Überschneidungen verschiedener Kategorien führen zu einer komplexen Gemengelage und zu Mehrfachdiskriminierungen, wie Vertreterinnen der Intersektionalitätstheorie anhand der rechtlichen Benachteiligung von Women of Color herausgestellt haben.[15] Wer zwischen verschiedenen sozialen Bedingungen nicht differenziert, vernachlässigt auch in Bezug auf die Kinderfrage diejenigen, die mehreren Minderheitsgruppierungen angehören. Die Elternschaft privilegierter Menschen wird in der Regel politisch stärker gefördert und gesellschaftlich mehr geschätzt als die marginalisierter Menschen.

Kinderlosigkeit ist kein biologisches Schicksal und kein naturbedingter Defekt, sondern ein kulturelles Konstrukt, so lautet die zentrale These dieses Buches. Daraus ergeben sich verschiedene Konsequenzen, auf die die Schreibweise meines Zentralbegriffs ›Un*fruchtbarkeit‹ hinweisen soll. Das Sternchen signalisiert, dass es für Betroffene verschiedene Möglichkeiten gibt, mit Kinderlosigkeit umzugehen, die sich im Verlauf eines Lebens ändern können.[16] Die fertile Identität ist nicht ein für alle Mal festgelegt, wie schon das historische Beispiel von Friedrich Barbarossa und Beatrix von Burgund belegt. Menschen, die kein Kind haben, können noch Nachwuchs bekommen; Menschen, die ein Kind haben, können es verlieren; Menschen, die kein leibliches Kind haben, können soziale Eltern sein; gewollt Kinderlose können ihre Ansicht ändern und sich Nachwuchs wünschen; ungewollt Kinderlose wiederum können sich mit ihrer Lebenssituation anfreunden und glücklich werden. Selbst die politische Schwäche eines kinderlosen Königs kann zu einer Stärke werden, wenn er die offene Nachfolgefrage geschickt nutzt, um mächtige Fürsten gegeneinander auszuspielen und sich Loyalitäten zu sichern.

Das ›Fertilitätssternchen‹ macht zudem deutlich, dass ein und derselbe Sachverhalt in verschiedenen Kontexten sehr unterschiedlich bewertet werden kann und Prozesse der Marginalisierung und Priorisierung nicht voneinander zu trennen sind. Kinderlosigkeit wird im Mittelalter zwar aus herrschaftspolitischer Sicht sehr negativ beurteilt, im klösterlichen Umfeld jedoch völlig anders wahrgenommen. Körperliche Unfruchtbarkeit kann mit einer gesteigerten Fruchtbarkeit in sozialer, religiöser oder intellektueller Hinsicht einhergehen. Versteht man Kinderlosigkeit nicht mehr essentialistisch, relativiert sich der Gegensatz von Fruchtbarkeit und Unfruchtbarkeit. Beide sind aufeinander bezogen und stehen in einem engen Wechselverhältnis. Mein Buch legt offen, dass Fruchtbarkeit und Unfruchtbarkeit zwei Seiten einer Medaille sind. Menschen werden als unfruchtbar bezeichnet, wenn sie die Reproduktionsnorm nicht erfüllen. Wegen ihrer Abweichung von der Norm wird die kinderlose Minderheit von der kinderbesitzenden Mehrheit abgewertet. Auf diese Weise erfolgt zugleich eine Aufwertung derjenigen, die für sich beanspruchen, ›normal‹ zu sein. Letztlich wird diese Norm also erst dadurch etabliert, dass diejenigen, die das fertile Ideal nicht erfüllen, ausgegrenzt werden.[17] Dieser intrikate Zusammenhang dürfte auch die hitzigen Diskussionen um gewollte Kinderlosigkeit in der Gegenwart und die gesellschaftliche Spaltung in Eltern und Kinderlose erklären. Bevölkerungspolitisch könnte es sogar kontraproduktiv sein, den ›tiefen Riss‹[18] zwischen Menschen mit Kindern und Menschen ohne Kinder zu überwinden. Die Abwertung kinderloser Frauen ist Voraussetzung für die Verteidigung des Reproduktionsideals.

Bei dem Begriff der Un*fruchtbarkeit, wie ich ihn definiere und verwende, lassen sich somit zwei Ebenen systematisch unterscheiden: Un*fruchtbarkeit ist einerseits eine Art Metadiskurs, der die Fülle aller Möglichkeiten in sich birgt, wie über Kinderlosigkeit gedacht, gesprochen und mit ihr umgegangen werden kann. Dabei erinnert er an das methodische Umdenkverfahren, wie ich es anhand meiner eigenen Forschungsgeschichte beschrieben habe: Der Blick soll von Leid und Ausgrenzung gelöst und auf den Konstruktionscharakter von Kinderlosigkeit gelenkt werden. Andererseits betrachte ich Un*fruchtbarkeit als Identitätskategorie, die das Selbstverständnis von Menschen entscheidend bestimmt, doch ohne es endgültig festzuschreiben. Die ganze Vielfalt an Handlungsoptionen, Lebensmodellen und Identitätskonzepten schließt das Fertilitätssternchen in sich ein. Durch die Zusammenschau verschiedener Diskurse und Narrative der Un*fruchtbarkeit soll eine Kulturgeschichte der Kinderlosigkeit entstehen, die sich mosaikartig aus verschiedenen, verschlungenen und sich entwickelnden Einzelgeschichten zusammensetzt.

Anlage des Buches: Fünf Wissensbereiche und sieben Narrative

Mit den drei Formen ersehnter, verweigerter und bereuter Elternschaft entfernt sich das Buch schon im Untertitel von binären Denkstrukturen, die eine Kluft zwischen Eltern und Nicht-Eltern, gewollt und ungewollt Kinderlosen erzeugen. Entfaltet wird das breite Themenspektrum in zwölf Kapiteln, die sich in zwei Hauptteile gliedern lassen. In der ersten Hälfte des Buches untersuche ich fünf Wissensbereiche, die die mittelalterlichen Bewertungen von Kinderlosigkeit entscheidend geprägt haben und die in der Frühen Neuzeit teils auffällige Veränderungen erfahren: Theologie, Medizin, Recht, Dämonologie, Ethik. Auf diese Weise lassen sich wichtige Leitlinien der Interpretation unterscheiden, auch wenn sich die fünf Bereiche teils überschneiden und keineswegs in sich konsistent sind. Die Kategorien Geschlecht, Stand und Herkunft werden nicht gesondert behandelt, begegnen sie doch in sämtlichen Kapiteln in immer neuen Machtkonstellationen.

Die Untersuchung beginnt mit den theologischen Kontroversen und ihren biblischen Grundlagen, wobei Formen ersehnter und verweigerter Elternschaft miteinander konkurrieren. In der Bibel wird Kinderlosigkeit widersprüchlich beurteilt. Zwar dominiert im Buch Genesis eine negative Einstellung gegenüber kinderlosen Paaren, da diese den göttlichen Schöpfungsauftrag »Seid fruchtbar und mehret euch« (Gen 1,28) nicht erfüllen. Welches Leid dies vor allem für Ehefrauen bedeutet, wird im Alten Testament wiederholt thematisiert; Kinderlosigkeit gilt als Unglück und Schande. Im Neuen Testament wird das Prokreationsgebot zwar nicht aufgehoben, doch abgewertet. Für Paulus ist der Hauptzweck der Ehe die Vermeidung von Unzucht. Wer sein Begehren in geordnete Bahnen lenken will, soll heiraten, doch gilt Keuschheit als größeres Gut. Diese familienkritischen Züge und die Spannungen zwischen Reproduktionsauftrag und Keuschheitsideal spiegeln sich in den Schriften der Kirchenväter und Kirchenlehrer wider. Unfruchtbarkeit erscheint aus theologischer Sicht primär bei Frauen problematisch, da diese ihre göttliche Bestimmung nicht zu erfüllen scheinen. Während hochmittelalterliche Theologen das Modell der Josefsehe privilegieren und eine keusche Lebensform idealisieren, erfolgt in der Reformationszeit ein grundlegender Umbruch. Nach Luthers Ansicht zwingt der Sexualtrieb den Menschen dazu, fruchtbar zu sein, so dass man nur zwischen ›Heirat oder Hurerei‹ wählen kann.

In medizinischen Schriften wird nicht das hehre Ideal der Keuschheit, sondern die körperliche Konstitution von Kinderlosen beleuchtet. Sterilität ist ein Thema in medizinischen Kompendien, Arzneibüchern und Abhandlungen zur Frauenheilkunde. Die Basis bilden die Zeugungslehren der Antike und die gynäkologisch-medizinischen Schriften des lateinischen und des arabischen Mittelalters. In volkssprachigen Rezeptsammlungen und Traktaten wird Unfruchtbarkeit mit einer zu kalten oder zu heißen Körperkonstitution, mit Übergewicht und Magerkeit, zu häufigem oder zu seltenem Geschlechtsverkehr erklärt. Körperliche Krankheiten, problematisches Sexualverhalten und Schadenszauber gelten ebenfalls als empfängnisverhindernd. Durch maßvolles Essen, Massagen, stimulierende Substanzen wie Tierhoden und Muttermilch und durch bestimmte Körperstellungen soll die Fruchtbarkeit gefördert werden. Rezepturen für Kräutertränke, Bäder und Räucherungen sind überliefert. Doch werden im Mittelalter bei einem unerfüllten Kinderwunsch auch rituelle Praktiken empfohlen, so dass die Übergänge zwischen Medizin, Religion und Magie fließend sind. In genderspezifischer Hinsicht zeichnet sich ein deutliches Ungleichgewicht ab: Kinderlose Frauen werden in medizinischen Zusammenhängen pathologisiert. Alle Bemühungen sind darauf ausgerichtet, Unfruchtbare im engeren körperbezogenen Sinne fruchtbar zu machen, wovon etwa die Arzneimittelrechnung der kinderlosen Königin Anna von Böhmen zeugt.

Ist Unfruchtbarkeit nicht behandelbar, kann ein biologisches Phänomen zu einem juristischen Fall werden. Thematisiert wird Kinderlosigkeit im Kontext des Ehe-, des Erb- und des Strafrechts. Gemäß kirchlichem Recht kann eine Ehe aufgrund ihres sakramentalen Charakters nicht aufgelöst werden, selbst wenn ein Paar keine Kinder bekommt. Doch gilt Impotenz als ein grundlegendes Ehehindernis, so dass eine Ehe nach einem aufwändigen Prüfverfahren rückwirkend für ungültig erklärt werden kann. Ausschlaggebend ist dafür meist der Wunsch einer Frau, Mutter zu werden. In mittelalterlichen Gerichtsakten sind diverse Eheprozesse dokumentiert, bei denen Männer beschämende Untersuchungen über sich ergehen lassen müssen, um ihre Potenz unter Beweis zu stellen. Erst in der Frühen Neuzeit ist es für Kinderlose möglich, Kinder auf rechtlich abgesichertem Wege anzunehmen, doch bleibt die soziale der biologischen Verwandtschaft bei einer Adoption oder ›Anwünschung‹ nachgeordnet. Fruchtbarkeit ist, so lässt sich schon den frühmittelalterlichen Bußgeldkatalogen entnehmen, ein hoher Wert, zählt aber keineswegs bei allen Menschen gleich viel.

Große Aufmerksamkeit erhält die Kategorie der Un*fruchtbarkeit in den Diskussionen über ›Hexen‹ und ›Unholde‹ in der Frühen Neuzeit. Heinrich Kramer widmet sich in seinem unheilvollen *Hexenhammer* intensiv sexuellen und reproduktiven Praktiken vermeintlicher Hexen, denen er Teufelsbuhlschaft und Penisraub vorwirft und sie für Impotenz und Totgeburten verantwortlich macht. Im Kontext der Hexenverfolgung wird Un*fruchtbarkeit zu einem Thema der Metaphysik, wobei die Inquisitoren zwischen erlaubten und unerlaubten Wegen der Reproduktion sorgsam unterscheiden. Strittig ist unter den Dämonologen, ob und ggf. wie Frauen vom Sex mit dem Teufel schwanger werden können. Da Dämonen nach allgemeiner Überzeugung über keine eigene Zeugungskraft verfügen, ergehen sich einige Autoren in kühnen Spekulationen, wie der Teufel mittels einer ausgefeilten Technik männlichen Samen gewinnen und transferieren kann. Aus diesen Überlegungen ergeben sich Folgeprobleme, unter anderem die Schwierigkeit, wie mit Teufels-, Wechsel- oder Hexenkindern umzugehen ist. In der dämonologischen Literatur werden Spezialfragen erörtert, von denen manche durch die moderne Reproduktionsmedizin wieder virulent geworden sind. Neben ersehnter und verweigerter Elternschaft erzählen Dämonologen auch von Fällen, in denen Menschen ihre Mutter- oder Vaterschaft bereuen und drastische Befreiungsmaßnahmen ergreifen.

In der Ethik wird diskutiert, wie Menschen am besten leben sollen und ob Elternschaft oder Kinderlosigkeit zu bevorzugen ist. Während antike Philosophen, Kirchenväter und mittelalterliche Kirchenlehrer die Vorzüge eines ehelosen Lebens herausstellen und vor den hohen Belastungen durch Kinder warnen, dominiert in der Frühen Neuzeit das Lob der Familie. In Ehetraktaten, Hochzeitsreden und reformatorischen Predigten wird im 15. und 16. Jahrhundert ein Ideal entworfen, in dem Ehe- und Elternglück in eins gesetzt werden. Kinder werden als Gottesgeschenk, rechtes Liebespfand und Linderung aller Mühen gepriesen. Sie seien den Eltern im Alter eine Stütze, sicherten deren Gedächtnis und zeigten ihren Gnadenstand an. Die Verpflichtung der Eheleute zur Prokreation geht so weit, dass der Sinn des Lebens von der Existenz von Kindern abhängig erscheint. Die Idealisierung der Elternschaft führt in den protestantischen Gemeinden zur Ausbildung einer spezifischen Unfruchtbarkeitskatechese. Kinderlosen Frauen wird einerseits Trost gespendet, andererseits werden sie auf die Rolle der unglücklichen Wunschmutter festgelegt.

Inwiefern die historischen Diskurse über Kinderlosigkeit in der erzählenden Literatur aufgegriffen werden, zeigt der zweite Teil meines Buches. Auch in der Erzählliteratur erwachsen aus Unfruchtbarkeit gravierende Konsequenzen. Soziale Ausgrenzung, dynastische Streitigkeiten, genealogische Brüche und emotionale Betroffenheit können damit verbunden sein. Kinderlosigkeit fungiert als Handlungskatalysator, insofern sie nach Heilungsmethoden und Handlungsalternativen suchen lässt. Zwischen pragmatischen und ästhetischen Textsorten bestehen enge Wechselwirkungen, auch wenn sich ihre Funktionen unterscheiden. Während die Fachprosa als Wissensimperativ fungiert und Normen formuliert, ist die erzählende Literatur weniger zweckorientiert. Sie besitzt einen ästhetischen Mehrwert, muss keine realen Gegebenheiten abbilden und kann verschiedene Modelle erproben. Dennoch trägt sie dazu bei, bestimmte Wahrnehmungsformen und Erzählschemata über Un*fruchtbarkeit zu etablieren, die teils bis in die Gegenwart tradiert werden.

Um die Pluralität an Deutungen zu berücksichtigen, entwerfe ich eine Typologie von sieben Narrativen, die den literarischen Geschichten über Kinderlosigkeit im Mittelalter zugrunde liegen. In den ersten drei Erzählmodellen wird die Kinderlosigkeit zuletzt überwunden, sei es durch göttliche, dämonische oder menschliche Hilfe. In den übrigen Narrativen wird das Problem nicht biologisch oder sozial gelöst, sondern die Werteskala umgekehrt. In religiösen Kontexten und emotionalen Beziehungen gilt Kinderlosigkeit nicht als Problem, sondern als Chance, um eine intime Beziehung zu Gott oder einem menschlichen Partner entwickeln zu können. Formen ersehnter, verweigerter und bereuter Elternschaft werden in der Erzählliteratur literarisch ausgestaltet und können auch innerhalb einer Geschichte variieren.

Das erste und wichtigste Narrativ ›Göttliche Hilfe‹ basiert auf der Dualität von göttlicher Macht und menschlicher Ohnmacht. Die Protagonisten empfinden tiefes Leid, ohne selbst etwas an ihrer Kinderlosigkeit ändern zu können. Daher richten sie – wie das Paar in der Miniatur der Pariser Handschrift (Abb. 1) – all ihre Hoffnung auf eine metaphysische Instanz und werden für ihre Ergebenheit zuletzt belohnt. Das Narrativ zeigt, wie Paare ohne Kinder in der Gesellschaft diskriminiert und so zu unglücklichen Kinderlosen gemacht werden. Eheleute müssen sich an spezifische reproduktionstheologische Regeln halten, um fertile Gnade zu finden. Die Reproduktionsnorm wird durch die späte Geburt eines Kindes einmal mehr bestätigt. Im zweiten Erzählmodell ›Gefährliche Dritte‹ geben sich kinderlose Ehepaare nicht mit der vagen Hoffnung auf Gott zufrieden, sondern suchen selbst nach Auswegen. Dabei lassen sie sich von Figuren helfen, die über ein magisches Wissen und außergewöhnliche Fähigkeiten verfügen, aber als zwielichtig oder gefährlich dargestellt sind. Die Fixierung auf Nachwuchs wird in diesem Narrativ problematisiert. Kinder, die mit fremder Hilfe geboren werden, sind andersartig und haben mit den Folgen ihrer Zeugung zu kämpfen.

Das dritte Erzählmodell ›Soziale Alternative‹ ersetzt die biologische Reproduktion durch eine vergleichbare menschliche Bindung. Kinderlose Ehepaare übernehmen in der mittelhochdeutschen Literatur dauerhaft die Pflege eines Kindes oder geben ein Findelkind gar als leiblichen Nachwuchs aus. Die Dichotomie zwischen Fruchtbarkeit und Unfruchtbarkeit wird durch soziale Alternativmodelle aufgehoben, ja vielfach scheinen die sozialen die biologischen Eltern an Liebe und Fürsorglichkeit zu übertreffen. Das vierte Narrativ ›Mystische Mutterschaft‹ erzählt von dem Verlangen frommer Frauen nach dem Jesuskind, das sie in ihren Visionen umsorgen, umarmen und stillen. In der Forschungsliteratur wurden diese Frauen als Hysterikerinnen abgewertet, statt die spezifisch weibliche Form ihrer Religiosität anzuerkennen. Mystikerinnen führen ein spirituelles Leben mit dem Heiligen Kind, sie erzählen von der großen Lust, dem Jesuskind nahe zu sein, und interpretieren Mutterschaft als eine religiöse Praxis.

Wie das fünfte Modell ›Erzwungene Elternschaft‹ zeigt, sind Ehe und Fortpflanzung keine anthropologische Selbstverständlichkeit. In höfischen Erzählungen wehren sich manche Männer vehement gegen eine Heirat, sei es, dass sie ein ungebundenes Leben führen wollen, oder dass ihre Liaison nicht standesgemäß ist. Dem hohen sozialen Druck, die Nachfolge durch einen leiblichen Erben zu sichern, können sich Adlige jedoch kaum dauerhaft entziehen, was teils tiefe Reue, teils familiäre Gewalt oder gar tödliche Konsequenzen nach sich zieht. Das sechste Narrativ ›Keusche Ehe‹ erzählt von Menschen, die überzeugte Nicht-Eltern sind. Das Vorbild der Heiligen Familie ermöglicht es, die Reproduktion auch innerhalb einer Ehe dem Keuschheitsideal unterzuordnen. Verzichten zwei Ehepartner im gegenseitigen Einverständnis auf den körperlichen Vollzug, gilt ihr Verhalten als besonders gottgefällig. Die religiöse Berufung erscheint wichtiger als die Geburt von Nachkommen. In mehreren Brautwerbungsepen wird die Reproduktionsnorm in der Hochzeitsnacht in Frage gestellt und das feudalpolitische durch ein sakrales Lebensmodell ersetzt; Kinderlosigkeit wird im legendarischen Kontext gar als Signum der Heiligkeit interpretiert.

Mein siebtes und letztes Narrativ ›Höfische Liebe‹ zeichnet sich durch die Besonderheit aus, dass Kinderlosigkeit weder als Problem markiert noch überhaupt registriert wird. Dass dies nicht im Gattungskontext geistlicher, sondern genuin weltlicher Literatur geschieht, ist umso bemerkenswerter. Obwohl die Reproduktion einen wesentlichen Zweck feudaler Eheschließung darstellt, wird in der höfischen Literatur ein gesellschaftliches Ideal entworfen, das weitgehend ohne Kinder auszukommen scheint – die Geschichte von Tristan und Isolde ist dafür wohl das bekannteste Beispiel. Fruchtbarkeit und Unfruchtbarkeit sind keine Kriterien, die für eine innige Liebesbeziehung relevant sind oder über das Lebensglück von Menschen entscheiden.

Im Epilog werden Perspektiven künftiger Forschung aufgezeigt. Welche Schlussfolgerungen sind aus der ungleichen Sichtbarkeit von Frauen und Männern beim Thema Kinderlosigkeit zu ziehen? Wie lassen sich Geschichten ersehnter, verweigerter und bereuter Elternschaft analysieren, wenn sich die Erzählenden an vorgegebenen Mustern orientieren und den Rezipierenden das Zuhören erleichtern wollen? Die vergleichende Un*fruchtbarkeitsforschung verspricht Antworten auf Fragen, die bislang viel zu selten gestellt wurden.

1
Theologie: Heilsgeschichten der Un*fruchtbarkeit

Abb. 2 *Hannas Leiden – Miniatur aus der* Köthener Historienbibel *(wohl um 1475)*

Ein ›Ja‹ zur Ehe bedeutet in vielen Religionsgemeinschaften ein ›Ja‹ zum Kind. Bei einer katholischen Trauung werden Brautleute noch heute gefragt, ob sie bereit sind, die Kinder anzunehmen, die Gott ihnen schenken will, und sie im Geiste Christi und seiner Kirche zu erziehen. Gleich zwei Grundannahmen der kirchlichen Un*fruchtbarkeitslehre sind in dieser Formulierung enthalten: Zum einen ist die Bereitschaft zur Reproduktion Bedingung einer gültigen Eheschließung. Wer heiratet, muss auch Nachwuchs bekommen wollen. Zum anderen werden Kinder als Gaben bezeichnet, die Gläubige von Gott empfangen. Eine solche Auffassung kann Eheleute entlasten, weil sie nicht selbst für die Entstehung neuen Lebens verantwortlich sind, aber zugleich das Problem verschärfen. Bleibt eine Ehe kinderlos, stellt sich für religiöse Menschen die schmerzliche Frage, warum Gott ausgerechnet ihnen keinen Nachwuchs schenkt. In dem Buch *Keine Kinder?!* (2012) erzählen zwölf Frauen und ein Mann davon, wie sie als Christinnen und Christen mit einem unerfüllten Kinderwunsch umgehen.[1] Viele fühlen sich nicht nur von Freunden und Angehörigen unverstanden, sondern zeitweilig auch von ihrem Gott verlassen.

Die religiöse Wertschätzung der Fruchtbarkeit hat biblische Gründe, die weit ins Alte Testament bis zum Beginn der Schöpfung zurückreichen. Die jüdisch-christliche Heilsgeschichte setzt sich aus vielen Einzelgeschichten zusammen, in denen die Kategorie der Un*fruchtbarkeit eine entscheidende Rolle spielt. Weil ein Leben mit Kindern dem göttlichen Reproduktionsauftrag entspricht, werden Menschen ohne Kinder schon im Buch Genesis von ihrem sozialen Umfeld abgewertet und ausgegrenzt. Doch obwohl im Alten Testament insgesamt eine negative Einschätzung gegenüber Kinderlosen dominiert, finden sich konträre Stimmen, die die Un*fruchtbarkeitshierarchie relativieren. Im Neuen Testament erfolgt dann eine weitreichende Umkehrung der Wertvorstellungen. Die Reproduktionsnorm wird durch das Keuschheitsideal abgelöst. Durch die unterschiedlichen Aussagen der Bibel entstehen Spannungen, die die Kirchenväter und Kirchenlehrer theologisch aufzulösen suchen. Sie diskutieren verschiedene Lebensmodelle und sehen in der Fortpflanzung keineswegs den einzigen Zweck einer Ehe. Erst in der Reformationszeit erfolgt erneut eine Verengung, durch die Gläubige auf Ehe und Familie festgelegt werden.

Alttestamentliche Geschichten: Unfruchtbarkeit als Schande

Zentrale Bewertungskriterien, die die Wahrnehmung von Kinderlosigkeit im Mittelalter und in religiösen Kreisen bis in die Gegenwart beeinflussen, sind im Alten Testament vorgeprägt. Schon in der ersten Geschichte über die Entstehung der Welt und des Menschen beschäftigt den biblischen Erzähler die Kategorie der Un*fruchtbarkeit. Im Buch Genesis wird mit dem göttlichen Reproduktionsauftrag eine Norm vorgegeben, an der Kinderlose gemessen werden und an der sie sich selbst messen. Doch ist Fruchtbarkeit von der grundsätzlichen Ambivalenz gezeichnet, dass Kinder zu haben einerseits menschliche Pflicht, andererseits göttliche Gabe ist. Diese Spannung zwischen Mangel und Fülle, Verfügbarkeit und Unverfügbarkeit, Verwerfung und Gnade kennzeichnet alle biblischen Heilsgeschichten, die von einer langen Phase der Kinderlosigkeit und einer späten Schwangerschaft dank göttlicher Hilfe erzählen. Literarisch ist dieses Deutungsschema über Epochenschwellen hinweg ungeheuer einflussreich; ich werde bei der Analyse mittelalterlicher Erzählliteratur darauf zurückkommen.

Göttlicher Reproduktionsauftrag

Der erste Schöpfungsbericht (um 550 v. Chr.) erklärt die Fortpflanzung zur zentralen Aufgabe des Menschen. Nachdem Gott Licht und Finsternis, Himmel und Erde, Flora und Fauna erschaffen hat, widmet er sich – als letzte Schöpfungstat – dem Menschen. Zwei wesentliche anthropologische Merkmale hebt der Erzähler hervor: Der Mensch wird erstens als Abbild Gottes und zweitens als geschlechtliches Wesen erschaffen.[2] Mann und Frau werden gemeinsam ins Leben gerufen, auf Gott bezogen und von ihm gesegnet. Beiden menschlichen Geschöpfen erteilt der Schöpfer den Auftrag: »Seid fruchtbar und vermehrt euch, bevölkert die Erde, unterwerft sie euch und herrscht über die Fische des Meeres, über die Vögel des Himmels und über alle Tiere, die sich auf dem Land regen.« (Gen 1,28) Gemäß göttlicher Intention sollen die Menschen also zwei grundlegende Funktionen erfüllen: Sie sollen sich fortpflanzen und herrschen. Indem der biblische Gott die Vermehrung an erster Stelle nennt, misst er ihr besondere Bedeutung bei. Überhaupt handelt es sich – in der Erzählchronologie der biblischen Geschichten – um die ersten Worte, die Gott an die Menschen richtet und mit denen er eine Beziehung zu ihnen stiftet. Die wichtigste Botschaft an gottergebene Adressatinnen und Adressaten lautet, dass sie Kinder bekommen sollen.

Anknüpfend an den ersten Schöpfungsbericht wird die Fortpflanzung gerne emphatisch als Prokreation bezeichnet, insofern das Werk Gottes auf diese Weise weitergeführt wird und der Mensch zum Schöpfer anderer avanciert. Der Begriff ›Reproduktion‹ betont dagegen weder das Schöpferische des Geschlechtsakts noch die Macht des Zeugenden, sondern weist auf die Analogie zwischen Zeugendem und Gezeugtem hin. Reproduziert wird durch die Fortpflanzung aber nicht nur der Mensch, sondern auch das Ideal der Fruchtbarkeit. Entscheidend für die biblische Bewertung von Kinderlosigkeit ist, dass der Vermehrungsauftrag in der Schöpfung selbst gründet und nicht etwa auf sozialen Absprachen basiert. Die Fortpflanzung wird auf diese Weise sowohl sakralisiert als auch naturalisiert; sie gehört zur natürlichen Bestimmung des Menschen, so wie Gott ihn erschaffen hat. Aus einer normativitätskritischen Perspektive lässt sich der Auftrag des Schöpfergottes freilich auch gegenteilig interpretieren: Zeugen und Gebären sind keineswegs so selbstverständlich, dass man darüber keine Worte verlieren müsste. Gemäß dem ersten Schöpfungsbericht ist die menschliche Fortpflanzung ein kultureller Auftrag, kein instinktiver Drang. Von Beginn der Menschheitsgeschichte an ist Un*fruchtbarkeit demnach diskursiv geformt, also durch eine sprachlich gefasste Verabredung gesteuert.

Wie wichtig der Reproduktionsbefehl in der Bibel ist, zeigt seine doppelte Wiederholung. Nachdem Gott die Menschheit durch die Sintflut fast vollständig vernichtet hat, erneuert er gegenüber Noah und seinen Söhnen seinen Auftrag: »Seid fruchtbar, vermehrt euch, und bevölkert die Erde.« (Gen 9,1) Bei einer gendersensiblen Lektüre fällt auf, dass nur noch männliche Adressaten zur Fortpflanzung animiert werden. Ein zweites Mal bekommen Menschen die Herrschaft über alle anderen Lebenswesen, über die Tiere der Erde, die Vögel des Himmels und die Fische des Meeres übertragen. Nachdem Gott seinen Gesprächspartnern streng verboten hat, sein Ebenbild zu töten und auch nur das Blut eines Menschen zu vergießen, kommt er auf seine Eingangsforderung zurück. Fast im selben Wortlaut wiederholt er seinen Befehl und schärft Noah und den Seinen regelrecht ein: »Seid fruchtbar, und vermehrt euch; bevölkert die Erde, und vermehrt euch auf ihr.« (Gen 9,7) Daraufhin schließt Gott mit Noah, seinen Söhnen und deren Nachkommen einen Bund und verspricht, sie vor einer neuerlichen Sintflut zu verschonen. Reproduktionsauftrag, Bundesschluss und Heilszusage gehören unmittelbar zusammen.

Auch beim nächsten Bundesschluss Gottes mit einem Menschen spielt die Kategorie der Un*fruchtbarkeit eine wichtige Rolle. Abraham wird berufen und beauftragt, ins Land Kanaan zu ziehen. Zugleich verspricht Gott, ihn zu einem großen Volk zu machen, ihn zu segnen und seinen Namen groß werden zu lassen. Als Abraham das gelobte Land erreicht hat, wiederholt Gott mehrfach seine

Zusage. Er verspricht, seine Nachkommen so zahlreich werden zu lassen wie der Staub auf der Erde und die Sterne des Himmels (Gen 13,16; 15,5). Diese Verheißung steht in auffälligem Kontrast zu Abrahams Lebenssituation, da seine Ehe bis ins hohe Alter unfruchtbar geblieben ist. Während Abraham und Sara sich schon mit ihrer Kinderlosigkeit abgefunden und mit einer Ersatzmutterschaft arrangiert haben, löst Gott sein Versprechen noch ein und lässt die Patriarchenfrau jenseits der Wechseljahre schwanger werden (Gen 18,11; 21,2).

Der Segen Gottes drückt sich auch an vielen weiteren Bibelstellen in Fruchtbarkeit aus. Beispielsweise sichert der Herr dem Volk Israel zu, dass er es lieben, segnen und zahlreich machen werde, wenn es seine Vorschriften achte (Dtn 7,13). Zudem empfängt der Prophet Ezechiel eine Weissagung, dass das Volk Israel bald zurückkehren, seine Städte wiederaufbauen und sich mehren und fruchtbar sein werde (Ez 36,11). Obwohl Fruchtbarkeit immer positiv konnotiert ist, unterscheiden sich die alttestamentlichen Aussagen in Nuancen. Während im Schöpfungsauftrag Menschen mit der Reproduktion beauftragt werden, erscheinen Nachkommen in den Heilszusagen an Patriarchen und Propheten als göttliches Geschenk, wobei Menschen durch ein gottgefälliges Verhalten zu einer großen Nachkommenschaft beitragen können und müssen.

Rahels und Hannas Kinderlosigkeit

Die Gleichsetzung von Fruchtbarkeit mit göttlichem Segen führt zur Abwertung derjenigen, die die Reproduktionsnorm nicht erfüllen. Während in der Regel Männer Fruchtbarkeitsverheißungen empfangen, werden Frauen aufgrund von Unfruchtbarkeit diskriminiert. Welches Leid sie empfinden, wenn sie keine Kinder bekommen, wird im Alten Testament immer wieder thematisiert. Kinderlosigkeit bedeutet Unglück und Schande, wie die Geschichten von Rahel und Hanna exemplarisch zeigen. In der Patriarchengeschichte setzt Rahel ihren Ehemann Jakob unter Druck und verlangt: »Verschaff mir Söhne! Wenn nicht, sterbe ich.« (Gen 30,1) Unfruchtbarkeit führt nach Rahels Ansicht nicht nur zum sozialen, sondern auch zum physischen Tod. Ihre Selbstaussage impliziert, dass eine Frau, die den göttlichen Fortpflanzungsauftrag nicht erfüllt, ihr Lebensrecht verwirkt hat. Zugleich macht Rahel ihren Mann mitverantwortlich und droht mit dem eigenen Tod, sofern Jakob nicht Abhilfe schaffe. Nur Söhne, nicht aber Töchter lässt sie als Trost gegen ihren Kummer gelten. Die Erzählung von Rahel demonstriert den Schmerz einer verhinderten Mutter und zeigt zudem, wie ein solches Verlustgefühl zustande kommt.

Ausschlaggebend für Rahels negative Selbstwahrnehmung ist der Vergleich mit ihrer Schwester Lea. Die Bewertung von Un*fruchtbarkeit wird in Jakobs

Familie als ein Wettstreit ausgetragen, bei dem zwei Schwestern um die Gunst ihres gemeinsamen Ehemannes konkurrieren. Während Jakob seine zweite Ehefrau, Rahel, liebt, gebärt ihm deren Schwester Lea, die ihm in der Hochzeitsnacht untergeschoben wurde, einen Sohn nach dem anderen. Rahel versucht, ihre Kinderlosigkeit als eine Form ehelicher Benachteiligung darzustellen, was Jakob zornig zurückweist: »Nehme ich etwa die Stelle Gottes ein, der dir die Leibesfrucht versagt?« (Gen 30,2)[3] Mit seiner Antwort betont Jakob, dass Fruchtbarkeit nicht vom menschlichen Vermögen abhängig ist, sondern der Macht Gottes obliegt. Was zu Jakobs Entlastung beitragen soll, stellt für Rahel eine Belastung dar: Warum schenkt Gott ihrer Schwester zahlreiche Söhne und lässt sie selbst leer ausgehen? Als Rahel nach vielen Jahren endlich einen Sohn empfängt, begründet der auktoriale Erzähler dies mit dem göttlichen Erbarmen und bestätigt so Jakobs Deutung. Die negative Wertung von Unfruchtbarkeit wird gefestigt, als Rahel ihre späte Schwangerschaft mit den Worten kommentiert: »Gott hat die Schande von mir genommen.« (Gen 30,23) Zwar ist Rahel rehabilitiert, doch wird die Differenz zwischen Fruchtbarkeit und Unfruchtbarkeit gestärkt. Die an Rahel exemplifizierte Gesetzmäßigkeit des Alten Testaments lautet: Wer Söhne gebärt, ist von Gott gesegnet; wer kinderlos bleibt, ist von Gott geschlagen.

Diese Regel bestätigt die Geburtsgeschichte Samuels, die ebenfalls von der Konkurrenz zweier Frauen um Liebe und Fruchtbarkeit erzählt. Der fromme Elkana ist mit zwei Frauen verheiratet, von denen die eine Kinder hat, die andere hingegen nicht. Die sozialen Folgen ihrer Kinderlosigkeit sind für Hanna schwer zu ertragen. Zwar muss sie nicht fürchten, von ihrem Mann zurückgewiesen oder gar verstoßen zu werden. Im Gegenteil: Wie Jakob seiner Rahel ist Elkana Hanna besonders zugetan und schenkt ihr den doppelten Anteil, wenn er im Tempel sein Opfer darbringt. Doch wird Hanna im familiären Umfeld stark abgewertet: »Ihre Rivalin aber kränkte und demütigte sie sehr, weil der Herr ihren Schoß verschlossen hatte.« (1 Sam 1,6) Weil Unfruchtbarkeit als Makel gilt, kann Peninna Hannas Kinderlosigkeit instrumentalisieren, um die eigene Position zu stärken. Die jährlichen Opferreisen werden für Hanna zum Anlass immer neuer Qual. Wenn die Familie zum Tempel zieht, ist sie Kränkungen ausgesetzt, weshalb Hanna weint und nicht isst. Tränen und Fasten besitzen eine Zeichenfunktion: Sie legen einerseits die Störung des familiären Friedens offen und sind andererseits ein Mittel, um Gott gnädig zu stimmen.

In der halbseitigen Miniatur der Köthener Historienbibel (wohl um 1475) ist die schwierige Familienkonstellation bildlich dargestellt (Abb. 2): Elkana sitzt mit seinen beiden Frauen auf einer Bank, die von links in das Bild hineinragt. Die vor ihm spielenden Kinder zeigen seine Vaterschaft an. Dass Peninna ihr Selbstbewusstsein ganz aus dieser Fruchtbarkeit ableitet, macht der Maler durch ihre Körperhaltung deutlich. Mit ihrer rechten Hand fasst sie besitzergreifend nach ihrem jüngsten Kind, das auf sie zuzulaufen scheint. Mit erhobenem Kopf und abschätzigem Blick deutet sie mit ihrer linken Hand auf Hanna. Weil sie dazu den Arm vor ihrer Brust verschränkt, wird ihre feindlich-abwehrende Einstellung umso deutlicher. Zwar berühren sich die Kleider der beiden Frauen im Faltenwurf, doch klafft oberhalb der Bank zwischen ihnen eine Kluft; Hanna wird im wahrsten Sinne des Wortes als Randfigur dargestellt. Mit großen Augen sieht der Herr der Familie dem Treiben zu. Die rote Bildüberschrift vereindeutigt die Gesten durch den Kommentar: »Hier sitzt Elkana mit seinen Frauen und Kindern, und Peninna verhöhnt Hanna.«[4] Diese hat der Schmährede nichts entgegenzusetzen. Sie hält ihren Kopf gesenkt, schaut betroffen unter sich und wischt sich mit einem Tuch die Augen.

Im Buch Samuel verharrt Elkana nicht in dieser Beobachtungsposition. Er reagiert einfühlsam und tröstet Hanna, indem er die Ursache ihres Kummers zu relativeren sucht: »Bin ich dir nicht viel mehr wert als zehn Söhne?« (1 Sam 1,8) Hanna bleibt jedoch auf ihr Leid fokussiert. Sie hält ihre Unfruchtbarkeit selbst für ein gravierendes Problem, weshalb Elkanas Liebesbekundungen ins Leere gehen und Peninnas Schmähungen ihren Schmerz steigern. In ihrer Verzweiflung ergreift Hanna schließlich die Initiative, tritt vor den Herrn und legt weinend ein Gelübde ab. Wenn Gott ihr Elend wahrnehme, sie nicht vergesse und ihr einen Sohn schenke, werde sie ihm diesen weihen. Bei ihrem Gebet wird Hanna vom Priester Eli beobachtet, der die stumm die Lippen bewegende Frau für betrunken hält und sie zurechtweist. Im Gespräch mit Eli erhält Hanna die Gelegenheit, die Größe ihres Leids zu betonen, ohne jedoch den Grund dafür zu nennen. Unfruchtbarkeit scheint für Hanna eine unaussprechliche Schande. Sie bezeichnet sich nur als unglückliche Frau, die dem Herrn ihr Herz ausgeschüttet und aus schwerem Kummer und Traurigkeit so lange geredet habe. Den Priester kann sie so von der Redlichkeit ihrer Motive überzeugen, empfängt seinen Friedensgruß und erhält die Zusicherung, dass Gott ihre Bitte erfüllen werde. Damit schlägt ihr Unheil in Heil um, und Hanna wird schwanger. Im Namen ihres Sohnes ist die exzeptionelle Geburtsgeschichte festgehalten: Hanna »nannte ihn Samuel, denn (sie sagte): Ich habe ihn vom Herrn erbeten.« (1 Sam 1,20)

Mit ihrer Passions- und Erlösungsgeschichte ist Hanna noch heute eine wichtige Identifikationsfigur. Gezielt wählte eine Initiative für Christinnen mit unerfülltem Kinderwunsch Samuels Mutter zur Namensgeberin. Ob sich ›Hannahs Schwestern‹ mit dieser Entscheidung einen Gefallen getan haben, wo sie nach Auskunft ihrer Homepage doch lernen wollen, ohne eigenen Nachwuchs zu leben und sich ihrer Kinderlosigkeit bewusst zu stellen?[5] Hannas Geschichte zeigt nicht, wie fromme Frauen ohne Kind ein erfülltes Leben führen können, vielmehr bestätigt sie die Reproduktionsnorm. Verschiedene Strategien greifen dabei ineinander: Hannas Leidenszeit zeigt zum einen, wie eine kinderlose Frau kritiklos geschmäht werden darf. Einer Antipathiefigur wird zugebilligt, fertile Standards zu definieren. Zum anderen führt Hannas Trauer vor Augen, dass es für fehlende Nachkommen keinen adäquaten Ersatz gibt, nicht einmal die liebevolle Zuneigung eines Ehemanns, der keine Reproduktionsforderungen erhebt. Hannas Erlösung wiederum suggeriert, dass Gott das Gebet einer frommen Frau um Nachkommen erhört. Die Kehrseite dieser Heilserfahrung ist eine Abwertung derjenigen, die keine göttliche Hilfe erhalten. Wenn späte Fruchtbarkeit als Zeichen göttlicher Gnade gedeutet werden kann, lässt sich dauerhafte Unfruchtbarkeit als Zeichen göttlicher Verwerfung verstehen. Kinderlose werden nicht nur im gesellschaftlichen Kontext diskriminiert, sondern auch religiös abgewertet: Sie haben sich wohl nicht an Gott gewandt, so mag mancher mutmaßen, nicht intensiv genug gebetet oder waren zu keinem Opfer – wie dem späteren Verzicht auf ihr Kind – bereit. Die biblischen Geburtswundergeschichten tragen somit zur Idealisierung der Fruchtbarkeit und zur Pejorisierung von Unfruchtbarkeit bei, wie auch später bei der Katechese für kinderlose Frauen (Kap. 5, S. 173–181) überdeutlich werden wird.

Onans Reproduktionsverweigerung

Kinder zu bekommen ist im Alten Testament eine so wichtige Aufgabe, dass sie über den Tod hinaus Gültigkeit besitzt. Dies zeigt die Praxis der Leviratsehe, die im Buch Genesis anschaulich beschrieben wird. Ein Mann soll seine verwitwete Schwägerin heiraten, um seinem kinderlosen Bruder posthum Nachwuchs zu verschaffen. Onan erfüllt diesen Reproduktionsauftrag, den ihm sein Vater Juda auferlegt, jedoch nur teilweise. Er geht zwar eine Beziehung mit der Frau seines Bruders ein, will aber keine Kinder mit ihr zeugen. Weil Onan wusste, dass die Nachkommen nicht ihm gehören würden, erklärt der Erzähler, »ließ er den Samen zur Erde fallen und verderben« (Gen 38,9). Wie seine Frau über diese Verhütungstechnik denkt, ob sie Mutter werden will und an der Kinderlosigkeit ihrer Ehen leidet, bleibt offen. Die Macht, Nachkommen zu zeugen und zu verweigern, wird in dieser Geschichte allein dem Mann zugestanden.

Obwohl sich sein Auftritt auf drei Verse beschränkt, ist Onan in der Sexualgeschichte zu einigem Ruhm gelangt. Er gilt als Erfinder des ›coitus interruptus‹, fungiert als Namensgeber der Onanie und wurde mit diversen Sexualpraktiken, die nicht der Fortpflanzung dienen, in Verbindung gebracht.[6] Die biblischen Heilsgeschichten der Un*fruchtbarkeit werden durch Onan um eine Facette bereichert. Kinderlosigkeit ist nicht nur auf den göttlichen Willen zurückzuführen, sondern kann auch menschengemachte Ursachen haben. Onans gewollte Kinderlosigkeit steht innerhalb des Buchs Genesis in deutlichem Widerspruch sowohl zum göttlichen Schöpfungs- als auch zum väterlichen Reproduktionsauftrag. Daher wird an Onan ein Exempel statuiert, das allen die Schlechtigkeit seines Tuns vor Augen führen soll: »Was er tat, missfiel dem Herrn und so ließ er [...] ihn sterben«, kommentiert der Erzähler lakonisch (Gen 38,10). In der religiösen Wertehierarchie nimmt die gewollte Kinderlosigkeit den untersten Rang ein. Wer seine Unfruchtbarkeit selbst zu verantworten hat, so suggeriert diese Geschichte, verstößt gegen den Willen Gottes und verdient den Tod.

Verheißungen für Unfruchtbare

Fruchtbarkeit als göttlichen Segen und Unfruchtbarkeit als Zeichen göttlicher Verwerfung zu verstehen, ist eine Meistererzählung, die in den Diskriminierungsgeschichten des Alten Testaments gründet und durch den Einfluss der jüdisch-christlichen Religion Jahrtausende lang tradiert wurde. Doch gibt es in den biblischen Propheten- und Weisheitsbüchern auch andere Aussagen. Diese heben die generelle Wertschätzung von Elternschaft zwar nicht auf, doch erweitern sie das Verständnis von Un*fruchtbarkeit durch eine metaphorische Deutung und stellen die Verknüpfung von Kinderlosigkeit und Verworfenheit in Frage.

Im zweiten Teil des Buches Jesaja wird Zion mit einer unfruchtbaren Frau verglichen (Jes 49,21). Ihre Trauer, allein zurückgeblieben zu sein, während sich das Volk Juda im babylonischen Exil befindet (586–538 v. Chr.), veranschaulicht der Prophet mit dem Bild einer Kinderlosen. Den Schmerz einer verstoßenen und verlassenen Frau kontrastiert er mit der Heilszusage Gottes, der sein Volk wieder heimführen will. Im Unterschied zur Patriarchengeschichte ergeht die Verheißung Gottes nicht an männliche Akteure, sondern an eine weibliche Figur. Zion wird die Überwindung ihres Leids in Aussicht gestellt, wenn auch erst in einer nicht näher definierten Zukunft.[7] Schon in der Gegenwart wird die Unfruchtbare aufgefordert, sich zu freuen, in Jubel auszubrechen und zu jauchzen (Jes 54,1). Die biblische Prophezeiung setzt die Deutung von Kinderlosigkeit als Unglück voraus, zielt aber nicht auf die Geburt leiblicher Nachkommen, sondern auf die Erlösung eines Volkes. Durch diese metaphorische Verwendung macht Deuterojesaja deutlich, dass sowohl im körperlichen als auch im geistigen Sinne von Un*fruchtbarkeit gesprochen werden kann. Kinderlosigkeit betrifft nicht nur eine Randgruppe, sondern die gesamte Gesellschaft. Von Gott verlassen zu sein und Gnade zu finden, ist keine Frage biologischer Elternschaft.

Die positive Konnotation von Fruchtbarkeit und die negative von Unfruchtbarkeit wird im Buch der Weisheit (80–30 v. Chr.) noch stärker hinterfragt. Der Verfasser geht zwar von der bekannten Dichotomie aus und stellt diejenigen, die Kinder haben, denjenigen gegenüber, die keinen Nachwuchs haben. Doch hebt er hervor, dass Fortpflanzung kein religiöser Selbstläufer ist. Aus dem Vorhandensein von Kindern ist weder abzuleiten, dass ihre Eltern ein frommes Leben führen, noch, dass sie ihren Pflichten gegenüber Gott genügen. Die gängige Auffassung gerät ins Wanken, weil der Autor eine Kinderlose, die keine Sünden begangen hat, seligpreist. Am Jüngsten Tag werde sie gleich einer Mutter geehrt. Ebenso preist er den kinderlosen Gerechten und verheißt ihm besondere Gnade (Weish 3,13 f.). Während in den alttestamentlichen Heilsgeschichten die Kinderlosigkeit der Patriarchenfrauen und Prophetenmütter eine Episode bleibt und dank göttlicher Hilfe überwunden wird, wendet sich der Verfasser des Weisheitsbuchs an Menschen, die dauerhaft ohne Nachwuchs bleiben. Seine Rede richtet sich an beide Geschlechter, so dass Unfruchtbarkeit nicht allein am weiblichen Körper verortet wird. Dem kinderlosen Mann wie der kinderlosen Frau wird reicher Lohn versprochen, wenn sie ein gottgefälliges Leben führen. Zwar bleibt das implizite Ideal, an dem Frauen gemessen werden, die Mutterschaft. Doch etabliert der Verfasser eine neue Wertehierarchie, in der Frömmigkeit Fruchtbarkeit als Leitkategorie ersetzt. Die große Kinderschar der Frevler bringe weder Nutzen noch Anerkennung, versichert der weise Sprecher und stellt klar: »Besser ist Kinderlosigkeit mit Tugend; unsterblich ist ihr Ruhm, / sie steht in Ehren bei Gott und bei den Menschen.« (Weis 4,1) Die verbreitete Annahme, dass Kinderreichtum eine Auszeichnung und Kinderlosigkeit eine Strafe Gottes darstellt, wird im Buch der Weisheit für ungültig erklärt.

Neutestamentliche Aussagen: Familienkritische Tendenzen

Die hohe Wertschätzung, die Ehe und Familie bei den christlichen Kirchen genießen, ist erstaunlich, wenn man sich das Neue Testament genauer ansieht. Der Evangelist Lukas erweckt mit seinen Kindheitserzählungen zunächst den Anschein, dass er die alttestamentliche Un*fruchtbarkeitshierarchie bestätigt, doch wird dieser Eindruck durch die Reden Jesu revidiert. Mit seinen Stellungnahmen zu Ehe, Verwandtschaft und Kinderlosigkeit scheint Jesus die Wertvorstellungen seiner jüdischen Glaubensgenossen geradezu auf den Kopf zu stellen. Die Schreiben von Paulus weisen dieselbe Stoßrichtung auf, wertet er doch Keuschheit höher als Fruchtbarkeit. Zwar lassen sich in den Büchern und Briefen des Neuen Testaments vereinzelt auch konträre Stellungnahmen finden, aber der Gesamttenor unterscheidet sich auffällig vom Leitparadigma des Alten Testaments. Ein Leben ohne Kinder, sei es gewollt oder ungewollt, wird von jeglicher Schmach befreit und Enthaltsamkeit zur bevorzugten Lebensform erklärt.

Geburtswunder bei Lukas

Das Lukasevangelium (um 80–90) beginnt mit einem doppelten Geburtswunder. Die unglaubliche Geschichte von der Jungfrauengeburt stützt der Evangelist dadurch, dass er zunächst von einem anderen Wunder erzählt, dessen Erzählschema aus dem Alten Testament bekannt ist: der späten Geburt eines außergewöhnlichen Kindes. Bis ins vorgerückte Alter sind Zacharias und Elisabet kinderlos geblieben, was – wie für biblische Un*fruchtbarkeitsgeschichten typisch – der Ehefrau angelastet wird; Lukas resümiert lapidar: »Elisabet war unfruchtbar« (Lk 1,7). Gottes Hilfe macht das Unvorstellbare möglich, wie der Engel Gabriel dem Wunschvater offenbart: Sein Gebet sei erhört worden, Elisabet werde ihm einen Sohn gebären. Während es Zacharias buchstäblich die Sprache verschlägt, sei es als Strafe für seinen Zweifel oder aus Staunen über das Wunder, deutet Elisabet ihre Schwangerschaft als Zeichen göttlichen Erbarmens: »Der Herr hat mir geholfen; er hat in diesen Tagen gnädig auf mich geschaut und mich von der Schande befreit, mit der ich in den Augen der Menschen beladen war.« (Lk 1,25) Unfruchtbarkeit wird zu Beginn des Lukasevangeliums also noch einmal als Makel interpretiert. Allerdings unterscheidet Elisabet zwischen dem gnädig schauenden Gott und den unbarmherzigen Blicken der Menschen. Nur aus gesellschaftlicher Perspektive erscheint Kinderlosigkeit als Stigma, wohingegen Gott das Paar besser beurteilen kann. Indem Elisabets Unfruchtbarkeit spät in Fruchtbarkeit verwandelt wird, erfährt die gängige Auffassung von Kindern als Zeichen göttlichen Wohlgefallens noch einmal eine Bestätigung.

Unmittelbar auf die Verheißung der Geburt Johannes des Täufers folgt die zweite Verkündigungsgeschichte, die die Diskussionen um Un*fruchtbarkeit ad absurdum führt. Wie Zacharias erfährt Maria durch einen Engel von der Geburt eines Sohnes, die allen biologischen Wahrscheinlichkeiten widerspricht. Anders als Elisabet ist Maria zwar nicht zu alt für eine Empfängnis, doch fehlt ihr die nötige Sexualpraxis. Ohne mit einem Mann geschlafen zu haben, kann Maria nach menschlichem Ermessen nicht schwanger sein. Im Unterschied zu Elisabet und Zacharias stellt der unverhoffte Kindersegen für Maria und Josef daher keine Erlösung, sondern eine Zumutung dar. Uneheliche Fruchtbarkeit ist in der jüdisch-christlichen Kultur eine noch größere Schande als die Unfruchtbarkeit einer verheirateten Frau. Während Maria ihre Berufung zur Mutter Jesu schnell akzeptiert (Lk 1,38), muss sich Josef – bei Matthäus (Mt 1,19) – erst mit der neuen Situation arrangieren. Indem Marias Empfängnis auf das Wirken des Heiligen Geistes zurückgeführt wird, ist der Kausalzusammenhang zwischen göttlichem Auftrag und menschlicher Fortpflanzung durchbrochen. Die Reproduktion verliert ihre religiöse Relevanz, wenn Gott seinen Sohn auf andere Weise zur Welt kommen lässt. Das Heil der Menschen hängt nicht länger von ihrer Fruchtbarkeit ab.

Familienkritik Jesu

Der in der Geburt Jesu angelegte genealogiekritische Aspekt wird später entfaltet. Jesus negiert seine familiären Bindungen und entscheidet sich für eine konkurrierende Lebensform.[8] Die Synoptiker erzählen in ihren parallel gebauten Evangelien davon, wie Jesus seine Angehörigen zurückweist und sich von ihnen lossagt. Die Raumsemantik ist bezeichnend für diese Situation: Jesus und seine Anhänger befinden sich in einem Haus, wohingegen seine Mutter und seine Brüder davor stehen bleiben. In dieser Aufteilung von drinnen und draußen spiegelt sich die Beziehung der Beteiligten. Zwar bemüht sich die Familie, Jesus wieder in ihre Mitte zu holen. Bei Markus sind Mutter und Brüder jedoch nicht bereit, die Schwelle des Hauses zu übertreten und sich in den Kreis der Jünger zu begeben; stattdessen lassen sie Jesus hinausrufen (Mk 3,31). Lukas fügt halb erläuternd, halb entschuldigend hinzu, dass sie wegen der vielen Leute nicht zu ihm gelangen konnten (Lk 8,19).

Jesus reagiert in beiden Fällen gleich radikal. Er ist nicht bereit, die Bitte seiner Verwandten zu erfüllen und die Grenze zu ihnen zu überschreiten. Mit der provokativen Frage: »Wer ist meine Mutter und wer sind meine Brüder?« erklärt Jesus die Ansprüche seiner Herkunftsfamilie für nichtig. Stattdessen definiert er ein neues Familienmodell, in dem Genealogie durch Gottesliebe und Gefolgschaft ersetzt wird. Auf die ihn umgebenden Menschen blickend, verkündet er: »Das hier sind meine Mutter und meine Brüder. Wer den Willen Gottes erfüllt, der ist für mich Bruder und Schwester und Mutter.« (Mk 3,34 f.) Der Frau, die ihn geboren hat, erkennt Jesus also die Mutterrolle nachträglich ab. Kinderlosigkeit ist in den Evangelien nicht das Resultat einer körperlichen Beeinträchtigung oder eines biologischen Unvermögens. Einen Sohn zu haben oder nicht zu haben, hängt vielmehr vom sozio-religiösen Verhalten ab.

Seine Überzeugung von der Irrelevanz genealogischer Beziehungen erhebt Jesus zum Grundprinzip der Nachfolge. Von seinen Jüngern verlangt er, sich ebenfalls gegenüber ihren leiblichen Familien zu distanzieren. Wer sich ihm anschließen will, muss alle anderen Bindungen aufgeben. Nur derjenige, der Vater und Mutter, Frau und Kinder, Brüder und Schwestern, ja sogar sein eigenes Leben gering achtet, kann sein Jünger sein (Lk 14,26). Diese antifamilialen Züge der Lehre Jesu entziehen den alttestamentlichen Diskussionen um Un*fruchtbarkeit ihre Grundlage. Der Vermehrungsauftrag wird zwar nicht dezidiert verworfen, doch durch die Berufung zur Nachfolge hinfällig. Für ein christliches Leben ist es nicht entscheidend, Kinder zu zeugen, sondern sein Kreuz auf sich zu nehmen (Lk 14,27). Die gängige Un*fruchtbarkeitshierarchie verkehrt Jesus vor seiner Kreuzigung sogar explizit. Auf dem Weg nach Golgatha wendet er sich den klagenden Frauen zu, aber schätzt ihr Verhalten nicht. Vielmehr verlangt er, dass sie statt aus Mitleid lieber aus Reue Tränen vergießen sollen: »weint nicht über mich; weint über euch und eure Kinder!« Der Kreuzweg Jesu erhält somit eine biblische Urszene zu bereuender Elternschaft. Die Frauen von Jerusalem bedauern zwar nicht selbst, Mütter geworden zu sein, werden aber dazu angehalten, ihre familiäre Lebenssituation in Frage zu stellen. In Erwartung seines Todes kündigt Jesus an, dass man einst Kinderlose preisen werde: »Denn es kommen Tage, da wird man sagen: Wohl den Frauen, die unfruchtbar sind, die nicht geboren und nicht gestillt haben.« (Lk 23,28 f.) Kinder zu bekommen ist für Jesus weder Verdienst noch Gnade, sondern geht mit der Gefahr einer, Wesentliches aus den Augen zu verlieren. Aus eschatologischer Sicht ist Unfruchtbarkeit höher zu schätzen als Fruchtbarkeit.

Das Keuschheitsideal des Paulus

Die familienkritischen Tendenzen der Jesusbewegung sorgten in den frühen christlichen Gemeinden für Verunsicherung. War es noch legitim, Ehen zu schließen? Durften christliche Paare überhaupt miteinander schlafen? Auf Bitten der Gemeinde von Korinth setzte sich Paulus (53–56) ausführlich mit Fragen einer christlichen Sexualmoral auseinander. Er entwickelte eine Ehetheologie, bei der der Aspekt der Fortpflanzung weitgehend ausgeklammert wird. Nicht der Appell zur Fruchtbarkeit, sondern die Angst vor Unzucht bestimmt seine Ausführungen. Paulus erklärt die Ehe grundsätzlich für legitim und hilfreich. Jeder Mann solle eine Frau haben und jede Frau einen Mann, um ihr

Begehren in geordnete Bahnen zu lenken. Deshalb dürfen sich Partner auch nur zeitweilig und im gegenseitigen Einverständnis einander entziehen. Die eheliche Sexualität impliziert zwar das Zeugen von Kindern, doch erneuert der Apostel den Reproduktionsauftrag nicht. Vielmehr stellt er klar, dass es kein christliches Heiratsgebot gebe. Bei der Ehe handle es sich lediglich um ein Zugeständnis an die menschliche Schwäche, nicht um einen göttlichen Befehl (1 Kor 7,6). Generell priorisiert Paulus eine andere Lebensform: Die Ehelosigkeit betrachtet er als ein größeres Gut und begründet diese Gewichtung mit den unterschiedlichen Interessen verheirateter und unverheirateter Christen. Während jene ihrem Partner gefallen wollten, könnten sich diese auf Gott konzentrieren. Zwar betont Paulus, dass eine Heirat mit keiner Sünde verbunden sei und man besser heiraten solle, als sich in Begierde zu verzehren. Dennoch hält er die Ehelosigkeit für das optimale christliche Lebensmodell: »Wer seine Jungfrau heiratet, handelt also richtig; doch wer sie nicht heiratet, handelt besser.« (1 Kor 7,38)

Religiös relevant erscheint eine Elternschaft bei Paulus jedoch, als er sich mit der Hierarchie innerhalb der Gemeinden und zwischen den Geschlechtern auseinandersetzt. Im Brief an Timotheus fordert er die Unterordnung von Frauen und begründet dies mit der weiblichen Verführbarkeit, wie sie sich im Sündenfall gezeigt habe (1 Tim 2,8–15). In diesem Kontext billigt Paulus dem Gebären heilsgeschichtliche Bedeutung zu und sieht in der Mutterschaft eine Möglichkeit, wie Frauen gerettet werden können. Bei seinen Empfehlungen zum Umgang mit Witwen formuliert Paulus sogar eine Soll-Bestimmung: Er wünscht, dass jüngere Witwen wieder heiraten, Kinder gebären und den Haushalt versorgen. Die Mitglieder der jungen christlichen Gemeinde sollten sich den sozialen Normen ihrer Umgebung anpassen, damit sie keinen Anlass zu übler Nachrede bieten (1 Tim 5,14). Wie passen solche Reproduktionsforderungen zu einem Mann, der sich sonst klar für einen Verzicht auf Ehe und Familie ausspricht? Möglicherweise trugen auch diese Widersprüche dazu bei, dass die Autorschaft angezweifelt wurde. Nach Ansicht der neueren Forschung wurden die sogenannten Pastoralbriefe jedenfalls erst im 2. Jahrhundert verfasst und Paulus nachträglich zugewiesen.[9] Dass für den Apostel die Enthaltsamkeit stets an oberster Stelle der religiösen Werteskala stand, beweist dagegen sein Gnadenbegriff (1 Kor 7,7): Während in den biblischen Geburtswundererzählungen die Fruchtbarkeit einer Frau als göttliches Geschenk gedeutet wird, versteht Paulus seine Ehelosigkeit als Gnadengabe.

Im Neuen Testament lässt sich folglich ein Nebeneinander unterschiedlicher Wertvorstellungen bezüglich Un*fruchtbarkeit beobachten. Alle Grundformen der Elternschaft, die im Untertitel meines Buchs aufgeführt sind, werden in den Evangelien und den biblischen Briefen durchgespielt: angefangen mit der ersehnten Elternschaft von Elisabet und Zacharias, die im hohen Alter doch noch Nachwuchs bekommen, über die bereute Mutterschaft, wie sie Jesus den Jerusalemer Klagefrauen nahelegt, bis hin zur verweigerten Vaterschaft, die Paulus mit seinem Keuschheitsideal indirekt propagiert und die auch Jesus mit seiner Jüngerschaft vorlebt. Diese Pluralität und Diversität herauszustellen und historisch zu kontextualisieren, sind Ziele der erhellenden Studie von Candida R. Moss und Joel S. Baden *Reconceiving Infertility* (Empfängnis der Unfruchtbarkeit; 2015). Die beiden Exegeten setzen sich viel ausführlicher mit den biblischen Perspektiven auf Prokreation und Kinderlosigkeit auseinander, als es mir bei meinem Fokus auf verschiedene mittelalterliche Wissensbereiche und Narrative möglich ist. Dabei teilen der amerikanische Experte für hebräische Bibel und die englische Professorin für Neues Testament meine Grundannahme und betonen ebenfalls, dass Kinderlosigkeit – selbst in medizinischer Hinsicht – kulturell konstruiert wird.[10] Für die biblische Un*fruchtbarkeitsforschung sind – im Unterschied zu vielen anderen historischen Bereichen – wichtige Grundlagen bereits gelegt.

Patristisch-scholastische Lehre: Sex und Sünde

Die Spannungen zwischen dem alttestamentlichen Reproduktionsauftrag und dem paulinischen Keuschheitsideal spiegeln sich in den exegetischen Kommentaren der Kirchenväter und den Schriften mittelalterlicher Theologen wider. Die christlichen Autoren stehen vor der schwierigen Aufgabe, aus den widersprüchlichen biblischen Maximen eine kohärente Theologie zu entwickeln. Zwischen 1100 und 1160 wurde in den Schulen von Laon und Paris intensiv über das christliche Eheverständnis diskutiert, wie der deutsche Moraltheologe Hans Zeimentz in seiner Untersuchung *Ehe nach der Lehre der Frühscholastik* (1973) dargelegt hat,[11] auf die sich meine Quellenauswahl wesentlich stützt. Die Bewertung von Un*fruchtbarkeit hing für Autoren wie Anselm von Laon, Wilhelm von Champeaux, Hugo von St. Viktor, Walter von Mortagne und Petrus Lombardus entscheidend mit ihrem Verständnis von Sexualität zusammen. Besonders heikel erschien vielen patristischen und scholastischen Gelehrten die Geschlechtslust, die Christen am besten ganz vermeiden sollten. Bewundert wurden daher Eheleute, die im gegenseitigen Einverständnis auf Sex verzichten, wodurch gewollte Kinderlosigkeit fast unbemerkt zu einem akzeptierten Lebensmodell wurde.

Reformulierungen des Reproduktionsauftrags

Ausgehend vom Neuen Testament deuteten die christlichen Autoren die Un*fruchtbarkeitsperikopen des Alten Testaments neu und reformulierten den Reproduktionsauftrag, statt ihn gänzlich aufzugeben. Der wichtigste Lösungsansatz, den ersten Schöpfungsbericht mit den paulinischen Aussagen zu harmonisieren, bestand darin, zwischen dem paradiesischen Anfangszustand und dem Leben nach dem Sündenfall zu unterscheiden. Anknüpfend an die Kirchenväter vertraten die Scholastiker die Ansicht, dass die Ehe von Gott im Paradies gestiftet wurde und der Fortpflanzung dienen sollte.[12] Der Reproduktionsauftrag entsprach damit der ursprünglichen Intention Gottes und der eigentlichen Bestimmung des Menschen. Nach dem Sündenfall wurde die Ehe jedoch umgewidmet. Nun sollte sie jenen Zweck erfüllen, den ihr Paulus im 1. Korintherbrief zubilligt: Sie gilt als Heilmittel gegen das Begehren, um Unzucht zu verhindern. Diese grundlegende Unterscheidung zwischen der Ehe vor und nach dem Sündenfall hat mehrere Implikationen, die für die theologische Bewertung von Un*fruchtbarkeit von Bedeutung sind:

Erstens gilt die Fortpflanzung als paradiesisches Ideal und wird mit religiöser Bedeutung aufgeladen. Denn die Vermehrung des Menschengeschlechts ist nach Ansicht der Theologen kein anthropologischer Selbstzweck, sondern wird an den göttlichen Auftraggeber rückgebunden. Die Zeugung von Kindern dient dazu, die Zahl der Gläubigen zu erhöhen und den Lobpreis Gottes zu steigern. Gatten sollten in der Hoffnung auf Nachkommen miteinander schlafen, die Kinder in Liebe empfangen und sie zur Verehrung Gottes erziehen.[13] Nach dieser Auffassung kann Kinderlosigkeit gleich in zweifacher Hinsicht als Verstoß gegen die göttliche Ordnung betrachtet werden: Weder wird der Schöpfungsauftrag erfüllt noch das Werk Gottes auf Erden weitergeführt.

Das christliche Verständnis von Un*fruchtbarkeit erstreckt sich jedoch sowohl auf körperliche als auch auf geistige Phänomene.[14] Die Ehe wird als ein von Gott eingerichtetes Amt mit dem Priesteramt parallelisiert; wie Eltern Gott leibliche Nachkommen schenken, sorgen Priester für geistlichen Nachwuchs. Dieser Vergleich offenbart erneut, dass der Vermehrungsauftrag nicht im literalen Sinne interpretiert und auf die biologische Reproduktion bezogen werden muss; das göttliche Schöpfungsgebot erfüllen alle, die zur Mehrung der Gotteskinder beitragen. Kinder sollten nicht geboren, sondern wiedergeboren werden, stellt der Verfasser der *Sententiae Magistri A* (Sentenzen des Lehrers A) in den 1120er Jahren klar. Fruchtbarkeit ist im religiösen Sinne zu verstehen, insofern die Taten von Christinnen und Christen geistige Früchte tragen sollen.

Zweitens nahmen die Theologen den Vermehrungsauftrag zum Anlass, um die Erschaffung von Mann und Frau zu erklären. Dass die Gottebenbildlichkeit und die (Zwei-)Geschlechtlichkeit des Menschen im ersten Schöpfungsbericht in unmittelbarem Zusammenhang genannt werden, beschäftigte die ersten Bibelkommentatoren sehr. Das geistige Prinzip des Göttlichen und die materielle Form des Menschlichen schienen in einem Widerspruch zu stehen.[15] Bezog man die Zweigeschlechtlichkeit jedoch auf das Reproduktionsmotiv, dann erschien die Bezeichnung von Mann und Frau als Abbild Gottes einsichtig. Augustinus (354–430) ging dabei so weit, nicht nur die Erwähnung, sondern auch die Erschaffung der Frau mit dem Vermehrungsauftrag zu begründen. In seinem Genesiskommentar fragt er rhetorisch, für welche Aufgabe die Frau geschaffen sein sollte, wenn nicht für die Fortpflanzung. Schließlich eigne sich für jede andere Tätigkeit, sei es landwirtschaftliche Arbeit oder ein freundschaftliches Gespräch, ein männlicher Partner besser. Warum aber Gott aus der Rippe des Menschen keinen zweiten Mann geformt hat, beantwortet der Kirchenvater folgendermaßen: »Ich finde also keine andere Hilfeleistung, für die dem Mann ein Weib erschaffen wurde, wenn nicht die, ihm Kinder zu gebären.«[16]

Diese Ansicht des Augustinus entsprach im Mittelalter der allgemeinen theologischen Überzeugung.[17] So begründete beispielsweise Thomas von Aquin (1225–1274) die Erschaffung der Frau damit, dass der Mann bei der Reproduktion nicht auf sie verzichten könne. Aus ihrer Unentbehrlichkeit für die Fortpflanzung wurde auf ihr Wesen geschlossen. Während der Mann als die menschliche Norm galt und ihm vielfältige Aufgaben zugebilligt wurden, verknüpften männliche Autoren den Vermehrungsauftrag mit dem weiblichen Geschlecht. Diese Deutung der Frau als Fortpflanzungshilfe erklärt, weshalb ungewollte Kinderlosigkeit auch für christliche Frauen höchst belastend sein konnte. Gebären sie keine Kinder, werden sie ihrer göttlichen Bestimmung nicht gerecht und können mit ihrer geschlechtlichen Identität hadern. Selbst wenn Augustinus in seiner Ehelehre ein positives Bild von der ehelichen Gemeinschaft zeichnet und die Frau als Gefährtin des Mannes würdigt, so entsteht doch der Eindruck, Frauen seien – mit Ausnahme der Gebärfunktion – ersetzbar und müssten sich vor allem über ihre Reproduktionsfähigkeit definieren.

Drittens führt der Sündenfall zu einer Affizierung des Sexualaktes mit sündhafter Leidenschaft, was sich auf die theologische Bewertung der Fortpflanzung negativ auswirkt. In Übereinstimmung mit 1 Kor 7 argumentierten die Kirchenväter und Kirchenlehrer, dass die eheliche Verbindung von Mann und Frau nach dem Sündenfall eine neue Funktion erhalte und zur Vermeidung von Unzucht beitragen solle. Ausgangspunkt dieser theologischen Diskussion war das geschlechtliche Begehren, wie der Leitbegriff der Konkupiszenz (lat. ›concupiscentia‹, heftiges Verlangen) zeigt. Da die christlichen Autoren den Sexualtrieb grundsätzlich negativ bewerteten, unterschieden sie zwischen der Fortpflanzung vor und nach dem Sündenfall. Im Paradies sei der Geschlechtsakt mit keiner Lust verbunden gewesen. Die sexuellen Tätigkeiten hätten sich nicht von anderen körperlichen Bewegungen unterschieden, und die Sexualorgane wären vom Geist beherrscht worden. Nach dem Sündenfall sei der Geschlechtsakt jedoch durch die Lust pervertiert worden. Die Genitalien ließen sich nicht mehr vom Willen lenken, und so sei der Sexualtrieb unkontrollierbar geworden. Die christlichen Theologen brandmarken das geschlechtliche Begehren, weil es für sie sowohl ein Resultat des Sündenfalls darstellte als auch dessen Konsequenzen weitertrug. Im Anschluss an Augustinus dominierte die Lehrmeinung, dass die Erbsünde durch Konkupiszenz beim Geschlechtsakt weitergegeben werde. Das geschlechtliche Begehren galt den Scholastikern als Quelle des Übels, als Einfallstor des Bösen, ja als ›Sündenzunder‹; teils wurde die Erbsünde sogar direkt mit der Konkupiszenz identifiziert.[18]

Empfehlungen zur Lustreduktion

Die christlichen Theologen sahen in der Ehe ein Heilmittel gegen die Konkupiszenz, doch ohne dass der eheliche Vollzug ihres Erachtens von schändlichem Begehren verschont blieb. In den Ehetraktaten der Schulen von Laon und Paris wurde darüber diskutiert, ob und inwiefern Geschlechtsverkehr in der Ehe sündhaft sei.[19] Mehrere Frühscholastiker vertraten die Ansicht, dass Eheleute beim Sexualakt eine Sünde begehen, wenngleich sie diese als lässlich einstuften. Die Geschlechtslust ist nach Anselm von Laon (1050–1117) bedauerlich, aber unvermeidbar und wird durch das Sakrament der Ehe in seiner Sündhaftigkeit gemindert. Dagegen ließ Wilhelm von Champeaux (um 1070–1121) den sakramentalen Charakter der Ehe nicht als alleinige Entschuldigung gelten; er hielt Sex nur dann für eine verzeihliche Sünde, wenn die Eheleute miteinander schlafen, um ein Kind zu zeugen.

Eine besonders rigorose Position vertraten zwei Kanonisten aus Bologna.[20] Weil der Geschlechtsakt stets mit Wollust verbunden sei, könne er nie ohne Sünde vollzogen werden, behauptete Gandulph von Bologna (gest. nach 1185). Sein Schüler Huguccio (gest. 1210) erklärte, dass Maria als einzige Frau ihren Sohn ohne Sünde empfangen habe. Sorgfältig unterschied er zwischen verschiedenen sexuellen Motivationen. Das Verhalten von Eheleuten, die miteinander schlafen, weil sie auf die Bedürfnisse des Partners Rücksicht nehmen, hielt Huguccio für akzeptabel. Wenn sie Wollust beim Sex empfänden, handle es sich um eine lässliche Sünde. Anders beurteilte der Kanonist den Geschlechtsverkehr dagegen, wenn dieser dem eigenen Lustgewinn diene; das Streben nach sexueller Befriedigung sei eine schwere Sünde. In seinem Bemühen, körperliches Begehren zu reduzieren, ging Huguccio so weit, konkrete Ratschläge für die eheliche Sexualpraxis zu erteilen: Ein Mann könne seinen Körper der Gattin zur Verfügung stellen, sie befriedigen und sich dann zurückziehen, ohne selbst zum Orgasmus zu gelangen. Wer selbstlos und kontrolliert mit seiner Partnerin verkehre, bewahre seine Enthaltsamkeit und bleibe frei von Sünde. Der im Alten Testament scharf verurteilte ›coitus interruptus‹ dient bei Huguccio nicht zur Empfängnisverhütung, sondern zur Lustreduktion. Die Maxime der Fruchtbarkeit wird auch beim Sexualakt der Enthaltsamkeit untergeordnet. Hauptanliegen ist es, keine Wollust zu empfinden.

Andere Theologen beurteilten die eheliche Sexualität positiver. Zwar betrachteten auch sie den Geschlechtsverkehr wegen der mit ihm verbundenen Konkupiszenz für schlecht und tadelnswert. Doch könne der Sexualakt durch die Güter der Ehe entschuldigt werden, zu denen Treue, Nachkommenschaft und Sakrament gehörten.[21] Wenn die Eheleute miteinander verkehrten, um Kinder zu zeugen oder um ihre eheliche Pflicht zu erfüllen, sei ihre Geschlechtslust nicht sündhaft, meint Hugo von St. Viktor (um 1097–1141). Er verteidigte sogar den Sexualtrieb, indem er das Empfinden von Lust für natürlich erklärte, solange es nicht maßlos sei.

In der scholastischen Konkupiszenz-Debatte verliert der biblische Vermehrungsauftrag seine ursprüngliche Bedeutung. Das Zeugen von Kindern ist keine göttliche Aufgabe mehr, sondern Folge sexueller Sünde. Durch ihre Verbindung zur Ur- und Erbsünde ist die Fortpflanzung grundsätzlich negativ konnotiert. Statt Un*fruchtbarkeit gilt für die Scholastiker wie schon für Paulus Unzucht als Leitkategorie. Daher dürfen sich christliche Eheleute einander auch nicht entziehen, sondern müssen das Begehren des Partners stillen. Dabei gehen die mittelalterlichen Autoren von einem gleichberechtigten Verhältnis der Eheleute aus; sowohl Frauen als auch Männer müssen ihre Vollzugspflicht (›debitum‹) erfüllen.

Geforderte Reproduktionsbereitschaft

Trotz aller Lustfeindlichkeit erkannten die Theologen an, dass es sich bei dem Sexualtrieb um ein anthropologisches Grundbedürfnis handelt. In diesem Zusammenhang wird das Hervorbringen von Kindern wieder bedeutsam. Die Fortpflanzung wird in den scholastischen Ehetraktaten nicht als göttliches

Gebot, sondern als menschliche Rechtfertigung interpretiert. Das Zeugen von Nachkommen gilt als legitimer Grund, eine Ehe einzugehen und sich sexuell zu betätigen.[22] Somit bleibt die Fortpflanzung als unmarkierte Norm für christliche Eheleute erhalten, obwohl bereits Paulus auf eine Erneuerung des alttestamentlichen Vermehrungsauftrags verzichtete. Solange aber implizite Normen nicht als solche markiert sind, werden auch die mit ihnen verbundenen Abwertungen nicht hinterfragt. Elternschaft erscheint als Selbstverständlichkeit, Kinderlosigkeit als anormal. Dabei besteht nach Ansicht der Scholastiker keineswegs für alle Christen eine Reproduktionspflicht, sondern nur für jene, die verheiratet sind und miteinander schlafen wollen. Das generelle Vermehrungsgebot sei längst aufgehoben und hätte nur zu Beginn der Menschheitsgeschichte Gültigkeit gehabt. Nachdem eine genügend große Anzahl an Menschen gezeugt worden sei, um Gott angemessen zu verehren, kommentierte Petrus Lombardus (um 1095/1100–1160), erübrige sich die Fortpflanzung und diene die Ehe nur noch zur Vermeidung von Unzucht.[23]

Durch das paulinische Schweigen über die Prokreation und die theologische Überzeugung, dass die Zahl der Heiligen bereits komplettiert sei, konnten die christlichen Theologen zu einer neuen Beurteilung der ehelichen Sexualität gelangen. Schon die Kirchenväter setzten sich mit der Frage auseinander, wie Sex ohne Zeugung zu bewerten sei.[24] Hieronymus (347–420) verurteilte den Genuss sexueller Lust in der Ehe scharf; es gebe nichts Schändlicheres, als seine Frau gleich einer Dirne zu lieben. Augustinus vertrat dagegen eine moderatere Ansicht. Er gestand zu, dass Partner auch aus sexuellen Interessen und nicht nur zu Reproduktionszwecken eine Ehe schließen könnten. Zur Bedingung machte Augustinus allerdings, dass ein christliches Ehepaar die Fortpflanzung nicht aktiv vereiteln dürfe. Wenn der Geschlechtsverkehr christlicher Eheleute nicht offen für eine Zeugung sei, handle es sich um einen Verstoß ›contra naturam‹. Seiner Auffassung schlossen sich Walter von Mortagne (vor 1100–1174) und Petrus Lombardus an, die Sex ohne Empfängnismöglichkeit als verabscheuenswert und schwer sündhaft bewerteten. Die alttestamentliche Verurteilung von nicht-konzeptiven Sexualpraktiken wurde im Christentum fortgeführt und von Onan auf alle Ehepaare ausgeweitet. Für die theologische Bewertung von Un*fruchtbarkeit war demnach weniger der objektive Sachverhalt entscheidend als die subjektive Intention. Eine ungewollte Kinderlosigkeit erschien aus kirchlicher Perspektive unproblematisch, solange der wichtigste Zweck der Ehe – die Vermeidung von Unzucht – erfüllt wurde. Eine gewollte Kinderlosigkeit verurteilten die Moraltheologen jedoch scharf und werteten sie als schwere Sünde gegen Gott und eine Verkehrung der von ihm geschaffenen Natur des Menschen.

Die Forderung nach einer steten Zeugungs- und Empfängnisbereitschaft beim ehelichen Sexualverkehr blieb nicht nur moraltheologische Theorie, sondern wurde durch Predigten und Beichtgespräche in die religiöse Praxis überführt.[25] Die mittelalterlichen Bußsummen zeugen von der Sorge der Geistlichen um das Sexualleben der Gläubigen. Eheleute sollten in der Beichte genau befragt werden, ob ihr Geschlechtsverkehr den kirchlichen Erwartungen entsprach und daraus stets hätten Kinder hervorgehen können. Die potentielle Fruchtbarkeit wird zum zentralen Faktor, um zwischen erlaubten und unerlaubten Sexualpraktiken zu unterscheiden: Verhütende Eheleute, gleichgeschlechtliche Paare und onanierende Einzelne begehen nach kirchlicher Auffassung in gleicher Weise eine schwere Sünde, weil die Befriedigung ihrer Lust eine Empfängnis von vornherein ausschließt. Bis in die Gegenwart hinein prägt diese Grundannahme die Sexualmoral der katholischen Kirche. Die restriktive Haltung hinsichtlich nicht-reproduktiver Sexualpraktiken, die in klerikalen Kreisen heute noch offiziell vertreten wird, ist in diesem Sinne genuin mittelalterlich.

Das Modell der Josefsehe

Einen weiteren Lösungsansatz, den Schöpfungsbericht mit dem paulinischen Keuschheitsideal zu harmonisieren, entwickelten die Theologen im Kontext der Mariologie. Die exzeptionelle Ehe Marias, die nach christlicher Vorstellung die Rollen Jungfrau, Mutter und Ehefrau in sich vereinte, wurde als nachahmenswertes Modell präsentiert. Dass die Verbindung von Maria und Josef als eine Ehe bezeichnet werden kann, selbst wenn sie keine Geschlechtsgemeinschaft war, hielten mehrere Kirchenväter fest.[26] Ambrosius von Mailand (339–397) argumentierte, dass Maria im Matthäusevangelium ausdrücklich als Josefs Frau bezeichnet werde. Da sowohl von der Gültigkeit dieser Ehe als auch von der lebenslangen Jungfräulichkeit Marias auszugehen war, zog Ambrosius den Schluss: Eine Ehe muss nicht notwendigerweise auf einer sexuellen Vereinigung basieren. Durch seinen Schüler Augustinus erlangte dieses Urteil weitreichende Geltung: Nicht der Geschlechtsakt, sondern die Liebe ist für eine Ehe wesentlich.

Die Frage, welchen Stellenwert der körperliche Vollzug bei einer Eheschließung hat, wurde im Mittelalter neu diskutiert. Hinkmar von Reims (800/810–882), der in einem eherechtlichen Streit im Jahr 860 Stellung beziehen musste, maß der sexuellen Vereinigung entscheidende Bedeutung bei.[27] Seines Erachtens war eine Ehe erst dann gültig und unauflöslich, wenn sie sexuell vollzogen war. Im Gegensatz zu den meisten Theologen, die die Verderbtheit des

Sexualtriebs betonten, bescheinigte Hinkmar dem ehelichen Akt sogar sakramentalen Charakter. Das innige Verhältnis von Christus und der Kirche versinnbildlichten nur jene Eheleute, die in geschlechtlicher Gemeinschaft lebten. Hinkmar blieb mit seiner Auffassung von der Notwendigkeit des sexuellen Vollzugs weitgehend allein, immer wieder grenzten sich spätere Theologen davon ab. In den scholastischen Ehetraktaten gilt der Grundsatz, dass eine Ehe durch die Zustimmung der Brautleute zustande kommt. Der Konsens, nicht die Kopula konstituiert die Ehe. Allerdings stellten nicht alle Scholastiker die Relevanz der sexuellen Vereinigung in Abrede. Vielmehr wurde der Vollzug in vielen Schriften der Schule von Laon als eine Möglichkeit angesehen, eine Ehe zu perfektionieren. Einige Autoren lehrten, dass Eheleute zwar mit einer geschlechtlichen Vereinigung einverstanden sein müssten, aber auf eine Durchführung verzichten könnten. Die grundsätzliche Bereitschaft ersetzte also den tatsächlichen Vollzug.

Der neuralgische Punkt, an dem die Tragfähigkeit aller Ansätze geprüft wurde, blieb die Ehe der Gottesmutter. Wenn die Zustimmung der Ehepartner, miteinander zu schlafen, unverzichtbar für die Gültigkeit einer Ehe war, musste dies auch für Maria gelten.[28] Der anonyme Verfasser des Traktats *Cum omnia sacramenta* (Weil alle Sakramente; 2. Viertel 12. Jh.) erklärte, dass Maria bereit gewesen wäre, Josefs sexuelle Forderung zu erfüllen, aber auf seine Rücksichtnahme vertraut hätte. Walter von Mortagne wiederum meinte, dass sich Maria und Josef erst nach der Verkündigung und in gegenseitigem Einverständnis zum enthaltsamen Leben entschlossen hätten. Dass solche Vorstellungen nicht mit Marias unversehrter Jungfräulichkeit vereinbar seien, betonte dagegen Hugo von St. Viktor. Er spitzte Walters Überlegungen zu und erzeugte so eine Aporie: Entweder habe Maria nicht in den Geschlechtsakt eingewilligt, dann wäre sie nicht wahre Ehefrau gewesen, oder sie habe eingewilligt, dann wäre sie – zumindest in geistiger Hinsicht – keine wahre Jungfrau geblieben.

Konsequenterweise schloss Hugo den körperlichen Vollzug ganz aus.[29] Notwendige Kriterien für eine Eheschließung sind seines Erachtens die Ausschließlichkeit und Unlösbarkeit dieser Bindung, aber weder eine willentliche noch eine gelebte Geschlechtsgemeinschaft. Sexuell miteinander verkehren müssen Eheleute nur, wenn sie dies vorher eigens miteinander verabredet haben. Sex in der Ehe ist demnach eine freiwillige Zugabe, keine Selbstverständlichkeit. Hugo machte die Ehe der Gottesmutter zum Maßstab für alle Christinnen und Christen und leitete aus dem Glauben an die immerwährende Jungfräulichkeit der Gottesgebärerin seine Ehelehre ab. Teilten Eheleute ihr Bett nicht, bedeutete dies nach Hugos Auffassung keineswegs, dass ihre Ehe defizitär oder gar ungültig war. Vielmehr erschien ihm eine keusche Ehe einer sexuellen Gemeinschaft deutlich überlegen. Sie sei wahrer und heiliger, da sie nicht in Begehrlichkeit, sondern in Liebe gründe. Ähnlich argumentierte der Verfasser von *In primis hominibus* (In Bezug auf die ersten Menschen; 1120er Jahre), der Eheleute zur Enthaltsamkeit ermutigen wollte: Zwischen ihnen entstehe ein umso festeres Band, je mehr sie sich zum Verzicht entschieden. Dann seien sie nicht mehr durch die Fesseln körperlicher Lust, sondern durch Herzensneigung miteinander verbunden.[30]

Über die sogenannte Josefsehe gelang es den Scholastikern, zwei christliche Lebensmodelle miteinander zu verbinden, die zuvor in Konkurrenz zueinander standen und als unvereinbar galten: Keuschheit und Ehe. Ihre Binarität wird aufgegeben und um ein drittes Modell ergänzt. In der keuschen Ehe ließen sich die religiösen Vorteile beider Lebensformen verknüpfen. Eheleute, die sexuell nicht miteinander verkehrten, befleckten sich auch nicht mit der Sünde der Konkupiszenz. Natürlich kann man sich fragen, weshalb Christen überhaupt noch heiraten sollten, wenn sie ihr Begehren kontrollieren können. Fallen der paulinische Hauptzweck der Eheschließung, die Vermeidung von Unzucht, und auch der Reproduktionsauftrag aus, dann lässt sich eine Heirat noch immer mit der gegenseitigen Liebe und Treue der Eheleute begründen. Nach patristisch-scholastischer Überzeugung hat Gott selbst den Stand der Ehe eingesetzt. Sie sei die einzige Lebensform, die sich bis ins Paradies zurückverfolgen lasse, und als Sakrament zu verstehen. Die Beziehung von Mann und Frau diene als zeichenhaftes Abbild von der Gemeinschaft Christi mit seiner Kirche bzw. Gottes und der liebenden Seele.[31] Keusche Eheleute konnten somit zugleich das Sakrament der Ehe empfangen und das paulinische Keuschheitsideal erfüllen.

Die Idealisierung der Josefsehe führt also dazu, dass das Reproduktionsgebot sogar innerhalb einer Ehe aufgehoben und durch eine Keuschheitsempfehlung ersetzt wird. Richten sich Eheleute nach dieser Maßgabe und bleiben enthaltsam, wird eine Fortpflanzung auf sicherste Weise verhindert. Körperliche Un*fruchtbarkeit ist daher aus scholastischer Perspektive keine Kategorie, nach der Gläubige hierarchisiert werden. Nicht die fehlende Reproduktion, sondern der sündhafte Sex ist für die Kirchenmänner das Problem. Diese theologischen Hintergründe sind wichtig, wenn man nachvollziehen will, warum sich Menschen im Mittelalter aus tiefer religiöser Überzeugung gegen Elternschaft entschieden. Über die Legendenliteratur fand das marianische Modell weite Verbreitung. Religiöse Erzähler entwickelten daraus ein Narrativ der keuschen Ehe (Kap. 11), bei dem Eheleute aufgrund ihrer gewollten Kinderlosigkeit und des Verzichts auf Sex sogar zu Heiligen werden konnten.

Luthers Ehelehre: Fruchtbarkeit als Drang

Die biblischen Spannungen zwischen Vermehrungsauftrag und Keuschheitsideal wurden in der Spätantike und im Mittelalter meist zugunsten der Enthaltsamkeit gelöst. Die Kirchenväter und Kirchenlehrer stützten sich primär auf Paulus, hielten das Zeugen von Kindern nicht (mehr) für notwendig und betrachteten die Ehelosigkeit als gottgefälligere und überlegene Lebensweise. Diese Bewertung änderte sich durch die Reformation grundlegend. Martin Luther (1483–1546) knüpfte zwar punktuell an patristischen und scholastischen Vorstellungen an, brach aber in entscheidender Hinsicht mit der kirchlichen Tradition: Er erklärte die Ehe für die einzig wahre, von Gott gewünschte und dem Menschen angemessene Lebensform. Seine Heilsgeschichte der Un*fruchtbarkeit ist als Gegenentwurf zu den Vorstellungen mittelalterlicher Theologen zu verstehen und führte zu einer Privilegierung der Elternschaft.

Urgewalt des Triebs

Wesentliche Grundzüge seiner Ehelehre stellte Luther bereits 1522 in der Schrift *Vom ehelichen Leben* dar. Als biblischer Ausgangspunkt dient ihm der erste Schöpfungsbericht, aus dem er den Vers »Seid fruchtbar und mehret euch« wieder und wieder zitiert. Aus dem göttlichen Auftrag schließt Luther, dass Mann und Frau zusammengehören und sich mehren müssen. Zweigeschlechtlichkeit und Fortpflanzung bezieht er aufeinander und stellt beide als ontologische Tatsachen dar, die sich wechselseitig bedingen. Ebenso wenig wie sein Geschlecht könne der Mensch seine Lebensform wählen. Für den Reformator ist es keine freie oder willkürliche Entscheidung, sondern eine natürliche Notwendigkeit, dass jeder Mensch, der ein Mann ist, eine Frau haben und jede Frau einen Mann haben muss.[32] Seine Predigt ist ein Paradebeispiel dafür, wie Heteronormativität erzeugt wird: Luther setzt bei zwei Geschlechtern an, die er einander komplementär in Bezug auf ihre Sexualität zuordnet. Die heterosexuelle Verbindung wird naturalisiert, indem Luther sie zu einem notwendigen und natürlichen Sachverhalt erklärt. Eine andere Kombination als Mann und Frau bzw. Frau und Mann ist nicht vorgesehen. Der Exeget begründet seine Interpretation, indem er Gen 1,28 ein weiteres Mal zitiert und die gottgewollte mit der natürlichen Ordnung in eins setzt. Der Appell »Seid fruchtbar und mehret euch« sei mehr als ein Gebot, es handle sich um »ein göttlich Werk«, das kein Mensch verhindern oder unterbinden könne.[33]

Schon die Scholastiker vertraten die Ansicht, dass man den Sexualtrieb kaum kontrollieren könne. Ihr Plädoyer, besser ganz auf geschlechtliche Betätigung zu verzichten, hält Luther jedoch für undurchführbar, unmenschlich, ja sogar gottlos. Zwar räumt er ein, dass manche Menschen zur Ehe und Fortpflanzung unfähig seien, weil sie mit körperlichen Beeinträchtigungen geboren wären oder ihre Zeugungsfähigkeit – etwa durch Kastration – verloren hätten. Auch gesteht Luther hypothetisch zu, dass Menschen um des Himmelreiches willen ehelos bleiben könnten. Allerdings hält er deren Anzahl für verschwindend gering; unter tausend Menschen fände sich nicht ein einziger. Den allermeisten Menschen spricht Luther das Vermögen ab, den Geschlechtstrieb zu kontrollieren, und deutet den biblischen Vermehrungsauftrag gar als inneren Zwang: »Sei fruchtbar und mehre dich, das bleibt in dir und beherrscht dich, und du kannst dich dem in keiner Weise entziehen […].«[34] Durch keine Gewalt, so betont der Reformator, weder durch Eide und Gelübde noch durch Gebote und Gesetze, nicht einmal durch Fesseln, eiserne Schlösser und Gitter könne der Reproduktionsdrang aufgehalten werden. Aus diesem Grund betrachtet er die Keuschheitsgelübde von Priestern, Mönchen und Nonnen als hinfällig, ihr Festhalten am Ordensstand als Teufelswerk und ihre Taten als unchristlich, vergeblich und schändlich. Sein Szenario von der göttlich-natürlichen Urgewalt des Sexualtriebs beglaubigt Luther, indem er den Vermehrungsauftrag wie ein Mantra wiederholt. Seinen Rezipienten hämmert er geradezu ein: Fruchtbarkeit und Fortpflanzung lassen sich weder abwehren noch aufhalten, alles ist Gottes Werk und geht seinen Weg.[35]

Ehe- und Genderkonzept

Aus dem anthropologischen Vermehrungsdrang leitet Luther ein christliches Heiratsgebot ab. Da es für Menschen keine Möglichkeit gebe, ihren Geschlechtstrieb zu kontrollieren, sollten Christen früh heiraten, um keine Unzucht zu begehen. Diesen Ehezweck übernimmt Luther von Paulus, geht aber von einer anderen Alternative aus. Während der Apostel den Korinthern die Entscheidung zwischen Ehe und Ehelosigkeit überließ, stellt Luther die Rezipierenden vor die Wahl: Heirat oder Hurerei. Da der Samen stets nach draußen dränge, könnten Christen nur darauf hinwirken, ihr Geschlechtsleben in einer gottgefälligen Weise zu gestalten, und heiraten. Wie die mittelalterlichen Theologen betont Luther, dass der Ehestand von Gott selbst eingesetzt sei; alle ehelichen Werke schätze der Herr wert. Die Hurerei hingegen, so mahnt Luther, bringe nicht nur die Seele in Gefahr, sondern verderbe Leib, Gut, Ehre und Freundschaft. Auch den Verzicht auf mittelalterliche Enthaltsamkeitsgebote begründet der Reformator mit dieser Gefahr; dürften Ehepaare zu bestimmten Zeiten nicht miteinander schlafen, würde dies die Unzucht nur fördern.

Luther misst dem Sexualtrieb eine so große Bedeutung bei, dass er nicht nur als Movens für eine Heirat dient, sondern auch über den Fortbestand einer Ehe entscheidet. Wenn ein Partner dem anderen seinen Körper verweigert, hält Luther dies für einen Scheidungsgrund. Auch in dieser Hinsicht knüpft er an die mittelalterlichen Ehediskurse an, gelangt aber zu völlig anderen Schlussfolgerungen. Die Scholastiker betonten zwar, dass Eheleute auf Wunsch des Partners sexuell miteinander verkehren müssten, doch betrachteten sie eine gültige Ehe grundsätzlich als unauflöslich. Luther hingegen deutet sexuellen Entzug als Raub, bei dem ein Ehepartner dem anderen sein Eigentum vorenthalte. Daher folgert er, dass dies der Ehe widerspreche und die Ehe zerstöre.[36] Während der Geschlechtsakt für die Scholastiker nicht einmal notwendig war, um eine Ehe zu konstituieren, ist er für den Reformator Bedingung, um eine Ehe aufrechtzuerhalten. Aufgrund solcher Differenzen wird das kanonische Eherecht in der protestantischen Gesetzgebung des 16. Jahrhunderts an entscheidenden Stellen neu formuliert.

Abweichend von der scholastischen Tradition deutet Luther die Sexualität des Menschen vor allem als natürlichen Fortpflanzungstrieb, nicht als eine durch den Sündenfall pervertierte Lust. Zwar kann er sich nicht völlig von der Konkupiszenz-Debatte lösen; am Ende seiner Schrift merkt er an, dass sein Lob des ehelichen Lebens nicht bedeute, dass es dort keine Sünde gebe; als Nachfahre Adams werde der Mensch in Sünde empfangen und geboren.[37] Doch fällt dieser Schlusskommentar sehr kurz aus, ohne dass Luther die Vorstellung von der Weitergabe der Erbsünde durch die Zeugung entfaltet. Vielmehr betont er, dass Gott die Ehe geschaffen habe, den Gatten seine Gnade schenke und auch durch die Sünde hindurch Gutes wirke. Während die Zeugung von Nachkommen und die Vermeidung von Unzucht lange als alternative Ehezwecke galten, verschränkt Luther beide Motive untrennbar miteinander. Der durch den Schöpfungsauftrag ausgelöste Drang, fruchtbar zu sein, finde seine Erfüllung in der christlichen Ehe und Elternschaft. Das Allerbeste am ehelichen Leben ist nach Luthers Ansicht, dass es Frucht bringt; Gott schenke den Eheleuten Kindern und befehle, sie in seinem Dienst aufzuziehen. Luther würdigt das Gebären und Erziehen von Kindern als alleredelstes Werk und schreibt den Eltern priesterliche Funktionen zu; es gebe keine wichtigere Aufgabe, als Seelen zu erlösen. Diese Wertschätzung der leiblichen Elternschaft, die geistliche Erziehung stets einschließen soll, trägt entscheidend zur Aufwertung derjenigen bei, die Kinder bekommen.

Während im scholastischen Diskurs des Mittelalters Enthaltsamkeit als leitendes Paradigma galt, erhebt Luther die Fruchtbarkeit zur zentralen Kategorie. Dass Menschen sich vermehren, entspricht – auch nach dem Sündenfall – dem Willen und der Ordnung Gottes. Die Fortpflanzung wird auf diese Weise nicht nur zur gesellschaftlichen Norm, sondern zur menschlichen Natur erklärt. Gewollte Kinderlosigkeit und verweigerte Elternschaft kommen in Luthers Sexualitätskonzept nicht mehr vor. Stattdessen zieht er eine Verbindungslinie zwischen Fruchtbarkeit und körperlicher Gesundheit, so dass seine Argumentation Berührungspunkte zum medizinischen Wissensbereich aufweist.[38] Fehle einem Menschen die Möglichkeit, sich zu vermehren, verzehre sich der Leib selbst; man lebe ungesund und müsse krank davon werden. Unfruchtbare Frauen seien daher »schwach und ungesund«, behauptet Luther, fruchtbare Frauen hingegen »gesünder, reinlicher und lustiger«. Wenngleich der Wittenberger Theologe seine Vorstellungen vom Fortpflanzungsdrang auf alle Menschen bezieht, setzt er genderspezifische Akzente. Er reflektiert, dass Geburten für Frauen mit hohen Risiken behaftet sind, aber ermuntert sie, sich davon nicht abschrecken zu lassen. Das Hervorbringen von Kindern sei ein so edles Werk, dass Frauen im Gehorsam gegenüber Gott fröhlich ihr Leben dafür preisgeben sollten. Die patristische Vorstellung von der Frau als Reproduktionshilfe des Mannes taucht bei Luther wieder auf; ihre entscheidende Funktion besteht im Gebären, das sowohl ihrer biologischen als auch ihrer religiösen Bestimmung entspricht. »Es ist besser, kurz und gesund als lange und ungesund zu leben«, formuliert Luther als weibliche Maxime. Das Leben von Frauen wird also dem Ideal der Fruchtbarkeit untergeordnet. Wie sich diese Überzeugung in den protestantischen Ehelehren, Hochzeitspredigten und Katechesen spiegelt und was dies für kinderlose Frauen bedeutet, werde ich später (Kap. 5) beleuchten.

Ausblick

Die biblisch-theologischen Aussagen über Un*fruchtbarkeit sind vielstimmig und kontrovers. Deshalb lässt sich die Wertschätzung der Vater- und Mutterschaft genauso gut christlich begründen wie der religiös motivierte Verzicht auf eine Familie. Die Widersprüche zwischen binären Lebensmodellen, an denen die katholische Kirche festzuhalten sucht, schlagen sich heute vor allem in den Diskussionen über gewollte Kinderlosigkeit nieder. Als egoistisch diffamierte Papst Franziskus im Februar 2015 Menschen, die »aus Bequemlichkeit« keine Kinder bekommen wollten. Dass dieses negative Urteil auch auf Priester und Ordensleute zutreffe, wurde dem Papst von Kritikerinnen und Kritikern vorgehalten. Franziskus reagierte im Dezember 2017 darauf, indem er – wie schon die mittelalterlichen Kanonisten – zwischen spiritueller und materieller Fruchtbarkeit unterschied. Man müsse nicht verheiratet sein, um Leben zu schenken, vielmehr könnten Geistliche auch mit guten Werken fruchtbar sein.[39] Warum aber sollte das Argument spiritueller Elternschaft nur für Kleriker und nicht auch für gewollt kinderlose Laien gelten? Während die katholische Kirche bei Eheleuten weiterhin an ihrer Forderung der Fruchtbarkeit festhält, zeigt sich die evangelische Kirche mittlerweile offener. In einer Nebenbemerkung räumen die Autorinnen und Autoren der Familienschrift *Zwischen Autonomie und Angewiesenheit* (2013) ein, dass gewollt kinderlose Paare »ihre Generationenbeziehungen dennoch schöpferisch und verantwortlich gestalten« können.[40]

Ungewollte Kinderlosigkeit stufen die großen christlichen Kirchen hingegen unisono als unbedenklich ein. »Eheleute, denen Gott Kindersegen versagt hat«, können nach Aussage des *Katechismus der Katholischen Kirche* (1993) »dennoch ein menschlich und christlich sinnvolles Eheleben führen.«[41] Unfruchtbarkeit wird weder als Schande noch als Zeichen religiöser Verwerfung interpretiert, aber durch adversative sprachliche Markierungen wie das Wörtchen ›dennoch‹ als Normabweichung markiert. Als individuelles Problem oder religiöse Herausforderung wird ein unerfüllter Kinderwunsch selten thematisiert, vielmehr kommt dieser in der kirchlichen Wahrnehmung – anders als im Alten Testament – kaum vor. Die Pastorin Hanna Jacobs bezeichnete es im März 2019 in ihrer ZEIT-Kolumne als »beinah absurd«, dass es mittlerweile Gottesdienste für alle möglichen Zielgruppen gebe, aber keinen für Menschen, die ungewollt kinderlos seien.[42] Dabei tragen die kirchlichen Gemeinschaften mit ihrer Wertschätzung von Ehe und Familie entscheidend dazu bei, dass sich Menschen mit unerfülltem Kinderwunsch ausgeschlossen oder gar minderwertig fühlen können. Mit den biblischen Heilsgeschichten und den theologischen Diskussionen, die seit der Antike über Un*fruchtbarkeit geführt worden sind, wären auch ganz andere Positionen denkbar.

2
Medizin: Körperkonzepte der Un*fruchtbarkeit

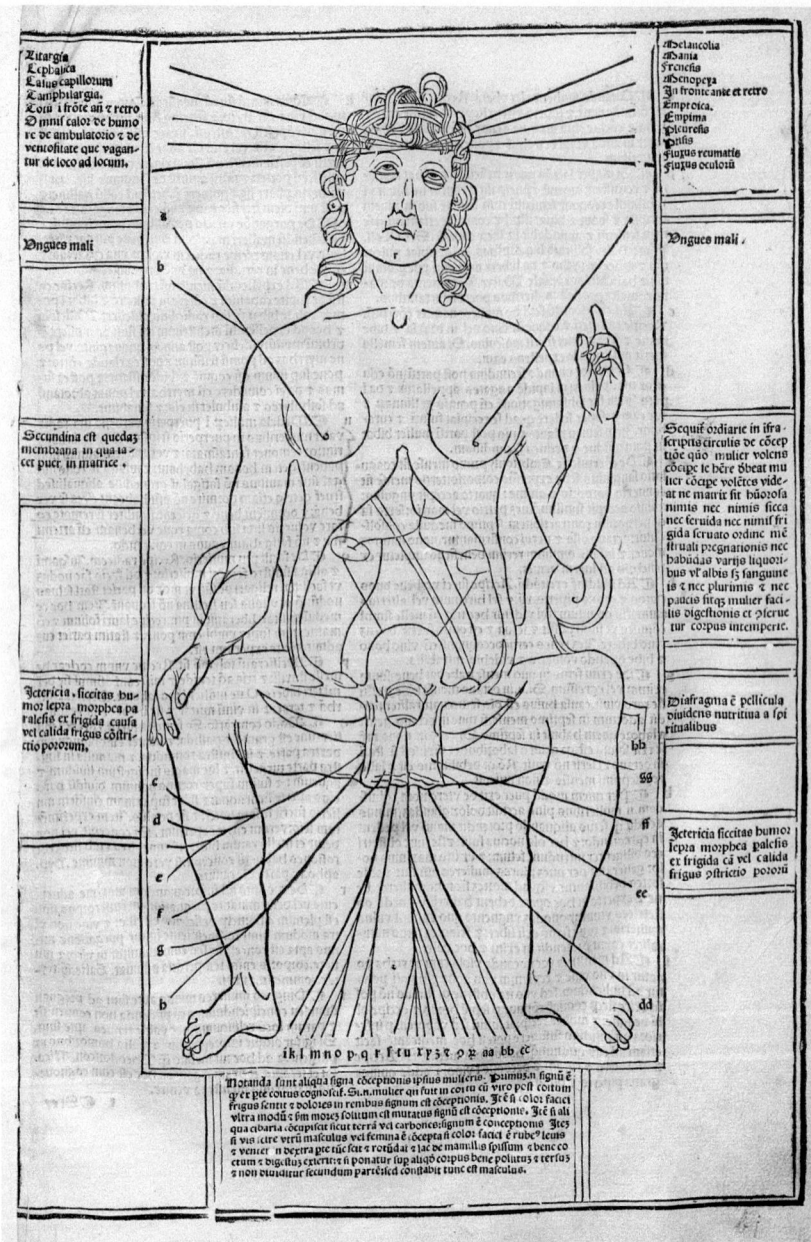

Abb. 3 *Die ›Krankheitsfrau‹ – Holzschnitt aus dem* Fasciculus medicinae *(1500/1501)*

Menschen mit unerfülltem Kinderwunsch kann geholfen werden, so lautet die zentrale Botschaft in den aktuellen Un*fruchtbarkeitsdiskussionen. Wenn heterosexuelle Paare nicht verhüten und sich trotz regelmäßigem Sex nach einer gewissen Zeit keine Schwangerschaft abzeichnet, können sie sich reproduktionsmedizinisch behandeln lassen. In allen größeren Städten gibt es sogenannte Kinderwunschzentren, die sich auf Maßnahmen zur Förderung der Fertilität spezialisiert haben. Zum üblichen Repertoire gehören Hormonbehandlung, Insemination und In-vitro-Fertilisation (IVF), ggf. mit intrazytoplasmatischer Spermatozoeninjektion (ICSI), aber auch Verfahren, mit denen künftige Kinderwünsche realisiert werden sollen, wie Social freezing. Was für eine große Nachfrage nach diesen Angeboten besteht, zeigt das deutsche IVF-Register. Für das Jahr 2017 sind insgesamt 105 049 Behandlungen dokumentiert, von denen rund zwanzig Prozent zur ersehnten Elternschaft führte. In den vergangenen zwanzig Jahren (1997–2016) wurden allein in Deutschland 275 452 Kinder mittels ›künstlicher Befruchtung‹ geboren.[1]

Auch in der Vormoderne nahmen Menschen medizinische Hilfe in Anspruch, um ein Kind zu bekommen. Zwar gibt es keine historischen Statistiken zur Häufigkeit reproduktiver Maßnahmen, doch belegt die umfangreiche schriftliche Überlieferung ihre grundsätzliche Bedeutung. Un*fruchtbarkeit wurde in naturphilosophischen Erörterungen, Arzneibüchern, medizinischen Kompendien und Abhandlungen zur Frauenheilkunde thematisiert. Einen Überblick über die deutschsprachige »Geschichte der Frauenmedizin im Spätmittelalter« bietet die Germanistin Britta-Juliane Kruse, deren Quellensammlung *Verborgene Heilkünste* (1998) ich in diesem Kapitel auswerte.[2] Natürlich sind die mittelalterlichen Behandlungsmethoden kaum mit der heutigen hochtechnologisierten Reproduktionsmedizin zu vergleichen, doch liegen den historischen Diskursen Deutungsmuster zugrunde, die bis in die Gegenwart wirksam sind. Die Basis bildeten die Zeugungslehren sowie die medizinischen Fachschriften der Antike, die bis in die Neuzeit tradiert wurden und die die medizinische Praxis beeinflussten. Bekannte mittelalterliche Autoren, wie Hildegard von Bingen, Albertus Magnus oder Arnald von Villanova, stützten sich auf die Beobachtungen von Hippokrates, Galen und ihren Nachfolgern und suchten diese mit biblisch-theologischen Kenntnissen überein zu bringen. Seit dem späten Mittelalter wurde das gelehrte Wissen, ergänzt um empirische Beobachtungen, nicht mehr nur auf Lateinisch verfasst, sondern zunehmend für volkssprachige Rezipientinnen und Rezipienten erschlossen. Rezeptsammlungen zur Behandlung von Unfruchtbarkeit und Traktate über die Empfängnis entstanden, die sich an heilkundige Frauen, Bader, Chirurgen, Apotheker und Ärzte richteten. Selbst im 16. und 17. Jahrhundert, als längst neue Kenntnisse über körperliche Zusammenhänge vorlagen, orientierten sich praktizierende Ärzte weiterhin an den Aussagen antiker und arabischer Autoritäten.[3]

Der Un*fruchtbarkeitsdiskurs im Bereich der mittelalterlichen Heil- und Pflanzenkunde ist zweigeteilt: Einerseits werden diejenigen in den Blick genommen, die schwanger sind, aber kein Kind bekommen möchten, andererseits jene, die Eltern werden wollen und dies nicht können. In der Forschung haben die Maßnahmen, die eine Geburt verhindern sollen, bisher viel mehr Aufmerksamkeit gefunden als ungewollte Kinderlosigkeit. Un*fruchtbarkeit wird dadurch vor allem als verhinderte und gewaltsam unterdrückte Fruchtbarkeit wahrgenommen. So wichtig Studien zu Abtreibung, Empfängnisverhütung und Geburtenkontrolle sind,[4] tragen sie doch dazu bei, Normativität zu erzeugen. Die Diskriminierung, die Eheleute ohne Kinder im Mittelalter erfuhren, setzt sich in ihrer Marginalisierung durch die historische Forschung fort. Deshalb beschäftige ich mich in diesem Kapitel primär mit medizinischen Aspekten ungewollter Kinderlosigkeit und der Auffassung von Unfruchtbarkeit als – genderspezifischer – Krankheit. Zwar wird in der medizinischen Literatur reflektiert, dass auch Männer für fehlenden Nachwuchs verantwortlich sein können, doch konzentrieren sich die Experten bei ihrer Diagnose wie bei der Therapie auf den weiblichen Körper. Wie sich die Betroffenen bei einer solchen Behandlung fühlten, darüber schweigen die Quellen. Überliefert sind aus dem Mittelalter nur ärztliche Maßnahmen, keine autobiographischen Berichte von Kinderlosen.

Vormoderne Reproduktionsvorstellungen: Samentheorien und Sexuallehren

In den letzten hundertfünfzig Jahren hat sich das Wissen über die Entstehung menschlichen Lebens rasant erweitert. Dass Samen- und Eizelle bei einer Befruchtung miteinander verschmelzen, wurde im letzten Viertel des 19. Jahrhunderts nachgewiesen; wie der weibliche Menstruationszyklus verläuft und wann eine Empfängnis eintreten kann, blieb bis in die 1930er Jahre weitgehend unbekannt. Noch die Pioniere der modernen Reproduktionsmedizin waren biologischen und genderspezifischen Vorstellungen verpflichtet, die in der Antike ausgebildet und im Mittelalter weiterentwickelt worden waren.[5] Beispielsweise wurde in der Debatte um assistierte Empfängnis intensiv darüber gestritten, ob die Insemination in den sexuellen Akt eingebunden sein muss. Ohne einen weiblichen Orgasmus schien das ganze Verfahren nicht zu fruchten.

Antikes Zeugungswissen

In der Antike wurden zwei konträre Theorien entwickelt, um die Entstehung eines Menschen zu erklären.[6] Beide stimmen darin überein, dass ein Kind durch den Samen eines Mannes gezeugt wird, unterscheiden sich aber in der Frage, welcher Anteil einer Frau zukommt. In der hippokratischen Medizin wurde eine Zwei-Samen-Theorie gelehrt, die bis ins 18. Jahrhundert rezipiert wurde. Ihre Anhänger gingen davon aus, dass auch Frauen Samen produzierten und dass dieser für die Zeugung unentbehrlich sei. Nur wenn sich männlicher und weiblicher Samen vermischten, könne beim Sex ein Kind entstehen. Die Hippokratiker unterschieden bei der Reproduktion drei verschiedene Phasen: Voraussetzung für die Entstehung sei erstens, dass eine Frau den Samen des Mannes überhaupt empfangen kann. Fehlende Zeugungsorgane, Erektionsschwäche, eine verschlossene Scheidenöffnung oder unterschiedlich dimensionierte Genitalien machten eine Zeugung von vornherein unmöglich. An die Phase der Samenrezeption schließe sich zweitens die Samenretention an. Die Frau müsse in der Lage sein, den männlichen Samen aufzunehmen und in der Gebärmutter zu behalten. Ein zu glatter oder schlüpfriger Uterus gilt in der vormodernen Medizin als Reproduktionshindernis. Selbst die erfolgreiche Aufnahme garantiere noch keine Schwangerschaft, denn der männliche Samen könne im Inneren verfaulen.

Aristoteles (384–322 v. Chr.) sprach sich dagegen für die Ein-Samen-Theorie aus. Schon sein Lehrer Platon (um 427 – um 347 v. Chr.) hatte das weibliche Gebärorgan mit einem Ackerboden verglichen, in den der männliche Samen eingesät werden müsse. Die Differenzierung zwischen männlichem Samenspender und weiblichem Samenempfänger führte dazu, dass beide Geschlechter bei der Zeugung nicht gleichwertig erschienen. Der Mann bekam den aktiven Part zugewiesen, während die Frau auf die passive Rolle reduziert wurde. Aristoteles knüpfte an Platons Vorstellung an und entfaltete sie, indem er mit dem menschlichen Temperaturhaushalt argumentierte und zwischen Form und Materie unterschied. Aufgrund einer größeren inneren Wärme sei allein der Mann in der Lage, zeugungsfähigen Samen zu produzieren. Die Frau trage zwar ihr Monatsblut zur Zeugung bei, doch bilde das Blut nur eine Vorstufe zum männlichen Samen. Diesen hielt Aristoteles sowohl für den auslösenden Impuls (›causa efficiens‹) als auch für den Formgeber (›causa formalis‹) bei der Reproduktion. Die Frau liefere lediglich das Material (›causa materialis‹), aus dem der männliche Samen ein Kind forme wie ein Handwerker sein Werkstück. Die Auffassung vom unterschiedlichen Zeugungsbeitrag der Geschlechter ist bei Aristoteles mit einer klaren Wertung verbunden; die Frau ist die unvollkommene Variante des Mannes, der die Höchstform der Entwicklung darstellt und daher auch das angestrebte Ziel jeder Zeugung ist (›causa finalis‹).

Galen (129 – ca. 210 v. Chr.) nahm eine Mittelposition zwischen der hippokratischen und der aristotelischen Lehre ein. Er schloss sich der Zwei-Samen-Theorie an, nahm aber eine Hierarchisierung vor. Den Samen der Frau hielt Galen für minderwertig, was er ebenfalls mit dem Prinzip der Wärme begründete. Der männliche und der weibliche Genitaltrakt seien analog gebaut, unterschieden sie sich aber in ihrer Ausformung. Während sich die Zeugungsorgane bei dem Mann nach außen kehrten, blieben sie bei der Frau aus einem Mangel an Wärme im Inneren des Körpers. Die weiblichen Hoden, mit denen nach heutigem Verständnis die Ovarien gemeint waren, seien kleiner als die männlichen. Daher produzierten sie einen kälteren, dünneren und schwächeren Samen, der zur Ernährung des männlichen Spermas diene. Wie Aristoteles betrachtet Galen den weiblichen Organismus als unvollkommen, billigt dem Menstrualblut aber – anders als sein Vorgänger – auch eine formgebende Bedeutung zu; der männliche Samen müsse in die Substanz des weiblichen Keims eingehen, um Frucht zu bringen. Galens Aussagen sind nicht ganz konsistent, wurden aber sehr stark rezipiert. Sein Einfluss ist beispielsweise noch an dem zweihörnigen Uterus zu erkennen, den die sogenannte ›Krankheitsfrau‹ im Holzschnitt des *Fasciculus Medicinae* (Bündel der Medizin; 1500/1501, Abb. 3) besitzt.

Mittelalterliche Empfängnislehren

Die mittelalterlichen Autoren setzten bei ihrer Rezeption antiker Theorien eigene Akzente. Hildegard von Bingen (1098–1179) vertrat in *Causae et Curae* (Heilkunde; um 1150–1158) die aristotelische Position, dass allein der Mann Samen produziere;[7] die Frau sondere dagegen dünnflüssigen und spärlichen Schaum ab. Detailliert beschreibt die Naturforscherin, wie sie sich die Entstehung eines Menschen vorstellt: Das Blut des Mannes werde beim Sexualverkehr durchkocht und in schaumartiges Sperma verwandelt, das das Menstrualblut der Frau anziehe. Durch die Wärme des mütterlichen Gewebes komme der kalte Schaum zum Gerinnen und nehme eine blutgemischte Gestalt an. Auch Hildegard verwendet den antiken Vergleich aus dem Bereich der Landwirtschaft, gemäß dem einer Frau nur eine nährende Funktion zukommt: Wie ein Ackerboden, der durchgepflügt werde, fungiere eine Frau als Aufnahmeort des männlichen Samens. Die Rangordnung und die unterschiedlichen Reproduktionsaufgaben der Geschlechter erklärt Hildegard schöpfungstheologisch: Nur männliches Blut könne sich in Samen verwandeln, weil der Körper des Mannes aus der Erde geschaffen und deshalb kräftiger sei. Die Frau, die laut der zweiten Schöpfungsgeschichte aus der Rippe des Mannes geschaffen worden ist (Gen 2,7.22), erscheint der gelehrten Autorin dagegen zu schwach. Sie diene primär als Gefäß für den männlichen Samen.

Ein Schlüsselbegriff für Hildegards naturkundliche Un*fruchtbarkeitsvorstellungen ist die Grünkraft (›viriditas‹). Mit ihr wird die Fähigkeit bezeichnet, sich zu vermehren und fruchtbar zu sein. Die Grünkraft resultiert aus der inneren Wärme des Menschen und ermöglicht Männern die Samenproduktion, Frauen die Menstruation. Innere Kälte führt nach Hildegards Ansicht zu Unfruchtbarkeit, wobei sie auf die Altersproblematik hinweist. Im fortgeschrittenen Alter oder bei körperlicher Schwäche besäßen Männer nicht mehr genügend Kraft für eine Zeugung und könnten Frauen den männlichen Samen nicht mehr aufnehmen. Für die Grünkraft der Frau setzt Hildegard eine Spanne vom 20. bis zum 50. Lebensjahr an, den Mann hält sie vom 17. bis zum 60. oder 70. Lebensjahr für zeugungsfähig. Verliere er seinen sexuellen Wind (›ventum‹), wie Hildegard die Erektionsfähigkeit metaphorisch umschreibt, könne er seinen Stamm (›stirps‹) nicht mehr aufrichten. Einen solchen Mann vergleicht die Naturforscherin mit einem Pflug, der die Schärfe seines Eisens verloren hat und kein Ackerland mehr durchpflügen kann.

Albertus Magnus (1200–1280) schloss sich in *De animalibus* (Über die Tiere) stärker Galen an und stellte die Parallelen zwischen den Zeugungsorganen von Männern und Frauen heraus.[8] Beide Geschlechter hätten Hoden, mit deren Hilfe ein Kind gezeugt und genährt werde. Bei Männern unterscheidet Albertus zwischen den Zeugungsgliedern, die den Samen reifen lassen und aufbewahren, und jenen, die den Samen in die weibliche Gebärmutter transportieren und dort ergießen. Auch Frauen besitzen seiner Ansicht nach sowohl äußere Geschlechtsteile, die den Samen einsaugen, als auch innere, die den Samen aufnehmen und nähren. Dagegen argumentierte Arnald von Villanova (1235–1311), dass die von den Frauen ausgeschiedene Flüssigkeit nur nominell dem männlichen Samen entspreche. Zwar werde ihr Ausfluss als Sperma bezeichnet, doch handle es sich um geweißtes Menstrualblut.

Wenngleich in der Scholastik keine einheitliche Zeugungstheorie vertreten wurde, waren die meisten Autoren davon überzeugt, dass Samen aus Blut entsteht und vom Hirn, den Lenden oder den Nieren in die Genitalien gelangt. In der fehlenden Zirkulation von Körperflüssigkeiten sah Albertus Magnus einen möglichen Grund für Sterilität. Männliche Zeugungsunfähigkeit könne durch eine Gefäßschwäche hinter den Ohren bedingt sein, die den Samen nicht mehr vom Hirn in die Hoden gelangen ließe. Seien die Adern zu schwach, abgeklemmt oder gar durchschnitten, könne ein Mann keinen Nachwuchs bekommen.[9] Der weibliche Beitrag zur Reproduktion wird tendenziell von allen

Autoren geringer gewichtet. Sprachen sich mittelalterliche Naturphilosophen für die Zwei-Samen-Theorie aus, hielten sie den weiblichen Samen für weniger relevant. Vertraten sie eine Ein-Samen-Theorie, gestanden sie dem Menstrualblut nur eine passive oder eine rein materielle Bedeutung zu. Allerdings finden sich im Mittelalter auch gegenteilige Stimmen. Thomas von Cantimpré (1201–1270/72) etwa erklärte, dass alle Körperteile von Mann und Frau gleich seien – mit Ausnahme von Gebärmutter und Penis. Ausdrücklich verwirft er die Ansicht, dass männlicher Samen zur Empfängnis ausreiche. Wer behaupte, dass kein weiblicher Samen für die Reproduktion notwendig wäre, sei im Irrtum.[10]

Der fehlende Konsens antiker und mittelalterlicher Gelehrten führt dazu, dass ihre Körperkonzepte in der Frauen- und Geschlechterforschung kontrovers beurteilt werden. Mittels selektiver Zitationen lassen sich völlig unterschiedliche Thesen stützen. Doch sind die Pluralität, Heterogenität und Offenheit gerade kennzeichnend für die medizinischen Un*fruchtbarkeitsdiskurse vor der Moderne. Kompilatoren, Redaktoren und Übersetzer hatten keine Schwierigkeiten damit, verschiedene Zeugungstheorien nebeneinander gelten zu lassen.[11] So referierte der Bearbeiter der deutschsprachigen *Problemata* des Pseudo-Aristoteles (Probleme; 1509), dass es zwei divergierende Reproduktionsvorstellungen gäbe: Aristoteles betrachte den Samen des Mannes als Urheber für die Entstehung eines Kindes, wohingegen nach Averroes der Samen von Mann und Frau zusammenwirken müssten. Ein eindeutiges Urteil lasse sich freilich hinsichtlich der materiellen Zeugungsgrundlage fällen; das Kind werde aus dem Menstrualblut gebildet. Der Verfasser des Traktats *Von der Natur der Frauen und ihren Krankheiten* (2. Hälfte 15. Jh.) wiederum beruft sich auf Galen, um die Samenproduktion zu erklären. Der Samen komme aus Hirn, Leber und allen Gliedern, fließe durch die Adern und erwärme sich in den Hoden, die bei den Männern außen und den Frauen innen lägen. Dass alles Wissen über Reproduktion und Un*fruchtbarkeit auf den Überlegungen gelehrter Vorgänger aufbaut, geriet im Mittelalter nie in Vergessenheit. In Auseinandersetzung mit früheren Autoritäten wurden eigene Erkenntnisse gewonnen, erweitert, eingeordnet und legitimiert.

Sex zur Gesundheitsförderung

Ohne Sex gibt es keinen Nachwuchs. Dieser Zusammenhang ist vor der Entwicklung der modernen Reproduktionstechnologie so selbstverständlich, dass dies kaum erwähnt werden müsste, besäße Enthaltsamkeit in der Medizin nicht eine weiterreichende Bedeutung. Mangelnder Geschlechtsverkehr ist nach Ansicht mittelalterlicher Ärzte nicht nur für die momentane, sondern auch für die künftige Familienplanung relevant. Der fehlende Gebrauch der Reproduktionsorgane führe langfristig zu einem Funktionsverlust und verhindere, dass ein Paar jemals Nachwuchs bekomme. Ursache dafür sei ein nicht kurierter Samenrückstau, der Menschen krank und unfruchtbar werden lasse. Wenn sich keine fauligen Substanzen bilden sollten, müsse der Körper regelmäßig durch Samenerguss von schädlichen Flüssigkeiten gereinigt werden. Wer gesund und zeugungsfähig bleiben will, muss sich also regelmäßig sexuell betätigen.

Mit ihren sexualtherapeutischen Ratschlägen nahmen medizinische Gelehrte auch Frauen in den Blick. Aus ärztlicher Sicht erschien es empfehlenswert, junge Frauen frühzeitig zu verheiraten, damit ihre Gebärmutter durch Penetration geöffnet und schädliche Körpersäfte abfließen könnten. Manche Mediziner mahnten freilich, dass es sich Männer mit dieser Aufgabe nicht zu leicht machen dürften. Frauen sollten nicht nur beschlafen, sondern auch befriedigt werden, um einen gesundheitsförderlichen Effekt zu erzielen. In den *Sieben Erklärungen zur weiblichen Sexualität und Reproduktion* (2. Hälfte 15. Jh.) ist zu lesen, dass Ehefrauen oft krank würden, weil ihre Männer sie nicht richtig zu behandeln wüssten.[12] Komme ein Mann zu schnell zur Sache und nehme zu wenig Rücksicht auf seine Partnerin, könne er zwar den eigenen Samen entladen. Der Schoß der Frau öffne sich jedoch nicht, so dass ihr Samen im Körperinneren verbleibe. Ausgehend von der Zwei-Samen-Theorie schildert der Verfasser die gefährlichen Folgen eines solchen Rückstaus: Die Leber und die Gebärmutter schwellten an, die Frau spüre Stiche im Bereich des Nabels und der Seite. Im weiteren Krankheitsverlauf könne sie an Atemnot, Appetitlosigkeit, Ohnmacht und Unfruchtbarkeit leiden. Körperlich weise eine unbefriedigte Frau gegenteilige Symptome, nämlich die einer Scheinschwangerschaft, auf: Aus den aufgestauten Körperflüssigkeiten entwickele sich ein apfelgroßes Geschwür, das sich in ihrem Bauch hin und her bewege.

Eindringlich warnt der Autor der *Sieben Erklärungen zur weiblichen Sexualität und zur Reproduktion* davor, diese Krankheit unbehandelt und betroffene Frauen innerlich verdorren zu lassen. Vorsorglich rät er dazu, ihre Erregbarkeit schon vor der Heirat zu prüfen.[13] Nur wenn junge Frauen ihren Partner attraktiv fänden und ihn sexuell begehrten, könnten sie in der Ehe gesund bleiben und Kinder bekommen. Dass Frauen aufgrund verhinderter Samenabfuhr unfruchtbar werden und sogar sterben können, hält der Autor für eine völlig unterschätzte Gefahr. Tausende und Abertausende Frauen kämen ums Leben, weil sie nicht ihrer Natur gemäß behandelt würden, obwohl sie verheiratet seien. Deshalb werden Männer in der medizinischen Fachliteratur des Mittelalters belehrt, ihre Frauen durch Reden, Küssen und Umarmungen so zu erregen, dass ihr Samen in gleicher Weise abfließen kann.

Diese Sichtweise von Sexualität steht in markantem Gegensatz zur theologisch-scholastischen Auffassung und dem dort propagierten Keuschheitsideal. Im medizinischen Kontext ist der Begriff ›unkeusch‹ nicht negativ konnotiert, sondern beschreibt lediglich einen körperlichen Akt. Unkeuschheit wird in den *Problemata* des Ps.-Aristoteles als eine Vereinigung von Mann und Frau definiert, die mit Hilfe jener Instrumente vollzogen wird, die die Natur zur Fortpflanzung geschaffen hat.[14] Geschlechtslust ist für Mediziner keine Sünde, sondern die Folge eines ›natürlichen‹ und lebensnotwendigen Sexualverhaltens. In der unterschiedlichen Bewertung von Sex und Enthaltsamkeit spiegeln sich divergierende Leitkategorien. Dienten den Kirchenlehrern Zucht und Unzucht als Bewertungskriterien, beurteilten die Mediziner Geschlechtlichkeit in Bezug auf Gesundheit und Krankheit.

Die medizinischen Sexuallehren werfen weitere Fragen auf. Wenn Sex für die Gesundheit unverzichtbar ist, wie sollen sich Menschen verhalten, denen kein Ehepartner zur Verfügung steht?[15] Galen empfahl in solchen Fällen Onanie und Masturbation, um dem Körper Erleichterung zu verschaffen. Ausgerechnet jene Sexualpraxis, die im Alten Testament als gottlos verurteilt worden war und die christliche Theologen als schwere Sünde werteten, sollte als medizinische Therapie dienen. Galen war eine solche Autorität, dass seine Empfehlung vereinzelt sogar auf die kirchliche Lebenspraxis übertragen wurde. Was passieren kann, wenn divergierende Diskursstränge zusammengeflochten werden, zeigt der Fall des Johann von Wesel (1425–1481). Dieser argumentierte, dass auch Kleriker und Ordensleute ihren Samen aus medizinischen Gründen entleeren sollten. Seine Position begründete er mit der christlichen Pflicht zum Schutz menschlichen Lebens. Niemand dürfe seinem Körper entziehen, was für diesen lebensnotwendig sei. Da Menschen innerlich vergiftet würden, wenn sie ihren Samen nicht abführten, rückt Johann abstinente Geistliche sogar in die Nähe von Selbstmördern. Seine Kritiker sucht er zu beschwichtigen, indem er mit der Motivation argumentiert. Ein Samenerguss sei erlaubt, wenn er nicht primär aus Geschlechtslust erfolge. Der gute Zweck der Gesundheitsvorsorge rechtfertigt also die theologisch fragwürdigen Mittel. Johanns Versuch, aus medizinischen Erkenntnissen moralische Handlungskonsequenzen abzuleiten, scheiterte kläglich. Die kirchliche Position war im Spätmittelalter noch viel zu stark durch das Unzucht-Paradigma geprägt, weshalb sich Johann von Wesel 1479 vor dem Mainzer Ketzergericht verantworten und seine Sexuallehre widerrufen musste.

Erst in der Reformationszeit fanden die medizinischen Theorien Eingang in die Theologie. Die ärztlichen Warnungen vor einem Samenstau ließen sich im Streit um eine gottgefällige Lebensform instrumentalisieren. Dafür liefert

Luthers Lehre vom Fruchtbarkeitsdrang das beste Beispiel. In seiner Schrift *Vom ehelichen Leben* (1522) knüpft Luther an die medizinischen Überlegungen an, um gegen klerikale Enthaltsamkeit zu polemisieren und sie als eine widernatürliche Lebensweise darzustellen. Wenn man den menschlichen Geschlechtstrieb unterdrücke und das Werk der Natur aufhalte, wirke sich dies massiv aus. Der Leib werde schwach, schwindsüchtig und fange an zu stinken.[16] Luthers Plädoyer für Sex und Fruchtbarkeit ging freilich nicht so weit, dass er auf religiöse Auflagen verzichtete. Er plädierte für eine Triebentladung im Rahmen der Ehe und für die Verheiratung aller Menschen, nicht für eine Samenabfuhr unabhängig vom Familienstand.

Weiterreichende Schlussfolgerungen zog dagegen der Baseler Arzt Alexander Seitz (um 1473 – nicht vor 1545). Aus medizinischen Gründen sprach er sich dafür aus, dass auch ledige Menschen miteinander schlafen sollten.[17] Bei einer Disputation im Mai 1533 betonte er die Gefahr, in der sich Menschen bei einem Samenrückstau befänden. Sie würden innerlich vergiftet, fielen in Ohnmacht und könnten schlimmstenfalls sogar ohne Beichte sterben. Mit diesem Schreckensszenario versuchte Seitz seine Gegner zu überzeugen, dass er nicht leichtfertig mit sittlichen Konventionen brach: Das Seelenheil selbst stehe auf dem Spiel, weshalb jeder Mann aus christlicher Nächstenliebe sexuelle Hilfe leisten müsse. Die Handlungsmacht der Geschlechter ist in Seitz' Modell klar verteilt. Zwar können Frauen und Männer in eine sexuelle Notsituation geraten, doch bleibt die Rolle des Lebens- und Seelenretters letzteren vorbehalten. Erleidet eine Frau einen hysterischen Anfall, muss ihr ein Mann mit seinem ›instrumentum naturale‹ Linderung verschaffen. Unterlassene Hilfe erschien Seitz so verwerflich wie Mord. Durchsetzen konnte sich der Arzt mit seinen Thesen ebenso wenig wie Johann von Wesel ein Jahrhundert zuvor; Seitz wurde ausgewiesen und musste Basel verlassen.

Die medizinischen und die theologischen Lehren, die in der Beurteilung der Sexualität fundamental voneinander abweichen, stimmen in ihrer Genderkonzeption auffällig überein. Die patristisch-scholastische Auffassung, dass Frauen wegen der Fortpflanzung geschaffen wurden, findet ihr Pendant in der Vorstellung von der Penetration zur Gesundheitsförderung. Beide Konzepte greifen ineinander, bestätigen und verstärken sich. Wie Frauen theologisch allein über ihre Gebärfunktion definiert werden, scheint auch aus medizinischer Sicht ihr körperliches Wohlergehen, ja Leib und Leben, von ihrer Reproduktionstätigkeit abzuhängen. In den anderen Wissensbereichen, aber auch bei den Narrativen, insbesondere bei den Mutterschaftsvisionen der Mystikerinnen, werden uns vergleichbare Vorstellungen von weiblicher Geschlechtsidentität begegnen. Diese Körperkonzepte als veraltet abzutun, verkennt ihre kulturelle Wirkmacht. Auf die Folgen dieser Engführung von Weiblichkeit und Un*fruchtbarkeit komme ich im letzten Teil dieses Kapitels zurück.

Medizinische Diagnosen: Körperliche Ursachen von Kinderlosigkeit

Wer ungewollt kinderlos bleibt und sich nicht damit abfinden will, kann sich an einen Fertilitätsexperten wenden. Erst durch dessen Urteil wird aus einer sozialen Situation, einem Leben ohne Kinder, eine medizinische Indikation. Seit der Antike fragen Gelehrte nach körperlichen Ursachen von Kinderlosigkeit. Gemeinsames Anliegen von Ärzten und Patientinnen ist es, biologische Faktoren zu identifizieren und Reproduktionshindernisse zu überwinden. Unfruchtbarkeit wurde vor der Moderne natürlich nicht nur mit fehlender sexueller Betätigung oder mangelnder Befriedigung erklärt, vielmehr zogen Mediziner zahlreiche Gründe in Betracht. Je detaillierter der Zeugungsprozess beschrieben wird und je mehr Körperteile in die Samenproduktion und -rezeption einbezogen sind, umso weniger erweist sich Fruchtbarkeit als eine Selbstverständlichkeit. Das Zeugen von Nachkommen erscheint als höchst störanfälliger Prozess, an dem der gesamte Organismus beteiligt ist.

Ungleichgewicht des Körperhaushalts

Die mittelalterlichen Vorstellungen über Sexualität, Gesundheit und Reproduktion basieren auf der antiken Humoralpathologie. Mediziner und Naturphilosophen gingen davon aus, dass der menschliche Körper aus Blut (›haima‹), Schleim (›phlegma‹), schwarzer Galle (›melaine chole‹) und gelber Galle (›chole‹) besteht. Die Konstitution eines Menschen und das innere Gleichgewicht seines Körpers hingen von dem Verhältnis der vier Körpersäfte zueinander ab. Auf dieser Grundlage unterschieden Gelehrte vier Menschentypen: Sanguiniker (feucht und warm), Phlegmatiker (feucht und kalt), Melancholiker (trocken und kalt) und Choleriker (trocken und warm). Auch in der Humoralpathologie wurden genderspezifische Unterschiede gemacht; Frauen galten generell als kälter und feuchter, was sich nach reproduktionsmedizinischer Auffassung in ihrer Samenproduktion niederschlug.

Unfruchtbarkeit konnte nach Ansicht mittelalterlicher Mediziner wie viele andere Krankheiten durch ein Missverhältnis der Körpersäfte (Dyskrasie) oder eine unzureichende Wärmezufuhr (Dystemperierung) hervorgerufen werden. Viele reproduktionsmedizinische Behandlungen zielten darauf ab, den Körperhaushalt wieder ins Gleichgewicht zu bringen. Im Traktat *Von der Natur der Frauen und ihren Krankheiten* wird mangelnde Wärme als Grund für Unfruchtbarkeit angegeben.[18] Sei die Gebärmutter einer Frau von Geburt an kalt, könne sie keine Kinder bekommen. Ebenso sei es möglich, dass die Ursache bei dem Mann liege, wenn dieser von Natur aus kalten Samen habe. Der Autor des Traktats nennt mehrere Symptome, an denen sich solche Männer erkennen ließen: Sie seien körperlich schwach und träge, frören leicht, ertrügen Kälte schlecht und zeigten kaum sexuelles Interesse. Solche medizinischen Erklärungen wurden im späten Mittelalter sogar juristisch relevant. In einem Basler Eheprozess beantragte Elsa Gruderin Ende des 15. Jahrhunderts die Trennung von ihrem Mann Johannes Hammerschmitt, weil dieser »von Natur kalt und impotent zum Koitus« sei.[19]

Das innere Gleichgewicht kann auch aufgrund einer zu hohen Körpertemperatur aus den Fugen geraten. Ein Übermaß an Wärme galt in der mittelalterlichen Medizin als empfängnisverhindernd, da der Samen in der Hitze verbrannt werde. Beide Partner müssen demnach eine moderate Temperatur und eine stabile Konstitution aufweisen, um ein Kind zeugen zu können. Frauen sollten darauf achten, weder einen zu feuchten noch einen zu trockenen Unterleib zu bekommen. Zudem dürften sie sich nicht zu sehr erhitzen und kein zu starkes Begehren empfinden, wenn sie schwanger werden wollten. Aus diesem Grund finden sich in den deutschen Rezeptsammlungen auch gynäkologische Empfehlungen, wie sich Begehren dämpfen lässt.[20] Ein hohes Maß an weiblicher Leidenschaft erschien männlichen Gelehrten gefährlich und schädlich.

Sterilitätstests

Einer reproduktionsmedizinischen Behandlung geht heute in der Regel eine eingehende Untersuchung der weiblichen Reproduktionsorgane und der männlichen Spermien voraus. Schon vor der Moderne wurden Kinderwünschende untersucht, wobei körperliche Auffälligkeiten vielfach symbolischzeichenhaft gelesen wurden. Während sich die Vollständigkeit männlicher Genitalien bei einer Leibesvisitation rasch prüfen ließ, war eine Diagnose bei Frauen schwieriger und aufwändiger. Eine Verlagerung, Entzündung und Schwäche der Gebärmutter oder ein Verschluss und Klaffen des Muttermunds ließ sich nur mit instrumenteller Hilfe feststellen, was mit Risiken einer Verletzung verbunden war.[21] Vielleicht verzichteten die Verfasser und Übersetzer deutschsprachiger Traktate aus diesem Grund darauf, Untersuchungen der inneren Geschlechtsorgane oder chirurgische Eingriffe in den weiblichen Unterleib auch nur zu erwähnen. Viel leichter war es, ausgeschiedene Körperflüssigkeiten zu betrachten und auf dieser Basis eine Diagnose zu erstellen. Sperma, Blut und Urin kamen für diese Methode in Frage, weshalb sie sowohl bei Frauen als auch bei Männern angewandt werden konnte.

Bereits in der Antike wurde männliches Sperma hinsichtlich seiner Qualität und Quantität geprüft.[22] Nach Aristoteles lassen sich aus der Art, wie Sperma im Wasser reagiert, Rückschlüsse auf die Zeugungsfähigkeit ziehen. Verteile sich das Sperma auf der Wasseroberfläche, dann sei der Samen dünn und kalt; sein Spender könne keine Nachkommen bekommen. Sinke das Sperma hingegen ab, handle es sich um warmen und durchkochten Samen, der die männliche Potenz belege. Auch andere Gelehrte begründeten Unfruchtbarkeit mit der mangelnden Qualität des Spermas. Isidor von Sevilla etwa erklärte, dass zu dünnflüssiger Samen nicht im Uterus anhaften und zu dickflüssiger Samen sich nicht mit dem nährenden Menstrualblut vermischen könne. Im Mittelalter waren solche Sterilitätstests höchst umstritten. Da Sperma durch stimulierende Handlungen gewonnen werden musste, die die Kirche als schwere Sünde verurteilte, lehnten christliche Autoren diese Methode in der Regel ab.

Bei der Untersuchung weiblicher Unfruchtbarkeit stützten sich Mediziner und Naturforscher auf das Menstrualblut, das Auskunft über die Konzeptionsfähigkeit geben sollte. Hildegard von Bingen wertete die Menstruation als ein Indiz für die Grünkraft einer Frau, die mit wachsendem Alter abnehme. Die Monatsblutung galt einerseits als unrein, weil sie schädliche Säfte enthielte und den Körper auf diese Weise reinigte, andererseits als lebensspendend, da sie in der Schwangerschaft den Fötus nährte und heranwachsen ließ. Eine zu starke wie zu schwache Blutung interpretierten einige Autoren als Ursache, andere als Symptom für Unfruchtbarkeit.[23] In beiden Fällen wird eine implizite Norm vorausgesetzt, der Frauen entsprechen müssen, um nicht als krank zu gelten. Eine starke Blutung wird als Indiz dafür genommen, dass sich viele Giftstoffe im Inneren befinden. Eine schwache Blutung führt nach Ansicht gelehrter Autoren dazu, dass der Körper nicht ordentlich gereinigt wird. Das faulige Blut lege sich von innen an die Gebärmutter, schwäche die Frau und lasse sie unfruchtbar werden. Auch die Farbe des Blutes wird zum Anlass genommen, den weiblichen Körper zu lesen. Der Verfasser des Traktats *Von der Natur der Frauen und ihren Krankheiten* formuliert die Regel: »Je röter der Ausfluss, desto gesünder die Frau.«

Während Blut- und Spermaproben zugleich eine Erklärung für Unfruchtbarkeit lieferten, dienten Harnproben geschlechtsübergreifend lediglich zu ihrer Feststellung.[24] Um herauszufinden, welcher Partner reproduktionsunfähig ist, wird in den deutschsprachigen *Beitexten zum Situsbild einer Schwangeren* (Anfang 16. Jh.) folgendes Verfahren empfohlen: Man möge von beiden Eheleuten eine Urinprobe nehmen, diese getrennt aufbewahren, Kleie hinzugeben und einige Tage warten. Wenn sich in dem Gefäß Würmer oder Maden bildeten, zeige dies die ›unfrúchperkeit‹ des Spenders oder der Spenderin an. Die mittelalterlichen Sterilitätstests erhalten ihre Schlagkraft durch ihre Symbolik, die sich aus Alltagserfahrungen speist. Zwar entsteht aus dem uringetränkten Korn Leben, doch erlauben Würmer und Maden keine positive Deutung; sie treten erst auf, wenn Nahrungsmittel verdorben sind. In einem anderen Rezept wird empfohlen, jeweils sieben Bohnen, Weizen- und Gerstenkörner in einen Topf zu legen und diese mit Urin zu begießen. Wenn das Getreide innerhalb von sieben Tagen verdorrt, gilt der oder die Uringebende als unfruchtbar. Im Traktat *Von Empfängnis und Geburt* (Ende 15. Jh.) findet sich eine weitere Methode der Urinschau, die sich auf den weiblichen Part beschränkt: Man solle eine Frau auffordern, nüchtern auf Feldminze zu urinieren. Bleibe diese drei Tage lang grün, dann sei die Frau fruchtbar. Die Vorstellung von der verwelkenden Grünkraft, wie sie Hildegard von Bingen als Erklärung für Unfruchtbarkeit entwirft, nimmt in diesem Experiment konkrete Gestalt an. Absterbende Pflanzen und vertrocknende Körner werden mit dem verkümmerten Reproduktionsvermögen parallelisiert.

Urinproben sind in diversen Varianten in der lateinischen wie der volkssprachigen Literatur überliefert, was auf ihre große Beliebtheit schließen lässt. Diese Methode ist einfach anzuwenden, moraltheologisch unbedenklich und gut auszuwerten. Harnuntersuchungen sind in der mittelalterlichen Medizin generell ein gängiges Verfahren, doch überlagern sich bei dem Reaktionstest von pflanzlichen Produkten verschiedene Deutungstraditionen.[25] Die Harn-Körner-Schau speist sich aus archaischen und mythischen Fruchtbarkeitsvorstellungen, wie die Anzahl der Tage und Produkte in einem der Rezepte nahelegt: Sieben Tage lang sollen sieben Bohnen, sieben Gersten- und sieben Getreidekörner beobachtet werden. Die zeichenhafte Bedeutung der Harnprobe ist nicht zu unterschätzen: Die Unfruchtbarkeit eines Menschen lässt sich kaum drastischer veranschaulichen als in den Bildern des Vertrocknens, Verderbens und Sterbens ursprünglich keimfähiger, nährender und grünender Naturprodukte. In der medizinischen Fachliteratur des Mittelalters finden sich freilich auch kritische Stimmen; Albertus Magnus hielt von sämtlichen Sterilitätsproben wenig: »Dies alles aber erscheint uns sinnlos zu sein.«

Sieben Reproduktionshindernisse

So leicht Unfruchtbarkeit zu diagnostizieren war, wenn heterosexuelle Paare trotz regelmäßigem sexuellem Verkehr kein Kind bekamen, so schwierig war es für Ärzte und Hebammen im späten Mittelalter, eine eindeutige Ursache ausfindig zu machen. Im Traktat *Von Empfängnis und Geburt* werden sieben Gründe angeführt, die eine Zeugung verhindern können.[26] An erster Stelle nennt der anonyme Autor »zu viel Krankheit« von Männern und Frauen; eine schwere körperliche Erkrankung, welcher Art auch immer, wirke sich auch auf das Reproduktionsvermögen aus. Als zweiten Grund führt der Verfasser die fehlende Geschlechtsreife an; in Kindheit und Jugend könnten Menschen keine Kinder bekommen, weil sie noch nicht reproduktionsfähig seien. Eine solche Begründung mag banal klingen, ist für mittelalterliche Lebensverhältnisse aber nicht unwichtig. Im Hochadel wurden Kinder teils so jung verheiratet, dass es ratsam war, mit dem Vollzug der Ehe einige Jahre zu warten und sich nicht zu früh Nachwuchs zu erhoffen. Die dritte Erklärung zielt auf die Ernährungsweise; wenn Menschen zu viel essen oder trinken, werde ihr Körper beschwert. Dass feiste Frauen seltener Kinder empfangen, ist in diversen gynäkologischen Texten zu lesen und wird im Spätmittelalter beispielsweise mit einem zerdehnten Zeugungsakt begründet; bei einer zu großen Leibesfülle könnten sich die Samen von Mann und Frau nicht gleich vereinigen. Oder dickleibigen Leuten wird attestiert, dass sie nicht genügend Samen produzierten, weil ihr Blut für die Fettbildung benötigt werde. Da dünne Frauen ebenfalls als ungeeignet für die Reproduktion angesehen werden, gilt auch in diesem Fall der Durchschnitt als ideal.[27]

An vierter Stelle werden im Traktat *Von Empfängnis und Geburt* emotionale Gründe genannt. Die Grundlage dieser Vorstellung bildet erneut die Humoralpathologie. Zorn und Traurigkeit brächten das innere Gleichgewicht der Körpersäfte durcheinander und beeinträchtigten so die naturgegebene Fruchtbarkeit. Dass zwischen psychischen und physischen Faktoren ein direkter Zusammenhang besteht, wird in den *Gynäkologischen Rezepten von griechischen Medizinern* ebenfalls thematisiert, die dem unikal überlieferten Traktat in der Handschrift unmittelbar folgen. Darin ist zu lesen, dass sich das Ausbleiben der Monatsblutung und das Anschwellen der Gebärmutter nicht nur auf das körperliche Wohlbefinden auswirkten. Geschwächte Frauen gerieten oft in innere Unruhe und Bedrängnis, weil sie fürchteten, ihren Männern nicht mehr nützlich zu sein.[28] Die Angst vor Unfruchtbarkeit setzt also einen negativen Verstärkungsmechanismus in Gang, der eine psychische Blockade auslösen und das Empfängnisvermögen dauerhaft einschränken kann. Dass Frauen ihr

Selbstverständnis aus der Reproduktion ableiten, ist bei dieser Krankheitsbeschreibung vorausgesetzt. Die theologische Lehre, die Frau sei als Gebärhilfe des Mannes geschaffen, spiegelt sich in der genderspezifischen Sorge, bei Unfruchtbarkeit nichts mehr wert zu sein.

Der fünfte Grund für Unfruchtbarkeit ist mit dem dritten verwandt. Nicht nur zu viel Essen und Trinken, sondern auch die schlechte Qualität von Speisen soll die Zeugungsfähigkeit beeinflussen; die Natur des Menschen werde niedergedrückt und sein Blut beschwert. Das sechste Reproduktionshindernis resultiert ebenfalls aus einer ungesunden Verhaltensweise: Sterilität kann eine Folge von zu viel Geschlechtsverkehr sein. In einem solchen Fall erbleiche das Gesicht, entstehe im Kopf Schwindel, lasse das Gedächtnis nach, verdaue der Magen kaum und werde das Blut unfruchtbar. Umgekehrt wirkt sich der Mangel an Sex ähnlich negativ aus. Wenn Männer lange keinen Geschlechtsverkehr hätten, werde ihr Samen so unbrauchbar und träge, dass sie besser keinen Nachwuchs bekommen sollten.[29] Nach medizinischer Auffassung entscheidet also das rechte Maß beim Essen wie beim Sex über die Reproduktionsfähigkeit; sowohl zu viel als auch zu wenig Beischlaf gilt als schädlich. Die antike wie die mittelalterliche Diätetik lieferte nicht nur Erklärungen für Unfruchtbarkeit, sondern auch Empfehlungen für Fruchtbarkeit. Eine gesunde Lebensführung ist Voraussetzung dafür, ein Kind zu bekommen.

Die siebte und letzte Ursache, die in *Von Empfängnis und Geburt* genannt wird, bezieht sich auf das Wochenbett. Eine Geburt war im Mittelalter generell mit hohen Risiken für Leib und Leben einer Frau verbunden. Zwar stellte sie ihre aktuelle Fruchtbarkeit unter Beweis, doch konnten Komplikationen zur Unfruchtbarkeit führen. Der Verfasser des Traktats betont weniger die mit dem Geburtsprozess verbundenen Gefahren als die Notwendigkeit, eine Frau nach der Niederkunft zu schonen. Seine Warnung, ›Unordnung‹ im Kindbett ließe die Gebärmutter erkalten und Frauen unfruchtbar werden, richtet sich primär an Männer. Gynäkologische Fachliteratur ist somit an Rezipienten beiderlei Geschlechts adressiert. Vielfach wird in der medizinischen Fachliteratur davor gewarnt, dass der Geschlechtsverkehr für junge Mütter schädlich sei, ihrer Gesundheit zusetze und ihr Reproduktionsvermögen beeinträchtige.

Natur und Moral

Das Traktat *Von Empfängnis und Geburt* zeigt nicht nur, wie Unfruchtbarkeit im Mittelalter aus medizinischer Sicht begründet wurde, sondern auch wie Elternschaft zur überlegenen Lebensform deklariert wird. Der Verfasser will die Entstehung von Menschen behandeln, beginnt aber mit dem entgegengesetzten Phänomen. Zuerst erklärt er, unter welchen Umständen keine Kinder gezeugt werden. Die Siebenzahl der Reproduktionshindernisse erinnert an Lasterkataloge und kann ein moraltheologisch geprägtes Schuldbewusstsein hervorrufen. Präsentiert werden sieben Hauptsünden gegen die Fruchtbarkeit. Der Autor etabliert Reproduktion als Norm, indem er Unfruchtbarkeit von Fruchtbarkeit abgrenzt, sie als körperliche Fehlfunktion versteht und auf menschliches Fehlverhalten zurückführt. Die Wertehierarchie wird naturalisiert, indem sich der Autor bei den einzelnen Ursachen immer wieder auf ›die Natur‹ bezieht: Menschen seien nur in dem von der Natur vorgesehenen Alter gebärfähig, sie sollten ihre in der Natur angelegte Fruchtbarkeit weder mit zu viel oder schlechter Nahrung noch mit negativen Affekten gefährden und sie müssten auch beim Geschlechtsverkehr die Ordnung der Natur wahren.

Wie stark die ›natürliche‹ Fortpflanzung von kulturellen Vorstellungen überformt ist, wird offenkundig, wenn beim Geschlechtsakt weitere Regeln beachtet werden sollen. Die theologischen Diskussionen um Sex ›contra naturam‹ erfährt in der Medizin eine anatomische Deutung: Das ›Werk der Natur‹ muss also in einer schicklichen und geordneten Weise vonstattengehen.[30] Eindringlich warnen die Autoren gynäkologischer Texte davor, dass sündiges Sexualverhalten zu Unfruchtbarkeit oder Deformationen führen könnte. Werde der Samen ›unordentlich‹ in die Gebärmutter vergossen und von ihr ›nicht ordentlich‹ empfangen, entstünden Kinder mit einem körperlichen Defekt. Daher werden Frauen aufgefordert, mit ihrem Mann so zu verkehren, wie es die ›natürliche‹ Ordnung verlange. Sie sollten auf dem Rücken liegen, die Beine ausstrecken und sich möglichst wenig bewegen, damit sich der Samen nicht verfange und an den richtigen Ort gelange. Nur wenn Menschen sich so verhalten, wie es die moralmedizinischen Ratgeber empfehlen, werden ihre sexuellen Taten Früchte tragen und Nachkommen entstehen.

Unfruchtbarkeit wurde in der medizinischen Literatur des Mittelalters als Abweichung von der ›natürlichen‹ Ordnung dargestellt, die den kinderlosen Paaren teils sogar selbst anzulasten war. Durch eine gesundheitsgefährdende Lebensweise wie durch ›widernatürlichen‹ Sexualverkehr konnten sie ihre Fruchtbarkeit dauerhaft geschädigt haben. Die theologischen und medizinischen Diskurse überschneiden sich darin, dass sie einen Tun-Ergehen-Zusammenhang konstruieren. Während Unfruchtbarkeit aus religiöser Sicht oft als Strafe Gottes interpretiert wird, gilt sie in gynäkologischen Texten als Folge eines selbstschädigenden Sexualverhaltens. Mittels medizinischer Empfehlungen wurde moralischer Druck aufgebaut und ein fertiler Imperativ erstellt, der sich so formulieren lässt: Handle stets so, dass du fruchtbar bleibst und ein (gesundes) Kind bekommen kannst. Zwar differenzierte die vormoderne Medizin zwischen angeborener und erworbener Unfruchtbarkeit, wobei nur die letztere der Verantwortung der Betroffenen unterlag und unter Umständen als heilbar galt.[31] Doch war eine Unterscheidung im konkreten Einzelfall schwierig und der Leidensdruck vor allem für kinderlose Frauen hoch.

Vor dem Hintergrund dieser moralmedizinischen Deutungstradition erklärt sich wohl auch, weshalb ungewollt Kinderlose noch heute oft mit sich selbst hadern und sich schuldig fühlen. Viele überlegen, ob sie ihre Unfruchtbarkeit durch einen gesünderen Lebenswandel, ein jüngeres Reproduktionsalter oder regelmäßige Arztbesuche hätten verhindern können. Bestärkt werden sie in ihren Selbstzweifeln, wenn im öffentlichen Raum vor fertilitätsschädigendem Verhalten gewarnt wird; Rauchen mindere die Fruchtbarkeit und verursache Impotenz, ist beispielsweise auf Plakaten und Zigarettenschachteln zu lesen. Die so erzeugten Schuldgefühle können das Leiden von Kinderlosen nur verstärken. Manche Wunscheltern lassen sich auf immer neue Behandlungsmethoden ein, um ihr vermeintliches Fehlverhalten durch einen erhöhten Einsatz wettzumachen.

Fertilitätsfördernde Mittel: Hormontherapie und Fruchtbarkeitsgürtel

Bei Kinderwunschzentren kann man sich auf ihren Homepages informieren, welche reproduktionsmedizinischen Behandlungen ein Ärzteteam anbietet. Einen vergleichbaren Überblick über fertilitätsfördernde Maßnahmen konnten sich Kinderlose im Mittelalter kaum verschaffen; sie waren auf Empfehlungen und Erfahrungen angewiesen, die andere in ihrem Umfeld gemacht hatten und die ihnen über persönliche Kontakte zugetragen wurden. Historisch arbeitende Wissenschaftlerinnen und Wissenschaftler haben heute dagegen die Möglichkeit, medizinische Handschriften und gynäkologische Rezeptsammlungen systematisch auszuwerten. Die umfangreiche lateinische und volkssprachige Überlieferung belegt, dass Un*fruchtbarkeit für die mittelalterliche Heilkunde ein relevantes Thema war und ein großes Interesse an Behandlungsmethoden bestand. Antikes Wissen wurde, ergänzt um empirische Beobachtungen, an Hebammen und Ärzte weitergegeben, die ihre Patientinnen mittels Tinkturen, Einlagen, Bädern, Räucherungen und Salben zu kurieren suchten. Auch Praktiken der allgemeinen Gesundheitsförderung wie Aderlass oder Schröpfen wurden angewandt, um Menschen fruchtbar zu machen. Durch das Öffnen der Venen oder das Anritzen des Gewebes sollten der Körper von überschüssigem Blut entlastet und schädliche Säfte nach außen abgeleitet werden.

Welche konkreten Maßnahmen ergriffen oder miteinander kombiniert wurden, hing vom Einzelfall ab.[32] Dabei spielten neben der Konstitution der Kinderlosen auch die Kenntnisse und Kompetenzen der Heilerinnen und Heiler eine entscheidende Rolle. Nicht alle Menschen, die sich nach Elternschaft sehnten, hatten im Mittelalter die gleichen Möglichkeiten, medizinische Hilfe in Anspruch zu nehmen. Während eine Königin bei Reproduktionsschwierigkeiten gleich von mehreren Ärzten betreut wurde, konnte eine Behandlung bei Angehörigen unterer Schichten schon an den fehlenden finanziellen Mitteln scheitern. Viele mittelalterliche Fruchtbarkeitspharmaka sind aus heutiger medizinischer Sicht nur bedingt oder überhaupt nicht wirksam; manche führten zu einer Verschlechterung des Gesundheitszustands und riefen heftiges Brennen oder gar Wunden auf der Vaginalschleimhaut hervor. Frauen und Männer mussten sich teils schmerzhaften Prozeduren unterziehen, wenn sie Eltern werden wollten.

Ausgefeilte Rezepte

Die vormoderne Reproduktionsmedizin ist ganzheitlich ausgerichtet, insofern sie auf der Humoralpathologie aufbaut und das innere Gleichgewicht in den Blick nimmt. Autoren frauenheilkundlicher Traktate klärten Kinderlose über eine gesunde Lebensweise und deren körperliche Zusammenhänge auf.[33] Der Bauch sollte weder zu voll noch zu leer sein und der Geschlechtsakt am besten um Mitternacht oder am frühen Morgen vollzogen werden, da das Essen zu diesen Zeiten verdaut und die Samenproduktion im vollen Gange sei. Galen und seine Nachfolger empfahlen bestimmte Nahrungsmittel, mit denen die Körpertemperatur reguliert und die Reproduktionsfähigkeit gesteigert werden sollte. Allen Speisen mit einem wärmenden Charakter – Kichererbsen, Eiern, Spargel, Lauch, Pfeffersorten, Anis, Kümmel und vielem mehr – sprachen sie eine positive Wirkung auf die Potenz zu.

In einem weiteren Schritt konnte Unfruchtbarkeit medikamentös behandelt werden. Mediziner kombinierten verschiedene pharmakologische Substanzen, um den Effekt zu erhöhen. Wie aufwändig die Herstellung eines solchen Fertilitätstranks sein konnte, zeigt ein lateinisches Rezept Arnalds von Villanova. Für eine Arznei gegen innere Kälte wurden feinste Zutaten benötigt:[34] sechs rohe Eidotter, frische Butter, Ziegenmolke, das Zeugungsglied eines Stieres, Knabenkraut, Zitwer (Weiße Curcuma), eingemachter Ingwer, Minze sowie ein Zeugungsglied und ein Hoden von Hähnen, von denen für Frauen der linke, für Männer der rechte zu verwenden ist. Hinzu kommen das Mark einer Kokosnuss, Pinienkerne, Pistazien, süße Mandeln, Datteln, das

Fett gekochter Haselnüsse, Malvensamen, Bingelkraut, Senfraukensamen, Gewürznelken, Ingwer, langer, weißer und schwarzer Pfeffer, Vogelzunge und Zimt. Alle Zutaten müssen gesäubert, gemischt, in Kuh- oder Schafsmilch abgekocht und zerkleinert werden, bevor eine halbe Unze vom Schwanz einer Echse (Skink) dazu gegeben werden muss. Das Ganze soll mit Rosenhonig und Zuckerbrot verarbeitet, lange gerührt, gekocht und schließlich mit Moschus fertiggestellt werden. Arnald schätzte die Wirksamkeit seines Medikaments so hoch ein, dass er es als ein von Gott geoffenbartes Heilmittel anpries. Bei der Behandlung weiblicher Unfruchtbarkeit verdoppelte Arnald die orale Therapie und entwickelte spezielle Digerier-Sirupe, damit das Medikament besser wirken könne.

Arnalds ausgefeilte Rezepte zeugen weniger von dem Bemühen, kinderlosen Paaren zu helfen, als von der pharmakologischen Gelehrsamkeit ihres Verfassers. Seine Arznei ist so kompliziert herzustellen, dass sie sich nicht für die Selbstproduktion eignet und ein hohes Wissensgefälle zwischen dem medizinischen Experten und Kinderwünschenden besteht. Die Indikation ›Unfruchtbarkeit‹ bot Medizinern eine Gelegenheit, ihre Expertise unter Beweis zu stellen. Die Suche nach Ursachen und Therapieformen führte zur Ausbildung einer vormodernen Reproduktionsmedizin, in der Wissende über das Wohl von Unwissenden entschieden. Dass das Leiden von Wunscheltern Medizinern ein lohnendes Geschäft bescherte, thematisierte John von Gaddesden (1280–1348/49) in dem zwischen 1304 und 1317 verfassten Werk *Rosa Anglica, Practica Medicinae* (Englische Rose, Praktiken der Medizin) freimütig. Das erwähnte Heilmittel sei selten und sehr aufwändig herzustellen, weshalb er viel Geld damit verdient habe.[35]

Volkssprachige Rezepte waren dagegen in der Regel viel einfacher zu handhaben. Der Verfasser des Traktats *Von der Natur der Frauen und ihren Krankheiten* riet unfruchtbaren Frauen etwa, Schweinenieren mit warmem Wein zu konsumieren und danach frische warme Milch zu trinken. Alternativ könnten sie Mist und Schmalz eines Hasen mit Honig mischen, das Ganze drei Tage stehen lassen und dann mit abgeschabtem Elfenbein trinken. In den gynäkologischen Texten des deutschen Spätmittelalters sind zahlreiche Rezepte gegen Unfruchtbarkeit überliefert, die teils auch Hilfe gegen männliche Impotenz versprechen. Damit ein Mann zeugungsfähig wird, soll er beispielsweise dreißig Tage lang Ziegenmilch mit Honig trinken, Hasenhoden essen oder Quecksilber-Pflaster anlegen.[36]

Bäder, Räucherungen und Salben

In der Frauenheilkunde wurden vor der Moderne auch Bäder, Räucherungen und Salben empfohlen.[37] Kräuter und Wurzeln von heißer Natur, wie Nesseln, Betonien, Beifuß, Wermut, Tausendgüldenkraut und Holunder, sollten sich positiv auf das Reproduktionsvermögen auswirken. Manche Mediziner versuchten, die Wirksamkeit dieser Methode durch eine Kombination mit bestimmten Speisen zu erhöhen. Nehme eine Frau ein Bad aus Holunderblüten, heißen Nesseln und Betonien und trinke dann pulverisiertes Fleisch in Holunderwein, werde sie fruchtbar. Alternativ dazu könne sie in heißen Zapfen und Rinden baden und danach einen gekochten Hasenbauch essen. Ein anderer Autor empfiehlt, eine Frau erst in einem Sud aus Schöllkraut, Eisenkraut und Hafer zu baden, schwitzen zu lassen und sie anschließend von unten zu bedampfen: Wenn sie aus der Wanne komme, solle ihr Therapeut weißen Weihrauch und weißen römischen Kümmel auf eine Glut legen und ihren Unterleib mit Hilfe des Rauchs öffnen. Lege sie sich dann in ein warmes Bett zu einem Mann, werde sie schwanger.

Räucherungen gehören zu den Behandlungsformen von Unfruchtbarkeit, die sich bis ins alte Ägypten zurückverfolgen lassen und vermutlich aus einer kultischen Reinigung entstanden sind.[38] Noch im Mittelalter hofften Mediziner, mit Hilfe einer Räucherung die Lage der Gebärmutter beeinflussen zu können. Durch wohlriechende Dämpfe sollte sie angelockt und durch übelriechende Dämpfe vertrieben werden, um ein Aufsteigen oder ein Vorfallen des Uterus zu korrigieren. Dieses Verfahren ließ sich sowohl vaginal als auch nasal anwenden, wobei die Geruchsrichtung entsprechend anzupassen war. Die Beräucherung speiste sich aus der alten Vorstellung, dass die Gebärmutter ein eigenes Lebenswesen sei und Schaden anrichten könne. Werde sie längere Zeit nicht mit Samen versorgt, mache sie sich selbständig, irre im Körper umher und besetze die Atemwege. In einer neuen Variante taucht die männliche Vorstellung, dass Frauen zu ihrem eigenen Besten beschlafen und zur Mutter gemacht werden müssen, noch einmal auf. Der von der Gebärmutter ausgeübte Reproduktionszwang könne gar über Leben und Tod entscheiden.

Bei Unfruchtbarkeit verschrieben Mediziner auch Salben zur äußerlichen Anwendung. Die Tinkturen waren an jenen Körperregionen zu verteilen, die gemäß vormodernen Zeugungstheorien für die Reproduktion zentral sind. Eine Frau soll die Salbe vom Nabel bis zur Scheide auftragen und auch die Lenden berücksichtigen; ein Mann muss die Nierengegend und den gesamten Genitalbereich gründlich einreiben.[39] Kennt man diese Behandlungsmethode, erhellt sich eine literarische Szene des *Hessischen Weihnachtsspiels* (2. Hälfte

15. Jh.). Bei der Herbergssuche in Betlehem droht der Wirt Josef damit, seine Lenden einzureiben, wenn er nicht gleich verschwinde.[40] Die Anspielung ist eindeutig sexuell konnotiert und sorgt für eine komische Brechung der Geburtsgeschichte Jesu. Josefs Reproduktionsfähigkeit soll durch das Salben seiner Lenden wiederhergestellt werden, nachdem er behauptet hat, dass seine offenkundig hochschwangere Begleiterin noch Jungfrau sei. Dass Maria und Josef keine Herberge fanden, ist biblisch bezeugt, doch wird ihre Suche für die Theateraufführung unterhaltsam ausgestaltet. Die grobe Reaktion des Wirts vermittelt einen Eindruck davon, wie Männer ohne Nachwuchs im Spätmittelalter wahrgenommen und ausgegrenzt wurden. Wer den Schaden hatte und als zeugungsunfähig galt, brauchte für den Spott nicht zu sorgen. Diese sozialen Folgen von Kinderlosigkeit werden in medizinischen Abhandlungen – im Unterschied zur epischen oder dramatischen Literatur – in der Regel ausgeblendet. Die Sicht von Ärzten auf Un*fruchtbarkeit ist körperbezogen und lösungsorientiert: Menschen sollen von einer Krankheit geheilt werden, wohingegen die Diskriminierungserfahrungen und Passionsgefühle von Kinderlosen wenig interessieren.

Das Vertrauen in die medizinische und pharmazeutische Kunst war im Mittelalter so groß, dass ein ärztlicher Misserfolg weniger an der Methode als an der Konstitution des oder der Kranken zweifeln ließ. Wie ein medizinischer Gelehrter seine eigene Überlegenheit sichert, zeigt der warnende Hinweis in einer Rezeptsammlung. Ein Getränk aus gekochten Dachshoden soll gegen Impotenz helfen, wenn es morgens auf nüchternen Magen eingenommen wird. Verspüre jemand nach einer mehrtägigen Einnahme noch immer kein Verlangen und sei nicht in der Lage, den sexuellen Akt zu vollziehen, handle es sich um einen hoffnungslosen Fall. Wenn nicht einmal diese wahre, vielerprobte und bewährte Arznei zum Erfolg führe, sei das Unvermögen angeboren und nicht heilbar. Ein solcher Mann könne niemals ein Kind zeugen, stellt der medizinische Ratgeber klar.[41]

Meine grundlegende These, Kinderlosigkeit als ein Konstrukt zu verstehen, bei dem körperliche und kulturelle Aspekte untrennbar verschränkt sind, lässt sich an dieser Aussage gut veranschaulichen. Unfruchtbarkeit ist in dem Dachshoden-Rezept eine medizinische Zuschreibung, die aus dem Scheitern einer Behandlungsmethode resultiert. Ob es sich um eine angeborene oder erworbene Zeugungsunfähigkeit, eine heilbare oder unheilbare Krankheit handelt, entscheidet nicht ein biologischer Zusammenhang, sondern seine Interpretation. Die Unschärfe im Verständnis von Un*fruchtbarkeit, das zwischen Natur und Kultur, biologischen und sozialen Aspekten, Gesundheit und Krankheit changiert, zeigt sich übrigens auch in der gegenwärtigen Praxis gesetzlicher Krankenkassen. Diese betrachten Sterilität zwar nicht als Krankheit, übernehmen aber unter genau definierten Bedingungen die Kosten für drei Behandlungszyklen einer In-vitro-Fertilisation.

Tierhoden und Muttermilch

Unter den einzunehmenden Nahrungsmitteln sind auffällig oft Tiergenitalien vertreten. Der Verzehr von Hasen-, Eber- oder Hirschhoden soll sich positiv auf die Fruchtbarkeit von Menschen auswirken. Aus pharmazeutischer Sicht erscheint diese Praxis zumindest bei Männern nicht unberechtigt; die Pharmaziehistorikerin Annette Josephs zieht in der Studie *Der Kampf gegen die Unfruchtbarkeit* (1998) eine Parallele zur heutigen Hormon-Substitutions-Therapie und hält die androgene Hormontherapie für die erfolgreichste Behandlungsmethode der Vormoderne. Bei Frauen kann sie dagegen keinen fertilitätsförderlichen Effekt erkennen.[42] Dass Arnald von Villanova zwischen den Geschlechtern unterschied und bei seinem Fruchtbarkeitstrank für Frauen den linken und für Männer den rechte Hoden eines Hahns verwendet haben wollte, dürfte also vor allem symbolische Bedeutung gehabt haben. Überhaupt ist die Zeichenfunktion von Nahrung im Mittelalter nicht zu unterschätzen. Genitalien repräsentieren und verkörpern die tierische Potenz. Indem Kinderlose Tierhoden verzehrten, verleibten sie sich die Zeugungskraft der Hasen, Eber und Hirsche buchstäblich ein. Durch die orale Aufnahme hofften sie, an der Fruchtbarkeit der Wildtiere zu partizipieren. Deren vielgerühmtes Reproduktionsvermögen sollte durch Inkorporation auf den menschlichen Körper übergehen.

Eine ähnliche Vorstellung liegt der Einnahme von Milch zugrunde, die zugleich Produkt und Symbol weiblicher Fruchtbarkeit ist. Viele Autoren gingen davon aus, dass die Milch reproduktionsfreudiger Tiere eine empfängnisfördernde Wirkung besitzt. Für die komplizierte Rezeptur des Arnald von Villanova ist diese Flüssigkeit ebenso erforderlich wie für das volkssprachige Hausmittel, das aus Ziegenmilch und Honig besteht. Noch offenkundiger wird der Wunsch, das Reproduktionsvermögen zu transferieren, bei der Verwendung von menschlicher Milch. Diese galt als besonders wirksames Heilmittel gegen Unfruchtbarkeit und konnte zum Einsatz kommen, wenn alle anderen Maßnahmen gescheitert waren. Frauen, die lange keinen Geschlechtsverkehr hatten und an einer Schwellung der Gebärmutter litten, wurde eine vaginale Einlage empfohlen.[43] Sie sollten eine Tamponade mit Muttermilch tränken und diese genau in das Körperteil einführen, in dem ein Kind entstehen und heranwachsen soll. Der Milch wurde eine kühlende und abschwellende Wirkung attestiert, wodurch der Rückstau schädlicher Säfte aufgehoben und der Unterleib gereinigt werden sollte. Die Überzeugung von der unterschiedlichen Wertigkeit der Geschlechter spielte bei diesen Maßnahmen erneut eine Rolle. Mittelalterliche Fertilitätsexperten rieten ausdrücklich dazu, für eine Kinderwunsch-Behandlung die Milch einer Frau zu verwenden, die einen Sohn geboren hatte. Sehr förderlich erschien diese wohl auch wegen der größeren Wärme, die nach humoralpathologischer Auffassung für die Zeugung eines Jungen erforderlich war.

Die Therapie mit Muttermilch erinnert zugleich an den magisch-religiösen Umgang mit Berührungsreliquien. In der mittelalterlichen Volksfrömmigkeit glaubte man, durch den Kontakt mit heiligen Körpern Anteil am Heil zu erlangen. In ähnlicher Weise hofften unfruchtbare Frauen, durch ein Einführen von Muttermilch Anteil an der Fruchtbarkeit der Spenderin zu erhalten. Vergleichbare Parallelen zwischen medizinischen und religiösen Vorstellungen lassen sich bei der Einnahme von Tiergenitalien ziehen: Der Glaube, durch oralen Verzehr die fertile Potenz anderer in sich aufnehmen zu können, weist gewisse Gemeinsamkeiten mit dem Ritual der Eucharistie auf. Durch den Empfang des Leibs Christi, der im Mittelalter für Laien nur selten möglich war, sollten diese an der Gemeinschaft mit Gott und den durch ihn geschenkten Heilsgütern teilhaben. Medikation und Kommunion eröffneten Gläubigen im Mittelalter in gleicher Weise Wege zum Wunschkind.

Medizin und Magie

Manche Mittel, mit denen Menschen im Mittelalter ihre Fertilität zu steigern suchten, wirken heute befremdlich. Gegen Sterilität wurden nicht nur Arzneimittel eingenommen oder eingerieben, sondern auch Amulette getragen, Krötenvotive gestiftet und Reliquien sowie Steine in Phallusform berührt.[44] Ein kurioser Fruchtbarkeitsbrauch, halb sexuell, halb rituell soll in Haute-Bretagne üblich gewesen sein. Ungewollt kinderlose Frauen suchten Zuflucht beim Heiligen Mirli, indem sie einen Geschlechtsakt simulierten. Sie rieben nachts ihren Bauch an der Statue des Heiligen und glaubten, auf diese Weise fruchtbar zu werden. Auch von geweihten Hostien erhofften sich Menschen einen positiven Einfluss auf ihr Fortpflanzungsvermögen. Andernfalls hätte Petrus Aureoli (gest. 1322) eine solche fertile Maßnahme in seinem Sentenzenkommentar nicht kritisieren müssen. Er mahnt, dass Hostien nicht als Mittel gegen Unfruchtbarkeit gestohlen und missbraucht werden dürfen.

Aus moderner Perspektive ist man oft geneigt, zwischen wissenschaftlichen und abergläubischen Praktiken unterscheiden zu wollen. Doch werden solche Trennungsversuche den vormodernen Vorstellungen von Gesundheit und Krankheit nicht gerecht. Die Übergänge zwischen Medizin, Magie und Religion waren im Mittelalter fließend. Für den Un*fruchtbarkeitsdiskurs lässt sich dies beispielhaft an der voluminösen Briefsammlung des reichen italienischen Kaufmanns Francesco di Marco Datini (1335–1410) belegen, dessen Ehe mit Margherita di Dominico Bandini (1360–1423) ohne Nachwuchs blieb.[45] Die Kinderlosigkeit belastete die Beziehung der Eheleute schwer, auch die Angehörigen nahmen lebhaft an den Sorgen des Paares Anteil. So erhielt Margherita am 7. September 1393 einen Brief von ihrer Schwester Francesca aus Florenz, die ein wirksames Heilmittel gefunden zu haben glaubte: Mehrere Frauen seien durch ein Pflaster, das sie um den Bauch hätten tragen müssen, schwanger geworden. Bei ihren weiteren Erkundigungen stieß Francesca auf eine heilkundige Frau, die ihre Hilfe zusagte, doch vor unangenehmen Nebenwirkungen warnte: Die Behandlung könne nur im Winter erfolgen und gehe mit einem so üblen Geruch einher, dass nicht alle Ehemänner eine solche Prozedur auf sich nehmen wollten. Margherita möge daher erst herausfinden, meinte die Schwester, ob ihr Gemahl eine solche Anwendung überhaupt wünsche.

Verwarf Francesco Datini – möglicherweise aufgrund des Gestanks – diesen Vorschlag oder war die Methode weniger erfolgreich, als seine Schwägerin angenommen hatte? Zwei Jahre später war das Unfruchtbarkeitsproblem noch immer ungelöst, obwohl das Paar auch schon längst Mediziner zu Rate gezogen hatte. Der befreundete Arzt Naddino Bovattieri vermutete 1395, dass die Sterilität mit Margheritas starken Menstruationsschmerzen zusammenhängen könne. Mit seiner Erzählung, dass er kürzlich eine Patientin mit ähnlichen Symptomen erfolgreich behandelt und ihr zur Geburt zweier Kinder verholfen hätte, machte Naddino dem Freund Hoffnung. Er versprach, alles zu schicken, was für eine solche Therapie notwendig sei. Wenn es Margheritas Ärzten richtig erscheine, könne ihr Leiden auf dieselbe Weise kuriert werden. Dass Francesco sich ebenfalls einer reproduktionsmedizinischen Behandlung unterziehen sollte, war nie Gegenstand der brieflichen Gespräche. Schließlich hatte er seine Potenz durch das Zeugen mehrerer unehelicher Kinder bereits unter Beweis gestellt.

Auch Margheritas Schwester wusste im gleichen Jahr neuen Rat. Laut einem von ihrem Mann Niccolò dell'Ammannato Tecchini abgefassten Brief empfahl Francesca dem Ehepaar Datini den Gebrauch eines Gürtels, der mit Schriftzeichen versehen war. Ein solches Wundermittel ist in der mittelalterlichen Frauenheilkunde primär aus der Geburtshilfe bekannt. Um Schmerzen zu lindern und das Leben von Mutter und Kind zu bewahren, wurde Gebärenden bis in die Neuzeit ein Gürtel oder ein beschriebener Stoff-, Pergament- oder Papierstreifen umgelegt. Vielfach waren solche Gebärgürtel mit Gebetsanrufen beschriftet, die sich an bestimmte Heilige wie Maria, Elisabeth oder Margaretha richteten. Durch das Binden und Lösen des Gürtels sollte der schmerzliche Geburtsprozess imitiert und so zu einem positiven Ende gebracht werden.[46] Dieses magische Schutzritual wird in der Familiengeschichte der Datinis von einer werdenden auf eine Wunschmutter übertragen. Francesca instruiert ihre Schwester genau, was sie bei dieser Prozedur zu beachten habe: Ein unberührter Knabe solle sie gürten, nachdem er drei Vaterunser und Ave Maria zur Ehre Gottes, der Trinität und der Heiligen Katharina gesprochen habe. Zudem müssten die Schriftzeichen unmittelbar auf der nackten Haut liegen, damit der Fruchtbarkeitsgürtel die gewünschte Wirkung entfalten könne.

Der männliche Autor des Briefes, Niccolò, hielt von dem beschriebenen Verfahren wenig und machte aus seiner Skepsis keinen Hehl. Ihm erscheine es aussichtsreicher, wenn Margherita an drei Freitagen drei Bettler speise, als auf Weibergeschwätz zu hören. Doch obwohl Niccolò magische Praktiken ablehnte, die Empfehlung seiner Frau kleinredete und sich für einen religiösen Lösungsweg aussprach, verschwieg er die alternative Maßnahme nicht. Nach über fünfzehn kinderlosen Ehejahren konnte nichts mehr unversucht bleiben, was nur die geringste Aussicht auf eine Schwangerschaft versprach. So finden sich in den Privatbriefen von Francesco und Margherita Datini Ende des 14. Jahrhunderts vier Methoden in unmittelbarer Nähe, die in der modernen Wissenschaft gerne auseinanderdividiert werden: das Pflaster einer heilkundigen Frau, die medizinische Expertise gelehrter Ärzte, das magische Fruchtbarkeitsritual mit dem Gürtel und die religiöse Hoffnung auf göttlichen Lohn für karitative Taten. Im Mittelalter aber gehören alle diese Heilungsstrategien in gleicher Weise in den Bereich körperlicher Gesundheit.

Das therapierte Geschlecht: ›Frau sein‹ gleich ›krank sein‹

Rezepte gegen Impotenz sollten nicht darüber hinwegtäuschen: Selbst wenn die Bedeutung von Männern nicht negiert werden darf,[47] sind medizinische Kinderwunschbehandlungen epochenübergreifend primär Frauensache. Bleiben heute Paare ungewollt kinderlos, unterzieht sich in der Regel zunächst die Frau einer umfangreichen gynäkologischen Untersuchung. Mögliche Verwachsungen der Gebärmutter und die Durchlässigkeit der Eileiter werden oft schon untersucht, bevor sich ein Mann überhaupt zum Urologen begibt. Dabei wäre seine Zeugungsfähigkeit einfacher und kostengünstiger zu prüfen. Biologische Gründe kann diese Vorgehensweise nicht haben: Fruchtbarkeitsstörungen treten statistisch betrachtet bei beiden Geschlechtern gleich häufig auf. Die Ursachen für Unfruchtbarkeit liegen in ungefähr einem Drittel der Fälle bei der Frau, in einem Drittel bei dem Mann, in einem Drittel an beiden. Dennoch tendieren Frauen dazu, den Grund vorrangig bei sich selbst zu suchen, wie der deutsche Sozialforscher Carsten Wippermann in der Studie *Kinderlose Frauen und Männer* (2014) festgestellt hat.[48] Da sich ihre Sorge mit der Einschätzung der Männer decke, stünden Frauen unter einem erhöhten Druck, sich medizinische Hilfe zu holen.

Pathologisierung des weiblichen Geschlechts

In den medizinischen Diskursen des Mittelalters fällt die Ungleichbehandlung der Geschlechter beim Thema Kinderlosigkeit noch stärker auf. In den vormodernen Zeugungstheorien wird die Bedeutung der Männer für die Reproduktion hervorgehoben, wohingegen der Anteil der Frauen weniger wichtig erscheint. Wenn jedoch ein körperlicher Defekt markiert und therapeutische Maßnahmen eingeleitet werden sollen, liegt der Fokus eindeutig auf dem weiblichen Geschlecht. Weil die Vermehrung der Menschheit durch Frauen erfolge, müsse die Behandlung von Unfruchtbarkeit auch bei ihnen ansetzen, so ist in einer volkssprachigen Rezeptsammlung zu lesen. Schließlich kämen zahlreiche und verschiedenartige, innerliche wie äußerliche Fehlfunktionen und Schwachstellen beim weiblichen Körper vor.[49] Angesichts solcher Annahmen mag es nur folgerichtig erscheinen, dass es bis ins 17. Jahrhundert kein andrologisches Pendant zu der Vielzahl an gynäkologischen Schriften gab. Zwar reflektierten die Mediziner vor der Moderne, dass auch das Reproduktionsvermögen des Mannes eingeschränkt sein kann. Doch wurde in der Regel nicht zwischen der Fähigkeit zur Fortpflanzung (›potentia generandi‹) und der Fähigkeit zum Beischlaf (›potentia coeundi‹) unterschieden. Männliche Unfruchtbarkeit wurde daher meist nur wahrgenommen, wenn sie mit mangelnder Erektionsfähigkeit einherging. Dann allerdings interessierten sich nicht nur Ärzte, sondern auch kirchliche Eherichter für die Potenzschwierigkeiten von Männern, wovon im nächsten Kapitel die Rede sein wird.

Bei den volkssprachigen Rezepten gegen Impotenz handelt es sich um einen relativ kleinen Textbestand, der in den Bereich der Frauenheilkunde eingebettet ist. Unfruchtbarkeit wird also grundsätzlich als weibliches Problem aufgefasst, während Fruchtbarkeit als männliches Privileg erscheint. Der Eindruck, der bei der Lektüre der gynäkologischen Schriften des deutschen Mittelalters entsteht, ist aus Gender-Perspektive ambivalent: Die Verfasser betonen einerseits den unverzichtbaren Beitrag von Frauen für die Reproduktion.

Sie wollen über die Funktionen des weiblichen Körpers und seiner Krankheiten informieren, damit Frauen ihrem Geschlecht gemäß behandelt werden können. Andererseits interpretieren die Autoren die Andersartigkeit des weiblichen Körpers als Schwäche und rücken die vielfältigen Leiden von Frauen in den Vordergrund. Ihnen wird zwar medizinische Hilfe angeboten, doch führen die einseitige Ursachenforschung und die gehäuften Therapien zu einer Pathologisierung des weiblichen Geschlechts.

Wie Frauen als das leidende Geschlecht wahrgenommen und inszeniert werden, zeigt auch das Bild der ›Krankheitsfrau‹ im *Fasciculus Medicinae* (Abb. 3). Der Holzschnitt stammt aus einer Mitte des 15. Jahrhunderts kompilierten medizinischen Sammlung, die lange dem Arzt Johannes de Ketham zugeschrieben wurde und die 1491 in den Druck gelangte.[50] Das Werk war so beliebt, dass es in mehrere Sprachen übersetzt und immer wieder aufgelegt wurde. Den Informationen über typische weibliche Erkrankungen ist eine ganzseitige anatomische Abbildung vorangestellt, die zwischen Schemafigur und figürlicher Darstellung variiert. Mit leicht geneigtem Kopf, tiefen Augenringen und in die Höhe weisendem Zeigefinger blickt die unbekleidete weibliche Figur nach oben, als ob sie von höherer Stelle Hilfe erwartet. Ihre Kopfhaltung und ihr schmerzensreicher Blick erinnern an Märtyrerinnen, die ihr Leiden gefasst auf sich nehmen. Im Unterschied zu Märtyrerheiligen wird ihr Kopf freilich nicht von einem Strahlenkranz, sondern von Krankheitsbezeichnungen gerahmt. Indem die Ikonographie aus dem theologischen in den medizinischen Kontext überführt wird, entsteht die Kunstfigur der märtyrerhaften Patientin, die ihren Ärzten passiv ergeben ist.[51]

Anna von Böhmen und ihr Kinderwunsch

Gynäkologische Rezeptsammlungen geben in der Regel keine Auskunft über ihre Rezipientinnen. Daher stellt die Arzneimittelrechnung Annas von Böhmen (1366–1394) einen Glücksfall für die Un*fruchtbarkeitsforschung dar. Mehrere Substanzen und Mixturen, die gegen Unfruchtbarkeit wirken sollen, sind für die ›Frau Königin‹ im 17. Regierungsjahr des englischen Königs Richard II. bestimmt. Mittels dieser Apothekenrechnung und weiterer historiographischer Quellen hat die Medizinhistorikerin Kristen L. Geaman Annas »Struggle To Conceive« (Ringen um Fruchtbarkeit; 2014) rekonstruiert.[52] An ihrem Beispiel lässt sich nachvollziehen, wie im späten Mittelalter in den höchsten Adelskreisen mit Kinderlosigkeit umgegangen wurde. Bei der Eheschließung in Westminster Abbey im Januar 1382 schienen die Voraussetzungen für einen Machtgewinn durch Reproduktion günstig. Im Alter von fünfzehn Jahren wurde Anna von Böhmen, die Tochter Kaiser Karls IV., mit dem gleichaltrigen Richard verheiratet. Doch als sie zwölf Jahre später starb, merkten mehrere Chronisten teils mit ausdrücklichem Bedauern an, dass die Königin ihrem Mann kein Kind gebar.

Schon anderthalb Jahre nach ihrer Hochzeit findet sich ein erstes Anzeichen dafür, dass Anna und Richard fürchteten, kinderlos zu bleiben. Gemeinsam unternahm das Paar im Mai und Juni 1383 eine Wallfahrt nach Walsingham in Norfolk. Zu den Kultobjekten der wichtigsten englischen Pilgerstätte gehörten eine Marienstatue mit Jesuskind und eine Stillreliquie Mariens. Wenn nach mittelalterlicher Auffassung schon die Milch einer gewöhnlichen Frau fruchtbar machen sollte, um wie viel mehr musste dies für die Körperflüssigkeit der Gottesmutter gelten? Walsingham war daher ein beliebter Wallfahrtsort für Kinderwünschende, die mit göttlicher Hilfe Eltern zu werden hofften. Die Besuche zahlreicher adliger und hochadliger Frauen wie Margarete von Anjou (1430–1482) und Katharina von Aragon (1485–1536) sowie von Paaren wie Edward IV. (1442–1483) und Elizabeth Woodwille (um 1437–1492) sind im späten Mittelalter bezeugt. Bei Anna und Richard führte die gemeinsame Pilgerreise nicht zur Geburt des erhofften Thronfolgers. Dass die beiden weder allein auf eine religiöse Lösung setzten noch ihre Kinderlosigkeit tatenlos hinnahmen, belegt die auf die Königin ausgestellte Apothekenrechnung.

Mehrfach und über einen längeren Zeitraum hinweg nahm Anna von Böhmen medizinische Hilfe in Anspruch, spätestens nachdem ihre Ehe über zehn Jahre kinderlos geblieben war. Auf sechs zusammengebundenen Blättern sind unterschiedliche Pharmaka und Medikamente mitsamt Preisen aufgeführt, die von verschiedenen Gelehrten abgezeichnet wurden. Mindestens fünf verschiedene ärztliche Ratgeber muss Anna in dem Behandlungszeitraum vom Juni 1393 bis zu ihrem plötzlichen Tod – mutmaßlich an der Pest – im Juni 1394 konsultiert haben. Die aufgelisteten Arzneien lassen sich nicht alle eindeutig als Mittel gegen Unfruchtbarkeit identifizieren. Doch gibt es mehrere Indizien, die für einen persönlichen Gebrauch der Königin und ihren drängenden Kinderwunsch sprechen: etwa die geringe, nur für eine Person gedachte Menge vieler Substanzen oder die Verschreibung von ›trifera magna‹. Diesem vaginal einzuführenden Arzneimittel wird in der gynäkologischen Fachliteratur ausdrücklich eine fertilitätsfördernde Wirkung bescheinigt. Der Preis für ›trifera magna‹ ist vergleichsweise hoch, und Annas Verbrauch auffällig groß. Selbst wenn sich nicht ausschließen lässt, dass Richard ebenfalls potenzsteigernde Mittel konsumierte, deutet vieles darauf hin, dass die Mediziner sich bei ihrer Kinderwunsch-Therapie auf Anna konzentrierten. Während der König an religiösen Maßnahmen beteiligt war, lag die Hauptlast der reproduktionsmedizinischen Behandlung auf der Königin.

Annas und Richards doppelte Strategie, zu einem Kind zu gelangen, bestätigt einmal mehr, dass sich die medizinischen und theologischen Un*fruchtbarkeitsdiskurse im Mittelalter stark überschneiden. Zwar fokussieren die heilkundlichen Texte den Körper und beinhalten konkretes Handlungswissen, doch werden stets auch religiöse Praktiken einbezogen. Menschliche Heilkunst und göttliche Erlösungsmacht stehen in keinem Widerspruch, sondern sollen sich gegenseitig ergänzen. Auch bei der Schenkung, die Anna und Richard dem St. Giles' Hospital in Norwich vermachten, lässt sich ein solcher Zusammenhang vermuten. Das Hospital war der Heiligen Anna geweiht, auf deren Fürsprache das kinderlose Königspaar möglicherweise setzte.[53] Menschen taten schon im Mittelalter vieles dafür, um ihren Kinderwunsch zu realisieren. Doch wurde, ja wird von Frauen auch erwartet, dass sie alles daran setzen, Mutter zu werden.

Bikini-Medizin im Mittelalter

Die kulturgeschichtliche Engführung von Un*fruchtbarkeit und Weiblichkeit hat weitreichende Konsequenzen. Noch in der Gegenwart werden Frauen vor allem in Bezug auf die Kategorie der Un*fruchtbarkeit medizinisch wahrgenommen und wird der weibliche Körper hinsichtlich seiner Reproduktionsfähigkeit ängstlich überwacht.[54] Die fertilitätsbezogene Differenzierung zwischen Frauen und Männern setzt unmittelbar mit der Geschlechtsreife ein. So werden Mädchen nach ihrer ersten Menstruation meist zur Gynäkologin geschickt, wohingegen Jungen nach dem ersten Ejakulat nicht zum Urologen gehen müssen. Die Fixierung auf die weibliche Gebärfähigkeit wäre nicht so problematisch, wenn sie nicht mit einer Vernachlässigung anderer Körperfunktionen einherginge. Männer bilden die medizinische Norm, wohingegen genderspezifische Differenzen bei Krankheitsbildern kaum berücksichtigt werden. Bis heute konzentriert sich die Gesundheitsvorsorge von Frauen schwerpunktmäßig auf die Körperteile, die zum Gebären und Stillen notwendig sind. Dieses Missverhältnis ist mit hohen Gesundheitsrisiken für Frauen verbunden, wie die amerikanische Kardiologin und Initiatorin einer gendersensiblen Medizin, Nanette K. Wenger, 2004 herausgestellt hat. Während die Gefahr von Brustkrebs den meisten bewusst ist und durch Vorsorgeangebote der Krankenkassen wachgehalten wird, werden tödliche Herzkrankheiten dramatisch unterschätzt.[55] Mit dem Schlagwort ›Bikini-Medizin‹ machte Wenger auf die Problematik aufmerksam, dass Frauen bevorzugt an jenen Körperteilen medizinisch versorgt werden, die ein knappes Badekleid bedeckt. Frauen gehören einerseits zum über-, andererseits zum untertherapierten Geschlecht, weil die Un*fruchtbarkeitsthematik alle anderen Aspekte der Gesundheitsvorsorge überdeckt.

Wie traditionsreich diese Perspektive auf den weiblichen Körper ist, ließe sich durch zahlreiche mittelalterliche Traktate zur Frauenheilkunde belegen. Anschaulicher aber ist ein erneuter Blick auf das Bild der ›Krankheitsfrau‹ (Abb. 3), auf dem die medizinisch relevanten Körperteile markiert sind. Die Pose der nackten weiblichen Figur ist nicht leicht zu bestimmen. Ihre halb hockende, halb sitzende Position und die weit gespreizten Beine lassen an eine Gebärhaltung denken. Die ovale, nach oben spitzzulaufende Öffnung im Zentrum des Körpers erlaubt einen Einblick ins Innere. Ausgeleuchtet wird der weibliche Unterleib. Die zahlreichen Linien mit Anmerkungszeichen am äußeren Ende dienen dazu, eine Verbindung zwischen Text und Bild herzustellen. Auf den ersten Blick ist ersichtlich, dass sich die medizinischen Erläuterungen über die Leiden von Frauen zum Großteil auf die weiblichen Reproduktionsorgane beziehen. Einige Anmerkungen informieren über mögliche Hindernisse einer Empfängnis, andere über Anzeichen einer Schwangerschaft, die Regulierung der Menstruation oder Brustschmerzen. Die ›Bikini-Medizin‹ hat also eine Vorgeschichte, die weit älter ist, als ihre Bezeichnung vermuten lässt.

Ausblick

Seit der Geburt von Louise Joy Brown, dem ersten ›in vitro‹ gezeugten Kind, im Juli 1978 hat sich die medizinische Deutung von Un*fruchtbarkeit zunehmend etabliert, spezialisiert und optimiert. Die Reproduktionsmedizin ist zum Leitparadigma geworden, das das Denken und Reden über ungewollte Kinderlosigkeit maßgeblich bestimmt. Während Kinderwunschpaare im Mittelalter die Ansicht einzelner Fertilitätsexperten einholen konnten, stoßen sie heute auf eine ganze Dienstleistungsindustrie. Medizinische Reproduktionszentren sind in der Regel hoch technologisiert und international gut vernetzt. Sie werben mit Behandlungserfolgen – bei dem nötigen finanziellen und körperlichen Einsatz. Diese Verfahren sind vom sexuellen Akt weitgehend entkoppelt; in vielen Ländern benötigen Kinderwünschende nicht einmal mehr einen Partner, sei er gleich- oder gegengeschlechtlich, um Mutter oder Vater zu werden. Damit erhöht sich freilich auch der Druck auf Frauen, sich ärztlich helfen zu lassen, wenn sie nicht schwanger werden. Noch immer tragen Frauen die Hauptlast reproduktionsmedizinischer Behandlung; selbst in Fällen, in denen die organischen Ursachen eindeutig beim Mann liegen, müssen sich Frauen einer Hormonbehandlung und ggf. einer Follikelpunktion und einem Embryonentransfer unterziehen.

Vieles deutet daraufhin, dass sich unsere gegenwärtige reproduktionsmedizinische Wahrnehmung himmelweit von den mittelalterlichen Diskursen der Un*fruchtbarkeit entfernt hat. Vor allem die Verbindung von Medizin, Religion und Magie scheint einer Vergangenheit anzugehören, die wir längst hinter uns gelassen haben. Gebete oder Wallfahrten werden heute kaum noch von Ärztinnen und Ärzten zur Fertilitätssteigerung empfohlen, stattdessen bieten sie medizinisch bewährte, technologisch gestützte Behandlungsmaßnahmen an. Doch sind Theologie und Medizin beim Thema Kinderwunsch wirklich so vollständig voneinander gelöst, wie es unserer aufgeklärten Gegenwart gerne nachgesagt wird? Das übergroße Vertrauen, das sowohl Betroffene als auch die Öffentlichkeit gemeinhin in die Reproduktionstechnologie setzen, lässt mich daran zweifeln. Kennt man die Kulturgeschichte der Kinderlosigkeit seit ihren biblischen Anfängen, fallen vielmehr strukturelle Ähnlichkeiten zwischen den theologischen Deutungen vor der Moderne und den reproduktionsmedizinischen Erwartungen heute auf: Sprechen nicht auch Gynäkologinnen und Gynäkologen fertile Verheißungen gegenüber ihren Patientinnen aus? Unterscheidet sich das Heilsversprechen des biblischen Gottes zu Abraham grundlegend von dem der Reproduktionszentren? Epochenübergreifend wird doch Kinderwünschenden eine Nachkommenschaft in Aussicht gestellt, wenn diese sich einer höheren Instanz anvertrauen und deren Weisungen befolgen.

Bemerkenswert erscheint mir auch, wie positiv Kinderwünschende auf reproduktionsmedizinische Angebote reagieren – ungeachtet ihres tatsächlichen Erfolgs. In seiner für das Bundesfamilienministerium erstellten Studie hob Wippermann hervor, dass sich kinderlose Frauen und Männer selbst dann hervorragend ärztlich betreut fühlten, wenn eine Maßnahme ergebnislos blieb.[56] Obwohl die Befragten trotz hoher Aufwendungen und emotionaler Belastungen kein Kind bekommen hatten, zweifelten sie weder an den behandelnden Ärztinnen und Ärzten noch an der erprobten Methode. Stattdessen sah sich über achtzig Prozent in seiner Entscheidung und dem Vertrauen in die Reproduktionsmedizin bestärkt. Zu erklären ist die ungeminderte Wertschätzung wohl nur mit einem tiefen Glauben an das Evangelium der Kinderwunschzentren. Die frohe Botschaft, dass schon so manches Kind geboren wurde, tröstet und bestärkt auch jene, deren Reproduktionsversuch gerade gescheitert ist, so vage die Aussicht auf eine leibliche Elternschaft auch sein mag.

Mit Hilfe der historisierenden Komparatistik wird demnach ersichtlich, was bei einer teleologischen, rein auf medizinischen Fortschritt bedachten Geschichtsauffassung nie zutage treten würde: Die wichtigsten Un*fruchtbarkeitsdiskurse in Mittelalter und Gegenwart unterscheiden sich zwar hinsichtlich ihrer technologischen Möglichkeiten, funktionieren aber strukturanalog. Epochenübergreifend ist die Hoffnung auf Hilfe und Erlösung wie die Angst vor Schuld und Versagen für Kinderwünschende handlungsleitend. Die reproduktionsmedizinische Dienstleistungsindustrie hat die Theologie nicht etwa abgeschafft, sondern ihre inneren Mechanismen und Heilsversprechen adaptiert. Die Reproduktionsmedizin ist auf diese Weise selbst zu einer postmodernen Religion geworden.

3
Recht: Gesetze zur Un*fruchtbarkeit

Abb. 4 *Anklage wegen Impotenz – Initiale aus dem* Decretum Gratiani *(um 1280–1290)*

Ehe und Familie werden im Deutschen Grundgesetz unter besonderen Schutz gestellt. Kinder zu erziehen, gilt als das »natürliche Recht der Eltern«.[1] Daher dürfen Kinder nur in schwerwiegenden Fällen und zu ihrem eigenen Wohl gegen den Willen der Erziehungsberechtigten aus einer Familie genommen werden. Zudem wird Müttern ein Anspruch auf Fürsorge und Schutz durch die Gemeinschaft zugestanden. Der Artikel 6 zeugt von einer hohen Wertschätzung von Ehe, Familie und Mutterschaft, wodurch Eltern-Kind-Beziehungen geschützt, aber Frauen zugleich auf ein Ideal festgelegt werden. Implizit bildet – weibliche – Fruchtbarkeit im Grundgesetz die unmarkierte Norm, wohingegen Kinderlosen keine gesonderten Rechte zugeschrieben werden.

Für meine Leitfrage, wie Differenzen zwischen Menschen mit Kindern und Menschen ohne Kinder entstehen, sind Rechtstexte sehr aufschlussreich. Gesetze geben die Rahmenbedingungen vor, wie das Zusammenleben einer Gemeinschaft funktionieren soll. Sie reagieren auf gesellschaftliche Konflikte, etablieren Normen, spiegeln gängige Werte und beeinflussen das Handeln. Bei der Untersuchung mittelalterlicher Quellen ist die Pluralität und Heterogenität der Rechtsvorstellungen zu bedenken. Diese unterscheiden sich nach Phasen, Regionen und Systemen; das römische, germanische und kanonische (kirchliche) Recht weisen Besonderheiten auf, die sich kaum auf einen Nenner bringen lassen. Zudem sind mittelalterliche Gesetzestexte teils nur lückenhaft überliefert und ihre Interpretationen in der rechtshistorischen Forschung nicht unumstritten. Doch zeichnen sich in unterschiedlichen Gesetzestexten ähnliche Privilegierungs- und Marginalisierungstendenzen ab.

Die Rechtsgeschichte der Kinderlosigkeit lässt sich in weiten Teilen als eine Geschichte der Diskriminierung erzählen, in der durch Exklusions- und Zuschreibungsverfahren Normativität erzeugt wird. Ein völlig anderes Bild entstünde, wenn ich in diesem Kapitel ausschließlich verweigerte statt ersehnte Elternschaft untersuchen und die Aussagen des kanonischen Rechts zum Zölibat auswerten würde. Da die kirchliche Wertschätzung kinder- und ehelosen Lebens jedoch auch in den Wissensbereichen Theologie und Ethik behandelt wird, klammere ich den Stand der Kleriker hier aus und beschäftige mich mit der ungewollten Kinderlosigkeit von Laien. Zahlreichen juristischen Quellen zum Eherecht, Erbrecht und Strafrecht liegt eine interne Hierarchie zugrunde, bei der Un*fruchtbarkeit mit weiteren Wertvorstellungen verknüpft ist. Die Bedeutung von Elternschaft hängt im Mittelalter stärker von sozialen, kulturellen und rechtlichen Bedingungen als vom biologischen Zeugungsakt ab.

Kirchliches Eherecht:
Impotente Männer und kinderwünschende Frauen

Haben Menschen ein Recht auf ein Kind? Darüber wird heute von Juristen, Ethikerinnen und Moraltheologen mit Blick auf die rechtlichen Rahmenbedingungen der Reproduktionsmedizin diskutiert. Schon im Mittelalter stellte sich diese Frage, doch wurde sie im Bereich des Eherechts verhandelt, das die verschiedenen Rechtssysteme unterschiedlich definierten. Im germanischen Recht waren Männer befugt, eine kinderlose Ehe aufzulösen.[2] Ehevereinbarungen schienen hinfällig zu sein, wenn keine Reproduktionsleistung erbracht wurde. Erfüllte eine Frau nicht die Erwartungen, die einen Mann zur Heirat veranlasst hatten, kam dies einem Vertragsbruch gleich. Unfruchtbare Frauen durften daher verstoßen werden.

Diese Eheauffassung stand im klaren Spannungsverhältnis zum Kirchenrecht, nach dem eine Ehe aufgrund ihres sakramentalen Charakters als unauflöslich galt und in der römisch-katholischen Kirche bis heute noch gilt. Im Anschluss an die Worte Jesu betonten die Kanonisten, dass der Mensch nicht trennen dürfe, was Gott verbunden habe (Mt 19,6). Der wachsende Einfluss der Kirche auf die Heiratspraxis führte dazu, dass kinderlose Frauen im hohen Mittelalter besser geschützt waren. Die Kirchenjuristen gestanden Ehemännern demnach kein Recht auf Reproduktion zu. Ausdrücklich stellten sie heraus, dass Unfruchtbarkeit keine Scheidung legitimiere. Die Zeugung von Kindern sei zwar ein wichtiger Zweck der Ehe, doch keinesfalls notwendige Bedingung.[3] Fand die Diskriminierung kinderloser Eheleute dank der kirchlichen Lehre also ein Ende? Keineswegs. Die Problematik verlagerte sich von unfruchtbaren Frauen zu impotenten Männern. Statt einer ausbleibenden Schwangerschaft rückte das Unvermögen zum Beischlaf (›impotentia coeundi‹) in den Fokus, weshalb sich Männer demütigenden Impotenzprozessen unterziehen mussten.[4]

Impotenz als Ehehindernis

Schon früh diskutierten Theologen darüber, wie eine Ehe zu bewerten ist, die kinderlos bleibt und vielleicht nicht einmal körperlich vollzogen werden kann. In den verschiedenen Kirchenregionen wurde dieser Fall zunächst unterschiedlich bewertet. Aus der irischen Kirche ist bereits im 6. Jahrhundert eine Aussage überliefert, der zufolge ein Mann seine Frau bei Sterilität nicht verlassen darf. Vielmehr rät man zu der Lebensform, die schon Paulus bevorzugte: Die Gatten sollen enthaltsam bleiben. Die Einschätzung der römischen Kirche, die für ganz Italien maßgebend war, fiel ähnlich aus. War einer der Gatten nicht zum Vollzug in der Lage, durften sich die Eheleute nicht trennen, vielmehr sollten sie wie Bruder und Schwester zusammenleben. In der gallikanischen Kirche wurde dagegen seit dem 9. Jahrhundert die Position vertreten, dass eine Ehe bei Impotenz aufgelöst werden darf. Diese Ansicht setzte sich seit Ende des 12. Jahrhunderts durch und ist bis heute einer der wenigen Gründe, weshalb eine Ehe nach römisch-katholischem Kirchenrecht annulliert werden kann.[5] Ebenso wie zu nahe genealogische oder geistliche Verwandtschaft, also soziale Beziehungen, die durch Taufe oder Firmung geknüpft werden, gilt Impotenz als grundlegendes Ehehindernis, das den sakramentalen Akt gleichsam blockiert. Die Kanonisten sprachen in einem solchen Fall von einer Scheinehe (›quasi coniugium‹). Die Brautleute glaubten zwar, eine gültige Ehe zu schließen, doch komme diese nicht zustande, weil die Freiheit von Hindernissen Voraussetzung für das Ehesakrament sei.[6] Daher können sich Eheleute in einem solchen Fall trennen, werden aber ungleich behandelt. Nur der potente Partner erhält die Erlaubnis zu einer neuen Heirat. Derjenige, der als ›schuldig‹ gilt, wird dagegen kirchenrechtlich diskriminiert. Ihm wird verwehrt, jemals eine gültige Ehe einzugehen.

Das Zugeständnis, eine Ehe annullieren zu können, wirft zahlreiche Fragen auf, mit denen sich die mittelalterlichen Kirchenjuristen auseinandersetzten: Was sind die Ursachen der Zeugungsunfähigkeit? Ist eine sexuelle Störung heilbar oder nicht? Bis wann dürfen kinderlose Paare Impotenz als Trennungsgrund geltend machen? Wie lässt sich ihre Aussage prüfen und eine Ausweitung der Ehetrennungspraxis verhindern? Die Kanonisten erstellten umfangreiche Kataloge an Maßnahmen, Hinweisen und Erläuterungen, an denen sich die kirchlichen Ehegerichte orientieren sollten. Ihre Lösungsvorschläge fielen nicht immer einheitlich aus. Verlangten die einen, das Ehehindernis innerhalb von zwei Monaten nach der Heirat anzuzeigen, akzeptierten andere eine Zeitspanne von bis zu drei Jahren. Bei ihren Ursachenerklärungen orientierten sich die Kirchenjuristen an der sexualkundlichen und medizinischen Literatur ihrer Zeit. Sie erklärten, dass sexuelles Unvermögen durch eine kalte Körperkonstitution, eine zu enge Vagina oder die unterschiedliche Größe der Genitalien verursacht sein kann. Eine Trennung wurde in der Regel nur dann gestattet, wenn die Störung nicht nur bei einer bestimmten Partnerin auftrat und trotz aller Anstrengung nicht zu beheben war.[7]

Eine zeitweilige Impotenz betrachteten die Kanonisten dagegen nicht als Ehehindernis. Bei Zauberei und Verfluchung, aber auch fehlender Attraktivität eines Partners bestehe Aussicht auf Besserung. Je nach Ursache empfahlen die Juristen, Impotenz durch Exorzismus und Buße, medizinische oder ästhetische Behandlung zu kurieren. Ihre Ratschläge zeigen erneut, wie eng die verschiedenen Wissensbereiche der Un*fruchtbarkeit verknüpft sind. Kanonisten und Theologen leisteten auch sexualtherapeutische und ehedidaktische Hilfe. So riet Albertus Magnus, eine Frau solle ihren Mann durch Sauberkeit, Schmuck und adrettes Verhalten für sich einnehmen.[8] Gingen die Kirchenjuristen davon aus, dass sich eine sexuelle Störung beheben ließ, erlegten sie Eheleuten eine Probezeit auf. Bei Zauberei mussten sie drei weitere Jahre zusammenleben und es miteinander ›versuchen‹.[9] Die lange Prüfungszeit diente dem Schutz des kirchlichen Sakraments der Ehe, war aber kaum im Interesse des Partners oder der Partnerin, die die Klage eingereicht hatte und eine Trennung herbeiführen wollte.

Wie sich diese Lehren in der Rechtspraxis auswirkten, lässt sich Prozessakten, Gerichtsbüchern und Bittgesuchen entnehmen.[10] Im Jahr 1350 wurden beispielsweise in Augsburg insgesamt 228 Eheprozesse geführt, die zu einem Drittel von Frauen (76 Verfahren) eingeleitet worden waren. Während im weltlichen Kontext nur Männer das Recht besaßen, eine unfruchtbare Ehefrau zu entlassen, stärkte das Kirchenrecht die Position der Frauen. Sie konnten ihrerseits Reproduktionsansprüche stellen und sich um die Annullierung einer Ehe bemühen. Bei den zehn Klagen wegen Impotenz entschied das Augsburger Gericht in der Mehrzahl zugunsten der Frauen und erklärte acht Ehen für nichtig. Ganz anders fielen die Urteile dagegen 1490 in Regensburg aus. Auch hier wurde fast jede dritte Klage von einer Frau eingereicht (119 von 378), wobei die Impotenz-Fälle nur einen Bruchteil aller Eheprozesse ausmachten. Keine der acht Ehefrauen, die wegen männlicher Impotenz eine Trennung beantragt hatte, war mit ihrer Klage erfolgreich.[11] Das Gericht verzichtete darauf, die Fälle näher zu untersuchen, und verpflichtete die Paare, ihr Eheleben drei Jahre lang fortzusetzen. Was nach dieser Zeit passierte und wie die Un*fruchtbarkeitsgeschichten endeten, bleibt offen.

Weibliche Kinderwünsche

Typisches Motiv aller Scheidungsklagen ist ersehnte Mutterschaft. Magdalena aus Schiers, Anna Murerin aus Stieningen, Anna Humel aus Freising, Elsa Gruderin aus Basel und viele andere Frauen wollten einen anderen Mann heiraten, damit sie Kinder bekommen konnten.[12] Diese immer wieder vorgebrachte Begründung lässt jeden, der historische Un*fruchtbarkeitsforschung betreibt, hellhörig werden. Handelt es sich bei dem Kinderwunsch von Frauen um eine anthropologische Konstante oder gar ein weibliches Wesensmerkmal? Gibt es ein ›natürliches‹ Bedürfnis nach Mutterschaft, das Frauen im Mittelalter zum

Ehegericht trieb? Die französische Philosophin und Kulturwissenschaftlerin Elisabeth Badinter hat solche Vorstellungen von Mutterliebe in ihrem gleichnamigen Buch (1980) als Mythos entlarvt. Am Beispiel französischer Frauen des 18. und 19. Jahrhundert zeigt sie, dass der vermeintlich angeborene Instinkt einer Mutter kulturell geprägt und historisch veränderlich ist.[13] Auch die weiblichen Kinderwünsche in den mittelalterlichen und frühneuzeitlichen Prozessakten sind im Kontext ihrer Zeit, vor dem Hintergrund der kirchlichen Ehelehre und im Rahmen der Gerichtssituation zu betrachten. Diese Quellen enthalten keine individuellen, spontanen Gefühlsäußerungen von Frauen, sondern schriftlich dokumentierte Gerichtsaussagen.

Im kirchlichen Eherecht wog der Kinderwunsch einer Frau schwer. Am liebsten hätten die Kanonisten es zwar gesehen, dass alle Paare bei Impotenz in geschwisterlicher Eintracht zusammengeblieben wären. Doch wenn eine Frau unbedingt Kinder bekommen wollte, sollten ihr Trennung und Wiederheirat erlaubt sein. Für Theologen wie Petrus Lombardus gab es nur ein einzig legitimes Motiv, wenn eine Frau ihre Ehe mit einem impotenten Mann annullieren lassen wollte; sie musste als Grund angeben: »Ich will Mutter sein.«[14] Diese Bedingung mag erklären, weshalb ersehnte Elternschaft ein genderspezifischer Topos in Scheidungsverfahren ist, wohingegen ökonomische oder erotische Motive ausgespart bleiben. In den Gerichtsakten finden sich keine Hinweise darauf, dass Frauen auf einen familiären Erben hofften oder ihr sexuelles Begehren stillen wollten. Daraus lässt sich natürlich nicht schließen, dass trennungswillige Frauen keine derartigen Wünsche hegten. Vielmehr galten diese Argumente vor Gericht als nicht relevant und die Klägerinnen orientierten sich an diesen Richtlinien, oder möglicherweise griffen auch männliche Gerichtsschreiber korrigierend ein. Die protokollarische Überformung bedeutet umgekehrt ebenso wenig, dass Klägerinnen keinen Kinderwunsch hatten, nur dass sich dieser innerhalb eines vorgegebenen Diskursrahmens bewegte. Die Gerichtsprotokolle zeigen, wie Frauen argumentieren mussten, um eine Annullierung ihrer Ehe zu erreichen. Im juristischen Bereich lässt sich somit besonders gut nachvollziehen, wie Kinderlosigkeit zu einem Dispositiv wird.

Die kirchliche Verengung der Un*fruchtbarkeitsdiskussion auf männliche Impotenz führt nur auf den ersten Blick zu einer Aufwertung von Frauen. Ihnen wurde zwar ein Recht zur Realisierung eines Kinderwunschs zugestanden. Doch folgte dieses Zugeständnis einem zirkulären Argumentationsmuster, das Frauen dauerhaft auf die Gebärfunktion und eine Mutterrolle festlegte. Kinderlose Frauen argumentierten vor Gericht, wie von ihnen verlangt wurde. Sie äußerten einen Wunsch nach Mutterschaft, damit ihre Ehe für ungültig erklärt wurde und sie einen potenten Partner heiraten durften. Damit bestätigten sie jedoch die gängige Annahme, dass jede Frau Mutter werden will, und verstärkten so die genderspezifische Normierung. Zugleich wirkte sich die juristische Erwartungshaltung wohl auch auf die eigene Selbstwahrnehmung und das weibliche Sehnen nach Mutterschaft aus. Gesetz und Begehren stehen in einem komplexen Verhältnis zueinander, worauf Judith Butler in *Das Unbehagen der Geschlechter* (1990) im Anschluss an Michel Foucault hingewiesen hat.[15] Nur oberflächlich gesehen wird das Begehren durch das Gesetz unterdrückt. Bei genauerer Betrachtung erweist sich, dass das Begehren erst dadurch entsteht, dass das Gesetz die Fiktion eines unterdrückten Begehrens erzeugt. Foucaults Hypothese, dass das kontinuierliche Reden von unterdrückter Sexualität nur scheinbar zu einer Befreiung, tatsächlich aber zu einer Verstärkung von Machtverhältnissen führt, lässt sich auf die Reproduktion übertragen. Weil Frauen fürchteten, kinderlos zu bleiben, wollten sie sich von ihrem Partner befreien. Doch schürte und steigerte die Rede darüber, wie man eine Ehe annullieren kann, auch ihr Begehren nach einem Kind. Das kirchliche Ehegesetz ist demnach kein Störfaktor, sondern viel eher ein Generator und Katalysator von Kinderwünschen.

Überführung der Impotenz

Vor dem Ehegericht wurde das Sexualleben von Paaren detailliert ausgeleuchtet. Beide Partner wurden bei einem Impotenzprozess verhört, und die Frau musste schwören, dass sie nie eine Erektion bei ihrem Mann erlebt hatte. Sieben Verwandte oder Nachbarn sollten für die Eheleute bürgen und schwören, dass man ihnen Glauben schenken kann. Besonders heikel war die Situation, wenn Aussagen voneinander abwichen, das Gericht am Annullierungsgrund zweifelte und Sachverständige die Angelegenheit prüfen sollten.[16] So verlangte der Erzbischof von Pisa 1241 von einer gewissen Ricca eine Virginitätsprüfung, ob sie sieben Jahre nach ihrer Heirat tatsächlich noch nicht mit ihrem Mann geschlafen hatte. Aufgrund der Zeugenaussage sexualkundiger Frauen wurde die Ehe anschließend tatsächlich annulliert.

Virginitätstests waren aber nur bedingt geeignet, um eheliche Potenz nachzuweisen. Schließlich konnte eine Frau auch mit einem anderen Mann geschlafen haben oder eine unvorsichtige Untersuchung das Ergebnis verfälschen. Zuverlässiger erschien es daher manchen Experten, die männlichen Genitalien inspizieren zu lassen. Bezeugt ist diese Methode im Scheidungsfall von Alice of Greyford und Walter de Fonte, der 1292 in Canterbury verhandelt wurde.[17] Alice berief sich vor Gericht auf ihren unerfüllten Kinderwunsch und verlangte die Trennung. Sie behauptete, Walter sei impotent, und argumentierte, nur geheiratet zu haben, um Kinder zu bekommen. Das Gericht bestimmte zwölf angesehene Damen, die Anschuldigung zu prüfen. Der gute Ruf, die apostolische Anzahl und die Zusammensetzung der Gruppe – aus den Gemeinden beider Eheleute – sollten dafür sorgen, dass das Urteil später nicht angefochten wurde. Gemäß den Gerichtsakten kamen die Gutachterinnen zu einem einhelligen Ergebnis, für das sie sich eidlich verbürgten. Durch Anschauen und Anfassen hätten sie festgestellt, dass Walters Penis unbrauchbar sei. Er könne eine Frau weder befriedigen noch Kinder zeugen.

Eine ähnliche Gerichtsszene ist in einer Handschrift des *Decretum Gratiani* (Kirchenrechtssammlung des Gratian; 1280–1290) dargestellt, die heute dem Walters Art Museum Baltimore gehört (Abb. 4). Die Miniatur befindet sich im Inneren einer Initiale, die den zweispaltigen Haupttext einleitet und in rahmende Kommentare eingebettet ist. Betrachtende müssen schon genau hinsehen, um das Detail zu erkennen, auf das es bei diesem Prozess ankommt. Als einzige der fünf Personen sitzt der Richter ganz links auf einem Stuhl und stützt sich mit der rechten Hand auf ein Buch, was auf Gelehrsamkeit und Gesetzestreue hindeutet. Die zweite Figur direkt daneben trägt die gleiche Kopfbedeckung und gehört gleichfalls zum Gerichtspersonal. Abwehrend hebt dieser Mann die Hand und schaut den Richter an, als könne er das Urteil kaum erwarten. Die drei Figuren in der rechten Bildhälfte sind etwas kleiner, den gelehrten Männern optisch untergeordnet und bilden eine figurale Einheit. Der Angeklagte wird von zwei Frauen gerahmt. Ihre Haube lässt darauf schließen, dass sie verheiratet und in sexuellen Angelegenheiten erfahren sind. Der Mann in ihrer Mitte zieht alle Aufmerksamkeit auf sich. Die beiden Frauen öffnen sein Gewand wie einen Vorhang, so dass der männliche Körper von der Brust bis zu den Füßen entblößt und das ›corpus delicti‹ freigelegt wird. Die Hände der beiden Frauen bilden eine Linie, in deren Mitte sich der männliche Genitalbereich befindet. Dem Angeklagten ist die Situation sichtlich unangenehm. Wehrlos hebt er seine Hände und schaut schamerfüllt nach unten. Die dem Richter zugewandte Frau berichtet, aufgeregt gestikulierend, von ihrer Entdeckung. Die andere Dame blickt dagegen eher mitleidig und schweigend auf die Genitalien. Welches Urteil der Richter fällt, deutet die Gestik an. Er weist mit dem Finger auf den Beschuldigten. Dessen nackter linker Fuß ragt aus der Initiale heraus. Offenkundig weicht er von den geltenden Normen ab und fällt aus dem herrschenden Ordnungssystem heraus.

Wie die Untersuchung der männlichen Zeugungsfähigkeit vonstattengehen konnte, ist in den Prozessakten eines Yorker Gerichtsverfahrens von 1433 eingehend dokumentiert.[18] Der Erektionstest eines gewissen Johannes ist an eine heteronormative Grundkonstellation gebunden. Zweigeschlechtlichkeit und Heterosexualität werden als naturgegeben vorausgesetzt, insofern eine erotische Verführungssituation imitiert und zugleich pervertiert wird. Eine vom Gericht beauftragte Dame präsentiert dem Beschuldigten ihre entblößten Brüste, massiert mit zuvor erwärmten Händen seinen Penis und seine Hoden, sie küsst und umarmt ihn. Die Szene ist jedoch weniger von Erotik als juristisch legitimierter Gewalt gezeichnet, denn die Dame setzt Johannes sowohl körperlich als auch verbal unter Druck.[19] Bei ihren Übergriffen hält sie ihm die drohende Schande vor Augen und fordert ihn lauthals auf, seine Männlichkeit unter Beweis zu stellen. Die demütigende Prozedur führt zu einem erwartbaren Ergebnis: Wie die Dame vor Gericht bezeugt, blieb der Penis die gesamte Zeit unverändert etwa drei Zoll lang.

Die Erzählperspektive der historischen Quelle wechselt wieder vom Gerichtsverhör zur Überführungsszene. Erst jetzt ist zu erfahren, dass mehrere Damen anwesend sind. Die sexuelle Prüfung war also von vornherein der Kontrolle zahlreicher Augenpaare unterstellt. Das Urteil des weiblichen Kollektivs fällt vernichtend aus. Die Frauen verwünschen Johannes einstimmig und werfen ihm vor, seine junge Frau betrogen zu haben. Wie könne er es wagen zu heiraten, wenn er nicht in der Lage sei, einer Frau besser zu dienen. Die Gutachterinnen übernehmen damit die Sichtweise der Klägerin, der sich auch das Gericht anschließt: Die Ehe wird wegen Impotenz annulliert. Das Verfahren, das Frauen zu ihrem ehelichen Recht verhelfen sollte, ging mit einer massiven Abwertung ihrer Männer einher. Dass manche sich einer solchen beschämenden Situation gar nicht erst aussetzen wollten, verwundert wenig. Sie lehnten eine gerichtliche Potenzprüfung ab, bevorzugten einen anderen Annullierungsgrund oder lasteten die Schuld an der ganzen Misere ihrer Ehefrau an.[20]

Auch einige Gelehrte bevorzugten andere Prüfmethoden. Sollten Frau und Mann verschiedene Aussagen hinsichtlich der Zeugungsfähigkeit machen, empfahl Thomas von Chobham (um 1160 – um 1236) in der *Summa Confessorum* (Bußsumme; um 1215) einen Potenztest im eigenen Ehebett. Mehrere Nächte lang sollten erfahrene Frauen das Sexualverhalten des Paars beobachten. Nur wenn das Glied des Mannes immer regungslos bleibe, dürfe das Paar sich trennen.[21] Nach Ansicht des Arztes Guy de Chauliac (1298–1368) sollten sich erfahrene Frauen sogar aktiv beteiligen und die Doppelfunktion einer erotischen und medizinischen Gehilfin übernehmen. Sie mussten das Paar auf den Geschlechtsakt vorbereiten, in die Kunst des Liebesspiels einführen und einem Arzt vom Ergebnis ihrer Bemühungen berichten. Mit dem Verlassen des Schlafgemachs ging die Zuständigkeit somit an den männlichen Mediziner über, der das Geschehen deutete und vor Gericht aussagte. Dieser Wechsel von der weiblichen Assistentin zum männlichen Zeugen ist für die späteren

Eheprozesse charakteristisch. Die Expertinnen in Sachen Sex und Fruchtbarkeit verloren in der Frühen Neuzeit ihre autoritative Funktion im Rechtssystem und wurden von gelehrten Männern abgelöst. Am bischöflichen Gericht in Konstanz wie anderswo im römisch-deutschen Reich mussten sich beschuldigte Männer Ende des 15. Jahrhunderts von einem vereidigten Arzt untersuchen lassen.[22] Diese Prozedur mag für Betroffene weniger demütigend gewesen sein, mussten sie ihre Potenz doch nicht mehr öffentlich zur Schau stellen. Kirchenjuristen und Mediziner arbeiteten freilich Hand in Hand, um das theologische Ideal einer unauflöslichen Ehe zu schützen. Attestierte der Arzt, dass es sich um keinen natürlichen Defekt handelte und Hoffnung auf Besserung bestand, wurden Klägerin und Beklagter zur Fortsetzung der Ehe verpflichtet. Sie sollten beständig versuchen, miteinander zu schlafen, und Gott durch gute Werke gnädig stimmen.

Potenzprobleme anderer Art

Aus heutiger Sicht erscheint es höchst fragwürdig, wenn Paare gerichtlich zum weiteren Zusammenleben und zu ständigen Potenztests verpflichtet werden.[23] Die kirchlichen Eherichter aber wollten Fehlurteile unbedingt vermeiden, weil daraus neue, schwer lösbare Probleme erwachsen konnten. Gesetzt den Fall, ein vermeintlich impotenter Mann zeugt nach der Annullierung seiner Ehe mit einer neuen Partnerin ein Kind. Wie ist das Verhältnis zu seiner früheren Frau dann zu bewerten? Offenkundig war bzw. ist der Mann doch zum Beischlaf fähig, so dass kein Ehehindernis vorlag und der sakramentale Akt doch wirksam gewesen sein muss. Im Rückblick erweist sich das frühere Gerichtsurteil in einem solchen Fall als falsch: Statt um eine Scheinehe handelt es sich um eine Scheinlösung.

Die Kanonisten überlegten, was dies für die Rechtspraxis bedeutet. Ist die juristische Fehleinschätzung zu revidieren? Muss eine Frau zu ihrem Ex-Mann zurückkehren, weil ihre Ehe doch gültig war oder genauer: noch immer ist? Johannes Teutonicus bejahte um 1245 diese Frage, wohingegen sich andere Autoren vorsichtiger äußerten.[24] In einem Summenfragment aus den 1250er Jahren wird davon abgeraten, die zweite Ehe aufzulösen. Schließlich sei keineswegs sicher, dass der erneute Anlauf erfolgreich sei und die Ehe mit der ersten Frau nicht noch einmal aufgelöst werden müsse. Tancredus (1185–1234/36) dagegen gestand einem Ehemann zwar das Recht zu, seine Frau zurückzufordern, doch musste er seine Kopulationsfähigkeit schnell unter Beweis stellen. Gelinge es dem Mann bei drei Versuchen nicht, den Akt zu vollziehen, müsse er alle Ansprüche aufgeben. Solche juristischen Überlegungen muten aus heutiger Sicht geradezu kurios an, hatten im Mittelalter jedoch schwerwiegende Folgen für Betroffene.

Zu den Leidtragenden kirchlicher Gerichtsverfahren gehörten John Poynant und Jean Sikon, deren Fall 1378/79 am Consistory Court of Ely verhandelt wurde.[25] Beide hatten öffentlich geheiratet, waren aber nicht in der Lage, die Ehe zu vollziehen. Das Kirchengericht erklärte die Ehe wegen Johns Impotenz für ungültig und erlaubte Jean die Wiederheirat. Nachdem sie Robert Boby geehelicht hatte, ging John eine Beziehung mit Isabell Pybell ein. Dadurch wurde offenkundig, dass er keineswegs an einer dauerhaften sexuellen Störung litt. Isabell wurde schwanger, wodurch John Potenzprobleme anderer Art bekam. Beide Paare mussten sich vor Gericht verantworten: John und Jean berichteten von ihrer Heirat, der Unmöglichkeit, miteinander zu schlafen, und der Annullierung ihrer Ehe. Jean und ihr zweiter Mann Robert wiesen ihre Eheschließung nach, John gestand sein Verhältnis und Isabell bezeugte, dass John zeugungsfähig und der Vater ihres erwarteten Kindes war.

In Ely trat die problematische Situation ein, dass eine bestehende Ehe wegen der plötzlichen Potenz eines Ex-Mannes für ungültig erklärt wurde. Dieser Ausgang deutete sich schon im Verlauf des Verfahrens an. Das Gericht verlangte von John eine Begründung, warum seine Ehe mit Jean nicht wieder instand gesetzt werden sollte und verhörte zahlreiche Zeugen. Die umfangreiche Beweisaufnahme umfasste auch eine körperliche Untersuchung des Mannes und eine Befragung seines Beichtvaters, den John von seiner Schweigepflicht entbinden musste. Auf dieser Grundlage fällte das Gericht sein Urteil, das die gegenwärtigen Verhältnisse verkehrte: Die Annullierung der Ehe von Jean und John wurde aufgehoben, die Ehe von Jean und Robert für nichtig erklärt und den früheren Partnern eine Wiederaufnahme ihrer Ehe befohlen. Isabell sollte ein nichteheliches Kind zur Welt bringen, das erheblichen Diskriminierungen ausgesetzt sein würde.[26] Die Richter argumentierten, dass kein Ehehindernis vorgelegen hätte, Jean daher gültig mit John verheiratet sei und Robert überhaupt nicht hätte zum Mann nehmen können.

Das Gerichtsverfahren von Ely macht deutlich, dass Un*fruchtbarkeit eine ambivalente Kategorie sein kann. Durch den Beweis seiner Zeugungsfähigkeit wird John einerseits vom sozialen Makel der Impotenz befreit und eherechtlich nicht länger diskriminiert. Andererseits darf er seine Partnerin nicht frei wählen, sondern ist gezwungen, zu seiner Ex-Frau zurückzukehren. In kirchlichen Eheprozessen sind Klagende und Beklagte von Richtern abhängig, die ein theologisches Ideal verteidigen wollen. Das Kirchengericht in Ely fragte weder nach den Wünschen der Betroffenen noch nach dem Wohl einer Familie. Wie es mit der schwangeren Isabell und ihrem Kind weiterging, interessierte ebenso wenig wie Jeans Verhältnis zu John und Robert. Die Urteile in Impotenzprozessen dienten primär dazu, die kirchliche Auffassung von der Ehe als unauflöslichem Sakrament zu schützen.

Doch sollte man vorsichtig sein, in allen Beteiligten Un*fruchtbarkeitsopfer eines unbarmherzigen Kirchenrechts zu sehen. Denn warum wurde der Fall überhaupt vor dem Kirchengericht in Ely verhandelt? Wenn es in katholischen Eheprozessen kein amtliches Inquisitionsverfahren gab, muss einer der vier Beteiligten das Verfahren aufgrund eines bestimmten Motivs eingeleitet haben. Ausgerechnet in dem Moment, als sich ein Kind ankündigte, war jemandem daran gelegen, dass die ursprüngliche Paarkonstellation wiederhergestellt wurde. Könnte es sein, dass sich Jean ihren Kinderwunsch über einen Umweg erfüllen wollte, nachdem sie auch von ihrem zweiten Mann nicht schwanger geworden war? Dass sie auf das Reproduktionsvermögen einer anderen Frau setzte und gerne bereit war, Johns uneheliches als eigenes Kind anzuerkennen? Dies würde bedeuten, dass Kinderwünschende im Mittelalter die kirchlichen Ehegesetze auch instrumentalisierten und gezielt zum eigenen Vorteil zu nutzen wussten. Eine solche Vorstellung einer taktierenden Wunschmutter ist angesichts der dünnen Quellenlage natürlich nicht mehr als eine – wenn auch reizvolle – Spekulation.

Erbrecht: Kinderlose Erblasser und angewünschte Kinder

Die Frage, warum eine Frau Mutter werden möchte, wird in den Ehegerichtsprozessen des Mittelalters nicht gestellt. Auch in der Gegenwart müssen sich Frauen kaum dafür rechtfertigen, dass sie Kinder haben, wohl aber, warum sie keine Kinder bekommen wollen. Sucht man nach möglichen Gründen, warum sich Menschen im Mittelalter Nachwuchs wünschen, und lässt theologische und emotionale Aspekte außer Acht, landet man schnell beim Erbrecht. Hier schlägt sich die Privilegierung von Ehe und Familie deutlich nieder. Kinder gelten als ›natürliche‹ Erben ihrer Eltern. Deshalb sorgen sich Menschen ohne Kinder darum, wem sie ihren Besitz hinterlassen sollen. Bemerkenswerterweise spielt dieses Motiv in der Erzählliteratur eine viel wichtigere Rolle als in den Ehegerichtsakten. Die typische Formulierung in mittelalterlichen Romanen, Legenden und Epen lautet, dass sich kinderlose Eheleute nach einem Erben sehnen. Mit diesem Wunsch verbunden sind weitreichende Zukunftsfragen etwa der Herrschaftssicherung, Altersvorsorge und Jenseitsfürsorge. Kinderlosigkeit zieht langfristige Konsequenzen nach sich, die über das Leben des Einzelnen hinaus reichen. Die ökonomischen Spätfolgen der Un*fruchtbarkeit suchten Menschen im Mittelalter durch Erbstrategien zu kompensieren und zu steuern. Sie formulierten Bedingungen für Testamente, investierten in ihr Seelenheil oder nahmen Personen an Kindes statt an.

Privilegierte Erben

Im römischen wie im germanischen Recht werden Kinder als erbrechtlicher Normalfall behandelt, der keiner gesonderten Regelung bedarf. Sie stehen in der Erbfolge an erster Stelle und erhalten nach dem Tod ihrer Eltern den familiären Besitz.[27] Nicht alle Kinder haben im Mittelalter und der Frühen Neuzeit jedoch die gleichen Erbrechte. Töchter stehen in den germanischen Volksrechten entweder grundsätzlich hinter Söhnen oder erben zumindest keine Liegenschaften. So haben Frauen im ältesten germanischen Recht, der *Lex Salica* (Salisches Recht; Anfang 6. Jh.), und einer späteren Fassung, der für den Kölner Raum konzipierten *Lex Ribuaria* (Ribuarisches Recht; 1. Hälfte 7. Jh.), keinen Anspruch auf Haus, Hof und Erbland.[28]

Auch der *Sachsenspiegel*, den Eike von Repgow um 1230 aufzeichnete und der die Rechtsprechung im gesamten norddeutschen Raum beeinflusste, privilegiert männliche Erben. Gemäß dem Landrecht darf der Sohn das Erbe der Eltern alleine antreten und erhält der Bruder Vorzug vor der Schwester. Nur wenn es keinen Sohn gibt, hat eine Tochter Anspruch auf das Erbe.[29] Im Lehnsrecht des *Sachsenspiegels* wirkt sich die Genderhierarchie der Erben noch nachteiliger aus. Wenn ein Mann ohne Söhne stirbt, wird sein Lehen frei. Der Lehnsherr ist nicht einmal verpflichtet, ein Auslösegeld zu zahlen. Was für den Herrn durchaus auch Vorteile hat, kann für den Lehnsmann katastrophal sein. Die Zukunft seiner Familie ist nur durch männliche Nachkommen gesichert. Un*fruchtbarkeit ist im Mittelalter daher eine relationale Kategorie, die vom Geschlecht des Kindes abhängig ist. Streng genommen dürfte man in einer Kulturgeschichte der Kinderlosigkeit nicht einfach von ersehnter Elternschaft sprechen, sondern müsste das Begehren genauer definieren: Ehepaare wünschen sich im Mittelalter und bis weit in die Neuzeit hinein zumeist, Eltern eines Sohnes zu werden.

Die Regel, dass Kinder das familiäre Erbe erhalten, kann auch zur Bürde werden. Eltern sind dazu verpflichtet, den Familienbesitz zu erhalten und zu mehren. Dass jemand sein Eigentum nicht den eigenen Nachkommen vermachen könnte, wird sehr kritisch gesehen. Vor allem im frühen Mittelalter wurde die Möglichkeit, Gut außerhalb der Familie weiterzugeben, begrenzt. Zur Erbfolgeordnung, der Möglichkeit der Erbeinsetzung und zur Testamentspraxis gibt es umfangreiche und teils kontroverse rechtshistorische Untersuchungen,³⁰ die ich hier nicht ausführlicher darstellen kann. Stattdessen begnüge ich mich damit, die erbrechtliche Problematik am *Freiburger Stadtrecht* (1520) exemplarisch zu behandeln. Wie selbstverständlich geht der Verfasser, der humanistische Gelehrte Ulrich Zasius (1461–1535), davon aus, dass Eltern keine Geschenke machen, durch die sie den Erbteil ihrer Kinder schmälern. Selbst wenn ein Mann eine Schenkung gemacht hat, bevor er ein eheliches Kind bekommt, soll dieses keinen Nachteil erleiden: Mit der Geburt eines eigenen Kindes ist die Schenkung nicht mehr rechtskräftig. Diese rechtliche Privilegierung (ungeborener) Kinder wird sowohl mit emotionalen als auch mit biologischen Aspekten begründet, die auch im *Freiburger Stadtrecht* untrennbar verknüpft werden. Ihre ›natürliche‹ Liebe bewege Menschen dazu, ihr Gut lieber wohlgeratenen Kindern als irgendjemand anderem zu hinterlassen. Deshalb dürften Eltern solche Auflagen kaum als Einschränkung empfinden, argumentiert Zasius. Doch müsste er die Freiburger Erbgesetze kaum verteidigen, wenn es keine kritischen Einwände dagegen gegeben hätte. Seine Rechtfertigung lässt vielmehr darauf schließen, dass die Privilegierung von Kindern durchaus legitimierungsbedürftig war.³¹

In der Frühen Neuzeit gewann die Erwerbsgemeinschaft der Eheleute erbrechtlich an Bedeutung. Ein Erbanspruch wurde nicht mehr allein den Kindern, sondern auch dem Ehepartner bzw. der Ehepartnerin des Verstorbenen zugestanden. Dieses neue Rechtsprinzip stärkte die Position von Eheleuten und orientierte sich nicht mehr allein an den Interessen der künftigen Generation. Auch dieses Erbrecht benachteiligte Frauen, wobei sich die Bedingungen regional stark unterschieden. Die Spannweite reicht von Städten wie Augsburg und Frankfurt, in denen Frauen auf den gemeinsam erworbenen Gütern ohne Abgaben bis zu ihrem Tod verweilen durften, über München und Nürnberg, wo der Witwe die Hälfte des Besitzes zustand, bis zu den südlichen Reichsstädten wie Basel, Straßburg und Zürich, wo Frauen nur ein Drittel, Männer hingegen zwei Drittel des Erbes erhielten.³² Die verbleibenden Drittel gingen an die Kinder, die im traditionellen Erbrecht als einzige bedacht worden waren.

Für kinderlose Paare, die im Alter nicht immer auf die Unterstützung der erweiterten Verwandtschaft zählen konnten, brachte die neue Erbfolgeordnung viele Vorteile mit sich. In manchen Stadtrechten fiel der Erbanteil der Ehepartner sogar höher aus, wenn keine gemeinsamen Kinder vorhanden waren. Das *Freiburger Stadtrecht* von 1520 spricht einem kinderlosen Witwer drei Viertel des gemeinsam erwirtschafteten und von der Frau mitgebrachten Besitzes zu; eine kinderlose Witwe erhält zwei Drittel des gemeinsamen Besitzes.³³ Zwar ist die Ehefrau auch in diesem Fall schlechter gestellt als ihr Mann, doch bekommt sie den doppelten Anteil einer verwitweten Frau mit Kindern.

Hierin zeichnet sich eine neue Einstellung gegenüber der älteren Generation ab. Das Erbe sollte nicht nur den Nachkommen zur Verfügung stehen, sondern auch die Lebensgrundlage der Älteren sichern. Während Mütter darauf hoffen durften, dass ihre Kinder sie im Alter unterstützen, mussten sich kinderlose Witwen selbst versorgen können, wozu auch ihre Mitgift dienen sollte.

In Basel nutzten mehrere kinderlose Frauen im 15. Jahrhundert die Möglichkeit, sich durch Erbverträge abzusichern.[34] Sie vermachten einer Dienerin Geld und verlangten im Gegenzug, dass diese bis zum Tod bei ihnen bleibt und die Pflege übernimmt. Das soziale Defizit, keine eigenen Kinder zu haben, wurde durch Verträge ausgeglichen. Dass die Zukunft der nächsten Generation vor dem Gesetz insgesamt mehr zählte als der Versorgung der Alten, belegt die weitere Erbfolgeordnung im *Freiburger Stadtrecht*. Hatte ein Mann Kinder aus einer früheren Ehe, musste sich die kinderlose Witwe mit einem Drittel der Erbschaft begnügen. Ohne die Unterstützung einer eigenen Familie war eine solche Frau von Altersarmut besonders bedroht. Jedoch achteten die Freiburger Gesetzgeber darauf, dass kein Ehepartner völlig mittellos wurde; dem verwitweten Partner wurde stets ein Nutzungsrecht des ehelichen Haupteigentums zugestanden.[35]

Kinderlose Eheleute konnten die gesetzliche Erbteilung außer Kraft setzen, indem sie sich gegenseitig zum Universalerben bestimmten. Ihren Willen mussten sie vor fünf Ratsherren bekunden und konnten diesen Entschluss auch begründet widerrufen. Unverzichtbare Bedingung war, wie das *Freiburger Stadtrecht* wiederholt betont, dass keine ehelichen Erben in absteigender Linie mehr lebten. Die Schweizer Historikerin Gabriela Signori, die die letztwilligen Verfügungen im spätmittelalterlichen Basel untersuchte, stellte fest, dass die Familiensituation in den historischen Quellen stets thematisiert wird. Die meisten Vermächtnisse kinderloser Erblasser enthalten eine Formulierung, »weil sie/er weder Vater noch Mutter noch ein eheliches Kind hat«.[36] Männer und Frauen werden zum Rechtssubjekt, indem sie ihren letzten Willen mit ihrer Kinderlosigkeit begründen. Automatisch hinfällig wurden solche Vermächtnisse, wenn noch ein eheliches Kind geboren wurde. Leibliche Nachkommen hatten stets vorrangigen Anspruch auf das Erbe.

Die Privilegierung der Kinder ist allerdings mit einer wesentlichen Einschränkung versehen: Erbberechtigt sind nur jene, die ehelich gezeugt und geboren wurden.[37] Der Wert der Fruchtbarkeit hängt also von der Legitimität der Sexualbeziehung ab. Kinder zu haben oder nicht zu haben, ist kein essentielles Wesensmerkmal, sondern abhängig von konkreten Lebensumständen und -phasen. Als kinderlos wird ein Paar im Erbrecht der Frühen Neuzeit angesehen, wenn kein eheliches Kind vorhanden ist. Kinder, die vor oder außerhalb der Ehe gezeugt werden, sind in der Regel ebenso wenig erbberechtigt wie verstorbene. Un*fruchtbarkeit ist im Erbrecht weniger eine Identitätskonstante als eine Variable mit Unbekannten.

Kinder oder Kirche?

Grundlegende Bedenken gegenüber der erbrechtlichen Privilegierung von ehelich gezeugten Kindern und Familienangehörigen meldeten Vertreter der Kirche an. Sie wollten freilich nicht die Diskriminierung unehelicher Kinder beenden, sondern verfolgten eigene Interessen. Seit der Antike bemühten sich einflussreiche Kirchenmänner, Christinnen und Christen zu einem Testament zugunsten der Kirche zu bewegen.[38] Aus klerikaler Sicht erschien Kinderlosigkeit nicht als Mangel, sondern als Gabe. Während Eltern primär an ihre Kinder denken, steht es Menschen ohne Nachwuchs – zumindest in der kirchlichen Theorie – frei, ihr Erbe für religiöse Zwecke einzusetzen.

Vehement warb Salvian, Presbyter von Marseille (um 400 – um 475), dafür, die Kirche testamentarisch zu bedenken. In seiner Schrift *Ad ecclesiam* (An die Kirche; um 440) kritisiert er die üblichen Vermögensstrategien scharf und entwirft ein alternatives Modell, in dem die Kirche die Kinder ablöst.[39] Salvian legt offen, dass der Zusammenhang von Besitzvermehrung und Erbsicherung auf einem Zirkelschluss basiert. Einerseits werden Kinder benötigt, um Eigentum vererben zu können, andererseits wird mit ihrer Existenz die Anhäufung von Reichtum legitimiert. Salvian mahnt, dass eine reiche Erbschaft beim Jüngsten Gericht wenig nütze, und rät, den Besitz nur teilweise den eigenen Nachkommen zu vermachen. Statt auch missratene Söhne zu bedenken, sollten sich Christen besser ganz von familiären Affekten und Zwängen befreien. Während Salvian für das Verhalten liebender Eltern noch ein gewisses Verständnis aufbringt, hält er es für völlig verwerflich, wenn Kinderlose ihr Vermögen entfernten Verwandten vererben. Die Lücke in der Genealogie durch Verträge zu kompensieren, sei eine Treulosigkeit gegenüber Gott und gegenüber sich selbst. Statt Kinderlosigkeit als religiöses Geschenk zu empfinden, schmiedeten sich manche Christen ihre eigenen Fesseln und stürzten so ins selbstgewählte Verderben. Irgendein plötzlich auftauchender Angehöriger werde zum Universalerben gemacht, wodurch die Seele schweren Schaden nehme. Anschaulich malt Salvian die schrecklichen Peinigungen des Teufels in der Hölle aus und kontrastiert diese mit dem satten Erben, der den geschenkten Besitz verprasst und nach Bad und Frühstück behaglich rülpsen kann. Eindringlich empfiehlt er, die Erbschaft als Jenseitsinvestition zu nutzen. Wichtigstes Anliegen eines Christen müsse sein, Gott durch Gaben gnädig zu stimmen. Auch allen Eltern legt er nahe, das ewige Leben, nicht die kommende Generation an erste Stelle zu setzen.

Salvians Schrift *Ad ecclesiam* ist ein eindrucksvolles Beispiel dafür, wie und mit welchen Argumenten die Kirche von Erbschaften profitieren konnte. Obwohl das Erbrecht die leiblichen Kinder privilegierte, war es schon im frühen Mittelalter möglich, fromme Schenkungen zu machen. Von den kirchlichen Erfolgen, Vermögen zu akkumulieren, zeugen auch die Gegenmaßnahmen der weltlichen Obrigkeit.[40] Ludwig der Fromme (778–840) erließ 816 ein Dekret, das familiären Besitz vor dem Zugriff der Kirche schützen sollte. Ein Geistlicher durfte keine Stiftungen annehmen, wenn die Kinder des Erblassers leer ausgingen. Auch im gemeinen römischen Recht waren Pflichtteilsrechte zugunsten von Kindern vorgesehen. Im späten Mittelalter machten viele Städte Auflagen gegen Vermächtnisse zugunsten der Kirche. So erlaubte das *Baseler Stadtrecht* von 1457 Erblassern mit Kindern nicht, mehr als ein Viertel ihres Vermögens in ihr Seelenheil zu investieren.

Die Ansichten darüber, wie freigebig die Erblasser gegenüber der Kirche waren, gingen weit auseinander.[41] Der Straßburger Prediger Johannes Geiler von Kayserberg (1445–1510) empörte sich 1501 darüber, dass im Stadtrecht ein Höchstbetrag für kirchliche Legate festgelegt war und die Erben obendrein zustimmen mussten. Auch der Leipziger Dominikaner Marcus von Weida (1450–1516) hielt die Zuwendungen in seinem *Spigell des ehlichen ordens* (1487) für unzureichend. Er kritisierte, dass die Testierfreudigkeit zugunsten der Kirche geschwunden sei und alle nur noch an ihre eigenen Kinder dächten. Während die Kirchenmänner einen Rückgang von Schenkungen beklagten, waren die deutschen Fürsten auf dem Reichstag zu Worms 1521 vom Gegenteil überzeugt. Zu den über hundert Beschwerden der deutschen Nation gehörte auch eine Klage über erbstrategische Manipulationen von Geistlichen. Diese versuchten, Kranke noch auf dem Sterbebett zu überreden, ihr Vermögen der Kirche statt ihren Angehörigen zu vermachen.

Der historische Anthropologe Jack Goody sieht in seinem Buch *Die Entwicklung von Ehe und Familie in Europa* (1983) einen Zusammenhang zwischen der Erbpraxis und dem kanonischen Eherecht, der die auffälligen Unterschiede zwischen den Familienmodellen in Europa und denen im antiken Rom, Griechenland, Israel, dem Nahen Osten und Afrika erkläre.[42] Nach Goodys Ansicht versuchte die Kirche gezielt, Macht über Heiratsmuster zu erlangen, um die Verteilung des Besitzes zwischen den Generationen steuern zu können. Wichtige Kompensationsstrategien der Kinderlosigkeit fielen im lateinischen Mittelalter auf kirchliches Geheiß weg. Wiederheirat, Polygamie, Konkubinat und Adoption wurden – anders als im Nahen Osten und in Eurasien – verboten. Durch ihre strengen Ehegesetze gelang es der Kirche innerhalb weniger Jahrhunderte, argumentiert Goody, aus der Kinderlosigkeit ihrer Gläubigen Kapital zu schlagen und den eigenen Reichtum bedeutsam zu mehren. Goody verwendet ein anderes Leitnarrativ, als es meinem rechtshistorischen Kapitel in weiten Teilen zugrunde liegt. Er erzählt nicht von Diskriminierungen aufgrund von Un*fruchtbarkeit, sondern vom wirtschaftlichen Erfolg der Kirche.

Gegen diese Interpretation lassen sich Einwände erheben. Goodys Ansatz konzentriert sich auf die ökonomische Perspektive der Institution und lässt die individuelle Motivation historischer Akteure außen vor. Gabriela Signoris Studie zu kinderlosen Erblassern in Basel weist in eine andere Richtung. Kinderlose waren zwar frei in der Entscheidung, wem sie ihr Vermögen übereigneten. Doch vermachten sie in Basel nur einen geringen Anteil von rund zehn Prozent der Kirche, was deutlich unter der gesetzlich erlaubten Höchstgrenze für Erblasser mit Kindern lag. Die »Hauptgewinner im ›Erbschaftspoker‹ der Kinderlosen« waren dagegen die Geschwister und Geschwisterkinder.[43] Goodys Deutung speist sich aus antiklerikalen Vorurteilen, ohne dass sie sich am konkreten Einzelfall bestätigen lässt. Doch ist der Befund, von dem Goody ausgeht, unstrittig: Die Konzepte von Ehe, Familie und Kinderlosigkeit ändern sich im Verlauf der Geschichte, was freilich nicht monokausal, sondern mit vielfältigen kirchlichen, wirtschaftlichen, genealogischen, politischen und patriarchalen Machtfaktoren zu erklären ist.

Adoption und Anwünschung

In der juristischen Literatur des Mittelalters ist Adoption ein Subthema des Erbrechts. Wenn in der römischen Antike der ›pater familias‹ keinen männlichen Nachkommen hatte, konnte er einen Sohn adoptieren. Dieser rückte mit allen Rechtsfolgen an die Stelle eines leiblichen Sohnes, sicherte die väterliche Herrschaftsgewalt und kümmerte sich um den familiären Ahnenkult. In der rechtsgeschichtlichen Forschung wird betont, dass das Mittelalter die antike Adoptionspraxis nicht mehr kannte, aber im germanischen Recht adoptionsähnliche Formate ausgebildet wurden.[44] Diese dienten vor allem dazu, die familiäre Leerstelle in der Erbfolge zu besetzen. Wer keinen eigenen Sohn hatte, konnte zu Erbzwecken einen Sohn annehmen. Emotionale und familiäre Aspekte einer Eltern-Kind-Beziehung werden in der mittelalterlichen Adoptionsgesetzgebung weitgehend ausgeblendet, und der rechtliche Status des angenommenen Kindes bleibt prekär. Annehmende Eltern haben in der erzählenden Literatur des Mittelalters somit gute Gründe, die fremde Herkunft ihres Kindes zu verheimlichen, wie sich beim Narrativ der sozialen Alternative (Kap. 8) zeigen wird.

Die Geschichte des mittelalterlichen Adoptionsrechts beginnt mit den germanischen Gesetzen des 6./7. Jahrhunderts. Die *Lex Ribuaria* erlaubt einem kinderlosen Mann, in der Gegenwart des Königs einen seiner Angehörigen oder einen Fremden zu Erbzwecken anzunehmen.[45] Bei dieser sogenannten Affatomie handelte es sich um einen vermögensrechtlichen Akt, der erst nach dem Tod des Erblassers wirksam wurde. Ein neues Familienverhältnis wurde auf diese Weise nicht begründet. Auch die Formelsammlung Markulfs (650 oder 721–735) belegt, dass im frühen Mittelalter Erben angenommen werden konnten. Unter den Mustertexten für verschiedenste Rechtsgeschäfte ist eine Formvorlage für eine ›Adoption‹ enthalten.[46] Ein Mann, der keine Söhne hat, vermacht jemandem, der nicht zur Verwandtschaft gehört, seinen Besitz. Diese Zusage ist an die Bedingung einer Altersversorgung geknüpft: Der Erwählte muss sich an Sohnes statt um den Erblasser kümmern, wenn dieser krank und gebrechlich wird, und darf dafür den Besitz schon zu dessen Lebzeiten nutzen. Indem die Rechte und Pflichten eines Sohnes delegiert werden, profitieren beide Seiten von der Abmachung. Der Wahlsohn ist eine Alternative zum leiblichen Nachwuchs, wird aber nur als Notbehelf betrachtet. Formelhaft wird das Fehlen eigener Kinder in den Adoptionsgesetzen erwähnt. Bekommt ein Erblasser später doch einen leiblichen Sohn, verliert der Wahlsohn seine Bedeutung. In der frühmittelalterlichen Königsgeschichte gibt es sogar Beispiele für ihr plötzliches Verschwinden.[47]

Im hohen Mittelalter wurden weder die römische Adoption noch die germanische Affatomie mehr praktiziert und diese Erbschaftsstrategien stattdessen ausdrücklich verworfen.[48] Der *Sachsenspiegel* bezeichnet es als Unrecht, wenn jemand ein Erbe aufgrund eines Versprechens für sich beansprucht, sofern dies nicht gerichtlich abgesichert worden ist. In seinem Kommentar erklärt der Jurist Johannes von Buch (um 1325), dass sich diese Aussage auf die römische Adoptionspraxis und ihre Folgen beziehe. Vor Zeiten hätte sich jeder nach Belieben einen Sohn oder eine Tochter erwählen können. Diese Option, die ursprünglich nur als Ausnahme für Menschen ohne Kinder zugelassen worden sei, hätte sich zunehmend ausgeweitet. Bei dieser Erklärung lohnt es sich, innezuhalten und die Argumentationsstruktur genau zu betrachten: Johannes von Buch erzählt eine Diskriminierungsgeschichte der Adoption unter umgekehrten Vorzeichen. Der erste Teil dieser Geschichte trägt dazu bei, die biologische Behauptung von einem ›natürlichen‹ Privileg leiblicher Kinder in Frage zu stellen. Diese Ursprungserzählung, in der alle Menschen lieber erwählte als gezeugte Kinder fördern wollen, entlarvt die Vorstellung einer angeborenen Elternliebe schon im Mittelalter als Fiktion. Der zweite Teil der Geschichte enthält dann jedoch eine Bestätigung und Begründung etablierter Machtstrukturen. Die rechtliche Marginalisierung angenommener Kinder wie kinderloser Eltern wird ausgerechnet mit der besonderen Schutzbedürftigkeit der privilegierten Kinder gerechtfertigt.

Die Vorteile einer Adoption gerieten erst im Renaissance-Humanismus wieder in den Blick, als antike Rechtsquellen verstärkt rezipiert wurden. Francesco Petrarca (1304–1374) lässt in seiner Schrift *De remediis utriusque fortunae* (Arznei gegen Glück und Unglück; 1358–1366) die personifizierte Vernunft erklären, dass eine Adoption sicherer als eine Zeugung sei. Denn die Natur werde tätig, ohne auf den Ratschlag eines Vaters zu hören. Bei einer Adoption hingegen könne sich ein Mann genau überlegen, wen er nehmen wolle, und sei in seiner Entscheidung frei. Während sich die Vaterschaft also einmal zufällig ergebe, beruhe sie das andere Mal auf einer gut begründeten Wahl.[49] Implizit setzt Petrarca voraus, dass Kinder ihren Eltern nicht immer Freude machen und die in sie gesetzten Hoffnungen auch enttäuschen können. Damit findet sich hier eine mögliche Erklärung, mit der sich das durch Johannes von Buch problematisierte Erbverhalten verstehen lässt. Verfolgt man diesen Gedanken weiter, erweisen sich die Erb- und Adoptionsgesetze als wesentliche Faktoren für die Differenzierung zwischen Eltern und Kinderlosen. Stünde es allen Menschen frei, sich Nachkommen zu wählen, wäre es gleichgültig, ob sie diese selbst gezeugt haben oder nicht.

Erstmals gesetzlich geregelt werden Adoptionen im *Freiburger Stadtrecht* von 1520, wofür Ulrich Zasius den Begriff ›Anwünschung‹ wählt.[50] Leicht lässt sich eine semantische Verbindungslinie vom angewünschten Kind in der Frühen Neuzeit zum Wunschkind in der Gegenwart ziehen. Doch unterscheidet sich das frühneuzeitliche Adoptionsrecht von dem heutigen darin, dass leibliche und angenommene Kinder nie völlig gleichgestellt sind. Insgesamt kennt das *Freiburger Stadtrecht* drei verschiedene Möglichkeiten, ein Kind anzunehmen. Die ersten beiden Fälle entsprechen der häufigsten Form der Adoption in der Moderne: Ein Partner bringt ein leibliches Kind mit in die Ehe, so dass ein Elternteil auch im biologischen Sinne Vater oder Mutter ist. Zasius differenziert dabei zwischen Ehevereinbarung und Morgengabe. Ehepartner können sich gemeinsam auf die Elternschaft einigen oder ein Partner übergibt dem anderen sein Kind nach der Heirat und verpflichtet ihn somit zur Fürsorge.[51] Nur im dritten Fall liegt keine direkte genealogische Verwandtschaft zwischen Eltern und Wunschkind vor: Junge Leute werden von einem kinderlosen Paar an Kindes statt angenommen.

Weil es sich um eine neue und in Freiburg wie im gesamten deutschen Raum unübliche Rechtspraxis handelt, bemüht sich Zasius um eine grundlegende Klärung. Zwei Bedingungen müssen bei einer Anwünschung erfüllt sein: Adoptionswillige Menschen müssen erstens genügend Lebenserfahrung haben und mindestens 25 Jahre alt sein und dürfen zweitens kein eigenes Kind haben. Sollte sich jemand über diese Auflagen hinwegsetzen, ist die Annahme ungültig. Das *Freiburger Stadtrecht* schreibt vor, dass jede Anwünschung vom Rat gebilligt werden muss, macht aber weder beim Familienstand noch beim Geschlecht der Wahleltern weitere Einschränkungen: Nicht allein Männer, sondern auch Frauen sind zur Annahme berechtigt, sofern der gesetzliche Vertreter der Frau zustimmt. Auch müssen die leiblichen Eltern des Kindes, wenn sie noch leben, ihre Einwilligung erteilen. Das erste Adoptionsrecht in deutscher Sprache führt als Motive der annehmenden Eltern nicht etwa memoriale, politische oder erbökonomische, sondern karitative und emotionale Beweggründe an. Eine gute Gesinnung, Barmherzigkeit und Kinderliebe bewegten Menschen dazu, junge Leute an Kindes statt anzunehmen.[52] Anders als bei der Affatomie sehnen sich Eltern bei einer Anwünschung nach einem Kind fürs Leben, nicht nur nach einem Erben im Tod.

Dennoch wird die biologische Familie auch nach einer Anwünschung gesetzlich bevorzugt.[53] Das frühneuzeitliche Adoptionsrecht differenziert zwischen angehörig und außenstehend, eigen und fremd, was mit einer Hierarchisierung einhergeht: Leiblichen ehelichen Nachkommen gebühre stets Vorrang, was auch immer vertraglich vereinbart worden sei. Jede Anwünschung steht daher unter einem genealogischen Vorbehalt. Bekommen kinderlose Eheleute später doch ein ›eigenes‹ Kind, ist die Annahme des ›fremden‹ Kindes hinfällig. Zwar besagt die gesetzliche Regelung nicht, dass in Freiburg tatsächlich angewünschte Kinder auf die Straße gesetzt und ihrem Schicksal überlassen wurden. Doch endete die Verpflichtung der Eltern gegenüber einem angewünschten Kind mit der Geburt eines leiblichen Nachkommen. Das Adoptionsrecht von 1520 bezieht weder das Wohl des Kindes noch den Willen der Eltern in seine Überlegungen ein. Diese haben nach geltender Gesetzeslage überhaupt keine Möglichkeit, ihr angewünschtes einem leiblichen Kind gleichzustellen.

Der Status des Kindes bleibt in seiner sozialen Familie auch insofern prekär, als ein Wahlvater seine Aufnahmebereitschaft widerrufen kann. Das *Freiburger Stadtrecht* verlangt zwar, dass das Kind in einem solchen Fall ausreichend versorgt, sein Besitz erstattet und eine Aussteuer gezahlt werden muss. Doch räumt es einem Vater das Recht ein, sich wieder von dem Kind zu trennen.[54] Eine Anwünschung ist also kein unumkehrbarer Akt, sondern eine Willenserklärung auf Zeit. Die damit verbundene Problematik war Zasius bewusst, denn er wies auf die Brüchigkeit der Bindung hin und mahnte zur Vorsicht. Wer ein Kind annehmen wolle, solle sich dies vorher gut überlegen. Der frühneuzeitliche Gesetzgeber tat einiges dafür, eine Differenz zwischen angenommen und leiblichen Kindern wie zwischen biologischen und sozialen Eltern zu markieren.

Strafrecht: Kastrierte Männer und klagende Frauen

Was ist einer Gemeinschaft Ehe, Elternschaft und Fruchtbarkeit wert? Diese Frage lässt sich heute zum Beispiel anhand der Finanzmittel beantworten, die ein Staat in seinem Haushalt für familienpolitische und pronatalistische Maßnahmen bereitstellt. Für das Mittelalter können Gesetzestexte ähnlich aufschlussreich sein. Ich berücksichtige dabei vor allem frühmittelalterliche Quellen, weil in ihnen festgeschrieben wird, wie Verbrechen in Bezug auf Un*fruchtbarkeit geahndet und Opfer entschädigt werden sollen. Die Angaben zum Umfang der Bußzahlungen belegen auf den Pfennig genau, welchen Wert eine Gemeinschaft der Reproduktionsfähigkeit Einzelner zuschreibt. Daher lassen sich diese Bestimmungen des germanischen Rechts als eine Preisliste der Un*fruchtbarkeit lesen. Die Höhe der Entschädigungszahlungen variiert erheblich, was einerseits mit dem Grad der Versehrtheit und andererseits mit der sozialen Stellung der Versehrten zusammenhängt.

Wert der Fruchtbarkeit

Frauen, die Kinder gebären können, zählen in den frühmittelalterlichen Stammesrechten mehr als andere. Im Unterschied zum Talionsrecht, das eine Straftat mit demselben Akt bestraft (›Auge um Auge, Zahn um Zahn‹), konnten Vergehen im germanischen Recht finanziell kompensiert werden. Die Höhe der Bußzahlungen gibt Auskunft sowohl über die unterschiedliche Wertigkeit von Personen als auch von Körperteilen. Dabei zeigt sich, dass das Reproduktionsvermögen von Frauen im wahrsten Sinne des Wortes wertgeschätzt wurde.[55] Die *Lex Salica* differenziert zwischen Frauen im gebärfähigen Alter und solchen jenseits der Wechseljahre. Wer eine Frau tötet, nachdem sie keine Kinder mehr bekommen kann, muss nur ein Drittel der Summe zahlen, die für eine fruchtbare Frau fällig ist. Auch die *Lex Ribuaria* orientiert sich implizit an der weiblichen Reproduktionsfähigkeit. Eine volle Entschädigung ist nur zu zahlen, wenn eine Frau jünger als vierzig Jahre alt ist. Bei der Tötung von Männern wird hingegen nicht zwischen zeugungsfähigen und zeugungsunfähigen

Opfern unterschieden, der Wert ihres Lebens wird also nicht über die Kategorie der Un*fruchtbarkeit definiert. Im Strafrecht gerät das männliche Zeugungsvermögen nur in den Blick, wenn der Genitalbereich verletzt worden ist.

Kastration ist Mord. So lässt sich die Kernaussage vieler Stammesrechte zugespitzt zusammenfassen. Die *Lex Salica* gewichtet die Abtrennung von Sexualorganen deutlich schwerer als andere Verstümmelungen. Ein Täter, der einen freigeborenen Mann kastriert, muss das Doppelte zahlen, was bei der Abtrennung von Hand oder Fuß, dem Abscheiden der Nase oder dem Ausschlagen eines Auges gefordert ist. Damit wird die Vernichtung der Zeugungsfähigkeit genauso hoch eingestuft wie die Auslöschung der körperlichen Existenz.[56] In manchen Stammesrechten zählt das Leben eines Mannes jedoch deutlich mehr als sein Reproduktionsvermögen. Sie sehen bei einer Kastration nur einen Bruchteil der Bußzahlung für eine Tötung (Wergeld) vor. Mehrere Gesetzestexte achten genau darauf, wie schwer die Verletzung der Genitalien ist. So verdoppelt sich die Höhe der Bußzahlungen in der *Lex Saxonum* (Recht der Sachsen; 802), wenn beide Hoden abgeschnitten werden; erst in diesem Fall entspricht die Strafe im vollen Umfang dem Wergeld.[57]

Ein Fruchtbarkeitsverbrechen beschneidet nicht nur das Opfer in seinen sexuellen und reproduktiven Handlungsmöglichkeiten, sondern vernichtet zugleich die Lebensoption möglicher Kinder. Dieser Zusammenhang zwischen Kastration und Kinderlosigkeit wird in einzelnen Stammesrechten explizit gemacht. Im *Ostgötenrecht* werden reproduktive Erwartungen formuliert und funktionalisiert. Einem kastrierten Mann steht eine vierfache Entschädigung zu: erstens für seine Wunde, zweitens für seine Verstümmelung, drittens für einen Sohn, viertens für eine Tochter.[58] Alle Verletzungsfolgen werden gleich gewichtet: Die Bußzahlungen für die erlittenen Schmerzen, die bleibenden körperlichen Einschränkungen und für jedes nicht mehr gezeugte Kind betragen jeweils 40 Mark; einen genderspezifischen Preisunterschied zwischen männlichem und weiblichem Nachwuchs gibt es nicht. Bei den Zahlungen für die Ungezeugten werden der vergangene, der gegenwärtige und der künftige Schaden addiert, ohne zwischen einem tatsächlichen und einem hypothetischen Verlust zu unterscheiden. Die Gesetzgeber gehen davon aus, dass jeder betroffene Mann (noch) zwei Kinder bekommen hätte. Die reproduktive Erwartung wird ausgerechnet am Beispiel desjenigen formuliert, der sie nicht mehr erfüllen kann. Die körperliche Versehrung wird zum sozialen Mangel, indem die Kastration mit imaginären Kindern verknüpft wird.

Zeugungsfähigkeit hat im frühen Mittelalter ihren Preis, doch ist dieser keineswegs für alle gleich hoch. Die Bußgelder, die in den Stammesrechten verhängt werden, orientieren sich am Stand des Geschädigten und sind dreifach gestaffelt: Einen Freien zu kastrieren ist um ein Vielfaches teurer als einen Knecht. Einem Adligen wiederum steht eine deutlich höhere Entschädigung zu als einem Freien.[59] Beim Bußgeldkatalog lässt sich somit eine ähnliche Beobachtung wie beim Erbrecht machen: Fruchtbarkeit ist nicht gleich Fruchtbarkeit, vielmehr hängt ihr Wert von weiteren Kriterien ab. Während im Erbrecht das Geschlecht des Kindes und die Legalität der Beziehung der Eltern entscheidend sind, ist beim Bußgeld die Kategorie des Standes ausschlaggebend.

Kastration als Strafe

Menschen mit der Vernichtung ihrer Zeugungskraft zu strafen, widerspricht der kulturellen Logik, dass Fertilität zu fördern ist. Umso genauer sollte man hinschauen, wenn im Namen des Gesetzes Kastrationen durchgeführt werden sollen. Auch hier stammen wichtige Quellen bereits aus dem Frühmittelalter und erweist sich der Faktor ›class‹ bzw. ›Stand‹ als ausschlaggebend. Unfruchtbarkeitsstrafen werden im germanischen Recht nur selten verhängt und bleiben meist auf den niedrigsten Stand beschränkt. In der *Lex Salica* soll ein Knecht für einen Diebstahl entweder mit seinen Genitalien oder mit sechs Goldmünzen (Solidi) büßen; die Körperstrafe kann also durch Bußzahlungen kompensiert werden. Viele Gesetzestexte sehen eine Kastration vor allem bei Sexual- und Sittlichkeitsdelikten als Strafe vor. So muss ein Knecht, der mit einer Magd unerlaubterweise geschlafen hat, nach der *Lex Ribuaria* entweder drei Solidi zahlen oder er wird kastriert.[60]

Freie und Adlige genießen dagegen sexuelle und reproduktive Privilegien; sie werden nicht durch gesetzliche Strafmaßnahmen an der Zeugung gehindert. Dass nur Knechte strafkastriert werden, belegt einmal mehr den relativen Wert der Fruchtbarkeit. Nach Ansicht derjenigen, die die Gesetze machen, sollen Knechte ihre Arbeitskraft, nicht ihre Zeugungskraft einsetzen. Implizit wird vorausgesetzt, dass Knechte nicht heiraten und sich auch nicht einfach fortpflanzen dürfen. Welcherart Kinder heranwachsen, möchten Herrschende in ihrem Machtbereich schon selbst bestimmen können. Die unterschiedlichen sozialen Funktionen erklären wohl auch, weshalb im mittelalterlichen Recht keine Unfruchtbarkeitsstrafen über Frauen verhängt werden. Natürlich lässt sich biologisch-technisch argumentieren, dass die Genitalien eines Mannes leichter abzutrennen sind, als eine Frau zu sterilisieren. Doch hat die strafrechtliche Ungleichbehandlung auch eine tiefere Ursache, die in traditionellen Rollenzuschreibungen gründet. Wie in den Kapiteln zu Theologie und Medizin dargestellt, gilt es als wichtigste Aufgabe von Frauen, seien sie niedrig oder hoch gestellt, Kinder zu gebären. Daher bleibt die weibliche Fruchtbarkeit im Mittelalter stets vor dem Zugriff juristisch legitimierter Gewalt verschont.

Keinen Zeugungsschutz genießen dagegen jene Männer, die gleichgeschlechtliche Sexualpartner haben. Diese und andere verbotene Sexualpraktiken werden im Mittelalter unter dem Begriff der Sodomie subsumiert; alle Arten sexueller Handlungen, die nicht auf Reproduktion angelegt sind, gehören dazu. Bei den Westgoten werden Männer, die Sex miteinander hatten, unabhängig von ihrem Stand mit Kastration gestraft. Nach den *Leges Visigothorum* (Gesetze der Westgoten) sollen sie sofort kastriert und dann dem zuständigen Bischof übergeben werden. Sie bleiben in Gefangenschaft, sofern sie nicht Buße leisten. Dieses Gesetz wird unter König Egica (687–702) verschärft und ausgeweitet: Junge wie Alte, Geistliche wie Laien sollen, wenn sie der Sodomie überführt wurden, erst kastriert und dann in die Verbannung geschickt werden.[61] Im Vergleich zu anderen Delinquenten sind diese Männer doppelt benachteiligt: Wer gegen die heteronormative Ordnung verstößt, genießt weder Standesprivilegien noch darf er Kompensationsleistungen erbringen.

Kastrationsstrafen basieren vielfach auf einem Denken in Analogien. Das Vergehen soll sich im Körper des Verurteilten spiegeln und verhindern, dass weitere Sexualdelikte begangen werden. Der Verurteilte kann die Tat nicht mehr wiederholen, und andere Männer werden durch die drohende Strafe abgeschreckt. Keine Anhaltspunkte finden sich hingegen dafür, dass eine frühmittelalterliche Rechtsgemeinschaft die Reproduktion derjenigen verhindern wollte, die von der Norm abweichen. Dies deckt sich mit Michel Foucaults These, dass Menschen mit einer Vorliebe für gleichgeschlechtliche Sexualpraktiken erst im 19. Jahrhundert eine ›Sondernatur‹ zugeschrieben wird. Das mittelalterliche Rechtssystem kennt keine Kastration aus eugenischen Gründen. Sittlichkeitsverbrechen von Sodomiten sollen bestraft, nicht die ›Spezies‹ der Homosexuellen ausgemerzt werden.[62]

Mit dem Übergang vom Stammes- zum Territorialrecht nehmen die Körperstrafen insgesamt zu, wohingegen Bußzahlungen rückläufig sind. Die Kastration wird in ein komplexes System von Ehren-, Leibes- und Todesstrafen eingebunden und dabei aus ihrer Verwobenheit mit den Kategorien ›Stand‹ und ›Sexualität‹ gelöst. Im ältesten überlieferten Stadtrecht, dem *Straßburger Stadtrecht* (1129), wird die Kastration wie in anderen Strafgesetzen mit weiteren Verstümmelungsstrafen kombiniert. Der sogenannte Blutvogt hat die Aufgabe, Straftätern die Augen auszustechen, die Hoden abzuschneiden und das Haupt abzuschlagen.[63] Verurteilte werden nicht an ihren Geschlechtsorganen gestraft, weil sie diese als Tatwerkzeuge benutzten. Vielmehr scheint die Zerstörung der Zeugungsfähigkeit Teil einer sich steigernden Vollstreckungsdramaturgie, bei der systematisch alle Körperfunktionen ausgeschaltet werden. Oder handelt es sich hierbei um eine Fehldeutung, die dem Vorurteil eines gewaltaffinen Mittelalters entspricht und ihm zugleich Vorschub leistet? Möglicherweise werden die blutigen Sanktionen nur deshalb gemeinsam aufgezählt, weil sie alle in den Zuständigkeitsbereich des Blutvogts gehören. Rechtshistorische Quellen sind – nicht nur in Bezug auf Un*fruchtbarkeit – mit einiger Vorsicht zu interpretieren.

Im hohen Mittelalter gewinnt der Talionsgedanke noch einmal an Bedeutung. Nach dem ›Schwabenspiegel‹ (um 1275) soll jeder, der einem anderen ein Körperglied abtrennt, auf dieselbe Weise gestraft werden. In einer Handschrift des 13. Jahrhunderts wird dieser Gedanke ausdrücklich auch auf den Genitalbereich bezogen: Wer immer jemandem Mund, Nase, Ohren oder Zunge abschneide, die Augen aussteche oder ihn zwischen den Beinen beschneide, »dem soll man das selbe antun«.[64] Anders als in den frühmittelalterlichen Stammesrechten basiert die Fruchtbarkeitsstrafe hier auf dem Gedanken der Gleichbehandlung. Das Verbrechen gegen die Fruchtbarkeit wird dem Körper des Täters eingeschrieben. Er bleibt lebenslang von seiner Straftat gezeichnet und muss dieselben schmerzhaften Folgen wie sein Opfer ertragen. Mittelbar dient dieses Verfahren dem Schutz der Fruchtbarkeit. Wer seine Potenz behalten will, darf sie auch keinem anderen rauben.

In der Frühen Neuzeit steht die Fruchtbarkeit unabhängig von der Person und der Art des Delikts unter dem Schutz der Obrigkeit. Männliche Angeklagte müssen nicht länger fürchten, strafkastriert zu werden. Weder in den Amts- und Standsbüchern der Stadt Nürnberg noch im Strafbuch der Stadt Frankfurt finden sich im 16. und 17. Jahrhundert Hinweise auf die Abtrennung von Genitalien.[65] Zeitgleich werden die Strafen gegen Fruchtbarkeitsverbrechen erhöht und von der Kastration auf alle Arten antinatalistischer Handlungen ausgeweitet. Laut der *Peinlichen Gerichtsordnung Kaiser Karls V. und des Heiligen Römischen Reiches* von 1532 (*Carolina*) sollen alle Reproduktionsvergehen mit dem Tod bestraft werden. Verstärkt rückt die weibliche Fruchtbarkeit in den Fokus. Wer immer einer Frau ein Kind abtreibe oder einen Mann oder eine Frau vorsätzlich und arglistig unfruchtbar mache, solle wie ein Totschläger behandelt werden. Ein männlicher Täter wird mit dem Schwert gerichtet, eine Täterin mit einer weniger ehrenhaften und schmerzlicheren Todesstrafe belegt und ertränkt.[66] Ausdrücklich schließt die *Carolina* in ihren Strafartikel jene Frauen ein, die nicht (mehr) Mutter werden wollen und die Geburt eines eigenen Kindes verhindern. Ihnen wird kein Entscheidungsrecht zugestanden, vielmehr werden sie genauso bestraft, wie wenn sie eine andere Frau gegen deren Willen unfruchtbar machen. Die Kriminalisierung der Abtreibung, über deren Strafbarkeit auch in der Gegenwart immer wieder hitzig diskutiert wird, lässt sich bis weit in die Vergangenheit zurückverfolgen.

Weibliche Kastrationsklagen

Kastrationstrafen und Impotenzprozesse belegen, dass Un*fruchtbarkeit im Mittelalter keineswegs nur ein Frauenthema ist. Aber immer, wenn Männer ihre Zeugungsfähigkeit verlieren, sind auch ihre Ehefrauen betroffen. Was bedeutet es für sie, wenn ihr Mann kastriert wird? Die mittelalterlichen Gesetzestexte thematisieren, wie Straftaten geahndet werden sollen, aber nicht, wie Opfer und ihre Angehörigen auf eine Kastration reagieren. Diese Lücke möchte ich mit zwei erzählenden Texten schließen. Bei dem einen handelt es sich um einen historiographischen Text aus dem 10. Jahrhundert, in dem eine Kastration gerade noch verhindert wird, bei dem anderen um den autobiographischen Briefdialog von Abaelard und Heloisa (um 1133), dem wohl berühmtesten historischen Liebespaar des hohen Mittelalters. In beiden Geschichten sind es die Frauen, die die Zerstörung der Zeugungsfähigkeit als Unrecht deklarieren. Tatsächlich entspricht die Kastration weder in dem einen noch in dem anderen Fall geltendem Recht, vielmehr werden einmal Kriegsgefangene geschändet und das andere Mal wird Selbstjustiz an einem Liebhaber geübt.[67]

Die erste Klage findet sich im Geschichtswerk *Antapodosis* (Vergeltung) Liudprands von Cremona (920–972), als dieser vom Kampf um Benevent 935 berichtet. Dem italienischen Markgrafen Tedbald gelingt es, die einfallenden Griechen zu besiegen.[68] Die Gefangenen sendet Tedbald kastriert zu ihrem Herrn zurück und behauptet, dem byzantinischen Kaiser ein kostbares Geschenk machen zu wollen. Er habe erfahren, dass Eunuchen für ihn besonders wertvoll seien und werde ihm künftig noch mehr davon schicken. Tedbald markiert mit Wort und Tat seine Überlegenheit: Er vernichtet das Reproduktionsvermögen der gegnerischen Soldaten, verhindert so die Zeugung künftiger Kämpfer, verhöhnt die byzantinischen Bräuche und demütigt den Kaiser. In Un*fruchtbarkeitsgeschichten mit Kriegsbezug geht es primär um Machtdemonstration.[69] Die Sexualorgane sind Kriegstrophäen, die von Sieg und Niederlage künden. Die gravierenden individuellen Konsequenzen werden in der *Antapodosis* aus der Sicht einer Ehefrau thematisiert. Als Tedbald erneut einige Griechen in seine Gewalt gebracht hat, stürzt eine Frau besorgt und verstört herbei. Mit rhetorischem Geschick versucht sie, die Kastration ihres Mannes zu verhindern. Sie wirft Tedbald vor, einen ungerechten und unerhörten Krieg zu führen, der sich nicht gegen bewaffnete Männer, sondern gegen wehrlose Frauen richte. Dem überraschten Markgrafen erklärt sie, dass er Frauen kein größeres Unglück zufügen könne, als ihren Männern die Hoden abzuschneiden. Denn sie seien in doppelter Hinsicht die Leidtragenden: Ihnen werde sowohl das sexuelle Vergnügen als auch die Hoffnung auf Nachkommen geraubt. Die Sprecherin schließt mit der drängenden Bitte, vor einem so großen, grausamen und grässlichen Verlust bewahrt zu werden.

Die Szene kippt ins Komische und löst sich in allgemeines Gelächter auf. Auf alle anderen Körperteile ihres Mannes, auf Augen, Nase, Hände und Füße, will die Griechin lieber verzichten als auf seine Sexualorgane. Mit ihrer Offenheit gelingt es der namenlosen Frau, die Sympathie des Siegers zu gewinnen. Sie darf ihren unversehrten Mann wie den geraubten Besitz mit nach Hause nehmen. Die verhinderte Kastrationsgeschichte bestätigt die unterschiedliche Wertigkeit von Körpergliedern, wie sie sich schon in den frühmittelalterlichen Stammesrechten finden lässt, und erklärt zudem die Genitalien eines Mannes zum Eigentum seiner Frau. Dass die Griechin nicht nur einen Reproduktionsanspruch formulieren, sondern auch mit weiblicher Lust argumentieren darf, ist für die Gattung der Chronik ungewöhnlich. Liudprand legt der Frau aus dem östlichen Kulturkreis Worte in den Mund, die sie als mutig und gelehrt, aber zugleich als freizügig, fremd und exotisch charakterisieren. Un*fruchtbarkeit ist in der *Antapodosis* sowohl ein Thema, um militärische Machtverhältnisse auszuhandeln, als auch um kulturelle Differenzen zu markieren.[70] Aus der Sicht des männlichen Chronisten steht freilich fest, was die schlimmsten Kastrationsfolgen für Frauen sein müssen. Mutter zu werden, so lässt er seine Protagonistin verkünden, sei für sie das Allerwichtigste.

Ein völlig anderer Eindruck entsteht, wenn man Heloisas Briefe an Abaelard (1079–1142) liest.[71] Für sie ist das Thema Elternschaft irrelevant, wohingegen sie inständig um den Verlust des Sexualpartners trauert. Heloisa (um 1100–1164) hält sich für die unglücklichste aller Frauen, weil sie durch Abaelard die Freuden sexueller Leidenschaft kennengelernt hat und ihr Begehren nun nicht mehr stillen kann. Ihre Liebesklage hat in der Rezeptionsgeschichte deswegen so viel Aufsehen erregt, weil der Zeitpunkt überrascht. Der gewaltsame Übergriff auf Abaelard liegt bereits über zehn Jahre zurück; grausam übten Heloisas Onkel und seine Anverwandten an dem berühmten Philosophen Rache, nachdem dieser seine begabte Schülerin verführt, geschwängert, geheiratet und ihre Ehe verheimlicht hatte. Fast ebenso lange lebt Heloisa nun schon im Kloster, in das sie auf das Drängen des geliebten Mannes eingetreten ist. Bewegt durch die Lektüre von Abaelards autobiographischem Brief, beginnt Heloisa mit ihm über die Darstellung ihrer Liebesgeschichte zu diskutieren. Ihre Perspektive auf die Kastration unterscheidet sich diametral. Während

Abaelard im Rückblick dem Ereignis einen Sinn abzugewinnen weiß, hadert Heloisa noch als Äbtissin mit ihrem Schicksal. Ihren Zorn richtet sie nicht etwa gegen die Täter, die vor Gericht zur Rechenschaft gezogen wurden, sondern gegen Gott, der das Geschehen zugelassen hat.

Kaum zufällig sind die Kastrationsklagen in beiden Geschichten auf Frauen verlagert. Ein Mann, der über den drohenden oder erlittenen Verlust seiner Sexualorgane klagt, könnte leicht ausgelacht und verspottet werden. Will er in einer männerdominierten Welt respektiert werden, bleibt ihm keine andere Möglichkeit, als seine Versehrung gefasst zu ertragen. Aus gutem Grund fürchtet Abaelard nach dem Überfall, sich öffentlich sehen zu lassen, weil alle mit dem Finger auf ihn zeigen und mit der Zunge über ihn herziehen könnten. Indem er seine Kastration als göttliche Gnade deutet, dank derer er von aller Sinnlichkeit befreit worden ist, gewinnt er seine männlich-klerikale Überlegenheit zurück. Von einer Frau vorgetragen, kann derselbe Sachverhalt tragisch wirken, besonders, wenn sie sich an den traditionellen Rollenmustern orientiert. Die Erfüllung der weiblichen Lebensaufgabe, fruchtbar zu sein, hängt letztlich von männlichen Sexualorganen ab. Daher können Frauen bei einer Kastration überzeugend über die Größe und Sinnlosigkeit des Leidens klagen und sich zugleich als Mit-, ja Hauptleidende präsentieren. Der Schmerz einer verhinderten Mutter wiegt für zeitgenössische Leserinnen und Leser deutlich schwerer als die Qual einer unbefriedigten Gattin.

Auch für einen Theologen und Philosophen, der ungerührt über sein eigenes Unvermögen spricht, scheint die Unfruchtbarkeit einer Frau schwer erträglich. Obwohl Heloisa nie mit einem Wunsch nach einem weiteren Kind argumentiert oder die Trennung von ihrem gemeinsamen Sohn Astrolabius je bedauert hat, tröstet Abaelard sie mit ihrer geistlichen Mutterschaft. Statt mit Schmerzen wenige Kinder zur Welt zu bringen, gebäre sie als Ordensfrau in Freude eine große Schar für das Himmelreich.[72] Zwar zeigt Heloisas Klage überdeutlich, dass ihr Leiden nicht in Un*fruchtbarkeit begründet liegt, doch beugt sie sich Abaelards Befehl und kümmert sich um ihre geistlichen Töchter. Die Klage derjenigen, die am meisten unter den Kastrationsfolgen zu leiden hat, verstummt.

Ausblick

Meine zentrale Frage, wie Differenzen zwischen Menschen mit Kindern und Menschen ohne Kinder entstehen, lässt sich mit den Gesetzen zur Un*fruchtbarkeit pauschal so beantworten: Eltern erhielten im mittelalterlichen Recht bestimmte Privilegien, Fruchtbarkeit wurde höher als Unfruchtbarkeit gewertet und Menschen, die keinen Nachwuchs bekommen konnten, wurden diskriminiert. Sobald man sich die juristischen Vorgaben genauer ansieht, wird die Angelegenheit kompliziert: Kinderlose Frauen durften nach dem germanischen, nicht aber nach dem kanonischen Recht verstoßen werden. Unfruchtbare Ehen konnten durch ein Kirchengericht für ungültig erklärt werden, aber nur, wenn die Ehe körperlich nicht vollziehbar und die Impotenz vor der Heirat unbekannt war. Der Kinderwunsch einer Frau wog vor dem kirchlichen Gericht schwer, der sakramentale Charakter der Ehe aber wog schwerer. Leibliche Nachkommen waren in Erbschaftsangelegenheiten privilegiert, doch nur ehelich gezeugte und primär männliche Kinder kamen in den Genuss sämtlicher Vorteile. Für die Vernichtung des Reproduktionsvermögens wurden in den Stammesrechten Bußgelder verhängt, doch hing die Höhe der Zahlungen vom Stand, Geschlecht und der Herkunft der Betroffenen ab.

Schon diese kurze Zusammenfassung macht deutlich, dass bei Un*fruchtbarkeit divergierende Ideale miteinander konkurrieren und verschiedene Kategorien auf eine komplexe Weise miteinander verwoben sind. Die amerikanische Rechtswissenschaftlerin und Initiatorin der Intersektionalitätstheorie, Kimberlé Crenshaw, hat an der Benachteiligung von Women of Color auf die damit verbundene strukturelle Problematik aufmerksam gemacht:[73] Gehören Menschen mehreren marginalisierten Gruppen an, sind sie viel stärker und in sehr spezifischer Weise von Diskriminierung betroffen. Auch Un*fruchtbarkeit muss als eine solche intersektionale Kategorie gedacht werden, bei der sich verschiedene Ungleichheitsfaktoren überlagern und wechselseitig verstärken.

Viele Marginalisierungsprozesse, die das mittelalterliche Rechtssystem prägten, sind heute – glücklicherweise – überwunden. Das Grundgesetz verlangt, unehelichen Kindern die gleichen Bedingungen für ihre körperliche und seelische Entwicklung und ihre gesellschaftliche Stellung zu verschaffen wie ehelichen Kindern, auch im Erbrecht sind sie einander gleichgestellt. Ob Eltern ihr Kind beim Sex gezeugt, mit reproduktionsmedizinischer Hilfe bekommen oder adoptiert haben, ist vor dem Gesetz irrelevant, ebenso wenig spielt das Geschlecht eines Kindes eine Rolle. Männer müssen weder Kastrationsstrafen noch demütigende Impotenzprozesse fürchten. Frauen dürfen davon ausgehen, dass sich das Strafmaß für Gewalttäter nicht an ihrer Gebärfähigkeit orientiert. Im Artikel 3 des Grundgesetzes wird die Gleichheit aller Menschen vor dem Gesetz definiert; niemand darf mehr aufgrund seines Geschlechts, seiner Abstammung, Rasse, Heimat, Herkunft, Behinderung, seines Glaubens und seiner religiösen oder politischen Anschauungen diskriminiert werden.

Doch ist Fruchtbarkeit epochenübergreifend kein Wert, der personen- und statusunabhängigen Schutz genießt. Sobald Un*fruchtbarkeit mit anderen Kategorien verknüpft ist, setzt ein Differenzierungsmodus ein, der zu spezifischen Formen der Diskriminierung führt. So werden Frauen auch vom Gesetzgeber meist als tatsächliche, potentielle, künftige oder verhinderte Mütter wahrgenommen, wohingegen die Elternschaft bei Männern eine viel geringere Rolle spielt. Genau aus diesem Grund sind Väter wiederum oft in einer schwächeren Position, wenn sie das Sorgerecht für ihren Nachwuchs erstreiten wollen. Besonders augenfällig sind die Wertungsunterschiede bei der Einstellung gegenüber Kindern. Gesellschaftlich erwünscht sind vor allem jene, die den kulturellen Leitvorstellungen hinsichtlich Herkunft, Bildung und Gesundheit entsprechen. Geflüchtete haben nicht dieselben Rechte wie einheimische Eltern, und die pronatalistischen Maßnahmen vieler europäischer Regierungen zielen darauf ab, die Reproduktion nationaler Wunschkinder zu fördern. Die Gegenwart erweckt also vornehmlich den Anschein, eine schöne neue Welt gesetzlicher Gleichstellung und Gleichbehandlung zu sein, ohne ihren eigenen Anspruch vollständig eingelöst zu haben.

4
Dämonologie: Metaphysik der Un*fruchtbarkeit

Abb. 5 *Teufelsbuhlschaft – Holzschnitt aus Ulrich Molitors* Von den unholden und hexen *(1508)*

Der Teufel will Sterilität. Diese Aussage stammt nicht etwa aus dem frühneuzeitlichen Hexendiskurs, um den es in diesem Kapitel gehen wird, und schon gar nicht aus dem Mittelalter. Getroffen hat sie der amtierende Papst der römisch-katholischen Kirche. Franziskus äußerte sich im Dezember 2017 im Kontext einer Frühmesse eher beiläufig zum Thema Kinderlosigkeit, doch bekräftigte er damit frühere Aussagen und verschärfte sie deutlich: Wer aktiv verhindert, fruchtbar zu sein, handelt teuflisch.[1] Diese drastische Position findet heute selbst in katholischen Kreisen nur noch wenig Zustimmung, wohl aber in der dämonologischen Literatur der Frühen Neuzeit. Eindringlich warnten Autoren vor teuflisch verursachter Unfruchtbarkeit und beschworen so eine Hexengefahr herauf. Der einzige, doch entscheidende Unterschied besteht darin, dass Franziskus selbstgewählte Kinderlosigkeit verurteilt, die frühneuzeitlichen Dämonologen hingegen fremdverschuldete Unfruchtbarkeit problematisierten.

In keinem Werk wird die Angst vor Potenzverlust mehr geschürt und der Sex mit Dämonen detailreicher ausgemalt als in Heinrich Kramers (1430–1505) berüchtigtem *Hexenhammer* (1486).[2] Sein Werk speist sich aus verschiedenen Quellen, ist in seinen Grundaussagen also alles andere als originell. Aufgrund seiner Zuspitzung und der starken Rezeption zog es jedoch verheerende Konsequenzen nach sich. Obwohl es sich um ein juristisch-inquisitorisches Buch handelt, ist Kramers Gesamthaltung agitatorisch. Unfruchtbarkeit und Impotenz sind entscheidende Themen, um Hass zu wecken und Frauen als ›Hexen‹ zu diffamieren. Immer wieder kreist die Argumentation um verschiedene Varianten verhinderter und verweigerter Elternschaft: Impotenzzauber, Penisraub, Frühgeburt, Kindermord. Mit seinen Anschuldigungen traf Kramer den »Nerv der Zeit«, wie Günter Jerouschek und Wolfgang Behringer in der Einleitung zur deutschen Neuübersetzung des *Hexenhammers* (2000) erläutern.[3] Seit Ende der 1470er Jahre hatten sich Missernten und Krankheiten gehäuft, was zu einer verminderten Fruchtbarkeit bei Mensch und Tier führte. Das Hexenparadigma bot eine Möglichkeit, Gegenmaßnahmen zu ergreifen und vermeintlich Schuldige zu bestrafen.

Die frühneuzeitliche Dämonologie baut auf den mittelalterlichen Gesetzen zur Un*fruchtbarkeit, insbesondere dem kirchlichen Eherecht, auf, verselbständigt sich aber, weil sie sich auf den Spezialfall der Impotenz konzentriert und nach teuflischen Ursachen sucht. Daher bieten die Dämonologen denjenigen, die an einer Fruchtbarkeitsstörung leiden, eine völlig andere Behandlungsmethode als Mediziner an. Nicht mit pharmakologischen Substanzen, sondern mit Exorzismen soll ein Kinderwunsch realisiert werden. Un*fruchtbarkeit ist aus dämonologischer Sicht vornehmlich ein Thema der Metaphysik. Ob ein Mensch zeugen und gebären kann, hängt vom Willen Gottes, der Macht der Dämonen, der Frömmigkeit der Menschen und dem Rachewunsch der ›Hexen‹ ab. Verhandelt wird das Kräfteverhältnis zwischen Gott und Teufeln, ›Hexen‹ und Behexten, Männern und Frauen. Die Dämonologie ist für eine Kulturgeschichte der Kinderlosigkeit nicht nur deshalb relevant, weil sie sich mit der Situation von Menschen beschäftigt, die an der Fortpflanzung gehindert werden. Vielmehr werden in der Literatur des 15. und 16. Jahrhunderts zentrale Überlegungen vorweggenommen, die heute die Diskussionen über das Verhältnis von Reproduktionsmedizin, Recht und Ethik prägen: Welche Methoden sind erlaubt, um ein Kind zu bekommen? Wie kann jemand ohne funktionstüchtigen Samen Vater werden? Welche Folgen hat die Beteiligung eines Dritten für die Frage der Elternschaft? In der Frühen Neuzeit kommen solche Überlegungen im Zusammenhang mit der sogenannten Teufelsbuhlschaft auf. Die Annahme, dass ›Hexen‹ mit dem Teufel Sex hätten, veranlasste einige Autoren zu kühnen Spekulationen über potentiellen dämonischen Nachwuchs.

Dämonische Ursachen: Impotenz durch Schadenszauber

Warum bekomme ausgerechnet ich kein Kind? Was ist die Ursache meiner Unfruchtbarkeit? Diese Fragen werden von Menschen, die ungewollt kinderlos bleiben, immer wieder gestellt. Die Dämonologen der Frühen Neuzeit gaben darauf eine ebenso simple wie gefährliche Antwort: Sie beschuldigten andere, Wunscheltern durch Zauberei unfruchtbar zu machen. Schon die antiken Kirchenväter und die mittelalterlichen Kirchenlehrer hatten mit der Möglichkeit gerechnet, dass Impotenz durch Schadenszauber ausgelöst sein kann, doch die frühneuzeitlichen Dämonologen entwickelten daraus ein geschlossenes metaphysisches System. Vehement setzten sich Inquisitoren für die Bekämpfung und Vernichtung vermeintlicher Urheberinnen ein. Frauen, die von der Norm abwichen, wurden in die Rolle eines Sündenbocks gedrängt.

Die Macht des Bösen

Ob Unfruchtbarkeit eine übernatürliche Ursache haben kann, ist in der Frühen Neuzeit keineswegs unumstritten. Heinrich Kramer grenzt sich im *Hexenhammer* ausdrücklich von der Auffassung ab, dass Schadenszauber nur eine menschliche Einbildung ist und Magie keine direkte Wirksamkeit besitzt.[4] Für ihn ist der Genitalbereich ein Einfallstor des Bösen, was er mit der Erbsünde und der Verderbtheit des sexuellen Akts begründet. Hier wirkt die Vorstellung der mittelalterlichen Scholastiker von dem sündhaften Begehren (Konkupiszenz) nach, doch verknüpft Kramer diese unmittelbar mit dem Handeln des Teufels. Gott habe diesem mehr Einfluss auf den sexuellen Bereich als über andere menschliche Handlungen verliehen, weil die erste Sünde durch den Zeugungsakt weitergegeben wurde. Deshalb sei der Geschlechtsakt der neuralgische Punkt, an dem das Sakrament der Ehe am meisten geschädigt werde. Die Macht des Teufels liege, so der Verfasser des *Hexenhammers*, in den Lenden der Menschen.

Die Zeitgenossen diskutierten Kramers Thesen kontrovers.[5] Eine der frühsten Stellungnahmen stammte von dem Juristen Ulrich Molitor (1442–1507/08), der in seiner Heimatdiözese Konstanz Hexenprozesse erlebt hatte und ein juristisches Gutachten für Erzherzog Sigmund von Tirol (1427–1496) verfassen sollte. Molitor gestaltete sein Traktat *Von den unholden oder hexen* (Erstdruck, lat. u. dt. 1489) als fiktiven Dialog, wodurch er verschiedene Positionen berücksichtigen und miteinander kontrastieren konnte. Der Skeptiker Sigmund, der Befürworter der Hexenprozesse Cunradus und der Rechtsgelehrte Ulricus diskutieren darüber, ob Frauen Männer durch Zauberei impotent machen.[6] Schadenszauber wird von vornherein als Genderproblem interpretiert. Als Geschädigte kommen ausschließlich Männer in Betracht, wohingegen die Täterrolle stets weiblich besetzt ist. Cunradus ist davon überzeugt, dass Frauen mit ihrer übernatürlichen Zauberkunst Männern gefährlich werden können. Er kenne viele rechtschaffene Ehemänner, die den Verlust ihrer natürlichen Zeugungskraft auf weiblichen Schadenszauber zurückführten. Sigmund erscheint es dagegen unglaubhaft, dass der Teufel den Lauf der Natur aufhalten kann. Beide Dialogpartner betrachten Geschlechtsverkehr als einen ›natürlichen‹ Akt und Reproduktion als ›natürliches‹ Vermögen des Menschen. Bei der dämonologischen Auseinandersetzung geht es nie nur um einen Geschlechterstreit, sondern stets um die metaphysische Frage nach der Macht des Bösen. Die Leitdifferenz bildet der Gegensatz ›natürlich‹ versus ›übernatürlich‹, nicht ›natürlich‹ versus ›unnatürlich‹.

Ulricus beleuchtet die Angelegenheit aus verschiedenen Perspektiven, bevor er ein Urteil fällt. Dabei nimmt er den Naturalisierungsgedanken auf, verweist auf das Kirchenrecht und berücksichtigt die medizinischen Erkenntnisse seiner Zeit. Seines Erachtens kann die sexuelle Potenz durch Zauberei gestört werden, so dass Männer nicht mehr zum Geschlechtsverkehr in der Lage sind, obwohl sie keine kalte Konstitution besitzen. Für ausschlaggebend hält Ulricus den Willen Gottes, nicht den Zauber einer bösen Frau. Ob ein Mensch Kinder bekomme oder nicht, sei keine Frage der Dämonie oder des Schadens. Statt einem Dritten, sei es dem Teufel oder einer ›Hexe‹, die Schuld zuzuschieben, nimmt er die Betroffenen in die Pflicht. Er hält Unfruchtbarkeit für eine mögliche Probe oder eine Strafaktion Gottes und erteilt der Suche nach einem Sündenbock eine klare Absage.

Narrative Beweise

Der Verfasser des *Hexenhammers* dagegen bemüht sich, seinen Rezipienten unzählige literarische und narrative Beweise für die Gefährlichkeit von ›Hexen‹ vorzulegen. Um ihren negativen Einfluss auf die männliche Potenz zu belegen, beruft sich Kramer zum einen auf die Bibel, das *Decretum Gratiani* (Kirchenrechtssammlung des Gratian; 1280–1290) und diverse kirchliche Autoritäten wie Augustinus, Thomas von Aquin und Bonaventura. Zum anderen führt er zahlreiche Fallbeispiele an, die er selbst erlebt oder von glaubwürdigen Gewährsleuten gehört haben will.[7]

Eine dieser Impotenz-Geschichten handelt von einem Grafen von Westreich, nahe der Diözese Straßburg. Dieser heiratet eine ihm ebenbürtige Adlige, leidet aber an Impotenz und kann die Ehe drei Jahre lang nicht vollziehen.[8] Der Graf ist so von Angst erfüllt, dass er nicht weiß, was er tun soll. In seiner Not wendet er sich nicht etwa an einen Arzt, sondern wählt den – aus Sicht des Dämonologen – einzig richtigen Weg: er betet. Wenig später begegnet ihm auf einer Geschäftsreise in Metz eine Frau, die er nur allzu gut kennt. Erst jetzt erfahren die Leserinnen und Leser, dass der Protagonist vor seiner Heirat schon einmal liiert war. Schnell fällt dem Grafen das übergroße Interesse seiner einstigen Geliebten an seinem Familienleben auf. Als er eine glückliche Ehe und die Geburt mehrerer Söhne vortäuscht, reagiert die Dame überrascht. Unumwunden gibt sie zu, dass sie ihn behexen ließ. Der Graf erfährt nicht nur vom übernatürlichen Auslöser seiner Impotenz, sondern auch von der Methode: Im Brunnen seines Hofes befände sich ein Topf mit diversen Gegenständen, die seine Zeugungskraft hemmten. Die einstige Konkubine äußert sich erfreut über sein Familienglück, verflucht die Zauberin und verschwindet so plötzlich aus der Geschichte, wie sie aufgetreten ist. Nach seiner Heimkehr lässt der Graf den Brunnen ausschöpfen, den Topf samt Inhalt verbrennen und wandelt sich so vom geschädigten Liebhaber zum potenten Ehemann.

Die problematische Ausgangslage und die glückliche Lösung bilden den narrativen Rahmen eines dämonologischen Exempels, das der argumentativen Beglaubigung dienen soll. Kramer will zeigen, dass, wie und warum männliche Zeugungskraft gehemmt werden kann. Doch die Identität des Grafen möchte er – aus Sorge um dessen Ehre – lieber nicht preisgeben. Implizit bestätigt Kramer die Wertung, wie sie aus anderen Wissensbereichen in Mittelalter und Früher Neuzeit bekannt ist: Impotent zu sein ist eine Schande, jemanden impotent zu machen ein Verbrechen. Der Schadenszauber in der Geschichte des Grafen von Westreich ist schlüssig motiviert, eine abservierte Geliebte hat guten Grund für ihre Enttäuschung. Kramer meint hierin sogar eine allgemeine Regel zu erkennen: Impotenz sei die häufige Folge einer Trennung. Frauen, die auf eine Heirat gehofft hätten, rächten sich durch Schadenszauber oder versuchten, ihre Liebhaber zurückzugewinnen. Mitleid mit den Verlassenen kennt Kramer nicht, stattdessen verweist er auf das Kirchenrecht: Wer aus Rachsucht oder Hass einen Mann oder eine Frau unfruchtbar mache, gleiche einem Mörder.[9]

Kramers Forderung, dass Zauberei und Fruchtbarkeitsverbrechen mit dem Tod zu strafen sind, gilt auch für die wenigen Fälle, in denen die Geschlechterrollen umgekehrt besetzt sind. Eine weitere Fallerzählung, mit der er die Existenz von Schadenszauber belegen will, handelt von dem Zauberer Stadelin aus der Diözese Lausanne.[10] Kramer übernimmt das Beispiel aus der Literatur und beruft sich auf Stadelins Selbstaussage, sieben Kinder im Mutterleib getötet zu haben. Wegen seines Zaubers hätte eine Frau viele Jahre hindurch Fehlgeburten erlitten. Auch alle Haustiere blieben unfruchtbar. Das Vieh wurde trächtig, warf aber kein lebendiges Junges. Wie im Fall des Grafen von Westreich hängt die Aufhebung des Zaubers von der Kenntnis der Mittel und somit vom Geständnis des Verursachers ab. Stadelin gibt zu, eine Schlange unter die Schwelle des Hauseingangs gelegt zu haben. Werde diese entfernt, kehre die Gebärfähigkeit der Bewohnerinnen zurück. Die Wirksamkeit der Gegenmaßnahme bestätigt die Wahrheit des Erzählten. Zwar ist die Schlange bereits zu Staub verfallen, doch kann die schädigende Wirkung beseitigt werden, indem die Erde abgetragen wird. Noch im selben Jahr erlangen Frau und Vieh ihre Fruchtbarkeit zurück. Die Wiederherstellung der Zeugungskraft ist für Kramers Deutung konstitutiv. Der erneute Umschlag von Unfruchtbarkeit zu Fruchtbarkeit soll beweisen, dass eine übernatürliche Ursache vorlag.

Die Plausibilität dieser Argumentation wurde von dem niederländischen Mediziner Johann Weyer (1515–1588) in Frage gestellt.[11] Mit seinem Werk *De lamiis* (Von den Hexen; 1563) gehörte er zu den Hauptkritikern des *Hexenhammers*. Weyer dekonstruierte Kramers Impotenz-Geschichten, indem er auf logische Schwächen und Inkohärenzen hinwies. Dass ›Hexen‹ die Fruchtbarkeit durch Zauberei einschränken könnten, sei lächerlich: Wie sollte eine unter der Türschwelle liegende Schlange Fehl- und Totgeburten auslösen? Wenn eine Schlange abortiv wirke, müssten in einigen Ländern doch alle Frauen unfruchtbar sein. Wundern könne man sich auch, wie ein Mann seine Zeugungskraft zurückerhalten soll, weil ein Topf mit verzauberten Gegenständen aus seinem Brunnen entfernt wird. Warum haben denn nicht alle, die aus diesem Brunnen tranken, ihre Reproduktionsfähigkeit verloren? Weyer geht davon aus, dass ein Ursache-Wirkungs-Zusammenhang nicht auf eine Person beschränkt sein kann. Ein fruchtbarkeitsschädigendes Mittel muss sich bei allen Menschen gleich auswirken. Dass der Teufel ausgerechnet einen Topf benötigt, um einen Mann impotent zu machen, und der Graf den bösen Geist vertreiben kann, indem er ein Haushaltsgerät verbrennt, erscheint Weyer absurd. Den vermeintlichen Schadenszauber erklärt er stattdessen durch negative Autosuggestion und den Einfluss, den Menschen dem Teufel über sich selbst zugestehen.

Penisraub in Ravensburg

Noch kurioser muten Kramers Geschichten vom Penisraub an. Zauberkundige Frauen können Männer demnach nicht nur impotent machen, sondern ihr Sexualorgan sogar verschwinden lassen. Wenn Dämonen Menschen töten könnten, so argumentiert der Autor des *Hexenhammers*, müssten sie auch in der Lage sein, das männliche Glied zu entfernen. Erneut erzählt Kramer exemplarische Geschichten, um die Richtigkeit seiner Thesen zu beweisen. Zu Beginn wird ein Kastrationszauber – wie in der folgenden Anekdote – behauptet und seine Existenz durch den Handlungsverlauf bestätigt:[12]

Als sich ein Jüngling aus Ravensburg von seiner Freundin trennt, rächt sich diese mit der Abtrennung seines Geschlechtsteils. Der Jüngling kann zwischen seinen Beinen nichts mehr sehen und fassen als glatten Körper. Verängstigt geht er in einen Weinkeller, mutmaßlich um seine Sorgen in Alkohol zu ertränken, und erzählt dort einer Frau von seinem Kummer. Um sicherzustellen, dass er sich den Verlust nicht nur einbildet, zeigt er ihr seinen Genitalbereich. Die Dame erkennt sofort einen dämonischen Zusammenhang und erkundigt sich nach einer möglichen Verdächtigen. Die Urheberin des Schadenszaubers muss identifiziert werden, damit der Jüngling sein Zeugungsorgan zurückerlangen kann. Die vielwissende Dame rät ihm zur Gewalt, sollte er mit Freundlichkeit nichts erreichen, was der Jüngling beherzigt. Er lauert seiner Ex-Freundin, von Kramer stets als ›die Hexe‹ bezeichnet, in der Abenddämmerung auf. Höflich bittet er sie, ihm seine Gesundheit wiederzugeben. Während der Jüngling sein Anliegen medizinisch umschreibt, überführt die Frau die Bitte sofort in einen moralisch-rechtlichen Zusammenhang. Sie behauptet, unschuldig zu sein und von nichts zu wissen.

Daraufhin wird der Protagonist gewalttätig. Er stürzt sich auf die Frau, zieht ihr Halstuch zusammen, würgt sie und droht mit dem Tod. Die Auseinandersetzung um den geraubten Penis wird als leibhaftiger Geschlechterkampf inszeniert. Beide Beteiligten haben Macht über einander: Die Frau verfügt über die sexuelle Potenz des Mannes; dieser kann ihre körperliche Existenz vernichten. In der direkten Konfrontation erweist sich die Frau als unterlegen. Als sich ihr Gesicht bereits blau färbt, ist sie zu allen Zugeständnissen bereit. Sie fleht um Gnade und verspricht Heilung. Die Rückgabe erfolgt durch eine Berührung und einen Lösungsspruch. Die Frau fasst den Mann zwischen die Schenkel und spricht: »Nun hast du, was du begehrst.« Nachdem sein Verlangen erfüllt worden ist, wandelt sich der Jüngling vom Opfer zum Zeugen des Schadenszaubers. Durch Spüren, Sehen und Tasten merkt er, dass sein Penis wieder vorhanden ist, und erzählt anderen von seiner verstörenden Erfahrung.

Auch bei dieser Geschichte des *Hexenhammers* bemüht sich Johann Weyer um Aufklärung. Durch eine Reihe von Fragen macht er deutlich, wie unwahrscheinlich ein Penisraub ist. Wenn Zeugungsorgane tatsächlich verschwunden seien, wie sollte dies ohne Blutvergießen geschehen? Wie könnten sie plötzlich wieder vorhanden sein? Eine Kastration sei lebensbedrohlich und mit großen Schmerzen verbunden. Beim vermeintlichen Penisraub bestehe dagegen keine Lebensgefahr. Nach Weyers Überzeugung ist der Teufel weder in der Lage, Neues zu erschaffen noch Kranke zu heilen. Deshalb hält er den Vorwurf eines Penisraubs für falsch. Männer, die meinten, ihr Sexualorgan verloren zu haben, unterlägen einer teuflischen Täuschung. Auch die Wiederherstellung der Potenz passt in sein Erklärungsmodell: Sobald Männer nicht mehr verblendet wären, merkten sie, dass ihre Genitalien unversehrt seien.[13]

Schon Kramer rechnete mit einer Sinnestäuschung. Auf keinen Fall dürfe man glauben, dass eine ›Hexe‹ männliche Zeugungsorgane wirklich vom Körper abtrennen und wieder anbringen könne.[14] Vielmehr scheine es Männern oft nur so, als ob ihr Penis verschwunden sei. Eine solche Illusion entstehe, wenn ein flacher, fleischfarbener Körper auf dem Genitalbereich liege. Dann könne ein Mann nichts mehr sehen und spüren, was ihn an seine Männlichkeit erinnere. Für eine teuflische Täuschung hält Kramer auch die Existenz von Penisnestern, von denen er ausführlich berichtet. Gemäß einem allgemeinen Gerücht sollen ›Hexen‹ bisweilen eine beträchtliche Anzahl an Penissen – zwanzig oder gar dreißig Stück – in einem Vogelnest oder einem Schrank aufbewahren. Von ihren Trägern gelöst scheinen die männlichen Geschlechtsteile ein Eigenleben zu führen; sie bewegen sich und futtern Hafer.[15]

Der *Hexenhammer* ist eine Fundgrube für Psychiaterinnen und Sexualtherapeuten, besitzt der Verfasser doch eine regelrechte Obsession für sexuelle Themen. Mit dem Phantasma vom geraubten Penis schürt er die Angst vor weiblicher Potenz und männlicher Impotenz. Kramers Einstellung gegenüber

Frauen ist zutiefst misogyn.[16] Zwar räumt er ein, dass Schadenszauber auch zu weiblicher Sterilität und Fehlgeburten führen könne, doch werden in seinen Beispielgeschichten vornehmlich Männer geschädigt. Kramer begründet dies sowohl mit der religiös-moralischen Instabilität von Frauen als auch mit der größeren Attraktivität von Männern für Dämonen. Doch ist er bemüht, Frauen trotz aller Schreckensszenarien nicht zu viel Einfluss auf den männlichen Körper zuzugestehen. Männer werden nicht durch die Zaubermittel der ›Hexen‹, sondern durch die verborgene Kraft des Teufels geschädigt. Neben der ausführlichen psychologischen liefert Kramer auch eine physiologische Erklärung, weshalb mehr Männer als Frauen behext würden. Die Zeugungsfähigkeit eines Mannes sei leichter zu beeinträchtigen als die einer Frau. Sobald die Samenwege versperrt würden, seien kein Samenerguss und nicht einmal eine Erektion mehr möglich.[17]

Barbaras Geständnis

Die dämonologische Diskussion über den Penisraub könnte als gelehrte Spekulation und medial-diskursives Phänomen abgetan werden, hätte sie nicht zur unerbittlichen Verfolgung und Vernichtung von ›Hexen‹ geführt. Frauen (und Männer) wurden auf dem Scheiterhaufen verbrannt, weil ihnen vorgeworfen wurde, Menschen durch Zauberei impotent gemacht zu haben. Zu den Opfern des dämonologischen Unfruchtbarkeitswahns gehört die vierzigjährige Barbara Kurzhalsin aus Reichertshofen. Ihr wurde vorgeworfen, ihre sieben Kinder zum Großteil selbst getötet und zwei Männern »ihre Männlichkeit genommen« zu haben.[18] Dass ihre beiden Ehen langfristig kinderlos blieben, obwohl Barbara offenkundig reproduktionsfähig war, mag die Inquisitoren skeptisch gestimmt haben. Laut dem Verhörprotokoll von 1629 legte die Angeklagte ein umfassendes Geständnis ab. Die vermeintlichen Taten lagen zu diesem Zeitpunkt über zehn Jahre zurück. Beim ersten Geschädigten soll es sich um Barbaras ersten, längst verstorbenen Ehemann, Michael Reuter, beim zweiten um einen gewissen Wolf Widmann aus Gottenzhauen gehandelt haben. Das Fehlen sowohl von genitalen Beweisen als auch von Zeugenaussagen wurde durch das erpresste Geständnis ersetzt.

Der erste Penisraub wird im Verhörprotokoll als Perversion eines Liebesakts dargestellt: Barbara macht sich eines Nachts an Michaels Glied zu schaffen. Ihr Begehren zielt freilich nicht auf den Geschlechtsakt, sondern auf dessen dauerhafte Verhinderung. Sie nimmt den Penis in ihre Hand, die sie vorher mit einer teuflischen Salbe bestrichen hat. Statt als Gleitmittel für die Penetration dient die Salbe zur magischen Kastration. Der Beschwörungszauber wird durch eine zeichenhafte Handlung, die Berührung mit einer magischen Substanz und performative Worte wirksam. Barbara verkündet: »Jetzt nehm' ich dir deinen Zipfel«, beruft sich auf die metaphysische Instanz des Bösen, »in des Teufels Namen«, und nimmt den intendierten Zweck vorweg: »damit du nichts mehr mit mir anzufangen weißt«. Anders als im *Hexenhammer* beschrieben, handelt es sich laut Protokoll um einen echten Raub, nicht eine teuflische Täuschung. Das Sexualorgan ging in jener Nacht in Barbaras Besitz über. Nach vier Tagen warf sie den Penis auf Geheiß des Teufels in die Ilm, so dass keine Rücknahme des Schadenszaubers mehr möglich war. Deshalb, so hält die Anklage fest, konnte sie ihrem Mann zu keinem Kind mehr verhelfen. Die zweite magische Kastration geht der ersten zeitlich voraus, schließt aber narrativ an diese an und stellt inhaltlich eine weitgehende Wiederholung dar. Argumentationslogisch besteht die Funktion dieses Falls darin, den anderen umso glaubhafter erscheinen zu lassen. Barbaras sexuelle Übergriffe werden vom Protokollanten als Angriff auf die Geschlechterordnung dargestellt. Der vermeintlich übermächtigen Frau bleibt unter Folter keine andere Wahl, als zu erklären, dass der Teufel sie zum doppelten Penisraub angestiftet habe.

Barbaras Geständnis war nach den Grundregeln der Inquisition unverzichtbar. Angeklagte durften nur dann als ›Hexen‹ verurteilt werden, wenn sie ihr Vergehen zugegeben hatten.[19] Beteuerten sie ihre Unschuld, wurde dies zu ihrem Nachteil ausgelegt. Eine hartnäckig leugnende oder schweigende ›Hexe‹ galt als besonders schwerer Fall, die mit massiver Gewalt zum Reden gebracht werden muss. Durch die Folter wird ein gefährlicher Mechanismus in Gang gesetzt, der die kulturelle Angst vor Potenzverlust schürt und erhält. Die Angeklagten wurden gezwungen, teuflische Fruchtbarkeitsverbrechen zu gestehen, die sie niemals hätten begehen können. Ihre Ankläger und Verfolger sahen sich durch die erpressten Geständnisse darin bestätigt, dass solche Verbrechen vorkommen und mit aller Härte bekämpft werden müssen. Mit ihrer Behauptung, dass die Fruchtbarkeit gefährdet sei und geschützt werden müsse, trugen die Inquisitoren dazu bei, Normativität zu erzeugen. Kinder zu bekommen, galt als das Natürliche und Normale. Keine Kinder zu haben, erschien dagegen als unnatürlich, anormal, ja teuflisch. Bündiger als mit der Formulierung ›Der Teufel will Sterilität‹ lässt sich die dämonologische Fertilitätslogik kaum zusammenfassen.

Dämonische Mittel:
Legale und illegale Wege zum Kind

›Wie weit gehen wir für ein Kind?‹ Diese Frage stellt Martin Spiewak im Titel einer Studie, die sich an ungewollt Kinderlose richtet.[20] Nicht alles, was medizinisch möglich wäre, ist in Deutschland gesetzlich erlaubt. Manche reproduktionstechnischen Verfahren wie Eizellenspende oder Leihmutterschaft gelten als sittenwidrig und dürfen nicht durchgeführt werden. Intensiv wird in der Medizinethik darüber diskutiert, inwieweit die deutschen Gesetze im Bereich der Reproduktionsmedizin internationalen Gepflogenheiten angepasst werden sollten. In der Frühen Neuzeit wurden vergleichbare Überlegungen angestellt, wenn Dämonologen die Grenzen erlaubten Handelns ausloteten und zwischen legalen und illegalen Wegen zum Kind unterschieden. Damit verschiebt sich mein Fokus von denjenigen, die für Unfruchtbarkeit verantwortlich gemacht werden, auf diejenigen, die darunter leiden. Doch lässt sich keine so scharfe Grenze zwischen beiden Gruppen ziehen, wie es die Inquisitoren gerne gesehen hätten. Ebenso wie Menschen heute gesetzliche Einschränkungen umgehen, wenn sie sich einer reproduktionsmedizinischen Behandlung im Ausland unterziehen, übertraten Kinderwünschende vor der Moderne Verbote, um Eltern zu werden. Eindringlich warnten daher geistliche Autoritäten Kinderlose davor, die Hilfe zauberkundiger Menschen in Anspruch zu nehmen.

Dämonologische Indikation

Im Mittelalter und der Frühen Neuzeit gaben sich Autoren nicht der Illusion hin, dass alle Menschen Kinder bekommen könnten. Bestimmte Arten von Unfruchtbarkeit galten als naturbedingt und unheilbar. Handelte es sich aber um eine sexuelle Störung, die durch Schadenszauber ausgelöst wurde, hielten sie in vielen Fällen eine Besserung für möglich. Um zwischen zeitweiliger und dauerhafter Impotenz zu unterscheiden, war eine sorgfältige dämonologische Indikation erforderlich. Kramer skizziert einen konkreten Problemfall, mit dem sich seine Rezipienten beschäftigen sollen: »Petrus ist das Glied entfernt worden. Er weiß nicht, ob es durch Schadenszauber oder sonstwie […] weggenommen worden ist. Gibt es keine Mittel, das zu erkennen […]? Die Antwort lautet doch!«[21] Die Passage ist nach dem Muster von Ratgeberliteratur gestrickt. Das Problem eines Betroffenen wird geschildert, der sich von einem kompetenten Ansprechpartner Hilfe erhofft.

Übernatürliche Impotenz ist nach Kramers Ansicht stets ein Indikator für eigenes Fehlverhalten. Wenn einem Ehepaar ein Schadenszauber zustoße, sei dies ein klares Zeichen, dass sich mindestens einer der Partner versündigt habe. Daher empfiehlt der Verfasser des *Hexenhammers* impotenten Männern eine Gewissensprüfung.[22] Betroffene leitet er damit zu einer selbstquälerischen Suche nach möglichen Ursachen an, wie sie auch heute vielfach bei ungewollter Kinderlosigkeit zu beobachten ist. Menschen, die keine Kinder bekommen können, machen sich oft selbst Vorwürfe und werden von Schuldgefühlen geplagt: Was habe ich falsch gemacht? Hätte ich meine Unfruchtbarkeit mit einer anderen Lebensweise verhindern können? Kramer ist um eine Antwort nicht verlegen. Seines Erachtens sind sowohl das Vergehen als auch die Bestrafung vorzugsweise im Bereich der Sexualität zu verorten. Nirgends sündigten Menschen mehr und lasse Gott eher eine Behexung zu. Wie in Teilen der theologischen und medizinischen Diskurse werden jene, die unter einer sexuellen Störung leiden, selbst für ihre Unfruchtbarkeit verantwortlich gemacht. Vorzugsweise Ehebrecher und Hurer werden, meint Kramer, von Gott mit Unfruchtbarkeit gestraft. Die umgekehrte Schlussfolgerung, dass Schadenszauber religiös legitimiert ist, zieht er hingegen nicht. Zauberkundige Frauen werden im *Hexenhammer* stets als Bundesgenossen des Teufels, nie als Werkzeug Gottes betrachtet.

Ergänzt werden kann die innere Gewissensprüfung durch eine äußere Diagnose, die sich auf bestimmte Symptome stützt. Kramer verweist auf einen Sentenzen-Kommentar des Henricus de Segusio (kurz vor 1200–1271), der den Penis zum Maßstab männlicher Potenz erklärt.[23] Wenn das Glied überhaupt keine Regung zeige und ein Mann niemals mit einer Frau schlafen könne, deute dies auf generelle Zeugungsunfähigkeit hin. Lasse sich der Penis aber stimulieren und gebe es eine Erektion, liege wahrscheinlich Schadenszauber vor. Auch personenbezogene Impotenz wertet Henricus als Indiz für eine übernatürliche Ursache. Behext seien erfahrungsgemäß jene Männer, die nur mit der eigenen Frau nicht schlafen könnten. Kramer warnt ausdrücklich davor, diese Überlegungen öffentlich in einer Predigt zu zitieren. Die gelehrte Debatte über Impotenz ist nur bedingt für das gemeine Volk geeignet. Dabei ist der Kommentar des Henricus de Segusio weniger provokant als Kramers eigene seitenlange Auslassungen über gestörte und dämonische Sexualität. Der *Hexenhammer* enthält eine differenzierte Fallanalyse, damit jeder Mann sein Potenzproblem selbst beurteilen kann. Zu beantworten ist, ob er bei anderen Frauen potent ist oder nicht, ob er seine Ehefrau begehrt oder nicht, ob er eine Erektion bekommt oder nicht und ob er einen Samenerguss hat oder nicht. Mittels dieses Fragenkatalogs soll sowohl festgestellt werden, ob ein Schadenszauber vorliegt, als auch um welche Art übernatürlicher Impotenz es sich handelt. Therapierelevant wird die detaillierte Erforschung sexueller Vorlieben impotenter Männer freilich nicht. Das Interesse des Inquisitors ist weit ausgeprägter, als sich durch die religiöse Behandlungsmethode rechtfertigen lässt.

Eine endgültige Bestätigung erhält der dämonologische Befund durch die weitere Entwicklung der sexuellen Störung. Kehrt die Zeugungskraft nach geraumer Zeit zurück, handelt es sich nach Einschätzung der Experten höchst wahrscheinlich um Schadenszauber. In sämtlichen Impotenz-Geschichten des *Hexenhammers* gilt der erneute Umschlag von Unfruchtbarkeit zur Fruchtbarkeit als Beweis für eine übernatürliche Ursache. Allerdings kann auch Impotenz durch Schadenszauber dauerhaft sein, so stellt Kramer klar. Ein geschädigter Mann könne niemals mehr mit einer Frau schlafen, wenn es kein menschliches Gegenmittel gebe, bzw. wenn dieses nicht bekannt oder nicht erlaubt sei. Damit wird ein Aspekt betont, der für die theologischen, medizinischen und juristischen Un*fruchtbarkeitsreflexionen im Mittelalter wenig relevant ist, aber die Diskussionen um reproduktionsmedizinische Techniken in der Gegenwart bestimmt. Während Fortpflanzung – zumindest in der Ehe – in den anderen Wissensbereichen per se positiv bewertet wird, rückt in der Dämonologie die Methode in den Blick.

Verbotene Mittel

Mit Nachdruck betont Kramer, dass der Zeugungszweck nicht die Mittel heiligt. Er unterscheidet genau zwischen legalen und illegalen Wegen, Unfruchtbarkeit zu überwinden. Keinesfalls dürften sich ungewollt Kinderlose an zauberkundige Menschen wenden, den Schaden anderer in Kauf oder die Hilfe von Dämonen in Anspruch nehmen.[24] Allerdings weiß Kramer nur zu gut, dass viele Menschen vor solchen Lösungswegen nicht zurückschrecken. Hilfe bei ›Hexen‹ zu suchen, kritisiert er, sei allgemein üblich. Besonders ärgert sich der Verfasser des *Hexenhammers*, dass heilkundige Frauen eine Konkurrenz zu den kirchlichen Hilfsangeboten darstellen und der direkte Vergleich zu Ungunsten von Priestern und Exorzisten ausfällt. Behexte wenden sich seiner Beobachtung nach lieber an ›Hexen‹, weil diese sie häufig von ihrem Leiden erlösten. Nicht einmal Wallfahrtsorte hätten einen so großen Zulauf an Armen und Kranken, empört sich Kramer. Daher sucht er heilkundige Frauen zu diffamieren, indem er ihnen eine heimtückische Verführungsstrategie unterstellt. ›Hexen‹ fügten Menschen gezielt Schaden zu, um sie von sich abhängig zu machen. Mit seiner Argumentation macht der Dämonologe auf die Problematik aufmerksam, dass Hilfesuchende und Helfende nicht immer dasselbe wollen, wenn es um die Erfüllung eines Kinderwunschs geht. Eindringlich warnt er vor unabsehbaren Folgen, wenn man sich in die Hände von Fruchtbarkeitsexpertinnen mit eigennützigen Interessen begebe. Die Praxis zeige zwar, dass ›Hexen‹ Schadenszauber beheben könnten; doch sei es unter keinen Umständen erlaubt, sich von ihnen helfen zu lassen.

Selbst wenn eine ›Hexe‹ keinen Schaden anrichtet, sondern ihre Zauberkunst ausschließlich zum Wohl der Menschen einsetzt, lässt Kramer keine Ausnahme gelten. Ihn interessiert nicht, ob kundige Frauen anderen zum Nachwuchs verhelfen oder ihn verhindern. Stattdessen verlangt er eine genaue Untersuchung, ob es sich um erlaubte oder unerlaubte Mittel handelt. Bei den erlaubten hegt Kramer keinerlei Bedenken und spricht die helfende Person vom Vorwurf der Hexerei frei. Bei den unerlaubten differenziert er zwischen einem grundsätzlichen und einem situationsabhängigen Verbot. Generell unerlaubt sind alle Mittel, bei denen Dämonen angerufen werden. Wird eine Frau der Hexerei angeklagt, muss der Richter die angewandten Methoden sorgfältig prüfen. Im *Hexenhammer* gilt alles als verdächtig, was außergewöhnlich ist und wovon man nur durch teuflische Eingebung wissen kann. Auch wenn Einschränkungen bei der Heilung gemacht werden, sollten Richter hellhörig werden. ›Hexen‹ gewährten nur manchen Unterstützung, anderen hingegen nicht. Als besonders gefährlich betrachtet Kramer jene Frauen, die an Geburten beteiligt sind und Macht über das Leben von Mutter und Kind haben. In jedem Dörfchen gebe es eine hexende Hebamme, die mit dem Teufel im Bunde stehe. Die Potenz der Geburtshelferinnen ist Kramer grundsätzlich unheimlich. Auch ›Hexen‹, die nur helfen wollten, seien zu verurteilen, da sie Menschen jederzeit schädigen könnten.[25] Mit heilkundlichen und magischen Mitteln wie einem Fruchtbarkeitspflaster und dem beschriebenen Gürtel, die Francesca ihrer Schwester Margherita Datini empfahl (Kap. 2, S. 76 f.), hätten sich die Frauen bei Kramer vermutlich schon verdächtig gemacht.

Ursachenbekämpfung

Nachdem der Autor des *Hexenhammers* den beliebten Heilungsweg für illegal erklärt hat, bleibt seines Erachtens nur ein radikales Mittel übrig: Statt Schadenszauber zu beseitigen, muss die »Ketzerei der Hexen« ausgerottet werden. Der Inquisitor kennt bei Zauberei keine Gnade. ›Hexen‹ verdienten die Todesstrafe, auch wenn sie zum christlichen Glauben zurückkehrten und ihre Taten bereuten. Wieder und wieder betont Kramer, welche Schäden sie bei Mensch und Tier auch hinsichtlich der Fruchtbarkeit anrichteten. Der dritte Teil des *Hexenhammers* ist der Überführung und Vernichtung von ›Hexen‹ gewidmet.[26] Zu diesem Zweck entwickelt Kramer eine ausgeklügelte Verhörmethode, bei der religiöse Appelle und manipulative Freundlichkeit mit psychischer und physischer Gewalt wechseln. Durch Folter sollen ›Hexen‹ dazu gezwungen werden, ihre Vergehen in allen Einzelheiten zu gestehen. Bis in den Wortlaut hinein gibt Kramer vor, wie der Prozess zu führen und das Protokoll zu formulieren ist. Der Frage-Antwort-Katalog soll schrittweise abgearbeitet werden, so dass sich die Angeklagten nur innerhalb des vorgegebenen Dispositivs äußern können.

Die Hauptstrategie des *Hexenhammers*, Fertilität zu fördern, besteht darin, vermeintliche Urheberinnen von Impotenz zu töten. Doch setzt die dämonologische Behandlung auch bei den Behexten an, deren religiös-moralisches Fehlverhalten den Schadenszauber ermöglicht haben soll. Ihnen rät Kramer, die Heilsangebote der Kirche zu nutzen. Als stärkstes Mittel gegen Schadenszauber gilt das Sakrament der Buße.[27] Behexte sollten mit zerknirschtem Herzen ihre Sünden beichten und durch Tränen, Almosen, Gebete und Fasten aufrichtig büßen. Alle Mittel, die von geistlichen Autoritäten durchgeführt werden und zum Ritus der Kirche gehören, also Kommunion, Wallfahrt, Gebet, Beichte und Exorzismus, sind nach Kramers Ansicht empfehlenswert. Im Gegenzug werden die Männer der Kirche beauftragt, Betroffene durch die ›kirchliche Arznei‹ zu heilen. Priester und Exorzisten übernehmen die Rolle eines geistlichen Arztes, wodurch den Behexten die Rolle von Patienten zugewiesen wird. Allerdings ist eine Heilung im religiösen Kontext kein Automatismus. Kramer betont, dass die erhoffte Genesung Gott überlassen bleibt. Schließlich wisse dieser am besten, was für den Hilfesuchenden richtig sei.

Der *Hexenhammer* informiert detailliert, wie bei einem Exorzismus vorzugehen ist: Zuerst muss der Behexte die Beichte ablegen. Nach dieser geistigen Vorbereitung erfolgt eine häusliche Reinigung, die jede Gefahr einer lokalen Ansteckung bannen soll. Jeder einzelne Winkel, Betten, Polster und Türschwellen müssen sorgfältig abgesucht werden, ob dort vielleicht Mittel des Schadenszaubers versteckt sind. Gefundene Gegenstände sollen sofort verbrannt, am besten alle Betten und Kleider erneuert und sogar der Wohnort gewechselt werden. Erst danach beginnt der eigentliche Exorzismus, der morgens mit geweihter Kerze und Weihwasser in der Kirche durchgeführt und dreimal wiederholt werden muss. Zuletzt soll der Exorzierte die Eucharistie empfangen. Eine dämonologische Un*fruchtbarkeitstherapie ist sehr aufwändig, ohne dass ein Erfolg garantiert werden kann.[28] Es ist wenig verwunderlich, wenn sich Kinderwünschende unter solchen Umständen lieber an heilkundige Frauen als an exorzierende Männer wendeten. Nicht einmal in Kramers Exempelgeschichten unterziehen sich Impotente dem kompletten Behandlungsprogramm der Kirche. Der Graf von Westreich lässt zwar den Brunnen ausschöpfen und den Topf mit den verzauberten Gegenständen verbrennen, doch verzichtet er darauf, Haus und Hof zu verlassen. Ebenso wenig lässt sich der

Jüngling von Ravensburg von einem Priester exorzieren, sondern begnügt sich mit dem gewaltsamen Übergriff auf seine Ex-Freundin.

Nach Auffassung von Kramers Kritikern hängt der Behandlungserfolg ohnedies nicht vom Exorzismus, sondern von der eigenen Einbildungskraft ab. Johann Weyer erzählt exemplarisch von einem impotenten Adligen, der sich für verzaubert hielt und durch eine List kuriert werden konnte.[29] Ihm erzählte man von einer Salbe, die einen anderen Mann von Impotenz geheilt hätte. Als der Adlige das Wundermittel selbst probierte, kehrte seine Zeugungskraft zurück. Weyer stellt klar, dass es sich um einen Placebo-Effekt handelte. Die Salbe hatte keinerlei potenzfördernde Wirkung; die Maßnahme führte nur zum Erfolg, weil der Mann daran glaubte. Weyer sieht sich durch diese Geschichte einmal mehr darin bestätigt, dass Hexenglaube nichts als eitler Wahn und törichte Projektion ist. Impotenz durch Schadenszauber ist seines Erachtens nur durch dämonologische Aufklärung zu beheben. Vermeintlich verzauberte Männer sollten ihren Verstand gebrauchen und sich eines Besseren besinnen.

Dämonische Unfruchtbarkeit: Reproduktionstechniken des Teufels

Mit neueren reproduktionsmedizinischen Verfahren können mittlerweile auch jene Menschen Eltern werden, die durch Sex nie ein Kind bekommen könnten: Frauen mit verklebten Eileitern oder ohne Gebärmutter, Männer ohne funktionsfähigen Samen und homosexuelle Paare. In medizinischen Reproduktionszentren wird vielfach suggeriert, dass es nur auf die richtige Technik ankommt, um einen Kinderwunsch zu erfüllen. Schon für die Dämonologen der Frühen Neuzeit war die Überwindung von Unfruchtbarkeit vornehmlich eine Frage der Methode. Zwar bestand ein weitgehender Konsens, dass der Teufel über kein eigenes Zeugungsvermögen verfügt. Doch waren viele Autoren davon überzeugt, dass er dieses Defizit technisch kompensieren kann. Damit nehme ich nun denjenigen in den Blick, dem in den dämonologischen Schriften eine übergeordnete Machtposition zugeschrieben wird, der aber auch mit Menschen interagiert und so über Un*fruchtbarkeitsschicksale entscheidet.

Teufelsbuhlschaft

Die Frage nach der Reproduktionsfähigkeit von Dämonen, die seit der Antike diskutiert wurde, gewinnt in der Frühen Neuzeit im Zusammenhang mit der sogenannten Teufelsbuhlschaft an Bedeutung. Was passiert, wenn ›Hexen‹ mit dem Teufel schlafen? Können bei diesem Geschlechtsakt Kinder entstehen? Der Vorwurf, mit dem Teufel eine sexuelle Beziehung eingegangen zu sein, wog in den Hexenprozessen schwer. Weshalb Dämonologen diesen Anklagepunkt so gewichteten, erschließt sich vor dem Hintergrund der kirchlichen Ehe- und Sexuallehre. Wenn Mann und Frau durch den Geschlechtsakt ein Fleisch werden (Gen 2,24), muss der Sex mit dem Teufel ähnliche Folgen haben; die ›Hexe‹ verschmilzt mit dem Bösen und geht eine leib-seelische Einheit ein.[30] Kramer malt sich diese Begegnungen in schillernden Farben aus. Ebenso angewidert wie fasziniert beschreibt er, wie halbentblößte Frauen auf dem freien Feld in höchster Erregung rhythmische Bewegungen ausführen, während ihr Sexualpartner unsichtbar bleibt. Obwohl die Teufelsbuhlschaft als sexueller Exzess gedeutet und als schlimmes Vergehen geahndet wird, sind die Sexualpraktiken bemerkenswert konventionell. In der Regel sind Dämonen im *Hexenhammer* gegendert. Ihre Zweigeschlechtlichkeit ist der impliziten Norm geschuldet, dass stets heterosexuelle Partner miteinander verkehren sollen. Weibliche Dämonen werden als Succubi bezeichnet, weil sie beim Sexualakt unten liegen. Männliche Dämonen werden Incubi genannt, was mit der Penetration zu begründen ist. Das dämonologische Modell ist somit ein Spiegel etablierter Geschlechterkonzepte, es ist sowohl binär als auch heteronormativ strukturiert.

Bildlich dargestellt ist die Teufelsbuhlschaft in dem ganzseitigen Holzschnitt, der die Leserinnen und Leser von Ulrich Molitors Traktat *Von den unholden* auf besagtes Thema einstimmen soll (Abb. 5).[31] Zu sehen ist ein gegengeschlechtliches Paar, das die Kleidung zeitgenössischer Bürger trägt und sich innig umarmt. Mann und Frau begegnen sich auf Augenhöhe und blicken einander an. Der Eindruck figuraler Einheit wird dadurch verstärkt, dass das bodenlange Kleid der Frau und der Schenkel des Mannes zu einem Unterleib zusammenzuwachsen scheinen. Die intime Szene weist jedoch Störfaktoren auf: Das linke Bein des Mannes verschlankt sich zu einem überdimensionalen Hahnenfuß. Seine linke Hand, mit der er die Geliebte zärtlich umfasst, ähnelt einer Kralle; auf der Rückseite ist ein Schwanz zu erkennen. Ihre Begegnung vollzieht sich in der freien Natur, umgeben von Baum, Hügel und Feldern; am Horizont ist fernab eine schematisierte Kirche dargestellt. So deutet schon der Raum an, dass die Beziehung außerhalb der legitimen Ordnung steht. Die Kopfbedeckung der weiblichen Figur macht eine weitere Grenzüberschreitung sichtbar: Seit dem hohen Mittelalter ist das Gebände Kennzeichen verheirateter Frauen.[32] Die Dame, die dem teuflischen Galan schöne Augen macht, begeht also gerade Ehebruch.

Der Holzschnitt nimmt eine Position vorweg, die im Dialog argumentativ ausgehandelt werden soll. So ist der skeptische Sigmund keineswegs davon überzeugt, dass der Teufel mit Frauen schlafen kann. Die Geständnisse von ›Hexen‹ hält er für wenig belastbar und orientiert sich lieber an gelehrten Autoritäten. Er zitiert den Wüstenvater Johannes Cassian (360–435), der sexuelle Beziehungen zwischen Dämonen und Frauen aus zwei Gründen für unglaubwürdig hielt:[33] Sein erstes Argument setzte bei der Reproduktion an, die er als notwendige Folge sexueller Aktivitäten betrachtete. Wenn Dämonen mit Frauen schlafen könnten, müssten aus diesen Beziehungen Kinder hervorgegangen sein, was nicht der Fall sei. Sein zweites Argument thematisiert den Zusammenhang von Sex und Begehren. Teufel empfänden mehr Wollust, wenn sie unter ihresgleichen blieben. Eine menschliche Partnerin könne das dämonische Verlangen schwerlich stillen.

Ebenso lehnte Johann Weyer in seiner Schrift *De lamiis* die Vorstellung von der Teufelsbuhlschaft ab. Wer meine, dass Menschen und böse Geister sexuell verkehren könnten, irre gewaltig. Seine Auffassung begründete Weyer mit naturphilosophischen Grundregeln. Wo es keine Ursache, keinen Anreiz und kein Begehren gebe, werde auch nichts ausgelöst. Dem Teufel fehlten sämtliche Voraussetzungen, die die menschliche Sexualität bestimmten. Er besitze kein Zeugungsorgan, in seinem Inneren fließe kein Blut, und er benötige keine Nahrung. Damit verfüge der Teufel auch nicht über die nötige sexuelle Energie und könne keinen Samen produzieren. Weyer geht von einem untrennbaren Zusammenhang von Begehren, Sex und Reproduktion aus, wobei er die potentielle Folge zur notwendigen Voraussetzung erklärt: ohne Reproduktion gebe es kein Begehren. Da Dämonen sich nicht fortpflanzen müssten, trieben sie auch keinen Geschlechtsverkehr. Ein Kinderwunsch komme nur auf, wenn man das eigene Geschlecht erhalten wolle.[34]

Weyer kann sich gar nicht genug über die Vorstellungen mancher Zeitgenossen wundern. Um die Absurdität einer Teufelsbuhlschaft offenzulegen, versetzt er sich in die Situation der Sexualpartner hinein. Nur angenommen, Dämonen verfügten über die nötige Potenz, dann wären ihre Partnerinnen doch alles andere als attraktiv. Für Weyer sind ›Hexen‹ nichts anderes als törichte Frauen. Statt aufgrund einer teuflischen Beziehung wertet er sie aufgrund ihres Alters ab. Dass der Teufel mit »alten Vetteln« Sex haben wollte, sei völlig unglaubhaft. Auch könnten diese kaum noch sexuelle Interessen haben, denn mit dem Alter gingen Kraft und Saft verloren. Weshalb Frauen der Sex mit dem Teufel überhaupt besser gefallen solle als der mit ihrem Ehemann, kann Weyer nicht nachvollziehen. Da das Glied des Teufels ganz kalt sein solle, dürfte ein solcher Geschlechtsakt wenig Vergnügen bereiten. Auch andere Autoren vergleichen den Sex mit dem Teufel wenig schmeichelhaft mit der Berührung durch einen kalten nassen Sack. Nach seinem hypothetischen Gedankenspiel kehrt Weyer zu seiner Ausgangsposition zurück: Die Teufelsbuhlschaft sei nichts anderes als »reine Phantasie und ein teuflisches Affenspiel«.[35]

Auch der Melanchthon-Schüler Hermann Witekind (1522–1603) hält die Teufelsbuhlschaft weitgehend für eine Erfindung.[36] Eine Frau und ein Dämon könnten nicht miteinander schlafen, weil ihre Natur und ihr Wesen ungleich seien. Zwar schließt Witekind Sex nicht völlig aus, doch benötige der Dämon dann eine materielle Grundlage. Er müsse sich den Körper eines Verstorbenen aneignen, damit er eine ›Hexe‹ penetrieren könne. Was für eine Art von Leidenschaft, moniert Witekind, solle das schon sein? Der Sex mit dem Dämon erweist sich in seiner Lesart als Akt latenter Nekrophilie, vor dem jeder vernünftige Mensch zurückschrecken müsse. Im Rekurs auf die Selbstaussagen von ›Hexen‹ betont Witekind, dass der Samen des Teufels kalt und der Sex mit ihm nicht mit dem ehelichen Akt zu vergleichen sei. Weil der Teufel einen Leichnam als Hülle benutze, dessen Zeugungskraft längst erloschen sei, könne der Beischlaf auch zu keiner Schwangerschaft führen. Wenn ›Hexen‹ behaupteten, ein Kind vom Teufel bekommen zu haben, warnt Witekind, dürfe man dies nicht glauben.

Teuflischer Samentransfer

Die frühneuzeitlichen Autoren stimmten darin überein, dass sich Dämonen nicht selbst fortpflanzen könnten, und begründeten dies neben naturphilosophischen auch mit theologischen Argumenten.[37] Selbst Heinrich Kramer betrachtete Fruchtbarkeit als ein von Gott verliehenes Privileg der Menschen und stützte sich dabei auf das biblische Schöpfungsgebot (Gen 1,28). Für den Herausgeber der umfangreichen dämonologischen Textsammlung *Theatrum de Veneficis* (Theater von Zauberern; 1586), Abraham Saur (1545–1593), ist Un*fruchtbarkeit eine Frage göttlichen Segens. Er zitiert das Buch Genesis, in dem Jakob die Reproduktionsforderung seiner Frau Rahel zurückweist (Gen 30,2). Demnach ist Gott allein dafür zuständig, Kinderwünsche zu erfüllen. Ein weiteres wichtiges Argument stammt aus der Christologie: Die singuläre Position Jesu Christi wäre in Gefahr, wenn auch andere Menschen ohne Zutun eines Mannes geboren werden könnten. Ulrich Molitor rückt das Dämonenkind in die Nähe des Christuskinds, um beide voneinander abzugrenzen: Christus allein sei vom Heiligen Geist empfangen und ohne männlichen Samen geboren worden, wohingegen der böse Geist keine Menschen zeugen könne.

Nach Kramers Überzeugung ist der Teufel jedoch in der Lage, seine Unfruchtbarkeit zu kompensieren. Er benötigt dafür nur einen menschlichen

Produzenten, dessen Samen er sammeln und transferieren kann.[38] In der Regel gewinne ein Dämon den Samen, indem er als Succubus mit einem Mann schlafe. Anschließend könne er die Gestalt eines Incubus annehmen und den aufbewahrten Samen an eine ›Hexe‹ weitergeben. Die Macht des Teufels geht nach Kramers Ansicht so weit, dass er sich unsichtbar zwischen ein Paar schieben, verschiedene Samenflüssigkeiten mischen oder das Sperma über mehrere Stationen transportieren kann. Erforderlich ist dies vor allem bei spezifischen Paarkonstellationen. ›Hexen‹ und Zauberern wird laut *Hexenhammer* immer ein bestimmter Dämon zugeteilt, der bei der Reproduktion gegebenenfalls mit anderen kooperiert. So kann ein Dämon den Samen, den er von seinem männlichen Partner empfangen hat, an einen anderen Dämon weitergeben. Erst dieser überträgt den Samen dann als Incubus in den Körper der Frau, bei der die Empfängnis stattfinden soll. Kramer erklärt das aufwändige Verfahren mit einem Moralempfinden der Dämonen. Diese Reproduktionsart sei so abscheulich, dass ein Einzelner davor zurückschrecken könne.

Kramer ist an sämtlichen sexualkundlichen Details interessiert. So beschäftigt ihn, ob ein Dämon beim Sex mit einer ›Hexe‹ immer einen Samenerguss hat und wie er ohne den Willen und das Wissen des Produzenten an Sperma gelangen kann. Nicht immer investieren Männer ihren Samen freiwillig in eine teuflische Beziehung, davon ist Kramer überzeugt. Vielmehr könne der Dämon auch unbemerkt im Schlaf ergossenes Sperma entwenden. Zwar setze er lieber den beim Geschlechtsakt produzierten Samen ein, da bei der Pollution nur überflüssige Körpersäfte ausgeschieden würden und die Samenqualität minderwertig sei. Doch wenn sich das nächtliche Sperma noch verwenden lasse, nutze der Dämon es gerne. Nach Kramers Ansicht achtet er dabei auch auf die Empfängnisbereitschaft seiner Partnerin. Sei eine ›Hexe‹ alt und unfruchtbar, vermeide der Dämon einen Samenerguss, um sein Potential nicht unnötig zu verschwenden. Handle es sich jedoch um eine reproduktionsfähige ›Hexe‹, zögere er nicht, ihr Sperma zu injizieren. Kramer stellt den Dämon als einen gewieften Fruchtbarkeitsexperten und kalkulierenden Sexualpartner dar. Beim Geschlechtsakt versucht er, trotz seiner Unfruchtbarkeit möglichst viele Nachkommen zu produzieren.

Andere Dämonologen halten eine Schwangerschaft durch eine dämonische Insemination für unmöglich. Ulrich Molitor setzt mit seiner Kritik bei der Qualität des Samens an und berücksichtigt sowohl logistische Probleme als auch die körperliche Konstitution. Selbst wenn der Dämon Sperma aufnehmen und in sich behalten könne, gebe er es doch nicht unverzüglich an eine Frau weiter. Durch eine solche Verzögerung büße der Samen seine spezifische Funktion ein und werde unbrauchbar. Im Rückgriff auf die antike Humoralpathologie argumentiert Molitor, dass Sexualorgane alleine nicht genügten, um Kinder zu bekommen. Zwar seien die Hoden »der Fürst der Zeugungskraft«.[39] Doch könnten sie ihre spezifische Funktion nur ausüben, wenn der Samen richtig temperiert sei. Molitor betrachtet den männlichen Körper in seiner Gesamtheit und stellt eine Verbindung zwischen den Geschlechtsorganen und dem Herzen als Sitz der inneren Lebenskraft her. Nur wenn sich die Zeugungskraft aus dem Herzen speise, sei das Ejakulat reproduktionsfähig. Da einem Dämon die nötige innere Energie und Wärme fehlten, könne er keine Kinder bekommen.

Paulus Frisius bemüht sich in seiner Schrift *Von deß Teuffels Nebelkappen* (gedruckt 1586), die gegensätzlichen Positionen zu harmonisieren. Er entwickelt das dämonologische Reproduktionsmodell weiter, indem er die Zeugungskraft ganz vom Geschlechtsakt löst. Der Teufel sei ein so geschickter Manipulator, dass er Menschen auch ohne erotischen Anlass erregen könne. Durch Imagination rufe er eine Erektion mit Samenerguss hervor und verwende das Sperma für eigene Zwecke.[40] Die Einwände, die Molitor und andere gegen die Theorie vom teuflischen Samentransfer erheben, versucht Frisius zu berücksichtigen und verschiebt dabei die Perspektive von der Technik auf das Produkt. Weil der gestohlene Samen kalt und schwach sei, nicht aus der Kraft des Herzens komme und durch den Transport beschädigt werde, könne man von ihm nichts Gutes und Kräftiges erwarten. Frisius schließt die Reproduktionsmöglichkeit des Teufels nicht aus, wertet aber das gezeugte Wesen massiv ab. Ein Kind, das durch teuflische Reproduktionstechnik entstehe, sei in jeder Hinsicht defizitär.

In den dämonologischen Spekulationen, wie ein Dämon trotz seiner Zeugungsunfähigkeit zu einem Kind gelangen kann, wird ein bekanntes reproduktionstechnisches Verfahren der Moderne antizipiert: Manche Kinderwünsche können durch die Samenspende eines Dritten erfüllt werden.[41] Ein genauer Vergleich des teuflischen Samentransfers mit einer heterologen Insemination in einem Kinderwunschzentrum lässt jedoch auffällige Unterschiede erkennen, die allesamt die metaphysische Überlegenheit des Dämons deutlich machen: So passt der Begriff der Spende auf das dämonische Reproduktionsverfahren kaum, weil es sich um keine freiwillige Gabe eines Mannes handelt. Vielmehr ist das Sperma beiläufiges Produkt eines sexuellen Akts, das der Teufel heimlich entwendet. Wie bei den Samenbanken heute ist der Samenproduzent ein unbekannter Dritter, den die empfängnisbereite Frau in der Regel nicht persönlich kennt. Doch wissen die Frauen im dämonologischen Modell nicht einmal von seiner Beteiligung. Vielmehr müssen sie annehmen, dass das Sperma von ihrem Sexualpartner stammt. Der Dämon hat strukturell die Position des Reproduktionsmediziners inne, assistiert aber nicht nur bei der Zeugung, sondern ist auch körperlich involviert. Zwar lassen sich Spermien durch sexuelle Stimulation gewinnen, doch bleibt der Samenimport in den weiblichen Körper an den Geschlechtsakt gebunden. Demnach fungiert der Dämon sowohl als Sexualpartner und Samenreservoir als auch als Reproduktionsmanager.

Vaterschaftsfrage

Das Modell der dämonischen Insemination wirft weitere Fragen auf. Wer ist der Vater eines Kindes, das beim Sex mit dem Dämon entsteht? Der Mann, der den Samen produziert hat, oder der Dämon, der den fremden Samen beim Sex injiziert? In der Geschichte der assistierten Empfängnis wurde das Problem der Vaterschaft intensiv diskutiert. Gemäß dem Bürgerlichen Gesetzbuch gilt heute derjenige als Vater eines Kindes, der zum Zeitpunkt der Geburt mit der Mutter verheiratet ist, der die Vaterschaft anerkannt hat oder bei dem sie gerichtlich festgestellt worden ist.[42] Während die moderne Reproduktionsmedizin ein großes Interesse daran hat, die Rolle des Samenspenders zu marginalisieren, hielten die frühneuzeitlichen Dämonologen den materiellen Ursprung für entscheidend. Kramer betont, dass der Dämon nur für die lokale Bewegung zuständig sei, die Zeugung aber aus der Kraft des Samenproduzenten erfolge.[43] Das Kind, das durch Samentransfer gezeugt wurde, ist demnach keinesfalls ein Sohn des Teufels. Vielmehr gilt jener Mann als Vater, der den Samen unwissentlich und unwillentlich weitergegeben hat. Ursache für die unterschiedlichen Auffassungen von Vaterschaft ist ein anderes Welt- und Familienbild. In der Vormoderne muss der Samenproduzent als Vater betrachtet werden, damit die Differenz zwischen Gott und Teufel gewahrt bleibt und der Dämon nicht über die göttliche Zeugungskraft verfügt. In der Moderne wird der Samenspender dagegen als Vater ausgegrenzt, damit das Familiengefüge von Eltern und Wunschkind nicht von einem störenden Dritten bedroht wird.[44]

Durch sein überlegenes Wissen ist der Teufel in der Lage, den Zeugungsstoff effektiv zu nutzen. Kramer entwirft ein dämonisches Fruchtbarkeitsmodell, das sich als Eugenik des Bösen charakterisieren lässt. Seiner Ansicht nach kennen sich Dämonen mit der Reproduktionstechnik nur allzu gut aus. Sie wissen erstens um die Konstitution des Mannes, von dem sie den Samen nehmen. Sie können zweitens die Frau auswählen, die für die Aufnahme jenes Samens am besten geeignet ist. Drittens wissen Dämonen, welche äußeren Bedingungen für eine Schwangerschaft am günstigsten sind; und viertens ist ihnen bekannt, was am besten zu einem Kind passt, das unter diesen Umständen gezeugt worden ist. Deshalb besitzen Kinder, die durch teuflische Insemination entstehen, nach Kramers Ansicht eine stärkere Kraft als andere Menschen. Der Teufel kann seine Unfruchtbarkeit also nicht nur kompensieren, sondern das mehrstufige Reproduktionsverfahren zur Optimierung nutzen. Er achtet darauf, dass seine Sprösslinge beste Anlagen zur Ausführung von Schadenszauber erhalten. Vor der Vermehrung einer solchen ›Brut‹ warnt Kramer im *Hexenhammer* eindringlich.

Dämonische Fruchtbarkeit: Teufels- und Hexenkinder

Dämonologen, die Teufelsbuhlschaft für eine Fiktion halten, geraten durch literarische Erzählungen und erzwungene Geständnisse in Erklärungsnot. Wo kommen vermeintliche Teufelskinder her? Wie können Frauen behaupten, vom Sex mit einem Dämon schwanger geworden zu sein? Was macht man mit Schreikindern oder anderen Säuglingen, die von der Norm abweichen? Kritiker der dämonischen Reproduktionshypothese haben nach Molitors Aussage genau drei Möglichkeiten, die Herkunft vermeintlicher Teufelskinder zu erklären: Entweder die Kinder sind geraubt, oder es handelt sich um reine Einbildung oder um eine Teufelserscheinung.[45] Die Metaphysik der Un*fruchtbarkeit verlangt von jungen Eltern gesteigerte Aufmerksamkeit, damit sie nicht etwa vom Teufel betrogen werden.

Scheinmutterschaft

Männer können sich leicht irren, wenn sie meinen, Vater eines Kindes zu sein. Frauen hingegen wissen genau, ob sie ein Kind geboren haben und Mutter geworden sind. Diese reproduktive Grundregel wurde in der frühneuzeitlichen Dämonologie in Frage gestellt. Junge Eltern sollten sensibilisiert werden, sich vor teuflischen Täuschungen, trügerischen Schwangerschaften und untergeschobenen Kindern zu hüten. Dabei unterstellten die gelehrten Autoren ein eklatantes Wissensgefälle zwischen dem manipulierenden Teufel und den betrogenen Frauen, das sie mit aufklärerischem Gestus enthüllten. Sogar Kramer mahnte, dass manche Frauen nicht wirklich vom Incubus heimgesucht würden, sondern dies nur glaubten. Einige schienen von Dämonen schwanger zu sein, und ihre Bäuche wüchsen gewaltig. Wenn aber die Zeit der Niederkunft komme, stießen sie bloß viele Winde aus.[46]

Mit einer Scheinmutterschaft erklären auch jene Dämonologen die Fruchtbarkeit des Teufels, die die Vorstellung vom Samentransport ablehnen. Selbst sie müssen sich damit auseinandersetzen, dass aus Beziehungen zwischen ›Hexen‹ und Dämonen Kinder hervorgegangen zu sein scheinen. Ulrich Molitor lässt die drei Teilnehmer seines Dialogs über mehrere Fälle potentieller Teufelskinder diskutieren, die nacheinander widerlegt werden. Das erste Beispiel lässt der skeptische Sigmund nicht gelten, weil es sich um eine fiktionale Erzählung handelt. Den Prosaroman der Melusine, die als Fee einen Grafen heiratet und diesem viele Söhne schenkt, hält er für nicht aussagekräftig.[47] Die zweite Geschichte stammt aus einer geschichtsträchtigeren Quelle, dem *Speculum historiale* (Geschichtsspiegel) des Vinzenz von Beauvais (gest. um 1264), und stellt die Diskutanten vor eine größere Herausforderung: Der Befürworter der Hexenverfolgung, Cunradus, wartet mit der Geburtsgeschichte des Zauberers Merlin auf: Als König Artus nach einem Ratgeber sucht, der ohne menschlichen Vater geboren ist, stößt er auf Merlin. Dessen übernatürliche Abstammung wird durch Wort und Tat beglaubigt. Merlin verfügt über ein herausragendes Wissen, er hilft dem König und prophezeit Zukünftiges. Überdies bestätigt seine Mutter, dass sie ihren Sohn von einem Dämon empfangen habe. Ihr mündliches Geständnis wird vor dem König schriftlich fixiert und anschließend weitergegeben.[48] Der Erzähler versucht, die prekäre Abstammung auf fünffache Weise narrativ zu bewältigen: Merlins wundersame Fähigkeiten, das mütterliche Geständnis, die königliche Autorität, die schriftliche Fixierung und die gesicherte Überlieferung sollen die Wahrheit des Erzählten beglaubigen.

Der Rechtsgelehrte Ulricus hält dagegen und rationalisiert das Geschehen. Bei Merlin handle es sich um einen normalen Menschen, der von einem Mann gezeugt und einer Frau geboren worden sei. Die Behauptung der Mutter, ihren Sohn von einem Incubus empfangen zu haben, sei auf weiblichen Irrtum und teuflischen Betrug zurückzuführen.[49] In Merlins Geburtsgeschichte wird der weibliche Körper zur Schaufläche einer dämonischen Fruchtbarkeitssimulation. Der Teufel kann die Gedanken und den Körper einer ihm ergebenen Frau manipulieren. Alle äußeren Anzeichen sprechen dafür, dass sie Nachwuchs erwartet, doch handelt es sich um eine Scheinschwangerschaft. Ihr Körperumfang wächst durch eingeblasene Luft. Der böse Geist inszeniert seine Vaterschaft aufwändig, indem er alle typischen Symptome einer Niederkunft hervorruft; nicht einmal von Wehen und Geburtsschmerzen bleibt die Frau verschont. Während sie glauben muss, Mutter eines Teufelskindes geworden zu sein, betrügt sie der Dämon ein letztes Mal. Ihr wird ein gestohlenes Kind, das auf natürliche Weise gezeugt wurde, untergeschoben. Merlin ist also kein Teufelssohn, sondern ein dämonisches Kuckuckskind.[50] Im Vergleich zur menschlichen Familie ist das Reproduktionswissen in einer dämonischen Familie umgekehrt verteilt: Der männliche Part ist zwar unfruchtbar, doch an reproduktiver Handlungsmacht stark überlegen. Die Frau weiß weder, von wem ihr Kind genealogisch stammt, noch, ob sie es selbst geboren hat.

Die verbleibenden beiden Exempelgeschichten in Molitors Traktat entkräftet Ulricus mit ähnlichen Argumenten.[51] Das plötzliche Verschwinden des Schwanenritters und der schweigenden Meerfrau samt Sohn wertet er als Indiz für eine Teufelserscheinung. Wäre das Kind ein Mensch gewesen, hätte es im Meer ertrinken müssen. Der Teufel habe dem vermeintlichen Vater also kein fremdes Kind untergeschoben, sondern selbst die Gestalt des Jungen angenommen. Damit macht Ulricus auf eine weitere wesentliche Eigenschaft des Menschseins aufmerksam, die Dämonen fehlt. Der Teufel kann sich zwar nicht fortpflanzen, doch muss er auch nicht sterben. Reproduktion und Bestandserhaltung, Unfruchtbarkeit und Unsterblichkeit sind aneinander gekoppelt.

Andere Dämonologen wissen auch von zeitgenössischen Fällen vorgetäuschter Mutterschaft zu berichten. Paulus Frisius erzählt von einer Konstanzer Begebenheit, gemäß der eine junge Frau namens Magdalena vom Teufel mit einer Scheinmutterschaft gequält worden sei.[52] Wie bei ihrer biblischen Namenspatronin handelt es sich um eine Bekehrungsgeschichte. Nachdem die Konstanzer Magdalena sich vom Bösen losgesagt hat und zu Christus zurückgekehrt ist, lässt der Teufel seiner Apostatin keine Ruhe. Tag und Nacht peinigt er sie und täuscht ihr vor, sie müsse ein Kind von ihm gebären. Wiederholt wird eine Hebamme gerufen, ohne dass diese helfen kann. Als es schließlich doch zur Niederkunft kommt, gebärt Magdalena kein lebendiges Kind. Vielmehr scheidet sie unzählige materielle Objekte aus: Nägel, Glas, Holz, Haar, Knochen, Stein und Eisen. Das Geburtsereignis wird zum Moment der Offenbarung: Der Teufel ist nicht in der Lage, ein Kind zu zeugen. Er operiert mit toter Materie, durch die er zwar allerlei Schaden anrichten, doch kein neues Leben schaffen kann.

Wechselkinder

Kinder, die vom Teufel in eine Beziehung hineingetragen werden, sind für Dämonologen ein gesondertes Thema. Ihre Perspektive verlagert sich dabei von ›Hexen‹, die der Teufelsbuhlschaft bezichtigt werden, zu ›unschuldigen‹ Frauen. Im *Hexenhammer* wird gewarnt, dass Dämonen schrecklicherweise Müttern ihre eigenen Kinder rauben und ihnen fremde unterschieben könnten.[53] Damit werden die sogenannten Wechselkinder zu einer potentiellen Gefahr für alle Eltern. Besonders schlimm haben Familien zu leiden, wenn der Teufel selbst den Platz des Kleinen einnimmt. Kramer beschreibt genau, an welchen Merkmalen Wechselkinder zu erkennen sind: Sie sind sehr schwer und zugleich mager. Sie können nie genug Milch bekommen, aber wachsen nicht. Die besondere Tücke besteht darin, dass die Eltern die Auswechslung nicht einmal bemerken, da ihnen ein teuflisches Trugbild Identität vorgaukelt. Dabei sind diese Kinder eine so große Herausforderung, dass Menschen verzweifeln können. Demzufolge werden nach der ersehnten und der verweigerten Elternschaft auch Aspekte bereuter Mutter- und Vaterschaft in der Dämonologie verhandelt.

Geschichten von Wechselkindern gehören zum kollektiven Erzählgut der Frühen Neuzeit. Auch Martin Luther äußert sich in seinen *Tischreden* (1539/40) zu diesem Phänomen. Im frühen Kindstod sieht er ein Zeichen für das Wirken des Teufels, führt die Entstehung von Wechselkindern (sächsisch: ›Kielkröpfe‹) darauf zurück und berichtet von eigenen Erfahrungen.[54] Vor acht Jahren habe er in Dessau ein Wechselkind im Alter von zwölf Jahren gesehen. Das Kind fiel äußerlich nicht auf, hatte aber so viel Hunger wie vier erwachsene Männer zusammen und eine überaus rege Verdauungstätigkeit. Mit seinen Reaktionen fordert das Kind sein Umfeld heraus: Berührt man es, schreit es. Erleidet jemand Schaden, lacht es. Geht es fröhlich zu, weint es. Luther rät, das Kind zu ertränken, doch wollen weder der Fürst von Anhalt noch der Kurfürst von Sachsen ihm folgen. Deshalb empfiehlt Luther eine weniger martialische Methode: Sie sollen in der Kirche täglich ein Vaterunser beten lassen, damit Gott das Teufelskind wegnimmt. Nach einem Jahr tritt die gewünschte Wirkung ein; das Kind stirbt.

Seinen Tischgenossen erklärt Luther rückblickend, dass dieser Tod unvermeidlich gewesen sei. Wechselkinder seien nur »ein Stück Fleisch« und besäßen keine Seele. Dass Nachkommen sich als Teufelsbrut erweisen, komme häufig vor: Oft würden den Wöchnerinnen die Kinder vertauscht und nehme der Teufel ihre Stelle ein. Mit Fressen, Scheißen und Schreien verhalte er sich ärger als zehn normale Kinder, so dass die Eltern keinerlei Ruhe hätten. Luther betrachtet Wechselkinder nicht als lebenswerte Geschöpfe, sondern als teuflische Plage. Stürben solche Kinder frühzeitig, könne dies für die Eltern nur eine Erlösung sein. Das ›Aussaugen‹ der Mutter ist nach Luther das sicherste Indiz, ein Wechselkind zu erkennen.

Was lösten solche Geschichten bei jungen Eltern und in ihrem familiären Umfeld aus? Wie wurden Kinder im Zeitalter der Hexenverfolgung wahrgenommen, die mehr Pflege als üblich beanspruchen? Die Dämonologen legten schon für das Verhalten von Kleinkindern Normen fest und brandmarkten Abweichungen als teuflisch. Das bevorzugte Mittel, mit unliebsamen Kindern umzugehen, ist in vielen Geschichten Gewalt. In der Anekdote von Dessau kommt der Tötungsappell von Luther, richtet sich an die weltliche Obrigkeit und wird von der christlichen Gemeinde umgesetzt. In anderen Erzählungen legen Eltern sogar selbst Hand an, um ein Wechselkind aus der Welt zu schaffen. Zwei Geschichten im *Theatrum de Veneficis*, die eine von Luther, die andere von Frisius, handeln davon, wie Eltern ihr ›anormales‹ Kind zunächst durch ein Ritual kurieren wollen.⁵⁵ Auch hier fallen die Kinder durch ihren übermäßigen Appetit unangenehm auf. Das eine ist unersättlich, obwohl es von seiner Mutter und fünf Ammen gestillt wird. Das andere schreit und isst unaufhörlich, ohne zuzunehmen. In Luthers *Historia* aus Halberstadt entschließt sich der Vater, mit dem Kind eine Wallfahrt zur Jungfrau Maria zu unternehmen. Bei Frisius macht sich die Mutter aus Hessloch auf den Weg, um ihr Kind aus Cyriax' Brunnen trinken zu lassen.

Beide Elternteile gelangen nicht ans Ziel, weil sie beim Überqueren einer Brücke plötzlich gestört werden. Im Schwellenraum zwischen Wasser und Luft ist das Leben des Kindes bedroht und das Böse besonders mächtig. In der Halberstädter Anekdote ruft der Teufel:»Kielkropf, Kielkropf«, woraufhin der Junge sofort antwortet. Als der Vater dies hört, gerät er so in Zorn, dass er den Kleinen mitsamt Körbchen ins Wasser wirft. Während er sich im Affekt selbst von seinem unheimlichen Kind trennt, wird die Hesslocher Mutter dazu gedrängt. Keuchend und schwitzend geht sie mit dem allzu schweren Säugling über eine Brücke, wo ihr ein fahrender Schüler begegnet. Dieser konfrontiert die Mutter mit der dämonischen Natur ihres Kindes und fordert sie auf, es in den Bach zu werfen. Entsetzt hält die Mutter dagegen und küsst ihr Kind liebevoll. Erst auf das Versprechen hin, dass sie ihr leibliches Kind daheim in seiner Wiege finden werde, folgt sie dem Appell. Weinend wirft die Mutter das Kind in den Bach, woraufhin ein großes Geheul unter der Brücke ertönt. Das Ende der Geschichte rechtfertigt die Gewalttat: Die Mutter findet ihr richtiges Kind gesund zuhause vor.

Horrorgeschichten von Wechselkindern sind so verbreitet, dass manche Frauen selbst an ihrer Mutterschaft zweifeln, wovon Frisius in einer zweiten *Histori* erzählt.⁵⁶ In der Nähe von Breslau muss eine junge Mutter kurz nach ihrer Niederkunft Feldarbeit verrichten und bettet ihr Neugeborenes auf einen Grashaufen. Als sie zum Stillen zurückkehrt, erscheint ihr der Säugling merkwürdig verändert. Weder das gierige Säugen noch das unmenschliche Heulen kommen ihr bekannt vor. In den folgenden Tagen bringt das Kind die junge Mutter an den Rand der Verzweiflung. Schließlich wendet sie sich an ihren Dienstherrn, der zu Gewalt rät. Sie solle das Wechselkind genau an den Platz legen, wo sie es gefunden habe, und heftig mit der Rute zuschlagen. Die brachiale Methode führt nach dämonologischer Logik zum Erfolg: Der Teufel erscheint und gibt der Frau ihr leibliches Kind zurück.

Auf der Textoberfläche zielen die Wechselkinder-Geschichten darauf ab, die gefährliche Macht des Teufels zu demonstrieren. Der Segen der Fruchtbarkeit erweist sich in den Fällen mit teuflischer Beteiligung als Fluch. Untergründig thematisieren die Geschichten, dass Elternschaft sehr belastend sein kann und das Verhalten von Kindern nicht immer den Erwartungen entspricht. Die Reue der Mutter bei Frisius ähnelt auf den ersten Blick dem modernen Phänomen ›Regretting Motherhood‹, das die israelische Soziologin Orna Donath erstmals grundlegend wissenschaftlich untersucht hat. Manche Mütter bereuen ihre Entscheidung für ein Kind und wünschen sich ihr altes Leben zurück.[57] Auch die junge Frau in der Breslauer Anekdote beklagt ihre Lebenssituation sehr. Doch während die interviewten Frauen heute bedauern, je Mutter geworden zu sein, wünscht sich die Breslauerin lediglich ein anderes Kind. Ursache für die mütterliche Überforderung sind nach Einschätzung des Autors eindeutig metaphysische Gründe. Unersättliche Kinder werden dämonisiert und als Teufelserscheinung dem Tod preisgegeben.

Doch sprechen die Dämonologen den Eltern auch eine Mitverantwortung zu und nehmen diese in die Pflicht.[58] Nach Kramers Ansicht gibt es zwei Gründe, warum Gott einen Kinderraub zulässt: Entweder lieben Eltern ihren Nachwuchs zu sehr und bekommen deshalb zu ihrem eigenen Besten Problemkinder vorgesetzt. Oder die Mütter werden dafür gestraft, dass sie sich mit dem Dämon eingelassen haben. In Kramers Deutung schlüpft Gott in die Rolle eines eifersüchtigen Ehemanns, der sich an seiner untreuen Frau mit dem Entzug des Kindes rächt. Dagegen macht Molitor die Auswechslung weniger am Handeln der Eltern als am religiösen Status der Kinder fest. Besonders ungetaufte Kinder seien gefährdet, Opfer einer teuflischen Tauschaktion zu werden. Frisius wiederum meint, dass vor allem solche Menschen betroffen seien, die gerne Sex haben, aber die Konsequenzen scheuen. Sobald eine Schwangerschaft eintrete, verfluchten sie das Ungeborene; sei das Kind erst auf der Welt und weine gelegentlich, wünschten sie es mitsamt Wiege und Windel zum Teufel. Problemkinder sind, so lässt sich resümieren, Produkt und Spiegel des Verhaltens ihrer Eltern.

Insgesamt hat die Vorstellung von Wechselkindern ambivalente Auswirkungen auf das frühneuzeitliche Familienkonzept. Dass der Teufel Kinder unterschieben, vertauschen und ersetzen kann, führt einerseits zu einer Relativierung biologischer Faktoren. Das Verhalten des Kindes scheint für die Zugehörigkeit zur Familie wichtiger als ›natürliche‹ Prozesse der Elternschaft, die vom Teufel gestört, manipuliert und simuliert werden können. Andererseits wächst das Bedürfnis nach genealogischer Gewissheit, leiblichen Nachwuchs aufzuziehen. Ein anderes Kind kann eine Gabe des Teufels sein und zahllose Probleme bescheren.

Familienstigma

Der frühneuzeitliche ›Hexen‹-Diskurs ist in erster Linie ein mediales Phänomen, das seine Überzeugungskraft aus Imaginationen und Erzählungen speist. Doch weil die Inquisitoren die literarischen Un*fruchtbarkeitsgeschichten auf ihre Lebenswelt übertrugen, führten metaphysische Spekulationen zum Massenmord. Vielfach wurde die familiäre Herkunft als erster Anhaltspunkt für die Schuld von Angeklagten gewertet. Kramer betrachtete »die Ketzerei der Hexen« geradezu als Familienstigma, das von der Mutter an ihre Kinder weitergegeben werde. Die Töchter von ›Hexen‹ seien sogar unter ihresgleichen verrufen, weil sie früh infiziert seien und die mütterlichen Verbrechen imitierten.[59] Deshalb verlangte der Verfasser des *Hexenhammers* von Richtern, dass sie die verwandtschaftlichen Beziehungen einer ›Hexe‹ genau prüften und auch die Todesursache ihrer Eltern erfragten.

Dass genealogische Verdachtsmomente in den frühneuzeitlichen Hexenprozessen tatsächlich eine Rolle spielten, belegen sowohl das schon erwähnte Verhörprotokoll aus Reichertshofen von 1629 als auch ein Gerichtsverfahren in Metz aus dem Jahr 1519. Dem dominikanischen Inquisitor Nikolaus Savini genügte es für seine Anklage völlig, dass bereits die Mutter einer Beschuldigten als ›Hexe‹ verurteilt worden war. Mit dem *Hexenhammer* argumentierte er, dass ›Hexen‹ ihren Nachwuchs direkt nach der Geburt dem Teufel weihen und die Kinder ohnedies meist dem Sexualakt mit einem Incubus entstammen. Der gelehrte Syndikus der Reichsstadt Metz, Heinrich Cornelius Agrippa von Nettesheim (1486–1535), ließ diese Beweisführung nicht gelten. Stattdessen beschimpfte er den Inquisitor als schändlich, blutgierig und grausam, dass er mit »solchen Phantastereien« und »Winkelzügen« unschuldige Frauen zur Folterbank zerre.[60] Die Vorstellung von der Hexerei als familiärer Erbkrankheit hielt Agrippa für absurd. Barbara Kurzhalsin, die den Penisraub an zwei Männern gestehen musste, hatte dagegen keinen so tüchtigen Advokaten. Auch sie geriet nicht nur wegen ihrer sieben verstorbenen Kinder ins Visier der Inquisition, sondern auch wegen der Verurteilung ihrer Mutter als ›Hexe‹. Schon als Kind soll diese sie laut Protokoll zur Zauberei angestiftet haben.

Wie im Recht zeigt sich im Wissensbereich der Dämonologie erneut und in verschärfter Weise, dass Fruchtbarkeit vor der Moderne kein absoluter, sondern ein status- und kontextabhängiger, ja sogar ein höchst ambivalenter Wert war. Die Fruchtbarkeit wie die Unfruchtbarkeit von Menschen galt als teuflisch, sobald eine ›Hexe‹ im Umfeld vermutet wurde. Diejenigen, die das Reproduktionsvermögen der einen schützen wollten, setzten sich zeitgleich für die Vernichtung der anderen ein. Viele Töchter vermeintlicher ›Hexen‹ endeten auf dem Scheiterhaufen, weil jeglicher teuflischer Nachwuchs eliminiert werden sollte.

Ausblick

Die große kulturelle Angst vor Potenzverlust, die ein zentraler Antrieb für die frühneuzeitliche Hexenverfolgung war, ist heute geschwunden. Der metaphysische Erklärungsansatz für Un*fruchtbarkeit hat in der westlichen Welt seine Bedeutung weitgehend eingebüßt. Statt zwischen Gott und Teufel, ›Hexen‹ und ›Behexten‹ wird ungewollte Kinderlosigkeit in der Regel zwischen Medizinern und Patientinnen verhandelt. Die kühnen dämonologischen Spekulationen, wie trotz Zeugungsunfähigkeit Kinder entstehen können, wurden von der Wirklichkeit eingeholt. Heterologe Inseminationen sind reproduktionsmedizinischer Standard, wobei sich die Befruchtung bei der Mehrzahl der Behandlungen nicht mehr innerhalb eines weiblichen Körpers, sondern in einer Petrischale vollzieht. Erhalten geblieben ist jedoch die Sorge um die ›Normalität‹ von Kindern. Bei jedem Schritt, den sich die assistierte Empfängnis weiter von der sexuellen Zeugung entfernt, wachen Expertinnen und Experten ängstlich darüber, ob die Kinder auch gesund sind und sich ›normal‹ entwickeln.

Darf man solche kulturellen Vorstellungen und Praktiken, die ganz unterschiedlichen Epochen und Kontexten angehören, andere Ursachen und Auswirkungen haben, überhaupt miteinander vergleichen? Ist es legitim, Kinderwunschbehandlungen in der Gegenwart mit dämonologischen Spekulationen der Frühen Neuzeit in Verbindung zu bringen? Solche kritischen Rückfragen muss sich eine vergleichende Un*fruchtbarkeitsforschung gefallen lassen. Sinnvoll und angemessen erscheint mir die historisierende Komparatistik immer dann, wenn sie Analogien zu erkennen hilft, ohne kulturelle Spezifika in Abrede zu stellen. Eine Kulturgeschichte der Kinderlosigkeit kann auch dazu beitragen, Facetten unseres Denkens offenzulegen, die kaum beachtet werden, aber untergründig präsent sind. Manche Deutungsmuster mögen sich ins kulturelle Gedächtnis eingeprägt haben, ohne dass uns dies überhaupt bewusst ist. Könnte es Langzeitfolgen haben, dass die Visionen vom Samentransfer und von der Reproduktion Zeugungsunfähiger zuerst in der Dämonologie entwickelt wurden? Wirkt die Angst vor teuflischen Sexualpraktiken bei den Gegnern moderner Reproduktionsmedizin vielleicht noch immer nach? Oder zeigt sich in ihnen vor allem eine Gegenreaktion auf die Verheißungen der Kinderwunschzentren? Lehnt die katholische Kirche die moderne Reproduktionsmedizin auch deshalb ab, weil Ärztinnen und Ärzte die strukturelle Position des christlichen Heilands übernommen haben?

In ihrem Bioethik-Dokument unterscheidet die Kongregation für Glaubenslehre jedenfalls zwischen legalen und illegalen Wegen zum Kind und beurteilt die meisten Reproduktionstechniken als »moralisch unannehmbar«.[61] Auch in anderen Glaubensgemeinschaften gibt es Menschen, die aus religiösen Gründen reproduktionsmedizinische Maßnahmen ausschließen, obwohl diese sich mit dem biblischen Schöpfungsgebot durchaus legitimieren ließen und auch der Gesetzgeber sie als sittlich unbedenklich eingestuft hat. Die Metaphysik der Un*fruchtbarkeit scheint mittlerweile zwar in die Bereiche der Moraltheologie und Medizinethik aufgegangen zu sein, wird aber bei allen Arten der Dämonisierung von Kinderlosigkeit wieder greifbar. Der Verweis von Franziskus auf den sterilitätswünschenden Teufel ist dafür nur ein aktuelles Beispiel, beim Narrativ der gefährlichen Dritten (Kap. 7) wird ein weiteres folgen.

5 Ethik: Lebensideale der Un*fruchtbarkeit

Abb. 6 *Bürde der Elternschaft – Holzschnitt des Petrarca-Meisters (1532)*

Soll ich ein Kind bekommen? Diese Frage stellt sich die kanadische Autorin Sheila Heti in ihrem autobiographischen Roman *Mutterschaft* (2018). Auf über dreihundert Seiten überlegt sie, welche Argumente für und welche Argumente gegen die Geburt eines Kindes sprechen. Ob sie überhaupt Mutter werden will, hält Heti für ihr größtes Geheimnis, das sie vor sich selbst verberge. Einerseits denkt sie an die Freude, die Kinder ihren Eltern bereiten, andererseits an die Freiheit, keine Kinder zu haben. Zwar vermitteln ihr viele Frauen den Eindruck, dass es wunderbar ist, Mutter zu sein. Doch zweifelt Heti, ob sie diese Aufgabe wirklich übernehmen oder ob sie sich als Autorin ins Schreiben versenken will.[1]

Auch im Mittelalter und der Frühen Neuzeit wird darüber diskutiert, ob und gegebenenfalls warum man Kinder bekommen soll. Die Gretchenfrage der Un*fruchtbarkeit wird dabei stets im Kontext der Ehethematik verhandelt. Die rechtliche Koppelung von Ehe und Vaterschaft führt dazu, dass sich vor allem Männer damit beschäftigen müssen, ob sie heiraten wollen oder nicht. Schon bei den vorherigen Wissensbereichen zeigte sich, dass Un*fruchtbarkeit kontrovers bewertet wurde. Reproduktionsnorm und Keuschheitsideal kollidieren, die Kinder von verheirateten, hochgestellten und frommen Frauen sind willkommen, der Nachwuchs von ledigen, niedrig gestellten und der Hexerei verdächtigten Frauen dagegen nicht. Wie gehen Menschen im gebärfähigen Alter mit den gegensätzlichen Wertvorstellungen um und auf welche Weise gelangen sie zu einer eigenen Position? Die ehedidaktischen Ratgeber wollen hier Entscheidungshilfe leisten.[2] Sie knüpfen an theologische Lehren und juristische Regularien an und übersetzen diese in konkrete Handlungspraxis, ohne Elternschaft als selbstverständlich vorauszusetzen. Die Reflexion über das richtige Handeln macht Un*fruchtbarkeit zu einem Thema der Ethik. Kirchenväter, Philosophen, Humanisten und Prediger versuchen, andere von dem Lebensideal zu überzeugen, das ihnen selbst am besten erscheint. Vor- und Nachteile von Ehe und Elternschaft werden gegeneinander abgewogen. Während die einen vor negativen Konsequenzen warnen, stellen die anderen die positiven Aspekte einer Heirat heraus.

In der Kulturgeschichte der Kinderlosigkeit zeichnet sich in der Frühen Neuzeit eine Verschiebung ab, wie die dämonologischen Auseinandersetzungen dokumentieren und worauf ich auch in den theologischen und punktuell in den juristischen Diskursen hingewiesen habe. Zwar lassen sich in allen Epochen auch reproduktionskritische Aussagen finden, doch bestimmen die Reproduktionsbefürworter seit der Reformationszeit den Leitdiskurs. Die Auffassung Martin Luthers, dass alle Menschen heiraten sollten, führt zu einer Idealisierung des Mutter- und Vaterseins. Sein Lob der Ehe geht mit einem

Preis der Elternschaft einher. Dass Menschen freiwillig auf Kinder verzichten könnten, ist kaum noch vorstellbar. Protestantische Autoren formulieren einen Imperativ der Fruchtbarkeit, der mit Prozessen der Privilegierung und Marginalisierung verbunden ist. Kinderlosigkeit gilt als schweres Unglück, daran lässt folgender Spruch keinen Zweifel: »Unfruchtbar und ohn' Erben sein, Ist gleich als leucht' kein Sonnenschein«.[3] Für Frauen, die das fertile Lebensideal nicht realisieren können, wird eine spezifische Form der Katechese entwickelt, bei der sich Seelsorge und Stigmatisierung wechselseitig bedingen. Im Bemühen, Trost zu spenden, wird Frauen die Rolle einer unglücklichen Unfruchtbaren zugewiesen.

Eheklagen: Das Glück der Kinderlosen

Kinderfrei statt kinderlos. Diesen programmatischen Titel wählt Verena Brunschweiger in ihrem 2019 erschienenen Beitrag zur aktuellen Un*fruchtbarkeitsdebatte, um auf die Vorteile eines Lebens ohne Kinder aufmerksam zu machen.[4] Während der Begriff ›kinderlos‹ in ihren Ohren per se nach einem Defizit klingt, soll der Begriff ›kinderfrei‹ die Vielzahl an Gestaltungsmöglichkeiten betonen, die Menschen ohne Kinder haben. Brunschweiger ist für ihr Buch, das sie als feministisches Manifest verstanden wissen will, scharf kritisiert worden. Besonders brisant erschienen ihre Aussagen, weil die Autorin hauptberuflich als Gymnasiallehrerin tätig ist. Dass eine Lehrerin öffentlich dazu aufruft, keine Kinder mehr zu gebären, und Frauen körperliche, soziale und ökologische Nachteile der Mutterschaft vor Augen hält, schien vielen nicht mit ihrem Beruf vereinbar. Brunschweiger musste sich vor diversen Stellen verantworten und wurde gar ins Bayerische Staatsministerium für Unterricht und Kultus zitiert. Die Direktorin ihrer Schule und der Präsident des Lehrverbands fühlten sich bemüßigt, sich öffentlich von ihrer Kollegin zu distanzieren.

Dabei ist die Auffassung von Kinderlosigkeit als Bereicherung und Befreiung keineswegs so neu und revolutionär, wie es konservative Kreise glauben machen. Die Überzeugung vom Glück der Kinderlosen reicht bis in die Antike zurück, wurde in der Vergangenheit aber vornehmlich von männlichen Autoren proklamiert. Möglicherweise genügte schon die Autorschaft einer Frau, dass einige Rezipientinnen und Rezipienten Brunschweigers Thesen kaum erträglich fanden. Bei den Plädoyers für ein Leben ohne Kinder lassen sich epochenübergreifend zwei Strategien unterscheiden: Zum einen warnen die Reproduktionskritiker vor den Anstrengungen, Sorgen und Belastungen, die eine Familie mit sich bringt. Zum anderen stellen sie die Vorteile heraus, den Alltag selbstbestimmt zu gestalten und sich eigenen Interessen, sei es dem Gebet, der Wissenschaft, der Philosophie, der Literatur oder einer anderen Lebensaufgabe, widmen zu können. Zu den einflussreichsten Reproduktionskritikern der Kulturgeschichte gehören die Autoren des frühen Christentums, die ich auch im Kapitel zur Theologie hätte behandeln können. Doch vertraten sie ähnliche Positionen wie die antiken Philosophen, so dass ihre Argumente gemeinsam die ethischen Diskussionen über Un*fruchtbarkeit in Mittelalter und Früher Neuzeit prägten. Die Kirchenväter lehnten die Ehe zwar nicht grundsätzlich ab, hielten aber, anknüpfend an die paulinischen Briefe, Enthaltsamkeit für die bessere Option. Kinderlosigkeit war ihrer Ansicht nach kein soziales Defizit, sondern ein religiöses Ideal.

Der Kreislauf reproduktiver Sorgen

Besonders engagiert setzte sich der redegewandte griechische Prediger Johannes Chrysostomos (349/350–407 n. Chr.) mit den Nachteilen einer Heirat auseinander.[5] In der Schrift *De virginitate* (Über die Jungfräulichkeit; 382) entwirft er eine Ehe-Chronologie der Sorgen, die mit der Partnerwahl beginnt. Junge Frauen versetze die Brautwerbung in Angst, denn sie wüssten weder, ob sich überhaupt jemand für sie interessiere, noch, was für einen Gemahl sie bekämen. Auch Männern mache die voreheliche Ungewissheit zu schaffen. Sie kennen ihre Braut zu wenig, um sie einschätzen zu können. Sei eine Frau nicht hübsch, könne ihr Anblick schon am Hochzeitstag abschreckend sein. Manche Aspekte, die zunächst für eine Heirat sprechen, erweisen sich bei näherem Hinsehen als problematisch. Ausdrücklich warnt Chrysostomos vor einer Heirat, die auf ungleichen materiellen Voraussetzungen basiert. Die Ehe mit einer reichen Frau sei für einen Mann viel beschwerlicher als die mit einer armen. Der Kirchenvater sieht die Genderhierarchie bedroht, wenn sich eine Frau aufgrund ihrer finanziellen Potenz zum Haupt des Mannes aufspielen kann. Auch bei einer umgekehrten Rollenverteilung erscheint ihm eine solche Ehe unerträglich. Die Frau eines reichen Mannes müsse fürchten, nur als Dienerin angesehen zu werden. Selbst die verbleibende Möglichkeit wertet Chrysostomos ab; eine Eheschließung zwischen ebenbürtigen Partnern widerspreche dem Gesetz der Unterwerfung.

Zu den ästhetischen und finanziellen treten reproduktive Sorgen, die der antike Prediger erneut erst aus männlicher Perspektive formuliert. Sind die Fragen der Mitgift geklärt, muss sich ein Ehemann um Nachwuchs Gedanken machen. Dabei kommt es auf das richtige Maß an: Nicht nur die Furcht vor

Unfruchtbarkeit, auch die Angst vor übermäßiger Fruchtbarkeit kann quälend sein. Auf eine konkrete Angabe, welche Kinderzahl angemessen ist, legt sich Chrysostomos nicht fest. Ihm geht es um Un*fruchtbarkeitssorgen, nicht um eine Reproduktionsnorm. Ist der Mann von seiner ersten Angst befreit, eine unfruchtbare Frau geheiratet zu haben, wird die Freude des werdenden Vaters von neuen Sorgen überschattet. Verlaufen Schwangerschaft und Niederkunft ohne Komplikationen? Die hohe Sterblichkeitsrate von Müttern und Kindern vor der Moderne gibt Anlass zu schlimmsten Befürchtungen.

Mit dem Geburtsakt verlagert Chrysostomos den Fokus vom Mann auf die Frau und sieht im Gebären einen abschreckenden Heiratsfaktor: Allein aufgrund der Wehen sollte eine Ehe für Frauen wenig erstrebenswert sein. Die Reihe der Sorgen setzt sich fort: Wie unglücklich fühle sich eine Frau, wenn sie nach der Folter der Geburt nicht das erwünschte Kind in den Armen halte. Die mütterliche Freude werde empfindlich getrübt, wenn das Kind einen körperlichen Defekt aufweise oder – wenn es sich um ein Mädchen handle. Chrysostomos zeigt sich einfühlsam, indem er einen neuralgischen Punkt hervorhebt: Fortpflanzung ist kein Selbstzweck, vielmehr bemisst sich die weibliche Reproduktionsleistung an der körperlichen Unversehrtheit und am Geschlecht des Kindes. Die Furcht, männlichen Ansprüchen nicht zu genügen, kann Frauen ebenso quälen wie die körperlichen Schmerzen der Geburt.

Ist auch diese Hürde glücklich überwunden und ein gesunder Knabe auf der Welt, erwachsen den Eltern neue Sorgen: Kinder müssen versorgt und erzogen werden, damit sie Freude machen. Chrysostomos entwickelt aus dem Bild eines familiären Stammbaumes ein Reproduktionsmodell der Sorge. Je weiter sich die Wurzeln ausdehnen und je mehr Äste der Stamm bildet, umso größer ist der Zuwachs an Ängsten und Nöten. Eine Ehefrau fürchte nicht nur den eigenen Tod und den von Mann, Kindern und Enkeln, sondern alle möglichen Gefahren, die ihren Lieben widerfahren könnten: Vermögensverlust, Armut, Krankheit und andere Widrigkeiten. Als Ehefrau und Mutter leidet sie mit ihren Angehörigen. Selbst wenn eine Familie von Schicksalsschlägen verschont bleibt, stellt sich die Situation einer Ehefrau nicht viel angenehmer dar: Die Angst vor einem möglichen Verlust unterscheidet sich nach Chrysostomos' Ansicht kaum von der Trauer um einen geliebten Menschen, ja eigentlich erscheint sie ihm sogar größer. Denn während die Trauer um einen Verstorbenen mit der Zeit geringer werde, bleibe die Sorge um die Lebenden erhalten. Daher beschere die Heirat einer Frau stets Leiden, sei es wegen eines erfahrenen oder eines befürchteten Unglücks. Menschen seien kaum fähig, ihr eigenes Schicksal zu ertragen. Wie könnten sie dann noch Kraft besitzen, die Leiden anderer zu betrauern? Enthaltsamkeit aber, davon ist der Kirchenvater überzeugt, ist die sicherste Methode, den Kreislauf reproduktiver Sorgen zu durchbrechen.

Mit diesen Warnungen schrieb Chrysostomos in der Spätantike gegen die Vorstellung an, das Glück von Menschen könnte in Ehe und Elternschaft bestehen. Mindestens ebenso deutlich positionierte sich der amerikanische Literaturkritiker Lee Edelman gegen das heutige Reproduktionsideal.[6] In seinem Buch No future (2004) kritisiert er, dass die Erfüllung des Begehrens in heteronormativen Gesellschaften kontinuierlich aufgeschoben werde. ›Child‹ gelte als Chiffre eines Heilsversprechens, das stets auf eine unbestimmte Zukunft bezogen bleibe und nie eingelöst werde. Edelman fordert alle, die sich als ›queer‹ bezeichnen, auf, sich ausgerechnet jene Position zu eigen zu machen, die bislang negativ auf Homosexuelle projiziert wurde. Sie sollten sich dem ›reproduktiven Futurismus‹ verweigern, statt Kinder ideologisch zu überhöhen. Diese Thesen können auf Angehörige der Mehrheitsgesellschaft und auf kinderwünschende LSBTIQs (Lesben, Schwule, Bisexuelle, Trans*, Inter*, Queers) irritierend wirken. Doch ist Edelmans Appell vor dem Hintergrund der neuen reproduktionsmedizinischen Möglichkeiten und ihrer Folgen zu lesen. Mittlerweile wird selbst auf Menschen in gleichgeschlechtlichen Beziehungen, insbesondere auf Frauen, ein subtiler Druck aufgebaut, Nachwuchs zu bekommen. Eine solche Anpassung an die fertile Werteordnung weist Edelman scharf zurück. Die Gemeinsamkeiten, aber auch die Unterschiede zwischen dem Queer-Forscher und dem Kirchenvater liegen auf der Hand: Beide verlangen, sich der reproduktiven Norm zu verweigern, doch verspricht der eine dafür einen innerweltlichen, radikal gegenwärtig gedachten Lustgewinn, der andere auf die religiöse Zukunft bezogenes, ewiges Heil.

Freiheit durch Kinderlosigkeit

Wer keine Kinder bekommt, dem bleibt mehr Zeit für Wesentliches. So lässt sich das zweite zentrale Argument von Reproduktionskritikern zusammenfassen, das pagane und christliche Autoren schon in der Antike geltend machten.[7] Der Aristoteles-Schüler Theophrast (um 371 bis um 287 v. Chr.) warnte, dass sich Wissenschaft und Familie kaum vereinbaren lassen. Aufgrund einer misogynen Grundeinstellung erschien Theophrast das Eheleben wenig erstrebenswert. Die übersteigerten Ansprüche, das banale Geschwätz und die törichten Eifersüchteleien einer Frau erschwerten jedem Mann das Leben, ohne dass er sich je auf sie verlassen könne. Für alle typischen Aufgaben einer Ehefrau weiß Theophrast geeignetere Helfer zu nennen: Ein zuverlässiger Sklave eigne sich besser als Hausverwalter, und Freunde leisteten bei Krankheit treueren Beistand. Der Vorsokratiker Demokrit (459/460 – um 370 v. Chr.) argumentierte, dass eine Familie viele Unannehmlichkeiten beschere und von Notwendigerem ablenke. Den Stoiker Epiktet (um 50–138 n. Chr.) irritierte die Vorstellung, dass sich ein Philosoph um seine schwangere Frau kümmert und Badewasser für das Kind erwärmt, statt seiner Berufung nachzugehen. Seit der Antike wird also erwartet, dass Menschen aus ihrer inneren Überzeugung ethische Konsequenzen ziehen und sich zwischen Kind und Karriere entscheiden. Allerdings wurde im weltlichen Bereich nur Männern das Recht zugestanden, ein Leben für die Philosophie der Elternschaft vorzuziehen.

Die christliche Religion ließ dagegen auch Frauen eine Wahl, wie sie leben wollen: als Ehefrau oder als Jungfrau. Der Kirchenvater Hieronymus (347–420) stellte beide Möglichkeiten einander gegenüber, um für sein Lebensideal zu werben.[8] Während eine Jungfrau danach strebe, ein frommes Leben zu führen, achte eine Ehefrau darauf, ihrem Mann zu gefallen. Die eine faste und bete unaufhörlich, die andere schminke sich vor einem Spiegel, eile ihrem Gatten lächelnd entgegen und schmeichle ihm mit zärtlichen Worten. Hieronymus schildert das Leben der Ehefrau als geschäftig, laut und turbulent, umgeben von brabbelnden Kleinkindern, lärmendem Gesinde, tuschelnden Weberinnen und fleischhackenden Köchen. Zahlreiche Aufgaben müssten erledigt, Kinder versorgt, Haushaltsausgaben verrechnet, Empfänge vorbereitet werden. Wo soll bei all diesen Beschäftigungen noch Raum für Gott sein, fragt der Kirchenvater rhetorisch. An Orten, an denen gefeiert, musiziert und Mode zur Schau gestellt werde, könne kaum Gottesfurcht wohnen. Daher müsse eine fromme Ehefrau notwendigerweise unglücklich werden. Entweder finde sie selbst an einem solchen Leben Gefallen und richte sich religiös zugrunde oder sie streite fortwährend mit ihrem Mann und provoziere eine Trennung. Selbst im seltenen Fall, dass in einem Haus keine Feste gefeiert und keine Repräsentationspflichten erfüllt werden müssten, sei das Familienleben nicht für Spiritualität geeignet. Welche Frau bringen die Führung des Haushalts, die Erziehung der Kinder, die Wünsche des Mannes, die Aufsicht über die Dienstleute nicht vom Gedanken an Gott ab, gibt Hieronymus zu bedenken.

Die Plädoyers der Kirchenväter für ein ehe- und kinderloses Leben haben einen ernsten eschatologischen Hintergrund, der bei den Diskussionen um die Verteilung des Erbes – Kinder oder Kirche? (Kap. 3, S. 101–103) – schon angeklungen ist. Nachdem Johannes Chrysostomos die Schrecken der Ehe ausgemalt hat, nimmt er ein Gedankenexperiment vor. Er beschreibt eine ideale Ehe, die nur Vorzüge einschließt: eine große Nachkommenschaft, tugendhafte Kinder, Reichtum, eine bescheidende, hübsche und kluge Frau, familiäre Eintracht und ein hohes Alter. Selbst dieses hypothetische Ideal ist auf lange Sicht kein Glücksfall, vielmehr warnt Chrysostomos davor, falsche Schwerpunkte zu setzen. Eine perfekte Familie mag Eheleuten zwar irdische Freude bescheren, doch wird sie von Gott nicht als Verdienst angerechnet. Weil der Kirchenvater den Fokus auf das Jenseits ausrichtet, erscheint ihm das Eheleben vergänglich und nichtig. Statt sich weltlichen Angelegenheiten zu widmen, ist es besser, keusch zu bleiben und so das Himmelreich auf Erden vorwegzunehmen.⁹ Das zentrale Anliegen aller Christen sollte sein, sich möglichst gut auf den eigenen Tod und das Jüngste Gericht vorzubereiten.

Mit meiner Methode einer historisierenden Komparatistik lässt sich von dieser spezifisch christlichen Motivation für Kinderlosigkeit erneut ein Bogen zur Gegenwart schlagen, um Parallelen und Differenzen deutlich zu machen. Die Angst vor dem baldigen Aus scheint in der aktuellen Un*fruchtbarkeitsdiskussion überraschenderweise in verwandelter Gestalt wieder aufzutauchen. Überzeugte Nicht-Eltern warnen davor, angesichts von Überbevölkerung und Ressourcenknappheit noch Kinder in die Welt zu setzen. Alle Menschen, die um die fragilen Ökosysteme besorgt seien, sollten auf Reproduktion verzichten, argumentiert Verena Brunschweiger. Nachdruck verleiht sie ihrer Forderung mit der antinatalistischen Parole: »Save the earth, don't give birth.«¹⁰ Sowohl die ökologisch motivierte Kinderlosigkeit der Gegenwart als auch die religiös motivierte Kinderlosigkeit der Vergangenheit sind von einer Endzeitstimmung getragen, bei der ein Verzicht auf Reproduktion Erlösung bringen soll. Doch während die heutige Childfree-Bewegung auf eine allgemeine Verhaltensänderung und eine Rettung dieser Welt abzielt, gründete die reproduktionskritische Einstellung der christlichen Theologen in dem Glauben, dass sich jeder Mensch nach seinem Tod für seine Taten verantworten muss.

Abaelard am Scheideweg

Warnungen vor dem Ehe- und Familienleben tauchen in der Diskursgeschichte der Un*fruchtbarkeit immer wieder auf. Ein besonders interessantes mittelalterliches Textbeispiel ist die *Historia calamitatum* (Geschichte der Niederlagen; 1133) des Petrus Abaelard (1079–1142). In einem Trostbrief an einen namenlosen Freund legt der berühmte Philosoph eine Lebensbeichte ab, in der er von der leidenschaftlichen Beziehung zu seiner siebzehnjährigen Schülerin Heloisa (um 1100–1164) und ihrem gemeinsamen Ringen um eine angemessene Lebensform berichtet.¹¹ Anders als in den reproduktionskritischen Äußerungen der antiken Philosophen und Kirchenväter geht es in Abaelards autobiographischer Schrift nicht darum, andere zu beeinflussen, sondern selbst zu einer ethisch begründeten Einstellung zu gelangen. Abaelard entschied sich für eine Heirat, als das Liebesverhältnis durch Heloisas Schwangerschaft ans Licht zu gelangen drohte. Die hochgebildete junge Frau wehrte sich jedoch aus zwei Gründen hartnäckig gegen eine Eheschließung, wie Abaelard zehn Jahre später brieflich schildert: Sie fürchtete zum einen den Ansehensverlust ihres Geliebten und zum anderen die Rache ihrer Familie.

In der *Historia calamitatum* stellt sich Heloisa vor, wie sie für Abaelards Heiratswunsch verantwortlich gemacht wird und sich verteidigen muss. Ihre Sorge basiert auf einem Antagonismus zwischen einem öffentlichen Leben für die Gelehrsamkeit und einem privaten Leben für die Familie. Heloisa rechnet damit, vielfach verwünscht zu werden, wenn sie einen so bedeutenden Mann der Welt entziehen würde. Mit der Ehe verbindet die junge Philosophin einen Ausschließlichkeitsanspruch, der zur Einschränkung der Sozialkontakte führt. Daher fordert sie Abaelard auf, sich nicht nur einer einzigen Frau zu verschreiben, wo er doch für viele geschaffen sei. All ihre Argumente zielen auf das Wohl des Geliebten. Um ihn zu schützen, stellt Heloisa den Familienstand möglichst abschreckend dar und beruft sich dabei auf die gelehrte Tradition. Zuerst erinnert sie an das Keuschheitsideal von Paulus, dann stützt sie sich auf weitere christliche und heidnische Autoritäten, unter ihnen Hieronymus und Theophrast. Einhellig sprachen sich die antiken Autoren dafür aus, dass ein Weiser nicht heiraten und sich lieber der Philosophie oder dem Gotteslob widmen solle. Das abschreckende Beispiel der Xanthippe, der Frau des Sokrates, zeige, was ein verheirateter Philosoph zu erdulden habe, argumentiert Heloisa.

Anschaulich malt die Philosophin aus, wie wenig das Leben eines Gelehrten zu dem eines Familienvaters passt. Schüler und Kammerzofen, Schreibtisch und Kinderwagen, Bücher und Spinnrad, Griffel und Spindel gehörten nicht zusammen. Die Requisiten sind genderspezifisch klar aufgeteilt: Abaelard werden alle Attribute der Gelehrsamkeit, Heloisa die des Haushalts und der Mutterschaft zugeordnet. Eine Familie, insbesondere die Anwesenheit von Kindern störe die Beschäftigung mit der Philosophie erheblich, betont Heloisa. Wenn die Kleinen schreien, die Amme singt und Dienstleute umhergehen, könne man sich schlecht auf Denkarbeit konzentrieren. Abaelard steht ihres Erachtens an einem Scheideweg. Wenn er die Ehe wählt, bleibt ihm kaum noch Zeit für die Philosophie. Mit diversen biblischen Beispielen mahnt Heloisa den Geliebten, seiner Berufung treu zu bleiben. Die Nasiräer, die Söhne der Propheten, die Jünger von Elijas und Elischa, die Pharisäer, Sadduzäer und Essener führten ein ehe- und familienloses Leben. Heloisa schlägt einen Bogen von den christlichen Mönchen und Kirchenvätern zu den antiken Philosophen, die sich ganz der Weisheit hingaben. Mit diesen Vorbildern setzt sie Abaelard unter Druck: Wenn heidnische Philosophen enthaltsam lebten, um wie viel mehr sei er als christlicher Philosoph und Kanoniker dazu verpflichtet.

Über die Argumentation der jungen Frau mag man sich wundern. Obwohl Heloisa von Abaelard ein Kind erwartet und sowohl dessen als auch ihre eigene Stellung rechtlich absichern könnte, versucht sie alles, ihren Geliebten von seinem Heiratswunsch abzubringen. Heloisas ehekritische Einstellung ähnelt in vielerlei Hinsicht dem Lebensideal der Kirchenväter, weist jedoch einen gravierenden Unterschied auf: Ihre Invektive richtet sich zwar gegen die Institution der Ehe, nicht aber gegen Sexualität. Am Ende erklärt Heloisa, lieber Abaelards Geliebte als seine Gattin sein zu wollen. Die Ehe bezeichnet sie als Fessel und Zwang, während sie die gegenseitige Liebe für entscheidend hält. Ohne Heirat wäre Abaelard nicht verpflichtet, sich um Frau und Kind zu kümmern. Seine Freiheit wertet Heloisa höher als ihre Sicherheit.

Mit ihren Sorgen behielt Heloisa recht, wie der weitere Fortgang von Abaelards Lebens- und Liebesgeschichte zeigt. Zwar setzte dieser sich durch, konnte sich aber an seiner Ehe nicht erfreuen. Ursache dafür waren weder Kindergeschrei noch Hausarbeit, sondern die grausame Rache von Heloisas Onkel, von der im Kontext der Kastrationsklagen bereits die Rede war (Kap. 3, S. 113 f.). Nach ihrem doppelten Klostereintritt diskutierten Abaelard und Heloisa in ihren Briefen erneut kontrovers über die beste Lebensform, nun aber mit vertauschten rhetorischen Positionen: er tritt als Kritiker und sie als Befürworterin eines gemeinsamen Lebens auf. Während Heloisa einst freiwillig auf Mann und Familie verzichten wollte, hadert sie nach der erzwungenen Trennung mit ihrer Situation und verzehrt sich nach dem Geliebten. Dieser wiederum versucht, Heloisa von der Heiligkeit ihres neuen Standes zu überzeugen, und betont den großen Schaden, der durch eine Familiengründung entstanden wäre. Im Kloster könne Heloisa die ihr verliehenen Gaben, Gelehrsamkeit und Weisheit, weit besser nutzen.[12] Die Keuschheit bietet nach Abaelards Ansicht eine Möglichkeit, die Geschlechterhierarchie zu verkehren. Statt wie alle anderen Frauen zu sein, stehe Heloisa jetzt hoch über den Männern. Als Nonne setze sie ihre Hände nur ein, um die heiligen Bücher umzublättern, die sonst durch niedrige weltliche Tätigkeiten entweiht worden wären. Eindringlich mahnt Abaelard Heloisa, ihrer sexuellen Beziehung nicht länger nachzutrauern und Christus als ihren wahren Bräutigam anzuerkennen.

In der mediävistischen Forschung wurde kritisch diskutiert, inwiefern Abaelards und Heloisas Briefwechsel überhaupt die ›wirkliche‹ Einstellung der historischen Personen widerspiegelt.[13] War Heloisa in ihrer Jugend tatsächlich davon überzeugt, dass es besser wäre, nicht zu heiraten und keine (weiteren) Kinder zu bekommen? Oder legte ihr Abaelard diese Argumente in seinem Trostbrief in den Mund, sei es um sich selbst abzuwerten oder seine Schülerin als diskurskundige Philosophin darzustellen? Welche redaktionellen Eingriffe haben die Nonnen in Heloisas Konvent vorgenommen, wo das Briefwerk zusammengestellt, abgeschrieben und überliefert wurde? Diese Fragen nach der Authentizität historischer Aussagen lassen sich nicht beantworten, sind für mein Erkenntnisinteresse aber auch irrelevant. Bei einer Diskursanalyse der Un*fruchtbarkeit geht es darum, übergreifende Deutungsmuster zu dekonstruieren und nicht individuelle Bekenntnisse zu verifizieren. Wie aus meiner anfänglichen Darstellung antiker Ehekritik ersichtlich werden sollte, sind Abaelards und Heloisas Aussagen zur Ehelosigkeit keine originären, selbst entwickelten Erkenntnisse, sondern stehen in einer langen rhetorischen Tradition. Von den antiken Philosophen und Kirchenvätern lassen sich Linien über das Mittelalter und die Frühe Neuzeit bis in die Gegenwart ziehen. Bis heute werden Kinder von überzeugten Nicht-Eltern als eine große Belastung beschrieben und die negativen Auswirkungen einer Familie auf die Berufstätigkeit oder andere soziale, wissenschaftliche und religiöse Aktivitäten thematisiert. Das Leben mit Kindern und das Leben ohne Kinder werden vielfach als binäre Optionen verstanden und einander dichotomisch gegenübergestellt. Nicht nur die Reproduktionsbefürworter, auch die Reproduktionskritiker haben also daran Anteil, wenn über eine tiefe Kluft zwischen Eltern und Kinderlosen geklagt wird.[14]

Ambivalenz der Elternschaft

Die Humanisten und Ehedidaktiker des 15. und 16. Jahrhunderts bemühten sich dagegen um ein ausgewogenes Urteil. Sie betonten, dass alles im Leben zwei Seiten habe, und wogen die Vor- und Nachteile einer Eheschließung gegeneinander ab. So erörterte der Domherr und Jurist Albrecht von Eyb (1420–1475) in einem dreiteiligen *Ehebüchlein*, »ob von einem Mann eine Ehefrau zu nehmen sei oder nicht«.[15] Eröffnet wird das 1472 gedruckte Werk mit einer Anekdote, die die Wahl eines Lebensmodells problematisiert. Als Sokrates von einem jungen Mann gefragt wird, ob er heiraten soll, fällt seine Antwort zweischneidig aus. Statt sich eindeutig zu positionieren, nimmt Sokrates seinen Gesprächspartner in die Pflicht. Er lässt ihm freie Wahl, aber konfrontiert ihn damit, dass er seine Entscheidung in jedem Fall bereuen werde. Wenn er heirate, lebe er in ständigem Streit mit seiner Frau, ohne sich ihrer Treue je sicher sein zu können. Verzichte er hingegen auf eine Ehe, werde er sich grämen, die Liebe einer Frau und den Trost durch Kinder entbehren zu müssen und keine Erben gezeugt zu haben. Opportunitätskosten lassen sich bei der ethischen Entscheidung pro oder contra Nachwuchs nicht vermeiden.

Gespaltene Gefühle angesichts von Ehe und Elternschaft hält Albrecht von Eyb deshalb für allzu verständlich. Der erste Teil seines *Ehebüchleins* thematisiert, was für ein Leid, Anstrengung, Mühsal, Verwirrung und Schrecken, aber auch welche Freude, Lust und Vorzüge mit der Ehe verbunden sind. Mehrfach weist Albrecht darauf hin, dass alle Nachteile auch Vorteile mit sich bringen und umgekehrt. Zwar geht er von einem reproduktiven Lebensideal aus, doch verliert er die negativen Folgen der Elternschaft nicht aus dem Blick. So warnt Albrecht davor, dass ein Mann viel Sorge, Mühe und Arbeit auf sich nehmen müsse, wenn seine Frau fruchtbar sei. Wo Kinder lebten, gebe es Ammen und Mägde, dort höre man Schreie und Weinen, dort werde gegessen und getrunken, wodurch eine schwere Bürde auf dem ganzen Haus laste. Daher weiß Albrecht auch ungewollter Kinderlosigkeit positive Aspekte abzugewinnen. Eine unfruchtbare Frau stelle keine Gefahr für den häuslichen Frieden dar, weil sie sich stets still und bedrückt ihrem Mann unterordne. Bei dieser Einschätzung beruft sich der deutsche Frühhumanist auf Francesco Petrarca (1304–1374), der in seinem Buch *De remediis utriusque fortunae* (Arznei gegen Glück und Unglück; 1358–1366) die Kehrseite von Glück und Unglück systematisch ausgeleuchtet hat.

In Petrarcas *Glücksbuch* diskutiert die personifizierte Vernunft mit den Affekten über verschiedenste Ereignisse menschlichen Lebens. Auch die ambivalente Einstellung von Männern zur Vaterschaft wird thematisiert, wobei die Vernunft dazu anregt, übliche gesellschaftliche Bewertungskriterien von Un*fruchtbarkeit zu überdenken.[16] Sie relativiert die Freude des Vaters ebenso wie den Schmerz des Kinderlosen und die Klage des Kinderreichen. Für die Vernunft steht keineswegs fest, dass die Geburt von Kindern ein so großes Glück ist, wie die Freude meint. Sie kenne viele ehrenwerte Männer, deren Seelenheil nur dadurch in Gefahr geraten sei, dass sie Kinder bekommen hätten. Ebenso wenig pflichtet die Vernunft dem Schmerz bei, als dieser erbittert über die Unfruchtbarkeit seiner Frau klagt. Stattdessen weist sie darauf hin, dass ein kinderloser Ehemann viele Beschwerlichkeiten nicht ertragen muss: Ihm blieben die Wehrufe der Gebärenden, das Gezänk der Ammen und das Schreien der Säuglinge erspart. Weder müsse er fürchten, dass seine Frau zu hohe Ansprüche stellt, noch dass sie ihm das Kind eines Anderen unterschiebt. Zu seinem eigenen Besten rät die Vernunft dem Schmerz, sich mit seiner kinderlosen Ehe zu arrangieren. Andernfalls könne sich vielleicht noch herausstellen, dass die körperliche Ursache gar nicht bei der Frau lag. Zudem gibt sie zu bedenken, dass Fruchtbarkeit manchmal ins Verderben führen und durch Unfruchtbarkeit Schlimmeres verhindert werden könne. Ein Mann wisse nicht, was für einen Sohn seine Frau geboren hätte. Bei einigen römischen Herrschern wäre es besser gewesen, ihre Väter hätten nie geheiratet oder ihre Mütter wären unfruchtbar gewesen.

Was für eine große und schwere Belastung Kinder sein können, thematisiert Petrarca in einem gesonderten Kapitel. Wieder und wieder klagt der Schmerz darüber, von seinen Kindern in Armut getrieben, geängstigt und niedergedrückt zu werden. In der deutschen Übersetzung des *Glücksbuchs*, die 1532 bei Heinrich Steiner in Augsburg erscheint, wird diese Bürde der Elternschaft bildlich illustriert. Die Raumsituation des Holzschnitts des sogenannten Petrarca-Meisters, die ungefähr die Hälfte der Folio-Seite einnimmt, lässt sich nicht eindeutig erfassen (Abb. 6).[17] Handelt es sich um einen Innen- oder einen Außenbereich? Bestimmt wird die Szene durch das schwere Mauerwerk, in dessen Ecke eine Frau mit ihren Kindern steht und von der siebenköpfigen Schar geradezu an die Wand gedrückt wird. Ihr Körper ist kaum noch zu erkennen, so sehr ist sie in die Komposition eingebunden, die aus Kindern gebildet wird. In jedem Arm hält sie ein Kind, die drei älteren wenden sich ihr stehend zu, das jüngste liegt in seiner Wiege direkt vor ihr, allein das sitzende Kind im Vordergrund scheint auch Augen für den abseits stehenden Vater zu haben.

Dem bärtigen Mann im Vordergrund macht die ganze Situation sichtlich zu schaffen. Mit geöffnetem Mund und geweiteten Augen blickt er zur Familiengruppe. Die Taschen seines Mantels sind offen und leer, mit der rechten Hand greift er nach der umschnürten Börse, mit der linken nach der kostbaren Kette, die noch um seinen Hals hängt. Auch die Brotstücke und der leere Teller in der Hand der Kinder zeigen an, was für hohe Kosten der Unterhalt der Familie verursacht. Dass Eltern ihren Nachwuchs in der Vormoderne nicht nur ernähren, sondern auch erziehen und züchtigen sollen, wird durch die Requisiten im rechten Bildrand, Rute, Krug und Buch, angedeutet. Dass viele Nachkommen ein Geschenk sind und ihre Eltern auszeichnen, wie im Text die Vernunft gegenüber dem Schmerz behauptet, lässt sich im Bild in keiner Weise erkennen. Visuell dominiert die Perspektive eines unglücklichen Mannes, der sich nach Entlastung und Befreiung sehnt und seine Vaterschaft zu bereuen scheint. Im Vergleich zu seiner Frau besitzt er freilich einen ungleich höheren Handlungs- und Bewegungsspielraum. Seine Einstellung gegenüber der Familie ist gespalten. Einerseits ist der Mann Mutter und Kindern zugewandt und greift für ihren Unterhalt tief in die Tasche. Andererseits trägt er einen Hut, setzt mit seinem rechten Fuß zum Gehen an und scheint sich aus der Szene hinaus zu bewegen.

Sorge und Leid machen nicht nur dem kinderreichen Mann, sondern jedem Vater zu schaffen. Albrecht von Eyb führt in seinem *Ehebüchlein* aus, dass

Angst, Mühe und Not untrennbar zur Elternschaft gehören. Geraten Kinder trotz aller erzieherischer Anstrengungen auf die schiefe Bahn, bereiten sie ihren Eltern viel Kummer. Verhalten sich Kinder vorbildlich, fürchten ihre Eltern unentwegt, dass ihnen etwas zustoßen oder sie negativ beeinflusst werden könnten.[18] Anders als die Reproduktionskritiker in Vergangenheit und Gegenwart ziehen die Humanisten aus den familiären Belastungen nicht den Schluss, dass Menschen besser keine Kinder bekommen sollten. Vielmehr empfiehlt Albrecht von Eyb Männern ausdrücklich zu heiraten. Doch weist er wie schon Petrarca auf die Ambivalenz der Elternschaft hin, um keine falschen Erwartungen zu wecken und sowohl überlastete Eltern als auch ungewollt Kinderlose zu trösten. Menschen könnten keine größere Freude, aber auch keinen größeren Schmerz erfahren als durch ihre Kinder, hält Albrecht fest. Indem die Humanisten Un*fruchtbarkeit aus verschiedenen Perspektiven betrachten, verhindern sie eine tiefere Spaltung zwischen Eltern und Kinderlosen und sensibilisieren für die Sorgen der anderen. Wird die Ambivalenz der Elternschaft nicht mehr thematisiert und werden nur noch ihre Vorzüge gepriesen – wie in den frühneuzeitlichen Hochzeitsreden –, muss die Familie als einzig erstrebenswerte und ethisch gebotene Lebensform erscheinen.

Hochzeitsreden: Das Glück der Eltern

Was wünscht man zur Hochzeit? Glück und Segen, Geduld und Durchhaltevermögen, Fruchtbarkeit und gesunde Kinder? Hochzeitswünsche sind entlarvend. Sie verraten in der Regel mehr über die Gratulanten und ihre Auffassung von einem glücklichen Leben als über das Brautpaar. Dass Paare am Tag ihrer Eheschließung mit guten Wünschen und erbaulichen Reden bedacht werden, ist von alters her üblich. Im 16. Jahrhundert kommt der Brauch auf, Hochzeitspredigten und -reden gedruckt zu verteilen.[19] Nicht nur das Brautpaar erhält so eine bleibende Erinnerung an seinen Ehrentag, auch die Gäste können die Segenswünsche nachlesen, aus der Ferne am festlichen Ereignis Anteil nehmen oder sich für eigene Reden inspirieren lassen. Solche Predigten belegen die hohe Wertschätzung, die der Ehe und Elternschaft in der Frühen Neuzeit entgegengebracht wurde. Sie zeugen von den gesellschaftlichen Erwartungen, die sich an das Paar, insbesondere die junge Ehefrau richten. Die Festredner beschwören Eheglück und Kindersegen so intensiv, als könnten sie mit ihren guten Wünschen selbst für Nachwuchs sorgen. Um zu begründen, warum Menschen Kinder bekommen sollten, nutzten die frühneuzeitlichen Prediger drei verschiedene Strategien, die auch heute noch zu finden sind: Sie wiesen auf die künftige Funktion von Kindern als Erben und Nachfolger hin (Ökonomisierung), sie stellten die affektive Bindung zwischen Eltern und Kindern heraus (Emotionalisierung), und sie luden Gebären und Erziehen mit religiöser Bedeutung auf (Sakralisierung).

Kinder als Zukunftsinvestition

In der aktuellen politischen Debatte wird Kinderlosigkeit als gesellschaftliches Problem aufgefasst. Wie in der Einleitung erwähnt, dominiert in der Bundesrepublik die Sorge, ob das Rentensystem angesichts der niedrigen Geburtenrate noch sicher ist und der Generationenvertrag aufrechterhalten werden kann.[20] Die Verfasser ehedidaktischer Literatur und die Hochzeitsprediger in der Frühen Neuzeit problematisierten dagegen weniger die gesellschaftlichen als die individuellen, genealogischen und ständischen Folgen von Kinderlosigkeit. Unfruchtbarkeit war nicht für das gesamte Gemeinwesen, wohl aber für ein adliges Geschlecht, das familiäre Erbe oder die persönliche Versorgung ein Problem. Diese Argumente sind in ihren Grundzügen bereits aus dem juristischen Kontext bekannt, werden aber – der Gattung gemäß – appellativ, teils werbend, teils warnend, vorgetragen.[21]

Was Kinderlose mühevoll zusammengespart haben, fällt nach ihrem Tod Fremden zu, warnt der italienische Humanist Marcello Palingènio Stellato (um 1500 – vor 1551) im Lehrgedicht *Zodiacus vitae* (Tierkreis des Lebens; 1531). Wer dagegen eigene Nachkommen habe, so wird in deutschen Hochzeitspredigten betont, strenge sich nicht vergebens an. Fromme Eltern wüssten genau, für wen sie etwas erwerben, sparen und beiseitelegen. Daher machten Kinder alle Anstrengungen leichter und erträglicher, meint Johannes Dinckel (1545–1601). Gregor Strigenitz (1575–1635) hebt ebenfalls hervor, dass nur »die lieben Kinderlein« alle Mühe rechtfertigen. Nichts lasse einen Vater freudiger, unverdrossener und selbstloser arbeiten als der Gedanke an die eigenen Kinder. Ohne leibliche Erben sei es kaum möglich, den täglichen Anstrengungen einen Sinn abzugewinnen. Ein kinderloser Mann werde sich missmutig fragen: Für wen soll ich sparen? Aus Sicht der humanistischen Ethiker und protestantischen Prediger stellte sich der Zusammenhang zwischen Elternschaft und Alltagslast also völlig anders dar als aus Sicht der Reproduktionskritiker. Kinder führen ihres Erachtens nicht zu einer Minderung, sondern zu einer Steigerung der Lebenszufriedenheit.

Für Ehe- und Kinderlose entwarfen die Reproduktionsbefürworter dagegen ein Schreckensszenario.[22] Palingènio Stellato prophezeite ledigen Männern, an ihrem Lebensende zu vereinsamen. Würden sie alt und schwach, käme ihnen niemand zu Hilfe. Kein Bruder, Cousin oder Freund stünde ihnen bei, da alle auf ihr baldiges Sterben und ein reiches Erbe hofften. Niemand liebe sie um ihrer selbst willen, ihre Angehörigen seien allein auf ihr Geld aus. Palingènio Stellato idealisiert die Kernfamilie und lässt nur im engsten Familienkreis selbstlose Liebe gelten: Eine Frau, die ihre Herkunftsfamilie verlassen habe, bleibe ihrem Mann allezeit treu und stehe ihm im Guten und Bösen, bei Krankheit und Leid freundlich zur Seite. Ebenso verließen Kinder ihren Vater nicht, was Palingènio Stellato allerdings nur für ehelich gezeugte Nachkommen gelten lässt. Schon im Alten Testament wurden Kinder als Beistand ihrer alten Eltern gepriesen, woran Johann Georg Marggraf (1633–1706) in einer Rede anlässlich der Hochzeit des Herzogs Ferdinand Albrecht von Braunschweig-Lüneburg mit Christina von Hessen im Jahr 1667 erinnerte. Aus guten Gründen bezeichne Hanna im Buch Tobit ihren Sohn Tobias als Stütze ihres Alters und Trost ihres Lebens (Tob 5,18). Eltern dürfen darauf hoffen, von ihren Kindern im Pflegefall versorgt zu werden.

Folgt man Ehedidaktikern und Hochzeitsrednern, sind Kinder die beste Zukunftsinvestition. Sie helfen im Alter, treten die Nachfolge an, verwalten das Erbe und verhindern zudem, dass ihre Eltern in Vergessenheit geraten.[23] Dabei profitieren Verstorbene nach protestantischer Auffassung in doppelter Weise: Kinder können zum einen durch Totengedenken oder Fürbittgebet die Erinnerung an ihre Eltern wachhalten; zum anderen färbt ihr hohes Ansehen auf jene Menschen ab, von denen sie gezeugt und geboren wurden. Beide Aspekte sind in Marggrafs Fruchtbarkeitssegen enthalten. Er wünscht dem fürstlichen Brautpaar Kinder, die Königreiche regieren, damit der Ruhm ihrer Eltern wächst und sie noch in der Gruft geehrt werden. Die äußere Ähnlichkeit spricht ebenfalls dafür, dass Eltern in ihren Kindern weiterleben. Palingènio Stellato betont, dass Kinder ein körperlicher Teil und Abbild ihres Erzeugers seien: Wenn ein Mann sterbe und ewige Finsternis ihn umgebe, bleibe er als Vater auf Erden präsent. Die Zeugung von Kindern ermöglicht es Menschen somit, sich langfristigen Einfluss zu sichern und die Zukunft mittelbar zu gestalten. Marggraf beruft sich auf einen Spruch, der literarische und genealogische (Re-)Produktion eng führt: »In Büchern und Kindern wirst du leben, selbst wenn du gestorben bist.«[24] Eltern, insbesondere Väter, werden zu Autoren und Schöpfern neuer Lebensentwürfe stilisiert. Reproduktion ist somit eine Möglichkeit, die eigene Vergänglichkeit jenseits religiöser Erlösungsmodelle zu überwinden.

Epochenübergreifend wird erwartet, dass sich Menschen durch Fortpflanzung am Erhalt der Schöpfung, der Gesellschaft und ihres Geschlechts beteiligen. Wer die Reproduktionsnorm nicht erfüllen will oder kann, wird marginalisiert. Überdeutlich zeigt dies der Spruch, den Strigenitz und Marggraf zitieren und der Kinderlose massiv abwertet: »Unwürdig ist gezeugt, wer keinen anderen zeugt, und unwürdig lebt, wer keinem anderen Leben schenkt.«[25] Beide Autoren geben den Spruch erst in lateinischer Sprache wieder, bevor sie in ihrer deutschen Übertragung eigene Akzente setzen. Marggraf erklärt es zur menschlichen Pflicht, Erben zu zeugen, das Geschlecht fortzupflanzen und sich die Welt so anzueignen. Die Reproduktion wird als Unterwerfungsakt in Form einer Inkorporation gedeutet. Wer auf diesem Gebiet versagt, verspielt seine Existenzberechtigung. Noch schärfer formuliert Strigenitz ein Fruchtbarkeitsdiktat, das sich knapp so wiedergeben lässt: Wer sich nicht vermehrt, ist des Lebens nicht wert. Zwar ist diese Regel in einen religiösen Kontext eingebettet; Ziel der Zeugung soll sein, das Lob Gottes zu steigern. Dennoch dient die Reproduktion als Kriterium, zwischen lebenswertem und lebensunwertem Leben zu unterscheiden. Die Behauptung, dass unfruchtbare Menschen nichts wert seien, wiederholt Strigenitz noch einmal und trichtert sie so regelrecht ein. Beim zweiten Mal wird die Erwartungshaltung ausgeweitet: Menschen sollen Nachkommen nicht nur zeugen, sondern beim eigenen Tod hinterlassen. Das Überleben der Kinder wird damit zum Erfolgsindikator für Fruchtbarkeit. Wenn es einem Menschen nicht gelingt, die Generationenfolge fortzusetzen, sind die in ihn gesetzten Hoffnungen gescheitert. Aus reproduktionsökonomischer Perspektive erweist sich seine Geburt als Fehlinvestition.

Familienglück und Vaterfreuden

Die Aufladung mit emotionaler Bedeutung ist eine wirksame Strategie zur Förderung von Reproduktion, durch die sich handfeste ökonomische Interessen verschleiern lassen. Ehedidaktiker und Prediger werben mit Bildern des Familienglücks für ein Leben mit Kindern.[26] Albrecht von Eyb entwirft in seinem *Ehebüchlein* die idyllische Vorstellung, dass Kinder das Zentrum ehelicher Liebe und Zärtlichkeit bilden. Was kann lustvoller und süßer sein, als Vater, Mutter, Kind genannt zu werden, fragt Albrecht und beschreibt, wie die Kleinen am Hals ihrer Eltern hängen und viele süße Küsse von ihnen empfangen. Der Luther-Schüler Johannes Mathesius (1504–1565) erweitert diese Perspektive gar um eine Generation und bezieht die Großeltern in sein Familienideal ein. Wonne und Freude herrschten dort, wo lachende und liebevolle Kinder zuhause seien. Bei Mathesius sitzen Kinder fröhlich und gesund um einen Tisch, nennen einen älteren Herrn liebevoll ›mein Großväterlein‹, wollen seinen Bart kraulen und Küsschen geben. Bei einer Großmutter genügt schon die Erwähnung ihrer Enkel, um ihr Herz vor Liebe zu erwärmen. Bemerkenswerterweise sind diese und andere Beschreibungen der zärtlichen Familie im Modus des Imaginären abgefasst. Es handelt sich nicht um reale Situationen, sondern um ideale Fiktionen.

Epochenübergreifend wird Elternliebe häufig als natürlicher Affekt angesehen, der sich mit der Geburt eines Kindes automatisch einstellt. Mutter- und Vaterliebe seien angeboren, bemerkt Albrecht von Eyb und beruft sich auf den spätantiken Philosophen Macrobius (um 385/390 – nach 430). Die Natur habe dies so eingerichtet, damit Menschen die Sorgen und Mühen der Erziehung auf sich nähmen. Keine Liebe könne größer sein als die eines Vaters zu seinem Sohn, der ein Teil seiner selbst sei. Die Frage nach dem Verhältnis von Natur und Kultur wird in den ethischen Diskussionen also erneut virulent. Während ich die weiblichen Kinderwünsche vor dem Ehegericht im Foucault'schen Sinne mit dem Dispositiv der Kinderlosigkeit und dem komplexen Zusammenspiel von Gesetz und Begehren begründet habe, ziehe ich bei den Hochzeitsreden einen anderen Ansatz heran, um das gleiche Phänomen kommunikationstheoretisch zu erklären: Elternliebe und Vaterfreude entwickeln sich nicht von selbst, quasi aus der menschlichen Natur heraus, sondern auf der Grundlage vorgegebener kultureller Muster.

Folgt man dem deutschen Systemtheoretiker Niklas Luhmann, ist Liebe kein Gefühl, sondern ein symbolischer Code.[27] Dieser informiert darüber, wie erfolgreich kommuniziert werden kann, und ermutigt, entsprechende Gefühle zu bilden. Liebe ist für Luhmann ein Code der Intimität, nach dessen Regeln man Gefühle ausdrücken und imitieren kann. Affekte, die nicht von vorgegebenen Verhaltensmodellen und Kommunikationsformen beeinflusst werden, seien dagegen kaum nachweisbar. Luhmanns Beobachtungen zu *Liebe als Passion* (1982) lassen sich auf die Eltern-Kind-Beziehung übertragen. Prediger und Ehedidaktiker argumentieren codeorientiert und entwerfen Familienbilder, auf deren Grundlage Eheleute das Gefühl der Elternliebe entwickeln. Hochzeitsreden bieten ein Orientierungswissen, das anlässlich einer Eheschließung vermittelt wird. Auf diese Weise kommt ein Reproduktionsbegehren auf und werden Kinder schmerzhaft vermisst, wenn Menschen keinen Nachwuchs bekommen.

Die medialen Inszenierungen einer glücklichen Familie haben an der Ausbildung von Elternliebe wie der Entstehung eines Kinderwunschs entscheidenden Anteil. So verkündet Matthias Hafenreffer (1561–1619), welche freudvollen Erfahrungen den Brautleuten bevorstehen. Der Anblick ihrer Kinder pflege Eltern nicht nur ihre »Augen zu belustigen, sondern ihr Herz, Mark und Gebein zu erfreuen«.[28] Daher werden ihre künftigen Kinder viel Trübsal und

Schmerzen lindern, wie Johannes Dinckel dem Brautpaar verheißt. Behutsam steigert er die Intensität körperlicher Zuneigung, so dass sich die Zuhörenden immer besser in seine familiäre Vision hineinversetzen können: Wenn Eltern ihre Kinder ansehen, berühren, umhertragen, umarmen und küssen, fällt alles Schwere von ihnen ab. Ehe- und Elternglück werden in den Hochzeitspredigten und in der Ratgeberliteratur der Frühen Neuzeit konsequent in eins gesetzt. Erziehungsschwierigkeiten bleiben weitgehend ausgeblendet, vielmehr werden Kinder als Lösungsstrategie für Ehe- und Lebensprobleme präsentiert. Kinder vertreiben ihren Eltern Sorge und Leid, bringen Lust und Lachen ins Haus, sie trösten, bestärken, erfreuen.

Bemerkenswerterweise legen mehrere Autoren bei ihren enthusiastischen Schilderungen des Eheglücks den Fokus auf die Männer. Ihnen werden die Freuden der Vaterschaft vor Augen gestellt, wohingegen bei dem Leid der Kinderlosigkeit vornehmlich Frauen in den Blick geraten. Strigenitz bezeichnet Kinder als »die besten Spielvögel«, weil sie zur Ablenkung und Aufheiterung ihrer Väter beitragen. Ihren heilsamen Einfluss veranschaulicht er anhand schwer belasteter Männer. Wenn ein Vater seine Kinderlein höre, wie sie am Tisch Psalmen beteten und erbauliche Sprüche aufsagten, fühle er sich gleich wieder lebendig und wie ein neuer Mensch. Solche Situationen gingen jedem Mann zu Herzen, wie betrübt er auch sei, und schenkten ihm neuen Lebensmut. Strigenitz belegt das beschworene Vaterglück exemplarisch am Wittenberger Reformator. Von Luther wisse man, dass er bei seinen Kindern Trost suchte, wenn ihn in seiner Studierstube der Kummer plagte. Sobald sie ein Vaterunser beteten und aus den Psalmen zitierten, hätte er sich besser gefühlt. Mit dieser Erzählung vermittelt der frühneuzeitliche Prediger einen völlig anderen Eindruck vom Familienleben als die mittelalterliche Philosophin Heloisa. Kinder sind kein Hindernis für Gelehrsamkeit, sondern bringen einen emsig arbeitenden Mann auf heilsame Gedanken, so dass er sich wieder konzentrieren kann.

Während Luther als frommer Hausvater dargestellt ist und seine Vater-Kinder-Beziehung religiös eingebettet bleibt, stellt Strigenitz in einer weiteren Anekdote den Spaß- und Unterhaltungsfaktor heraus: Dem spartanischen König Agesilaus sind seine Kinder so lieb, dass er sich nach seinen Regierungsgeschäften gerne mit ihnen vergnügt und in der Stube umherreitet. Als sich sein Kanzler darüber empört, bringt ihn der König zum Schweigen. Er solle abwarten, bis er selbst einmal Kinder hätte, bevor er sein Verhalten beurteilen könne. Agesilaus argumentiert nicht nur mit Vaterfreuden, sondern konstruiert auch eine binäre Opposition zwischen Eltern und Nicht-Eltern und erklärt den kinderlosen Kanzler für inkompetent. Die Anekdote lehrt zweierlei:

Jeder noch so hochgestellte Mann kann sich an seinen Kindern erfreuen, doch ist kein Kinderloser je in der Lage, dies zu begreifen und das Glück von Eltern nachzuempfinden.

Kinderschatz und Liebesband

Kinder sind der größte Schatz ihrer Eltern, so wird von Reproduktionsbefürwortern gerne proklamiert. Schon in der mittelalterlichen Literatur gehört diese Bezeichnung zum Code familiärer Intimität, wie Konrads von Würzburg *Trojanerkrieg* (13. Jh.) zeigt. Der kolchische König Oetas kündigt dem griechischen Helden Jason an, ihm das Wertvollste zu zeigen, was er in seinem Haus beherberge. Daraufhin präsentiert er ihm seine schöne und hochgebildete Tochter Medea.[29] Ähnliche Anekdoten führen die Hochzeitsprediger Strigenitz und Marggraf (17. Jh.) an, um den Wert der Fruchtbarkeit zu belegen. Ihr erstes Beispiel erzählt von der edlen Römerin Cornelia, die über großen Reichtum verfügt. Als sie aufgefordert wird, ihren Besitz zur Schau zu stellen, verzichtet sie auf allen äußeren Schmuck. Statt sich mit Ketten, Ringen, Perlen und Armbändern zu behängen, sammelt Cornelia ihre Kinder um sich und erklärt diese zu ihrem besten Kleinod und ihrer schönsten Zierde. Dass auch Männer Fruchtbarkeit mehr als materiellen Besitz schätzen, zeigt eine zweite Anekdote, die im Italien des 15. Jahrhunderts spielt. Herzog Eberhard von Württemberg wird in Florenz eingeladen, den wertvollsten Schatz seines Gastgebers zu betrachten und bekommt dessen Familie zu sehen. Ausdrücklich billigt der württembergische Herzog das Urteil seines Gastgebers; fertiles zählt mehr als ökonomisches Kapital.

Der Prediger Marggraf begründet diese Rangfolge damit, dass es sich bei Silber und Gold um vergängliche, bei Kindern aber um unvergängliche Schätze handle. Silber und Gold werden aus der Erde geborgen, Kinder hingegen von einer Frau geboren. Emphatisch macht Marggraf eine leib-seelische Einheit geltend: Kinder entspringen der Substanz und dem Wesen ihrer Eltern; sie sind das, was jene sind. Während Bodenschätze von einem Menschen zum anderen wanderten, blieben Kinder persönliches Eigentum, das niemand ihren Eltern absprechen könne. Auch den möglichen Kindstod lässt Marggraf nicht als Gegenargument gelten. Vielmehr versichert er, dass früh verstorbene Kinder nicht verloren gingen und Unsterblichkeit erlangten. Deshalb sei Kinderreichtum der schönste und einzig dauerhafte Besitz. Dass die Ambivalenz der Elternschaft in den Hochzeitsreden gezielt ausgeblendet wird, zeigt ein zweiter Blick in Petrarcas *Glücksbuch*. Auch dort wird die Geschichte von den fertilen Schätzen der Cornelia erzählt, doch ohne dass sich der personifizierte Schmerz davon trösten lässt. Der kinderreiche Vater empfindet seine Familie als eine massive Belastung und weiß nicht, wie er alle durchbringen soll. Auch im Holzschnitt des Petrarca-Meisters sind die Kinder nicht als Kostbarkeit, sondern als Kostenfaktor dargestellt (Abb. 6). Zwar werden sexuelle und finanzielle Potenz visuell enggeführt, indem die Geldbörse des Mannes in seinem Genitalbereich hängt. Doch der Griff danach lässt sich als ethische Warnung interpretieren: Menschen sollten sich gut überlegen, ob und wie viel Nachwuchs sie bekommen wollen. Zu viele Kinder machen einen wohlhabenden Mann arm, stehen zwischen den Eheleuten und umgeben ihre Mutter wie eine Mauer.

Die Hochzeitsprediger sprechen hingegen nur über den positiven Einfluss, den Kinder auf die Beziehung ihrer Eltern ausüben können. Postuliert wird ein Wechselverhältnis von Liebe, Ehe und Reproduktion. Kinder gelten als Auslöser und Katalysator ehelicher Liebe, wobei der reproduktive Akt einer emotionalen Bindung vielfach vorausgeht.[30] So erklärt Johannes Dinckel, dass die Herzen von Eheleuten erst durch Kinder wirklich miteinander verbunden werden. Elternschaft führe dazu, dass sich Eheleute miteinander versöhnten und sich eine schwierige in eine gute Ehe verwandle. Oft stritten Ehepaare weniger und vertrügen sich erst, wenn sie Nachwuchs hätten. Auch Gregor Strigenitz ist davon überzeugt, dass Eheleute als Eltern zusammenwachsen. Kinder seien das rechte Liebesband und stärkten die Zuneigung der Ehepartner zueinander. Diese Auffassung belegt er mit Alltagsbeobachtungen; Eheleute hätten sich dann am liebsten, wenn sie schöne, gesunde und freundliche Kinder bekämen. Die positiven Auswirkungen der Elternschaft bleiben Paaren ohne Kind nicht nur vorenthalten, sondern verkehren sich ins Gegenteil. Was für Traurigkeit, Zank und Unwillen aus Kinderlosigkeit erwachse, könne man überall beobachten, meint Johann Georg Marggraf. Unfruchtbarkeit verhindere, dass Eheleute innige Gefühle gegenüber der Mutter oder dem Vater ihrer Kinder ausbilden könnten. Zudem entzweiten sich Eheleute häufig, weil sie sich gegenseitig die Schuld für ihr fertiles Unglück zuwiesen. Übereinstimmend erklären die Prediger Kinder zum besten Kitt und Kinderlosigkeit zum schwersten Störfaktor einer Ehe.

Der frühneuzeitliche Code der Intimität trägt somit entscheidend dazu bei, dass Kinderlosigkeit defizitär erscheint und als schmerzlich empfunden wird. Wer keinen Nachwuchs bekommt, ist vom Familienglück ausgeschlossen. Die mögliche Gefahr, dass eine Ehe kinderlos bleiben kann, schwingt in den Hochzeitsreden der Frühen Neuzeit immer mit. Unfruchtbarkeit dient als dunkle Kontrastfolie, vor der die Vorteile der Fruchtbarkeit umso heller erstrahlen. Daher besteht die erste und wichtigste Trostfunktion der Kinder nicht darin, ihren Vater nach einem anstrengenden Arbeitstag aufzuheitern, sondern Eheleute von der Angst vor oder dem Leiden an Unfruchtbarkeit zu befreien. Kinder seien ›eine rechte Arznei‹, gegen die Traurigkeit von Kinderlosen, erläutert Marggraf. Die Autoren argumentieren codeorientiert, systemimmanent und tautologisch; Fruchtbarkeit wird als Mittel gegen Unfruchtbarkeit präsentiert.

Kinder als Heilserfahrung

Die dritte Strategie zur Förderung der Fertilität ist die Sakralisierung des Familienlebens. Wie die mittelalterlichen Kirchenlehrer betrachten Albrecht von Eyb und andere frühneuzeitliche Autoren die Ehe als eine gottgefällige und biblisch legitimierte Lebensform.[31] Sie wurde im Paradies eingesetzt, damit die Menschen sich fortpflanzen und ihr sexuelles Begehren rechtmäßig stillen können. Für ihre Hochzeitsansprachen greifen Prediger auf diverse Bibelstellen zurück, an denen sich Prinzipien einer guten Ehe veranschaulichen lassen. Mit dem Buch Genesis und den Psalmen begründen sie die unterschiedliche Wertigkeit von Fruchtbarkeit und Unfruchtbarkeit. Fürstlicher Nachwuchs wird als Zeichen göttlicher Gnade, Kinderlosigkeit als Zeichen der Verwerfung interpretiert. In dem einen Fall wolle Gott ein Adelsgeschlecht erhalten, in dem anderen die Erinnerung an Gottlose ausrotten.

Als Hochzeitsspruch ist der alttestamentliche Fruchtbarkeitssegen für Boas sehr beliebt (Rut 4,11).[32] Das Volk und die Ältesten Israels wünschen, dass Gott ihm Nachkommen schenken und seine Frau Rut so fruchtbar wie Rahel und Lea machen werde. Jakobs Frauen gelten als Inbegriff weiblicher Fruchtbarkeit, obwohl eine von ihnen zeitweilig schwer unter ihrer Unfruchtbarkeit litt (Gen 30,1). Die Prediger übertragen den Spruch in die Gegenwart ihrer Rezipientinnen und Rezipienten, um den Segen erneut wirksam werden zu lassen. Marggraf wünscht den Brautleuten, dass Gott sie im Ehestand reichlich mit Früchten des Leibes segnen und die Braut wie Rut, Rahel und Lea viele fromme Kinder gebären möge. Diese sollen das Adelsgeschlecht des Bräutigams erhalten, die christliche Gemeinschaft stärken und Gott in Kirchen, Schulen und Regierungen dienen. Caspar Güthel (1471–1542) erklärt es in einer Predigt über die Hochzeit von Kana (Joh 2,1–12) zur edelsten Pflicht, Kinder zu zeugen, damit mehr Seelen zu Gott gelangen. Aus dieser Perspektive erscheint Fortpflanzung als eine genuin religiöse Aufgabe. Fruchtbare Eheleute helfen, die Anzahl derjenigen zu vergrößern, die Gott loben und ehren.

Den Zusammenhang zwischen Sexualität und Religiosität heben viele Hochzeitsprediger hervor.[33] Gregor Strigenitz etwa begründet die Reproduktion ausdrücklich mit dem göttlichen Willen. Gott schenke Eheleuten Kinder, damit diese ihn preisen, seine Kirche auf Erden erbauen und den Himmel einst bewohnen. Wenn Gott Menschen erschaffen wolle, bediene er sich der Hilfe von Eheleuten, erläutert Matthias Hafenreffer. Er vergleicht Gott mit einem obersten Bauleiter, der seine Werkleute arbeiten lässt, um ein prächtiges Gebäude zu errichten. Die Ehepartner wirken mit, doch können sie ohne Gott nichts ausrichten. Kinder sind, wie die Prediger einhellig betonen, Geschenk und Gabe Gottes. Nicht einmal die größten Künstler der Antike seien in der Lage gewesen, ein Kind herzustellen, erklärt Hafenreffer. Emphatisch preist er Kinder als »lebende Heilige, lebendige Engelein«, die nach Gottes Ebenbild geschaffen seien. Eine Engführung von Kindern und himmlischen Geschöpfen nimmt auch Marggraf vor. Im Unterschied zu allen weltlichen Reichtümern würden Kinder von Engeln behütet. Wer ein Kind im Hause habe, könne sich gewiss sein, einen Engel zu beherbergen. Dieser himmlische Schutz verhindere, dass das Böse Macht gewinne. Die Reproduktion trägt Züge einer Selbstheiligung, insofern die göttliche Aura eines Kindes auf seine Eltern abstrahlt.

Der Kontrast zum antiken wie katholischen Keuschheitsideal könnte nicht größer sein. Im monastisch-asketischen Diskurs gilt Enthaltsamkeit als einzige Möglichkeit, den Kreislauf von Geburt und Sterben zu durchbrechen. Durch den Verzicht auf sexuelle Betätigung soll der verlorene Zustand des Paradieses wiederhergestellt und das himmlische Leben der Engel vorweggenommen werden. In den protestantischen Hochzeitspredigten dagegen wird das Keuschheitsideal durch ein Reproduktionsdiktat ersetzt. Identisch bleibt zwar der Wunsch, schon auf Erden Gemeinschaft mit Engeln zu erlangen. Doch liegt das Heil nicht in der Abstinenz, sondern in sexueller Aktivität. Die Familie wird als Ort der Heilserfahrung und Gottesbegegnung gedeutet. Exemplarisch dafür ist die erwähnte Anekdote, in der sich Luther durch das Gebet seiner Kinder gestärkt fühlt. Seine Familie bildet eine Kirche im Kleinen, in der Gott verehrt wird und der fromme Vater Trost erfährt.[34] Johannes Dinckel hebt diesen Aspekt religiöser wie familiärer Intimität hervor, indem er das Eltern-Kind-Verhältnis mit der Beziehung Gottes zu seinem Sohn vergleicht. Niemand wisse, wie sehr Gott ihn liebe, bevor er nicht selbst Kinder habe. Schmerz und Kummer um eigenen Nachwuchs helfe, das selbstlose Handeln Gottes zu begreifen. Damit machen Eltern auch im religiösen Bereich Erfahrungen, die Kinderlosen versagt bleiben. Ein Leben mit Kindern ermöglicht es, die christliche Heilsgeschichte am eigenen Leib nachzuvollziehen.

Die zahlreichen Argumente, mit denen Hochzeitsredner die Fruchtbarkeit feiern, führen dazu, dass ein Leben ohne Kinder sündig, schändlich und vergeblich erscheint. Besonders deutlich wird die Abwertung von Kinderlosen in dem beliebten Vergleich, den ich zu Beginn dieses Kapitels zitiert habe: Eine Ehe ohne Kinder ist wie ein Leben ohne Sonne. Marggraf kennt diesen Spruch in verschiedenen Variationen und trichtert ihn durch mehrfache Wiederholung regelrecht ein. Dabei wird das Unglück immer stärker ausgemalt und die Un*fruchtbarkeit mit kosmischer Bedeutung aufgeladen. Während der Sonnenschein nur den Tag erhellt, leiden Kinderlose unaufhörlich an ihrer Einsamkeit: »Unglücklich heißt der Tag und furchtsam selbe Nacht, | Die ohne Licht und Schein muss werden hingebracht. | Dem gleichet sich das Haus, da Leibeserben fehlen, | Und wo ein einsam Bett, ist lauter Furcht und quälen.«[35] Das Leben mit Kindern und das Leben ohne Kinder erscheinen wie zwei verschiedene Welten, von denen die eine hell erleuchtet, die andere hingegen in ewige Finsternis gehüllt ist. Die Adjektive furchtsam, einsam und quälend geben vor, wie sich unfruchtbare Eheleute zu fühlen haben. Verheiratet zu sein und Kinder zu bekommen, gilt dagegen als so wesentlich und selbstverständlich wie das Sonnenlicht am Tag und der Sternenglanz in der Nacht. Das enthusiastische Lob des Familienlebens geschieht auf Kosten der Kinderlosen, die dazu angehalten werden, Passionsgefühle auszubilden.

Die frühneuzeitlichen Prediger bauen in ihren Hochzeitsreden einen hohen Erwartungsdruck auf und begründen damit ihre guten Wünsche. Marggraf merkt an, dass sich junge Eheleute, insbesondere Bräute, zwar anfangs schämten und nichts von Sex wissen wollten. Doch ändere sich dies, wenn der Kindersegen ausbleibe. Vor allem Frauen stehen unter Erfolgszwang, wie der vierfache Lebenswunsch zeigt, den Marggraf ihnen unterstellt: schön zu sein, geheiratet zu werden, fruchtbar zu sein und leicht gebären zu können. Immer wieder betont er, einem Brautpaar nichts Besseres, Schöneres und Wichtigeres als Fruchtbarkeit wünschen zu können. Was sollte für hochadlige Eheleute köstlicher, angenehmer und erfreulicher sein als Kinder? Die wiederkehrenden Wünsche münden in dieser wie anderen Hochzeitspredigten in ein Gebet, in das die Rezipientinnen und Rezipienten einbezogen werden.[36] Jeder, der in den Segen einstimmt, bestätigt die Reproduktionsnorm und verinnerlicht die protestantische Un*fruchtbarkeitshierarchie. Die Hochzeitsgäste werden zu einer Glaubensgemeinschaft, die das Privileg der Fruchtbarkeit preist.

Unfruchtbarkeitskatechese: Das Unglück kinderloser Frauen

Im Zuge der Reformation wurden Frauen auf die Doppelrolle als Ehefrau und Mutter festgelegt. Während die Anhänger der römischen Kirche Fruchtbarkeit aufgrund des sakramentalen Charakters der Ehe für irrelevant hielten,[37] stand die Reproduktion im Zentrum protestantischer Ehe- und Geschlechterlehre.

Schon Luther forderte Frauen in der Predigt *Vom ehelichen Leben* (1522) auf, in der Familienarbeit ihre religiöse Bestimmung zu erkennen. Wenn eine Frau ihr Kind stille, wiege, bade und versorge oder ihrem Mann helfe und gehorche, möge sie daran denken: »Es sind alles lauter goldene, edle Werke.«[38] Auch Wehen und Geburtsschmerzen sollten Frauen freudig auf sich nehmen, weil Gott dies wünsche und von ihnen erwarte. Luther und seine Nachfolger bezogen sich auf den 1. Timotheusbrief, dass Frauen durch Gebären selig werden (1 Tim 2,15).[39] Sie erklärten die Reproduktion zur gottgefälligen Pflicht und zur spezifisch weiblichen Form der Kreuzesnachfolge. In unterschiedlichsten Textsorten, in Ehebüchern, Hochzeitspredigten und Gebetsammlungen, wurde Mutterschaft als weiblicher Weg zum Heil interpretiert.

Was bedeutet die protestantische Sakralisierung der Fruchtbarkeit für Frauen, die keine Kinder bekommen können? Sind sie vom Heil ausgeschlossen und müssen um ihre Erlösung bangen? Gezielt suchten christliche Ethiker und Prediger, unfruchtbaren Ehefrauen diese Angst zu nehmen und ihnen Trost zuzusprechen. Diese Bemühungen erreichten im 18. Jahrhundert ihren Höhepunkt: Kinderlose erhielten im Gebetbuch des Johann Friedrich Starck (1680–1756) eine spezifische Unterweisung, wie sie mit dem Stigma der Unfruchtbarkeit umgehen sollen. Starcks Argumente sind typisch für die protestantische Bewertung von Kinderlosigkeit im frühneuzeitlichen Europa.[40] Gebete für Unfruchtbare lassen sich als Antwort auf die Hochzeitsreden und Ehelehren verstehen und belegen, wie erfolgreich die religiöse Fruchtbarkeitspropaganda war. Eine eigene Form der Seelsorge erschien notwendig, nachdem ein Leben ohne Kinder für ›unnormal‹ und minderwertig erklärt worden war. Kinderlose Frauen sollen lernen mit ihrem Stigma umzugehen, doch ohne die zugrundeliegende Diskriminierung aufzugeben.

Seelsorge für Unfruchtbare

Der lutherische Theologe Starck verfasste zahlreiche Erbauungsschriften und Kirchenlieder und war einer der meistgelesenen deutschen Autoren seiner Zeit. Sein Gebetbuch richtet sich speziell an Frauen, die in vier verschiedene Gruppen unterteilt werden: Schwangere, Gebärende, Kindbetterinnen und Unfruchtbare. Die Bedeutung des Gebärens für die Geschlechtsidentität erschließt sich auf den ersten Blick: Die Fruchtbarkeit dient als Kriterium, um Frauen zu typologisieren. Die ›Andachten‹ beziehen sich auf verschiedene Stufen im Geburtsprozess und enthalten Gebete für Schwangerschaft, Niederkunft und Wochenbett. Ganz am Ende geraten jene Frauen in den Blick, die keine Kinder bekommen. Das letzte Kapitel trägt die Überschrift: ›Erinnerung und Trost für Unfruchtbare‹. Starck stellt zu Beginn ein katechetisches Defizit fest, wobei er sich auf eigene Erfahrungen beruft. Oftmals habe er fromme, aber kinderlose Ehefrauen darüber klagen hören, dass sie keinen geistlichen Trost erhielten. Demnach besteht ein klarer Bedarf an Seelsorge für Unfruchtbare. Dass Werke auf Bitten anderer verfasst werden, ist ein beliebter Topos und dient der Selbstrechtfertigung von Autoren. Als verantwortungsvoller Prediger nimmt Starck diese Herausforderung zu gerne an. Seine Ausführungen beziehen sich zwar in weiten Teilen auf beide Ehepartner, die die Bürde der Kinderlosigkeit gemeinsam tragen sollen. Doch erscheint Unfruchtbarkeit durch die Adressierung und das Konzept des Gebetbuchs als spezifisch weibliches Problem. Wie in den medizinischen Sammlungen und gynäkologischen Traktaten des Mittelalters wird Unfruchtbarkeit dem weiblichen Geschlecht zugeordnet; Männer sind allenfalls sekundäre Rezipienten dieser ›Frauenliteratur‹.

Starck untergliedert seine Überlegungen in zwölf Abschnitte, in denen er Unfruchtbaren zu einer angemessenen Einstellung verhelfen will. Die biblische Zahl und die klare Struktur erhöhen die Einprägsamkeit. Im ersten Abschnitt erklärt Starck, dass es natürliche Ursachen für Unfruchtbarkeit gebe und diese bei beiden Eheleuten vorliegen könnten. Gott habe nicht allen Menschen die Gabe der Fruchtbarkeit in ihre Natur gelegt. Der Theologe entfaltet diesen Gedanken, indem er die menschliche Fruchtbarkeit mit verschiedenen Pflanzenarten vergleicht. Tulpen hätten weniger Blüten als ein Rosenstock, und viele Bäume zierten einen Garten, ohne dass alle Früchte tragen. Von der Freude des Gartenbesitzers an seinen Gewächsen schließt Starck auf das Verhältnis Gottes zu seinen Geschöpfen. Sein erstes und wichtigstes Anliegen ist, dass Kinderlose nicht an der göttlichen Liebe zweifeln sollen. Doch ist sein Trost adversativ formuliert: Unfruchtbare Eheleute seien trotz ihres Mangels Gottes liebe Kinder. Gleichgestellt sind sie fruchtbaren Paaren nicht.[41]

Im zweiten Abschnitt fordert Starck unfruchtbare Eheleute auf, sich in Gelassenheit und Geduld zu üben. Weil Kinder eine Gabe Gottes seien, habe kein Mensch Anspruch auf Nachwuchs. Wenn Gott den Kindersegen verweigere, dürfe man nicht mit ihm hadern. Starck betont die Allmacht und den Willen Gottes gleichermaßen, wobei er biblische Vorstellungen aufgreift. Gott teile jedem so viel aus, wie er wolle, und verfüge über die alleinige Schlüsselgewalt. Niemand könne den Mutterleib ohne seine Zustimmung verschließen oder öffnen. Starck betont das Machtgefälle zwischen Gott und Mensch, weshalb unfruchtbare Eheleute ihr Los akzeptieren müssten. Dass Unfruchtbarkeit nicht als Zeichen göttlichen Zorns oder als Strafe zu verstehen ist, stellt der dritte Abschnitt klar. Damit widerspricht Starck der verbreiteten Auffassung, dass zwischen Fruchtbarkeit und Frömmigkeit ein Kausalzusammenhang besteht. Als Beleg verweist er auf andere Gaben, die Gott kinderlosen Paaren schenkt: Gesundheit, Segen, Nahrung, Wohlergehen. Die Un*fruchtbarkeitshierarchie ist in anderen Lebensbereichen außer Kraft gesetzt, denn Kinderlose erhalten nach Starcks Beobachtung bisweilen mehr Wohltaten als Kinderreiche. Auch thematisiert der Seelsorger, dass Fruchtbarkeit nicht nur vorteilhaft ist. Er knüpft an traditionelle Eheklagen an und weist – wie Petrarca und Albrecht von Eyb – auf die Ambivalenz der Elternschaft hin. Eine große Kinderschar kann Sorgen, Krankheit und Elend mit sich bringen und eine Schwangerschaft lebensgefährlich sein. Starck verwendet daher den im reformatorischen Diskurs beliebten Ausdruck ›Kinderkreuz‹,[42] von dem Kinderlose verschont blieben.

Unfruchtbarkeit kann sogar eine besondere Gnade sein, führt Starck im vierten Abschnitt aus. Gott kenne die Menschen besser als sie sich selbst. Viele Frauen hätten zwar Kinder lieb, doch seien sie vielleicht zum Gebären und Erziehen zu schwach. Ein Kind könnte ihnen zu viele Sorgen bereiten, sie von Gebet und Gottesdienst fernhalten, oder sie würden seinen Tod nicht verkraften. Starcks These, dass Kinderlosigkeit für manche Menschen besser sei, ist zweischneidig. Zwar bemüht er sich, Unfruchtbarkeit positiv zu wenden, indem er sie als Zustand der Leidensfreiheit definiert, doch wertet er kinderlose Eheleute implizit ab. Sie sind mutmaßlich zu schwach, um Kindern gerecht zu werden und die wichtige Aufgabe der Elternschaft zu erfüllen. Deshalb warnt Starck im fünften Abschnitt eindringlich davor, mit Murren und ungeduldigem Flehen ein Kind von Gott zu erzwingen. Dass ein Kinderwunsch überhaupt wider göttlichen Willen erfüllt werden könnte, passt nicht ganz zur gesamten Argumentation. Doch geht Starck von der Möglichkeit aus, Gott könne im Zorn Kinder geben, was mit schrecklichen Folgen verbunden sei: Entweder werde die fordernde Wunschmutter krank und sterbe vielleicht gar, oder der Nachwuchs beschere seinen Eltern viel Kummer und versetze sie in Angst und Schrecken.

Der sechste Abschnitt richtet sich gezielt an Frauen, die um ihr Seelenheil fürchten, weil sie nicht gebären können. Diese Angst sucht Starck zu nehmen, indem er an einen urreformatorischen Grundsatz erinnert: Christen sind nicht durch ihre Werke, sondern allein durch den Glauben gerechtfertigt. Das Blut Christi, nicht das Gebären schenkt also Erlösung. Im siebten Abschnitt mahnt Starck erneut zu Geduld und Gottvertrauen. Er macht Hoffnung und versichert, dass Gott alle Bitten noch erhören könne. Wie die Zeit des Bangens und Wartens zu überbrücken ist, thematisiert der achte Abschnitt. Keinesfalls dürfen sich Ehepartner gegenseitig die Schuld zuschieben.

Starck identifiziert Gott als den eigentlichen Urheber von Un*fruchtbarkeit und entlastet so die Eheleute. Überhaupt rät er zur Zurückhaltung und Gelassenheit, auch falls sich Freunde und Verwandte vorzeitig für das Erbe interessieren sollten. Statt negativen Affekten nachzugeben, müssten kinderlose Paare in der Liebe zueinander und zu Gott treu bleiben. Ihnen bleibe mehr Zeit für fromme Betätigung, wie Starck im neunten und zehnten Abschnitt herausstellt. Als Kompensation schlägt er vor, Werke der Barmherzigkeit zu üben und arme Leute wie fromme Kinder zu unterstützen.[43] Auf diese Weise könnten Kinderlose eine soziale Elternrolle übernehmen, für die sie am Jüngsten Tag gerühmt würden. Im elften Abschnitt erwägt Starck erneut, dass Kinderlosigkeit ein Zeichen göttlicher Gnade sein kann. Möglicherweise schenke Gott Eheleuten keinen Nachwuchs, weil eine schreckliche Katastrophe bevorstehe und er sie schonen wolle.

Nachdem Starck kinderlose Paare mit diesen Un*fruchtbarkeitsgedanken getröstet hat, ändert er seine Strategie. Im letzten Abschnitt lenkt er die Aufmerksamkeit auf eigene Defizite und leitet zu einer Gewissensprüfung an. Die Eheleute sollen überlegen, ob sie die richtige Einstellung besitzen. Sehen sie Kinder nur als Naturprodukt oder als Gabe Gottes an? Damit legt Starck nahe, dass Unfruchtbarkeit doch selbstverursacht sein kann, und greift die traditionelle Vorstellung eines Tun-Ergehen-Zusammenhangs wieder auf, die schon in den theologischen, medizinischen und dämonologischen Bereichen begegnet ist. Möglicherweise wolle Gott unfruchtbare Paare auf ein Defizit aufmerksam machen. Den potentiellen Einwand, dass viel größere Sünder doch auch Kinder bekommen, entkräftet der Seelsorger vorsorglich: Bei Hurern und Huren solle die Schande ans Licht gelangen. Un*fruchtbarkeit kann folglich nicht pauschal erklärt werden, vielmehr ist eine fallspezifische Ursachenforschung erforderlich.

Starck schließt seine Unterweisung, indem er auf biblische Vorbilder verweist und die Option einer späten Elternschaft ins Spiel bringt.[44] Kinderlose Paare werden also nicht von ihrer Sorge befreit, sondern sollen im Schwebezustand bangen Hoffens verharren. Statt die Dichotomie der Un*fruchtbarkeit aufzuheben und alles Gott anheimzustellen, rät Starck zum unermüdlichen Gebet. Als Ideal bleibt Fruchtbarkeit unverändert präsent, die ersehnte Elternschaft weiterhin emotional prägend. Dies wird besonders am letzten Ratschlag deutlich, wenn Starck seine Adressatinnen aufs Jenseits vertröstet: Falls ihr Haus doch einsam und kinderlos bleibe, dürften sie sich im Himmel der Gemeinschaft vieler tausend Engel erfreuen. Innerweltlich ist Kinderlosigkeit trotz aller Trostversuche ein nicht zu bewältigendes katechetisches Problem. Auch das Medium trägt dazu bei, dass die Un*fruchtbarkeitshierarchie nie in Vergessenheit gerät. Kinderlose Frauen, die Trost im Gebet suchen, müssen das Buch nur zur Hand nehmen, um an die Reproduktionsnorm erinnert zu werden. Der Großteil von Starcks Gebetbuch, hundert von rund hundertzwanzig Druckseiten, ist gebärenden Frauen gewidmet.

Anleitung zur Akzeptanz des Stigmas

Wie Geschlecht, Stand und Herkunft ist auch Un*fruchtbarkeit eine Kategorie, die die persönliche wie die soziale Identität maßgeblich bestimmt. Sowohl das eigene Selbstverständnis als auch die Wahrnehmung anderer hängen davon ab, ob Menschen Kinder haben oder nicht. Wie Frauen dazu angeleitet werden, eine kinderlose Identität auszubilden, zeigt Johann Friedrich Starcks Gebetbuch beispielhaft.[45] An die theoretische Unterweisung schließen zwei weitere Texte an, mit deren Hilfe sich Rezipientinnen Starcks Position aneignen und diese verinnerlichen sollen: ein Gebet und ein Gesang. Beide Textsorten sind in der ersten Person Singular formuliert und thematisieren das Leid kinderloser Frauen. Die Ich-Aussagen erscheinen zwar sehr persönlich und höchst subjektiv, sind aber durch den männlichen Verfasser vorgegeben und rhetorisch-theologisch durchkomponiert. Seine Gebetstexte bieten unfruchtbaren Frauen eine Möglichkeit, ihre schmerzlichen Affekte in Worte zu fassen, und lenken diese zugleich in die gewünschte Richtung.

    Starcks Gebet beginnt mit einer doppelten Ansprache Gottes, der Frage nach der eigenen Bestimmung und einer Klage über Kinderlosigkeit: »Herr, Herr, was willst du mir geben? Ich gehe dahin ohne Kinder!«[46] Das betende Ich definiert sich über sein Stigma, wie es im christlichen Schuldbekenntnis zu seinen Sünden steht; Starck verwandelt das ›mea culpa‹ in ein ›mea infertilitas‹, wodurch sich die Rezipientinnen mit der Rolle der unglücklichen Unfruchtbaren identifizieren sollten. Interessante Aufschlüsse über die Identitätsbildung kinderloser Frauen bietet das Buch *Stigma* (1963) des Soziologen Erving Goffman, der »Techniken der Bewältigung beschädigter Identität« untersucht.[47] Demnach stellt sich das Problem des Stigmas nur da, wo es von allen Seiten Erwartungen gibt. Voraussetzung ist, dass eine bestimmte Norm nicht nur befürwortet, sondern auch realisiert werden soll. Im Verlauf seiner Sozialisation lernt ein Mensch die Identitätsstandards der Gesellschaft kennen und wendet sie auf sich an, auch wenn er ihnen nicht entspricht. Dies führt zu einem inneren Selbstwiderspruch, der sich in Starcks Unfruchtbarkeitsgebet in der Diskrepanz zwischen Glauben und Erfahrung niederschlägt. Das Ich versteht sich selbst als ein Geschöpf Gottes wie alle anderen Menschen. Doch sieht es, wie Gott anderen Kindern schenkt, ihm selbst aber nicht.

Nach Goffman werden stigmatisierte Personen von teilnehmenden Anderen unterstützt, die mit ihrer Situation bestens vertraut sind. Der Seelsorger Johann Friedrich Starck ist ein typischer ›Weiser‹ in Goffmans Sinne. Mit dem vorformulierten Gebet bietet er professionelle Hilfe, wie mit Unfruchtbarkeit umzugehen ist. Die vorherige Katechese wird in die Gebetspraxis übertragen, durch die Kinderlose zu einer angemessenen Haltung finden sollen. Daher verharrt das Ich nicht lange in der Klage, sondern bittet um Geduld und Gelassenheit. Es erkennt die Allmacht und Liebe Gottes an und verspricht, sich seinem Willen zu unterwerfen. Das Gebet ist so formuliert, dass sich jede Rezipientin die Sprechhaltung zu eigen macht. Statt zu hadern, dankt das unfruchtbare Ich Gott für seine Güte, falls er es aufgrund seiner Schwäche mit dem ›Kinderkreuz‹ verschonen will. Das fromme Ich bittet um Kraft, Gott umso freudiger zu dienen, sollte ihm keine Kinderfreude beschert sein. Das Gebet zielt darauf ab, Kinderlosigkeit anzunehmen und vor Neid, Missgunst und Hass bewahrt zu bleiben. Glauben, Hoffnung und Liebe, Gottergebenheit und Standhaftigkeit sollen gestärkt werden, um Werke der Barmherzigkeit zu verrichten.

Das unfruchtbare Ich gibt seine Hoffnung aber nicht auf und glaubt an die Möglichkeit einer erlösenden Wende. Es bittet den Allmächtigen inständig um ein Kind und verweist auf die biblischen Vorbilder Saras und Elisabets, die wider alle Wahrscheinlichkeit im hohen Alter schwanger wurden. Zugleich verspricht das Ich erneut, den göttlichen Willen Gottes zu akzeptieren. Das drängende Begehren nach einem Kind und die erklärte Leidensbereitschaft sorgen für eine inhärente Spannung, die eine gespaltene Identität erzeugt. Durch einen Stoßseufzer soll das Ich seine negativen Affekte abbauen (»Herr, ich habe mein Herz vor dir ausgeschüttet, ach!«), bevor es zu einer gefassten und getrösteten Haltung geführt wird. Am Ende verschiebt sich die Kommunikationssituation vom dialogischen Gebet zum Selbstgespräch. Das betende Ich adressiert nicht mehr Gott, sondern ermutigt sich selbst: »Ich bin vergnügt in meinem Hoffen.« Viermal lässt Starck die Beterinnen die Formel »ich bin vergnügt« sprechen, mit der die Trauer in Gelassenheit umgemünzt und der Gesinnungswandel autosuggestiv vollzogen wird.[48]

Eine solche Gebetsanweisung dient dem Zweck einer ›guten Anpassung‹, die Erving Goffman folgendermaßen beschreibt:[49] Das stigmatisierte Individuum soll sich heiter und unbefangen akzeptieren, als ob es den ›Normalen‹ gleich wäre. Doch wird von Stigmatisierten zugleich verlangt, implizite Grenzen zu tolerieren und ihr Glück nicht zu erzwingen. »[I]sts aber dein Wohlgefallen nicht, so will ich auch dir kein Kind abzwingen«, gelobt das fromme Ich in Starcks Gebet. Die Leitlinien der ›guten Anpassung‹ werden von jenen vorgegeben, die den Standpunkt der Mehrheit vertreten. Sie verlangen von einem diskreditierten Individuum, sein Stigma gefasst anzunehmen. Stigmatisierte gelten als vorbildlich, wenn sie erklären, dass ihnen ihre Last nicht zu schwer erscheint. Gleichzeitig müssen sie Abstand von den ›Normalen‹ halten, um deren Wertmaßstäbe zu bestätigen. Diese Techniken der beschädigten Identität sind für Starcks Gebetsbuch handlungsleitend. Die Hierarchie der Un*fruchtbarkeit wird keineswegs in Frage gestellt, sondern es wird von kinderlosen Frauen erwartet, dass sie ihr schweres Schicksal geduldig und demütig ertragen.

Dem Gebet folgt ein Gesang, der ebenfalls den Regeln der ›guten Anpassung‹ entspricht. Die zwölf Strophen sind nach der Melodie der Bach-Kantate *Alle Menschen müssen sterben* zu singen. Die musikalische Adaptation ist für die Frömmigkeitspraxis relevant. Was die Rezipientinnen intellektuell verstanden und sich im Gebet als eigene Position angeeignet haben, sollen sie durch das Lied verinnerlichen. Für die Katechese ist dieses Verfahren hoch effektiv. Metrik, Rhythmik und Strophik tragen dazu bei, dass theologische Lehren schnell gelernt und immer neu vergegenwärtigt werden können. Auch der Gesang geht von der Kinderlosigkeit des Ichs aus und kontrastiert diese mit dem Kinderreichtum anderer, woraus emotionale Not erwächst. Weil es die Mutterfreude anderer sieht, fühlt sich das Ich allzeit einsam und betrübt: »Ach Herr! was willst du mir geben, Weil ich ohne Kinder bin? Meine Zeit und auch mein Leben Geht in vielem Kummer hin; Andre muss ich fröhlich sehen, Und mit Kindern einher gehen, Aber ich geh ganz allein, Und muss stets bekümmert sein.«[50]

Die Sehnsucht nach einem Kind kommt in der nächsten Strophe deutlich stärker als in den vorherigen Texten zum Ausdruck, weil das Ich seine Beziehung zu einem Wunschkind imaginiert. Es stellt sich vor, wie es sich liebevoll um einen Säugling kümmert, mit ihm spielt und ihn umherträgt. Allein der Gedanke daran, Mutter zu sein, bereitet größte Freuden. Wie in den Hochzeitspredigten wird das Elternglück betont, doch zugleich als illusionär und unerreichbar markiert. Das Hochgefühl schlägt jäh in Entbehrungsschmerz um; traurig klagt das Ich darüber, dass ihm sein größtes Glück verwehrt bleibt. In den folgenden Strophen gelingt es dem unfruchtbaren Ich mehr und mehr, seine Situation zu akzeptieren: Es erkennt an, dass Gott ihm viele andere Gaben beschert hat, es verspricht, sich seinem Willen zu beugen und kein Kind erzwingen zu wollen. Im Vergleich zu den reformatorischen Hochzeitsreden ist vor allem die Freude bemerkenswert, die das Ich angesichts der Liebe Gottes empfindet. Während die Prediger Kinderlosigkeit mit einem Leben ohne Sonne vergleichen, weist Starck auf den übergeordneten Wert christlichen Lebens hin. Die Liebe zu Christus ist wichtiger als zehn Söhne, weshalb das Ich Zufriedenheit und Gottvertrauen an den Tag legt: »Hab ich dich, o meine

Wonne! Mein Gott! meine Freud' und Sonne! So bin ich in dir vergnügt, Wie's dein Wille in mir fügt.« (Str. 7) Nicht die eigenen Nachkommen, sondern Gott selbst soll das Licht im Leben frommer Frauen sein.

Auch im Lied bleibt das Begehren nach einem Kind jedoch virulent. Das Ich ist in sich gespalten, denn die Bereitschaft, die Unfruchtbarkeit zu akzeptieren, wechselt erneut mit der Hoffnung auf eine späte Schwangerschaft. »Wer weiß?« fragt das Lied-Ich viermal, was Gott ihm noch bescheren werde. Seine Identität wird maßgeblich durch die Kinderlosigkeit bestimmt, da es sich von der Leitdifferenz der Un*fruchtbarkeit nicht lösen kann. Bis zuletzt hofft das Ich auf »die Gnadenstund'« (Str. 11), in der ihm nach langem Warten doch noch ein Kind zuteilwird. Zugleich bittet es darum, seine Passion wie Christus ertragen zu können. Das Kreuz einer frommen Frau kann sowohl in ihrer Mutterschaft als auch in ihrer Kinderlosigkeit bestehen. Die letzte Strophe endet mit dieser Ambivalenz des unfruchtbaren Ichs, dessen Rede zwischen drängendem Appell und stiller Resignation hin und her schwankt. Es bittet Gott flehentlich darum, seine Bitten zu erhören, und verspricht doch, seinen Willen zu akzeptieren.

Durch die Melodie des Liedes *Alle Menschen müssen sterben* erhält der intendierte Trost einen melancholischen Unterton. Die Affekte des Beerdigungslieds übertragen sich beim Gesang auf den neuen Text und erzeugen eine negative Grundstimmung, die nur im Vertrauen auf Gott bewältigt werden kann. Die Kontrafaktur trägt dazu bei, dass Leid, Schmerz und Tod dem Trost stets eingeschrieben bleiben. Der Umgang mit Unfruchtbarkeit kommt auf musikalischer Ebene einer Trauerarbeit gleich. Zugleich vermittelt das Unfruchtbarkeitslied auf sprachlicher Ebene, welches Verhalten bei Kinderlosigkeit erwartet wird. In Starcks Gebetbuch sind Seelsorge und Stigmatisierung untrennbar miteinander verbunden. Der Theologe leitet Frauen dazu an, eine Ich-Identität als kinderloses Individuum zu entwickeln. Ziel der Katechese ist, dass unfruchtbare Frauen ihre Abweichung von der ›Normalität‹ verinnerlichen und annehmen sollen.

Ausblick

Wie sehr Frauen heute unter Unfruchtbarkeit leiden können, führen Erfahrungsberichte, Experteninterviews und Selbstaussagen von Betroffenen vor Augen.[51] »Nichts in meinem Leben hat mich so geschmerzt wie meine Kinderlosigkeit«, »Alles drehte sich um die Sehnsucht nach einem Kind«, »Mein Leben schien völlig stillzustehen«, so wird die 44-jährige Ines zitiert, die elf Jahre vergeblich versuchte, ein Kind zu bekommen, und zahlreiche reproduktionsmedizinische Behandlungen über sich ergehen ließ. Literarische Ratgeber für Frauen, die ungewollt kinderlos bleiben, sind auch in der Gegenwart sehr gefragt. In den wenigsten Fällen geht es darum, Hilfe beim ›Abschied vom Kinderwunsch‹ zu leisten und einen Trauerprozess zu begleiten, sondern meist wird die Phase des Bangens und Hoffens verlängert. Die Verheißungen der Reproduktionsmedizin haben daran entscheidenden Anteil. Das Anliegen von Kinderwunschzentren ist nicht, dass sich Kinderlose mit ihrer Lebenssituation anfreunden, sondern dass sie sich medizinisch behandeln lassen. Mit Sprüchen wie »Nicht den Kopf hängen lassen«, »Im Grunde genommen wird jede Frau schwanger«, »Gerade heute hatten wir wieder drei positive Schwangerschaftstests«, werden Erwartungen geweckt und Kinderwunsch-Patientinnen zum Weitermachen animiert.

Die Perspektive von Frauen, deren Lebenstraum von einer Familie unerfüllt bleibt, unterscheidet sich diametral von jenen, die aus freien Stücken keinen Nachwuchs haben. Die Ambivalenz der Elternschaft wird nicht mehr wahrgenommen, wenn das Begehren nach einem Kind alles bestimmt. Menschen, die sich sehnlichst Nachwuchs wünschen, sind nicht kinderfrei, sie sind kinderlos, stellt Verena Brunschweiger klar. Doch kann sie selbst einem Leben ohne Kinder nur positive Seiten abgewinnen. Auch Sheila Heti entscheidet sich am Ende ihres autofiktionalen Werks bewusst dafür, keine Mutter zu werden. Statt sich um ein Kind zu kümmern, will sie ihre Zeit zum Schreiben nutzen und gemeinsam mit ihrem Partner lieber aus dem Kunstmachen als aus dem Elternsein Befriedigung schöpfen.[52] Ob ein Leben mit oder ein Leben ohne Kind als Ideal betrachtet wird, ist in Geschichte und Gegenwart individuell sehr verschieden. Doch hängt die Bewertung von Un*fruchtbarkeit nicht nur mit subjektiven Empfindungen und persönlichen Sehnsüchten, sondern auch mit ethischen Prägungen, kulturellen Deutungsmustern und gesellschaftlichen Wertvorstellungen zusammen. Seit der Reformationszeit wurde die Vorstellung vom Mutterglück als Lebenssinn kontinuierlich propagiert, wodurch der konkurrierende Diskursstrang von der Freiheit der Kinderlosen an Bedeutung verlor.

Der große Schmerz, den Menschen heute empfinden, wenn sie keine Kinder bekommen können, sollte auch vor diesem kulturhistorischen Hintergrund gedeutet werden: Jahrhunderte lang wurden Frauen für die Gefahr der Unfruchtbarkeit sensibilisiert und darin geschult, ein Leben ohne Kinder als persönliches Defizit zu empfinden. Auf diese Weise wurden sie dafür empfänglich gemacht, an einer Situation zu leiden, für die sie nach Ansicht antiker Kirchenväter und vormoderner Philosophen zu beneiden wären. Frauen, die heute als überzeugte Nicht-Mütter öffentlich in Erscheinung treten, stellen die in der Frühen Neuzeit etablierten Glücksvorstellungen in Frage. Sie zeigen alternative Lebenskonzepte auf, für die sich bereits in der antiken und mittelalterlichen Literatur Argumente finden lassen. Die Kinderfrage stellt sich nicht erst seit der Entwicklung und Verbreitung der sogenannten ›Antibabypille‹, nur wurde sie in der Vergangenheit vornehmlich von Männern diskutiert, während in der Gegenwart fast ausschließlich von Frauen verlangt wird, sich zum Thema Elternschaft zu äußern.

6
Göttliche Hilfe: Auf ein Kind warten

Abb. 7 *Kinderwunschgebet – Holzschnitt des Meisters der Wunder von Mariazell (um 1520)*

Für Menschen mit unerfülltem Kinderwunsch gibt es zahlreiche Internet-Foren. Vor allem jüngere Frauen nutzen nahezu reflexartig das Internet, um sich über reproduktionsmedizinische Behandlungsangebote zu informieren und sich mit anderen Betroffenen auszutauschen, so ist in der Broschüre des Bundesfamilienministeriums *Kinderlose Frauen und Männer* (2014) zu lesen. Die Beiträgerinnen berichten von Leiden, Sorgen und Ängsten, ermutigen sich gegenseitig und trösten einander, wenn die ersehnte Schwangerschaft erneut ausgeblieben ist. Emotionale Befindlichkeiten, reproduktive Maßnahmen und der unbedingte Wille zum Kind dominieren den digitalen Dialog. Eher ungewöhnlich, aber traditionsreich ist die Strategie, die am 23. Mai 2008 im Kinderwunsch Forum von *Urbia* empfohlen wird:[1] In einem »Mutmachposting« mit dem Betreff »Mutter Anna hat geholfen« erzählt die Autorin von der Geburtsgeschichte ihres acht Monate alten Sohnes. Nachdem sie zwei Jahre vergeblich auf eine Schwangerschaft gehofft hatte, nur noch an ihren Kinderwunsch denken konnte und kreuzunglücklich war, erhielt sie von ihrer Mutter den Rat, sich an Anna zu wenden. Da die reproduktionstheologische Methode im Forum wenig bekannt ist, klärt die Schreiberin über ihre religiöse Sozialisation und die Verwandtschaftsverhältnisse der Heiligen auf. Sie selbst stamme aus einer katholischen Familie, und Anna sei die Mutter der Gottesmutter, also die »Oma von Jesus«. Weil Anna bis ins hohe Alter auf ein Kind warten musste, wisse sie genau, was Frauen mit Kinderwunsch durchmachten. Das Fruchtbarkeitsgebet wird im Wortlaut zitiert und vom Erfolg der fertilen Maßnahme berichtet. Der Post ist, wie die Ich-Erzählerin offenlegt, Teil einer religiösen Abmachung. Mit der Publikation löst sie ihr Versprechen ein, sich bei Anna zu bedanken und anderen Frauen Mut zu machen. Die Verfasserin ist von der Wirksamkeit des Fürbittgebets so überzeugt, dass sie schon jetzt »Mutter Anna« fleißig um ein zweites Kind bittet, und alle Wunschmütter in ihr Nachtgebet einschließen will.

Die digitale Geburtswundererzählung steht in einer langen Traditionskette, die bis ins Alte Testament zurückreicht. Ein Paar wünscht sich lange vergebens ein Kind, bis sich endlich – dank göttlicher Hilfe – doch noch Nachwuchs einstellt. Strukturbildend wirken die biblischen Geschichten um die späten Schwangerschaften von Sara, Rahel, Hanna und Elisabet, die ich schon im Kontext der Theologie behandelt habe. Während es in den ersten fünf Kapiteln um historisches Wissen, normative Vorgaben und diskursive Rahmenbedingungen ging, untersuche ich im verbleibenden Teil des Buches narrative Schemata, die literarischen Un*fruchtbarkeitsgeschichten zugrunde liegen. Erzählungen sind für eine Kulturgeschichte der Kinderlosigkeit nicht weniger relevant als Gesetze, Predigten und Traktate. Sie spiegeln gängige Wertvorstellungen und orientieren sich an theologischen, medizinischen, juristischen, dämonologischen und ethischen Prinzipien. Aber sie können diese auch konterkarieren, verschiedene Diskursstränge miteinander kombinieren und eigene Positionen entwickeln. Literarische Geschichten wollen nicht, jedenfalls nicht nur darüber informieren, wie sich Kinderlose verhalten sollen, sondern ausloten, wie sie sich verhalten können. Sie erzählen sowohl von den Erfahrungen, die Menschen gemacht haben, als auch von imaginären Erlebnissen, mögen sie wünschenswert, vorbildlich und ideal oder mitleiderregend, abschreckend und gefährlich erscheinen. Un*fruchtbarkeitsgeschichten können dazu beitragen, Normativität zu erzeugen, und Differenzen zwischen Eltern und Kinderlosen verstärken. Nicht zufällig nutzen Prediger, Dämonologen und Ehedidaktiker gerne Anekdoten; Exempelerzählungen sollen ihren Argumenten Glaubwürdigkeit und Überzeugungskraft verleihen. Doch lassen sich Un*fruchtbarkeitsgeschichten auch normativitätskritisch lesen, indem die Entstehung von Machtverhältnissen nachgezeichnet wird.

Die Legende von Anna und Joachim, auf die der erwähnte Internet-Beitrag rekurriert, ist der christliche Prototyp des bekanntesten Un*fruchtbarkeitsnarrativs, das die mittelalterliche Frömmigkeitskultur nachdrücklich geprägt hat. Durch Gebete, Wallfahrten, Almosen, Votivgaben und andere religiöse Praktiken versuchten unfruchtbare Paare, eine Schwangerschaft herbeizuführen. Das religiöse Erzählmuster basiert auf der Dualität von göttlicher Allmacht und menschlicher Ohnmacht. Die Protagonisten empfinden tiefes Leid, ohne selbst etwas an ihrer Familiensituation ändern zu können. Daher richten sie all ihre Hoffnung auf eine metaphysische Instanz und werden für ihre Ergebenheit zuletzt belohnt; ihre Kinderlosigkeit bleibt eine Episode. Die zeitlose Beliebtheit des Narrativs gründet darin, dass es die Erfüllung eines Kinderwunschs – wider alle Wahrscheinlichkeit – verspricht. In der mittelalterlichen Erzählliteratur dient die zeitweilige Kinderlosigkeit verschiedenen Zwecken: Aus religiöser Perspektive wird Gott als Urheber des Lebens gefeiert, in genealogischer Hinsicht das spätgeborene Kind ausgezeichnet und in sozialer Hinsicht die Reproduktionsnorm bestätigt.

Soziale Diskriminierung: Kinderlos werden

Die zentrale Frage von Menschen mit unerfülltem Kinderwunsch lautet: Wie kann ich Mutter oder Vater werden? Das erste und wichtigste mittelalterliche Narrativ rät dazu, metaphysische Hilfe in Anspruch zu nehmen und um ein Kind zu beten. Mehr als diese konkrete Empfehlung interessieren mich die damit verbundenen Wertvorstellungen und Ideale. Daher setze ich etwas früher an und frage nun bei literarischen Einzelgeschichten, wie ein Kinderwunsch entsteht und wodurch er motiviert ist. Die Legende von Anna und Joachim liefert nicht nur ein einschlägiges Beispiel dafür, wie Unfruchtbarkeit auf religiösem Wege überwunden werden kann. Vielmehr ist auch zu beobachten, wie gesellschaftliche Normen zu einer Stigmatisierung von Nicht-Eltern und zur Ausbildung einer kinderlosen Identität führen, lange bevor eine spezifische Katechese für unfruchtbare Frauen entwickelt wird. Mehrere Argumente, die im letzten Kapitel beim Lob der Elternschaft und Trost für Kinderlose durch protestantische Prediger thematisiert wurden, sind in der Erzählliteratur des Mittelalters vorgeprägt. Da Marias Geburtsgeschichte in zahlreichen Varianten erzählt wird, lässt sich die Auseinandersetzung mit der Un*fruchtbarkeitsthematik an ihr besonders gut untersuchen. In meiner Analyse berücksichtige ich drei Bearbeitungen dieser Legende: die älteste Version aus dem griechischen Protoevangelium des Jakobus (2. Jh. n. Chr.), das erste größere Marienleben in deutscher Sprache, die *Driu liet von der maget* (Drei Verserzählungen von der Jungfrau; 1172) des Priesters Wernher, und die Bearbeitung Wernhers des Schweizers (1. Hälfte 14. Jh.).[2] Ergänzend werden weitere Un*fruchtbarkeitsgeschichten dieses Erzähltyps herangezogen.

Kinderlose Traumpaare

Auf den ersten Blick erscheinen Anna und Joachim in den mittelalterlichen Marienleben als christliches Traumpaar. Wie die meisten mittelhochdeutschen Autoren neigen auch die beiden Wernhers dazu, ihre Protagonisten als die besten, schönsten und tapfersten Menschen zu rühmen.[3] So stellt Priester Wernher Joachims Frömmigkeit und Geduld, seinen Reichtum und seine Barmherzigkeit heraus. In jungen Jahren heiratet Joachim Anna, die wie er aus dem Geschlecht Davids stammt, sehr fromm und ausgesprochen schön ist. Wernher der Schweizer wiederum lobt Joachim als gütig, gerecht und vor allem fromm; niemand komme ihm an Tugend und Seligkeit gleich. Dem idealen Mann ist erneut die perfekte Frau zugeordnet, die alle Geschlechtsgenossinnen übertrifft. Anna wird als demütig, mild, fromm, keusch und völlig makellos charakterisiert. Ausdrücklich betont Wernher der Schweizer, was für ein ehrbares, gottgefälliges und tadelloses Paar die beiden seien. Erst danach kommt er auf einen heiklen Punkt zu sprechen, der das strahlende Glück trübt: Nach zwanzig Jahren ist Annas und Joachims Ehe noch immer kinderlos. Immerhin wirkt sich der Entwurf eines perfekten Paars mildernd auf die gängigen Wertungen aus. Wenn vorbildliche Eheleute ohne Nachwuchs bleiben, kann Unfruchtbarkeit keine Folge eigenen Fehlverhaltens sein. Die verbreitete religiöse Deutung, Kinderlosigkeit als Strafe zu verstehen, scheint im Narrativ der göttlichen Hilfe von vornherein außer Kraft gesetzt. Die Idealisierung der Protagonisten führt werkübergreifend zur moralischen Entlastung kinderloser Eheleute.

Idealität und Unfruchtbarkeit stehen dennoch in einem Spannungsverhältnis, das mittelalterliche Autoren sorgfältig austarieren. So wird Reinfried von Braunschweig in dem gleichnamigen Minne- und Aventiureroman (nach 1291) für seine Mildtätigkeit, Tugendhaftigkeit und höfische Erziehung gepriesen.[4] Keiner, der ihn sieht oder von ihm hört, kann sich einen glücklicheren Menschen vorstellen. Ursache dafür ist die Liebesheirat mit der dänischen Prinzessin Yrkane, die Reinfried unter großen Anstrengungen zur Frau gewonnen hat. Der Erzähler kann gar nicht genügend Worte finden, die Glückseligkeit des Paares zu beschreiben. Ihr ganzes Leben scheint nur aus Wonne, Freude und Sorglosigkeit zu bestehen. Dann räumt er jedoch ein, dass eine winzige Kleinigkeit das Paar bedrückt: Ihre innige Liebe trägt nach zehn Ehejahren noch immer keine Frucht. Die Betroffenen selbst empfinden dies keineswegs als Petitesse. Häufig sind sie sehr betrübt und klagen inständig, dass Gott ihnen keinen Erben schenkt.

Auch in Ottes *Eraclius* (um 1230) macht die Unfruchtbarkeit ihrer Ehe den frommen und tugendhaften Protagonisten sehr zu schaffen.[5] Der vornehme, reiche römische Bürger Myriados und seine schöne Frau Cassinia empfinden es als äußerst belastend, dass sich nach siebenjähriger Ehe noch immer keine Schwangerschaft abzeichnet. Der Erzähler zeigt Verständnis und hält ihr Leiden für eine typische Reaktion begünstigter, aber kinderloser Leute: So gehe es vielen, denen Gott zahlreiche Gaben schenke, doch ein Kind vorenthalte. Diese Kontrastierung von Idealität und Unfruchtbarkeit impliziert eine klare Wertung: Ein fehlender Erbe ist der einzige, aber entscheidende Makel im Leben perfekter Paare. Wenn selbst solche privilegierten Menschen massiv unter Kinderlosigkeit leiden, dann können alle materiellen und ideellen Vorzüge fehlenden Nachwuchs nicht wettmachen. Somit leistet das Narrativ der Vorstellung Vorschub, dass eine kinderlose Ehe grundsätzlich defizitär ist und Männer wie Frauen erst mit der Vater- und Mutterschaft zu vollständigen Menschen werden.

Aus diesem Grund zieht Konrad von Würzburg in der *Alexius*-Legende (1275) eine negative Lebensbilanz für seine Figuren:[6] Auf der Haben-Seite stehen Tugend, Ansehen und Besitz, auf der Soll-Seite Kinder. Erneut sticht die Unfruchtbarkeit angesichts der individuellen und soziokulturellen Vorzüge eines Paars umso stärker hervor. Der vornehme Römer Eufemian ist für seine

Freigebigkeit, Frömmigkeit und Redlichkeit berühmt. Als Vertrauter des Kaisers steht er im Palast dreitausend Bediensteten vor, sein eigenes Haus öffnet er für Notleidende und speist täglich die Armen. Sein ganzes Streben ist frei von Tadel, eifrig dient er Gott und verhält sich ehrenhaft, ebenso wird seine Frau Agleis als mildtätig, rein, bescheiden und klug charakterisiert. Doch kann nach Ansicht des Erzählers kein Ehepaar mit seinem Leben ganz zufrieden sein, solange Nachwuchs fehlt. Vor allem Wohlhabende belaste Unfruchtbarkeit schwer, kommentiert er und betont den Lustaspekt: Kinder seien für reiche Leute Wonne und Vergnügen auf Erden. Diese allgemeine Regel bestätigt Konrad von Würzburg an Eufemian und Agleis, die oft über ihre Kinderlosigkeit klagen.

Leid, Trauer und Kummer sind fester Bestandteil all dieser Un*fruchtbarkeitsgeschichten. Das Narrativ der göttlichen Hilfe reduziert demnach die individuellen Lebensgeschichten von unfruchtbaren Paaren auf einen Deutungsansatz, dem seine Negativität eingeschrieben ist: Ein Leben ohne Kinder wird als Passionsgeschichte interpretiert. Dies führt zu einer Normierung und Stereotypisierung der Affekte: Wer keinen Nachwuchs bekommt, muss leiden, weinen und klagen. Positive oder wertneutrale Reaktionen, andere Sinnentwürfe oder konkurrierende Lebensmodelle lässt das Narrativ nicht zu. Wie verheerend sich Unfruchtbarkeit auf das Lebensglück auswirkt, beschreibt Albrecht von Scharfenberg im *Jüngeren Titurel* (1260–1272/73) in lyrischen Metaphern: Der Brunnen reiner Freude wird durch Sorge getrübt, kalter Frost bricht in die Wonne des lachenden Maienmonats hinein, und die Blüte der Freude neigt sich.[7] In Albrechts Bildersprache ist Unfruchtbarkeit ein gewaltsames Naturereignis, das zur Unzeit auftritt, das Frühlingserwachen schlagartig erstarren lässt und gegen das sich niemand schützen kann. Dass das Leiden an Kinderlosigkeit jedoch im Unterschied zu einer Naturkatastrophe soziale Ursachen hat, lässt sich an der Legende von Anna und Joachim beobachten.

Annas und Joachims Stigma

Im Protoevangelium beginnt die Un*fruchtbarkeitsgeschichte in medias res. Der reiche Joachim will Gott eine doppelte Opfergabe darbringen und wird zurückgewiesen. Er darf sein Opfer nicht als Erster verrichten, weil er keine Nachkommen gezeugt hat.[8] Der Priester, der die fromme Tätigkeit unterbindet, gehört der kinderbesitzenden Mehrheitsgesellschaft an, die sich über die kinderlose Minderheit stellt. Die fertile Wertehierarchie dient als Maßstab, um Menschen zu klassifizieren. Das binäre Modell verschleiert freilich den kulturellen Konstruktionscharakter und die gegenseitige Abhängigkeit von Fruchtbarkeit und Unfruchtbarkeit. Ihr innerer Zusammenhang ist so eng und intrikat, dass sich Ursache und Folge wechselseitig bedingen. Das Leiden an Unfruchtbarkeit scheint einerseits eine Folge der Reproduktionsnorm zu sein, trägt aber andererseits dazu bei, diese überhaupt erst zu etablieren. Anders gesagt: Die Abwertung von Unfruchtbarkeit führt zur Aufwertung der Fruchtbarkeit. Die Reproduktion wird als Norm installiert, indem Kinderlose stigmatisiert und zur sozialen Randgruppe erklärt werden.

In den *Driu liet von der maget* ist der Grad der Diskriminierung gesteigert. Joachim wird nicht nur degradiert, sondern exkludiert. Der Priester unterbricht den andächtigen Mann bei seinem Brandopfer und treibt ihn aus dem Tempel. Sein Handeln begründet er mit Joachims Sündhaftigkeit und macht sich dabei selbst zum göttlichen Sprachrohr. Dass Gott einen kinderlosen Mann verstoßen hat, ist für ihn so offensichtlich, dass er diesen Zusammenhang nicht einmal explizieren muss. Joachims Schuld erscheint dem Priester zu groß, als dass er länger bleiben darf. Niemand wolle mit einem Sünder verkehren und ihn im heiligen Bezirk dulden.[9]

Im *Marienleben* Wernhers des Schweizers ist eine weitere Verschärfung zu beobachten: Als Joachim sein Opfer auf den Altar legt, wirft der Priester die Gabe zornig zu Boden. Mit Joachims Stigma geht er um wie mit einer ansteckenden Krankheit. Was ein unfruchtbarer Mann berührt hat, ist kontaminiert und darf keinesfalls in die Nähe des Heiligen gelangen. Wie in den anderen Versionen behauptet die religiöse Autoritätsperson, dass Gott keinen Gefallen an der Ehrerbietung eines Kinderlosen fände. Joachim wird daher aufgefordert, sich von den anderen zu entfernen und den Tempel zu verlassen. Nicht nur für den Moment, sondern für alle Zeit wird ihm der Zutritt zum sakralen Raum verwehrt.[10] Der Priester betrachtet Joachims Unfruchtbarkeit als Zeichen seiner Verfluchung, die den Ausschluss aus der religiösen Gemeinschaft legitimiert, ja verlangt. In beiden mittelhochdeutschen Versionen steht diese Auffassung in klarem Widerspruch zu dem idealen Bild, das der Erzähler eingangs von dem frommen und tugendhaften Joachim entworfen hat. Im niedersächsischen Anna-Teppich des Klosters Wienhausen (um 1480) ist die Vertreibung aus dem Tempel in all ihrer Drastik dargestellt.[11] Die erste Bildsequenz zeigt, wie Joachim mit gesenktem Kopf den Tempelbezirk verlässt, während ihn der Priester per Fußtritt hinaus befördert. Im spätgotischen Bildteppich kulminiert die religiöse Diskriminierung in körperlicher Gewalt, der der kinderlose Mann hilflos ausgeliefert ist.

Wie Joachim auf die schwere Demütigung reagiert, ist in den *Driu liet von der maget* an seinem Gesicht ablesbar: Tränen treten in seine Augen und zeigen die schwere Störung der sozialen Ordnung an.¹² Seine Vertreibung aus dem Tempel empfindet Joachim als schlimme Schande. Da er kein Aufsehen erregen will, verzichtet er auf eine Erwiderung und wischt sich die Tränen heimlich aus den Augen. Die Verstoßung ist für ihn eine so einschneidende Erfahrung, dass Joachim alle anderen Bindungen preisgibt, sich in die Einöde zurückzieht und in seinem Leid versinkt. In der Wüste führt er das Leben eines Büßers; er trauert, klagt, wacht, fastet und betet ohne Unterlass.¹³ Die gesellschaftlichen Wertmaßstäbe hat Joachim zu diesem Zeitpunkt verinnerlicht und hält sich selbst für einen Sünder. In der Version Wernhers des Schweizers bittet er Gott inständig, die Schande der Unfruchtbarkeit von ihm zu nehmen oder ihn sterben zu lassen. Als marginalisierter Mann weiterleben zu müssen, erscheint ihm schlimmer als der Tod.¹⁴

Der Fokus der Erzählung wechselt auf Anna, die die Folgen der Ausgrenzung zu spüren bekommt. Aus ihrer Perspektive kommt Joachims Rückzug einer Trennung gleich. Anna wird wegen der Unfruchtbarkeitsschande von ihrem Mann verlassen, der zuvor immer zu ihr gehalten hat. Im Protoevangelium stimmt sie ein zweifaches Klagelied an, bei dem sie ihre Kinderlosigkeit und ihre Witwenschaft beweint. Niemand muss Anna erklären, warum ihr Mann gegangen ist. Das Defizit, das ihre Unfruchtbarkeit in den Augen anderer bedeutet, ist ihr von Anfang an bewusst. In den *Driu liet von der maget* wünscht sich Anna gar den Tod, als sie von Joachims Diskriminierung erfährt. Sie trauert so stark um den eigenen Verlust und um das Leid ihres Mannes, dass ihre vielgerühmte Schönheit vergeht.¹⁵

Annas Zurücksetzung wirkt sich schnell auf das Gemeinschaftsgefüge aus. Im Protoevangelium versucht die Magd Euthine zunächst, ihre Herrin zu trösten. Sie fordert sie auf, nicht länger zu trauern, und will ihr ein wertvolles Kopftuch schenken. Anna weist ihre Untergebene jedoch scharf zurück. Sie fühlt sich von Gott tief gebeugt, verweigert die Annahme des Geschenks und stellt gar die Redlichkeit der Dienerin in Frage. Die Situation eskaliert, da Euthine ihre gute Intention verkannt und ihre Herrin selbst mit Schuld beladen sieht. Die Dienerin konfrontiert Anna mit ihrer Kinderlosigkeit und bewertet diese als eine so schlimme Strafe, dass sie ihr nichts Böses mehr zu wünschen brauche.

Wie Joachim wird auch Anna in den *Driu liet von der maget* stärker marginalisiert als in der antiken Vorlage. Als sie ihre säumige Magd zur Rede stellt, widersetzt sich diese, so dass das Herrschaftsgefüge ins Wanken gerät. Weil ihre Herrin vom eigenen Mann verlassen worden ist, meint die Magd, nicht länger gehorchen zu müssen. Nach ihrer Ansicht leitet sich die Macht einer Frau wesentlich aus ihrer Reproduktionstätigkeit ab. Da Anna auf diesem Gebiet versagt hat, kündigt die Magd das Dienstverhältnis einseitig auf. Damit gerät Anna in eine vergleichbar prekäre Situation wie ihr Mann im Tempel, was Priester Wernher begrifflich markiert: Zweimal spricht er von einem schmähenden Verweis (»itewîz«), den die Eheleute erhalten.[16] Während Joachim in der religiösen Öffentlichkeit zurückgesetzt und aus der Gemeinschaft frommer Männer ausgeschlossen worden ist, muss sich Anna im eigenen Haus und gegenüber einer Bediensteten zur Wehr setzen. Die unfruchtbaren Eheleute werden an verschiedenen Orten diskriminiert, die aber jeweils für die Geschlechterrolle und das Selbstverständnis zentral sind.

Ausbildung einer kinderlosen Identität

Annas und Joachims Leiden an der Kinderlosigkeit hat konkrete gesellschaftliche Gründe. Beide wollen nicht ausgegrenzt, abgewertet oder verlassen werden, sondern dazugehören und als vollwertiges Mitglied der religiösen Gemeinschaft oder als Ehefrau und Hausherrin akzeptiert werden. Beide Protagonisten durchlaufen Phasen eines Sozialisationsprozesses, die typisch für stigmatisierte Personen sind. Anknüpfend an das letzte Kapitel komme ich auf Erving Goffmans Thesen zurück, wende mich aber jetzt dem Verhältnis von Individuum und Gesellschaft zu.[17] Stigmatisierte definieren sich nicht anders als andere Geschöpfe. Gleichzeitig erleben sie, wie sie von anderen als jemand definiert werden, der abgesondert ist. Dies führt zu einem inneren Widerspruch, einer Phase der Hospitalisierung und einer Distanzierung von der Gesellschaft. Diesen Zusammenhang habe ich bei meinen Überlegungen zur Identitätsbildung des kinderlosen Ichs im protestantischen Gebetbuch implizit vorausgesetzt. In der mittelalterlichen Legende lässt sich nun stufenweise nachvollziehen, wie die Erfahrung sozialer Ausgrenzung das eigene Selbstverständnis verändert.

Im *Marienleben* Wernhers des Schweizers bleibt Anna von einer renitenten Magd verschont, auch ist die Beziehung der Eheleute deutlich inniger dargestellt als in den älteren Versionen. Anna und Joachim führen eine Liebesehe und stören sich nicht an ihrer Kinderlosigkeit. Der fehlende Nachwuchs wird erst mit der Ausgrenzung des Mannes zum Problem. Bei Wernher dem Schweizer trennt sich Joachim nicht sofort von seiner Frau, sondern kehrt tieftraurig zu ihr zurück. Anna erkennt seinen bedrückten Gemütszustand, kann sich aber keinen Reim darauf machen. Sie identifiziert ihre Unfruchtbarkeit also nicht von selbst als Quelle allen Übels. Als Joachim ihr jedoch von dem demütigenden Vorfall berichtet, übertragen sich seine negativen Affekte auf seine Zuhörerin. Anna schämt sich zutiefst für ihre Kinderlosigkeit.

Anna und Joachim erleben eine Transformation vom normalen zum stigmatisierten Status. Sie lernen Identitätsstandards der Gesellschaft kennen und wenden diese auf sich selbst an, obwohl sie ihnen nicht entsprechen. Deshalb wünschen sie sich sehnlichst, normenkonform leben zu können. Damit lassen sich zwei Phasen fertiler Identitätsbildung unterscheiden: Zuerst wird Joachim aufgrund seiner Unfruchtbarkeit stigmatisiert, anschließend machen sich Anna und er das Urteil der fruchtbaren Mehrheitsgesellschaft zu eigen. Die Eheleute sehnen sich nicht nach einem Kind, weil sie eine emotionale Bereicherung suchen, ihrem Leben einen tieferen Sinn geben oder ihr Erbe sichern wollen. Vielmehr erwächst ihr Begehren aus der Erfahrung sozialer Ausgrenzung. Sie haben gelernt, dass Elternschaft Anerkennung und Privilegien beschert, Kinderlosigkeit dagegen mit Scham (»scham«), Schmach (»spot«) und Leid (»laid«) verbunden ist.[18]

Wie bei anderen Identitätskategorien ist deutlich zwischen einer eigenständigen Rollenübernahme und einer Rollenzuweisung durch Dritte, zwischen ›doing infertility‹ und ›being done‹, zu unterscheiden. Im *Marienleben* Wernhers des Schweizers definieren sich Anna und Joachim keineswegs selbst als unglücklich, vielmehr werden sie in eine Außenseiterposition gedrängt und erst durch die negative Bewertung anderer kinderlos gemacht. Mehr und mehr eignen sich die Protagonisten die ihnen zugewiesene Rolle der unglücklichen Unfruchtbaren an. Entscheidend für die Ausbildung einer kinderlosen Identität sind die gesellschaftlichen Erwartungen und der Vergleich mit denjenigen, die die Norm setzen. Im Protoevangelium akzeptiert Joachim seine Abwertung nicht sofort, sondern prüft deren Richtigkeit anhand des Zwölfstämme-Registers. Als er feststellt, dass alle Gerechten in Israel Kinder bekommen haben, erscheint ihm seine religiöse Degradierung nachträglich gerechtfertigt. Das Bewusstsein seiner Sündhaftigkeit verinnerlicht Joachim so sehr, dass er kaum an seine späte Erlösung glauben kann.[19]

Wie Joachim die genealogische Tradition befragt, liest Anna im Buch der Natur und schließt daraus auf ihr Verworfensein. Alle Geschöpfe erfüllen ihrer Ansicht nach den biblischen Reproduktionsauftrag. Die Vögel des Himmels sind fruchtbar, die Tiere des Landes werfen Junge, die Wasser sprudeln und die Erde bringt Früchte hervor; nur sie selbst scheint von der kreatürlichen Regel abzuweichen. Fünfmal fragt die Protagonistin sich verzweifelt: »Weh mir, wem wurde ich gleich?«[20] Da die Antwort stets negativ ausfällt, wird Anna ihre singuläre Position zunehmend bewusst. Wenn alle Kreaturen von Natur aus fruchtbar sind, bedeutet dies im Umkehrschluss, dass Unfruchtbarkeit sowohl der religiösen als auch der natürlichen Bestimmung des Menschen widerspricht. Auch in den *Driu liet von der maget* meint Anna, als einzige aus der fertilen Schöpfungsordnung herauszufallen. Durch wiederkehrende Formulierungen macht sie sich die Annahme, anormal zu sein, immer mehr zu eigen und übt sich in die Rolle einer zu Recht stigmatisierten, unfruchtbaren Frau ein. Ihre tiefe Verzweiflung kulminiert in dem Bedauern, je geboren worden zu sein.

Reproduktive Frömmigkeit: Fruchtbarkeit erflehen

Für das Narrativ der göttlichen Hilfe ist entscheidend, dass Kinderlose nicht im Leid verharren, sondern um Erlösung bitten. Obwohl die Erfüllung des Kinderwunschs nicht in ihrer Hand liegt, haben sie maßgeblichen Anteil, weil die Initiative von den Wunscheltern ausgehen muss. Reproduktionstheologisches Handeln ist in einem Spannungsfeld von reproduktiver Autonomie und göttlicher Gnade zu verorten, weshalb Figuren mit gesteigerter religiöser Aktivität auf ihre Kinderlosigkeit reagieren.

Fruchtbarkeitsgebete

Anna findet sich nicht mit ihrer Opferrolle ab, sondern sucht Zuflucht im Gebet. Das erhoffte Ergebnis nimmt sie im Protoevangelium zeichenhaft vorweg: Anna legt ihre Trauergewänder ab, wäscht sich und zieht ihr Brautkleid an. Bei einem Spaziergang hält sie unter einem Lorbeerbaum im Garten inne und fleht: »Gott meiner Väter, segne mich und erhöre meine Bitte, wie du die Mutter Sara gesegnet hast und ihr als Sohn den Isaak gabst.«[21] Ihr Gebet ist Erinnerung und Vergegenwärtigung der biblischen Heilsgeschichte. Anna glaubt fest daran, dass sich das Fruchtbarkeitswunder der Stammmutter Israels wiederholen kann. Sie hofft, dieselbe Heilserfahrung wie Sara machen zu dürfen und sich in die Gruppe spätgebärender Patriarchenfrauen und Prophetenmütter einreihen zu können.

Während Anna in der griechischen Vorlage um den Fruchtbarkeitssegen Gottes bittet, fleht sie in der ersten deutschen Version darum, vom Fluch der Unfruchtbarkeit erlöst zu werden. Beide Gebete zielen auf Fruchtbarkeit, setzen aber im Interpretationsmodell von Lohn und Strafe unterschiedliche Schwerpunkte. In den *Driu liet von der maget* klagt Anna inständig, zu viele Bedrängnisse erleiden zu müssen. Dass Gott ihr keine Kinder geschenkt und nun auch noch ihren trefflichen Mann genommen hat, ist für sie unerträglich. Ihre Daseinsberechtigung als Frau scheint verloren, wenn sie weder die Funktion einer Mutter noch die einer Gattin ausüben kann. Ihre ganze Lebensfreude hängt von der Existenz von Kindern ab. Im Verlauf des Gebets ändert Anna jedoch ihre Haltung. Angesichts der Allmacht Gottes, der sogar Tote auferwecken kann, schöpft sie neue Hoffnung. Die Grenzen menschlichen Lebens, Zeugen, Gebären und Sterben, sind aus religiöser Sicht überwindbar. Auf Knien bittet Anna um Erlösung von dem Fluch, der sie verdorren ließe und ihre Empfängnis verhindere.[22]

Bei Wernher dem Schweizer ist Unfruchtbarkeit kein Problem, das jeder Partner nur mit sich ausmachen muss. Vor Joachims Wüstengang beten die Eheleute noch gemeinsam darum, dass Gott die Schande von ihnen nehmen und ihnen Nachwuchs schenken möge. Doch wird Anna auch in diesem Marienleben verlassen und setzt ihr Gebet allein fort. Eindringlich bittet sie Gott, zu seinem Lob Frucht bringen zu können. Anna interpretiert die Geburt eines Kindes als frommen Akt, der zur Verherrlichung Gottes beiträgt. Damit wird das weibliche Gebären mit dem männlichen Tempelopfer enggeführt und – schon lange vor der Reformationszeit – als gottgefällige Aufgabe von Frauen interpretiert. Nachdem Joachim vom religiösen Ritus ausgeschlossen worden ist, liegt es nun an Anna, Gott durch die Erfüllung des Reproduktionsauftrags zu ehren und zugleich die Ehre ihres Gatten wiederherzustellen. Von der Schmach der Unfruchtbarkeit kann Anna ihren Mann jedoch nicht alleine erlösen, weshalb sie um Gnade fleht.[23] Eine Selbstbefreiung sieht das Narrativ der göttlichen Hilfe nicht vor.

Annas Fruchtbarkeitsgebet ist modellbildend. Wie Sara im Alten Testament wird Marias spätgebärende Mutter in der christlichen Legendentradition zur Hoffnungsträgerin unfruchtbarer Frauen.[24] So knüpft die kinderlose Protagonistin des spätmittelalterlichen Romans *Reinfried von Braunschweig* an Annas Vorbild an. Yrkanes verzweifeltes, rund zweihundert Verse umfassendes Gebet beginnt mit einem Glaubensbekenntnis. Christus wird als allmächtiger Schöpfer gepriesen, der den ganzen Kosmos wohlgeordnet habe. Wie Anna meint auch Yrkane, als einziges Geschöpf aus der göttlichen Ordnung herauszufallen: »Weshalb hat dein süßer Trost mich allein unfruchtbar bleiben lassen?«[25] In ihren Gebeten drückt sich die grundlegende Ambivalenz frommer, kinderloser Menschen aus. Einerseits können diese im Glauben Halt finden, andererseits stellt die Unfruchtbarkeit eine Herausforderung für ihren Glauben dar. Beide Frauen deuten ihre Kinderlosigkeit als eine Abweichung von Norm und Natur. Yrkane sieht ihr Leben ohne Nachwuchs als verwirkt an und meint, niemals mehr froh werden zu können. Doch hat sie die Hoffnung auf Kinder noch nicht ganz aufgegeben und appelliert an Gottes Barmherzigkeit.

Yrkane stützt sich auf mehrere biblische und legendarische Erzählungen, in denen Frauen dank göttlicher Hilfe noch spät ein Kind bekamen. An erster Stelle erwähnt sie Anna und Joachim und erinnert an die Vertreibung aus dem Tempel, Annas verzweifeltes Flehen und die erlösende Schwangerschaft. Yrkane kombiniert verschiedene biblische Erzählungen und entwirft so eine weibliche Heilsgeschichte der Un*fruchtbarkeit, zu der neben den späten Schwangerschaften von Hanna und Elisabet auch die Jungfrauengeburt gehört. In metaphorisch-biblischer Sprache bezeichnet sie das Tor ihrer Fruchtbarkeit als verschlossen und bittet Gott, ihren Schoß zu öffnen.[26] Die Vergegenwärtigung der Wundergeschichten spendet Yrkane Trost und gibt ihr Sicherheit: Wenn Gott die Jüdinnen des Alten Testaments von ihrer Unfruchtbarkeit erlöst hat, um wie viel mehr wird er das Gebet einer Christin erhören. Aus dem biblischen Narrativ und der christlichen Hierarchie der Religionen leitet die Protagonistin geradezu einen Anspruch auf Fruchtbarkeit ab. Dennoch begnügt sie sich nicht mit einem einmaligen Gebet, sondern lässt nie von ihren Bitten ab: Im Bett, bei Tisch, auf der Straße – unaufhörlich fleht sie um Nachwuchs.

In der mittelalterlichen Erzählliteratur beten nicht nur Frauen um ein Kind. Auch Annas Joachim wendet sich hilfesuchend an Gott, und Yrkanes Reinfried fleht um einen Erben. Doch bleiben die großen Monologe weiblichen Figuren vorbehalten, wohingegen vom Gebet kinderloser Männer meist nur summarisch oder in indirekter Rede berichtet wird. In ihren Fruchtbarkeitsgebeten bitten Anna und Yrkane nicht nur um Nachwuchs, sondern hadern mit Gott, suchen nach ihrer Geschlechtsidentität und stellen ihren Lebenssinn in Frage. Damit werden unfruchtbare Frauen zu weiblichen Hiobsfiguren, die von Kinderlosigkeit besonders betroffen sind. Ihr narrativer Modus ist die Klage, während unfruchtbaren Männern verschiedene Handlungsoptionen bleiben. Sie können den Aufenthaltsort wechseln, sich den gesellschaftlichen Anforderungen durch Flucht entziehen oder versuchen, Gott durch Gelübde, Gaben und Wallfahrten gnädig zu stimmen. Das hohe Engagement, das männliche Figuren bei Kinderlosigkeit zeigen, mag vor dem Hintergrund der gelehrten Kontroversen und historischen Wissensbereiche überraschen. Ersehnte Elternschaft erscheint weder in der mittelalterlichen Erzählliteratur noch in der zeitgenössischen Frömmigkeitskultur als spezifisch weibliches Problem.[27] Allerdings spielen medizinische Konzepte in den höfischen Romanen auch überhaupt keine Rolle. Niemals unterziehen sich Frauen einer ärztlichen Untersuchung oder nehmen fertilitätsfördernde Substanzen ein.

Das gemeinsame Flehen von Eheleuten um ein Kind ist im Holzschnitt des Meisters der Wunder von Mariazell (um 1520) eindrucksvoll dargestellt (Abb. 7). Die komplexe Komposition, in der zwei Raum- und zwei Zeitebenen miteinander verknüpft werden, ist nicht leicht zu durchschauen. In der rechten Bildhälfte ist unter einem Baldachin eine Frau mit angespanntem Gesichtsausdruck zu sehen. Sie sitzt vor einem Kissenberg aufrecht in ihrem Bett und faltet fromm die Hände. Die Laken sind zerwühlt, der Platz neben ihr verwaist. Am Ende des Bettes kniet mit gefalteten Händen und andächtig erhobenem Blick ihr Mann. Seine nackten, verkrampften Füße zeugen von der Anspannung, unter der er steht. Die Bildunterschrift erläutert, dass die Ehe des Paares drei Jahre unfruchtbar blieb. Die inbrünstige Gebetshaltung lässt darauf schließen, dass der Mann kaum weniger als seine Frau darunter leidet. Dass das Schlafzimmer nicht durch eine Wand abgeschlossen ist und der Blick auf eine im Hintergrund spielende Szene freigegeben wird, zeigt, dass diese Un*fruchtbarkeitsgeschichte noch nicht an ihr Ende gelangt ist.

Reproduktive Reisen

Beten allein führt nicht immer zum Kind. Deshalb überlegen unfruchtbare Eheleute, wie sie den Erfolg ihrer reproduktionstheologischen Bemühungen steigern können. Schon im Mittelalter reisten unfruchtbare Paare an Orte, von denen sie sich einen größeren Fertilitätserfolg versprachen, und zeichneten sich dabei durch eine bemerkenswerte Mobilität aus. Während Wunscheltern in der Gegenwart reproduktionsmedizinische Zentren im Ausland aufsuchen, pilgerten sie im Mittelalter zu Wallfahrtsorten, spezifischen Kultstätten oder gar ins Heilige Land. Zu denken ist dabei nur an die gemeinsame Reise des kinderlosen Königspaares Anna von Böhmen und Richard II. von England, deren verschiedene Fertilitätsstrategien ich im Kapitel zur Medizin vorgestellt habe. Anders als heute ging es reproduktiv Reisenden im Mittelalter nicht darum, gesetzliche oder berufsrechtliche Einschränkungen im Herkunftsland zu umgehen, Behandlungskosten zu reduzieren oder von einem höheren medizinischen Standard zu profitieren, sondern ihren religiösen Einsatz zu erhöhen. Auf diese Weise hofften sie, Gott zur Erhörung ihres Gebets zu bewegen oder einflussreiche Heilige als Fürsprecher zu gewinnen.

Auch der Holzschnitt mit dem flehenden Kinderwunschpaar zeugt von dieser fertilitätsbezogenen Frömmigkeitspraxis (Abb. 7). Er gehört zu einem Bilderzyklus, in dem Wunderheilungen rund um die österreichische Wallfahrtskirche Mariazell dargestellt werden. Die gedruckte Bildunterschrift erklärt, dass ehrbare Eheleute aus dem Land ob der Enns drei Jahre verheiratet waren, ohne ein Kind zu bekommen. Als sie aber vor der Muttergottes in Zell 1503 ein Gelübde ablegten, sei die Frau schwanger geworden.[28] In Anlehnung an die aktuelle Terminologie lässt sich bei den mittelalterlichen Kinderwunschreisen von einer grenzüberschreitenden reproduktionstheologischen

Praxis sprechen. Erst in der Reformationszeit kam diese Tradition – zumindest in den protestantischen Gebieten – zum Erliegen.[29] Mit Ausnahme des Gebets wurden alle fertilitätsfördernden Frömmigkeitspraktiken für wirkungslos erklärt. Überdies durften sich fromme Protestantinnen nur an Christus selbst, nicht mehr an irgendwelche Mittlerinstanzen wenden. Katholische Gläubige setzten hingegen weiterhin auf die Wirksamkeit von Wallfahrten und Fürbittgebeten, was sich noch in dem digitalen Un*fruchtbarkeitsbeitrag »Mutter Anna hat geholfen« spiegelt.

Im *Jüngeren Titurel* lassen sich Eheleute beraten, wie ihre Unfruchtbarkeit am besten zu überwinden ist. Bald erhalten Titurison und Elizabel den Tipp, eine Wallfahrt nach Jerusalem zu unternehmen und ein kostbares Bild aus Gold zum Heiligen Grab zu bringen.[30] Ob sie den Rat von einem anderen Paar mit Fruchtbarkeitsstörungen, einer heilkundigen Frau, einem gelehrten Mediziner oder einem Geistlichen erhalten, bleibt offen. Für die Erfüllung ihres Kinderwunschs sind Titurison und Elizabel zu großen finanziellen und körperlichen Opfern bereit. In ihrer Trauer wie in ihrer Handlungsbereitschaft werden sie als Einheit dargestellt, so dass ihre Kinderlosigkeit stets ein gemeinsames, nie ein genderspezifisches Problem bildet. Zusammen machen sie sich auf den beschwerlichen Weg und nehmen ein überaus wertvolles Weihebild mit. Die Hinreise verläuft ohne Komplikationen und führt überraschend schnell zum ersehnten Ziel. Der Erzähler berichtet, dass Gott das Opfer gefällig war und er dem Paar einen Erben schenkte. Auf der Rückreise von Jerusalem zieht jedoch ein schwerer Seesturm auf, wodurch das Leben der Wunscheltern in Gefahr gerät. Dieser bedrohliche Wetterumschwung lässt sich metaphorisch verstehen: Der Weg zum Kind ist ein gefährliches Abenteuer mit ungewissem Ausgang, bei dem die Reisenden erst spät in den sicheren Hafen der Elternschaft einlaufen.

Auf eine reproduktive Pilgerreise begibt sich auch Herzog Leopold in Johanns von Würzburg Minne- und Abenteuerroman *Wilhelm von Österreich* (abgeschlossen 1314). Sein Kinderwunsch ist dadurch motiviert, dass Leopold schon ein fortgeschrittenes Alter erreicht hat und seinem Land endlich einen Erben verschaffen will.[31] Stärker als in anderen fiktionalen Un*fruchtbarkeitsgeschichten werden die feudalpolitischen Folgen der Kinderlosigkeit ausgemalt. Wiederholt fürchtet der österreichische Herzog, dass nach seinem Tod Krieg um die Thronfolge ausbrechen wird. Eine langfristige Sicherung des Friedens ist seiner Überzeugung nach nur durch Reproduktion möglich. Deshalb raubt ihm die Unfruchtbarkeit seiner Ehe jede Freude, lässt ihn schwermütig werden und täglich trauern, wobei er in seinem Leid völlig allein gelassen wirkt. Schließlich fasst Leopold den Entschluss, einen Heiligen um Fruchtbarkeitshilfe zu bitten. Er verspricht dem Evangelisten Johannes eine Wallfahrt nach Ephesus und hofft, dass dieser sein Anliegen bei Gott vertritt.

Seinen Plan setzt der Herzog unverzüglich um, bereitet alles für den Aufbruch vor und nimmt Abschied von seiner Frau. Im Unterschied zum *Jüngeren Titurel* ist die reproduktive Pilgerreise im *Wilhelm von Österreich* reine Männersache. Die Herzogin lässt ihren Gemahl nur ungerne in die Fremde ziehen, sieht aber die Notwendigkeit ein. Für beide scheint die Wallfahrt die beste und einzige Option zum Wunschkind zu sein. Der Herzog ist voller Zuversicht, dass die Maßnahme zum Erfolg führen wird, und spricht seiner Frau Mut zu: »Alles wird gut.« Die heißen Tränen, mit denen sich die Herzogin und das gesamte Gefolge von Leopold verabschieden, deuten auf das Risiko reproduktiven Reisens im Mittelalter hin. Unwetter, Schiffbrüche, Überfälle, Unfälle und Krankheiten können das Leben gefährden. Der Herzog aber zögert nicht und lässt sich die Erfüllung seines Kinderwunschs einiges kosten: Seine Reisekisten sind mit Gold prall gefüllt, die sowohl für die Finanzierung der Fahrt als auch für die religiöse Opfergabe benötigt werden. Tatsächlich erlebt Leopold auf der Schiffsreise von Marseille nach Ephesus einen schweren Seesturm. Erneut ist das Meer ein existentiell bedrohlicher Raum, in dem ein Wunschvater zu ertrinken droht, doch gerettet wird.

Imitierte Gebetspraxis

Fruchtbarkeitstherapien werden gerne imitiert, dies gilt für reproduktionsmedizinische Behandlungen in der Gegenwart wie für religiöse Maßnahmen im Mittelalter. Leopold von Österreich begegnet auf dem Mittelmeer König Agrant von Zyzya, der ihn freundlich aufnimmt. Die Begegnung beider Herrscher ist für die Un*fruchtbarkeitsthematik in doppelter Weise relevant. Zum einen werden die gefährlichen Langzeitfolgen der Kinderlosigkeit noch einmal betont. Offen erzählt der Herzog von seinen Nachfolgesorgen und der befürchteten Kriegsgefahr. Zum anderen wird die religiöse Fruchtbarkeitsstrategie schon bewundert und nachgeahmt, bevor sie überhaupt erfolgreich war. Als Agrant vom reproduktionstheologischen Anlass der Reise erfährt, entschließt er sich sofort, Leopold zu begleiten. Diese Bereitschaft ist angesichts der Religionsunterschiede umso bemerkenswerter. Obwohl Agrant kein Christ ist, will er für einen Erben nichts unversucht lassen und den Gott des Herzogs ebenfalls verehren.[32] Religiöse und fertile Wertehierarchie sind – wie in Yrkanes Gebet – eng verknüpft. Unfruchtbarkeit wird als raum- und religionsübergreifendes Problem dargestellt, um die Überlegenheit des christlichen Gottes zu inszenieren.

Das Narrativ der göttlichen Hilfe regt also zur Nachfolge an und verdankt seinen hohen Verbreitungsgrad reproduktionstheologischer Verkündigung. Un*fruchtbarkeitsgeschichten, die von einem göttlichen Geburtswunder künden, werden epochenübergreifend wieder- und weitererzählt und in unterschiedlichsten Medien – vom Teppich über das Altarbild bis zum Holzschnitt – bildlich dargestellt.[33] Diejenigen, die sich nach Elternschaft sehnen, erzählen von wundersamen Schwangerschaften, um sich wie Yrkane selbst Mut zu machen. Frauen, deren Kinderwünsche sich spät erfüllt haben, berichten wie die Verfasserin des digitalen »Mutter Anna hat geholfen«-Beitrags davon, um anderen Betroffenen Trost zu spenden und für die eigene Erlösung zu danken. Wie das religiöse Narrativ bis in die Gegenwart hinein weiter wirkt und sich selbst reproduziert, lässt sich im Kinderwunsch-Forum beobachten.

Neun Jahre nach der Veröffentlichung des »Mutmachposting« berichtet eine Teilnehmerin am 12. Juli 2017 von einer erfolgreichen Erprobung besagter Methode.[34] Nach einer dreijährigen Wartezeit hätten sie und ihr Mann die Hoffnung auf ein Kind schon aufgegeben, als sie im Forum das an Anna adressierte Fruchtbarkeitsgebet entdeckte. Wie schon in der mittelalterlichen Gebetspraxis üblich, eignete sich die Wunschmutter den Text haptisch an und verwendete ihn wie ein Amulett:[35] Sie schrieb das Gebet ab, steckte es in ihren Geldbeutel, trug es mit sich herum, betete es zweimal und glaubte fest daran. Wenige Wochen später stellte sich der erwünschte Effekt ein. Die Autorin berichtet überglücklich, dass sie sich in der neunten Schwangerschaftswoche befinde. Auch in diesem Fall ist die öffentliche Weitergabe Bestandteil eines religiösen Pakts. Gleich zweimal erwähnt die Wunschmutter, dass sie versprochen habe, ihre Geschichte weiterzuerzählen, »wenn es klappt«. Wie die erste Beiträgerin, die Anna als Fürsprecherin bei Fruchtbarkeitsstörungen empfahl, will auch die zweite zur Nachahmung anregen.

Fertile Gnade: Himmlische Heilszusagen

Der religiöse Weg zum Kind ist in der Gegenwart höchst umstritten, wie die weitere Internet-Diskussion zeigt. Beide Posts erhalten in kürzester Zeit zahlreiche Kommentare, die zwischen Ablehnung, Unverständnis, Gleichgültigkeit und Anerkennung schwanken.[36] Eine Beiträgerin hält es für reinen Zufall, dass »Beterei und Schwangerschaft« zusammenfallen. Eine andere erzählt von säkularen Geburtswundergeschichten, in denen Paare erst dann Nachwuchs bekamen, nachdem sie sich von ihrem Kinderwunsch verabschiedet hatten. Mehrere Teilnehmerinnen werten den Glauben der Autorinnen als »mist«, »Schmarrn«,

»aberglaube« und »völlige[n] Quatsch« ab. Denjenigen, die »echte biologische barrieren zu überwinden« hätten, nützten fromme Gebete hingegen nichts. Zynisch kommentiert eine Wunschmutter, die Autorin könne gerne mal für sie mitbeten, was aber in ihrem Fall ohnedies nicht helfen werde. Bei anderen Beiträgerinnen herrscht Pragmatismus vor. Beten sei vielleicht eine individuelle Option für einzelne, aber keine Allheilmethode. Andere Frauen dagegen bekennen sich selbstbewusst zu ihrem Glauben, wollen das Fruchtbarkeitsgebet ausprobieren und hoffen, dass »Mutter Anna« ihnen ebenfalls hilft.

Solche grundlegenden Zweifel an der metaphysischen Ursache einer Schwangerschaft kennt das religiöse Narrativ nicht. Ob eine Protagonistin wegen einer anderen psychischen Einstellung oder aufgrund göttlicher Hilfe Mutter wird, ist in der mittelalterlichen Erzählliteratur keine Interpretationsfrage. Vielmehr wird der Zusammenhang zwischen Gebet und Erhörung vereindeutigt, indem ein göttlich autorisierter Bote die Erfüllung des Kinderwunschs ankündigt. Auch der Meister der Wunder von Mariazell sorgt in seinem Holzschnitt für klare religiöse Verhältnisse (Abb. 7). Im oberen linken Bildrand, umrahmt von einem Wolkenkranz, ist Maria als Himmelskönigin dargestellt. In ihren Armen hält sie das Jesuskind, das sich liebevoll an seine Mutter schmiegt und das den Blick des betenden Mannes geradezu anzuziehen scheint. Die naheliegende Interpretation, dass Maria dem kinderlosen Paar zum Nachwuchs verhilft, wird durch die Bildunterschrift bestätigt und beglaubigt.

Sakrale Reproduktionstechnik

Wie im Holzschnitt des Meisters der Wunder von Mariazell rückt das Ehebett in Ottes *Eraclius* ins Zentrum des Geschehens. Ausgerechnet an dem Ort, an dem sich Myriados und Cassinia viele Jahre vergebens um Nachwuchs mühten, erscheint eines Nachts ein Engel. Er tritt ans Bett, in dem beide Eheleute schlafen, aber wendet sich nur an Cassinia. Ihr offenbart er, dass Gott sie nicht länger warten lassen wolle und sie noch in dieser Nacht ein Kind empfangen werde. Während die meisten himmlischen Fruchtbarkeitsboten die Aufmerksamkeit auf das verheißene Kind richten, geht es dem Engel im *Eraclius* um die Reproduktionstechnik. Zwar ist die sexuelle Maßnahme in einen religiösen Deutungsrahmen eingebunden und daher per se gerechtfertigt. Doch zeugt die Episode auch von einer Bereitschaft kinderloser Paare, unkonventionelle Zeugungsverfahren zu akzeptieren. Sorgfältig instruiert der Engel die Frau über die richtige Empfängnismethode: Cassinia soll aufstehen, ihr schönstes Kleid anziehen, den Fußboden kehren lassen, einen Teppich ausbreiten, grün- und rotfarbiges seidenes Bettzeug darauf legen und dann ihren Mann rufen. Die Zeugung kann nicht einfach im ehelichen Schlafgemach vonstattengehen, sondern erfordert ein bestimmtes kulturelles Setting, das sich von der üblichen Sexualpraxis unterscheidet: Die Eheleute müssen an einem eigens hergerichteten Ort wie bei einem feierlichen Ritual miteinander verkehren. Beim göttlich assistierten Zeugungsakt bilden sexuelle und liturgische Zeremonie eine sakrale Einheit: Am frühen Morgen soll das Paar in die Kirche gehen, die verwendeten Kleider und Stoffe unter den Armen verteilen und eine Messe lesen lassen.[37]

Cassinia ist sich unsicher, wie sie mit diesen Anweisungen umgehen soll. Erschrocken überlegt sie, wie sie Myriados zu einem solchen Sexualakt animieren kann. Die Protagonistin fürchtet, ihr Mann könne ihr Lüsternheit oder gar Lügen unterstellen. Doch zögert sie nur kurz, bevor sie im Vertrauen auf Gott alles genauestens befolgt. Festlich gekleidet bereitet Cassinia das Zeugungsbett vor und offenbart sich dann ihrem ahnungslosen Mann. Dieser scheint auf den göttlichen Reproduktionsauftrag nur gewartet zu haben: Ohne ein Wort zu sagen, macht sich Myriados bereit und schreitet zur Tat. Trotz der religiösen Rahmung ist die Zeugung ein innerweltliches, kreatürliches Geschehen. Cassinia wird, wie der Erzähler kommentiert, nach menschlicher Gewohnheit schwanger.

Soziale Reintegration

In den *Driu liet von der maget* ist der Auftritt des himmlischen Boten in Analogie zur biblischen Verkündigungsgeschichte gestaltet. Der Engel des Herrn spricht Anna namentlich an, fordert sie auf, sich nicht zu fürchten, und kündigt ihr die Geburt eines außergewöhnlichen Kindes an. Die genealogische Perspektive erweitert sich sogar vom ersehnten Kind zum erlösenden Enkel. Anna erfährt, dass ihre Tochter den Retter der Welt gebären wird, was sie mit übergroßer Freude erfüllt. Welche Bürde die Unfruchtbarkeit für Anna gewesen ist, veranschaulicht Priester Wernher an ihrer körperlichen und seelischen Ermattung. Nach dem Besuch des Engels verbringt die Protagonistin eine ganze Nacht und den darauffolgenden Tag im Bett, ohne etwas zu sich nehmen zu können. Der Erzähler vergleicht ihren Zustand mit dem Erwachen aus einem bösen Traum.[38] Anna sei es wie einem Menschen ergangen, der im Traum von seinen Feinden verfolgt werde, ohne entkommen zu können. Nicht nur die Erleichterung beim Erwachen, auch der Inhalt des Alptraums ist für die Selbstwahrnehmung aufschlussreich. Die gravierenden sozialen Auswirkungen der Kinderlosigkeit werden angedeutet, wenn sich eine unfruchtbare Frau hilflos ausgeliefert und von Menschen verfolgt fühlt. Die Gewaltimagination zeigt einerseits, dass dieses Stigma traumatische Erfahrungen auslösen kann. Andererseits ändert sich die Bewertung der eigenen Lebenssituation schlagartig, sobald eine unfruchtbare zur spätfruchtbaren Frau geworden ist. Rückblickend erscheint die Phase der Kinderlosigkeit surreal, wohingegen das wirkliche Leben mit der Mutterschaft beginnt.

In der Annenlegende erhält auch Joachim Besuch von dem Engel, der ihm die Geburt des Mädchens ankündigt. Der fertilen Verheißung folgt für beide Eheleute die soziale Reintegration. In den *Driu liet von der maget* finden Joachims Hirten ihren Herrn andächtig auf dem Boden liegend, befürchten einen Zusammenbruch und eilen zu Hilfe. Joachim wird im körperlichen wie im seelischen Sinne wieder aufgerichtet.[39] Als die himmlische Botschaft in der Stadt publik wird, preisen die Bewohner Gott für das Wunder und rühmen Anna als beste aller Frauen. Nach Monaten der Trennung sieht Anna ihren Joachim an der Porta Aurea wieder. Das Stadttor markiert die Schwellensituation, die das Treffen für beide bedeutet: Joachim kehrt in die soziale Gemeinschaft zurück, und Anna wird als Ehefrau wieder anerkannt. Gemeinsam überschreitet das Paar die Grenze, die zwischen Kinderlosen und Eltern gezogen worden ist. Als von Gott gesegnetes Paar, das nun zur fruchtbaren Mehrheitsgesellschaft gehört und normenkonform lebt, sind Anna und Joachim sehr willkommen.

Auch der Meister der Wunder von Mariazell stellt ein solches Wiederaufnahmeritual in seinem Holzschnitt dar (Abb. 7). Während er im Bildvordergrund die Verzweiflung des Paares in Szene setzt, haben sich ihre Hoffnungen auf der zweiten räumlichen Ebene bereits erfüllt. Im Bildhintergrund ist der erste Kirchgang der jungen Mutter nach der Geburt abgebildet. Mit offenem Haar und brennender Kerze naht sie der Kirchentreppe, wo eine stehende Figur im langen Gewand, mutmaßlich ein Geistlicher, auf sie wartet. Begleitet wird die Wöchnerin von drei Frauen, von denen die erste einen Säugling in ihren Armen hält. Zentral für die Erfüllung des Kinderwunsches ist in dem Un*fruchtbarkeitsbild also nicht etwa das körperliche Nahverhältnis von Mutter und Kind, sondern das religiöse Reinigungsritual nach der Geburt.[40] Die junge Frau tritt als Mutter erstmals öffentlich in Erscheinung und wird in dieser Funktion neu in die kirchliche Gemeinschaft aufgenommen. Der Mann, der auch durch sein Gebet entscheidenden Anteil an der Schwangerschaft hat, wird dagegen nicht als Vater inszeniert.

Göttliche Bedingung

Ehe- und Familienkonzepte sind mit diversen gesellschaftlichen Werten verknüpft. Dass auch der metaphysische Adressat aller Fruchtbarkeitsgebete bestimmte Erwartungen hat und seine Hilfe von Bedingungen abhängig machen kann, wird im *Reinfried von Braunschweig* thematisiert. Wie seine Frau Yrkane betet auch Reinfried inständig um einen Erben und versucht, Gott gnädig zu stimmen.[41] Sein Kinderwunsch bleibt jedoch auch dann noch unerfüllt, als er ein Kind aus Gold als Votivgabe versprochen hat. Längst ist Reinfrieds Leid keine Privatangelegenheit mehr, sondern überträgt sich auf das gesamte Herrschaftsgebiet: Westfalen, Sachsen und Braunschweig trauern mit ihrem Fürsten. Reinfried macht seine Kinderlosigkeit so zu schaffen, dass er kaum noch schlafen kann. Voller Sorgen liegt er allein im Bett und wälzt sich unruhig hin und her. Seine sexuellen Aktivitäten scheint er eingestellt zu haben und auch an der religiösen Lösungsstrategie zu zweifeln.

An diesem emotionalen Tiefpunkt setzt dramaturgisch wirksam die göttliche Hilfe ein. Reinfried sieht in seinem tranceähnlichen Zustand, halb schlafend, halb wachend, eine himmlische Gestalt. Wie im Holzschnitt des Meisters der Wunder von Mariazell tritt im spätmittelalterlichen Roman die Gottesmutter mit Jesuskind auf. Maria fungiert in diesen Un*fruchtbarkeitsgeschichten nicht nur als Botin und Fürsprecherin, sondern auch als mütterliches Ideal. Sie stellt kinderlosen Menschen ihr Wunschbild vor Augen. Vom Anblick des kleinen Kindes ist Reinfried so gerührt, dass er Maria nicht gleich erkennt. Diese kommt rasch zur Sache und stellt ihm die Erfüllung seines Kinderwunschs in Aussicht, macht ihre Heilszusage aber von einer Bedingung abhängig: Reinfried soll sich auf Kreuzfahrt begeben und gegen Heiden kämpfen. Erneut kreuzen sich fertile und religiöse Kategorien mit dem Effekt, dass Nicht-Christen abgewertet werden. Was aus christlich-mittelalterlicher Perspektive gerechtfertigt ist, erscheint aus heutiger Sicht umso problematischer: Für die Geburt eines Erben wird der Tod vieler Menschen in Kauf genommen.[42] Auch der Wunschvater setzt bei einer solchen Reise sein Leben wissentlich aufs Spiel. Maria verschweigt Reinfried nicht, dass er viele Entbehrungen erleiden muss, doch tröstet sie ihn mit einer freudvollen Heimkehr.

Wie Cassinia weiß Reinfried zunächst nicht, wie er auf den himmlischen Auftrag reagieren soll. Ihn quält weniger die Sorge, auf welche Weise er die Botschaft vermitteln soll, als dass er an deren Wahrheitsgehalt und Verbindlichkeit zweifelt. Hat er nur geträumt oder schickt ihn Maria wirklich zum Heiligen Grab? Als ihn endlich leichter Schlaf übermannt, erscheint erneut die Gottesmutter, wiederholt ihre Verheißung und deren Bedingung. Reinfrieds Zweifel an der Vision weichen der Angst vor der Herausforderung. Die Aussicht, ein Kind zu bekommen, bedeutet für ihn keine Erlösung, denn die Furcht vor der tödlichen Gefahr überlagert jede Freude. Voller Schrecken wacht Reinfried auf, fühlt sich wie erschlagen und empfindet schreckliche Schmerzen. Maria muss noch ein drittes Mal erscheinen und ihm Trost zusprechen, bis er schließlich vom Auftrag überzeugt ist und eine Kreuzfahrt gelobt. An diesem Entschluss hält Reinfried auch fest, als er den großen Kummer seiner Frau bemerkt. Yrkane reagiert mit Tränen und Trauergebärden so heftig, dass Reinfried sein Versprechen gerne rückgängig gemacht hätte. Doch hält er die Reise aufgrund seines Gelübdes für unumgänglich. Angesichts der bevorstehenden Trennung verschieben sich die Wertmaßstäbe: Kinder zu haben oder nicht zu haben, ist für die Eheleute kein Thema mehr, obwohl ihre Unfruchtbarkeitssorgen vorher alles dominiert haben.

Ausgerechnet in dieser Situation erfüllt sich ihr Lebenswunsch. Nach zehn langen Ehejahren wird Yrkane beim letzten Liebesakt schwanger. Zwar kennen die Figuren im Unterschied zum auktorialen Erzähler den weiteren Handlungsverlauf nicht. Doch ahnt Yrkane bereits am nächsten Morgen, dass sie Mutter wird. Ursache dafür ist ein prophetischer Traum, in dem sie nach dem Verschwinden eines alten Löwen durch einen jungen Löwen getröstet wird.[43] Solche Träume besitzen in der mittelalterlichen Literatur eine Zeichenfunktion, deren Tiersymbolik sich in diesem Fall leicht entschlüsseln und auf den Herrscher der Löwenstadt Braunschweig beziehen lässt. Somit hat der Traum eine ähnliche Aussagekraft wie ein Schwangerschaftstest. Die Aussicht auf Nachwuchs weckt bei Yrkane neue Sorgen. Sie fürchtet, Reinfried könne an seiner Vaterschaft zweifeln, wenn sie in seiner Abwesenheit ein Kind gebärt. Sofort erzählt sie von ihrem Traum und besteht darauf, das Datum der mutmaßlichen Zeugung schriftlich festzuhalten. Niemals soll jemand die Legitimität eines künftigen Erben bestreiten können.

Religiöse Erwartungen: Reproduktionstheologische Regeln

Im *Reinfried von Braunschweig* sind die übliche Zeitfolge und die Kausallogik reproduktiven Reisens außer Kraft gesetzt. Yrkane ist bereits schwanger, bevor Reinfried überhaupt aufgebrochen ist. Nach innerweltlichen Maßstäben würde sich eine reproduktive Reise erübrigen. Dass Reinfried dennoch auf Kreuzfahrt geht, zeigt einen wesentlichen Unterschied zwischen Reproduktionsmedizin und Reproduktionstheologie. Diese ist nicht nur Mittel zum Zweck, sondern in ein komplexes System von Ohnmacht und Gnade, Hoffnung und Erlösung eingebunden, das sich auf das gesamte Leben, das Diesseits wie das Jenseits erstreckt. Gläubige sind keine Patienten, die nach einer erfolgreichen Fertilitätstherapie keinen Kinderwunsch-Arzt mehr benötigen. Vielmehr bleiben Wunscheltern dauerhaft auf göttliche Unterstützung angewiesen. Insgesamt lassen sich verschiedene moralische, ökonomische und eschatologische Prinzipien identifizieren, nach denen die Heilsbehandlung funktioniert.

Fertile Moral

Das Narrativ der göttlichen Hilfe scheint zunächst einen Gegenentwurf zur verbreiteten Abwertung kinderloser Paare darzustellen. Der Zusammenhang zwischen Unfruchtbarkeit und Strafe ist aufgehoben, wenn tadellose und gottesfürchtige Protagonisten keinen Nachwuchs bekommen. Der fertilitätszentrierte Abschluss des Narrativs macht diesen Eindruck jedoch wieder zunichte; dank metaphysischer Unterstützung enden alle biblischen und legendarischen Un*fruchtbarkeitsgeschichten mit der ersehnten Schwangerschaft. Relativiert werden die Wertmaßstäbe allenfalls dadurch, dass die Bewohnerinnen und Bewohner der erzählten Welt den Ausgang nicht kennen. Die Diskriminierung von Kinderlosen geschieht unter dem narrativen Vorbehalt, dass eine Empfängnis noch spät erfolgen kann und dann Zeichen göttlicher Erwählung statt der Verwerfung ist. Daher spricht der Erzähler im *Marienleben* Wernhers des Schweizers im Irrealis von Annas und Joachims Unfruchtbarkeit und distanziert sich vom allgemeinen Gerede. Während die Leute denken, dass das Paar unfruchtbar ist, weiß er aufgrund seiner zeitlich nachgeordneten Perspektive um die künftige Elternschaft.[44]

Die göttliche Erlösung führt dazu, dass die Einschätzung eines bestimmten Paars, nicht aber die zugrundeliegende Wertehierarchie revidiert wird. Vielmehr wird die Differenz zwischen Fruchtbarkeit und Unfruchtbarkeit gestärkt. Eine Schwangerschaft wird zur besonderen Gnade, wenn sie keine Selbstverständlichkeit ist. Weil sich die Fruchtbarkeit positiv von der anfänglichen Unfruchtbarkeit abhebt, eignet sie sich zur Auszeichnung der Frommen. Himmlische Boten und dankbare Wunscheltern bestätigen ausdrücklich den fertilen Tun-Ergehen-Zusammenhang, wie er schon im Alten Testament vorgeprägt ist. So wird Joachim eine Tochter als Lohn für seine Frömmigkeit versprochen und deutet Anna ihre späte Schwangerschaft als Zeichen göttlichen Segens. Erzähler und Figuren gehen in den mittelalterlichen Versionen der Annenlegende durchgängig davon aus, dass eine unfruchtbare Ehe verflucht und eine fruchtbare gesegnet ist.[45] Der Tempelpriester ändert seine negative Ansicht über Joachim nur, weil er dessen Schuldlosigkeit an Annas Körper ablesen kann. Die Reue der geistlichen Autorität ist eindeutig an die Reproduktion gebunden.

Aufgrund dieses Leitgedankens von Lohn und Strafe kann Un*fruchtbarkeit instrumentalisiert werden, um weitere Handlungsnormen zu vermitteln und Menschen zu disziplinieren. Albrecht von Scharfenberg deutet im *Jüngeren Titurel* die Komplikationen auf der reproduktiven Reise als Teil einer göttlichen Prüfung. Als Titurison und Elizabel in den schweren Seesturm gelangen, zieht der Erzähler eine Parallele zum biblischen Hiob. Wie dieser von Gott schwer geprüft worden sei, müssten auch Titurison und Elizabel schlimme Leiden überstehen. Auf diese Weise äußert sich der Erzähler zugleich zur Frage nach dem Warum der Kinderlosigkeit und warnt eindringlich vor Ungeduld und Unzufriedenheit. Wer Gott zürnt, mit ihm hadert oder gar meutert, darf nicht mit Unterstützung rechnen. Diese religiöse Grundregel wird an der Un*fruchtbarkeitsgeschichte veranschaulicht: Titurison und Elizabel überleben und bekommen ein Kind, weil sie selbst in ärgster Bedrängnis mit »Beständigkeit ohne Wanken und ohne jeden Zweifel« an ihrem Glauben festhalten.[46]

Das ideale Paar verhält sich genau so, wie es der protestantische Seelsorger Johann Friedrich Starck rund vierhundert Jahre später von unfruchtbaren Frauen verlangen wird: Sie sollen auf Gott vertrauen und seine Hilfe erbitten, aber dürfen sich keinesfalls auflehnen oder ihm gar ein Kind abfordern (Kap. 5, S. 174–181). Die Moral des *Jüngeren Titurel* wie zahlreicher anderer biblischer und legendarischer Un*fruchtbarkeitsgeschichten lautet, dass Frömmigkeit, Gottvertrauen und Geduld letztlich zum Ziel führen. Aus normativitätskritischer Perspektive erweist sich das Narrativ somit als höchst ambivalent. Wenn Gott die Kinderwünsche der Frommen erfüllt, können jene, die zeitlebens kinderlos bleiben, nicht dazu gehören. Die Sakralisierung der Fruchtbarkeit geht automatisch mit einer Stigmatisierung der Unfruchtbaren einher.

Menschliche Investitionen

Die reproduktionstheologische Logik setzt kinderlose Paare in sozialer wie religiöser Hinsicht unter Druck. Wenn Gott ihnen bislang noch kein Kind geschenkt hat, müssen sie ihren Einsatz erhöhen. Das Narrativ der göttlichen Hilfe suggeriert, dass jedes fromme Paar mit göttlicher Hilfe zu einem Kind kommen kann, wenn es nur die richtige Einstellung hat, auf Gott vertraut und genug investiert.[47] In Ottes *Eraclius* wird Cassinia schwanger, weil sie und Myriados in ihren Bitten nicht nachlassen, bis Gott sie schließlich erhört. In ähnlicher Weise bestätigt die Gottesmutter im *Reinfried von Braunschweig* den reproduktionstheologischen Ursache-Wirkungs-Zusammenhang. Durch unaufhörliches Flehen erhalten Reinfried und Yrkane, was sie andernfalls nicht erreichen würden. Die Überzeugung, dass Frömmigkeitspraxis und Fertilitätserfolg zusammenhängen, prägt auch jenseits der Literatur das soziokulturelle Bewusstsein. Davon zeugt ein Sprichwort aus Mecklenburg, das die fertile Gleichung formuliert: »Viele Kinder, viele Vaterunser«.[48]

In der mittelalterlichen Erzählliteratur setzen adlige Protagonisten nicht nur auf die Kraft des Gebets, sondern auch auf finanzielle Spenden. Vom Erfolg dieser Strategie erzählt Konrad von Würzburg im *Alexius*. Eufemian und Agleis geben reichlich Almosen, weil sie hoffen, dass Gott ihnen dann ein Kind gewährt.[49] Was auf der einen Seite als Akt christlicher Barmherzigkeit erscheint, erweist sich auf der anderen Seite als Reproduktionshandel. Ähnlich wie beim Ablass investieren Menschen in ihre Zukunft, ohne sicher zu wissen, ob sich ihre Ausgaben rentieren werden. Gemäß der Logik des beliebtesten mittelalterlichen Un*fruchtbarkeitsnarrativs lohnen sich die reproduktiven Investitionen freilich immer.

Wer das reproduktionstheologische System kennt, kann wie Herzog Leopold im *Wilhelm von Österreich* einen grenzüberschreitenden Tauschhandel organisieren. Leopold bietet eine Wallfahrt nach Ephesus und erwartet im Gegenzug, dass sich der Evangelist Johannes für sein Wunschkind einsetzt. Wie sehr die Kirche von den Spenden Kinderloser profitiert, ist in diesem Roman zumindest angedeutet: Der Herzog von Österreich bringt dem Heiligen gemeinsam mit dem König von Zyzya viele große und reiche Opfergaben dar, die wichtiger als konkrete Gebete scheinen. Als die beiden Herrscher nach ihrem frommen Geschäft wieder aufbrechen, gehen ihre Gaben in den Besitz der Kirche über. Die geistlichen Prälaten der Wallfahrtskirche kümmern sich um die reiche Schenkung. In zahlreichen materiellen Objekten, wie Weihebildern, Votivtafeln und Dingzeugnissen, dokumentiert sich diese ökonomische Seite der Reproduktionstheologie.[50] Der historische Anthropologe Jack Goody hätte hier ein weiteres Argument für seine These finden können, dass der große wirtschaftliche Erfolg der Kirche im Mittelalter mit ihren restriktiven Ehegesetzen zusammenhing. Wenn es keine Möglichkeiten gibt, Kinderlosigkeit durch Wiederheirat oder Adoption zu überwinden, können Betroffene nur noch beten und Repräsentanten der Kirche durch großzügige Gaben zur fertilen Fürbitte animieren.

Die notwendigen Ressourcen sind zu bedenken, wenn man nach Gründen für die standesspezifische Problematisierung von Un*fruchtbarkeit fragt. In der mittelalterlichen Erzählliteratur ist Kinderlosigkeit überwiegend ein Problem der herrschenden Oberschicht. Dies hängt einerseits mit den Bedingungen der Produktion, Rezeption und Überlieferung von Literatur zusammen. Erzählt und aufgezeichnet werden Un*fruchtbarkeitsgeschichten, die ein höfisches Publikum interessieren.[51] Die Verteilung des Erbes, die Sicherung der Herrschaftsfolge und dynastische Kontinuität sind genuine Anliegen des

Adels. Andererseits verfügen Menschen der Oberschicht über die erforderlichen materiellen Mittel. Eine reproduktive Reise, sei es zu einem medizinischen Zentrum oder zu einer religiösen Pilgerstätte, muss man sich erst einmal leisten können. Epochenübergreifend ist die Erfüllung eines Kinderwunschs auch von finanziellen Möglichkeiten abhängig.

Göttliche Strafe

Die Erhörung eines Fruchtbarkeitsgebets bietet keine Garantie für dauerhaftes Familienglück. Im reproduktionstheologischen System bleibt Fruchtbarkeit störanfällig und hängt lebenslänglich von der Frömmigkeit der Wunscheltern ab. Gott kann unfruchtbaren Paaren ein Kind schenken, aber ihnen seinen Segen ebenso entziehen. Ein Tun-Ergehen-Zusammenhang wird nicht nur bei der Geburt, sondern auch beim Tod eines Kindes angenommen.

Eine solche Un*fruchtbarkeitsgeschichte mit katastrophalem Ausgang erzählt Heinrich Kaufringer (um und vor 1400): Ein Einsiedler, der die Wunder Gottes erforschen will, lernt einen Engel in der Gestalt eines Pilgers kennen. Gemeinsam übernachten sie bei einem reichen Bürger, der sie gastfreundlich beherbergt. Der Erzähler entwirft ein idyllisches Bild der Bürgerfamilie, die aus einem aufmerksamen Hausherrn, einer ehrbaren Ehefrau und einem süßen Baby besteht. Nichts deutet auf Schwierigkeiten oder Probleme hin, nur kümmern sich Vater, Mutter und Diener fast schon zu aufmerksam um den Nachwuchs. Ihr ganzes Leben dreht sich um das Kind in der Wiege.[52] Erklärlich ist ihr Verhalten dadurch, dass die Eheleute viele Jahre auf einen Erben warten mussten. Ihre Familiengeschichte folgte zunächst dem Narrativ der göttlichen Hilfe: Beide Partner litten schwer unter ihrer Kinderlosigkeit, beteten unaufhörlich und bekamen schließlich ein Kind geschenkt. Ausdrücklich wird betont, dass es sich bei der Schwangerschaft um ein Wunder – wider die Natur – handelte. Die Frau wurde fruchtbar, obwohl sie von ihrer Konstitution her unfruchtbar war.

Das Glück der Eltern wird durch die Gäste jäh zerstört. Als die Besucher mit dem sanft schlummernden Säugling allein sind, bewundert der Engel erst seine zarte Schönheit und macht sie anschließend zunichte. Er nimmt ein Kissen, legt es dem Kind aufs Gesicht, setzt sich darauf und erstickt es. Den verstörten Einsiedler klärt der Engel erst viel später über sein Motiv auf. Seine Begründungsgeschichte setzt dort an, wo das Narrativ der göttlichen Hilfe gewöhnlich endet: Nach der Geburt dachten die überglücklichen Eltern nur noch an ihr Kind und vergaßen denjenigen, der es ihnen geschenkt hatte. Implizit macht der Engel auf eine reproduktionstheologische Grundregel aufmerksam: Wem Gott einen Kinderwunsch erfüllt, von dem erwartet er lebenslänglich Dank.

Die Wunscheltern in Kaufringers Märe werden grausam bestraft, als sie dieses Prinzip missachten. Besonders perfide ist die Argumentationslogik, weil der Engel behauptet, das Kind zum Besten seiner Eltern ermordet zu haben. Andernfalls hätten die Eheleute ihr Seelenheil verspielt und wären auf ewig verloren gewesen. Die Strafe erscheint in dieser Deutung gar als neue Variante der göttlichen Hilfe. Der Verlust eines Kindes ist nach Aussage des Engels eine Erziehungs- und Züchtigungsmaßnahme, damit sich die jungen Eltern wieder Gott zuwenden und seine Gebote achten.[53] Damit liegt dieser Geschichte eine eigentümliche Variante bereuter Elternschaft zugrunde, die sich zwar von dem durch Orna Donath beschriebenen Phänomen ›Regretting Motherhood‹ unterscheidet, auf die sich der Begriff dennoch anwenden lässt: Nicht die Protagonisten merken in Kaufringers Un*fruchtbarkeitsgeschichte, dass die Familie nicht die richtige Lebensform für sie ist und wünschen sich ihren früheren Status zurück. Vielmehr empfindet Gott Reue, dass er Menschen zu Eltern gemacht hat. Als übermächtiger Akteur kann er sein Handeln im Nachhinein problemlos revidieren, so dass er das Wunschkind sterben lässt. Diese abschreckend-grausame Moral fordert Leserinnen und Leser heute heraus und lässt sie das mittelalterliche Gottesbild hinterfragen. Besser ist die Geschichte von der gottbereuten Elternschaft erträglich, wenn man sie statt als Strafaktion als Normativitätskritik interpretiert: Dann macht der himmlische Bote auf die Problematik von Kinderwünschen aufmerksam und stellt die implizite Teleologie des religiösen Narrativs in Frage. Mit einem Kind wird nicht immer alles gut, vielmehr können neue Probleme erwachsen, die den bisherigen Wertmaßstab relativieren. Die Warnung des Engels regt dazu an, die Priorisierung der Fruchtbarkeit zu überdenken. Der Lebensinhalt von Menschen sollte nicht nur in ihrer Elternschaft bestehen.

Ausblick

In der Gegenwart hat das wichtigste Narrativ, das von der Antike bis zur Moderne die Wahrnehmung von Kinderlosigkeit prägte, seine Bedeutung weitgehend eingebüßt. Längst scheint die Medizin die Theologie als Leitwissenschaft im Un*fruchtbarkeitsdiskurs vollständig abgelöst zu haben. Wer heute einen unerfüllten Kinderwunsch hat, geht in der Regel nicht in die Kirche, sondern in ein medizinisches Reproduktionszentrum. Nur in bestimmten religiösen Kreisen werden noch spezifische Gebetsangebote für Wunscheltern und ihre

Angehörigen gemacht.[54] Durch neue Erkenntnisse im Bereich der Zeugungslehre, insbesondere die Entdeckung der weiblichen Eizelle und des Verschmelzungsvorgangs von Ei und Samen, wurde der geheime Ursprung des Lebens mehr und mehr entschlüsselt.[55] Der ›Halbgott in Weiß‹, der in der Petrischale optimale Bedingungen für den Zeugungsakt schafft, konnte den biblischen Erlösergott ersetzen. Doch ist der Glaube an die Überwindung von Unfruchtbarkeit nicht geringer geworden, nur lebt er in einer säkularen Variante fort. Bemerkenswerterweise liegen dem heutigen fertilitätskapitalistischen System Prinzipien zugrunde, die in der vormodernen Reproduktionstheologie ausgebildet wurden. Das heute dominierende Narrativ der ärztlichen Hilfe suggeriert, dass jeder Kinderwunsch erfüllbar ist, sofern Wunscheltern nur genügend Zeit, Kraft und Geld investieren.

7 Gefährliche Dritte: Ein Kind um jeden Preis

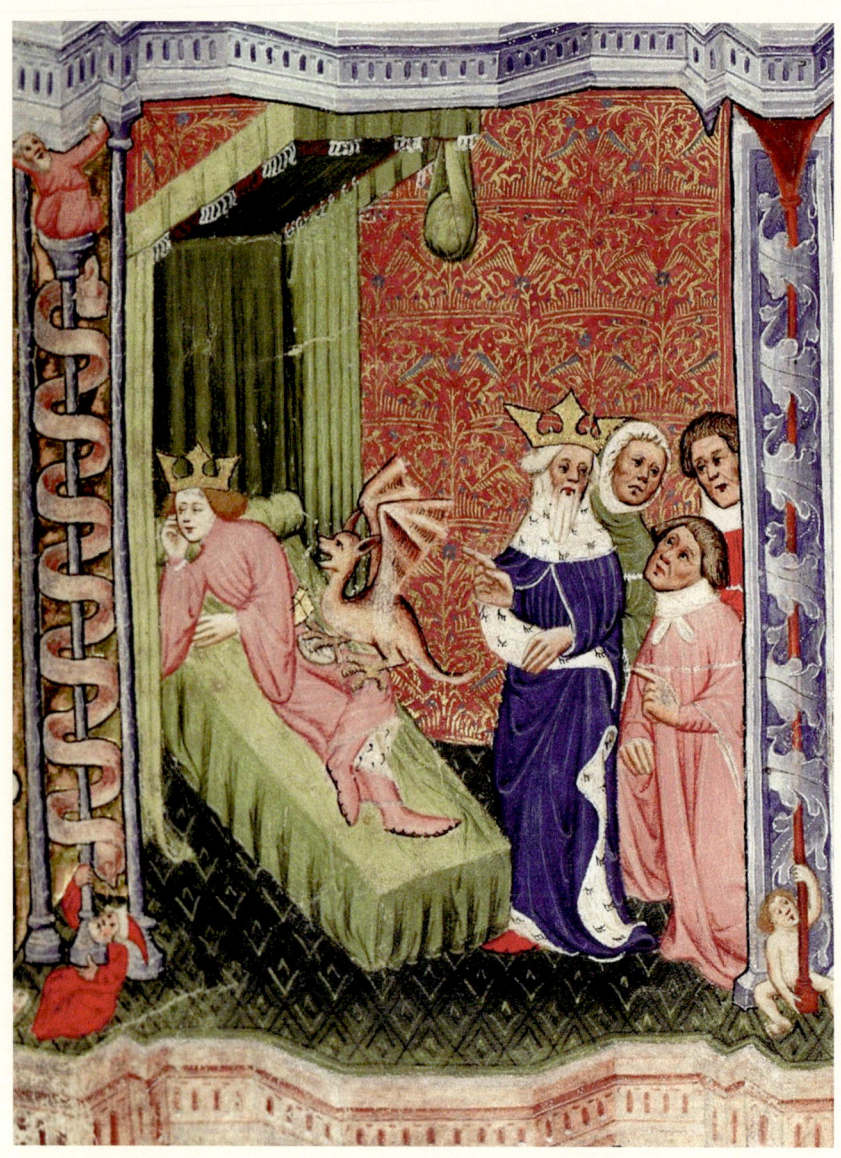

Abb. 8 *Alexanders Zeugung – Ausschnitt einer Miniatur von Jean de Grise (um 1340)*

Mit der Rede *Von der Machbarkeit* sorgte Sibylle Lewitscharoff im März 2014 im Staatsschauspiel Dresden für einen Eklat.[1] Die preisgekrönte Schriftstellerin äußerte sich höchst negativ über Techniken assistierter Empfängnis und warnte vor einer gefährlichen Grenzüberschreitung. Damit verwarf Lewitscharoff das dominierende Un*fruchtbarkeitsnarrativ der Moderne, dass die Reproduktionsmedizin Paaren mit unerfülltem Kinderwunsch hilft und sie von ihrem Leiden erlöst. Stattdessen konstruierte sie eine Geschichte von skrupellosen Leuten, die um jeden Preis ein Kind bekommen oder ermöglichen wollen.

Eine grundlegende Skepsis herrscht bereits in der mittelalterlichen Erzählliteratur gegenüber jenen vor, die sich mit religiösen Maßnahmen nicht begnügen. Mein zweites Narrativ handelt davon, was passieren kann, wenn göttliche Hilfe ausbleibt. Manche Paare geben sich nicht mit der vagen Hoffnung zufrieden, dass ihr Kinderwunsch vielleicht irgendwann einmal auf wundersame Weise erfüllt wird, sondern suchen selbst nach Auswegen. Damit verstoßen sie gegen die reproduktionstheologische Grundregel, sich in Geduld zu üben und auf göttliche Gnade zu vertrauen. Erzählt werden kann die Selbsthilfe als Geschichte religiösen Ungehorsams, gefährlicher Verführung, geschickten Betrugs oder sexueller Gewalt. Menschen, die einem Kind oberste Priorität einräumen, werden manipulierbar und verstoßen gegen religiöse und ethische Prinzipien. Bei der Erfüllung ihres Kinderwunschs lassen sie sich von vielwissenden, aber zwielichtigen Figuren helfen.

Mittelalterliche Un*fruchtbarkeitsgeschichten besitzen in der Regel eine dyadische Grundstruktur: Ehemann und Ehefrau sehnen sich nach einem Erben, kinderlose Menschen wenden sich flehend an Gott. Im Narrativ des gefährlichen Dritten wird die Zweierbeziehung aufgebrochen und entweder das Gott-Mensch- oder das Mann-Frau-Verhältnis in eine trianguläre Konstellation verwandelt. Diese Erweiterung des Personengefüges wird per se als Bedrohung aufgefasst. Die Empfängnis ist weder zufälliges Produkt des Geschlechtsverkehrs zwischen Eheleuten noch Folge inständigen Betens, sondern wird durch die Assistenz einer dritten Figur ermöglicht.[2] Daraus resultieren weitreichende Folgen für die familiäre Ordnung, die Bewertung der Wuncheltern und den Status des Kindes.

Fertile Stellvertreterinnen und Stellvertreter: Problematische Positionen

Die einfachste Möglichkeit, einen unerfüllbaren Kinderwunsch zu realisieren, besteht im Wechsel des Sexualpartners. Ein Ehepaar kann die Zeugungshilfe eines Dritten in Anspruch nehmen, sei es, dass der unfruchtbare Partner seinen Reproduktionsauftrag delegiert, oder dass der fruchtbare Partner ohne das Wissen und den Willen des anderen handelt.[3] Diesem Verfahren waren im christlichen Mittelalter aber enge kirchen- und erbrechtliche Grenzen gesetzt, wie das Kapitel zum Recht gezeigt hat. Ein Kind wurde nur dann als Erbe seiner Eltern anerkannt, wenn seine eheliche Zeugung außer Frage stand. Kinderlosigkeit rechtfertigte nach Ansicht der Kanonisten weder eine Scheidung noch einen Seitensprung, vielmehr galt jeder Ehebruch als schwere Sünde. Daher musste eine assistierte Empfängnis sorgsam verheimlicht werden, was im Fall männlicher Unfruchtbarkeit deutlich leichter zu bewerkstelligen war. Dass in der Literatur des Mittelalters überhaupt von fertilen Stellvertreterinnen erzählt wird, hängt mit der verbreiteten Bibelkenntnis und ihrer volkssprachigen Rezeption zusammen.

Biblische und historische Ersatzmütter

Im antiken Rom, im Mittelmeerraum und im Nahen Orient herrschten andere Leitbilder von Ehe und Familie vor als in Europa, wie der historische Anthropologe Jack Goody (1983) herausgestellt hat.[4] Männer verfügten in diesen Gesellschaften über mehr Optionen, Unfruchtbarkeit zu kompensieren, weil Polygamie und Konkubinat erlaubt waren. Auch die Erzväter Israels lebten nicht nach kirchlichen Ehegesetzen des mittelalterlichen Hochadels. Die bekannteste biblische Geschichte einer Ersatzmutterschaft wird im Buch Genesis erzählt und handelt von der Dreiecksbeziehung um Abraham, Sara und Hagar (Gen 16). Im Narrativ der göttlichen Hilfe wird gern auf Saras späte Mutterschaft verwiesen, wohingegen die frühere Episode mit ihrer eigenmächtigen Reproduktionsstrategie meist ausgespart bleibt. Die Autoren der frühen deutschen Bibeldichtung übertrugen dagegen auch diese Geschichte in die Volkssprache, ohne sie als illegitim oder unmoralisch zu verurteilen.

Die *Frühmittelhochdeutsche Genesis* (2. Hälfte 11. Jh.) lässt keinen Zweifel daran, dass die Ursache für die Unfruchtbarkeit bei der Frau lag. Während Hieronymus in der lateinischen *Vulgata* (Ende 4. Jh.) nur festhält, dass Sara keine Kinder gebar, diagnostiziert der deutsche Übersetzer: »Sie war unfruchtbar.«[5] Somit besteht eine grundlegende Spannung zwischen der Heilszusage

Gottes und der Familiensituation des Patriarchen. Gott hat Abraham zahllose Nachkommen versprochen, lässt seine Ehe aber auch im gelobten Land kinderlos bleiben. Die Initiative, die Unfruchtbarkeit zu überwinden, geht schließlich von Sara aus. Zehn Jahre nach ihrer Ankunft in Kanaan spricht sie mit Abraham offen über ihre Fruchtbarkeitsstörung. Zu diesem Zeitpunkt hat Sara akzeptiert, dass ihr Nachwuchs versagt ist. Sie bittet nicht um göttliche Gnade, sondern sucht nach einer menschlichen Lösung. Ihre ägyptische Magd Hagar soll Empfängnis und Mutterschaft für sie übernehmen. In der *Vulgata* hofft Sara, auf diese Weise selbst Söhne zu bekommen; in der deutschen *Genesis* wünscht sie sich Nachwuchs für Abraham. Hagar fungiert in Saras Vorstellung nur als Tragemutter, wohingegen sie einmal selbst die Mutterschaft beansprucht, das andere Mal allein die Vaterschaft zählt. Das gesamte Reproduktionsverfahren unterliegt Saras Regieführung. Abraham äußert sich nicht zu ihrem Plan, aber setzt ihn unverzüglich um. Eine menschliche Ersatzmutterschaft steht also weder für ihn im Widerspruch zur göttlichen Verheißung noch üben die auktorialen Erzähler daran Kritik.

Sobald Hagar merkt, dass sie schwanger ist, ändert sich das Verhältnis beider Frauen. Wie im Fall von Anna und Joachim ist Un*fruchtbarkeit ein Machtfaktor, der die häusliche Hierarchie bedroht. Die Schwangerschaft stärkt Hagars Selbstbewusstsein, so dass sie ihre Herrin wegen ihrer Unfruchtbarkeit verachtet. Sara setzt sich gegen diese Abwertung jedoch zur Wehr. In der *Vulgata* beklagt sie sich bei ihrem Mann, weist ihm die Verantwortung zu und verlangt eine Entscheidung. Als Abraham sich auf ihre Seite stellt, behandelt Sara ihre Magd so schlecht, dass diese noch vor der Geburt davonläuft. Saras Strategie, durch eine andere Frau zur Mutter zu werden, ist gescheitert. Zwar kehrt Hagar auf Befehl eines Engels wieder zu ihren Dienstherren zurück und gebärt einen Sohn, doch übernimmt Sara nie eine Mutterrolle für den Jungen. Vielmehr empfindet sie Hagar und ihr Kind als Störfaktoren und sorgt für deren Vertreibung, nachdem sie im hohen Alter selbst noch Mutter geworden ist.

Weniger konfliktreich gestalten sich dagegen die anderen Ersatzmutterschaften im Buch Genesis. Rahel und ihre Schwester Lea tragen einen regelrechten Gebärwettstreit um die Liebe ihres gemeinsamen Mannes Jakob aus (Gen 30,3–13). Als die kinderlose Rahel sieht, wie ihre Schwester einen Sohn nach dem anderen gebärt, führt sie Jakob ihre Magd Bilha zu. Ihren Anspruch auf das Wunschkind stellt Rahel handlungsdramaturgisch sicher. Sie verlangt, dass Bilha auf ihren Knien niederkommt, damit die Mutterschaft mit dem Geburtsakt auf sie übergeht. Die Schmerzen und Gefahren des Gebärens sind dagegen auf den anderen weiblichen Körper ausgelagert. Die Ersatzmutterschaft funktioniert bei Rahel zweimal planmäßig: Bilha bringt für ihre Herrin zwei Söhne zur Welt.

In der frühmittelhochdeutschen Version berichtet der Erzähler von der übergroßen Freude der Wunschmutter.[6] Rahels dankbares Gebet in der *Vulgata* zeigt, dass sie keinen Unterschied zwischen einer leiblichen und einer übertragenen Mutterschaft macht. Ihr Anspruch auf die Söhne dokumentiert sich in der Namensgebung, mit der Rahel auf ihre Un*fruchtbarkeitsgeschichte anspielt. Welche Gefühle die leibliche Mutter empfindet, wird nie thematisiert. Bilha darf sich weder zur Empfängnis oder Geburt noch zur Übergabe der Söhne äußern. Lautlos verschwinden sie und Leas Magd Silpa, die von ihrer Herrin ebenfalls zweimal als Ersatzmutter instrumentalisiert wird, aus der Geschichte. Durch die Ersatzmütter können beide Schwestern ihre Fertilität steigern, ohne dass die Dienerinnen das häusliche Zusammenleben gefährden. Die familiäre Gemeinschaft ist durch die Konkurrenz zweier Frauen bereits so gestört, dass die Dritt- und Viertfrau eher zur Befriedung beitragen.

Ersatzmutterschaft charakterisiert der deutsche Kulturwissenschaftler Andreas Bernard in der Studie *Kinder machen* (2014) treffend als »gleichzeitig die modernste und archaischste Form der assistierten Reproduktion«.[7] Er vermutet, dass diese Fertilitätsstrategie über Jahrhunderte hinweg immer wieder angewandt worden sei, auch wenn literarische und geschichtliche Quellen darüber keine Auskunft gäben. Möglicherweise hängt dieses Schweigen aber auch schlicht mit der fehlenden historischen Forschung zu Kinderlosigkeit zusammen. In den umfangreichen Archivalien des Kaufmanns Francesco Datini, dessen Gemahlin Margherita trotz unterschiedlicher medizinischer und magischer Behandlungsversuche nicht schwanger wurde (Kap. 2, S. 76 f.), finden sich zumindest Indizien für einen solchen Fall. Ob Francesco es von Anfang an darauf angelegt hatte, ein Dienstmädchen seiner Frau zu schwängern, sei dahingestellt. Doch deutet alles darauf hin, dass er seine Vaterschaft nur allzu gerne anerkannte und die Verantwortung für seinen unehelichen Sohn übernehmen wollte: Er gab Ghirigora eine reiche Mitgift, verheiratete sie in den ersten Schwangerschaftsmonaten, übernahm ihr Kind, ließ es taufen, beauftragte eine Amme und finanzierte die Grundausstattung des Babys: Bänder, Decken, Kissen. Falls Francesco wirklich über fertile Stellvertretung Vater werden wollte, war dieser erste Versuch nur kurzzeitig erfolgreich; der namenlose Junge starb mit sechs Monaten. Erst sein zweites, mutmaßlich mit einer Sklavin gezeugtes Kind überlebte, wurde mit sechs Jahren in den familiären Haushalt aufgenommen und von Margherita liebevoll wie eine eigene Tochter umsorgt.

Im Vergleich zur biblischen und historischen Stellvertretung hat sich in der gegenwärtigen Praxis einiges verändert. Der störende Einfluss von Dritten ist dadurch gemindert, dass erstens Leihmütter nicht zum Haushalt der Wunscheltern gehören und zweitens die assistierte Empfängnis fragmentiert ist. In der Regel bekommen Leihmütter befruchtete Eizellen anderer Frauen eingesetzt, wohingegen Hagar, Bilha, Silpa und Ghirigora an allen Stufen der Reproduktion – vom Sex über die Schwangerschaft bis zur Geburt – unmittelbar beteiligt waren. Doch ist das Verhältnis zwischen Wunsch- und Ersatzmüttern noch in der Moderne von einem ähnlichen Hierarchiegefälle wie in der Vergangenheit geprägt. Fertile Stellvertreterinnen sind hinsichtlich ihres Standes, ihrer Herkunft und ihres Besitzes vielfach minderprivilegiert. Im Buch Genesis mussten die Mägde die Gebote ihrer Herrinnen befolgen, und in der Casa Datini besaß der Hausherr das Recht, die Familienverhältnisse in seinem Sinne zu ordnen. In der Gegenwart schließlich nehmen wohlhabende Menschen Reproduktionsdienste in Ländern mit einem niedrigen Lebensstandard in Anspruch.

Wenn Leihmutterschaft heute kritisiert wird, hängt dies vor allem mit den sozialen, wirtschaftlichen und finanziellen Differenzen zwischen den Vertragsparteien zusammen. Dabei muss die Ablehnung nicht so weit gehen wie bei Sibylle Lewitscharoff, die diese Praxis für »[a]bsolut grauenerregend« hält.[8] Es treibe »die Widerwärtigkeit aber auf die Spitze«, dass »Frauen aus armen Ländern als Gebärmaschinen herhalten« müssten. Rückblickend bereuten auch schon Leihmütter ihre Tätigkeit als »Reproduktionsprostituierte«, und differenziert argumentierende Wissenschaftler*innen warnten vor einer »Kolonialisierung der Körper«.[9] Der Begriff des Leihens verdeckt die zugrundliegenden Machtverhältnisse und erweckt den Anschein, dass eine Frau ihren Körper gerne und selbstlos zur Verfügung stellt. Ebenso suggeriert das Verb ›spenden‹, dass Samenspender und Eizellenspenderinnen kinderlose Paare aus reinem Idealismus unterstützen. Die ökonomischen Bedingungen, auf denen Kinderwunschzentren, Samenbanken und Leihmutter-Agenturen basieren, werden auf diese Weise verschleiert.

Vormoderne Samensender

In der mittelalterlichen Erzählliteratur wird hingegen nicht verschwiegen, dass Samenproduzenten massive Eigeninteressen verfolgen. Ein unerfüllter Kinderwunsch bietet Männern Gelegenheit, in eine Ehe einzudringen. Unter dem Vorwand, Hilfe zu leisten, können sie mit einer eigentlich unerreichbaren Frau schlafen. Um die strukturelle Analogie, aber auch die körperliche Differenz zur modernen Reproduktionstechnik zu markieren, spreche ich von einem Samensender. Anders als ein Samenspender produziert dieser das Sperma beim Geschlechtsverkehr und ergießt es unmittelbar in die Vagina der Wunschmutter. Erst im 20. Jahrhundert werden Reproduktion und Sexualität zunehmend entkoppelt. Die artifizielle Insemination erlaubt, einer Frau ohne Sex Sperma einzuführen, was für die moralische Akzeptanz der Samenspende entscheidend war.

Das komplexe Wechselverhältnis von Notlage und Nötigung, Hilfsbereitschaft und Vertrauensmissbrauch, Beistand und Eigeninteresse wird im hellenistischen *Alexanderroman* des Pseudo-Kallisthenes (3. Jh.), den lateinischen Fassungen der *Historia de preliis* (Geschichte der Kriege; 12. Jh.) und den mittelhochdeutschen Übertragungen ausgeleuchtet.[10] An der Geburt Alexanders des Großen sind alle beteiligt, die zum Figurenpersonal des Narrativs des gefährlichen Dritten gehören: ein kinderloses Ehepaar, das einen Erben benötigt, eine unglückliche Frau, die um jeden Preis schwanger werden will, und ein Außenstehender, der für die Erfüllung dieses Wunschs Sex verlangt. In den meisten Versionen ist Alexanders leiblicher Vater der ägyptische König Nectanabus, der sich auf Astrologie, Mathematik und alle Arten der Magie versteht. Als Flüchtling gelangt er an den Hof Philipps von Makedonien und verliebt sich in dessen schöne Frau Olympias. Seine Eroberungsstrategie, die Königin durch sein Wissen zu beeindrucken, hat Erfolg: Im Vier-Augen-Gespräch vertraut ihm Olympias ihre Unfruchtbarkeitssorgen an. Nectanabus tröstet sie damit, dass sie von einem anderen Partner Nachwuchs bekommen werde. Sein eigenes Begehren verbergend, behauptet er, dass einer der mächtigsten Götter mit ihr schlafen und ihr ein Kind schenken wolle.

In den deutschen Alexanderromanen des 13. Jahrhunderts führt die Kinderlosigkeit der Königin zu einer Verkehrung der Machtverhältnisse. Nectanabus ist zunächst als leidender Liebender, nicht als übermächtiger Helfer konzipiert. Wie in der höfischen Literatur üblich wird die Minne als gewaltsamer Affekt dargestellt, der von außen über Figuren hereinbricht, zu einer Selbstentfremdung führt und Denken und Fühlen massiv beeinträchtigt. Um von seinem Leiden erlöst zu werden, setzt Nectanabus im *Alexander* Rudolfs von Ems (vor 1235, 1240–54?) alles daran, Olympias für sich zu gewinnen. Sein ganzes Glück, seine Freude und sein Verstand hängen von ihr ab.[11] Die Beziehung zwischen dem liebeskranken Mann und der sittsamen Ehefrau ändert sich erst, als die Kategorie der Un*fruchtbarkeit ins Spiel kommt. Sobald die Königin um reproduktive Hilfe gebeten hat, kann Nectanabus Macht auf sie ausüben. Er erklärt ihr, dass und auf welche Weise sie schwanger werden kann. Seine ambivalente Doppelrolle beim Geschlechtsakt stellt Rudolf heraus. Nectanabus ist fertiler Heilsbringer und sexueller Nutznießer in einer Person.[12] Während bei der Ersatzmutterschaft die kinderwünschende Frau das Reproduktionsverfahren steuert, übernimmt bei der männlichen Stellvertretung der Samensender die Regie. Rudolf kommentiert, dass alles nach dem Willen des Nectanabus verläuft – zwar mit Zustimmung der Königin, doch ohne Wissen des Königs.

Mit seiner reproduktiven Verführung gelingt Nectanabus in einer Nacht, was Philipp verwehrt bleibt: Er zeugt mit Olympias ein Kind. In der Miniatur des flämischen Illuminators Jehan de Grise (um 1340) ist der Moment der Empfängnis abgebildet (Abb. 8). Das Bild ist Teil einer vierteiligen Komposition, in der die Geburts- und Kindheitsgeschichte Alexanders ganzseitig illustriert wird. Auf einem grün-grauen Himmelbett liegt seitwärts abgewandt eine gekrönte Figur, über deren Mitte ein rosafarbener Drache mit gespreizten Flügeln schwebt. Symbolisch angekündigt wird die Schwangerschaft durch den kreisrunden Stoffballen, der von der Balustrade des Bettes hinab weist. Wie die amerikanische Kunsthistorikerin Susan Koslow (1986) herausgestellt hat, handelt es sich bei diesem Bildmotiv um ein Zeichen für Schwangerschaft und Inkarnation.[13] Auch auf dem Coverbild meines Buches ist ein solcher Vorhangbeutel, der an eine Gebärmutter erinnern mag, zu finden. Bei Alexanders Zeugung hebt sich der Beutel farblich klar vor dem roten Hintergrund ab und ist genau zwischen den Eheleuten postiert. Das menschliche Wesen des Samensenders ist nicht zu erkennen, weil sich Nectanabus vor seinem nächtlichen Besuch verwandelt hat. Mit einem hermelinbesetzten Mantel und seiner Krone führt der König die Figurengruppe rechts an, kann sich aber auf das Geschehen keinen Reim machen. Mit dem Zeigefinger deutet er noch auf den Ort der Empfängnis, dreht den Kopf aber fragend zu seinen Begleitern um.

Der Pfaffe Lambrecht, der den ersten deutschen *Alexanderroman* (um 1155/60) verfasste, hielt die antike Un*fruchtbarkeitsgeschichte für höchst problematisch. Einem geistlichen Autor musste missfallen, dass Olympias nicht dank göttlicher Hilfe, sondern mittels magischer Praktiken schwanger geworden sein soll. Daher verwarf Lambrecht das Narrativ des gefährlichen Dritten und kritisierte seine Vermittler massiv. Schlimme Lügner (»bose lugenâre«) behaupteten, dass Alexander der Sohn eines Zauberers gewesen sei. Lambrecht beteuert, dass der Held wirklich der Sohn Philipps von Makedonien gewesen sei, und entwirft eine Familiengeschichte ohne genalogische Brüche; biologische und soziale Vaterschaft stimmen in seiner Version überein.[14] Der Aspekt der Abstammung ist ihm so wichtig, dass er an späterer Stelle noch einmal gegen die bösen Lügner wettert, die Nectanabus als Alexanders leiblichen Vater bezeichnen. Dieser Versuch, den gefährlichen Dritten aus der Geschichte zu streichen, war jedoch wenig erfolgreich. Die späteren deutschen Bearbeiter halten an den fragwürdigen Umständen von Alexanders Geburt fest.

Männliche Zeugungshilfe wird in den mittelalterlichen Un*fruchtbarkeitsgeschichten durchweg als ambivalent betrachtet: Einerseits ist die Potenz des

Dritten unverzichtbar für die Reproduktion, andererseits eine Gefahr für die dynastische Kontinuität, die genderspezifische Ehre, die soziale Ordnung und die eheliche Loyalität. Die wichtigste Regel dieses Narrativs lautet daher: Wer bei der Reproduktion fremde Hilfe in Anspruch nimmt, darf nicht darüber reden. Im *Alexander* Ulrichs von Etzenbach (vor 1290) läuft das Verfahren mit größter Diskretion ab. Der Samensender sorgt selbst dafür, dass seine Beteiligung unentdeckt bleibt. Nectanabus kommuniziert nur heimlich mit der Wunschmutter und verlässt den Ort der Empfängnis zügig. Der Erzähler lobt ihn ausdrücklich für diese Klugheit.[15] Mit der Zeugung hat der Samensender seine Funktion erfüllt und muss aus der Geschichte verschwinden.

Solche Strategien des Verbergens und Verschleierns prägen auch in der Gegenwart das Verhalten von Wunscheltern. Die Ausmerzung des Dritten, wie sie die mittelalterliche Erzählliteratur vorzeichnet, wurde zum Geschäftsprinzip der Samenbanken. Der Samenspender operiert, wie Andreas Bernard treffend formuliert, als »Agent im Geheimdienst der Reproduktionsmedizin«.[16] Er liefert Zeugungsmaterial, setzt Biographien in Gang, bleibt aber selbst unsichtbar. Obwohl eine Samenspende längst nicht mehr mit dem Ruch des Ehebruchs behaftet ist, kennen die wenigsten Beteiligten die Identität ihres Spenders. Erst im Juli 2018 trat in Deutschland ein Gesetz in Kraft, das das Recht auf Kenntnis der eigenen Abstammung durch ein zentrales Samenspenderregister festlegt und regelt. Seitdem haben Kinder nach der Vollendung ihres 16. Lebensjahrs die Möglichkeit, Auskunft über ihren biologischen Vater zu erhalten. Lange warnten Betreiber von Reproduktionszentren eindringlich davor, das Zeugungsverfahren publik zu machen, weil dies die Einheit der Familie zerstöre.

In der mittelalterlichen Heldenepik wird ebenfalls vor Augen geführt, dass der Auftritt eines Samensenders die familiäre Ordnung bedrohen kann. Im *Ortnit* (vor 1350) erfährt der gleichnamige Protagonist erst im Heiratsalter, dass er nicht der leibliche Sohn des verstorbenen Königs von Lamparten ist. Als er seinem unbekannten Erzeuger begegnet, kann er ihn biologisch überhaupt nicht einordnen. Ortnit hält den zwergenhaften König Alberich erst für ein Kind und wünscht sich selbst, Vater des wunderschönen Kleinen zu sein. Die imaginäre Verkehrung der Generationenfolge zeugt von der Gefahr, die von einem Samensender ausgeht. Der störende Dritte lässt sich nicht einfach in die Familie integrieren und sorgt für grundlegende Irritationen. Die üblichen Hierarchien kollabieren, wenn Ortnits Wunschsohn in Wirklichkeit sein leiblicher Vater ist. Moderne Ängste vor einer Zerstörung von Familienstrukturen, wie sie durch Samenbanken und Leihmutter-Agenturen virulent geworden sind, werden in der mittelalterlichen Literatur imaginär vorweggenommen. Durch seine geringe Körpergröße ist der Samensender im *Ortnit* rein äußerlich als eine andersartige, monströse Figur gekennzeichnet, die den höfischen Idealen in keiner Weise entspricht.

Ortnit merkt schnell, dass sein Gegenüber kein Kind ist, das sich beherrschen lässt. Beim Zweikampf wird Alberich immer stärker und schwerer. Auch intellektuell ist er dem Protagonisten überlegen, so dass er ihn bezwingen und zu seinen Bedingungen mit dem dunklen Familiengeheimnis konfrontieren kann: »wie groß ihr euch auch dünkt, so seid ihr doch mein Kind!«[17] Nach seiner Selbstoffenbarung übernimmt Alberich zeitweilig die soziale Vaterrolle. Er begleitet Ortnit bei einer gefährlichen Brautwerbung und hilft ihm, eine heidnische Prinzessin zur Frau zu gewinnen. In seinem schwierigsten Kampf gegen einen ungeheuren Drachen lässt er seinen Sohn jedoch allein, was zu dessen unheroischem, tragikomischem Tod führt: Der erschöpfte Held schläft ein und wird an die Drachenjungen verfüttert, die ihn aus seiner Rüstung heraussaugen. Der Samensender ist eine unzuverlässige Vaterfigur, da er dem Sohn ohne ersichtlichen Grund seine Unterstützung entzieht. Die königliche Dynastie findet mit Ortnits Tod ihr Ende. Die genealogische Ordnung kann durch den Zeugungshelfer nicht dauerhaft gesichert werden.

Der Einfluss des Samensenders in der mittelalterlichen Literatur reicht weiter als die des Samenspenders in der Gegenwart. In seiner Figur sind zwei Rollen angelegt, die in der Reproduktionsmedizin zunehmend auseinandertraten: die überlegene Position des ärztlichen Therapeuten und die partizipierende Position des Samenproduzenten.[18] In Niccolò Machiavellis Komödie *Die Alraune* (gedruckt 1524) gibt sich der gefährliche Dritte selbst als Arzt aus.[19] Mit diesem Werk erweitere ich mein Korpus erzählender Literatur um die Gattung des Dramas aufgrund seiner Einschlägigkeit: Während in den meisten meiner literarischen Quellen Un*fruchtbarkeit ein Nebenthema ist, auf eine Episode begrenzt bleibt und oft Randfiguren betrifft, dreht sich die gesamte Handlung der *Alraune* um ersehnte Elternschaft. Kallimachus hat sich in die schöne Florentinerin Lucrezia verliebt, die mit dem reichen Anwalt Nikias verheiratet ist. Erneut bietet die Kinderlosigkeit eines Paares die entscheidende Schwachstelle, um Eheleute zu manipulieren und sexuelles Begehren zu stillen. Während der Wissensbereich der Medizin in der höfischen Erzählliteratur überhaupt keine Rolle spielt, bindet Machiavelli zeitgenössische Therapien in sein Drama ein, um komische Effekte zu erzeugen. So will sich Nikias zunächst einer Bäderkur unterziehen, damit ihm seine Frau nach sechs Ehejahren endlich die ersehnten Söhne gebärt. Das Vorhaben scheitert jedoch am fehlenden Konsens der Ärzte. Jeder empfiehlt ein anderes Heilbad, so dass Nikias an ihrer Kompetenz zweifelt und die Mediziner mit einem krächzenden Krähenschwarm vergleicht.

Der drängende Kinderwunsch des Anwalts verschafft seinem Konkurrenten intimen Zugang zur begehrten Frau. Mit lateinischen Floskeln, möglichen Heiltränken und einer Erfolgsgarantie gelingt es Kallimachus, Vertrauen aufzubauen. Abhilfe gegen die Unfruchtbarkeit soll ein Gebräu aus Alraunen verschaffen, das schon unzähligen adligen Damen zur Schwangerschaft verholfen habe. Der wirksame Fruchtbarkeitstrank hat nach Aussage des vermeintlichen Arztes nur einen Nachteil: Wer zuerst mit der therapierten Frau schläft, muss sterben. Weil Nikias zur Erfüllung seines Kinderwunschs sogar über eine Leiche gehen will, kann Kallimachus ihn betrügen. Mit dem Wissen, ja auf ausdrücklichen Wunsch des Ehemanns darf er mit Lucrezia schlafen, um Nebenwirkungen der Alraune abzufangen. Der schlaue Liebende geriert sich als selbstloser Helfer und wird für seine reproduktionsmedizinische Behandlung belohnt.

Der zauberkundige Nectanabus, der zwergenhafte König Alberich und der medizinische Hochstapler Kallimachus unterscheiden sich von den biblischen Mägden Hagar, Bilha und Silpa nicht nur dadurch, dass sie verschiedenen Erzähl- und Gattungstraditionen angehören. Vielmehr ist die Machtposition von männlichen und weiblichen Stellvertretern in der Fertilitätshierarchie eine gänzlich andere. Wer über einen weiblichen Körper verfügen kann, befindet sich – geschlechtsunabhängig – in einer überlegenen Position. Potente Männer übernehmen die Zeugungsaufgabe freiwillig, während gebärfähige Frauen zur Reproduktion zwangsverpflichtet werden. Un*fruchtbarkeit ist eine Kategorie, die Hierarchien innerhalb wie zwischen den Geschlechtern verstärkt.

Bedrängte Frauen: Moralansprüche an Wunschmütter

Frauen unfruchtbarer Ehemänner befinden sich in einem Dilemma: Einerseits wird von ihnen erwartet, dass sie fruchtbar sind und Nachwuchs gebären. Wie in der historischen Realität droht mittelalterlichen Herrscherinnen auch im fiktionalen Roman, dass sie entlassen werden, wenn sie keine Reproduktionsleistung erbringen. Daher fürchtet Olympias, dass Philipp sie verstößt und eine andere zur Königin macht.[20] Andererseits wird von Frauen verlangt, dass sie sich gegenüber ihrem Ehemann loyal verhalten und keinen Ehebruch begehen. Im Narrativ des gefährlichen Dritten kollidieren Reproduktionspflicht und Treueideal zwangsläufig miteinander. Die Autoren der Alexanderromane lösen diesen Konflikt unterschiedlich, sind aber alle bemüht, die Königin zu entlasten. Sie stellen Olympias als Opfer von Trug und Täuschung dar oder betonen ihre Tugendhaftigkeit.

Schuld und Begehren

Die makedonische Königin entspricht in vielfacher Hinsicht dem höfischen Ideal: In Rudolfs von Ems *Alexander* ist Olympias für ihren Adel, ihre Schönheit, ihre höfische Gesinnung und ihre Keuschheit berühmt.[21] Der Erzähler betont vor allem die letztgenannte Tugend und schreibt so gegen die literarische Tradition an. Indem er wiederholt erwähnt, dass die Königin auf ihre Unberührtheit achte, entzieht er dem Vorwurf des Ehebruchs seinen Grund: Olympias ist über jeden Verdacht erhaben, sie könne sich aus niederen, sexuellen Motiven mit einem anderen Mann einlassen. Ebenso lobt Ulrich von Etzenbach die Protagonistin für ihre hochadlige Herkunft, ihre überragende Schönheit, ihre weibliche Tugendhaftigkeit und ihre Keuschheit. Zudem hebt er ihre innige Verbundenheit mit Philipp hervor: Niemals hätte eine Frau ihren Mann mehr geliebt.[22] Ihre Treue und Vorbildlichkeit stellt Olympias in beiden deutschen Romanen unter Beweis. Als Nectanabus ihr seine Gefühle gesteht und um Erlösung von seinen Liebesqualen bittet, weist ihn die keusche Königin zurück. Bei Ulrich bekennt sie sich zu ihrem Gemahl und will lieber sterben als ehebrechen. Ihrem Werber wirft sie vor, sein Gastrecht zu missbrauchen, den König zu hintergehen und ihre Ehre rauben zu wollen. Von diesen moralischen Prinzipien rückt Olympias erst ab, als Nectanabus den Argumentationsrahmen wechselt. Im Kontext des Un*fruchtbarkeitsdiskurses betrachtet sie Sex nicht mehr als Verstoß gegen das eheliche Treuegebot, sondern als legitimen Weg zum Kind.

Entschuldigt wird das Verhalten der Königin damit, dass sie die reproduktive Verführungsstrategie kaum durchschauen kann. Nectanabus stellt den Sex als himmlischen Gnadenakt dar, der einzig dem Zweck der Empfängnis dienen soll. Entscheidendes Kriterium, die Zeugungshilfe von einem gewöhnlichen Seitensprung abzugrenzen, ist demnach die Art des Begehrens: Handelt die Wunschmutter aus sexuellem oder aus reproduktivem Verlangen? In den mittelalterlichen Un*fruchtbarkeitsgeschichten werden die Grenzen zwischen Schuld und Unschuld genau ausgelotet. Trotz aller Differenzierungsversuche fällt es den mutmaßlich männlichen Autoren schwer, die Zeugungshilfe eines Fremden gutzuheißen. Rudolf von Ems entschuldigt Olympias zwar damit, dass sie sich nur ihrem Ehemann zuliebe auf das Reproduktionsverfahren einlasse. Doch zahle sie einen zu hohen Preis für Philipps Gunst. Rudolfs kritische Haltung dürfte auch damit zusammenhängen, dass sich Reproduktion, Sex und Begehren kaum auseinanderdividieren lassen. So entdeckt Olympias in seinem Roman schnell, wer sich den Beischlaf erschlichen hat, und verliebt sich ihrerseits in den ›Minnedieb‹.[23]

Noch problematischer erscheint das Verhalten der Königin bei Ulrich von Etzenbach. Obwohl seine Olympias weder über ihre Kinderlosigkeit klagt noch um ihre königliche Stellung fürchten muss, ist sie zum Reproduktionsakt mit einem Dritten bereit. Jupiters Angebot, ihr ein Kind zu machen, führt zu einem Gesinnungswandel. Was die Königin einem menschlichen Liebhaber versagte, gestattet sie dem göttlichen Zeugungspartner. Olympias' moralische Integrität wird auch in Ulrichs Roman dadurch beschädigt, dass sie Gefallen am Sex findet. Während sie sich zunächst völlig passiv verhält und die erste Penetration verschläft, trägt die Fruchtbarkeitsverheißung zu ihrer Aktivierung bei. Sobald der Samensender verkündet, dass sie einen Sohn empfangen habe, lässt sie sich auf das Liebesspiel ein. Die Reproduktion ist also nicht nur Anlass und Folge eines Geschlechtsakts, sondern Ursache sexuellen Begehrens. Für den Erfolg der Sexualtherapie ist dieser Zusammenhang nicht unerheblich: Die Königin wird »durch Liebe und die Kraft echter Zuneigung« schwanger.[24] Die Überformung des reproduktiven Akts mit Liebesmotivik entspricht einerseits dem höfischen Minneideal, andererseits den medizinischen Un∗fruchtbarkeitsdiskursen. Weibliche Lust gilt in der gynäkologischen Fachliteratur des Mittelalters als Voraussetzung für Fruchtbarkeit (Kap. 2, S. 59). Auch der Dämonologe Johann Weyer hätte hier eine Bestätigung seiner Sexualtheorie finden können, dass ohne Reproduktion kein Begehren möglich ist (Kap. 4, S. 135).[25]

Die Empfängnis wird in allen Alexanderromanen zum Problem. Während eine Schwangerschaft im Narrativ der göttlichen Hilfe ungeteilte Freude auslöst, geraten Frauen im Narrativ der gefährlichen Dritten in Erklärungsnot. Olympias weiß nicht, wie sie ihrem Mann ihre plötzliche Fruchtbarkeit vermitteln soll. Philipps Abwesenheit war Voraussetzung dafür, dass Nectanabus seinen Platz im Ehebett einnehmen konnte. Nun aber ist sie Beweis eines Ehebruchs. Einmal mehr zeigt sich, dass Fruchtbarkeit und Unfruchtbarkeit keine absoluten Werte sind, sondern kontextbezogen variieren. Was der Königin als Reproduktionsstrategie willkommen war, betrachtet sie im Nachhinein als gravierenden Fehler. Außereheliche Fruchtbarkeit ist schlimmer als eheliche Unfruchtbarkeit. Bei Rudolf klagt Olympias, in größte Herzensnot geraten zu sein, und spricht sich selbst schuldig.[26]

Dagegen beteuert Ulrichs Protagonistin in einem emotionalen Gebet ihre Schuldlosigkeit. Obwohl ihre Affäre verborgen geblieben ist, empfindet Olympias das Geschehene als unerträglich und fürchtet, ihr eheliches Recht verspielt zu haben. Rückblickend erscheint es ihr so, als ob sie fremdgesteuert worden wäre. Niemals hätte sie aus eigenem Willen der Zeugungshilfe eines Dritten zugestimmt. Ihre Situation vergleicht sie gar mit der alttestamentarischen Susanna und hofft, von Gott gleichfalls aus ihrer Not erlöst zu werden. Dieser Vergleich wirkt zunächst wenig angemessen. Während Susanna zu Unrecht beschuldigt und vor Gericht angeklagt wurde (Dan 13), hat Olympias tatsächlich Ehebruch begangen, muss sich aber nur vor ihrem Gewissen verantworten. Doch besteht eine strukturelle Parallele in den sexuellen Übergriffen von Männern. Beide Frauen werden bedrängt und erpresst, gegen ihre Grundsätze zu verstoßen. Daher verflucht Olympias den Samensender und fleht Gott um Erbarmen. Die Wunschmutter spricht zwar nicht offen aus, dass der Fötus abgehen möge. Doch liegt es nahe, die verzweifelte Erlösungsbitte auf eine Fehlgeburt zu beziehen. Niemals, davon ist Olympias überzeugt, wird ihr das Kind eines fremden Mannes Freude bereiten.[27] Durch diese inständige Reue warnt Ulrich implizit davor, gefährliche Dritte in die Reproduktion einzubeziehen: Nachwuchs um jeden Preis, so lehrt das Beispiel der unglücklichen Königin, ist strikt abzulehnen.

Sexuelle Gewalt

Eine effektive Strategie, Wunschmütter moralisch zu entlasten, besteht darin, den Zeugungshelfer ohne ihre Zustimmung oder gar gegen ihren erklärten Willen handeln zu lassen. Schon im antiken Roman nutzt Philipp das Argument sexueller Gewalt, um Olympias' Schwangerschaft vor sich selbst rechtfertigen zu können. Die Un*fruchtbarkeitsgeschichte, von der er durch einen Traum weiß, ergänzt er eigenständig um das Element der Gewalt. Dass seine Frau das Kind eines Anderen erwartet, kann er besser ertragen, wenn sie gegen ihren Willen überwältigt worden ist. Auch bei Rudolf von Ems legt der makedonische König Wert darauf, dass Olympias wehrloses Opfer war. Er erklärt seine Frau für unschuldig, weil Götter stets ihren Willen durchsetzten und menschlicher Widerstand zwecklos sei.[28] Der flämische Illuminator hat ebenfalls darauf geachtet, eine unfreiwillige Empfängnis darzustellen (Abb. 8). Der Drache symbolisiert die Gefahr des Ehebruchs, doch ist die völlige Passivität der Dame Beweis ihrer Unschuld. Die Königin liegt seitlich abgewandt und dreht allen den Rücken zu. Den Drachen heißt sie nicht etwa willkommen, sondern wird im Schlaf überrascht. Ihr Bett ist so schmal, dass es sich kaum als Liebeslager eignet. Das stärkste visuelle Argument für ihre Unschuld aber ist ihre Körperhaltung, die strikte Ablehnung zum Ausdruck bringt. Die gekreuzten Beine signalisieren, dass diese Frau keinerlei sexuelle Interessen verfolgt, ja vielmehr sich zu schützen sucht.

Während der gewaltsame Übergriff in den Alexanderromanen eine Fiktion des betrogenen Ehemanns ist, wird die Königin im *Ortnit* tatsächlich zur Reproduktion gezwungen. Die Geburtsgeschichte des Helden beginnt wie viele Un*fruchtbarkeitsgeschichten: Ein kinderloses Königspaar sehnt sich verzweifelt nach einem Erben. Ihr familiäres Problem suchen die Wunscheltern gemäß dem Narrativ der göttlichen Hilfe zu bewältigen. Voll Schmerz bitten sie Gott, dass er ihnen ein Kind schenken möge. Doch werden ihre Gebete – wie für das Narrativ des gefährlichen Dritten charakteristisch – nicht erhört. Der Erzähler diagnostiziert nüchtern, dass die Dame von diesem Mann kein Kind bekommen konnte. Die Wahl eines anderen Sexualpartners schließt die Protagonistin im *Ortnit* dezidiert aus. Sie will ihrem Mann treu bleiben und keine fremde Reproduktionshilfe in Anspruch nehmen. Die Geschichte müsste mit der Passion enden, würde kein Dritter eingreifen und die Unfruchtbarkeit in Fruchtbarkeit überführen. Gemäß der Figurenkonzeption und dem Treueideal kann dies nur gegen den Willen der Wunschmutter geschehen.

Der Samensender Alberich stellt sich selbst als altruistischen Helfer dar. Er hätte verhindern wollen, dass die schöne Landesherrin nach dem Tod ihres Mannes vertrieben wird. Seine Empfänglichkeit für die Schönheit der Königin lässt jedoch daran zweifeln, dass er tatsächlich nur aus Mitleid gehandelt hat. Auch hätte er dann kaum einen Grund, Gott um Vergebung für seine Tat zu bitten. Der zwielichtige Alberich erzählt, wie er die Königin mit seinem Übergriff überraschte. Sie hatte sich eingeschlossen, saß weinend auf dem Bett und vergoss aus Kummer über ihre Kinderlosigkeit heiße Tränen. Angesichts dieser Verzweiflung erscheint Alberichs Handeln erneut als Erlösung, doch leistet die Königin erbitterten Widerstand, was den vorgeblichen Rettungsversuch als Vergewaltigung entlarvt. Alberich räumt rückblickend ein, dass bei diesem Geschlechterkampf ungleiche Voraussetzungen herrschten. Er konnte die Königin überwältigen und sogar mehrfach Sex erzwingen, weil er unsichtbar war.

Mit seiner Un*fruchtbarkeitsgeschichte der Gewalt verfolgt der Samensender ein konkretes Ziel: Er will die Wunschmutter entlasten und sie vom Vorwurf des Ehebruchs freisprechen. »Du darfst ihr nicht zürnen; es geschah ohne ihre Zustimmung!«, appelliert Alberich an seinen Sohn.[29] Wie notwendig diese Verteidigungsstrategie ist, zeigt Ortnits Gefühlsausbruch. Als er erfährt, dass er nicht der leibliche Sohn des Königs von Lamparten ist und die geliebte Mutter mit zwei Männern verkehrte, rast er voller Zorn. Er macht sich zum Interessensvertreter seines vermeintlichen Vaters, des verstorbenen Königs, und will den Ehebruch der Königin mit dem Tod ahnden; die Mutter soll auf dem Scheiterhaufen brennen. Ortnits heftige Reaktion macht deutlich, dass er keine andere Deutung als die eines wehrlosen Opfers akzeptieren kann. Die langjährige Kinderlosigkeit des Königspaares und die drohenden sozialen Folgen würden die Inanspruchnahme fremder Hilfe keineswegs legitimieren. Allein die Opferrolle der Königin verhindert ihren Feuertod. Unfruchtbarkeitsgeschichten folgen einer männlichen Erzähl- und Rechtfertigungslogik, die von Frauen sittsames Verhalten verlangt. Wunschmüttern werden keine eigenmächtigen Taten erlaubt. Vielmehr stehen sie unter genauer Beobachtung und müssen ihre sexuellen wie reproduktiven Handlungen moralisch prüfen lassen. Nur wenn die Frauen zeugungsunfähiger Männer zu ihrem Glück gezwungen werden, scheint ihre Mutterschaft akzeptabel.

Dem Ideal einer hübschen, keuschen und tugendreichen Wunschmutter entspricht auch die weibliche Hauptperson in Machiavellis *Alraune*. Lucrezia macht ihrer antiken Namensgeberin, die nach Sittsamkeit strebte und an ihrer Vergewaltigung verzweifelte, alle Ehre. Zwar wünscht sie sich sehnlichst Söhne, doch hat sie längst die Lust am Sex verloren und ist in der Wahl ihrer Methoden äußerst vorsichtig. Ihr Versuch, auf bewährte, religiöse Weise schwanger zu werden, scheitert. Lucrezia kann ihr Gelübde, vierzig Mal hintereinander die Morgenandacht zu besuchen, nicht erfüllen, weil sie von einem Geistlichen unsittlich bedrängt wird.[30] Allen weiteren Kinderwunsch-Behandlungen steht Lucrezia skeptisch gegenüber und ist argwöhnisch, sobald ihr Mann mit diesem Thema auch nur anfängt. Sie will lieber zurückgezogen leben, als in ein Heilbad zu reisen; sie hält eine Urinprobe für unsinnig und die Alraunentherapie für sittenwidrig. Zur Erfüllung eines Kinderwunschs mit einem fremden Mann zu schlafen und ihn dadurch zu töten, lehnt Lucrezia radikal ab. Der gute Zweck heilige keinesfalls die Mittel, »selbst wenn ich allein in der Welt übrig geblieben wäre und aus mir das Menschengeschlecht neu zu gebären hätte«.

Lange hält Lucrezia an ihrer Überzeugung fest, obwohl sie massiv unter Druck gesetzt wird. Ihr Ehemann verlangt, sie solle sich nicht so zieren, schimpft über ihre »unendlichen Mätzchen« und ihr »Spatzenhirn«. Die Mutter empfiehlt, die einzige Chance zu nutzen, und malt ihr die Zukunft einer kinderlosen Frau schonungslos aus: »Wenn dir der Gatte stirbt, dann bleibst du wie ein Stück Vieh von allen verlassen zurück.« Lucrezias Beichtvater macht seine Autorität geltend, verlangt Gehorsam gegenüber dem Gatten und erklärt den tödlichen Sex zur lässlichen Sünde. Von allen Bezugspersonen bedrängt, fügt sich Lucrezia schließlich der kollektiven Forderung. Wie sehr ihr die Prozedur widerstrebt, zeigt ihr neu aufflammender Protest, als sie sich zu Bett begeben soll. Mit verzweifelten Rufen »Ich will nicht!« und »Wie soll ich nur?« wehrt sie sich gegenüber ihrer Mutter und ihrem Mann, bis sie resignierend wieder in die Rolle eines kleinen Mädchens schlüpft: »Oh je, Mama, Mama!« Für ihre Sorgen und Ängste wird die Protagonistin spät entschädigt. Der Fremde, den sie zu töten fürchtet, offenbart sich als Liebender, der alles nur inszeniert hat. Wenn Lucrezia seine Werbung schließlich akzeptiert, ruft ihr Verhalten keine Empörung, sondern Verständnis hervor. Ihr Mann hat den außerehelichen Sex selbst erzwungen und ihre Treue nicht mehr verdient.[31]

Glücklicherweise haben sich die Moralansprüche an Wunschmütter geändert, so sollte man meinen. Sexuelle Gewalt dient nicht mehr als bestes Argument, eine außereheliche Schwangerschaft zu rechtfertigen. Frauen, die Reproduktionshilfe in Anspruch nehmen, müssen sich heute keiner Gesinnungs- oder Schuldprüfung mehr unterziehen. Dass die vormoderne Reproduktionsmoral jedoch weiter wirkt, offenbart Lewitscharoffs Dresdner Rede. Die Literatin fürchtet eine »Selbstermächtigung der Frauen« und warnt vor der Auffassung, der Einfluss von Männern sei »auf das Notwendigste zu reduzieren, eben auf ihren Samen«.[32] Noch immer ruft also die Vorstellung, Frauen könnten sich eigenständig Nachwuchs verschaffen, Unbehagen und Ablehnung hervor. Zudem verhindern in Deutschland gesetzliche und berufsrechtliche Einschränkungen sowie kassenärztliche Richtlinien, dass alle Wunscheltern in gleicher Weise reproduktionsmedizinische Angebote nutzen können. Benachteiligt sind jene Menschen, die nicht dem heteronormativen Ideal entsprechen und in keiner Mann-Frau-Beziehung leben.[33]

Marginalisierte Männer: Abwertung der Wunschväter

Un*fruchtbarkeit erzeugt spezifische Machtkonstellationen. Kinderlosigkeit wirkt sich nicht nur auf das Verhältnis von Individuum und Gesellschaft sowie von Mann und Frau, sondern auch auf die Beziehungen von Frauen und Männern untereinander aus. Dass die Binarität der Geschlechter zu kurz greift und es verschiedene Formen von Männlichkeit gibt, hat Raewyn Connell in *Der gemachte Mann* (1995) grundsätzlich dargelegt.[34] Bei ihrer Untersuchung der männlichen Geschlechterbeziehung unterscheidet sie vier Typen: Hegemonie, Unterordnung, Komplizenschaft und Marginalisierung. Auf diese Weise sucht Connell zu bestimmen, welche Position ein Mann in einer gegebenen Geschlechterkonstellation einnimmt, selbst wenn diese jeder Zeit wieder hinterfragt werden kann. Eine hegemoniale Männlichkeit verkörpern demnach jene Männer, die eine gesellschaftliche Führungsposition einnehmen, die die patriarchale Herrschaft sichern und für eine Unterordnung von Frauen sorgen. Unterstützt werden sie dabei von anderen Männern, die mit ihnen eine Komplizenschaft eingehen, ohne selbst das Patriarchat mit vollem Engagement zu verteidigen. Kommen noch andere Kategorien wie Sexualität, Klasse oder Rasse ins Spiel, wirkt sich die Dominanz hegemonialer Männlichkeit auch innerhalb der Geschlechterbeziehung negativ aus; beispielsweise werden homosexuelle Männer untergeordnet oder schwarze Männer marginalisiert.

Connells Unterscheidung zwischen hegemonialer und marginalisierter Männlichkeit ist hilfreich, die Position von Wunschvätern im Narrativ der gefährlichen Dritten genauer zu fassen. Alle Bearbeiter des Alexanderstoffs haben Schwierigkeiten, die Un*fruchtbarkeitsgeschichte narrativ zu bewältigen. Dies hängt entscheidend mit einer Vorstellung hegemonialer Männlichkeit zusammen, die in der sexuellen Potenz gründet. Wie lässt sich Philipps Machtposition als König überhaupt noch behaupten, wenn ein anderer seine Reproduktionspflicht erfüllt? Die Autoren der Alexanderromane ringen um eine plausible Erklärung, Fertilität und Herrschaftsmacht übereinzubringen. Ihre Erzähler repräsentieren Connells Typus einer komplizenhaften Männlichkeit, insofern sie die Dominanz zeugungsfähiger Männer bereitwillig anerkennen. Sie setzen Fruchtbarkeit als unmarkierte Norm voraus, wodurch der makedonische König und mit ihm alle zeugungsunfähigen Männer subtil abgewertet werden. Auf diese Weise profitieren auch die mittelalterlichen Autoren von der ›patriarchalen Dividende‹, wie Connell den allgemeinen Vorteil bezeichnet, der Männern aus der Unterdrückung von Frauen, aber auch aus der Herrschaft über andere, marginalisierte Männer erwächst.

Prekäre Vaterschaft

In der *Historia de preliis* tut Nectanabus mit seinen Zauberkünsten viel dafür, Philipp zur Annahme des ungeborenen Kindes zu bewegen. In einem reproduktiven Traum sieht der König, wie der Gott Ammon mit seiner Frau schläft und ihm danach die Vaterschaft zuweist. Bei Rudolf von Ems behauptet Ammon gar, dass Olympias von Philipp ein Kind erwarte.[35] Die Unterschiede zwischen sozialer und biologischer Vaterschaft verschwimmen auf der Handlungsebene immer mehr. Zunächst stellt ein Traumdeuter noch klar, dass es sich nicht um Philipps leibliches Kind handeln kann. Doch prophezeien die Weisen dem König wenig später einen eigenen Sohn, der die ganze Welt unterwerfen werde. Während innerhalb der erzählten Welt kaum Zweifel an Alexanders Abstammung laut werden, hält Rudolf dagegen. Der makedonische König sei mit dem Ungeborenen ebenso wenig verwandt wie mit einem Ei, das ein Vogel in seinen Schoß lege. Nur durch Zauberkunst werde er dazu gebracht, die Brut eines anderen zu nähren. Rudolf leuchtet die familiäre Dreieckskonstellation genau aus, indem er zwischen genealogischem Fakt und magischer Fiktion unterscheidet: Das Kind, das Philipp im Glauben an ein göttliches Wunder annimmt, stammt in Wirklichkeit von dem Zauberer. Der Zeugungshilfe eines Dritten steht der Erzähler sehr kritisch gegenüber, wobei er eine Parallele zwischen der antiken Literatur und zeitgenössischen Fällen zieht. Er kenne viele, die ihrer Frau ein solches Verhalten sehr übel nähmen. Dass betrogene Ehemänner die Vaterschaft ablehnen, hält Rudolf für allzu verständlich. Niemand könne es ihnen vorwerfen, wenn sie ihr Leben nicht für ein Kuckuckskind aufs Spiel setzen wollten. Implizit übt der Erzähler damit zugleich Kritik an seiner Figur, die den Sohn eines anderen gutgläubig akzeptiert.

In der *Historia de preliis* gerät das Reproduktionsverfahren auch innerhalb der Familie nicht in Vergessenheit, nie findet sich der König ganz mit der fragwürdigen Herkunft seines Sohnes ab. Als der Junge zwölf Jahre alt ist, macht Philipp ihm seine fehlende Ähnlichkeit zum Vorwurf. Zwar lobt er Alexanders Talent, doch empfindet er es als tiefe Kränkung, dass er sich in ihm nicht wiedererkennen kann. Vergeblich unternimmt der soziale Vater mehrere Anläufe, sich aus dieser schwierigen Familienkonstellation zu lösen: Erst plant er einen Kindsmord, nimmt aber selbst davon Abstand; dann will er eine andere Frau heiraten und wird von Alexander daran gehindert. Als Philipp seinen gewalttätigen Sohn zu züchtigen sucht, scheitert er von ganz alleine. Er stolpert und muss nicht lange auf Alexanders Spott warten. Philipps Sturz macht die veränderten Machtverhältnisse sichtbar.[36] Ein König, der weder für Nachwuchs noch für Ordnung sorgen kann, verliert seinen Herrschaftsanspruch: Die Gäste fliehen, die Braut entschwindet, Philipp wird krank, und Alexander erzwingt eine Versöhnung mit seiner Mutter. Nach dieser innerfamiliären Entmachtung bleibt Philipp nicht mehr lange am Leben; er stirbt beim Versuch, eine Verschwörung zu ahnden. Der zeugungsunfähige König ist ein vielfach Gescheiterter.

Altersstigmatisierung

Ulrich von Etzenbach macht diese Vorstellung eines schwachen und gebrechlichen Königs zum Leitmotiv seiner Un*fruchtbarkeitsgeschichte. Im Unterschied zu den anderen Versionen ist die Kinderlosigkeit in Ulrichs Roman primär ein männliches Problem.[37] Philipp sorgt sich darum, wie es mit seinem Land, seinen Leuten und seiner geliebten Frau nach seinem Ableben weitergehen wird. Sein Kinderwunsch gründet im Verantwortungsgefühl eines Herrschers für seine Schutzbefohlenen. Abweichend von den Prätexten hebt Ulrich das fortgeschrittene Alter des Königs hervor, das er freilich erst nach dem Auftritt des Nebenbuhlers erwähnt. Als Philipp dem verliebten Nectanabus Zugang zu seiner Frau gewährt, wird er erstmals als ›der Alte von Makedonien‹ bezeichnet. Erneut relevant wird die Kategorie in Olympias' Beteuerung, dass sie ihrem alten Mann treu bleiben will. Ein tugendhafter Alter gefalle ihr besser als ein lasterhafter Junger. Mit dem Motiv des Alters liefert Ulrich eine mögliche Erklärung für die Kinderlosigkeit des Königspaars und vereindeutigt Indizien, die im Alexanderstoff angelegt sind. Wenn Olympias beim Sex mit einem anderen Partner sofort schwanger wird, muss die körperliche Ursache bei Philipp liegen.

Das fortgeschrittene Alter des Königs ist kulturhistorisch und genderspezifisch bezeichnend. Während Unfruchtbarkeit beim weiblichen Körper als genereller Mangel gilt, wird sie beim männlichen Körper als verlorenes Vermögen verstanden. Im Unterschied zu Frauen büßen Männer in der mittelalterlichen Erzählliteratur ihre Zeugungsfähigkeit im Lebensverlauf erst ein. Die Verknüpfung mit der Kategorie ›Alter‹ erlaubt es, zwischen absoluter und phasenbezogener Unfruchtbarkeit zu unterscheiden. Sexuelle Potenz ist für das Konzept hegemonialer Männlichkeit unverzichtbar. Mit meinem Ansatz einer historisierenden Komparatistik fällt auf, dass die Genderpositionen im Vergleich zu den gegenwärtigen Diskussionen vertauscht sind. Während heute vornehmlich Frauen fürchten, keine Kinder mehr zu bekommen, ist das steigende Alter in der mittelalterlichen Literatur ein Männerproblem. Was auf den ersten Blick eine objektive biologische Tatsache erscheint, erweist sich bei genauerer Betrachtung als subtile Unterstellung. Ist Philipp wirklich wegen seines Alters unfruchtbar? Oder wird er wegen seiner Kinderlosigkeit für alt erklärt? Dekonstruiert man die Bedeutung des Altersmotivs, sind Ursache und Folge kaum zu unterscheiden. Der Erzähler bietet nicht einfach eine Erklärung für die Kinderlosigkeit des Königspaars, sondern setzt voraus, dass ein unfruchtbarer Mann alt, hinfällig und schwach sein muss. Altersstigmatisierung bedeutet in der Erzählliteratur also weniger, dass Figuren wegen ihres Alters ausgegrenzt, sondern mittels dieser Kategorie abgewertet werden. Unfruchtbarkeit wird so zu einem Stigma, das sich äußerlich sofort erkennen lässt. Typische Altersattribute wie weißes Haar und eingeschränkte Beweglichkeit lassen auf verlorene Potenz schließen und machen den fertilen Defekt öffentlich sichtbar.

Die flämische Miniatur folgt diesem Muster und stellt Philipp als alten Mann dar (Abb. 8). Seine weißen Bart- und Kopfhaare unterscheiden sich von der rotbraunen Haarfarbe der Königin und weisen auf das ungleiche Alter der Eheleute hin. Bei der Zeugung ist der König nur Zuschauer, der sich freilich mehr für das Urteil seines Gefolges zu interessieren scheint. Unter seinem Gewand ragt der linke Fuß hervor, dessen rote Farbe sich deutlich vor dem dunkelgrünen Teppich und dem graugrünen Bettlaken abhebt. Die rote Schuhspitze, die an der Schnittfläche zwischen Königsmantel und Ehebett hervorleuchtet, markiert die sexuelle Grenzüberschreitung signalhaft. Unter Beobachtung steht freilich nicht nur die Königin, sondern auch der König. Während er sich mit dem kleineren Mann neben ihm noch abstimmt, stecken die beiden hinteren Figuren schon tuschelnd die Köpfe zusammen.

In Ulrichs *Alexander* lässt sich der alte König nur allzu leicht täuschen. Die Zauberkünste des Nectanabus sind nach der Empfängnis überflüssig, nie wundert sich Philipp darüber, wie Olympias ohne seine Beteiligung schwanger werden konnte. Stattdessen interpretiert er das Geschehen gemäß dem Narrativ der göttlichen Hilfe und ist überglücklich. Ulrich kontrastiert die ungleiche Gefühlslage der werdenden Eltern. Während sich die Königin große Sorgen macht und von Schuldgefühlen geplagt wird, empfindet ihr Mann ungetrübte Freude. Dankbar preist er seine Frau für die Erfüllung seines sehnlichsten Wunsches. An Philipps positiver Einstellung ändert sich auch nach der Geburt nichts; stets betrachtet er Alexander als seinen eigenen Sohn. In einem süffisanten Kommentar weist Ulrich darauf hin, dass der König mit dieser Fehleinschätzung nicht alleine sei. Viele Männer merkten nicht, dass man sie zum Narren halte.[38] Sie zögen Kinder groß, die sie nicht selbst gezeugt hätten. Ulrich banalisiert die Un*fruchtbarkeitsproblematik, indem er Alexanders Geburtsgeschichte mit einem gewöhnlichen Seitensprung parallelisiert. Alle Familienmitglieder werden durch diese Analogiebildung abgewertet. Olympias wird zur Ehebrecherin, Philipp zum gehörnten Ehemann und Alexander zum illegitimen Thronfolger.

Verlacht werden

Die Marginalisierung eines Mannes, der nicht zeugen kann, ist kein Einzelfall. Ich erinnere an den Josef des *Hessischen Weihnachtsspiels*, dem die Lenden eingerieben werden sollten (Kap. 2, S. 72 f.). Im Spielverlauf bietet der Nicht-Vater Jesu zunehmend mehr Anlass zum Gelächter, bis er schließlich von zwei Mägden als ›alter Ziegenbart‹ beschimpft und auf offener Bühne verprügelt wird.[39] Die Figur eines törichten Alten steht auch im Zentrum von Machiavellis *Alraune*. Schon im Prolog wird der Anwalt Nikias als nicht sonderlich klug charakterisiert. Wie sein Gegenspieler Kallimachus weiß, sehnt er sich übermäßig nach Söhnen. Das Leid kinderloser Eheleute wird zur Komödie, weil Nikias das doppelte Spiel seines Konkurrenten nicht durchschaut und es mit seiner Einsatzfreude übertreibt. Was in medizinischen und juristischen Kontexten sachlich angemessen ist, wirkt im Drama ausgesprochen komisch: Ein Werber spricht einen Ehemann auf mögliche Potenzprobleme an, der bereitwillig Details über sein unerfülltes Sexualleben ausplaudert.

Kallimachus lässt sich keine Gelegenheit entgehen, die Dummheit des Ehemanns auszustellen. Er verlangt eine Urinprobe, die Nikias nur mit Mühe seiner schimpfenden Gattin entwenden kann. Vollends lächerlich macht sich der Anwalt, als er mit ihrem benutzten Nachttopf frohlockend durch Florenz eilt und sich nur zu gerne auf eine tödliche Therapie einlässt. Die Möglichkeit, dass das potentielle Alraunen-Opfer auch als Vater für sein Wunschkind oder als Liebhaber seiner Ehefrau fungieren könnte, kommt Nikias nicht in den Sinn. Am Ende des zweiten Akts wird seine verblendete Torheit in einem Lied offen gelegt: »Der Anwalt, dem's vor Hast | Und Gier zu Kopf gestiegen, | Glaubt schon, dass Esel fliegen: | Er denkt an nichts mehr als ans eigne Kind | Und ist für jede andre Sache blind.«[40]

Die tugendhafte Lucrezia kann sich über das Verhalten ihres Mannes nur wundern. Schon immer fürchtete sie, dass ihn sein Kinderwunsch einmal in die Irre leiten werde. Von allen Behandlungsvorschlägen erscheint ihr die Alraunen-Therapie am ungeheuerlichsten. Nikias ist bereit, für die Erfüllung seines Kinderwunschs religiöse, ethische, sexuelle und körperliche Grenzen zu überschreiten. Für Lucrezias Bedenken hat er keinerlei Verständnis und kann es kaum abwarten, dass endlich ein Fremder seinen Platz einnimmt. Seine Fixierung auf den Kinderwunsch lässt ihn auch übersehen, dass es sich bei dem abgefangenen Jüngling um den verkleideten Kallimachus handelt. Als dieser sich nicht schnell genug auszieht, hilft Nikias selbst nach, steckt den nackten Mann zu seiner Frau ins Bett und überzeugt sich gar von dessen Erektionsfähigkeit, bevor er den Ausgang des Schlafgemachs verriegelt. Während er Lucrezia mit seinem Konkurrenten allein lässt, träumt er im Kamingespräch mit der Schwiegermutter davon, ein »Schuckelputzelchen« im Arm zu halten.

Aus normativitätskritischer Perspektive sind in Machiavellis Komödie zwei Ebenen zu unterscheiden: Auf der Textoberfläche wird das Verhalten eines Mannes problematisiert, der eine Obsession dafür entwickelt, endlich Vater zu werden. Das Drama führt vor Augen, was passiert, wenn die ersehnte Elternschaft zum zentralen Lebensziel wird. Wer sich auf sein Wunschkind fixiert, kann grundlegende Werte vergessen, sein Urteilsvermögen einbüßen und blind für die Bedürfnisse anderer werden. Das Negativbeispiel von Nikias hält dazu an, einen unerfüllten Kinderwunsch zu relativieren. Doch wird die Un*fruchtbarkeitshierarchie nicht etwa aufgehoben, sondern im Textuntergrund vorausgesetzt und bestätigt. Die reproduktive Potenz bildet die unmarkierte Norm, die eine Auf- und Abwertung der Figuren überhaupt ermöglicht. Weil Nikias die Reproduktionsnorm nicht erfüllt, kann er durch die literarische Technik der Übersteigerung lächerlich gemacht werden. Entworfen wird das Zerr- und Schreckensbild eines unfruchtbaren Mannes, dessen gesamtes Denken und Tun um ein Wunschkind kreist. Kallimachus ist der lachende Dritte, der vom Unglück des Kinderlosen profitiert.

Auffällige Kinder: Postnatale Folgen

Die Frage, wie sich eine unkonventionelle Zeugung auf ein Kind auswirkt, wird immer wieder gestellt. Hinsichtlich der intendierten Folgen unterscheiden sich reale und fiktionale Kinderwunschtherapien grundlegend voneinander. Seit ihren Anfängen ist es das erklärte Ziel der Reproduktionstechnologie, ›normalen‹ Nachwuchs zu erzeugen; jede neue Entwicklungsmethode wurde medizinisch streng geprüft, damit die so gezeugten Kinder nur ja keine Auffälligkeiten zeigen.[41] Die Erzählliteratur hingegen ist nicht an Normalität, sondern an Exzeptionalität interessiert. Das Narrativ des gefährlichen Dritten dient wie das Narrativ der göttlichen Hilfe dazu, die Biographie eines Helden zu begründen. Wenn ein Kind nur dank himmlischer Gnade oder durch großen menschlichen Einsatz geboren werden kann, unterscheidet es sich von seinen Altersgenossen. Von der Empfängnis an weicht es von dem ab, was als ›normal‹ gilt, und ragt somit über den Durchschnitt hinaus. Während die religiöse Überwindung von Unfruchtbarkeit stets positiv konnotiert ist, kann die Mitwirkung eines Dritten sehr negative Folgen haben. Das Wunschkind ist diesem Narrativ zufolge sowohl gefährdet als auch gefährlich.

Alexanders Andersartigkeit

Was es für Alexander bedeutet, unter Zuhilfenahme magischer Mittel gezeugt worden zu sein, zeigt ein letzter Blick auf die Miniatur (Abb. 8). Eine Empfängnis wird in der mittelalterlichen Ikonographie des Öfteren durch eine kleine, nackte Figur dargestellt, die sich dem kinderlosen Paar – wie im Coverbild meines Buches – fliegend nähert. In diesem Kontext ist die Drachenfigur, die in der Miniatur über der Seite der Königin schwebt, doppelt lesbar: Sie lässt sich nicht nur auf den zauberkundigen Samensender, sondern wohl auch auf das gezeugte Kind beziehen und macht somit auf ihre Zusammengehörigkeit aufmerksam. Das gefährliche Potential des Dritten wird bei der Zeugung auf den Nachwuchs übertragen. Das Kind muss seinen Eltern, insbesondere dem Wunschvater, fremd vorkommen.

Die Autoren der Alexanderromane interpretieren die Abweichung von der reproduktiven Regel meist als Auszeichnung. Alexander ist ein herausragendes Kind, weil er unter außergewöhnlichen Umständen gezeugt und geboren wurde.[42] Doch hängt die Wahrnehmung des Wunschkindes entscheidend von der Bewertung des Samensenders ab. Wird Nectanabus als mächtiger Zauberer, ägyptischer König oder gar Gesandter eines Fruchtbarkeitsgottes betrachtet, trägt die außereheliche Zeugung zur Aufwertung des Kindes bei. Auch die im Stoff vorgegebenen Geburtswunder werden in diesem positiven Sinne gedeutet. Als Olympias niederkommt, bebt die Erde und tobt ein schreckliches Unwetter. Diese Naturzeichen bewegen Philipp in der *Historia de preliis*, seine Einstellung gegenüber dem Neugeborenen zu ändern. Wie der König seiner Frau gesteht, wollte er ihren Sohn beseitigen, hätten ihn nicht Hagel, Blitz und Donner von seiner göttlichen Abstammung überzeugt. Rudolf von Ems behält diesen Tötungswunsch bei, motiviert ihn aber kaum. Dennoch lässt sich das blinde Motiv nicht nur als literarisches Relikt verstehen, sondern auch als Indiz einer tieferliegenden Problematik: Das Leben eines Kindes, das auf illegitimem Weg gezeugt wurde, ist bedroht. Rudolf überblendet die prekären Umstände, indem er die Qualitäten des Neugeborenen hymnisch feiert: Alexander ist ein bewundernswertes Wunderkind, das sich wundersam verhält, Wunderbares erlebt und wahre Wundertaten vollbringt.

Von seinem leiblichen Vater erfährt Alexander in der *Historia de preliis* erst, als er diesen in den Tod stößt. Sterbend offenbart ihm Nectanabus das Geheimnis seiner Herkunft. Eine Identitätskrise löst dieses Wissen bei Alexander nicht aus. Er scheint ungerührt, bis er öffentlich mit den Umständen seiner Zeugung konfrontiert wird. Bei Philipps zweiter Hochzeit wünscht ein Gast dem königlichen Bräutigam einen Sohn, der ihm ähnlich sehen möge. Dieser Wunsch ist entlarvend: Alexander wird nicht von allen als legitimer Thronfolger anerkannt, stattdessen soll ein noch zu zeugender, leiblicher Sohn einmal das Erbe antreten. Nur mit massiver physischer Gewalt kann Alexander seinen Herrschaftsanspruch verteidigen. Der Pfaffe Lambrecht hat diese Problematik durchschaut und sich für die narrative Strategie des Leugnens entschieden. Indem er eine eheliche Zeugung behauptet, beugt er allen weiteren herrschaftspolitischen und erbrechtlichen Streitfragen vor. Sein Held hat dieselbe Geburtsgeschichte wie andere Königskinder.

Roberts Teufelssohnschaft

Viel verheerender wirkt sich das Verhalten einer Wunschmutter, die um jeden Preis ein Kind bekommen will, auf den Königssohn von Frankreich aus.[43] In dem altfranzösischen Versroman (13. Jh.) trägt der Protagonist seine dunkle Herkunft noch im Namen. ›Robert le diable‹ verdankt seine Existenz dem

Teufel und kann sich nur durch größte Bußanstrengungen von der familiären Erbschuld befreien. Bei dieser Un*fruchtbarkeitsgeschichte liegt es besonders nahe, Bezüge zu den dämonologischen Diskussionen herzustellen, aber die auffälligen Unterschiede erklären auch, weshalb ich auf solche Verknüpfungen bisher fast vollständig verzichtet habe. Zwar kennt schon das Mittelalter Geschichten, in denen der Teufel das Reproduktionsgeschehen steuert, doch entwickeln erst die Dämonologen der Frühen Neuzeit daraus ein geschlossenes weltanschauliches System, das keine Gnade kennt. Auch wenn der Königssohn von Frankreich dieselben Symptome aufweist wie die Wechselkinder in den Erzählungen von Luther und Frisius (Kap. 4, S. 142–144), bleibt ihm ein ähnliches Schicksal erspart. Die Vorstellung, dass teuflischer Nachwuchs mit Gewalt gezüchtigt, systematisch verfolgt und vernichtet werden muss, liegt mittelalterlichen Autoren fern.

Die deutsche Prosabearbeitung des französischen Romans (15. Jh.), in dem alle Figuren namenlos bleiben, verläuft zunächst nach dem typischen Erzählmuster von Un*fruchtbarkeitsgeschichten: Ein Königspaar hat keinen Erben und leidet sehr darunter. Sorgfältig unterscheidet der Erzähler zwischen dem unterschiedlichen Kummer der Eheleute: Den König belastet es, dass er seinem Land keinen Thronfolger hinterlassen kann. Der Kummer der Königin leitet sich hingegen aus dem Leid ihres Mannes ab. Als sie hört, wie stark die ungesicherte Herrschaftsfolge ihren Mann belastet, fürchtet sie um ihre Position. Wie zahllose andere Kinderwünschende greift die Protagonistin zunächst auf das reproduktionstheologische Verfahren zurück. Sie betet zu Gott und legt viele Gelübde ab, damit er ihr ein Kind schenkt. Obwohl sie nach dem Prinzip ›viel hilft viel‹ handelt, bleiben ihre Bemühungen erfolglos.

In ihrer tiefen Verzweiflung glaubt die Königin nicht mehr an göttliche Erlösung. Weil sie sich nicht mit dem Schicksal der Kinderlosigkeit abfinden will, ändert sie ihre Strategie. Sie wendet sich an den Teufel und bittet diesen um einen Erben. In völliger Fixierung auf ihren Kinderwunsch vergisst die Königin zu reflektieren, was sie allen Beteiligten damit antun würde. Im Unterschied zur Dämonologie der Frühen Neuzeit fungiert der Teufel in der mittelalterlichen Un*fruchtbarkeitsgeschichte nicht als Sexualpartner und Samentransporteur, sondern als metaphysischer Helfer. Dass der Teufel ein Begehren nach Mutterschaft erfüllen kann, wenn Gott dies versagt, ist für die christliche Vorstellung undenkbar. Deshalb stellt der Erzähler klar, dass der Teufel der Dame mit göttlichem Einverständnis zu einem Sohn verhilft. Der König und das ganze Volk sind über den Nachwuchs hocherfreut, ohne etwas von den konkreten Umständen zu ahnen. Auf das Verhalten des Wunschkindes wirkt sich die teuflische Unterstützung freilich verheerend aus.

Vom ersten Lebenstag an ist der ersehnte Sohn ein wahrer Satansbraten. Das kleine Königskind schreit unaufhörlich und gönnt niemandem eine Pause. Mit seinen ersten Zähnen beißt der Säugling der Amme die Brustwarzen ab, so dass ihn niemand mehr zu stillen wagt. Im Alter von vier bis fünf Jahren flucht und schimpft der Junge unaufhörlich. Anderen setzt er beim Spielen so zu, dass besonnene Eltern ihre Kinder fernhalten. Niemals lässt er sich zum Beten bewegen; kein gutes Wort ist von ihm zu hören. Aufgrund seiner ›angeborenen Art‹ ist das Kind nicht in die höfische Gesellschaft integrierbar. Als der junge Mann nach dem Tod des Königs die Herrschaft von Frankreich übernimmt, stiftet er weiterhin nur Unheil. Im Turnier und beim Tanz verletzt er seine Partnerinnen und Partner so schwer, dass niemand mehr mit ihm Umgang haben möchte.

Ein großes Hoffest wird für den Protagonisten zur Offenbarung. Nachdem er von der Gesellschaft ausgeschlossen worden ist, beginnt er über sich nachzudenken und sein Verhalten zu hinterfragen. Beschämt gesteht der junge König sich ein, dass er immer nur Schaden angerichtet hat, ohne dies je zu wollen. Die Frage nach der Herkunft des Bösen wird zum Antrieb für die Suche nach der eigenen Identität. Der junge König rekonstruiert seine Lebensgeschichte, um herauszufinden, warum er zu einem solchen Menschen geworden ist. Seine Ratgeber können nur bestätigen, dass er stets andere beleidigt, geschädigt und verletzt hat, ohne einen Grund zu nennen. Daraufhin konfrontiert der Protagonist seine Mutter mit seinen Beobachtungen. Er wisse, dass er von frühster Kindheit an ein teuflisches Leben geführt habe. Von ihr verlangt er Aufklärung, von wem er diese Anlagen bekommen habe.

Die erschreckte Königin weiß kaum zu antworten. Einerseits scheint sie geneigt, ihr Geheimnis zu offenbaren, andererseits fürchtet sie die Konsequenzen. Erst als der Sohn ihr Schonung verspricht, erzählt sie von ihrer Kinderlosigkeit und der teuflischen Reproduktionshilfe. Das mütterliche Geständnis erschüttert den jungen König schwer. Aus seiner Geburtsgeschichte zieht er den Schluss, dass er »ein Kind und ein Sohn des Teufels« ist. Nicht die leibliche oder soziale, sondern die geistliche Herkunft entscheidet. Deshalb bricht der Protagonist mit seiner weltlichen Familie. Symbolträchtig gibt er der Mutter das Schwert zurück und fordert, sie möge ihr Reich selbst schützen. Damit zerschlagen sich alle familiären Hoffnungen, die an die teuflische Hilfe geknüpft waren. Nicht einen Tag länger will der Protagonist am Königshof verweilen, sondern um seinen Status als Gottessohn kämpfen. Heimlich verlässt er das Land, sucht bei einem Einsiedler Zuflucht und leistet eine exorbitante Buße, indem er sechs Jahre wie ein Hund lebt. Mit seiner Frömmigkeit gelingt es ihm, den Makel seiner Geburt zu tilgen. Zur Mutter, die für seine teuflischen Anlagen verantwortlich war, kehrt der Protagonist nie mehr zurück. Stattdessen bleibt er bei seinem geistlichen Wahlvater, um bis an sein Lebensende als Kind Gottes leben zu können. Bei den Dämonologen der Frühen Neuzeit hätte der junge Mann niemals eine solche zweite Chance bekommen, vielmehr wären Mutter und Sohn in gleicher Weise zum Tod verurteilt worden.

Ausblick

Sibylle Lewitscharoffs Rede *Von der Machbarkeit* liest sich stellenweise wie ein Kommentar zur Geschichte des Königssohns von Frankreich, obwohl sie sich auf die moderne Reproduktionsmedizin bezieht. Die Literatin warnt vor einer »wahrhaft vom Teufel ersonnene[n] Art« der Schwangerschaft.[44] Wie verstörend müsse es für ein Kind sein, wenn es von den genauen Umständen seiner Zeugung erfahre. Lewitscharoff belässt es nicht bei dem Hinweis auf die »psychische Bedeutung von Ursprungskonstruktionen«, sondern überträgt ihre »Abscheu« vor dem mechanischen Verfahren auf die so gezeugten Kinder. Das »gegenwärtige Fortpflanzungsgemurkse« erscheint ihr »derart widerwärtig«, dass sie Wunschkinder als »zweifelhafte Geschöpfe, halb Mensch, halb künstliches Weißnichtwas« tituliert. Von den »Halbwesen« der Dresdner Rede ist der Weg zur Reproduktionsideologie des *Hexenhammers* nicht weit. Nach Heinrich Kramers Aussage werden Kinder durch dämonische Reproduktionsverfahren mit dem Bösen infiziert werden und verfallen so ohne ihr Zutun und ohne eigene Einflussmöglichkeiten dem Teufel.[45]

Die heftige Kritik an Lewitscharoffs Rede macht deutlich, dass das Narrativ des gefährlichen Dritten heute in weiten Teilen der Bevölkerung nicht mehr als zeitgemäß empfunden wird. Die assistierte Empfängnis gilt in der Regel nicht mehr als Gefahr, sondern als Erlösung. Fertile Stellvertreterinnen und Stellvertreter verhelfen unter ärztlicher Regie unfruchtbaren Paaren zum schmerzlich vermissten Nachwuchs. Der Vergleich zwischen mittelalterlichen und modernen Un*fruchtbarkeitsgeschichten zeigt, wie Narrative weitererzählt, überformt und verändert werden. Im heute dominierenden Narrativ der reproduktionsmedizinischen Hilfe überlagern sich zwei Erzählmuster, die in der mittelalterlichen Literatur sorgfältig voneinander getrennt wurden: Das Narrativ der göttlichen Hilfe wurde säkularisiert und mit Elementen des Narrativs des gefährlichen Dritten kombiniert. Die fertilen Stellvertreterinnen und Stellvertreter haben ihr Bedrohungspotential weitgehend eingebüßt, weil ihre zentralen Funktionen auf mehrere Instanzen verteilt sind und von übergeordneter Stelle gesteuert und überwacht werden. Doch deckt sich das Narrativ der medizinischen Hilfe, wie es Kinderwunschzentren propagieren, nur bedingt mit den Erfahrungen von Betroffenen.[46] So klagen immer wieder Kinderwünschende über fehlende ärztliche Sensibilität und das Gefühl des Ausgeliefertseins. Spenderkinder wiederum fordern, die Konsequenzen reproduktionstechnologischen Handelns stärker zu reflektieren. Die Anonymität von Spendern, eine fehlende Aufklärung von Kindern, Scham- und Schuldgefühle sozialer Eltern sind ihres Erachtens unzumutbar.

8
Soziale Alternative: Ein Kind annehmen

Abb. 9 *Jofrits Empfang seines Wunschsohns – Miniatur der Werkstatt Diebold Laubers (1419)*

Menschen mit unerfüllbarem Kinderwunsch bekommen oft zu hören, sie könnten doch ein Kind annehmen. Eine Adoption erscheint eine realistische und vielfach die einzige Möglichkeit, eine Familie zu gründen. Die in Berlin lebende Autorin und Übersetzerin Millay Hyatt schildert in ihrem Buch *Ungestillte Sehnsucht* (2012), wie ihr der Gedanke an ein ›fremdes‹ Kind nach ihrer Unfruchtbarkeitsdiagnose zunächst völlig abschreckend vorkam. Mit wachsendem zeitlichem Abstand öffnete sie sich jedoch dieser Vorstellung, bis sich ihr Wunsch allmählich vom eigenen Körper löste und auf ein hilfsbedürftiges Kind verschob.[1]

Geht man von den Gesetzen zur Un*fruchtbarkeit aus, müsste dieser Weg Kinderwünschenden im Mittelalter verwehrt gewesen sein. Gemäß rechtshistorischem Forschungskonsens gab es zwischen Spätantike und Spätmittelalter keine Formen, die sich der heutigen Adoptionspraxis vergleichen lassen: Wuncheltern nahmen keine kleinen Kinder an, um mit ihnen als Familie zusammenleben zu können. Zwar suchten Kinderlose ihren Besitz durch rechtliche Vereinbarungen sichern, doch blieb der Status der angenommener Erben immer prekär. Alle Abmachungen standen unter dem Vorbehalt, dass kein leiblicher Nachwuchs mehr geboren wurde. Zieht man jedoch nicht nur mittelalterliche Rechtstraktate und Gesetzessammlungen zu Rate, ergibt sich ein völlig anderes Bild: In der frühen Bibeldichtung, in Legenden, höfischen Verserzählungen, spätmittelalterlichen Minne- und Aventiureromanen, didaktischen Exempelsammlungen und frühneuzeitlichen Prosaromanen kümmern sich kinderlose Menschen um die Töchter und Söhne anderer und ziehen sie groß. Wie im Narrativ der gefährlichen Dritten liegt auch hier eine trianguläre Konstellation zugrunde, die ein Konfliktpotential birgt, was sich aufgrund der zeitlichen Staffelung aber meist erst spät entfaltet. Kennzeichnend für das Narrativ der sozialen Alternative ist ein Beziehungsdreieck zwischen Kindern, ihren biologischen und ihren sozialen Eltern. Diese können die Stelle leiblicher Väter und Mütter einnehmen, da jene mit der Abgabe auf unbestimmte Zeit aus dem Leben ihrer Kinder verschwinden. Mit der Annahme gehen in der Erzählliteratur alle Rechte und Pflichten der Erzeuger auf die Zieheltern über.

In den zehn Geschichten vom 12. bis zum 16. Jahrhundert, die ich in diesem Kapitel analysiere, wird diese Praxis zwar nur einmal als Adoption bezeichnet.[2] Der Begriff fällt in einem Text des deutschen Frühhumanismus, als antike Quellen verstärkt rezipiert wurden und die römische Rechtspraxis neue Aufmerksamkeit fand. Albrecht von Eyb fügte im *Ehebüchlein* (2. Hälfte 15. Jh.) erklärend hinzu, dass die Annahme als eigenes Kind auf lateinisch ›Adoptinus‹ heiße. Doch entsprechen schon im Mittelalter die dauerhafte Fürsorge, die familiäre Gleichstellung und die erbliche Nachfolge, die für das Narrativ der sozialen Alternative typisch sind, dem heutigen Verständnis einer Adoption. Die Anerkennung als vollwertiges Familienmitglied ist freilich von einer entscheidenden Voraussetzung abhängig: Die ›wahre‹ Abstammung muss verschleiert werden, vor allem wenn angenommene Kinder in den Genuss erbrechtlicher Privilegien kommen sollen.

Genealogische Herkunft: Aussetzung und Verlust

Adoptiv- und Pflegekinder haben eine Vorgeschichte, die den annehmenden Eltern fremd ist. In der mittelalterlichen Literatur kennen die auktorialen Erzähler hingegen diese Zusammenhänge und berichten, weshalb, wie und mit welchen Gefühlen sich Eltern von ihrem Nachwuchs trennen. Das Narrativ der sozialen Alternative beginnt in der Regel mit der Zeugung eines Kindes, das bei den eigenen Eltern oder machtvollen Dritten unerwünscht ist. Die Trennung von der Herkunftsfamilie kann das Leben des Kindes retten, einen sozialen Aufstieg ermöglichen, aber auch andere Figuren vor Gefahren und Strafen schützen.

Gründe der Trennung

Der biblische Urtypus des Narrativs wird im Buch Exodus entworfen und gehört zur Kindheitsgeschichte Moses (Ex 2). Gemäß einem Befehl des Pharaos sollen alle männlichen Neugeborenen der Hebräer getötet werden. Im Unterschied zu vielen anderen biblischen Un∗fruchtbarkeitsgeschichten wird nicht das Problem der Kinderlosigkeit, sondern das zu großer Fruchtbarkeit thematisiert. Die Ägypter sehen in der hohen Geburtenrate der Migrantinnen eine Gefahr und wollen einen weiteren Bevölkerungszuwachs gewaltsam unterbinden. Der Mutter von Mose gelingt es, die Geburt ihres Sohnes drei Monate lang geheim zu halten; danach setzt sie den Kleinen aus. Wenngleich sich der biblische Erzähler mit Kommentaren zurückhält und Einblicke in das Innere der Figuren fehlen, steht die gute Intention außer Frage. Die Mutter tut ihr Möglichstes, das Leben des Kindes zu retten. In der *Altdeutschen Exodus* (wohl zwischen 1120 und 1130) wird sie ausdrücklich als weise gelobt.[3]

Auch im ältesten deutschsprachigen Verslegendar, einer umfangreichen Sammlung von Heiligenlegenden in Reimpaarversen, setzen Eltern ein Kind aus, um größeren Schaden abzuwenden.[4] Besorgt sind Cyborea und Ruben in der Judaslegende des *Passionals* (Ende 13. Jh.) freilich weniger um das Leben ihres Kindes als um den Erhalt ihrer Sippe. Durch einen unheilvollen Traum ist Cyborea gewarnt, dass von ihrem ungeborenen Sohn eine große Gefahr ausgeht. Die üblichen Erwartungen werdender Eltern werden so pervertiert. Derjenige, der das Geschlecht weiterführen soll, wird für den Untergang sorgen. Die Eltern nehmen die Prophezeiung ernst und trennen sich von ihrem Kind, das sich einst Jesus anschließen und ihn verraten wird.

Andere Mütter geben ihre Kinder ab, weil sie einen Skandal vermeiden und illegitime Handlungen verbergen wollen.[5] Nach legendarischer Tradition stammen Gregorius und Albanus aus hochadligen Kreisen, sind aber im Inzest gezeugt. Der erste ist der Sohn von Fürstenzwillingen aus Aquitanien; der zweite die Frucht einer sexuellen Beziehung eines mächtigen Königs mit seiner Tochter. Auch Marie de France motiviert die Aussetzung eines Kindes mit der Sorge einer adligen Frau, moralischen Normen nicht zu entsprechen. In dem Lai *La Fresne*, einer französischen Versnovelle (um 1170), will eine Mutter ihre Tochter loswerden, damit sie nicht eines Ehebruchs bezichtigt wird. Zwar ist sie keine außereheliche Beziehung eingegangen, doch fürchtet sie, dass ihre Zwillingsgeburt so ausgelegt wird. Weil in der Regel ein Mann nur ein Kind zeugt, meint sie, dass man aus zwei Kindern auch auf zwei Väter schließen könnte. Deshalb hält sie eine Zwillingsgeburt für kompromittierend und zieht den Verlust eines Kindes dem ihrer Ehre vor.

Manche Trennungen geschehen dagegen ohne Zustimmung der Eltern, ja gegen massiven Widerstand der Mutter.[6] Im Prosaepos *Herzog Herpin* (1. Hälfte 15. Jh.) verliert die Herzogin Allheyt unmittelbar nach der Niederkunft ihren Sohn. Da sie den Jungen auf dem Weg ins Exil mitten im Wald alleine gebären muss, haben die Räuber leichtes Spiel. Sie entführen die schöne Frau und verbieten ihr, das Neugeborene mitzunehmen. Ein vergleichbares Schicksal widerfährt viele Jahre später Allheyts Schwiegertochter Florentyne. Auch sie wird nach der Geburt und in Abwesenheit ihres Mannes gewaltsam von einem ihrer Zwillingssöhne getrennt, was in ihrem Fall jedoch politische Hintergründe hat. Eine weitere, aber endgültige Option, eine Eltern-Kind-Beziehung aufzulösen, ist der Tod. In den spätmittelalterlichen Romanen *Willehalm von Orlens* und *Mai und Beaflor* (beide 13. Jh.), die von Liebe (›minne‹) und Abenteuer (›âventiure‹) handeln, verlieren die Protagonisten früh ihre Eltern. Willehalms Vater fällt im Kampf, und die Mutter stirbt dem geliebten Mann nach. Der französische König nimmt das Waisenkind erst einmal zu sich, bevor er es einem Wunschvater anvertraut. Bei Beaflor ist dagegen nur die weibliche Elternposition vakant. Ihre Mutter stirbt, als das Mädchen nicht einmal zehn Jahre alt ist. Für ihren Vater steht fest, dass er sie nicht alleine großziehen kann. Eine neue Mutterfigur muss gefunden werden.

Freiwillig und zum Wohl des Kindes geben in Jörg Wickrams Prosaroman *Knabenspiegel* (1554) leibliche Eltern ihren Sohn ab.[7] Die armen Bauersleute Rudolf und Patrix haben zahlreiche Kinder und wissen kaum, wie sie alle satt bekommen sollen. Deshalb zögern sie nicht, ihren Jüngsten einem reichen kinderlosen Paar zu überlassen. Alle Beteiligten profitieren von der Adoption: Die abgebenden Eltern werden in ihrer materiellen Not unterstützt, die aufnehmenden Eltern erhalten ein ersehntes Kind, der Junge steigt sozial auf und erhält eine sehr gute Ausbildung.

Aussetzen statt Töten

In den hier berücksichtigten Geschichten ist die Aussetzung die häufigste Form der Trennung. Sieben von zehn Jungen und Mädchen, die nicht bei ihren biologischen Eltern aufwachsen, sind Findelkinder. Die Häufigkeit und Selbstverständlichkeit, aber auch die fehlende Kritik an den Aussetzungen mag heutige Leserinnen und Leser verwundern. In Antike und Mittelalter war es dagegen gängige Praxis, auf die Aufnahmebereitschaft anderer Menschen zu setzen, wie der amerikanische Historiker John Boswell in seiner Studie *The Kindness of Strangers* (1988) erklärte.[8] Zumindest in den literarischen Un*fruchtbarkeitsgeschichten wollen junge Eltern ihre Kinder selten töten, vielmehr betrachten sie die Aussetzung als rettende Alternative. Der Handlungsverlauf gibt ihnen Recht: Keine Aussetzung endet mit dem Tod eines Kindes. Die Logik des Narrativs verlangt eine Fortsetzung, die von dem Ergehen des Kindes in einer neuen Familie erzählt.

Für die heimliche Abgabe wird ein geeigneter Ort gewählt. Die Kinder sollen sicher bewahrt sein, von freundlichen Fremden gefunden werden und eine zweite Lebenschance erhalten. Schon im Buch Exodus achtet die Mutter darauf, das Binsenkörbchen gut abzudichten, bevor sie ihren Sohn im schilfreichen Nilufer aussetzt. Es ist kaum ein Zufall, dass die Tochter des Pharaos ausgerechnet an dieser Stelle badet und das Körbchen entdeckt. Versteckt beobachtet die ältere Schwester von Mose das Geschehen. Sie kann zuhause nicht nur die frohe Kunde seiner Rettung überbringen, sondern die leibliche Mutter sogar als Amme vermitteln. Dieses Motiv familiärer Fürsorge wird in der frühen deutschen Bibelübertragung durch das Wirken Gottes ersetzt. Eine ganze Nacht muss das Kind im *Vorauer Mose* auf dem Wasser verbringen, bis es am anderen Tag endlich dank göttlicher Gnade gefunden wird.[9]

Die Legendenliteratur folgt diesem Modell.[10] Das Meer, das einem Säugling nach allen Regeln der Wahrscheinlichkeit den Tod bescheren müsste, wird zum bevorzugten Raum wundersamer Rettung. So entscheidet sich im *Gre-*

gorius Hartmanns von Aue (Ende 12. Jh.) die junge Mutter in gläubigem Vertrauen, ihren Sohn in einem Körbchen über das Meer zu schicken. Sie will verhindern, dass er durch die Inzestsünde seiner Eltern verloren ist, und hofft, dass er anderswo neu beginnen kann. Zwei Nächte und einen Tag ist das Kind auf dem Wasser unterwegs, bis es in die Nähe einer Klosterinsel gelangt. Dank göttlicher Gnade und einem günstigen Wind, wie der Erzähler erklärt, wird sein Transportmittel von Fischern entdeckt. Auch im *Passional* dient die Geschichte des kleinen Moses frischgebackenen Eltern als Vorbild. Obwohl Ruben und Cyborea von der von ihrem Sohn ausgehenden Gefahr wissen, bringen sie es nicht über sich, ihn zu töten. Die Aussetzung scheint der einzige Ausweg aus ihrem Dilemma. In einem wasserfesten Gefäß setzen die Eltern ihr Kind gemeinsam auf einem Fluss aus, der es ins Meer treibt und schließlich an der Insel Scariot an Land spült.

Wiederholt wird zu Beginn des Narrativs eine Tötung durch die leiblichen Eltern abgewendet." In Albrechts von Eyb Albanusgeschichte (Mitte 15. Jh.) will der Vater das Inzestkind beseitigen, während die Mutter für sein Überleben sorgt. Sie lässt das Kind von einer Vertrauten außer Landes bringen. Ihr Abgabeort entspricht eher lebenspraktischer Erfahrung als religiöser Tradition. Der Junge wird an einer Straße ausgesetzt, damit er schnell gefunden werden kann. In Maries *Fresne* ist es dagegen die Mutter, die eine ihrer Zwillingstöchter töten will. Nur der Widerspruch anderer Frauen, die Kindsmord als schwere Sünde betrachten, hält sie davon ab. Ihre Lieblings-Hofdame schlägt stattdessen eine Aussetzung vor und erläutert deren implizite Regeln: Erstens liegt das Schicksal des Kindes in Gottes Hand. Zweitens wird irgendein braver Mensch das Kind finden und sich seiner annehmen. Drittens ist die Mutter von ihren Sorgen befreit, kann ihre Ehre bewahren und muss das unerwünschte Kind niemals wiedersehen. Erleichtert stimmt die Frau zu und lässt ihrer Hofdame freie Hand. Mit größter Diskretion bricht diese mitten in der Nacht auf, eilt zu einer Abtei und legt das Kind unweit der Klosterpforte auf dem Ast einer Esche ab. Ihr Plan geht auf und bestätigt die zuvor aufgestellten Regeln. Das Mädchen, das dem Schutz Gottes anempfohlen war, wird vom Pförtner gefunden und von dessen Tochter versorgt. Keiner der beiden wundert sich über den Vorfall oder fragt nach der Gebärerin.

Mit Ausnahme von Mose stammen alle Findelkinder der hier untersuchten Geschichten aus dem Adel, mehrere sogar aus Königshäusern. John Boswell, der bei einem viel umfangreicheren Materialkorpus ähnliche Beobachtungen macht, warnt vor Rückschlüssen auf die historische Lebenswirklichkeit. Dass nur von adligen Findelkindern erzählt werde, hänge mit den Bedingungen literarischer Produktion und Rezeption zusammen. Daraus lasse sich weder schließen, dass es keine Aussetzung von Kindern niederer Stände gab, noch dass diese Praxis im Adel überproportional häufig verbreitet war.[12] Ähnlich ist zu erklären, warum in der Literatur vornehmlich männliche – in meinen Quellen fünf von sieben – Kindern ausgesetzt werden. Im Zentrum mittelalterlicher Erzählungen stehen nun einmal meist männliche Hauptfiguren. Für die aufnehmenden Eltern ist das Alter letztlich wichtiger als Stand und Geschlecht. Je jünger die Kinder sind, umso leichter lässt sich ihre Herkunft verschleiern.

Gefühle und Gaben leiblicher Eltern

Bei einem Versuch, mittelalterliche Vorstellungen, Praktiken und Phänomene zu erklären, sollte man sich vor zwei hermeneutischen Fallen hüten: Kulturelle Differenzen dürfen weder negiert noch absolut gesetzt werden. Mit den Gefühlen von Eltern ist genau dies in der Forschung geschehen.[13] Der französische Historiker Philipp Ariès behauptete in seiner *Geschichte der Kindheit* (1960), dass Elternliebe eine Erfindung der Moderne sei. Auch Elisabeth Badinter ging bei ihrem legitimen Versuch, Mutterschaft zu historisieren, zu weit; sie sprach im Buch *Die Mutterliebe* (1980) Müttern vor der Moderne eine emotionale Beziehung zu ihren Kindern weitgehend ab. Mediävistinnen und Mediävisten erhoben zu Recht Einspruch und machten auf gegenteilige Darstellungen in der Literatur des Mittelalters aufmerksam. Auch in meinen Un*fruchtbarkeitsgeschichten dürfen Aussetzungen nicht als Indiz fehlender Liebe missverstanden werden. Die Gefühle und Gaben der Eltern belegen, dass es weder einen generellen Mangel an Zärtlichkeit noch an Verantwortungsbewusstsein gegenüber Kindern gibt.

Wie eine Frau bei der Trennung von ihrem Kind leiden kann, zeigt Allheyts Beispiel im *Herzog Herpin*.[14] Verzweifelt bittet die junge Mutter, bei ihrem Sohn im Wald bleiben oder ihn zumindest mitnehmen zu dürfen. Ihre Entführer aber kennen kein Erbarmen und wollen sich nicht mit einem schreienden Säugling belasten. Die untröstliche Mutter wird vom Schmerz so überwältigt, dass sie in Ohnmacht fällt. Auch bei ihrer Schwiegertochter drückt sich ihre Hilflosigkeit, als ihr gewaltsam ein Kind geraubt wird, zeichenhaft in einer Ohnmacht aus. Florentyne verhält sich so, als ob sie den Tod ihres Sohnes zu beklagen hätte. Sie windet die Hände, rauft sich das Haar und wünscht, dass die Erde sie verschlingen möge.

Um ihren Nachwuchs trauern nicht nur Frauen, die zur Trennung gezwungen wurden. Mütter, die ihre Kinder aus überlegten Gründen eigenhändig abgeben, leiden ebenfalls am Verlust.[15] Obwohl die Mutter von Mose keinen anderen Ausweg sieht, fällt ihr die Aussetzung schwer. In der *Altdeutschen Exodus* legt sie ihn mit großem Schmerz ins Binsenkörbchen und kehrt trauernd nach Hause zurück. Heiße Tränen vergießt die Mutter in Hartmanns *Gregorius*, als sie sich von ihrem Neugeborenen verabschiedet. Liebevoll bettet sie ihn in ein Kästchen, deckt ihn mit einer kostbaren Seidendecke zu und legt zwanzig Mark sowie eine Tafel mit seiner Geburtsgeschichte bei. Durch diese schriftliche Botschaft versucht die junge Frau, alles zum Besten ihres Sohnes zu regeln. Die aufnehmenden Eltern werden beauftragt, ihn taufen zu lassen, das Geld für ihn zu verwalten und für seine Ausbildung zu sorgen. Vor der Aussetzung vergewissert sich die Mutter, dass ihr Kind vor Wasser, Wind und Wellen geschützt ist. Sie sorgt sich schrecklich, weil sie nicht weiß, ob ihr Sohn überleben wird.

Ausgesetzte Kinder werden auch in anderen Geschichten mit einer mütterlichen Mitgift ausgestattet. Albanus wird in ein Mäntelchen gewickelt und bekommt einen Beutel mit einem goldenen Ring um den Hals gehängt. Fresne erhält feines Linnen, eine rosettenverzierte Seidendecke und einen kostbaren Ring. Als materielle Zeugen der Herkunftsgeschichte dienen die Gaben verschiedene Zwecken: In ihnen manifestieren sich die Liebe und Fürsorge der abgebenden Eltern, insbesondere der Mütter; die Gaben sollen den Findern den sozialen Status eines Kindes anzeigen und als Anreiz dienen, sich um es zu kümmern; sie sind im weiteren Handlungsverlauf für die Identitätsbildung der Kinder und die Identifikation ihrer leiblichen Eltern relevant. Als einzige Verbindungsstücke zu ihrer Herkunftsfamilie besitzen die Gaben für die Kinder einen hohen emotionalen Wert. Deshalb bewahren sie diese sorgsam auf und nehmen sie bei ihrem Aufbruch aus der sozialen Familie mit. In den mittelalterlichen Adoptionsgeschichten ist es nicht etwa die ›Stimme des Blutes‹, die zur Wiedererkennung ausgesetzter Kinder führt. Entscheidend für eine solche Anagnorisis sind stets kulturelle Produkte: der Stoff und die Tafel von Gregorius, die Seidendecke von Fresne, der Beutel und Ring von Albanus und das Tuch, in das Allheyt ihren Sohn hüllte.[16] Die gewebten Stoffe lassen sich metapoetisch als Sinnbild für Texte deuten, die die Protagonisten nur mit Hilfe der leiblichen Eltern entschlüsseln können. Genealogische Verwandtschaft wird im Narrativ der sozialen Alternative folglich kulturell rekonstruiert.

Von der Abgabe von Kindern automatisch auf eine Form bereuter Elternschaft zu schließen, wäre ein Fehler. In der mittelalterlichen Erzählliteratur setzen Frauen ihre Kinder nicht etwa aus, weil sie sich der Erziehung verweigern und Nicht-Mutter sein wollen. Genauso wenig stellen sie ihr Handeln später in Frage und bedauern, sich von ihrem Kind getrennt zu haben. Reue empfindet in meinen Quellen lediglich Fresnes Mutter. Sie ist die einzige unter den abgebenden Eltern, die ihr Verhalten nach Jahren rückgängig zu machen wünscht.[17]

Bei der Wiedererkennung der Tochter wird sie von Gefühlen überwältigt und gesteht ihrem Gemahl die Zwillingsgeburt. Alle anderen Eltern klagen beim Wiedersehen nicht über die Aussetzung, sondern über die daraus erwachsenden Verstrickungen. Keine der Frauen wird nach der Aussetzung noch einmal Mutter, was zumindest eine von ihnen sehr bedauert. Cyborea leidet darunter, dass sie ihr einziges Kind abgegeben hat. Die gewollte Trennung wandelt sich in ihrem Fall in ungewollte Kinderlosigkeit. Dieses Defizit teilt sie mit den aufnehmenden Eltern, deren liebevolles Verhalten noch viel deutlicher zeigt, dass Elternliebe weder eine moderne Erfindung ist noch sich auf biologische Familienverhältnisse beschränkt.

Soziale Familien: Annahme und Erziehung

Ein unerfüllter Kinderwunsch ist heute der häufigste Grund, warum Menschen ein Kind annehmen wollen. Dafür müssen sich Paare einem aufwändigen Bewerbungsverfahren unterziehen und ihre Eignung in sozialer, psychischer und finanzieller Hinsicht beweisen. Erst nach einer amtlichen Prüfung dürfen sie darauf hoffen, zu den wenigen Glücklichen zu gehören, denen tatsächlich ein Kind vermittelt wird. Dagegen ist die Annahme in der mittelalterlichen Erzählliteratur unkomplizierter, weniger voraussetzungsreich, aber auch selten planbar. Kinderwünschende können sich weder bewerben noch müssen sie mit anderen Paaren konkurrieren. In vielen Adoptionsgeschichten finden Kinderlose zufällig oder schicksalhaft ein Wunschkind, ohne danach gesucht zu haben. Die kulturelle Phantasie, dass Kinderwünsche plötzlich in Erfüllung gehen, wird durch solche Erzählungen genährt. Treffend spricht die amerikanische Literaturwissenschaftlerin Sally Bishop Shigley in dem *Palgrave Handbook of Infertility in History* (2017) von einem »baby *ex machina*«,[18] wenn ungewollt Kinderlose nach einer langen Phase der Unfruchtbarkeit doch noch zu Eltern werden. Wie im antiken Theater alle Verstrickungen durch das überraschende Eingreifen eines Gottes, umgesetzt mittels einer speziellen Bühnenmaschinerie, plötzlich gelöst erscheinen, wird das Problem der Kinderlosigkeit durch das Finden eines Kindes auf wundersame Weise beseitigt.

Nachwuchs finden

Im Narrativ der sozialen Alternative reagieren die Figuren stets positiv, wenn sie ein ausgesetztes Kind entdecken. Kein Findelkind bleibt unversorgt am Strand oder im Wald liegen.[19] Geradezu beglückt reagiert im *Passional* die Königin der Insel Scariot, als sie das Körbchen mit dem Säugling erblickt. Der Erzähler begründet ihre große Freude ausdrücklich mit einem unerfüllten Kinderwunsch. Der Königin hafte der unglückliche Makel an, keinen Nachwuchs geboren zu haben. Durch den Kinderfund scheinen alle Unfruchtbarkeitssorgen auf einen Schlag gelöst; die Königin kann das schöne Findelkind als Erben des Reiches präsentieren. In der Albanuslegende trifft ein Wunschvater dieselbe Entscheidung. Als ihm das Findelkind mitsamt seinen wertvollen Gaben gebracht wird, hält der ungarische König dies für eine göttliche Fügung. Er ist davon überzeugt, dass er für seine Kinderlosigkeit entschädigt und getröstet werden soll. Der Gedanke, dass Fruchtbarkeit ein Geschenk Gottes ist, wird im Narrativ der sozialen Alternative vom gezeugten auf ein gefundenes Kind übertragen.

Zum unerfüllten Kinderwunsch können weitere Motive hinzukommen oder für die Annahme ausschlaggebend sein. So wird in der mittelalterlichen Literatur immer wieder die Schönheit des Findelkinds betont, die bei den Betrachtenden zärtliche Gefühle und Mitleid weckt. Die Erkenntnis, dass es sich um den Spross einer adligen Familie handelt, kann die Hilfs- und Aufnahmebereitschaft verstärken. Der Abt in Hartmanns *Gregorius* ist von der strahlenden Schönheit des Kleinen und seinem traurigen Schicksal so berührt, dass er ihn in seine Obhut nimmt. Im *Herzog Herpin*, in dem das Narrativ gleich doppelt durchgespielt wird, erhalten beide Findelväter wiederholt die Gelegenheit, sich zu ihren Motiven zu äußern. Den verwitweten Ritter Badewin bewegen nach eigener Aussage sowohl seine Kinderlosigkeit als auch die Schönheit des Jungen zur Annahme, und dem Hirten Elij gefällt die edle ›Art‹ des Neugeborenen. Einerseits empfindet er Mitleid, andererseits hofft er auf eine spätere Belohnung. Die Annahme eines Kindes ist also nicht immer ein rein karitativer Akt, sondern dient durchaus eigenen ökonomischen oder feudalpolitischen Interessen.[20]

Die Möglichkeit, dass die Geschichte eines Findelkinds auch schlecht ausgehen kann, wird im *Herzog Herpin* zumindest angedeutet. Der Hirte Elij ist sich nämlich zunächst unschlüssig, was er mit dem Baby anfangen soll. Er verflucht die abgebenden Eltern für ihre Lieblosigkeit und möchte den Jungen am liebsten mit nach Hause nehmen,[21] hat aber Angst vor der Reaktion seiner Ehefrau Beatrix, die im gesamten Roman eine recht fragwürdige Rolle spielt. Elij fürchtet, sie könne kein Mitleid mit dem Kleinen haben oder – schlimmer noch – ihn sogar selbst der Vaterschaft verdächtigen und mit Schlägen strafen. Eine Zeit lang ist er hin- und hergerissen, bis er sich schließlich – trotz aller Bedenken – für das Kind entscheidet. Das erste Treffen zwischen Frau und Sohn läuft viel glimpflicher ab als erwartet. Beatrix ist vom Anblick des hübschen Kindes so gerührt, dass sie es liebgewinnt. Sie schließt den Kleinen in die Arme, gibt ihm zu essen und badet ihn. Die abgewiesene Alternative zeigt jedoch, dass ein Adoptionswunsch bei Ehepartnern keineswegs immer gleich ausgeprägt ist.

In den Minne- und Aventiureromanen liegt eine andere Ausgangssituation vor: Hier finden nicht Kinderlose plötzlich einen Säugling, sondern müssen Eltern für hilfsbedürftige Kinder gefunden werden. Nach Einschätzung von Betroffenen und aus der Perspektive anderer bietet Kinderlosigkeit dafür eine ideale Voraussetzung. Jofrit von Brabant bittet im *Willehalm von Orlens* selbst darum, sich um den verwaisten Säugling kümmern zu dürfen. Sein Anliegen begründet er ausdrücklich mit seiner Familiensituation. Er wünscht, dass ihm »das Kind als Kind überlassen wird, weil er kein anderes Kind« hat.[22] Diesem Argument stimmt das Beratungsgremium zu. Wenn ein kinderloser Ehrenmann ein Kind annehmen will, möge man ihm dies gestatten. In *Mai und Beaflor* empfehlen die Ratgeber dem römischen König, seine zehnjährige Tochter nach dem Tod ihrer Mutter in die Obhut eines verheirateten Senators zu geben. Das Defizit im Familienleben des treuen, gütigen Roboal und seiner tugendhaften Frau Benigna bleibt im Beratungsgespräch zwar diskret ausgeklammert, doch sieht Benigna sofort einen Zusammenhang zwischen ihrer Kinderlosigkeit und einer besonderen Eignung für die Pflege. Sie verspricht dem König, das Mädchen als Tochter aufzunehmen, weil sie kein eigenes Kind hat. Kinderlose sind im Narrativ der sozialen Alternative ein Glücksfall für unerwünschte, verwaiste und hilfsbedürftige Kinder. Und umgekehrt: Die Abgabe und Vermittlung solcher Kinder ist ein Geschenk für Menschen mit unerfülltem Kinderwunsch.

Nur selten sind Figuren in der Lage, die Erfüllung eines Kinderwunsches – wie Jofrit – aktiv voranzutreiben. Vielmehr müssen sie bei der sozialen wie bei der biologischen Elternschaft darauf warten, dass ihnen eine höhere Instanz, sei es das Schicksal, Gott oder der königliche Rat, Nachwuchs beschert. Ein solcher Sonderfall, bei dem Kinderwünschende die Annahme eines Kindes selbst planen, vorbereiten und durchführen, findet sich im *Knabenspiegel*. Dass es sich dabei um das jüngste Werk meines Korpus handelt, ist kaum ein Zufall. Wie im juristischen Kapitel dargestellt, wird eine solche ›Anwünschung‹ erstmals im *Freiburger Stadtrecht* von 1520 gesetzlich geregelt (Kap. 3, S. 105). Als Wickrams Roman erscheint, ist das früheste deutsche Adoptionsrecht gut dreißig Jahre alt. Bevor Gottlieb und Concordia sich für die Annahme eines Kindes entscheiden, durchlaufen sie die typischen Stationen des bekanntesten Un∗fruchtbarkeitsnarrativs: Der alte, fromme Ritter und seine junge, schöne, tugendhafte und reiche Frau warten drei Jahre nach ihrer Heirat noch immer auf eine Schwangerschaft. Materieller Reichtum und fertiler Mangel stehen in einem klaren Spannungsverhältnis. Obwohl Gottliebs Ehre und sein Besitz beständig wachsen, bekümmert ihn seine Kinderlosigkeit sehr.

Wie im reproduktionstheologischen Leitmodell vorgesehen, suchen die Eheleute ihr Heil im Gebet und flehen täglich mit großer Andacht zu Gott. Schließlich will sich Concordia nicht länger gedulden; das Kind einer anderen Frau soll sie trösten. Die strukturelle Ähnlichkeit zum Narrativ der gefährlichen Dritten ist auffällig, doch versucht Concordia nicht, mit fremder, magischer oder gar teuflischer Hilfe schwanger zu werden. Vielmehr bietet sie armen, kinderreichen Eheleuten an, ihr Ungeborenes zu übernehmen. Der entscheidende Punkt dieser Un*fruchtbarkeitsgeschichte besteht also darin, dass es um die Pflege und Erziehung eines Kindes anderer, nicht um die Zeugung leiblicher Nachkommen geht. Noch vor der Geburt werden konkrete Absprachen getroffen. Die Wunschmutter sichert zu, das Kind unabhängig von seinem Geschlecht zu akzeptieren, und unterstützt die biologische Mutter in der Schwangerschaft und bei der Niederkunft. Als diese unter großen Schmerzen einen schönen Jungen zur Welt bringt, ist Concordia überglücklich. Der Erzähler betont, dass sie sich über das Kind so sehr freue, als ob es ihr eigen Fleisch und Blut wäre.[23]

Fürsorge versprechen

Zwischen der Entdeckung eines Findelkindes und seiner Aufnahme in die Familie des Finders besteht kein Automatismus. Gefundene Kinder müssen zu eigenen Kindern gemacht werden, was in der Regel durch eine öffentliche Erklärung erfolgt. Auch im Mittelalter ist die Annahme eines Kindes an rituelle Handlungen und performative Akte geknüpft. Der entscheidende Unterschied zur rechtlich abgesicherten Anwünschung des 16. Jahrhunderts besteht jedoch in der Geheimhaltung der Familienverhältnisse.

In sechs von sieben Aussetzungsgeschichten täuschen die Eltern eine biologische Verwandtschaft vor; das biblische Findelkind, der kleine Mose, ist in meinen Quellen die einzige Ausnahme. Die Verschleierung der Herkunft ist für die gesellschaftliche Anerkennung aller Familienmitglieder relevant: Die annehmenden Eltern können das Stigma der Unfruchtbarkeit verbergen, indem sie der Reproduktionsnorm scheinbar entsprechen.[24] Das gefundene Kind wird verwandtschaftlich verortet und Teil einer generationenübergreifenden Familiengeschichte. Seine genealogische Anbindung ist so wichtig, dass auch jene Zieheltern Verwandtschaftsverhältnisse fingieren, die aufgrund ihres Keuschheitsgelübdes nicht als leibliche Eltern in Frage kommen. So gibt die Äbtissin in Maries *Fresne* vor, dass sie die Tante des Findelkinds wäre. Streng verbietet sie dem Pförtner zu erzählen, wie das kleine Mädchen wirklich ins Kloster gelangt ist. Auch der Abt in Hartmanns *Gregorius* verlangt von den Findern absolute Verschwiegenheit und lässt alle glauben, dass der Junge in der Familie seines Onkels aufwächst.

Was die Vorgabe biologischer Verwandtschaft in der Praxis bedeuten kann und wie sich Mutterschaft körperlich inszenieren lässt, führen die Geschichten von Judas und Albanus vor. Als die Königin von Scariot den Säugling am Strand entdeckt, verheimlicht sie den Fund und täuscht eine Schwangerschaft vor. Im gesamten Königreich verbreitet sich das Gerücht schnell; alle sind voller Freude über den ersehnten Thronfolger. Während in der Judaslegende die Wunschmutter als alleinige Akteurin dargestellt wird, steuert in der ersten deutschen Albanuslegende der Wunschvater das Geschehen. Der ungarische König verpflichtet den Finder zum Schweigen und befiehlt seiner Frau, sich ins Bett zu legen, als ob sie ein Kind erwarte. Die Verbreitung der Neuigkeit lässt sich mit dem Prozess des Gebärens parallelisieren. Was durch eine simulierte Schwangerschaft in die Welt gesetzt werden soll, ist eine Geburtsgeschichte.[25] Als die Königin verkündet, einen Sohn bekommen zu haben, löst dies große Freude aus. Die öffentliche Proklamation macht das Findelkind zum Königssohn.

Im Narrativ der sozialen Alternative vollzieht sich die Familienstiftung stets durch einen Sprechakt, sei es durch eine Geburtsankündigung oder ein Taufversprechen. Die Taufe wird in den hier untersuchten Geschichten zwar nur beiläufig erwähnt, doch beginnt damit stets – die Aussetzungen jüdischer Jungen ausgenommen – das gemeinsame Familienleben: Die Findelkinder Albanus, Gregorius, Fresne, Lewe und Oleybaum werden ebenso getauft wie der Wunschsohn Fridbert, den Gottlieb und Concordia von dem armen, kinderreichen Paar übernehmen. Das religiöse Ritual ist für eine christliche Sozialisation so selbstverständlich, dass es nicht auserzählt werden muss. Doch sind die Folgen aus theologischer Sicht beträchtlich: Die Taufe gilt als zweite Geburt, die den Zugang zum Himmelreich ermöglicht. Indem annehmende Eltern ihre Kinder taufen lassen, schenken sie ihnen also neues Leben und bewahren sie vor ewiger Verdammnis.

Durch die Taufe bekommt die Eltern-Kind-Beziehung eine institutionelle Verbindlichkeit. Während biologische Eltern die Patenschaft dazu nutzen, neue Beziehungen zu knüpfen, übernehmen soziale Eltern diese meist selbst. Vor der höchsten christlichen Instanz verpflichten sie sich, Verantwortung für das Kind zu übernehmen. Daher ist ein Taufversprechen im Mittelalter kaum weniger bindend als ein Adoptionsvertrag in der Moderne. Kriterien sozialer und religiöser Elternschaft werden überblendet, indem das Taufritual die Eltern-Kind-Beziehung in ein neues geistliches Verwandtschaftsverhältnis überführt. Auf seine Fürsorgepflicht als Pate beruft sich der Abt in Hartmanns *Gregorius*. Nachdem er der geistliche Vater des Jungen geworden ist, will er ihn auch an Kindes statt annehmen.[26] Ebenso gelobt Gottlieb in Wickrams *Knabenspiegel*, sich um das ihm anvertraute Kind zu kümmern. Da Gott ihm das Kind als geistlichem Vater anempfehle, wolle er auch sein weltlicher Vater werden.

Mit der Taufe verbunden ist die Namensgebung, in der sich der Anspruch auf Elternschaft dokumentiert; wer einem Kind den Namen verleiht, trägt Verantwortung und kann zugleich Gehorsam einfordern. In den Aussetzungsgeschichten sind die Namen narrativ bezeichnend, meist spielen sie metonymisch auf das Finden oder den Fundort an.[27] Die Tochter des Pharaos nennt ihr Findelkind Mose, was volksetymologisch damit erklärt wird, dass sie ihn aus dem Wasser zog (hebräische Grundform: ›mascháh‹). Die Königin von Scariot wählt den Namen Judas, da sie vermutet, dass ihr Wunschkind aus dem Land der Juden stammt. Die Äbtissin und der Hirt Elij benennen die Kinder nach den Bäumen, bei denen sie gefunden wurden: Fresne (Esche) und Oleybaum (Ölbaum). Der Ritter Badewin lässt den Jungen, den er in der Höhle der Löwin fand, auf den Namen Lewe taufen. Dass Findelkinder nicht wie ihre sozialen Eltern oder deren Angehörige heißen, ist entlarvend. In fast allen Fällen unterläuft die Namensgebung das Bemühen, die fremde Herkunft zu verschleiern, und weist auf den Zufallsfund hin.

Während bei ausgesetzten Säuglingen die verdeckte Annahme die Regel ist, gibt es bei verwaisten Kindern offene Formen. Im *Willehalm von Orlens* bemüht sich Jofrit darum, den Sohn seines gefallenen Gegners annehmen zu dürfen. Zu diesem Zweck versöhnt er sich mit den Gefolgsleuten des Getöteten und dem König, der das Kind in seine Obhut genommen hat. Ihm verspricht er, sich treu wie ein Vater gegenüber seinem Sohn um den Jungen zu kümmern und mit Leben und Gut für ihn einzustehen.[28] Als der König dem Adoptionsantrag zustimmt, geht die Vormundschaft auf den Wunschvater über. Noch einmal muss dieser seine stete Einsatzbereitschaft bekräftigen, bevor er den Jungen in die Arme schließen darf. Ihre neue, auf Dauer angelegte Nahbeziehung wird mit einem Kuss besiegelt.

In der halbseitigen Federzeichnung, die in der Werkstatt Diebold Laubers (1419) angefertigt wurde, ist dieses Adoptionsverfahren szenisch dargestellt (Abb. 9). Flankiert werden die beiden größer dargestellten Hauptakteure von zwei Nebenfiguren, die die dem Ritual beiwohnende Hofgesellschaft repräsentieren. Ergeben kniet ein Mann mit einem auffälligen, bunten Federbusch vor dem König, der einen kleinen Jungen in seinen Armen hält. Jofrit bittet darum, Vater werden zu dürfen. Die Körperhaltung aller drei Figuren signalisiert, dass die Übergabe unmittelbar bevorsteht. Der König schreitet mit ausgestelltem Bein auf den Bittsteller zu, blickt ihn fest an und hält ihm den Jungen entgegen. Das unbekleidete Kind, dessen Nacktheit seine Hilfsbedürftigkeit anzeigt, begegnet dem Wunschvater mit offenen Armen. Dieser hält die Hände so, dass er das Kind gleich in Empfang nehmen kann.

Offiziell wird auch Roboal im Roman *Mai und Beaflor* zum zweiten Vater bestimmt. Der römische König beauftragt den Senator nicht einfach mit der Erziehung seiner Tochter, sondern erkundigt sich nach seiner Bereitschaft. Ohne Zögern sagt Roboal zu. Nachdem der König ihm die Erziehungsgewalt überantwortet hat, lässt er Roboals Ehefrau rufen und empfiehlt ihr seine Tochter an. Liebevoll sucht Benigna das trauernde Mädchen zu trösten und legt ein Versprechen ab. Sie will ihr die geliebte Mutter ersetzen und von jetzt an ihre Mutter sein.[29] Dass die Leerstelle, die durch den Tod der Mutter entstanden ist, zunächst männlich besetzt wird, ist symptomatisch. Rechtlich relevante Entscheidungen dürfen in einer patriarchalen Gesellschaft primär Männer treffen. Deshalb werden im Narrativ der sozialen Alternative vornehmlich Väter mit der Erziehung beauftragt. Frauen können Kinder nur annehmen, wenn sie sich – wie die Tochter des Pharaos oder eine Äbtissin – in einer übergeordneten Machtposition befinden.[30]

Vergleicht man die sozialen Mütter und Väter in mittelalterlichen Erzählungen mit heutigen Adoptiveltern, fällt ein weiterer Unterschied auf: Die annehmenden Eltern leben nur teils in einer Paarbeziehung. Von den zehn Kindern, deren Adoptionsgeschichten ich untersucht habe, werden vier von Einzelpersonen angenommen. Dazu gehören neben der Tochter des Pharaos und den Vertretern einer kirchlichen Institution (Abt und Äbtissin) auch der verwitwete Ritter Badewin. Dass er seinen Sohn alleine großzieht und dem Jungen eine Mutter fehlt, wird nie problematisiert.[31] Nach mittelalterlicher Vorstellung benötigt ein Kind also nicht Vater und Mutter, damit es sich gut entwickeln kann. Entscheidend ist, dass Jungen wie Mädchen von einem Elternteil gleichen Geschlechts aufgezogen werden.

Ambivalenz sozialer Elternschaft

Kinder können eine Bereicherung, aber auch eine Belastung sein, wie bei den ethischen Diskussionen schon thematisiert worden ist (Kap. 5). Deshalb ruft jede Elternschaft ambivalente Affekte hervor, die bei einer Adoption spezifisch ausgeprägt sein können. Mit der Annahme ist der Kinderwunsch einerseits erfüllt, andererseits bleibt das reproduktive Begehren ungestillt. Eine solche Spannung bestimmt die Einstellung der Adoptiveltern im *Knabenspiegel*. Zwar ist Concordia überglücklich, als sie den Sohn der armen Bäuerin gleich nach der Geburt in ihre Arme schließen kann. Doch steht ihre Freude in einem seltsamen Missverhältnis zum unaufhörlichen Streben nach einem eigenen Kind. Concordia ist stets bedrückt und traurig, vergleicht sich mit der kinderreichen leiblichen Mutter und hadert mit Gott wegen ihrer Unfruchtbarkeit. Ihr Ehemann wird von ähnlichen Sorgen geplagt. Als Gottlieb den Säugling zur Taufe trägt, sieht er vor allem das verwehrte Glück. Unablässig beten die Eheleute weiterhin um ein leibliches Kind, bis sich ihr drängender Wunsch ein Jahr nach der Adoption tatsächlich erfüllt.[32]

In mehreren mittelalterlichen Geschichten zweifeln Eltern später – angesichts familiärer Probleme – daran, ob die Annahme des Kindes richtig war. Im *Herzog Herpin* ist Badewins Liebe zu seinem Sohn so groß, dass er ihn keinen Tag missen möchte und ohne ihn weder essen noch trinken mag. An seiner Erziehung wird nicht gespart. Badewin schickt Lewe zur Lateinschule und lässt ihn Schach, Gesellschaftsspiele und Reiten lernen. Das Kind wächst zu seinem hübschen jungen Mann heran, der sich bei Hof zu verhalten weiß, erfolgreich in Turnieren kämpft, bei den Damen beliebt ist und sich als überaus großzügig erweist. Die höfische Tugend der Freigebigkeit hat eine Schattenseite, die Badewin zu spüren bekommt. Lewe gibt viel mehr Geld aus, als sich sein Vater leisten kann. Selbst wenn er zehn Mal so viel besessen hätte, wäre er in pekuniäre Schwierigkeiten geraten, merkt der Erzähler an. Der Lebenswandel des jungen Mannes führt dazu, dass Badewin seine Vaterschaft erstmals bedauert. Er klagt darüber, dass ihn Lewe in Armut stürzt und er wegen eines Findelkinds Land, Burg und Erbe verkaufen muss. Selbst nachdem Badewin seinen gesamten Besitz versetzt hat, kann er die Schulden nicht vollständig begleichen. Als er Lewe zur Rede stellt, reagiert dieser wenig einsichtig. Doch hält Badewin weiterhin zu seinem Sohn, bietet ihm Obdach und teilt seine kärglichen Mahlzeiten. Sein Reuegefühl meldet sich erneut und verstärkt zurück, als Lewe unbekümmert und stolz das Angebot ausschlägt, sich als Knappe zu verdingen. Noch immer verbirgt Badewin seine negativen Affekte, bis Lewe neue Forderungen stellt, ein Pferd verlangt und nur für die eigene Ehre streiten will. Im Detail wird nachgezeichnet, wie ein Adoptivvater an die Grenzen seiner Geduld gelangt, bis er schließlich das lang gehütete Familiengeheimnis preisgibt und sich von Lewe lossagt: »Du bist nicht mein Sohn.«[33]

Reue empfindet auch der zweite Ziehvater im *Herzog Herpin*, als ihm sein Sohn nichts als Schulden beschert. Auf Oleybaums Rückkehr von der Weide warten die Eltern vergeblich. Hungrig, ängstlich und frierend muss Elij die

Nacht im Freien verbringen, weil er den Jungen vor den Toren der Stadt gesucht hat. Am nächsten Morgen stellt er bestürzt fest, dass Oleybaum alle Tiere verkauft und das Geld in eine Ritterrüstung investiert hat. Angesichts des gravierenden Verlusts reut es Elij sehr, dass er das Findelkind nicht im Wald liegen ließ. In seiner tiefen Enttäuschung geht er so weit, den Sohn aufgrund seiner unbekannten Herkunft zu dämonisieren. Der Teufel selbst scheint ihm die Begegnung geplant zu haben.[34] Der ganze Vorfall belastet Elij so sehr, dass er krank wird. Auch seine Frau, die ihren angenommenen Sohn bislang immer verteidigt hat, vergießt Tränen. Oleybaum hingegen macht sich keinerlei Gedanken darüber, in welche Bedrängnis er die Eltern gebracht haben könnte. Diese Sorglosigkeit und der Stolz, mit der er bei seiner Rückkehr einen Turnierpreis präsentiert, versetzen Elij in Rage. Erneut führt ein Handeln im Affekt dazu, dass eine Familienkonstellation neu geordnet wird. Zornig wirft Elij dem jungen Mann vor, nicht sein leiblicher Sohn zu sein, und verflucht den Fund unter dem Ölbaum.

Für das Narrativ der sozialen Alternative ist es charakteristisch, dass die Fremdheit des Kindes herausgestellt wird. Die annehmenden Eltern wünschen sich zwar, ihr Kind vollständig zu integrieren. Doch machen sie die schmerzhafte Erfahrung, dass die genealogisch bedingten Unterschiede nicht vollständig zu nivellieren sind. Bestimmte Verhaltensweisen können sie nicht verstehen und manche Vorlieben nicht teilen. Erzeugt werden Irritationen in der mittelalterlichen Erzählliteratur meist durch ständische Aspekte, die Milieuunterschiede zwischen gebärenden und erziehenden Eltern markieren. Der Abt Gregorius kann die Sehnsucht seines Sohnes nach Ritterschaft ebenso wenig nachvollziehen wie der Hirt Elij. Der geistliche Vater ist völlig überrascht, als der Protagonist ihm von seinem Lebenswunsch erzählt. Zu diesem Zeitpunkt hat der junge Gregorius höchst erfolgreich eine mehrjährige klösterliche Ausbildung absolviert und sich in allen wissenschaftlichen Disziplinen ausgezeichnet. Nichts deutete darauf hin, dass sich der Musterschüler nicht nur für Grammatik, Rhetorik, Dialektik, Recht und Theologie interessierte, sondern imaginäre Turniere focht. Im Verlauf eines langen Gesprächs merkt der Abt bestürzt, dass sein Sohn eine andere Sprache spricht und keine geistliche Laufbahn einschlagen will.[35] Obwohl er sich nach Kräften bemüht, kann er ihn nicht für seine eigenen Lebensideale begeistern.

In manchen Adoptionsgeschichten treten so gravierende Störungen auf, dass die Kinder den Familienfrieden gefährden oder gar zerstören.[36] Im *Vorauer Mose* sorgt der Knabe am Königshof für einen Eklat. Er nimmt die goldene Krone, mit der ihn der König auszeichnet, nicht dankbar an, sondern bricht sie in Stücke. Deutlicher lässt sich kaum zeigen, dass die Werte seiner hebräischen Herkunftsfamilie und des ägyptischen Königshauses kollidieren. Bitter enttäuscht werden die Hoffnungen annehmender Eltern auch im *Passional*. Judas fällt schon früh durch Gewalttätigkeit auf. Seine Aggressionen richten sich gegen den jüngeren Bruder, den die Königin von Scariot nach seiner Adoption überraschend noch geboren hat. Die Mutter, die mit dem leiblichen Sohn sympathisiert, beantwortet Gewalt mit Gewalt: Judas wird mit Schlägen auf den Kopf gestraft. Der Konflikt eskaliert, weil Judas die familiäre Situation nicht mehr erträgt. Er erschlägt den Bruder und flieht auf einem Schiff nach Jerusalem. Die Thronfolgestrategie der Königin scheitert somit kläglich. Zwar hat sich ihr Kinderwunsch doppelt erfüllt, doch verliert sie aufgrund der sozialen Konkurrenz beide Söhne auf einmal.

Bereute Elternschaft ist natürlich kein Phänomen, das nur bei annehmenden Müttern und Vätern zu beobachten ist. Enttäuschungen bereiten auch leibliche Kinder. Obwohl in beiden Familien dieselbe Grundkonstellation vorliegt, macht Gottlieb ganz andere Erfahrungen als die Mutter des Judas. Im *Knabenspiegel* entwickelt sich der spät gezeugte, nicht der angenommene Sohn zu einem verzogenen und ungehorsamen Jüngling. Durch falsche Freunde gerät er auf die schiefe Bahn, verprasst sein Erbe und bringt die Mutter ins Grab. Obwohl sich Gottlieb sehnlichst ein eigenes Kind gewünscht hat, bereut er seine leibliche Vaterschaft. Wäre sein Sohn im Kindesalter gestorben, hätte ihm dies viel Kummer erspart.[37]

Ambivalent ist die Einstellung von annehmenden wie von gebärenden Eltern, weil sie ihre Kinder trotz aller Anstrengung, Wut und Enttäuschung lieben. In der mittelalterlichen Erzählliteratur empfinden soziale Mütter und Väter den Ablöseprozess als schmerzlich und lassen sie ihre Kinder nur ungern in die Ferne ziehen.[38] Der Abt versucht alles, Gregorius in seiner Nähe zu halten, bevor er sich dem Unvermeidlichen fügt. Badewin vergießt aus Kindeskummer heiße Tränen und wird nach Lewes Verabschiedung richtig krank. Vierzehn Tage muss er das Bett hüten, so sehr sehnt er sich nach seinem Sohn. Oleybaums Ziehmutter reagiert ähnlich stark wie einst die leibliche Mutter auf seinen Verlust. Sie fällt vor Leid in Ohnmacht, bittet den Sohn verzweifelt zu bleiben, windet die Hände und rauft sich das Haar. Auch Beaflors Pflegeeltern setzt der Abschiedsschmerz so zu, dass sie ihre Lebensfreude verlieren und sich den Tod wünschen. Ihr ganzes Glück hängt an ihrer Ziehtochter.

Familiäre Enthüllung: Kindheit und Identität

Angenommene Kinder haben zwei Elterninstanzen, die ihr Leben in vielfältiger Weise beeinflussen. In seinem autobiographisch motivierten Buch *Vertraute Fremdheit* (2011) zeichnet der Schweizer Journalist Eric Breitinger nach, wie der frühkindliche Verlust ein lebenslanges Trauma auslösen kann. Adoptivkinder entwickelten eine fragile Identität, wenn sie sich nicht als Glied einer längeren Generationenkette verstehen können.[39] Während in der Gegenwart verdeckte Adoptionen kritisiert werden und Menschen ein Recht auf Kenntnis der eigenen Abstammung haben, war im Mittelalter ein offener Umgang mit gravierenden Nachteilen verbunden. John Boswell vertritt in *The Kindness of Strangers* die These, dass kein Kind oder Elternteil etwas von einem nicht-biologischen Familienverhältnis hören wollte. Die wachsende Bedeutung von Verwandtschaft und Geburt machte Kinder sonst zu Familienmitgliedern zweiter Klasse.

Die Diskriminierung angenommener Kinder zeigt exemplarisch die Hasstirade der Fischersfrau, in deren Familie Gregorius seine ersten Lebensjahre verbracht hat.[40] Seine Pflegemutter gerät völlig außer sich, als Gregorius ihren leiblichen Sohn beim Spielen verletzt. Im Zorn enthüllt sie seine fremde Herkunft und behauptet gar, dass der Teufel selbst den Jungen hergebracht habe. Ein Findelkind (›vuntkint‹) wie ihren eigenen Nachwuchs behandeln zu müssen, kann die Fischersfrau nur schwer ertragen. Ihrer Ansicht nach müsste Gregorius an unterster Stelle in der häuslichen Hierarchie stehen und niedere Arbeiten verrichten. Hätte der Abt ihn nicht unter seine Fittiche genommen, würde er jetzt Rinder und Schweine hüten. Die Pflegemutter ahnt nicht, dass der Gescholtene vor der Tür steht und ihren Wutausbruch hört.

Identitätsprobleme angenommener Kinder

Die Aufdeckung der nicht-biologischen Familienverhältnisse ist fester Bestandteil des Narrativs. Wenn Eltern in der mittelalterlichen Literatur Kinder annehmen, gelangt dies im Handlungsverlauf immer ans Licht, doch selten in einem ruhigen, durchdachten Gespräch. Vielmehr wird die unbekannte Herkunft oft in Situationen problematisiert, in denen Macht-, Besitz- und Rangfragen verhandelt werden und ein lang aufgestauter Konflikt eskaliert. Als Badewin Lewe ins Gesicht schleudert, dass er nicht sein Sohn ist, lässt sich dessen Entsetzen an seiner Gesichtsfarbe ablesen. Bleich erkundigt sich der junge Mann zweimal, ob dies wirklich wahr sei. Langsam realisiert er, dass er weder Vater noch Mutter hat. Als Badewin sieht, wie sehr sein Geständnis Lewe trifft, nimmt er alles zurück – doch vergeblich: der Sohn schenkt ihm keinen Glauben mehr.[41]

Angenommene Kinder können auch von Dritten mit ihrer Abstammung konfrontiert werden. Diese Figuren verfügen über ein Mehrwissen, ohne von der Brisanz ihrer Information etwas ahnen zu müssen.[42] Nur zufällig erfährt der Protagonist im *Willehalm von Orlens*, dass er nicht Jofrits leiblicher Sohn ist. Eine dankbare Nebenfigur bedauert den frühen Tod seines Vaters, während Willehalm sicher weiß, dass sich Jofrit bester Gesundheit erfreut. Die Zusammenhänge sind rasch rekonstruiert, so dass der Protagonist zwei Vaterfiguren auf einmal verliert: seinen vermeintlichen Vater durch Enthüllung und seinen leiblichen Vater durch die Nachricht von seinem Tod. Im *Passional* wiederum verbreitet sich das Gerücht von der fremden Herkunft des Königssohns, ohne dass ein konkreter Urheber identifiziert wird. Von einem unbestimmten ›man‹ erfährt Judas, wie, wo und von wem er gefunden wurde. Er hadert sehr damit, nicht qua Geburt zur Königsfamilie zu gehören. Wenn er aus dem Nichts in höchste Kreise aufgestiegen ist, hat er keine herrschaftlichen Privilegien verdient.

Die plötzliche Erkenntnis, nicht der leibliche Sohn seiner Eltern zu sein, stürzt die jungen Männer in eine Krise. Die Familienverhältnisse, über die sie sich bislang definierten, werden mit einem Mal brüchig.[43] Albanus lernt, dass er in Wahrheit ein Findelkind und kein ungarischer Königssohn ist. Gregorius klagt: »Ich bin nicht der, der ich zu sein glaubte«. Ebenso fühlt sich Lewe entwurzelt: »Ich weiß nicht, wer ich bin.« Die Identität der Findelkinder wird durch die genealogische Leerstelle bestimmt. Weil die Betroffenen die gesellschaftlichen Normen verinnerlicht haben, halten sie sich selbst für minderprivilegiert. Wenn Lewe erklärt: »Ich bin ein armer Findling«, definiert er sich über sein Stigma. Gregorius bezeichnet sich gar als »elendes, zur Knechtschaft bestimmtes Findelkind«. Wie seine Pflegemutter ist er davon überzeugt, dass er keinen Anspruch auf eine gute Erziehung gehabt hätte. Herzlich dankt Gregorius dem Abt für die unverdiente Gnade, empfindet er seine Findelkind-Vergangenheit doch als eine so große Schande, dass er nur noch fliehen will.

Die Angst vor Abwertung beeinflusst in meinen Adoptionsgeschichten den weiteren Weg der Protagonisten, sie überschattet ihr Verhältnis zu anderen, insbesondere zu Frauen.[44] So fürchtet Gregorius, nachdem er längst glücklich verheiratet ist und sich als Landesherr bewährt hat, seine Frau könnte ihn wegen seiner unbekannten Herkunft verachten. Aus demselben Grund sucht Albanus seiner Frau zu verheimlichen, welche Mitteilung ihn so verstört hat. Die Erkenntnis, nicht der leibliche Sohn des Königs zu sein, belastet ihn so sehr, dass er seine Gattin kaum ansehen kann. Lewe wiederum schreckt davor zurück, als Findelkind um eine Prinzessin zu kämpfen. Allein der Gedanke, die verehrte Dame könne von seiner Vergangenheit erfahren und ihn als Findelkind beschimpfen, weckt Angst, Scham und Wut. Lewe empfindet diese Vorstellung als so schändlich, dass er gar fürchtet, im Affekt zum Mörder zu werden.

Elternsuche und Inzestgefahr

Der Wunsch, die leiblichen Eltern zu finden, ist in vormodernen Adoptionsgeschichten keine Frage familiärer Ähnlichkeiten, individueller Vorlieben oder genetischer Prägung, sondern des sozialen Status. Das mittelalterliche Gesellschaftssystem ist ständisch strukturiert, wobei die Zugehörigkeit zu einem konkreten Stand durch Geburt festgelegt wird. Findelkinder, denen die Möglichkeit einer solchen Verortung fehlt, stehen außerhalb der Gesellschaft. Wollen sie diesen prekären Zustand überwinden, müssen sie ihre genealogische Herkunft rekonstruieren und ihre biologischen Eltern ausfindig machen. Während Findelkinder wie Judas und Albanus, die von hochadligen Eltern angenommen wurden, einen Verlust ihrer Privilegien fürchten, spekulieren Oleybaum und Gregorius auf eine Aufwertung.

Oleybaum reagiert nahezu erleichtert auf die Enthüllung, dass der Hirt Elij ihn nur gefunden hat. Schon lange meinte er, in eine falsche Familie hineingeboren zu sein. Immer wieder beschäftigte ihn der Widerspruch, dass er sich als Sohn eines Kuhhirten zu Höherem berufen fühlt.[45] Auch Gregorius setzt darauf, als Spross einer Adelsfamilie Ritter werden zu können. Durch die Tafel, die seine Mutter ihm mitgab und die der Abt für ihn verwahrt hat, erfährt er noch auf der Klosterinsel vom hohen Stand und vom Inzest seiner Eltern. Dieses Wissen hält ihn nicht vom Aufbruch ab, sondern verstärkt seinen Wunsch. Dem Abt erklärt er, nicht rasten zu wollen, bis er seine Familie gefunden habe und wisse, wer er sei. Seltsamerweise scheint dieses Vorhaben schon nach der ersten Reiseetappe vergessen. Gregorius verzichtet auf eine Fortsetzung der Suche und wird in Aquitanien sesshaft. Dass er das Land seiner Eltern bereits erreicht hat, weiß er zu diesem Zeitpunkt nicht. Beim Abschied vom Abt handelt es sich also um einen üblichen Prozess der Adoleszenz, der für die weitere Entfaltung der Geschichte unabdingbar ist. Die Lösung von der sozialen Bezugsperson scheint für Gregorius zunächst wichtiger als das Wiederfinden seiner genealogischen Eltern.

In den mittelalterlichen Adoptionsgeschichten treffen ausgesetzte Kinder ihre Eltern immer wieder, selbst wenn sie nicht (mehr) nach ihnen gesucht haben. Die Anagnorisis ist fester Bestandteil des Narrativs, gestaltet sich aber häufig anders als erwartet. Die fern oder verloren geglaubten Kinder sind ihren Eltern manches Mal erschreckend nah. In den drei legendarischen Erzählungen erkennen sich Mutter und Sohn erst, als sie bereits miteinander verheiratet sind. Gregorius führt mit der schönen Fürstin von Aquitanien, die ihn als Kind ausgesetzt hat, eine glückliche Ehe. Albanus ist mit der Tochter des mächtigen Nachbarherrschers verehelicht, die ihn einst geboren hat. Unwissentlich wiederholen beide Protagonisten den Inzest, den ihre Eltern wissentlich begangen haben. Judas schließlich begeht gleich mehrere Grenzüberschreitungen, die in der Heirat der eigenen Mutter gipfeln: Nach dem Brudermord flieht er in seine unbekannte Heimat, bricht in den Garten seiner Eltern ein, wird beim Apfeldiebstahl ertappt, erschlägt den Vater und heiratet – gegen ihren erklärten Willen – dessen Witwe.

In zwei weiteren Geschichten wird mit inzestuösen Beziehungen gespielt, aber der Vollzug gerade noch vermieden. Oleybaum erfährt, dass eine gefangene Dame seine Mutter ist, bevor er sie vergewaltigen kann. Auch Fresnes Herkunft wird rechtzeitig aufgeklärt, so dass ihr Geliebter nicht mit ihrer Zwillingsschwester schlafen muss, was unter das kirchliche Inzestverbot gefallen wäre. In beiden Fällen folgen der Wiederbegegnung mit den Eltern eine gesellschaftliche Aufwertung und ein glücklicher Ausgang.[46] In den Adoptionsgeschichten, die in einen Inzest münden, führt die Wiedererkennung dagegen nicht zum Statusgewinn oder zur Erweiterung der Verwandtschaft, sondern zu tiefer Erschütterung und sozialer Vernichtung. Für manche Kinder wäre es besser gewesen, wenn sie ihre leiblichen Eltern nie kennengelernt hätten.

Mit vier von zehn Fällen ist die Gefahr eines Mutter-Sohn-Inzests in meinen Adoptionsgeschichten bemerkenswert hoch. Warum geraten abgebende Mütter so oft in die Situation, mit dem eigenen Sohn zu schlafen? In der Gattungslogik ist die Antwort klar: Die Legendenerzähler wollen zeigen, dass Menschen unabsichtlich schwere Sünden begehen, aber keine Schuld so groß ist, dass sie nicht vergeben werden kann.[47] Die inzestuöse Variante des Narrativs kann freilich auch anderen Zwecken dienen. Wenn schon die Kirchenväter davor warnten, Freier könnten unwissentlich mit den eigenen, abgegebenen Kindern schlafen, wollten sie Gläubige sexualmoralisch disziplinieren; Christen sollten keine Bordelle besuchen.[48]

Durch Inzestgeschichten werden Rezipierende für eine Gefahr sensibilisiert, die diskursiv heraufbeschworen wird. Ein wichtiges erzähltechnisches Mittel ist der Wissensvorsprung, über den der Erzähler und seine Zuhörerinnen und Zuhörer verfügen. Keiner meiner Protagonisten fürchtet je, dass er die leibliche Mutter als Sexualpartnerin wählen könnte. Die Rezipierenden hingegen, die die biologischen Verwandtschaftsverhältnisse kennen, erleben die inzestuöse Verstrickung mit und sehen die selbstzerstörerische Aufdeckung voraus. Dadurch wird eine Inzestangst geschürt, die sich dem kulturellen Gedächtnis eingebrannt hat und noch heute den reproduktionsmedizinischen Diskurs bestimmt. Datenbanken von Spenderkindern wurden von Betroffenen angelegt, um Sex zwischen Geschwistern oder Vätern und Töchtern zu verhindern.[49] Die potentielle Gefahr wird völlig überschätzt, weil die Angst vor dem sexuellen Tabubruch kulturhistorisch tief verankert ist. Bezogen auf Familienkonzepte besitzen Inzestgeschichten eine hierarchisierende und restaurative Funktion. Sie führen vor Augen, dass traditionelle Strukturen kollabieren, wenn familiäre Rollen nicht klar verteilt sind.

Stabile Charaktere

Angenommene Töchter brechen in den von mir untersuchten Geschichten nie zur Elternsuche auf, was weder mit einer geringeren Mobilität noch dem eingeschränkten Handlungsspielraum von Frauen im Mittelalter zusammenhängt. Das Narrativ der sozialen Alternative funktioniert einfach anders, wenn keine männliche Figur im Zentrum steht. Junge Frauen trennen sich in den Adoptionsgeschichten nämlich durchaus von ihren Bezugspersonen, doch bewegen sie andere Motive als die Aufklärung ihrer genealogischen Herkunft: die Liebe zu einem Ritter, die Sorge wegen einer möglichen Schwangerschaft, die Angst vor sexueller Gewalt.

Junge Frauen geraten in meinen Quellen auch nicht in eine Identitätskrise. Keine angenommene Tochter fragt sich, wer sie eigentlich sei. Erklären lässt sich dies figurenpsychologisch mit dem offenen Umgang mit ihrer Herkunft. Beaflor, die erst im Alter von zehn Jahren in Pflege gegeben wird, weiß natürlich, dass ihre sozialen nicht ihre biologischen Eltern sind. Aber auch Fresne kennt ihre Vorgeschichte als Findelkind, weil ihr die Äbtissin davon berichtet hat. Die Erfahrung, dass ihr Selbstbild auf einer Täuschung basiert, bleibt beiden jungen Frauen somit erspart. Diese Unterschiede zwischen angenommenen Söhnen und Töchtern sind ein generelles Merkmal genderspezifischen Erzählens. Die amerikanische Mediävistin Caroline Walker Bynum hat in ihren Essays *Fragmentierung und Erlösung* (1991) darauf aufmerksam gemacht, dass Lebensbeschreibungen von Männern durch Höhepunkt, Bekehrung, Reintegration und Triumph strukturiert werden. Biographien von Frauen seien dagegen durch Kontinuität gezeichnet und wiesen kaum Wendepunkte auf.[50] Dies bedeutet nicht, dass das Leben von männlichen und weiblichen Adoptivkindern im Mittelalter unterschiedlich verlief, aber dass anders davon erzählt wurde.

Selbst Findeljungen, die an ihrer Identität zweifeln, überwinden ihre Krise im Handlungsverlauf schnell. Während in der Gegenwart Adoptivkinder klagen, nur eine fragile Identität ausbilden zu können, trägt in der mittelalterlichen Literatur kein abgegebenes Kind Spätfolgen davon. Ursache dafür sind verschiedene Vorstellungen von Kindheit, wie der amerikanische Germanist James A. Schultz in der Studie *Knowledge of Childhood* (1995) erarbeitet hat.[51] Erst nach heutiger Auffassung gelten stabile Beziehungen als wichtigster Faktor im Leben eines Kleinkindes, wohingegen im Mittelalter Mobilität und variierende Bindungen nicht als schädlich angesehen wurden. Nach Schultz gibt es in der literarischen Welt des Mittelalters zwei grundsätzliche Prinzipien: Erstens ist die individuelle Natur angeboren und unveränderlich. Daher haben selbst gewaltsame Trennungen von den Eltern keine katastrophalen Konsequenzen. Kinder können neue Beziehungen knüpfen, ohne dass sie in ihrer Entwicklung gehemmt werden. Zweitens enthüllt das Verhalten eines Kindes Aspekte seiner unveränderlichen Natur. Der angeborene Adel der Findelkinder wird schon erkannt, wenn noch niemand in ihrem Umfeld von ihrer höfischen Abstammung weiß. Im *Gregorius* wundern sich alle, wie ein so begabter Junge aus einer Fischerfamilie stammen kann. Im *Herzog Herpin* verhält sich Oleybaum früh wie ein Ritter, indem er auf einem Ackergaul gegen Bäume ficht, Hirten zum Tanze lädt und Ringgeschenke verteilt. Dagegen ist Judas von Kindesbeinen an ein Verräter, dessen Treulosigkeit und Gefährlichkeit immer offensichtlicher wird.[52]

Die Streitfrage, ob die natürliche Anlage oder die kulturelle Prägung für Menschen entscheidend sind, beantwortet der Erzähler im *Passional* mit einem Tiervergleich eindeutig. Obwohl Judas dieselbe Erziehung wie sein Adoptivbruder genieße, unterscheide er sich von ihm wie ein krächzender Aasfresser oder ein einfältiges Lasttier von einem edlen, schönen Raubtier. Ebenso wenig wie ein Rabe den Flug des Falken oder ein Esel den Sprung eines Leoparden erlerne, könne sich Judas die Fähigkeiten seines Bruders aneignen. Nach Ansicht mittelalterlicher Autoren lässt sich innerer Adel ebenso wenig unterdrücken wie erwerben. Unabhängig von äußeren Einflüssen gelangen die Protagonisten zu dem Platz, der ihnen bestimmt ist. Erst in der Frühen Neuzeit ändert sich diese Auffassung und gilt die Erziehung zunehmend als bedeutsamer. Im *Knabenspiegel* schlägt nicht der angenommene, sondern der leibliche Sohn aus der Art. Immer wieder kontrastiert Wickram das Verhalten beider Brüder, um zu zeigen, dass Tugend, Bildung und Gesinnung wichtiger als Geburtsadel sind.[53] Der Sohn eines edlen Ritters kann missraten und der Sohn armer Bauern seinen Adoptiveltern reinste Freude bereiten.

Soziale und biologische Elternschaft im Vergleich

Der Wunsch nach einem leiblichen Kind ist bei den meisten Menschen der primäre. Aus diesem Grund machen nach Eric Breitingers Ansicht viele Adoptivkinder die schmerzliche Erfahrung, dass sie nur zweite Wahl sind und dem impliziten Ideal nicht entsprechen können. Solche Vorbehalte kennen die angenommenen Kinder in der mittelalterlichen Erzählliteratur nicht. Bei einer systematischen Auswertung literarischer Quellen zwischen 1100 und 1350 gelangt James A. Schultz zu dem Ergebnis, dass soziale Eltern hinsichtlich ihrer Funktion und Beziehungsintensität biologischen Eltern gleichgestellt werden oder sie sogar überbieten. Annehmende Eltern ähnelten nicht nur richtigen Eltern, sie seien richtige Eltern.[54]

Original und Imitat

Adoptionen werden in der rechtshistorischen Forschung gerne als künstliche oder fiktive Formen der Verwandtschaft bezeichnet.[55] In dieser Formulierung ist ein implizites Werturteil enthalten. Die biologische Eltern-Kind-Beziehung gilt als das originäre Modell, das Adoptivfamilien imitieren. Schon mittelalterliche Erzähler sprechen von einer ›als ob‹-Handlung, wenn Familienbeziehungen nicht auf Reproduktion basieren.[56] Beispielsweise erinnert Jofrit daran, dass er seinen Adoptivsohn immer so behandelt hätte, »als ob er von mir gezeugt worden wäre«. Oleybaum wiederum rechnet es seiner Ziehmutter hoch an, dass sie sich immer um ihn gekümmert hat, »als wäre ich ihr eigenes Kind gewesen«. Die leibliche Elternschaft gilt als Original, das annehmende Eltern imitieren. Dabei erhält die performative Dimension besondere Bedeutung. Jofrit möchte Willehalms Vater genannt werden, weil er ihm immer treu wie ein Vater beistehen will und sich mit Herz, Leib und Besitz dazu verpflichtet. Indem er den Jungen zu seinem Sohn erklärt und ihn auf diese Weise behandelt, wird er zum Vater. Von seinen Lehnsleuten verlangt Jofrit seinen Wunsch nach Vaterschaft mit allen Konsequenzen zu akzeptieren. Er installiert Willehalm früh als Nachfolger und lässt seine Untergebenen dem kleinen Jungen die Treue schwören. Durch ihr Reden und Handeln schaffen die Wunscheltern familiäre Fakten.

Zwischen Original und Kopie kann nur unterscheiden, wer über ein genealogisches Mehrwissen verfügt.[57] Als Lewe vor Badewin niederkniet, nutzt der Erzähler die Szene, verschiedene Formen der Elternschaft voneinander abzugrenzen. Er erklärt Lewes Verhalten für vorbildlich und beruft sich dabei auf die Bibel. Gemäß göttlichem Willen solle jedes Kind Vater und Mutter ehren.

In diesem Kontext merkt der Erzähler an, dass das vierte Gebot eigentlich für leibliche Eltern gelte. Lewe erweise Badewin deswegen die Ehre, weil er ihn für seinen Zeugungsvater halte. Auch kundige Figuren unterscheiden zwischen biologischen und sozialen Familienverhältnissen. Was Badewin einem leiblichen Sohn noch durchgehen lassen würde, erscheint ihm bei einem angenommenen unerträglich. Lewe teilt diese Ansicht und entschuldigt sein kostenintensives Verhalten damit, dass er von seiner Annahme nichts wusste. Nach der Enthüllung schämt er sich sehr und will seinem Ziehvater alle Unkosten erstatten. Die Auffassung, dass originäre Elternschaft durch Reproduktion gestiftet wird, führt zu einem dialektischen Verständnis von Vaterschaft. Badewin ist aufgrund seiner sozialen Rolle Vater, wegen der fehlenden biologischen Beteiligung jedoch Nicht-Vater. Da die Frage nach der Vaterschaft nicht mit ja oder nein zu beantworten ist, erzählt Lewe immer wieder ihre gemeinsame Geschichte. Ihr Familienverhältnis ist nur auf diese Weise angemessen zu entfalten.

Im Narrativ der sozialen Alternative liefert die leibliche Elternschaft eine idealisierte Vergleichsgröße, an der annehmende Eltern gemessen werden. Doch obwohl die biologischen Eltern den Standard setzen, gibt es Fälle, in denen die sozialen Eltern sie klar übertreffen. In *Mai und Beaflor* kümmern sich die Pflegeeltern liebevoll um ihre Tochter, wohingegen ihr leiblicher Vater sie sexuell bedrängt. Entsetzt weist Beaflor seine Avancen zurück und hält ihm vor: »Das ist kein väterliches Verhalten.«[58] Während der Zeugungsvater sich über das angstvolle Flehen der jungen Frau hinwegsetzt, sind die Zieheltern für ihre Sorgen empfänglich. Sie merken schnell, dass Beaflor sehr bedrückt ist, erkundigen sich wiederholt nach der Ursache ihres Leids und wollen helfen. Obwohl der Pflegevater sich vor dem König verantworten muss, fühlt er sich vor allem seiner Tochter verpflichtet. Roboal verspricht sie zu retten, auch wenn ihn dies das Leben kosten sollte. An dieser Stelle schaltet sich der Erzähler ein und kontrastiert beide Männer. Den Pflegevater hält er für viel besser und treuer als den leiblichen Vater. Indem die sozialen die biologischen Eltern übertreffen, wird die gängige Hierarchie aufgehoben; das Imitat ist besser als das Original.

Wahlverwandtschaft statt Instinkt

Annehmende Eltern verdienen mehr Anerkennung als leibliche Eltern, dieser Konsens kristallisiert sich im mittelalterlichen Narrativ heraus. Das Risiko liegt, so argumentiert der königliche Rat im *Willehalm von Orlens*, vollständig auf Seiten des Adoptivvaters. Wer ein Kind annehme, den werde man zur Verantwortung ziehen. Dabei kann der soziale Vater nach Ansicht des Rats nur verlieren: Ihm laste man es an, wenn sein Kind ein lasterhaftes Leben führe. Verhalte es sich dagegen tugendhaft, werde ihm niemand dafür danken. Da sich der Einsatz aus der Sicht anderer kaum lohnt, müssen annehmende Eltern sehr motiviert sein. Wichtig für die Beurteilung ihres Handelns ist der Aspekt der Freiwilligkeit. Schließlich entscheiden sich Eltern aus freien Stücken für eine Annahme, wohingegen die Reproduktion eine ungewollte Folge eines Geschlechtsakts sein kann. Treffend spricht Jofrit davon, dass er sich Willehalm zu einem Sohn erwählt hat.[59] Im *Knabenspiegel* trifft Gottlieb sogar doppelt eine Entscheidung zugunsten seines Adoptivsohns. Als kinderloser Ehemann nimmt er einen Säugling an, und als zweifacher Familienvater setzt er den angenommenen anstelle des leiblichen Sohnes zum Erben ein. Die Wahlverwandtschaft sticht im frühneuzeitlichen Roman die Blutsverwandtschaft aus.

Wegen der freiwilligen Selbstverpflichtung schulden Kinder im Narrativ der sozialen Alternative ihren Eltern großen Dank. Dieser Vergeltungsgedanke bewegt den ungarischen König in der frühneuhochdeutschen Version der Albanuslegende auf dem Sterbebett zum Geständnis.[60] Der Vater gesteht Albanus seine Findelkind-Vergangenheit nicht etwa, weil ihn ein schlechtes Gewissen plagt oder er das Geheimnis nicht mit in den Tod nehmen will. Vielmehr geht er davon aus, dass ein Adoptivvater besondere Gunst beanspruchen kann, und will im Jenseits davon profitieren. Der König argumentiert, dass seine Fürsorge bei einer genealogischen Verwandtschaft kein Verdienst wäre. Eine sorgsame Erziehung und die Weitergabe des Erbes entsprächen der väterlichen Liebe und dem natürlichen Instinkt. Da er Albanus aber aus Gnade aufgezogen und zum Königssohn erhöht hat, kann er eine Gegengabe verlangen. Der König setzt die Enthüllung also gezielt ein, um für sein Seelenheil beten zu lassen.

Noch deutlicher wird im *Herzog Herpin* herausgestellt, dass die freiwillige Selbstverpflichtung das Naturrecht biologischer Elternschaft überbietet. Lewe und Oleybaum betonen, dass sie ihre Zieheltern von Rechts wegen mehr als ihre Zeugungseltern lieben müssten.[61] Was dies in der Konsequenz bedeutet, wird an der Figur der bösen Schwiegermutter verhandelt. Beatrix, die immer das Beste für ihren Ziehsohn wollte, ist mit seiner Brautwahl nicht einverstanden. Daher initiiert sie eine Intrige, durch die Oleybaum Frau und Kind verliert. Als ihr Verrat aufgedeckt wird, müsste Beatrix als Mörderin eigentlich auf dem Scheiterhaufen sterben. Oleybaum verschont sie jedoch auf Bitten seines Ziehvaters und wandelt die Todesstrafe in lebenslängliche Gefangenschaft um. Dabei gerät er kurzzeitig sogar in einen Loyalitätskonflikt zwischen seinem sozialen und seinem biologischen Vater. Während Elij um Gnade fleht und daran erinnert, dass Beatrix ihn stets wie ein eigenes Kind behandelt habe, verlangt Lewe ihre Verbrennung. Ihm gegenüber rechtfertigt Oleybaum seine Entscheidung mit den Verdiensten annehmender Eltern. Seiner leiblichen Mutter würde er Geburt und Erziehung nicht zugutehalten, weil dies von der Natur so vorgegeben sei. Hätte die Urheberin des Mordkomplotts ihn geboren, müsste sie sterben. Seiner Ziehmutter rechnet er hingegen hoch an, dass sie sich stets um ihn gekümmert hat, ohne dass sie das hätte tun müssen.[62] Die Selbstlosigkeit der Liebe ist also ausschlaggebend, weshalb Oleybaum eine soziale über eine biologische Mutter stellt. Diese Argumentation kann auch der Befürworter der Todesstrafe nachvollziehen, der sich und sein liebevolles Verhältnis zum eigenen Ziehvater in der Geschichte wiedererkennt.

Die Bindungen zu den aufnehmenden Eltern bleiben im *Herzog Herpin* dauerhaft bestehen. Lewe und Oleybaum trennen sich zwar von ihrer sozialen Familie, um ihre biologischen Eltern zu suchen. Doch kehren sie wieder zu ihren Zieheltern zurück und sprechen sie auch nach der Enthüllung ehrerbietig als Vater und Mutter an. Mit diesen intimen Bezeichnungen setzen die Söhne einen Kontrapunkt zur fremden Herkunft und aktualisieren die familiäre Nahbeziehung neu.[63] Mehrfach betont Lewe, dass er auf der ganzen Welt keinen mehr liebe als Badewin. Bedenkenlos setzt er ihn in seiner Abwesenheit als Stellvertreter ein und vergleicht sein inniges Verhältnis sogar mit Jesus und seinem Lieblingsjünger. Wie jener seine Mutter Johannes empfahl, vertraut Lewe die eigene Frau seinem Ziehvater an.[64] Auf diese Weise wird die Adoption in die Nähe einer Freundschaft gerückt und mit religiöser Bedeutung aufgeladen. Einmal mehr übertrifft das soziale das biologische Eltern-Kind-Verhältnis, weil es auf Treue, Liebe und Freundschaft basiert und nicht nur ›natürlichen‹ Instinkten folgt.

Ausblick

Über Jahrhunderte hinweg ist die Kernaussage des Narrativs identisch geblieben: Paare mit unerfülltem Kinderwunsch können ein Kind annehmen, sei es zur Pflege oder zur Adoption. In der Art und Weise, wie Paare zum Wunschkind gelangen und mit seiner Herkunft umgehen, zeichnen sich epochenspezifische Unterschiede ab. Wenn Wunscheltern im Mittelalter Kinder mit möglichst geringem Alter aufnehmen wollten, dann nicht, um die Gefahr psychischer Schädigungen zu minimieren, sondern um ein Kind als eigenen Nachwuchs ausgeben zu können. Während sich adoptionswillige Paare heute ans Jugendamt oder eine zentrale Vermittlungsstelle wenden, machen die Figuren in der mittelalterlichen Literatur einen Zufallsfund, der ihr Leben bereichert und sie fordert. Gemäß ihrer religiösen Weltsicht interpretieren sie die Herkunft eines Findelkindes metaphysisch. Überglücklich danken Wunscheltern Gott für die unverhoffte Gabe, schwer enttäuscht fragen sie sich, ob der Teufel seine Hände im Spiel gehabt haben könnte. Wie in der Gegenwart ist die Beziehung annehmender Eltern zu ihren Kindern durch ein Spannungsverhältnis von Vertrautheit und Fremdheit, Nähe und Distanz gezeichnet.

Aus normativitätskritischer Sicht trägt das Narrativ der sozialen Alternative entscheidend dazu bei, die Dichotomie von Fruchtbarkeit und Unfruchtbarkeit aufzuheben. Die Adoptionsgeschichten führen vor Augen, dass ein Familienleben keineswegs vom reproduktiven Akt abhängig sein muss. Auf der einen Seite gibt es biologische Eltern, die ihre Nachkommen abgeben. Menschen können also kinderlos sein, obwohl sie gezeugt und geboren haben. Auf der anderen Seite gibt es Wunscheltern, die durch Sex keinen Nachwuchs bekommen und doch zu Müttern und Vätern werden. Elternschaft entsteht in meinem dritten Narrativ dadurch, dass Menschen freiwillig Verantwortung für ein Kind übernehmen und sich um sein Wohlergehen kümmern. So exklusiv wie in der mittelalterlichen Erzählliteratur darf man sich soziale Eltern-Kind-Beziehungen in der historischen Realität wohl nicht vorstellen. Im Haushalt des italienischen Kaufmannspaars Francesco und Margherita Datini, deren Lebensumstände außergewöhnlich gut bezeugt sind, lebten zwischen 1376 und 1411 diverse Kinder.[65] Obwohl Margherita nie gebar, übernahm sie jahrelang mütterliche Verantwortung. Sie kümmerte sich sowohl um die uneheliche Tochter ihres Mannes, Ginevra, als auch um ihre Nichte Caterina und andere Kinder von Freunden und Dienstleuten. Doch passen auch diese realhistorischen Beobachtungen bestens zu meiner Grundthese, die durch das Narrativ der sozialen Alternative bestätigt wird: Bei Kinderlosigkeit handelt es sich um keinen biologischen Defekt; Elternschaft ist ein soziales Lebensmodell.

9 Mystische Mutterschaft: Das Kind verehren

Abb. 10 *Verehrtes Jesuskind – Hölzerne Figur von Gregor Erhart (um 1500)*

Kultur- wie epochenübergreifend wird aus biologischen Beobachtungen auf soziale und emotionale Eigenschaften geschlossen. Weil die weibliche Anatomie zum Gebären befähigt, meinen viele, dass Frauen Kinder bekommen wollen und nur in der Mutterschaft Erfüllung finden können. Der alte Streit, ob Genderdifferenzen mit naturbedingten Anlagen oder kulturellen Prägungen zu erklären sind, ist durch die aktuellen Diskussionen um Kinderlosigkeit neu entfacht worden. Die amerikanische Psychotherapeutin Daphne de Marneffe berichtet in ihrem Buch *Die Lust, Mutter zu sein* (2004) davon, wie das Verlangen nach einem Baby überhandnimmt, wenn Frauen mit Unfruchtbarkeit konfrontiert sind. Die Ambivalenz in Bezug auf das Muttersein weiche zurück und ein Strudel der Sehnsucht tue sich auf. Ihren großen Schmerz schrieben Kinderlose gerne einem »Sichaufbäumen des Körpers« zu, der »gegen die Vereitelung seiner artgemäßen Bestimmung« protestiere.[1] Vor allem Frauen, die sich zunächst gegen Kinder entschieden, reagierten erstaunt und würden von der Stärke ihres Kinderwunsches überrascht. Inmitten eines zivilisierten Lebens habe das rohe Verlangen, ein Kind zu bekommen, etwas geradezu Unschickliches und Archaisches. Gegen ihren Willen sei sie vom eigenen Körper überrumpelt worden, so schreibt Millay Hyatt in *Ungestillte Sehnsucht* (2012), nachdem sich ihre gewollte in ungewollte Kinderlosigkeit verwandelt hat.[2] Dass der drängende Wunsch von außen an sie herangetragen wurde oder durch gesellschaftlichen Druck unbewusst entstanden sei, schließt Hyatt aus. Vielmehr mutmaßt sie, dass der Fortpflanzungsdrang stärker wirke, als emanzipierte Frauen dies wahrhaben wollten. Die Sehnsucht nach Mutterschaft müsse folglich ein weiblicher ›Urinstinkt‹ sein.

In diesem Kapitel komme ich damit noch einmal auf die Frage nach dem Verhältnis von Natur und Kultur bei ersehnter Elternschaft zurück. Diesmal beschäftige ich mich nicht mit Eheprozessakten, in denen Frauen erklären, Mutter werden zu wollen (Kap. 3, S. 90 f.), sondern mit mittelalterlichen Schwesternbüchern, Visionsberichten und Offenbarungsschriften. Auch die Gedanken, Gefühle und Erzählungen vieler Frauen, die im Kloster leben und keinen Nachwuchs bekommen dürfen, kreisen um ein Kind. Mystikerinnen wie Margaretha Ebner, Agnes Blannbekin und viele andere sehnen sich nach Gott in der Gestalt des Jesuskindes. In der Mystik erheben Frauen oft erstmals die Stimme und erzählen ihre eigene Geschichte, so dass ihre Werke besonders gut für die Untersuchung eines weiblichen Begehrens nach Mutterschaft geeignet erscheinen. Doch wie bei der Interpretation von kirchlichen Gerichtsprotokollen ist auch bei mystischen Offenbarungsberichten Vorsicht geboten: Mittelalterliche Autorinnen hatten selten die alleinige Deutungshoheit über ihre Geschichten. Ihre Werke wurden oft von Männern niedergeschrieben, bearbeitet und übersetzt. Inwieweit die Mutterschaftsvisionen der Mystikerinnen ihrer Selbstwahrnehmung entsprachen und inwiefern spätere Redakteure Zuschreibungen vornahmen, lässt sich nicht mehr beantworten. Wichtiger als die Problematik der Authentizität ist für meine Fragestellung ja ohnedies, was und wie von der Verehrung des Kindes erzählt wird und auf welche Weise ein Begehren nach Elternschaft entsteht.

Die Ideale mittelalterlicher Mystik sind heutigen Leserinnen und Lesern meist fremd. Das Ziel, sich auf geheimnisvolle Weise als irdischer Mensch mit dem Göttlichen zu vereinigen (›unio mystica‹), ist mit dem Bild eines transzendenten Gottes schwer zu vereinbaren. Mystikerinnen griffen auf Formen körperlicher Intimität zurück und übertrugen diese auf das Gott-Mensch-Verhältnis. Die sexuelle Vereinigung eines Brautpaars und die reproduktive Einheit von Mutter und Kind dienten ihnen als Modelle. Keine größere Annäherung an Gott war für sie denkbar, als die Rollen einer Braut Christi oder einer Mutter des Jesuskindes zu übernehmen. In Anlehnung an den Begriff ›Brautmystik‹ spreche ich hier von ›Muttermystik‹.[3] Mein viertes Narrativ handelt davon, wie kinderlose Frauen ihr Leben auf das Jesuskind ausrichten und dabei in die Mutterrolle schlüpfen.

Unterdrücktes Begehren: Moderne Perspektiven auf Wunschmütter

Ungewollte Kinderlosigkeit kann nicht nur abgrundtiefen Schmerz auslösen, sondern auch Angst vor Hysterie wecken. Millay Hyatt beschreibt, wie nach ihrer Unfruchtbarkeitsdiagnose sofort das Bild einer hysterischen Frau in ihrem Kopf entsteht.[4] Sie fürchtet, kindersüchtig zu werden, alle Beziehungen hintanzustellen und ihre eigenen Prinzipien zu vergessen. Die zweite Variante des Schreckensbildes erscheint ihr kaum besser: eine alte Jungfer, die anderen ihr Kinderglück neidet. Viele Frauen, die keine Kinder bekommen können, werden von ähnlichen Sorgen geplagt. Größer als die Scham angesichts des eigenen Begehrens kann die Angst sein, als hysterisch zu gelten.

Geht man davon aus, dass alle Frauen gebären und Mutter werden wollen, ist dem Klosterleben ein grundlegendes Defizit inhärent. Frauen, die ein Keuschheitsgelübde abgelegt haben, müssen ihren ›natürlichen‹ Fortpflanzungsdrang unterdrücken, wie Luther ja auch allen Klosterleuten unterstellt (Kap. 1, S. 45 f.). Die Verehrung des Jesuskindes könnte demnach eine Ersatzhandlung sein, mit der Ordensfrauen einen unerfüllbaren Kinderwunsch kompensieren. Auf diese Weise wurde in der Forschung der spätmittelalterliche Brauch gedeutet, Nonnen beim Klostereintritt die Figur eines Jesusknaben aus Holz oder Porzellan mitzugeben. Sollten kinderlose Frauen etwa schon im Mittelalter vor psychischen Schäden und Hysterie geschützt werden?

Trösterlein und Seelenkind

Jesuskindfiguren, von denen eine auf dem Foto zu sehen ist (Abb. 10), sind im Spätmittelalter und der Frühen Neuzeit gut bezeugt. Der Kölner Ratsherr Hermann Weinsberg (1518–1597) hielt in seiner Familienchronik fest, dass sowohl seine Schwester Agnes (1540) als auch seine Tochter Anna (1567) beim Eintritt in das Franziskanerinnenkloster Maria Bethlehem ›einen Jesus‹ mitsamt kostbarer Ausstattung bekamen.[5] In den Klarissenklöstern München, Graz und Wien war das Jesuskind sogar fest in das Aufnahmeritual eingebunden: Die festlich gekleidete Kandidatin wurde vom Elternhaus abgeholt und ging mit dem Jesuskind in der Hand zur Klosterkirche. Dort wurden ihr die Haare abgeschnitten, legte sie ihre weltlichen Kleider ab und zog das Ordensgewand an. Danach wurde der Novizin ihre Figur überreicht, so dass sie zeichenhaft zur Mutter des Jesuskindes wurde. Noch heute sind zahlreiche dieser Figuren sowie zugehörige Kleidung, Wiege, Schmuck, Kronen und andere Accessoires vorhanden, wie die Ausstellung ›Seelenkind‹ im Freisinger Diözesanmuseum 2012 eindrucksvoll dokumentierte.[6]

Das abgelichtete Jesuskind wurde von dem in Ulm geborenen Künstler Gregor Erhart um 1500 geschnitzt, stammt aus dem Zisterzienserinnenkloster Heggbach und gehört heute zur Mittelaltersammlung des Hamburger Museums für Kunst und Gewerbe. Die stehende Figur ist gut 56 cm hoch und zeigt Christus als etwa einjähriges Kind. Die Weltkugel in der linken und das Siegeszeichen der rechten Hand weisen ihn als künftigen Weltenherrscher aus, doch fasziniert die Figur vor allem aufgrund ihrer strahlenden Schönheit und Lebendigkeit. Der kleine Junge ist unbekleidet, seine nackte Haut glänzt, die einzelnen Körperteile, Arme, Händchen, Brust, Nabel und Bauch, Glied, Beine, Knie und Füßchen sind wohl proportioniert. Bei der Herstellung muss sich der Künstler viele Gedanken gemacht haben, wie er der Figur eine solche Anmut verleiht und den Eindruck von Beweglichkeit erzeugt. Durch die leicht gedrehte Körperhaltung, die verschieden positionierten Beinchen, den gespreizten Arm, die unterschiedlich hohen Schultern und den geneigten Kopf scheint der Jesusknabe gleichsam in den Raum hinein zu treten. Mit dem gelockten Haar, der hohen Stirn, seinen offenen Augen, roten Wangen, leicht geöffneten Lippen blickt er seine Betrachterinnen lieblich lächelnd an.[7] Wer möchte dieses Kind nicht umsorgen und umarmen?

In der Forschung wurde kontrovers darüber diskutiert, welchen Zweck die Jesuskinder erfüllen sollten. Manche Interpretierende reduzierten die Figuren auf ihre Materialität. Sie sahen in ihnen leblose Objekte, auf die Nonnen ihre unerfüllten Sehnsüchte projizieren konnten. In den Jesuskindfiguren manifestiere sich das Mitgefühl leiblicher Eltern, die ihre Töchter nach dem Klostereintritt nie wiedersahen. Das ›Trösterlein‹ solle unglücklichen Nonnen helfen, die erlittenen Verluste und bevorstehenden Entbehrungen zu ertragen. Getrennt von ihrer Herkunftsfamilie und gezwungen, auf leibliche Mutterschaft zu verzichten, helfe ihnen das Jesuskind, die Einsamkeit in der Zelle zu ertragen. Nonnen könnten so primäre soziale Funktionen von Frauen ausüben, ihre Frustration bewältigen und ihr Begehren innerhalb eng gesteckter Klostergrenzen ausleben.[8]

Andere Interpretierende stellten die religiöse Relevanz der Jesuskinder heraus. Sie sahen in ihnen Kultobjekte, die junge Frauen dabei unterstützten, eine tiefe innere Beziehung zu Christus zu entwickeln. Wenn Nonnen ihr Jesuskind einkleideten und wiegten, dann gälten ihre mütterliche Fürsorge und Liebe demjenigen, den die Figur repräsentiere. Die Jesuskindfiguren sollten Göttliches sichtbar und das Heilsgeschehen nachvollziehbar machen. Der Begriff ›Seelenkind‹, den die Kuratoren der Freisinger Ausstellung wählten, akzentuiert nicht das, was an menschlichen Beziehungen fehlt, sondern ihr religiöses Potential. Kompensationshandlung am Ersatzobjekt oder Andachtshilfe für religiöse Übungen? So lassen sich die gegensätzlichen Positionen zusammenfassen. Welche Bedeutung ein Jesuskind für eine Ordensfrau haben konnte und wie es eine Mystikerin zur Mutter werden ließ, zeigen Margaretha Ebners *Offenbarungen*.

Margaretha Ebner und ihr Jesuskind

In den tagebuchartigen Aufzeichnungen der Margaretha Ebner (ca. 1291–1351) spielt das heilige Kind eine zentrale Rolle.[9] In jungen Jahren wurde die Patriziertochter aus Donauwörth in den Konvent der Dominikanerinnen Maria Medingen bei Dillingen gegeben. Im Alter von zwanzig Jahren erkrankte sie schwer und litt lebenslang an Schwächeanfällen, die sie durch strenge körperliche Askese noch steigerte. Ihre Krankheit ging mit Visionen einher, was Margaretha als Gnadenerfahrung interpretierte. Mit über fünfzig Jahren begann sie im Advent 1344 mit der Verschriftlichung ihrer mystischen Erfahrungen, wozu sie ihr Glaubensfreund und Seelenführer Heinrich von Nördlingen (um 1310 – vor 1387) nachdrücklich ermutigt hatte.

Margaretha erzählt Geschichten mystischer Mutterschaft, bei denen sie als Akteurin im Mittelpunkt steht. In der Weihnachtszeit ergreift sie ein starkes Verlangen nach ihrem Jesuskind, das sie umarmen und versorgen möchte. Margaretha ist die Initiatorin des Geschehens, doch nimmt ihr das Jesuskind bald die Fäden aus der Hand. In ihrer Imagination wandelt sich das Objekt zum Subjekt des Begehrens. Das heilige Kind wird lebendig und fordert seinerseits intime Nähe ein. Wenn Margaretha es nicht zu sich hole, werde es sich ihr entziehen. Nur zu gerne nimmt die Wunschmutter ihr Jesuskind aus der Wiege und legt es an ihre nackte Brust, wodurch sie in ekstatische Verzückung gerät. Sie wird von der Nähe der Gottheit überwältigt, wobei ihre besondere Lust in der Einheitserfahrung des Stillens besteht. In Margarethas Vision wird sie selbst zur nährenden Mutter des heiligen Kindes.

Margarethas mystische Laktation bleibt nicht auf ein einmaliges Erlebnis beschränkt. In einer zweiten Offenbarungsgeschichte animiert Jesus sie eines Nachts zum Aufstehen. Die Aussicht auf erneute Mutterfreuden lässt Margaretha alle körperliche Schwäche vergessen. Voller Begehren drückt sie ihre Figur mit aller Kraft ans Herz. Durch den unmittelbaren Hautkontakt verändert sich das materielle Objekt und beginnt sich zu bewegen. Margaretha spürt, wie der kleine Mund nahe ihres Herzens ihre Brust sucht. Nach dem ersten Schrecken wird sie von Freude überwältigt. Nur kurz ist sie unsicher, ob sie sich die Regung vielleicht nur einbildet. Schon werden ihre Zweifel durch Christus beseitigt, der über weit mehr Macht als jedes gewöhnliche Kind verfügt: Das Jesuskind antwortet, erklärt die Laktation zur Liebesgabe und parallelisiert die Gotteserfahrung im Stillen mit dem Sakrament der Eucharistie.

In der dritten Mutterschaftsgeschichte wird Margaretha nachts wach und sieht ihr Jesuskind vergnügt in seiner Wiege spielen. Daraufhin entspinnt sich ein Dialog zwischen der übermüdeten, innig liebenden Mutter und ihrem munteren, Aufmerksamkeit heischenden Sohn. Margaretha stellt das Jesuskind zur Rede, warum es nicht artig sei und sie nicht schlafen lasse, obwohl sie es am Abend doch liebevoll ins Bett gelegt habe. Der Kleine lässt sich aber nicht abspeisen, sondern will zu ihr kommen. Voller Freude und Begierde nimmt Margaretha das Kind aus seiner Wiege und setzt es auf ihren Schoß. Als sich das Jesuskind dort brav verhält, äußert die Mutter ihrerseits Wünsche. Sie will geküsst werden, dann werde sie ihm auch nicht verübeln, geweckt worden zu sein. Behutsam nähern sich Mutter und Sohn also immer mehr körperlich an, bis sie sich umarmen, herzen, küssen. Dieser Austausch von Zärtlichkeiten gehört zu Margarethas beglückendsten Erfahrungen.

Von mystischen Begegnungen mit Jesuskindfiguren lassen sich verschiedene Geschichten erzählen: die einer religiösen Erwählung und die eines unterdrückten Kinderwunschs. Heinrich von Nördlingen pries Margaretha Ebner in einem Brief für ihre Stillvisionen. Allein die Vorstellung ihrer mütterlich-jungfräulichen Brüste genügte, um bei ihm gedankliche Freudensprünge auszulösen.¹⁰ Modernen Rezipienten erschien Margaretha dagegen nicht mehr als begnadete Mystikerin, sondern als hysterische Nonne. Eine erwachsene Frau, die mit einem Jesuskind in der Wiege spricht und sich vorstellt, Mutter dieser ›Puppe‹ zu sein, galt als unreif und krank. Wer ein imaginäres Kind umsorgte, spendete nicht mehr religiösen Trost, sondern schien nicht ganz bei Troste.

Unfruchtbarkeit und Hysterie

Nirgendwo zeigt sich die Abwertung deutlicher als in dem Aufsatz *Hysterie und Mystik bei Margaretha Ebner (1291–1351)*, den der Schweizer Pfarrer und Psychoanalytiker Oskar Pfister in der Erstausgabe des *Zentralblatts für Psychoanalyse* (1911) veröffentlichte.¹¹ Pfister liest das literarische Werk als Krankenakte einer Hysterikerin, die selbst »eine Chronik ihrer primär und sublimiert hysterischen Erscheinungen« angelegt hat. Margarethas Visionen sind für Pfister nichts als Halluzinationen, Träume und Zwangserscheinungen, die sich auf unterdrückte Triebe zurückführen lassen. Ihre Träume seien so durchsichtig, dass er sie kaum auszulegen brauche. Dass sich die alternde Nonne mit ihren über fünfzig Jahren noch nach dem Jesuskind sehne und Wollust beim Stillen empfinde, verrate, dass ihr Fortpflanzungs- und Sexualtrieb in unverminderter Stärke erhalten geblieben sei.

Höchst aufschlussreich erscheint dem Psychoanalytiker ein auf den 14. März 1347 datiertes Ereignis.¹² Die Ich-Erzählerin berichtet von einer mystischen Schwangerschaft, die sich lautstark ankündigt. Immer wieder stößt sie Wehrufe aus, die sich nicht kontrollieren lassen und überall im Kloster zu hören sind. Die Schreie nehmen kontinuierlich zu und werden von massiven Stößen begleitet. Ihr Körper wird so schwer erschüttert, dass drei Frauen sie mit ganzer Kraft halten müssen. Eine fasst Margaretha auf der linken Seite unter dem Herzen, die andere drückt von hinten dagegen, die dritte hält ihren Kopf. Die Helferinnen spüren, wie sich in Margarethas Leib etwas Lebendiges hin und her wendet. Die Stöße werden immer heftiger, so dass Margaretha meint, innerlich zerbersten zu müssen. Ihr Bauch schwillt gewaltig an, ohne dass sich die Wulst zurückdrängen lässt. Auch ihre Schreie steigern sich von hundert über hundertfünfzig zu zweihundertfünfzig, bis sie endlich abnehmen. Als die ganze Tortur überstanden ist, wird die Mystikerin von großer Freude erfüllt. Zudem kann sie wieder über ihre Stimme und ihre Glieder verfügen.

Für Pfister ist die Geburtsszene Beweis seiner Diagnose. Zwar merkt er bedauernd an, dass die »vorhandenen Bekenntnisse« nicht zu einer befriedigenden Analyse ausreichten. Vor allem zu »infantilen Sexualphantasien, konsistenten Verdrängungen und akuten Traumata« wünsche er sich weitere Informationen. Dies hält ihn jedoch nicht davon ab, Zusammenhänge zwischen Mystik und Hysterie zu erkennen und auf »die pathogenen Einflüsse« zu schließen. Margaretha gelinge keine wirkliche Sublimierung des Triebs, vielmehr räche sich die »misshandelte Natur« grausam. Wie Margaretha erzählt auch Pfister eine Geschichte, bei der er freilich eine völlig andere Stellung zum Geschehen einnimmt. Von übergeordneter Position blickt er auf die Mystikerin herab, entmündigt sie und zwingt sie auf eine imaginäre Couch, auf der sie sich begutachten lassen muss. Pfister ist sich seines Urteils allzu sicher, ohne zu bemerken, dass erst seine klinische Fachsprache zu Margarethas Pathologisierung führt.

Hätte Pfister die Schwangerschafts-, Geburts- und Stillvisionen anderer Mystikerinnen analysiert, wäre seine Diagnose kaum anders ausgefallen. Margaretha Ebners Muttermystik ist kein Einzelfall.[13] Liedewij von Schiedam (1380–1433) erlebt, wie sich ihre Brüste mit Milch füllen. Adelheid Langmann (1306–1375) erzählt davon, dass sie das Jesuskind stillte. Lukardis von Oberweimar (1274–1309) merkt, wie ihr Bauchumfang wächst. Dorothea von Montau (1347–1394) erfährt, dass sich ihr Uterus vergrößert, als ob eine Geburt nahe sei. Ihre Schwangerschaftsvision geht mit Vorstellungen von Sex und Gewalt einher. Die Vereinigungen mit dem Göttlichen empfindet Dorothea als so schmerzhaft, als ob ihr anschwellender Uterus mit Lanzen durchbohrt werde. Der Züricher Psychoanalytiker wäre durch solche Beschreibungen wohl nur darin bestärkt worden, dass Triebunterdrückung bei Frauen hysterische Zustände hervorruft. Eine missglückte Verdrängung lasse das Begehren »in wilder Anarchie« hervortreten. Seine Interpretationen untermauerte Pfister mit Beispielen aus der eigenen therapeutischen Praxis. So wusste er von mehreren Patientinnen zu berichten, die ebenfalls an unterdrücktem Begehren litten und ähnliche Symptome zeigten.

Pfisters Aufsatz ist ein extremes, aber typisches Beispiel für die Hysterisierung des weiblichen Körpers. Wie Michel Foucault im ersten Band seiner Sexualitätsgeschichte *Der Wille zum Wissen* (1976) darlegt, entfalten sich vom 18. Jahrhundert an spezifische Wissens- und Machtdispositive im Bereich der Sexualität. Der weibliche Körper wird als gänzlich von Sexualität durchdrungen verstanden, analysiert und disqualifiziert; Frauen werden zu Hysterikerinnen, denen durch medizinische Maßnahmen geholfen werden muss.[14] Die Angst heutiger Frauen, aufgrund eines unerfüllten Kinderwunschs als hysterisch zu gelten, hat also eine lange Geschichte. Seit Jahrhunderten wird ein Schreckensszenario beschworen, dass ein unbefriedigter Fortpflanzungstrieb

Frauen negativ verändert. Doch wird eine solche Hysterisierung weder modernen Wunschmüttern noch mittelalterlichen Mystikerinnen gerecht. Nachdrücklich warnt Caroline Walker Bynum in *Fragmentierung und Erlösung* (1991) davor, moderne Auffassungen von Sexualität auf mittelalterliche Texte zu projizieren. Bei Mystikerinnen Hysterie, Depression oder Anorexie zu diagnostizieren, sei nicht ratsam, da solche Syndrome einer spezifischen Kultur angehörten und sich nicht einfach übertragen ließen.

Will man das Phänomen der Muttermystik verstehen, darf man mehrere Aspekte nicht übersehen: Erstens bezieht sich das Begehren der Mystikerinnen nicht auf ein gewöhnliches oder gar leibliches Baby. Ein eindeutiges Indiz dafür ist die jahreszeitliche Anbindung der Mutterschaftsvisionen. Die Ordensfrauen vergegenwärtigten die christliche Heilsgeschichte in Kopf und Körper, weshalb sie dem Jesuskind vornehmlich im Advent oder in der Weihnachtszeit begegneten. Zweitens orientierten sich die Mystikerinnen bei ihren Visionen an literarischen Mustern. Matthäus und Lukas erzählten in ihren Evangelien von der Geburt Jesu, wodurch Mutter und Kind in den Fokus christlicher Aufmerksamkeit rückten. Drittens ist die Verehrung des heiligen Kindes kein Spezifikum kinderloser Klosterfrauen, sondern in einen größeren religiösen Kontext eingebettet. Durch die Menschwerdung Gottes ist das Christentum insgesamt eine auf ein Kind ausgerichtete und in der Mutterschaft gründende Religion, wobei freilich eine sehr spezifische Form der Mutter-Kind-Beziehung entworfen wird.

Das christliche Mutter-Kind-Ideal: Maria als Identifikationsfigur

Die mittelalterliche Verehrung des Jesuskindes setzt bei der Stunde null des Christentums an: dem biblischen Wunder der Jungfrauengeburt. Übereinstimmend berichten die Evangelisten Matthäus und Lukas, dass Maria ohne Beteiligung eines Mannes schwanger wurde. Noch bevor sie mit Josef zusammengekommen war, erwartete sie durch das Wirken des Heiligen Geistes einen Sohn. Als Jungfrau und Mutter ist Maria eine perfekte Identifikationsfigur für Frauen, die sich nach einem Kind sehnen, aber keusch leben wollen. Mutterliebe ist in der christlichen Literatur nicht von Sexualität und Reproduktion abhängig.

Der Akzent beider Evangelien liegt auf dem Betrachten und Verehren des Neugeborenen, wohingegen die Beschreibung des Gebärens und Versorgens denkbar knapp ausfällt: »und sie gebar ihren Sohn, den Erstgeborenen. Sie wickelte ihn in Windeln und legte ihn in eine Krippe« (Lk 2,7). Bei Lukas erfahren die Hirten, dass der Retter der Welt geboren ist, und eilen herbei, um das Kind anzubeten. Bei Matthäus suchen Magier bzw. Sterndeuter oder Könige aus dem Osten nach dem neugeborenen König der Juden. Als sie Mutter und Kind gefunden haben, fallen sie nieder und huldigen ihm (Mt 2,11). Orts- und zeitunabhängig nehmen sich fromme Christinnen und Christen an den Hirten und Königen ein Beispiel. Wenn sie das Jesuskind schauen wollen, können sie sich die Weihnachtsgeschichte in Texten, Bildern, Skulpturen, Liedern und Spielen vor Augen führen oder in Visionen und Meditationen vergegenwärtigen.

Weihnachtsvisionen

Als erste deutsche Mystikerin erzählt die Benediktinerin Elisabeth von Schönau (1129–1164) in ihrem *Visionsbuch* (1152/55) davon, wie sie an Weihnachten während des Gottesdienstes entrückt und das Wunder von Bethlehem betrachten kann.[15] Von Ferne sieht sie Maria, im Bett liegend und mit ihren Händen ein sehr liebenswürdiges Kindlein streichelnd. Im Unterschied zu Margaretha Ebner hält Elisabeth respektvoll Abstand. Sie ist Betrachterin des Geburtsgeschehens, ohne selbst involviert zu sein. Zärtlichkeiten mit dem Jesuskind auszutauschen, bleibt der leiblichen Mutter vorbehalten. Nur Maria darf das Kind berühren und liebkosen. Nachdem sie das Neugeborene bibelgetreu gewickelt und in die Krippe gelegt hat, nimmt sie es rasch wieder auf ihren Schoß. Immer wieder wird in der Literatur davon berichtet, dass Mystikerinnen das Weihnachtsereignis mit eigenen Augen schauen. Laut dem *St. Katharinentaler Schwesternbuch* (Mitte 14. Jh.) hat beispielsweise Ite von Hallau in der Christmette eine Vision, in der sie die Heilige Familie sowie Ochs und Esel bei der Krippe erblickt. Beim Singen wird der Liedinhalt ›Christus natus‹ in ihrem Inneren Realität.[16]

Die bekannteste und ikonographisch einflussreichste mittelalterliche Weihnachtsvision stammt von Birgitta von Schweden (1303–1373).[17] Sie beschreibt in ihrem Offenbarungsbuch, was sie auf ihrer Pilgerreise ins Heilige Land an der Krippe Jesu in Bethlehem erlebte. Aufgrund dieses lokalen Bezugs galt Birgittas Darstellung der Geburtsszene im Mittelalter als besonders authentisch. In ihrer Vision begibt sich die fein gekleidete Jungfrau zur Niederkunft allein in eine Höhle. Sie zieht die Schuhe aus, legt den Mantel und ihren Schleier ab, bereitet Leinentücher für das Neugeborene vor und kniet sich im Untergewand mit offenen Haaren zu Boden. Das Gebären selbst bleibt für die Betrachterin ein Mysterium: Während die Jungfrau in verzückter Betrachtung im Gebet verharrt, liegt das Kind auf einmal nackt und strahlend vor ihr. Der Geburtsvorgang geschieht so rasch, dass Birgitta nicht einmal sagen kann, aus welcher Körperöffnung das Kind herausgekommen ist. Die junge Mutter wirkt unverändert, kein Zeichen der Schwäche oder des Schmerzes ist zu erkennen. Ihr Leib scheint unversehrt, nur zieht er sich auf wundersame Weise zusammen. Die Jungfrauengeburt führt zu einem Mutterschaftsideal, das die Beschädigung der körperlichen Integrität ausspart, aber das Umsorgen, Nähren und Stillen eines Kindes ermöglicht. Der Fokus der Erzählerin richtet sich auf das weinende Kind, das vor Kälte zitternd auf dem Boden liegt. Die Mutter empfindet inniges Mitleid, nimmt den Säugling in den Arm und wärmt ihn an ihrer Brust. Gewickelt legt sie den Knaben in die Krippe und betet ihn gemeinsam mit ihrem hinzutretenden, deutlich älteren Mann an.

Nicht immer bleiben die biblisch-historische und die klösterlich-zeitgenössische Sphäre strikt getrennt. Viele Mystikerinnen werden wie Margaretha Ebner in das Weihnachtsgeschehen einbezogen. Die Wiener Begine Agnes Blannbekin (gest. 1315) ist zunächst stille Beobachterin, als ihr die hochschwangere Maria erscheint und immer heller erstrahlt. Bei der Geburt ist sie von unzähligen Engeln umgeben, die Gott lobpreisen und ihr und ihrem Kind dienen. Agnes ist von diesem Anblick so überwältigt, dass sie die süße Verzückung nicht länger ertragen kann und ohnmächtig wird. Wieder zu sich gekommen sieht sie, wie erst Josef und dann die Könige und Hirten das Kind ehrfurchtsvoll anbeten. Die geistige Schau führt dazu, dass Agnes' Leib und Adern wie bei einer Schwangeren anschwellen. Weihnachtsvision und mystische Schwangerschaft stehen in einem direkten Zusammenhang.[18]

Mütterliche Vorbilder

Frauen, die keine Kinder haben, werden immer wieder mit Mutterschaft konfrontiert. Andere Frauen demonstrieren, was für ein glückliches und erfülltes Leben sie führen könnten, wenn sie ein eigenes Kind hätten. Im Narrativ mystischer Mutterschaft bedarf es dazu keiner körperlichen, sondern einer geistigen Empfängnisbereitschaft. Durch Andachtsliteratur lernen fromme Frauen, sich über Maria dem Jesuskind anzunähern. So leiten die *Meditationes vitae Christi* (Meditationen über das Leben Christi; Anfang 14. Jh.) Betende dazu an, niederzuknien, die Füße des Jesuskindes zu küssen und Maria zu fragen, ob sie ihren Sohn halten dürfen. Mit der mütterlichen Erlaubnis können sie das Gesicht des Jesuskindes betrachten, ehrfurchtsvoll küssen und sich an ihm erfreuen. Dann müssen sie das Kind zwar zurückgeben, dürfen Maria aber beim Stillen zuschauen. Bei allen Handlungen sollen Meditierende die Gottesmutter genau beobachten und sich stets bereithalten, ihr bei der Pflege des Kindes zu helfen.[19]

Explizit werden fromme Ordensfrauen dazu aufgefordert, sich in Marias Situation hineinzuversetzen. Im *Medinger Andachtsbuch* (Erstdruck 1485) sollen die Zisterzienserinnen bedenken, welche Freude die keusche Mutter empfand, als sie ihr schönes Kindlein in die Arme nahm und an die Brust drückte.[20] Ebenso werden Betende im *Puerperium Marianum* (Wochenbett Mariens; Erstdruck 1601) animiert, die Gefühle der Gottesmutter im Kindbett nachzuvollziehen. Sie sollen bedenken, mit welcher überreichen Gnade und Freude Maria beim Anblick ihres Sohnes überschüttet wurde. Der Appell mündet in ein Gebet um affektive Teilhabe an ihrer Mutterschaft: »Sag mir, o heilige Mutter, oder lass mich empfinden, was als dann dein Herz, dein Gemüt und deine Seele empfunden haben.«[21] Die Gebetsbitte wechselt mit detaillierten Beschreibungen der innigen Zärtlichkeiten von Mutter und Sohn. In der Weihnachtsmeditation *Vom zarten Kindlin Jesu* (Erstdruck 1565) sollen die Leserinnen sich genau ausmalen, mit welcher innigen Liebe Maria die hellen Augen und die heiligen Öhrchen ihres Sohnes küsst. Vor allem jene Rezipientinnen können sich die Gottesmutter zum Leitbild nehmen, denen die Fokussierung auf das Kind schwerfällt. Sie sollen daran denken, wie Maria mit ihrem geliebten Sohn umgegangen sei. Die Annäherung an das Jesuskind erfolgt stets über ein Mutterideal. Indem sich Ordensfrauen mit Maria identifizieren, lernen sie, liebevolle Gefühle gegenüber dem Jesuskind auszubilden und die Mutterrolle zu übernehmen.

Die Schwangerschafts-, Still- und Geburtsvisionen der Mystikerinnen sind eine Folge intensiver religiöser Meditation und einer erfolgreichen Identifikation mit Maria.[22] Dass die Gottesmutter das Maß aller körperbezogenen Formen weiblicher Frömmigkeit bildet, zeigt sich in einer Vision Liedewijs von Schiedam. Darin wird die Mystikerin an einen wundersamen Ort versetzt, wo sie auf die Gottesmutter trifft und unzähligen weiteren Jungfrauen begegnet. Als sich der Zeitpunkt der Geburt Christi nähert, merkt Liedewij, wie ihre eigenen Brüste und die aller anderen Jungfrauen anschwellen. Jede von ihnen verfügt über exakt so viel Milch, wie die Gottesmutter einst hatte. Margaretha Ebner wiederum erkundigt sich in ihrer Weihnachtsvision ausgiebig bei dem Jesuskind, wie es vom Himmel auf die Erde gelangt sei und wie seine Mutter Schwangerschaft und Geburt empfunden habe. Besonders interessiert sich Margaretha dafür, ob Maria ihr Begehren nach Küssen und anderen Liebkosungen erfüllt bekam. Als die Mystikerin in ihrer Stillvision die Aufgabe der leiblichen Mutter übernimmt, sind ihre Gedanken bei Maria. Sie empfindet die Gegenwart Gottes als so überwältigend, dass sie sich wundert, wie eine Frau dies überhaupt aushalten konnte.

In vielen Offenbarungsgeschichten ist Maria die Mittlerfigur, die Ordensfrauen an ihren mütterlichen Freuden Anteil haben lässt. Adelheid Langmann aus dem Kloster Engeltal hat zur Weihnachtszeit eine nächtliche Vision, in der Maria mit Sohn an ihr Bett tritt und ihr den Kleinen reicht. Die Mystikerin darf das Jesuskind bis zur Mette in ihren Armen halten, seine unvergleichliche Schönheit bewundern und ihn sogar stillen, was in ihr übergroße Freude auslöst.[23] Zwei Dominikanerinnen aus Katharinental erblicken die Gottesmutter mit ihrem Sohn während des gemeinschaftlichen und des individuellen Gebets. Als die Schwestern den marianischen Lobpreis *Ave stella* singen, sieht Adelheidt von St. Gallen, wie Maria mit ihrem Kind durch den Chorraum schreitet. Freundlich nickt sie allen Schwestern zu, bis sie bei den Sängerinnen ankommt und jeder von ihnen ihren Sohn übergibt. Bei einer anderen Schwester wird das Kind der Marienstatue, vor der sie betet, plötzlich lebendig. Jesus streckt Adelheit Othwins sein Füßchen entgegen, so dass sie es berühren und sein Fleisch und Blut spüren kann. Wie in allen Fällen bleibt der Umgang mit dem heiligen Kind auf einen kurzen Zeitraum begrenzt. Während das Jesuskind Adelheit seinen Fuß entzieht, fordert Maria in anderen Visionen ihren Sohn zurück.

Mystikerinnen, die Marias Mutterschaft nacherleben, werden selbst zum Vorbild. Indem sie von ihren Visionen erzählen, lassen sie andere an ihren Erfahrungen teilhaben und regen zur Nachahmung an. Diese Imitationsstruktur ist für das Narrativ mystischer Mutterschaft inhaltlich wie formal kennzeichnend. So werden Margaretha Ebners Zweifel, ob sie das Jesuskind wirklich stillen konnte, durch die Erzählung einer Ordensschwester beseitigt. Voller Freude hört Margaretha, wie ihre Pflegerin von einem Traum berichtet, der sich mit ihrer eigenen Vision deckt: Ihr Jesuskind wurde lebendig, sobald sie es an ihre Brust legte. Beide Mutterschaftserzählungen spiegeln sich wechselseitig und gelten so als Wahrheitsbeweis.

Was sich an einer Einzelepisode in Margarethas *Offenbarungen* beobachten lässt, gilt für die Schwesternbücher insgesamt.[24] Die episodischen Wiederholungen tragen dazu bei, mystische Erfahrungen zu beglaubigen und das Mutterschaftsideal zu verfestigen. Viele Schwestern wollen die beglückenden Erfahrungen, die andere mit dem Jesuskind machten, selbst erleben. Im *St. Katharinentaler Schwesternbuch* tragen zwei Nonnen geradezu einen Wettstreit um Mutterschaft aus. Cecilie von Winterthur möchte das Jesuskind, mit dem sie Anne von Ramschwag zärtlich im Bett liegen sieht, auch einmal halten dürfen. Diese jedoch will ihr geliebtes Kind nicht ohne weiteres abgeben. Der Wunsch, Mutter zu werden, entspringt also einem imitativen Begehren.

Von der Lust, Mutter zu sein

Frauen verspüren eine innere Lust, Mutter zu sein, argumentiert Daphne de Marneffe.[25] Damit widerspricht sie der Auffassung, dass Frauen durch sozialen Erwartungsdruck zur Mutterschaft gedrängt werden. Zwar räumt die Psychotherapeutin ein, dass weibliche Wünsche durch gesellschaftliche Normen beeinflusst werden. Doch ist sie davon überzeugt, dass es ein generelles weibliches Verlangen nach Mutterschaft gibt. In der Ausübung ihrer Mutterrolle handelten Frauen keineswegs fremdbestimmt, sondern als autonome Subjekte. Die Fähigkeit, feinfühlig mit einem Kind umzugehen, rufe Gefühle der Freude, der Anerkennung und des Selbstwerts hervor.

Die ekstatische Glückserfahrung ist fester Bestandteil des mittelalterlichen Narrativs. Zahlreiche Mystikerinnen betonen die übergroße Freude, die ihnen ihre Mutterschaftsvisionen schenken. Margaretha Ebner fühlt sich beim Stillen so von der göttlichen Gegenwart erfüllt, dass sie nichts anderes mehr wahrnehmen kann und sich völlig überwältigt fühlt. Immer wieder nutzen Mystikerinnen den Unsagbarkeitstopos, um die Größe ihres Gefühls herauszustellen.[26] Liedewij von Schiedam empfindet eine solche Freude, dass sich dies mit keinem Sinnesorgan vollständig wahrnehmen und mit keinem Schreibinstrument angemessen darstellen lässt. Kein Auge könne ihr Glück sehen, kein Ohr hören, kein Herz fühlen, keine Zunge aussprechen, keine Feder beschreiben. Auch die süße Verzückung, die Agnes Blannbekin bei ihrer mystischen Schwangerschaft erfüllt, wird als unvergleichlich bezeichnet und dabei ausdrücklich von einem sexuellen Orgasmus unterschieden. Agnes empfinde keine lüsterne, sondern eine keusche Wonne, die sie mit keiner Freude dieser Welt eingetauscht hätte. Zwar gehen die Schwangerschafts- und Geburtsvisionen teils mit starken körperlichen Schmerzen einher, doch dominiert das Glücksgefühl.

Die Ambivalenz der Elternschaft ist dem Narrativ mystischer Mutterschaft fremd. Für die Ordensfrauen ist der Umgang mit dem Jesuskind stets ein Quell mütterlicher Freude. Nie ist es ihnen eine Last, den Kleinen halten, stillen oder versorgen zu müssen. Vielmehr müssen sie darauf achten, ihre klösterlichen Pflichten nicht zu vernachlässigen.[27] Ite von Hallau empfindet das Spiel mit dem Jesuskind als so vergnüglich, dass sie sich von der Kräuterarbeit ablenken lässt. Als die Glocke läutet, hat sie ihre Aufgabe zu ihrem eigenen Kummer nicht erledigt. Mehrere Visionen im *St. Katharinentaler Schwesternbuch* erzählen gegen diese implizite Problematik der Muttermystik an. Sie haben eine disziplinarische Funktion und sollen zeigen, dass die begehrte Mutterschaft nicht von Alltagspflichten abhalten darf. Wer in ›rechtem Gehorsam‹ handelt und bereitwillig auf die Gegenwart des Kindes verzichtet, dem wird weiteres Mutterglück zuteil. Adelheit von Spiegelberg, Adelheid die Huterin und eine weitere Schwester dürfen sich in Speisesaal und Küche erneut am Jesuskind erfreuen. Die namenlose Klosterfrau aber, die ihre Mutterschaftsvision nicht abbrechen will, verliert ihr imaginiertes Kind. Als sie einer Schwester eine Bitte abschlägt, verschwindet das Objekt ihres Begehrens. Kurz darauf hört sie die Stimme des Kindes, das sie für ihre Lieblosigkeit tadelt. Die Lust, Mutter zu sein, kann zu einer Gefahr für das klösterliche Zusammenleben werden, wenn die Mystikerinnen nur ihrem Begehren nachgeben und sich nicht an allgemeine Regeln halten.

Ist das Verlangen nach Mutterschaft also doch ein weiblicher ›Urinstinkt‹, der bei Ordensfrauen mühsam im Zaum gehalten werden muss? Auf diese Weise über Un*fruchtbarkeit zu sprechen, wird auch von jenen Wissenschaftlerinnen abgelehnt, die den Einfluss biologischer Faktoren betonen. Längst ist es in den Sozial- und Kulturwissenschaften Konsens, dass alle Vorstellungen von Körper, Geschlecht und Sexualität kulturell geformt sind.[28] Menschliche Begierden drücken sich nicht in Reinform aus, sondern werden durch menschliche Beziehungen und gesellschaftliche Bedingungen bestimmt, räumt Daphne de Marneffe ein. Auch Millay Hyatt, die ihren Kinderwunsch als Urtrieb charakterisiert, weist darauf hin, dass die eigene Körperwahrnehmung stets von den Wünschen, Bildern und Erzählungen unserer Vorfahren geprägt ist. Der weibliche Körper, so stellt Judith Butler in Anschluss an Michel Foucault klar, lässt sich nicht vordiskursiv denken. Das Begehren nach Mutterschaft ist daher kein archaischer Trieb, sondern stets Effekt und Folge des etablierten Sexualitätssystems, das vom weiblichen Körper verlangt, Mutterschaft als seine Wesensbestimmung anzusehen.

Muttermystik ist ein genuin literarisches Phänomen, insofern die Visionen schriftlich aufgezeichnet und überliefert werden, einem narrativen Grundmuster folgen und sich an biblischen wie zeitgenössischen Vorlagen orientieren. In einzelnen Mutterschaftsvisionen wird ausdrücklich auf literarische Abhängigkeiten hingewiesen. Dorothea von Montau erhält etwa eine Offenbarung, in der ihre Schwangerschaftsvision durch eine schriftliche Vorlage legitimiert wird. Hätte die Heilige Birgitta nicht schon erzählt, dass sich in ihrem Bauch eine Leibesfrucht hin und her bewege, dürfte Dorothea nicht davon berichten. Ihre Imitation der Mutterschaftserfahrung ist verbunden mit dem Gestus der Überbietung. Dorotheas Bauch schwillt stärker an als Birgittas, weshalb sie auch ausführlicher davon berichten darf.[29] Dass mystische Erscheinungen durch die Rezeption literarischer Werke ausgelöst werden können, wird im *St. Katharinentaler Schwesternbuch* anschaulich gemacht. In zwei

Visionsgeschichten begegnen die Schwestern dem Jesuskind bei ihrer Lektüre, wobei der Körper des Buches gleichsam als Krippe fungiert.[30] Beim Aufschlagen erblickt Elsbeth Hainburgin das in Windeln gewickelte Jesuskind in ihrem Buch. Anne von Ramschwag wiederum sieht, wie es nackt und bloß vor ihr liegt und mit den Händen nach seinen kleinen Füßen fasst. Das christliche Mutter-Kind-Ideal erweist sich demnach als mediale Projektion.

Besonders offensichtlich ist der Zusammenhang zwischen Literatur und Begehren bei Margaretha Ebner. Mit der Verschriftlichung ihrer Offenbarungen wächst ihr Verlangen und wird so stark, dass sie ihr Leben dafür geben würde. Unaufhörlich sehnt sie sich nach dem Jesuskind, so dass sie nachts oft nicht schlafen und beim Chorgebet an nichts anderes denken kann. Schreibend erinnert sich Margaretha an ihre mystischen Erfahrungen, vergegenwärtigt frühere Visionen und reaktiviert die damit verbundenen Gefühle. Daher überkommt sie ausgerechnet beim Schreiben die allergrößte Lust, Mutter zu sein.[31] Überwältigt von diesem Gefühl, drückt sie ihr Jesuskind an die bloße Brust und findet in der intimen Berührung Erfüllung. Schreiben und Stillen sind analoge Tätigkeiten, mit denen Margaretha sowohl gegenüber dem Jesuskind als auch gegenüber den Leserinnen und Lesern ihrer Offenbarungen zur Mutter wird; sie nährt mit Milch und Tinte. Sobald sie das Jesuskind aus seiner Wiege genommen und gestillt hat, fließt eine religiöse Botschaft aus ihrer Feder. Selbst Margarethas mystische Schwangerschaft ist Ursache wie Folge literarischer Tätigkeit. Was sie unter großen Schmerzen, heftigen Stößen, hunderten Wehrufen herauspresst, ist eine theologische Rede, die sie später aufzeichnet. Margarethas Sturzgeburt zeigt, dass Körper und Text bei der Muttermystik untrennbar zusammengehören.

Spirituelle Elternschaft: Mütterlich denken und handeln

Mutterschaft liegt in den Geschichten des verehrten Kindes nicht im biologischen Akt begründet, sondern im fürsorglichen Handeln. Zur Mutter wird, wer sich um das heilige Kind kümmert und sein Leben nach ihm ausrichtet. Im späten Mittelalter entsteht eine eigene Form der Andachtsliteratur, die Ordensfrauen zur spirituellen Mutterschaft hinführen soll. Fromme Frauen erfahren bei der Lektüre, wie sie das Jesuskind mit allem Notwendigen versorgen können. Zahlreiche Tätigkeiten, die zur Pflege und Erziehung leiblicher Kinder erforderlich sind, werden aufgelistet und allegorisch ausgelegt.

Mutterschaft als soziale Praxis

Ein solches Andachtsbuch zur spirituellen Mutterschaft gelangt 1565 in Dillingen in den Druck.[32] Herausgegeben wird das Werk von dem äußerst produktiven Erbauungsschriftsteller Adam Walasser (um 1520–1581), der eine ältere, mittelhochdeutsche Textvorlage sprachlich aktualisiert und mit einer Einleitung versehen hat. Gerade zur Weihnachtszeit hält er die Meditationen *Vom zarten Kindlin Jesu* für äußerst nützlich, um die Geburt des Erlösers innerlich nachzuvollziehen. Der Stall, die Krippe oder die Wiege, die dem heiligen Kind bereitet werden soll, ist das menschliche Herz. Das Jesuskind wächst und gedeiht, wenn seine geistliche Mutter auf einen gottgefälligen Lebenswandel achtet. Reinheit und Keuschheit des Gemüts, geschwisterliche Treue und Liebe, Frieden, Sanftmütigkeit und Dankbarkeit tragen dazu bei, das zarte Kind liebevoll zu versorgen. Die Botschaft der gut 160-seitigen Weihnachtsandacht lässt sich folgendermaßen zusammenfassen: Wem am Wohlergehen Jesu gelegen ist, der soll Laster meiden, auf weltliche Freuden verzichten und nach Tugenden streben. Doch geht die spirituelle Mutterschaft nicht in der platten Morallehre auf. Viel zu detailreich wird die liebevolle Fürsorge ausgemalt, wobei religiöse Wunschmütter beständig aufgefordert werden, sich an leiblichen Müttern ein Beispiel zu nehmen. Auf diese Weise lernen fromme Frauen auf alles zu achten, was ein Neugeborenes benötigt: warmes Wasser für ein Bad und stärkende Speise, wofür sich nichts besser als Muttermilch eignet. Immer wieder muss eine Mutter ihrem Kind die Brust geben, damit es ordentlich zunimmt.

Besondere Aufmerksamkeit erhält das Kindelwiegen. Walasser beschreibt genau, welches Zubehör dafür erforderlich ist: ein kleiner Strohsack und ein Kissen, saubere Windeln, eine warme Decke und ein gutes Windelband. Wollen treusorgende Mütter ihre Kinder zum Schlafen bringen, hängen sie ihnen eine Windel vor das Gesicht, damit sie weder durch Tageslicht noch durch Wind oder gar Mücken gestört werden. Zur Beruhigung legen Mütter ihren Kindern die Hände auf, wiegen und singen sie in den Schlaf. Die anschaulichen Beschreibungen sind stets mit allegorischen Auslegungen verknüpft, so dass weltliche und geistliche Mutterschaft engeführt werden. Beispielsweise deutet Walasser den gefährlichen Luftzug als Eigenlob und die Mücken als ruhelose Gedanken, die das Jesuskind beim Schlafen störten. Doch zusammengehalten werden alle Verhaltensanweisungen durch das idyllische Bild einer liebevollen Mutter-Kind-Beziehung, bei der die Meditierenden die weibliche Hauptrolle übernehmen sollen. Mit andächtigem Begehren sollen geistliche Mütter ihr geliebtes Kind küssen, umarmen und liebevoll umhertragen. Allerdings dürfen sie sich – wie leibliche Mütter – nur dann mit ihrem Kind vergnügen, wenn sie nichts anderes zu tun haben.[33]

Zum geistlichen Kindelwiegen lädt auch der Würzburger Theologieprofessor Daniel Mattsperger (1563–1607) im *Puerperium Marianum* ein, wenngleich er andere Aspekte hervorhebt:[34] Ein Säugling muss eng gewickelt und festgebunden werden, um keine körperlichen Deformationen auszubilden und nicht aus der Wiege zu fallen. Diese soll in der Luft hängen und nicht auf dem Boden stehen, damit kein Vieh oder Ungeziefer zum Säugling gelangt. Ein Kind darf nur auf den Rücken, nicht aber auf das Gesicht oder die Seite gelegt werden. Zum Schlafen bringt es seine Mutter, indem sie die Wiege schaukelt, etwas vorsingt oder einen Finger in seinen Mund steckt. Was sich wie ein historischer Ratgeber zur Säuglingspflege liest, wird durch allegorische Auslegungen immer wieder ins Religiöse gewendet. Das Jesuskind, so macht der Verfasser deutlich, beansprucht mindestens so viel Aufmerksamkeit wie ein leibhaftiges Kind.

Auch von den weiblichen Strategien, Hausarbeit und Kinderpflege übereinzubringen, können Ordensfrauen lernen: Mütter sorgen dafür, dass die Wiege leicht in Bewegung bleibt, während sie in der Nähe Handarbeit verrichten. Mit einem langen Band lässt sich das Kind auch aus einiger Entfernung noch schaukeln. Mattsperger appelliert an die Rezipientinnen wie eine treusorgende Mutter stets in der Nähe ihres lieben Jesuleins zu bleiben. Eindringlich warnt er davor, anderen die Pflege anzuvertrauen oder gar Kinder mit dem Aufpassen zu beauftragen. Geistliche Mütter müssten stets besorgt sein, dass ihrem Jesuskind etwas zustoßen könne. Wenn es weine, sollten sie ihm helfen und es zu beruhigen suchen. Aufmerksame Mütter merkten schnell, was ihrem Kleinen fehle, und gäben nicht nach, bis sie die Ursache seines Kummers ergründet hätten. Ebenso solle die Sorge frommer Frauen stets um das heilige Kind kreisen.

Die Andachtsliteratur unterscheidet sich von den Mutterschaftsvisionen durch ihren imperativischen Charakter. Ihre Verfasser berichten nicht von ihrer inneren Schau und einer persönlichen Begegnung mit dem Jesuskind, sondern wollen andere dazu anleiten. Auf diese Weise entsteht ein spezifisches Frömmigkeitskonzept, das ich als ›Mutterschaftstheologie‹ bezeichnen möchte. Frauen sollen sich an einem Ideal ausrichten, für das sowohl Maria als auch andere Mütter Vorbilder liefern. Der Ursprung aller Mütterlichkeit bleibt dabei seltsam diffus. Auch Marias Handeln orientiert sich an impliziten Normen, wie im *Puerperium Marianum* offengelegt wird. Mattsperger bemerkt, dass in der Bibel nicht detailliert beschrieben werde, wie die heilige Jungfrau mit ihrem Kind umgegangen sei. Daher rät er den Rezipientinnen, sich alles genauso vorzustellen, wie es üblich sei. Wie andere treusorgende Mütter habe auch Maria ihren Sohn hochgehoben und hingelegt, umhergetragen und umhegt, geherzt und geküsst. Maria ist demnach nicht Urbild, sondern Abbild der Mütterlichkeit, doch wird die Mutter-Kind-Beziehung durch sie mit einer solchen religiösen Bedeutung aufgeladen, dass sie als weiblicher Weg zum Heil erscheinen kann. Dies erinnert an die lutherische Ehe- und Genderlehre, doch darf ein entscheidender Unterschied bei den gegenreformatorischen Konzepten Walassers und Mattspergers nicht übersehen werden: Um ihre religiöse Bestimmung zu erfüllen, brauchen Frauen nicht zu gebären, sondern können Mutter eines geistlichen Kindes sein.

Literatur und Lebenswelt sind im Narrativ mystischer Mutterschaft auf so vielfältige Weise miteinander verwoben, dass sich Natur und Kultur, Biologie und Religion, Alltag und Liturgie nicht auseinanderdividieren lassen. Die Lust der Mystikerinnen, Mutter des Jesuskindes zu sein, ist Teil eines theologischen Modells, in dem Mutterschaft als genuin weibliche Frömmigkeitsform gilt. Wenn mittelalterliche und gegenreformatorische Autoren den Ordensfrauen immer wieder das Verhalten leiblicher Mütter vor Augen stellen, geht es ihnen natürlich nicht darum, die reproduktive Ordnung zu heiligen und weltliche Familienverhältnisse als überlegen darzustellen. Vielmehr imaginieren sie ein mütterliches Ideal, an dem sich Kloster- und Ehefrauen in gleicher Weise orientieren sollen. Mutterschaft ist eine soziale Praxis und eine innere Haltung, die durch Achtsamkeit und Fürsorge, Liebe und Zärtlichkeit gekennzeichnet ist. Daher lernen nicht nur geistliche von leiblichen Müttern, sondern auch umgekehrt. Welche Gruppe letztlich mehr zur Ausbildung mütterlicher Gefühle, genderspezifischer Rollenmuster und gesellschaftlicher Erwartungen beigetragen hat, lässt sich kaum entscheiden. Das Begehren der einen ist ohne das Begehren der anderen jedenfalls nicht denkbar.

Spirituell leben mit Kind

Was ein Ordensleben mit Kind bedeutet, führt der Verfasser der Schrift *Vom zarten Kindlin Jesu* aus.[35] Er synchronisiert den Gebetsrhythmus im Kloster mit den Alltagspflichten einer Mutter und entwirft so ein Tagesprogramm, das vollständig auf das heilige Kind ausgerichtet ist. Die Ordensschwestern sollen an das edle Jesuskind denken, wenn sie zum nächtlichen Gebet eilen. Schließlich müsse jede Mutter nachts manchmal aufstehen, wenn sie ein kleines Kind habe. Am Morgen soll ihr erster Gedanke dem geliebten Kind gelten; es möge sie den ganzen Tag begleiten, damit sie ihm all ihre Gedanken, Worte und Werke weihen kann. Diesen frommen Wunsch sollen sich religiöse Wunschmütter im Tagesverlauf immer wieder vergegenwärtigen und so selbst zu seiner Erfüllung beitragen. Das Chorgebet soll sie daran erinnern, wie Jesus zu seinem himmlischen Vater gebetet hat. Im Kapitel und bei der Beichte sollen sie an ihn denken und mit ihm sprechen. Bei der Tischlesung sollen sie sich vorstellen, ihr Kindlein, seine werte Mutter und der liebe Josef seien anwesend und redeten von Gott. Abends im Bett können sie sich betend ausmalen, wie zärtlich ihr Kind von seiner Mutter zugedeckt wird.

Diese geistliche Fürsorge geht einerseits weit darüber hinaus, was bei einem leiblichen Kind angezeigt wäre. Jede Alltagshandlung wird konsequent auf das heilige Kind bezogen, so dass Ordensfrauen vollständig in ihrer Mutterrolle aufgehen können. Was immer sie tun, ob sie schweigen oder reden, beten oder arbeiten, Freude oder Leid empfinden, alles sollen sie ihrem Kind darbringen und als Akt mütterlicher Liebe verstehen. Andererseits sprengt die Göttlichkeit Christi die Analogie zu weltlichen Familienverhältnissen. Das Jesuskind ist stets Objekt der Verehrung, was zu gewissen Ambiguitäten in der Mutter-Kind-Beziehung führt. Als kleines Kind kann der Sohn Gottes geliebt und versorgt, aber nicht erzogen und gezüchtigt werden. Bei Tisch müssen ihm keine Manieren beigebracht werden; stattdessen wird er wie ein ehrenvoller Gast behandelt, dem sich die Wunschmutter demütig unterordnet. Bevor sie selbst mit dem Essen beginnt, soll sie ihre Speise zunächst ihrem Jesuskind darbieten und es um seinen Segen bitten. Wolle sie etwas trinken, fordere sie erst ihr Gegenüber dazu auf.

Das kontinuierliche Zwiegespräch mit dem heiligen Kind ist in vielen Frauenklöstern gängige Praxis. Die häufigen Andachtsübungen lassen den Alltag – insbesondere im Advent und zur Weihnachtszeit – durchlässig werden für visionäre Begegnungen mit dem Göttlichen. Daher erblicken die Dominikanerinnen von Katharinental das Jesuskind in allen möglichen Situationen: bei der Wandlung in der Messe, am Altar und im Chor, in der Küche und bei Tisch, beim Kräutertrocknen, im Werkhaus, bei der Lektüre und im Bett.[36]

Spirituell mit einem Kind leben können nicht nur Nonnen. Adam Walasser erklärt, dass das Jesuskind zwar Ordensfrauen in besonderer Weise anbefohlen sei und sie mehr als alle anderen zur Fürsorge geeignet wären. Doch kommen zwei weitere Gruppen ebenfalls als Pflegemütter in Betracht: Fromme Frauen, die in der Welt ihre Keuschheit bewahren, sowie alle Gläubige, die auf innere Reinheit achten und jungfräulich im Glauben bleiben. Die spirituelle Mutterschaft stellt somit eine klare Alternative zum weltlichen Familienmodell dar: Der Verzicht auf Sexualität und Reproduktion bietet beste Voraussetzungen dafür, sich dem Jesuskind widmen zu können. Die Frage nach dem biologischen Geschlecht spiritueller Mütter ist dagegen sekundär.[37]

Mystische Mutterschaft ist zwar vor allem ein weibliches Phänomen, doch gibt es auch männliche Varianten des Narrativs. Im Andachtsbuch *Vom zarten Kindlin Jesu* wird die Geschichte eines Trierer Kartäusers erzählt, der seine täglichen Übungen und Gebete darauf ausrichtet, das Jesuskind großzuziehen.[38] In seiner Zelle stellt er einen eigenen Tisch mit Tellerchen und Löffelchen auf, bittet das Jesuskind bei den Mahlzeiten, dort Platz zu nehmen, setzt ihm die besten Bissen vor und animiert es zum Essen. Die Verehrung des Kindes verläuft regelkonform, bis intellektuelle Zweifel das spirituelle Familienverhältnis stören. Dem Mönch werden seine Andachtsübungen lästig, sie erscheinen ihm unsinnig, ja naiv. Ein Mann hat keine Lust mehr, Vater des Jesuskindes zu sein. Die Pointe der Erzählung besteht nicht etwa darin, dass die Fürsorge als eitles Kinderspiel abgewertet wird. Vielmehr wird die Kritik ›männlicher Vernunft‹ entkräftet, indem das göttliche Kind den Skeptiker eines Besseren belehrt. Nachdem der Kartäuser seine Übungen drei Tage unterlassen hat, hört er nachts die Stimme eines kleinen Kindes: »Väterlein, Väterlein.« Als der Mönch wissen will, wer mit ihm spricht und was ihn bewegt, gibt sich das Jesuskind zu erkennen. Weinend klagt es über Hunger und Vernachlässigung. Dies überzeugt den Mönch von der Sinnhaftigkeit seines früheren Tuns. Mit Freude setzt er die Andachtsübungen fort und nimmt die spirituelle Vaterschaft bereitwillig an.

Der Wunsch, Vater des Jesuskindes zu werden, entfaltet freilich weder in dieser Anekdote noch in anderen Erzählungen dieselbe Attraktivität wie spirituelle Mutterschaft. Lässt sich daraus schließen, dass das Begehren, ein Kind zu versorgen, spezifisch weiblich ist? Die Frage nach dem Einfluss biologischer und kultureller Faktoren auf einen Kinderwunsch wird erneut virulent, und damit kehre ich noch einmal zu den Jesuskindfiguren in Frauenklöstern zurück.

Kein Puppenspiel

Die Funktion der ›Seelenkinder‹ erschließt sich im Kontext der Andachtsliteratur eindeutig, zumal die Autoren selbst auf den verbreiteten Weihnachtsbrauch des Kindelwiegens verweisen. Die Jesuskinder sollen Ordensschwestern helfen, Marias Position einzunehmen und die Geburt Christi zu vergegenwärtigen. Mit Hilfe der Figuren lassen sich Fürsorgepflichten spiritueller Mütter in aktive Handlung umsetzen. Doch ist der Umgang mit den Jesuskindern aufgrund ihrer religiösen Bedeutung alles andere als ein Puppenspiel.[39] Klosterfrauen sollten Marias Mutterschaft nicht nachspielen, sondern nachempfinden und nachvollziehen. Dieser Unterschied zwischen einer imaginativen Imitation und einer fingierten Inszenierung wird beim Vergleich mit einem Krippenspiel deutlich. Während im Weihnachtsspiel Darsteller die Rollen biblischer Figuren übernehmen und agieren, als ob sie Maria und Josef, Hirten und Könige wären, ist die Verehrung des Jesuskindes keine Fiktion.

Wenn die Schwestern ihre Figuren versorgen, kleiden und baden, sehen sie Christus vor ihrem inneren Auge. Bei dieser Andachtsübung machen manche ähnliche Erfahrungen wie Margaretha Ebner, dass ihr Jesuskind plötzlich lebendig wird.[40] Die Begründerin der Brixener Tertiarschwestern Maria Hueber (1653–1705) erfährt in einer Vision, wie sich ihr Kind regt und die Arme um ihren Hals schlingt. Margareth von Zürich erlebt, wie sich die Figur beim gemeinschaftlichen Adventsritual der Tösser Schwestern wandelt. Christus erscheint ihr in der Badewanne, als sie das Jesuskind des Konvents zu ihrem geistlichen Trost baden darf und dabei heftig weinen muss. Ihre Träne wandelt sich zu einem goldenen Knopf, der ins Wasser fällt. Darin aber sitzt ein zartes Kind und plantscht vergnügt mit seinen Händen.

Bemerkenswerterweise finden sich die ›Trösterlein‹ im späten Mittelalter und der Frühen Neuzeit nicht nur in Klöstern und bei Ordensfrauen. Auch Ehefrauen und Mütter besaßen solche Figuren, womit sich die These einer Triebsublimierung ein weiteres Mal widerlegen lässt. Jesuskindfiguren gehörten im 15. Jahrhundert zur üblichen religiösen Ausstattung von Klöstern und Bürgerhäusern, Pfarr- und Domkirchen und wurden in rituelle Handlungen eingebunden.[41] In Augsburg brachten Frauen ihre privaten Jesuskinder zum öffentlichen Kindelwiegen in die Kirche, wo sie herumgereicht, liebkost und umtanzt wurden. In Florenz erhielten Frauen bei ihrer Hochzeit eine Figur als Geschenk, oft wurde ein ›Bambino‹ von der Mutter an die Tochter weitergegeben. Die Jesuskinder waren für Frauen im heiratsfähigen Alter gedacht – unabhängig davon, ob diese auf leiblichen Nachwuchs hoffen durften oder nicht. Kloster- wie Bürgersfrauen wurden also in gleicher Weise auf eine religiöse Mutterrolle verpflichtet, wohingegen weder Kinder noch Männer solche Figuren je geschenkt bekamen.

In der Frühen Neuzeit wurden die Jesuskinder zur Zielscheibe der Kritik männlicher Gelehrter.[42] Johannes Geiler von Kaysersberg (1445–1510) warf Ordensfrauen vor, dass das ganze ›Puppenzeug‹ (»buppen werck«) nur ihrer eigenen Ergötzung diene, und warnte vor unerwünschten Nebenwirkungen. Wer sich zu lange mit dem Jesuskind beschäftige, könne noch ganz andere Formen weiblichen Begehrens entwickeln. Aus anderen Gründen lehnten die Reformatoren die Jesuskindfiguren ab. Zum einen passte die spirituelle Mutterschaft nicht mehr zum erwünschten Familienmodell. Frauen sollten heiraten und gebären, statt das Jesuskind hinter Klostermauern zu verehren. Zum anderen hielten es protestantische Theologen für eine Grenzüberschreitung im Gott-Mensch-Verhältnis, dass Christus von einer Figur repräsentiert und in dieser umsorgt werden soll. Martin Luther bezeichnete den Brauch des Kindelwiegens verächtlich als ›Affenspiel‹, und Thomas Naogeorg (1508–1563) sprach gar von Abgötterei. Dagegen verteidigten die Gegenreformatoren die spirituelle Mutterschaft. Warum sollten Gläubige das Jesuskind nicht anbeten, wenn es dafür doch zahlreiche Vorbilder im Neuen Testament und in der Kirchengeschichte gebe? Denn wäre das Kind nicht geboren, wären alle Menschen verloren, argumentierte Adam Walasser.[43] Die Auseinandersetzung um die Jesuskinder war jedoch eher ein Streit der Geschlechter als ein Streit der Konfessionen. Denn auch protestantische Frauen hielten am Wiegen und Einkleiden ihrer Figuren fest, bis ihnen dies per Dekret verboten wurde. In katholischen Klöstern kümmerten sich Frauen dagegen noch bis zur Aufklärung um ihre ›Seelenkinder‹.

Ausblick

Im mittelalterlich-mystischen Narrativ wird Mutterschaft als eine Beziehung verstanden, die durch religiöse, nicht durch sexuelle Handlungen gestiftet wird. Ein Eintritt ins Kloster bedeutete weder einen Mangel an familiären Beziehungen noch einen Verzicht auf ein Leben mit einem Kind, sondern eine Entscheidung für spirituelle Mutterschaft. Die Dichotomie zwischen Fruchtbarkeit und Unfruchtbarkeit wird auch in diesem Narrativ dadurch überwunden, dass es vielfältige Formen der Elternschaft gibt, die nicht von reproduktiven Prozessen abhängig sind. In den Mutterschaftsvisionen von Schwangerschaft und Stillen geht es um Erfahrungen größtmöglicher körperlicher Intimität, in denen sich das Begehren nach mystischer Einheit mit dem Göttlichen erfüllt. Selbst männliche Mystiker und Autoren greifen – wenn auch ungleich seltener – auf solche Vorstellungen zurück.[44] Der Wunsch sich zu reproduzieren, das eigene Selbst im Nachwuchs wiederzuerkennen, ist nicht Teil dieses Begehrens, vielmehr wollen die Ordensfrauen im heiligen Kind Gott begegnen.

Ursprung aller Geschichten, in denen fromme Menschen das Jesuskind verehren, ist das Weihnachtsevangelium. Für Marias Mutterrolle ist die Fürsorge entscheidend, wohingegen Zeugung und Geburt auf wundersame Weise übersprungen werden. Daher bleibt der Mann in der Heiligen Familie eine Randfigur.[45] Durch die ›imitatio Mariae‹ entstand im Mittelalter eine frauenspezifische Frömmigkeit, in der das Versorgen des heiligen Kindes in den Mittelpunkt rückte. Nach Ansicht Caroline Walker Bynums übernahmen Ordensfrauen die gewohnten Aufgaben weiblicher Fürsorge, aber entdeckten, dass Maria und das Jesuskind ihren Einsatz mehr schätzen als »die plärrenden Kinder, nörgelnden Ehemänner und verbitterten Bettler in irdischeren Zusammenhängen«. Die spirituelle Mutterschaft orientierte sich an weltlichen Familienverhältnissen und wirkte zugleich auf sie zurück. Die Mutterrolle wurde einerseits aufgewertet, weil sie mit religiöser Bedeutung aufgeladen war, andererseits wurden Frauen auf das Versorgen von Kindern festgelegt. Auf diese Weise führte die Muttermystik zur Verfestigung sozialer Genderkonzepte, trug zur Verbreitung des Weiblichkeitsideals einer fürsorglichen Mutter bei und leitete zur Ausbildung zärtlicher Gefühle gegenüber Kindern an.[46]

In meiner normativitätskritischen Interpretation erweist sich der weibliche ›Urtrieb‹, Mutter zu werden, als Projektion religiöser Sehnsüchte. Eine Gefahr von Hysterie besteht lediglich aus der Freud'schen Perspektive, die das weibliche Subjekt des Begehrens zum Objekt männlicher Psychoanalyse degradiert. Die Mystikerinnen wollten nicht geheilt oder sexuell befreit werden, sondern empfanden Lust an ihrer spirituellen Mutterschaft. In der Gegenwart lebt diese Muttermystik in säkularisierter Form fort. Gilt das Einheitsstreben nicht mehr dem göttlichen, sondern einem leiblichen Kind, gerät das mittelalterliche Narrativ in eine Schieflage. Was die Mystikerinnen als Gnadenerfahrung betrachteten, wird von Reproduktionsmedizinern als ›machbar‹ dargestellt. Lebenskonzepte werden hierarchisiert und kinderlose Frauen als defizitär oder gar hysterisch abgewertet. Aber auch biologische Mütter sind nicht vor Kritik gefeit: Von ihnen wird erwartet, dass sie sich überwiegend, doch nicht zu viel um ihren Nachwuchs kümmern. Frauen, die nicht das ganze Leben nach ihrem Kind ausrichten, gelten als Rabenmütter; Frauen, deren Denken und Handeln sich stets um ihr Kind dreht, werden als Helikoptermütter verunglimpft.

10 Erzwungene Elternschaft: Ein Kind bereuen

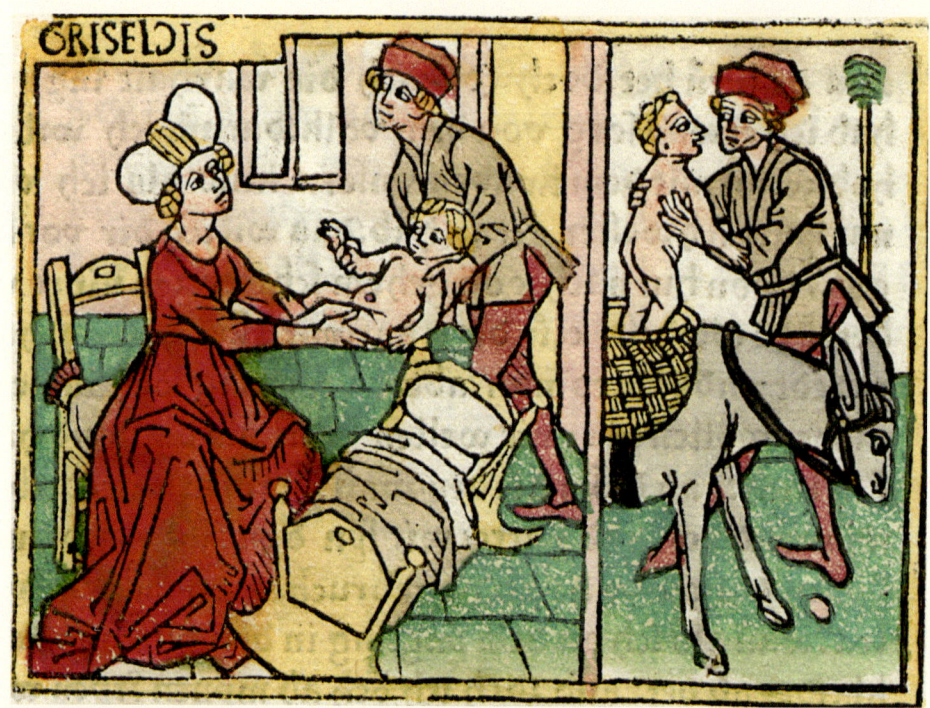

Abb. 11 *Verschwindendes Kind – Holzschnitt aus Heinrich Steinhöwels* Griseldis *(um 1473)*

Wenn Mütter bereuen – so lautet der deutsche Titel der Studie, mit der die israelische Soziologin Orna Donath 2016 weltweit Aufsehen erregte.[1] Wie passen solche Reuegefühle zu der Annahme, dass sich alle Frauen tief in ihrem Inneren nach einem Kind sehnen? Mein fünftes Narrativ warnt davor, aus dem letzten Kapitel falsche Schlussfolgerungen zu ziehen und die Beobachtungen zur Muttermystik zu generalisieren: Nicht jede Frau wünscht sich ein Kind und empfindet Lust daran, Mutter zu sein. Donath machte mit ihrem Buch auf das gesellschaftliche Tabu aufmerksam, dass manche Frauen Kinder haben, obwohl sie viel lieber ›Mutter von Niemandem‹ wären. Im Rückblick bereuen diese Frauen, dass sie sich in eine Lebensform haben drängen lassen, die ihnen völlig unpassend und nur belastend erscheint. Aus ihrer individuellen Perspektive beschert Elternschaft kein Lebensglück, sondern unaufhörliche Qual.

Bei dem Narrativ der erzwungenen Elternschaft gehe ich von eben dieser Grundkonstellation aus, historisiere die Situation aber, indem ich den Wunsch nach Kinderlosigkeit mit dem der Ehelosigkeit verknüpfe und auch Männer in meine Untersuchung einbeziehe. Während es in den vorherigen Kapiteln primär um Menschen ging, die ungewollt kinderlos bleiben, beschäftigt sich dieses Kapitel mit jenen, die aufgrund äußerer Zwänge eine Familie gründen. Epochenübergreifend sind Ehe und Elternschaft weniger selbstverständlich, als gemeinhin angenommen. Auch in der höfischen Welt des Mittelalters wird die Reproduktionsnorm nicht immer unhinterfragt akzeptiert. Wertvorstellungen, die die theologischen, juristischen und ethischen Diskurse der Un*fruchtbarkeit prägen, werden diskutiert und kritisiert, aber nicht gänzlich verworfen. Bei einer normativitätskritischen Lektüre gerät die Perspektive derjenigen in den Blick, die sich dem gesellschaftlichen Druck gerne entziehen würden, doch mit ihrem Ansinnen scheitern. Die fruchtbare Mehrheitsgesellschaft ist damit freilich keine homogene Gruppe mehr, setzt sie sich doch aus verschiedenen Elterntypen zusammen, zu denen auch Wunschkinderlose, bereuende Mütter und unfreiwillige Väter gehören.

Reproduktionsforderungen: Männer unter Druck

Die Erwartungen anderer können erdrückend sein. In Donaths Interviews erzählen Frauen davon, wie sie von ihrem sozialen Umfeld bedrängt wurden, Kinder zu bekommen. Vielfach ist es der Partner, der »zum ›Familienboten‹ wird« und »die ›kanonische Geburtsbotschaft‹ überbringt«.[2] Seit ihrer Hochzeit habe ihr Mann nicht mehr aufgehört, von Kindern zu reden und ihr sogar mit einer Scheidung gedroht, berichtet eine Gesprächspartnerin. Schließlich habe sie eingewilligt, um ihre Partnerschaft nicht zu gefährden. Vergleicht man diese typische Erzählung einer bereuenden Mutter in der Gegenwart mit den Geschichten erzwungener Elternschaft in der Vergangenheit, fallen zwei wichtige Unterschiede ins Auge: Erstens sind in der mittelalterlichen Erzählliteratur vor allem Männer massivem Druck ausgesetzt; und zweitens werden die Reproduktionsforderungen in der Regel nicht von Einzelpersonen, sondern von einem Kollektiv gestellt. Die Fertilitätslogik des feudalpolitischen Systems verlangt, dass sich die Protagonisten dem äußeren Zwang beugen. Obwohl die adligen Männer sich gerne der Elternschaft verweigern würden, geben sie nach, um ihren Status und ihre Privilegien nicht zu gefährden. Dass jedoch ein wichtiger Unterschied zwischen Willen und Einverständnis besteht, wird in der sexualwissenschaftlichen Forschung betont und auf Machtstrukturen in sexuellen Beziehungen hingewiesen. In eine Heirat einzuwilligen, ist etwas anderes, als diese selbst zu wollen.

Sozialer Druck

In dem Lai (französische Versnovelle) *La Fresne* erzählt die Dichterin Marie de France (um 1130 – um 1200) von einem Paar, das in inniger Liebe verbunden, aber nicht verheiratet ist:[3] Ein Lehnsherr verliebt sich in eine schöne, wohlerzogene junge Frau, die als Kind ausgesetzt wurde und seitdem bei einer Äbtissin lebt. Er wirbt so lange um Fresne, bis sie seine Liebe erhört und die Abtei heimlich mit ihm verlässt. Der Ritter verspricht dafür, sie nie im Stich zu lassen und ihr immer treu zu sein. Lange leben beide glücklich zusammen. Auch die Gefolgsleute im unmittelbaren Umfeld des Ritters schätzen die junge Dame sehr, bis sich schließlich doch Widerstand gegen die Beziehung regt. Die Lehnsritter fordern ihren Herrn energisch auf, seine Geliebte zu entlassen und ein Edelfräulein zu heiraten. Ihr Unwille richtet sich nicht etwa gegen die Dame, sondern entzündet sich am Fehlen eines Nachfolgers.

Diese Zukunftssorgen erklären sich durch die kirchliche Ablehnung des Konkubinats und die erbrechtliche Benachteiligung unehelicher Kinder, wie die Gesetze zur Un*fruchtbarkeit belegen.[4] Die Lehnsritter verlangen, dass ihr Herr einen legitimen Nachkommen zeugt, der das Erbe übernehmen kann. Dass seine Geliebte keine angemessene Partie ist, muss nicht eigens thematisiert werden. Wegen ihrer unbekannten Herkunft kommt Fresne für eine Eheschließung nicht in Frage. Die Männer argumentieren, zahlreiche Nachteile zu erleiden, wenn ihr Herr wegen seiner Konkubine auf einen Erben verzichte.[5] Als sie Schadensanspruch geltend machen und ihrem Herrn drohen, ihn ohne standesgemäße Ehefrau nicht mehr zu akzeptieren, gibt der Protagonist klein bei. Ritter wie Dame nehmen das Reproduktionsdiktat klaglos hin, obwohl dies das Ende ihrer innigen Zweisamkeit bedeutet. Die Wahl der Braut, die Werbung und die Hochzeitsvorbereitungen überlässt der gezwungene Bräutigam seinen Gefolgsleuten, statt die Eheschließung selbst zu steuern. Sein Trennungsschmerz wird auf das unmittelbare Gefolge verlagert, das Fresnes Verlust sehr bedauert.

Für die Liebenden geht die Geschichte dennoch gut aus, da die prekären Umstände von Fresnes Geburt und ihre hohe Abstammung ans Licht geraten. Von den Hintergründen dieser Un*fruchtbarkeitsgeschichte habe ich bereits bei dem Narrativ der sozialen Alternative berichtet (Kap. 8). Eine adlige Frau ließ Fresne als Neugeborene in der Nähe des Klosters aussetzen, weil sie Zwillinge zur Welt gebracht hatte und Schande fürchtete.[6] Sie selbst hatte einst das Gerücht aufgebracht, eine Frau könne nur dann zwei Kinder auf einmal bekommen, wenn sie mit zwei Männern geschlafen habe. Um nicht verachtet und ausgegrenzt zu werden, reduzierte Fresnes Mutter die Anzahl ihrer Töchter auf das übliche Maß. Sie trennte sich von einem der Mädchen, verheimlichte seine Existenz und war sogar zur Kindstötung bereit. Die Geschichte von Fresne zeigt, dass Reproduktion nach verschiedenen Kriterien beurteilt wird: Männer werden nur zu Vätern, wenn sie innerhalb einer standesgemäßen Ehe ein Kind zeugen. Ehefrauen dürfen weder unfruchtbar noch zu fruchtbar sein. Marie de France macht mit der Doppelung der Un*fruchtbarkeitsproblematik nicht nur auf implizite Wertmaßstäbe, sondern auch auf deren Kontingenz aufmerksam. Hätte Fresnes Mutter nicht eine Nachbarin nach deren Zwillingsgeburt verleumdet, müsste sie auch keinen eigenen Ehrverlust fürchten.

Ausgerechnet Fresnes unbekannte Zwillingsschwester wird als Gemahlin für den Protagonisten ausgewählt. Das enge Verwandtschaftsverhältnis beider Frauen kommt im Brautgemach ans Licht. An einer kostbaren Seidendecke, mit der Fresne das Lager des Geliebten selbstlos schmückt, erkennt die Brautmutter ihre zweite Tochter. Sie bereut ihr Handeln, bekennt sich zur verschollenen Tochter und gesteht ihrem überraschten Mann die Zwillingsgeburt. Als dieser Fresne ebenfalls als Tochter anerkennt, sind die ständischen Voraussetzungen dafür erfüllt, dass der Ritter seine Konkubine zur rechtmäßigen Frau machen kann. Ob aus ihrer Ehe tatsächlich ein Erbe hervorgeht, bleibt offen. Die Anerkennung der Norm ist wichtiger als die tatsächliche Reproduktion. Der Protagonist muss lernen, dass Sexualität keine private Angelegenheit, sondern seine feudalpolitische Pflicht ist.

Familiärer Druck

Widerstand gegen die Reproduktionsforderung leistet auch der Ritter von Staufenberg in der gleichnamigen deutschen Geschichte (um 1310). Peter ist ein herausragender Kämpfer, der in Turnieren viel Ruhm gewinnt und dessen Tapferkeit allgemein bewundert wird. Als er nach einer längeren Reise heimkehrt, wünscht die Familie seine Heirat. Wie in der Geschichte von Fresne argumentieren die Angehörigen, dass ihnen aus seiner Kinderlosigkeit ein bleibender Schaden erwüchse.[7] Die Reproduktionsbefürworter repräsentieren in beiden Erzählungen die gesellschaftliche Erwartung: Ein guter Herrscher und ein trefflicher Ritter sollen heiraten, um die Nachfolge genealogisch zu sichern. Darüber hinaus erhoffen sich Brüder und Verwandte, dass Peter sein Geschlecht durch eine vorteilhafte Heirat adelt. Aufgrund seiner Erfolge sind sie zuversichtlich, dass ihm ein Fürst seine Tochter zur Frau geben wird. Eine solche Heiratspolitik, durch die neue Verwandtschaftsbeziehungen geknüpft und Machtbefugnisse erweitert werden, lässt sich mit Michel Foucault als Allianzdispositiv bezeichnen.[8]

Das Ehevorbereitungsgespräch findet in einem homosozial-männlichen Kreis statt; Frauen sind am Gespräch nicht beteiligt. Die Angehörigen tragen Peter ihre Überlegungen vor, um seine Zustimmung einzuholen. Zunächst nehmen sie seine Lebenssituation in den Blick und rühmen ihn für Gut und Ehre. Aus diesem symbolischen und ökonomischen Kapital leiten sie ab, dass eine Ehefrau seinem Ansehen angemessen wäre. Anschließend führen die Verwandten dem Ritter vor Augen, was seine Kinder- und Ehelosigkeit für sie bedeuten würde. Sollte er frühzeitig sterben und keinen Erben hinterlassen, würde ihnen dies Schande und Leid bescheren. Eine Ehe, insbesondere mit einer Fürstentochter, bringe dagegen feudale, familiäre und persönliche Vorteile mit sich: Peter verschaffe ihnen allen Ehre, er werte sein Geschlecht auf und erhalte eine treusorgende Ehefrau.

Die fast wörtliche Wiederholung der Argumente dient der Verstärkung und Bestätigung. Die Zuhörenden innerhalb und außerhalb der erzählten Welt erhalten so den Eindruck, dass es sich um die beste Lebensform für einen männlichen Helden handelt. Der einzige, der die allgemeine Begeisterung nicht teilt, ist der Betroffene. Der Ritter von Staufenberg erschrickt, als er das einmütige Urteil hört, und sucht nach Ausflüchten. Er behauptet, dass eine Ehe noch nicht zu seinem Lebenswandel passe. Er sei mit zu vielen Dingen beschäftigt und wolle die Freuden des Lebens noch länger genießen. Immerhin lehnt Peter den Wunsch nicht gänzlich ab, sondern signalisiert eine spätere Heiratsbereitschaft. Solange er jung sei, wolle er sich nicht binden, sondern sich alle

Optionen offen lassen. Die Angehörigen lassen sich nur kurzzeitig vertrösten und versuchen noch einmal, den Ritter zur Heirat zu animieren. Die Bitte, die ein weiser alter Verwandter höflich vorträgt, weist Peter rigoros zurück. Zwar verspricht er, seinen Leuten jeden Wunsch zu erfüllen, macht jedoch eine entscheidende Ausnahme: »Ich will keine Frau!« Diese Willenserklärung erinnert in ihrer Deutlichkeit an die Aussagen kinderwünschender Frauen vor dem kirchlichen Ehegericht, wenngleich sie auf das Gegenteil zielt. Die trennungswilligen Frauen bekundeten: »Ich will Mutter sein«, wohingegen Peter eine Eheschließung entschieden ablehnt und sich damit zugleich einer Vaterschaft verweigert.

Der Protagonist ist sich seiner Sache ganz sicher. Seine Aversion ist so stark, dass er einen unehrenhaften und schmerzlichen Tod der Ehe vorzieht. Lieber will er sich in Stücke schneiden lassen, als zu heiraten. Diese negative Haltung bekräftigt er sogar ungefragt durch einen Schwur. Statt dem Druck seiner Angehörigen nachzugeben, baut der Ritter Gegendruck auf. Wenn sie ihn weiterhin bei sich haben wollten, sollten sie von ihrem Plan ablassen.[9] Während in *La Fresne* das Lehnsverhältnis von Seiten der Lehnsritter in Frage gestellt wurde, droht hier der Lehnsherr mit einer Aufkündigung. Peter fordert von seinem Umfeld, die Sorge um seine künftige Nachfolge hintanzustellen, wenn sie nicht die gegenwärtige Herrschaft gefährden wollen. Sein lebenserfahrener Gesprächspartner kann sich über diese harsche Reaktion nur wundern. Er beteuert, das Beste im Sinn gehabt zu haben, aber sieht ein, dass er nichts ausrichten kann.

Peters ausgeprägte Ehephobie hat tiefere Gründe, von denen die Lesenden längst wissen. Der tadellose Ritter will nicht heiraten, weil er bereits in einer eheähnlichen Beziehung lebt. Eine wunderschöne Dame begegnete ihm einst an einem Pfingsttag im Wald und offenbarte sich als seine heimliche Beschützerin. Schon lange habe sie ihn treu begleitet und seine ritterlichen Erfolge erst ermöglicht. Die gute Fee bietet dem Ritter ihre Liebe an, verlangt aber im Gegenzug, dass er niemals heiraten darf. Auch die tödlichen Folgen eines Tabubruchs verschweigt die Fee nicht: Sollte Peter gegen das Eheverbot verstoßen, müsse er drei Tage später sterben.[10] Nachdem der verliebte Ritter freudig zugestimmt hat, steht die Fee ihm zu jeder Zeit und an jedem beliebigen Ort zur Verfügung. Er kann sie herbeirufen, wann immer er sexuelle Befriedigung sucht, doch darf er nicht öffentlich über sie verfügen. Niemand ahnt, wem Peter seine kämpferischen Erfolge letztlich zu verdanken hat. Für die Herrschaftssicherung stellt seine Beziehung mit der anderweltlichen Frau allerdings in doppelter Hinsicht eine Bedrohung dar: Mit seiner Fee kann Peter niemals Kinder bekommen und mit einer anderen Partnerin darf er aufgrund

Reproduktionsforderungen: Männer unter Druck 307

des Heiratsverbots keine legitimen Erben zeugen. Die Unfruchtbarkeit seiner Geliebten erklärt sich vor dem Hintergrund der dämonologischen Diskussionen schnell. Schon im Mittelalter gingen Gelehrte davon aus, dass Dämonen niemals Menschen zeugen könnten."

Peters Ansehen wächst beständig, doch nimmt der Druck ebenfalls kontinuierlich zu. Seine Verwandten können nicht nachvollziehen, warum sich der Ritter so sehr gegen eine Heirat sperrt. Peter braucht der Geliebten nicht von den familiären Erwartungen zu berichten. Die Fee weiß selbst, dass er in eine Ehe gedrängt werden soll, und fürchtet um sein Leben. Sie ahnt voraus, dass sich Peter der Reproduktionsforderung nicht dauerhaft wird entziehen können. Für den Ritter ist das Sexualitätsdispositiv freilich noch immer wichtiger als das Allianzdispositiv. Die Heiratsbitten seiner Verwandten lassen ihn nicht an seiner Liebe zweifeln. Als er der Fee erneut Treue bis in den Tod versprochen hat, darf er sogar offen von ihrem Verhältnis berichten. Die Fee hofft, dass sich dadurch alle Heiratspläne zerschlagen, und warnt Peter eindringlich davor, sich überreden zu lassen. Für den Ritter von Staufenberg steht noch mehr auf dem Spiel als für den Geliebten von Fresne. In diesem ungewöhnlichen Fall wäre die Erfüllung des Kinderwunschs für den werdenden Vater lebensgefährlich. Ehe- und kinderlos zu bleiben, ist daher in Peters ureigenem Interesse.

Religiöser Druck

Die Standhaftigkeit des Ritters gerät jedoch ins Wanken, als er an den französischen Königshof gelangt. Während er das Anliegen seiner Angehörigen zurückweisen konnte, befindet er sich gegenüber dem König von Frankreich in einer untergeordneten Machtposition. Peters Turniererfolge und sein ausgezeichneter Ruf lassen den König auf ihn aufmerksam werden. Dieser will den herausragenden Ritter ehren und ihm seine verwaiste Nichte zur Frau geben. Damit wird der frühere Wunsch von Peters Verwandten literarische Realität. Der Ritter von Staufenberg soll Fürst werden und kann verwandtschaftliche Beziehungen zum Hochadel knüpfen. Höflich versucht der erschrockene Protagonist, das ehrenvolle Angebot auszuschlagen. Sein Stand sei zu gering, um eine so hochstehende Dame zu heiraten. Obwohl der König seinen guten Willen bekräftigt, wehrt sich Peter weiterhin und erregt so einigen Unmut. Keiner der Fürsten kann sein Sträuben verstehen, vielmehr zweifeln sie an seinem Verstand. Nur der anwesende Bischof ahnt, dass Peters Weigerung einen tieferen Grund haben könnte, und stellt die Schicksalsfrage nach einer bestehenden Ehe.

In dieser ausweglosen Situation legt der Ritter ein Geständnis ab. Er erklärt, dass er die allerschönste Frau besäße, die ihn stets begleite und ihm jeden Wunsch erfülle. Auch die drohenden Todesfolgen einer Heirat verschweigt er nicht. Als die Hofgeistlichen erfahren, dass nur Peter seine Geliebte sehen kann, halten sie die Beziehung für teuflischen Spuk. Sie reden auf ihn ein, dass sein Seelenheil auf dem Spiel stehe. Wenn er das Liebesverhältnis mit der Teufelin fortsetze, statt eine fromme Frau zu heiraten, werde er in der Hölle enden. Der äußere Druck auf den heiratsunwilligen Mann ist im Vergleich zur Geschichte von Fresne deutlich höher. Peters sexuelle Beziehung, die nicht auf Reproduktion angelegt ist und sich der gesellschaftlichen Kontrolle entzieht, ist den Geistlichen zutiefst suspekt. Bei einer fertilitätssensiblen Interpretation muss man bei dieser Auseinandersetzung hellhörig werden: Ging es dem anonymen Autor bei der materiell wie sexuell großzügigen Fee darum, eine Männerphantasie zu entwerfen oder eine unfruchtbare Frau zu dämonisieren? Erotische Beziehungen zu dämonischen Frauen sind im Mittelalter und der Frühen Neuzeit jedenfalls ein Faszinosum, von dem in der christlichen wie in der jüdischen Literatur wiederholt erzählt wird. Sexuelles und reproduktives Begehren werden bei diesen ›dämonischen Allianzen‹ gegeneinander ausgespielt.[12] Da sich die männlichen Protagonisten den gesellschaftlichen Reproduktionsforderungen nur zeitweilig entziehen können, sind solche Verbindungen von Anfang an aufs Scheitern angelegt.

Der weitere Handlungsverlauf im *Ritter von Staufenberg* lässt sich sowohl normativitätserzeugend als auch normativitätskritisch lesen. Während Peter den familiären Forderungen standhielt, gibt er der religiösen Gewalt nach. Obwohl sich seine Geliebte zu Christus bekannt hat, weiß er der geballten geistlichen Autorität nichts entgegenzusetzen. Die stetigen Angriffe auf sein Lebensmodell haben ihn mürbe gemacht, so dass er sich dem kollektiven Urteil unterwirft und die Eheschließung verspricht. Wie wenig der Ritter die Einschätzung der Geistlichen teilt, wird daran deutlich, dass er die Fee noch einmal zu sich wünscht. Als diese seinen baldigen Tod prophezeit, schwenkt Peter um. Wie die Priester hält er ihre Vorhersage für eine teuflische Täuschung. Erst als bei seiner Hochzeitsfeier ein mysteriöser nackter Fuß unter der Decke schwebt, wird Peter eines Besseren belehrt.[13] Er bereitet sich auf sein Sterben vor, legt die Beichte ab und befiehlt seine Seele der Gottesmutter an. An seinem Gesinnungswandel ändert sich nichts mehr, vielmehr hat sich seine Liebe von der unfruchtbaren Fee auf eine gebärfähige Frau verschoben. Zärtlich verabschiedet sich Peter von der Königsnichte, die von der jungfräulichen Braut zur kinderlosen Witwe wird und sich ins Kloster zurückzieht. Die Forderung, die Herrschaft durch Heirat zu erweitern, ist erfüllt, doch zu einem sehr hohen

Preis. Während in *La Fresne* individuelles und soziales Begehren durch einen poetischen Kniff übereingebracht werden können, bezahlt der Ritter von Staufenberg für seine Anpassung an die reproduktive Norm mit dem Leben.

Erzwungene Vaterschaft: Gualtieris fragwürdiges Verhalten

In der mittelalterlichen Erzählliteratur müssen oft Widerstände überwunden werden, bevor sich Figuren mit ihrer Reproduktionspflicht arrangieren. Mit der Eheschließung scheinen die Probleme zunächst gelöst, doch können sie virulent bleiben und wachsen. Menschen, die ihre Elternschaft rückblickend bereuen, stellen die gängige Un*fruchtbarkeitshierarchie in Frage. Eine normativitätskritische Perspektive kann ein neues Licht auf eine der beliebtesten frühneuzeitlichen Erzählungen werfen, die aufgrund der übergroßen Geduld der Protagonistin und der Grausamkeiten ihres Mannes Lesende bis in die Moderne fasziniert wie schockiert hat: die Geschichte der Griselda, die durch ihre Heirat von einer armen Bauerstochter zur Markgräfin aufsteigt, doch von ihrem Mann gedemütigt und gequält wird. Erzählt wurde diese Geschichte erstmals in Giovanni Boccaccios (1313–1375) *Decameron*, wo sie den Abschluss des gesamten Erzählzyklus bildet. Schon früh löste Francesco Petrarca (1304–1374) die Novelle aus dem Gesamtzusammenhang und schrieb sie in einen humanistischen Trostbrief um. Über diesen lateinischen Umweg gelangte sie im 15. Jahrhundert auch in die deutsche Literatur, unter anderem übertragen durch den Nürnberger Kartäuser Erhart Groß (gest. um 1450) und den deutschen Frühhumanisten Heinrich Steinhöwel (1410/11–1479).[14] Die Namen der beiden Protagonisten differieren in den verschiedenen Versionen leicht: von Boccaccios Griselda und Gualtieri über die Groß'sche Grisardis und ihren Markgrafen bis hin zu Steinhöwels Griseldis und Walter. Weil jeder Übersetzer andere Akzente setzt, lässt sich an Griseldas Rezeptionsgeschichte die Arbeit am Fruchtbarkeitsmythos besonders gut nachvollziehen.

Der Markgraf von Salerno versucht wie Peter von Staufenberg, sich dem ›reproduktiven Futurismus‹ seines Umfelds zu entziehen. Nach Lee Edelman könnte man ihn damit zu den Queers zählen, die den Fortschritts- und Fortpflanzungsglauben an Glück durch Elternschaft ablehnen.[15] Doch haben Adlige vor der Moderne ungleich weniger Möglichkeiten, sich gegen das gesellschaftliche System zu stellen, als Menschen im 21. Jahrhundert. Gualtieri kann sich der reproduktiven Ordnung ebenso wenig dauerhaft verweigern wie der Ritter von Staufenberg, was gravierende Folgen für ihn und seine Familie nach sich zieht.

Anders als die bisherige Forschung interpretiere ich die Ehe der Griselda nicht als Bewährungsgeschichte einer demütigen Frau, sondern als Reuegeschichte eines Mannes, der wider Willen Vater werden muss. Damit übertrage ich Donaths frauenzentrierten Ansatz auf eine männliche Figur, so dass strukturelle Analogien zwischen bereuter Mutterschaft und bereuter Vaterschaft, Fiktionalität und Realität, Vergangenheit und Gegenwart sichtbar werden. In der aktuellen Debatte ist eine solche Parallelisierung bereuender Mütter und Väter höchst umstritten. So meint die deutsche Soziologin Christina Mundlos (2015), dass Männer ihre Elternschaft seltener bereuten, weil sie sich der Erziehungsarbeit leichter entziehen könnten und nicht in gleicher Weise wie Frauen dafür kritisiert würden.[16] Auch vor diesem Hintergrund erscheint mir eine Untersuchung des Phänomens der bereuten Vaterschaft im Mittelalter gerechtfertigt, weil die Rollenerwartungen gerade für hochadlige Männer erdrückend sind.

Wunsch nach Ungebundenheit

Die zehnte Novelle des zehnten Tages des *Decameron* (1349/53) beginnt mit einem Porträt des Markgrafen von Salerno, der sich ausschließlich mit Jagen und Vogelfang beschäftigt. Gualtieri geht dem typischen Vergnügen des männlichen Adels nach und denkt gar nicht an eine Heirat. Boccaccios Erzähler sympathisiert mit dem jungen Mann, heißt sein Unabhängigkeitsstreben gut und lobt ihn als weise. Mit dieser Einschätzung weicht er jedoch von den Untertanen des Markgrafen ab, denen diese Lebensweise gar nicht gefällt. Wie die Lehnsritter in *La Fresne* sorgen sich die Leute von Salerno im *Decameron* um ihre Zukunft. Sie fürchten, der Markgraf könne ohne Erben bleiben, und würden ihm am liebsten selbst eine Gattin suchen.

Während die Untertanen bei Boccaccio wieder und wieder bitten müssen, genügt in Steinhöwels *Griseldis* (1461/62) ein einziges Gespräch, damit der Markgraf in eine Eheschließung einwilligt. Steinhöwel idealisiert seine Hauptfigur generell, doch verleiht er auch den Bitten der Untertanen mehr Gewicht. Diese kennen das Freiheitsstreben ihres Herrn nur zu gut und wissen, dass er nicht freiwillig heiraten wird. Deshalb stellt ihr Sprecher den gemeinsamen Wunsch als sehr dringlich dar: Zwar befinde sich der Markgraf noch in der Blüte seiner Jahre, doch die Tage eilten dahin. Damit wird der Protagonist auf ähnliche Weise unter Druck gesetzt, wie dies noch heute vielfach in Un*fruchtbarkeitsdiskussionen geschieht. Das Ticken der biologischen Uhr ist eines der gängigsten Argumente, weshalb Menschen – vornehmlich Frauen – möglichst bald Kinder bekommen sollen. In Steinhöwels Version fürchten die Untertanen nach langem vergeblichem Warten, der Markgraf könne sich nie eines Besseren besinnen. Eindringlich bitten sie ihn, von ihrer Angst vor einem Herrschaftswechsel und sozialer Unsicherheit erlöst zu werden.[17]

Weil das Wohlergehen seiner Untertanen auf dem Spiel steht, willigt der Markgraf in eine Heirat ein, obwohl dies seinem persönlichen Lebenswunsch klar widerspricht. Bei Boccaccio erklärt Gualtieri in einer offenen Rede, dass er fest entschlossen war, niemals zu heiraten. Anders als seine Untertanen glaubt er nicht, dass ihm eine Frau viel Freude bereiten kann. Doch verspricht er, sich eine Kandidatin zu suchen, und verlangt einen Freibrief bei seiner Wahl. Nur wenn seine Untertanen seine Braut unabhängig von ihrem Stand als Herrin anerkennen, ist er zur Heirat bereit und droht bei einem Verstoß mit schwerer Strafe. Mit diesem Zugeständnis sichert sich der Markgraf Entscheidungsgewalt in einer Situation, die ihm gänzlich zuwider ist. Die adlige Reproduktionspflicht bringt ihn dazu, gegen seine innere Überzeugung zu handeln, wie er mehrfach betont. Wenn er sich schon in die Ketten der Ehe schmieden lässt, will er nur über seine eigene Fehlentscheidung klagen müssen.[18]

Am stärksten ausgeprägt ist der Wunsch nach Ehelosigkeit in der ersten deutschen Adaptation, der *Grisardis* (1432) des Nürnberger Kartäusers Erhart Groß. Dieser integriert ein umfangreiches Streitgespräch in die Handlung, wodurch sich literarische Inszenierung und historische Diskurse wechselseitig bereichern. Wie wichtig Groß eine grundsätzliche Erörterung der Vor- und Nachteile von Ehe und Elternschaft ist, zeigt der Umfang: Die theoretischen Reflexionen über Un*fruchtbarkeit machen ungefähr die Hälfte des Werks aus. Gattungsgrenzen zwischen einem ehedidaktischen Traktat und erzählender Literatur lassen sich bei Groß schwerlich ziehen.[19] In der *Grisardis* wünschen die Untertanen die Heirat ihres idealen Herrn, damit sich ihre Situation nach seinem Tod nicht verschlechtert. Sie verstehen das Gleichnis Jesu, dass ein guter Baum gute Frucht bringt, genealogisch. Gemeinsam mit einer tugendhaften Frau muss der tadellose Markgraf auch vorbildliche Kinder bekommen. Obwohl die Untertanen wissen, dass ihr Herr ehelos bleiben will, bestimmen sie eine Delegation, die den kollektiven Kinderwunsch vorträgt. Der Protagonist reagiert wie zu erwarten. Zwar würdigt er die Zuneigung der Seinen, doch schlägt er ihre Bitte aus. Für die Sicherung der Herrschaft über seinen Tod hinaus fühlt sich der Markgraf nicht verantwortlich, vielmehr setzt er auf religiöse statt auf reproduktive Kontinuität. Angesichts des gütigen Walten Gottes erscheint ihm die Sorge um seine Nachfolge geradezu kleingläubig. Wenn er selbst nicht mehr für seine Untertanen sorgen kann, wird dies ein anderer übernehmen, der ihn vielleicht gar übertreffen mag.

Im Unterschied zu den anderen Versionen hat der Protagonist bei Groß ehrenwerte Gründe für seinen Lebenswunsch. Er will sich nicht feudalen Vergnügungen hingeben, sondern sorgt sich um sein Seelenheil. Enthaltsamkeit erscheint ihm ein größeres Gut als die Ehe und ein Garant für ewiges Leben. Unbefleckt von körperlichen Leidenschaften will er Gott seine Seele übergeben und sich in die Gemeinschaft der Engel eingliedern.[20] Auch mit innerweltlichen Argumenten sucht der Markgraf, seine Untertanen von ihrer Forderung abzubringen. Sie dürften sich nicht in trügerischer Sicherheit wiegen. Selbst wenn er heiraten und einen Sohn zeugen würde, garantiere dies nicht, dass dieser ebenfalls ein guter Herrscher sei.[21] Damit deckt der Markgraf auf, dass manche Motive, weshalb Menschen Kinder bekommen sollen, nur bedingt tragfähig sind. Das Leben ist so vielfältig, dass Reproduktion nicht der Schlüssel zu allen sozialen Problemen sein kann. Als die Bittsteller insistieren, wechselt der Markgraf seine Strategie. Er appelliert an ihre Liebe und Treue und kontrastiert die unsichere Aussicht auf einen trefflichen Erben mit seiner viel begründeteren Hoffnung auf das Himmelreich. Den sozialen Druck seiner Untertanen, beantwortet der Markgraf mit religiösem Gegendruck und fordert die Solidarität seiner Glaubensgenossen ein. Warum wollten sie ihm, der nicht nur ihr Herr, sondern auch ihr Freund und Bruder sei, schaden?

Fehlende Entscheidungsfreiheit

Der Protagonist der *Grisardis* kann sich auf eine einflussreiche asketisch-theologische Diskurstradition stützen, das Lob der Ehe- und Kinderlosigkeit durch die antiken Philosophen und die christlichen Kirchenväter (Kap. 5, S. 152–160). Dass er dennoch auf seinen Lebenswunsch verzichten muss, hängt einzig mit seinem Stand zusammen, den Erhart Groß immer stärker in den Fokus rückt. Die Delegierten lassen die Einwände des Markgrafen nicht gelten und erklären seine Wertvorstellungen für unangemessen. Seine Sorge um das Seelenheil erscheint ihnen unbegründet, da auch Eheleute und Witwen ins Himmelreich gelangten. Für einen Herrscher sei Enthaltsamkeit keine Tugend, vielmehr könne er das ewige Leben eher erwerben, wenn er das Joch der Ehe auf sich nehme. Mit Nachdruck fordern die Boten ihren Herrn auf, das Gemeinwohl höher zu gewichten als sein persönliches Ideal. Der Markgraf lässt sich jedoch nicht umstimmen, so dass keine Annäherung zustande kommt und das Gespräch unterbrochen werden muss.

Für die Fortsetzung holen sich die Boten die Unterstützung des angesehenen Meister Marcus. Auch ihm gegenüber hält der Markgraf an seinem Wunsch fest, ›Vater von Niemandem‹ zu sein. Doch lässt er sich auf diskursiver Ebene auf das Anliegen von Meister Marcus ein, was zu einem weiteren umfangreichen Dialog über die Vor- und Nachteile der Ehe führt. Der Markgraf begründet seine ablehnende Haltung mit dem Leid und Verdruss, den eine Ehe bereiten kann. Sein erster Gedanke gilt der Angst vor Unfruchtbarkeit und der schrecklichen Enttäuschung, wenn seine Frau kein Kind zur Welt brächte und er seinen Lebenswunsch umsonst geopfert hätte. Aber selbst mit einer fruchtbaren Frau könnte das Leben unerträglich sein. Anschaulich malt der Markgraf die Gefahren weltlicher Liebe aus, erinnert an biblische Männer, die durch weibliche Verführung zu Fall kamen, und beruft sich auf zahlreiche ehekritische Aussagen von Philosophen und Kirchenlehrern. Das Geschwätz und Gezänk von Frauen, ihr Neid und ihre Eifersucht, ihr Stolz und Unverstand, ihre Gefallsucht und Untreue, ihre Ansprüche und Stimmungsschwankungen seien eine schwere Bürde. Während der Markgraf bei der Delegation mit religiösen Argumenten Verständnis zu wecken suchte, präsentiert er sich im gelehrten Gespräch als Frauenfeind und gliedert sich in die misogyne rhetorische Tradition seit der Antike ein.

Nicht einmal ein Kinderwunsch rechtfertigt nach Ansicht des Markgrafen die Eheschließung. Alle gängigen Zeugungsmotive, die auf die Zukunft ausgerichtet sind, erscheinen ihm völlig sinnlos: »Was geht das uns an, wenn wir von dieser Welt scheiden, dass ein anderer unseren Namen trägt?«[22] Die Annahme, dass Eltern in ihren Kindern weiterleben, teilt der Markgraf nicht. Ein Sohn ähnle nicht zwangsläufig seinem Vater, und es gebe viele gleichen Namens. Auch das Bemühen, das familiäre Erbe durch Nachkommen zu sichern, hält der Protagonist für wenig erstrebenswert. Ein Sohn könne vor dem Vater sterben oder auf die schiefe Bahn geraten, weshalb gute Freunde und treue Verwandte eine bessere Alternative seien. Hab und Gut solle man besser selbst gebrauchen, statt den mühevoll erarbeiteten Besitz anderen zu überlassen. Seine Argumentation wendet der Protagonist auch ins Religiöse. Weshalb soll ein Mensch, der Erbe des Reiches Gottes ist, leibliche Erben zeugen wollen? Warum soll er sich nach Kindern und Kindeskindern sehnen, wenn diese an christlichen Anforderungen scheitern und auf ewig verdammt werden können? Für den Markgrafen ist in keiner Weise nachvollziehbar, dass ein reflektierender Mann heiraten und sich Kinder wünschen soll.

Um dieses flammende Plädoyer zu entkräften, fährt Meister Marcus eine doppelte Strategie. Zum einen versucht er, den Markgrafen von der weiblichen Tugendhaftigkeit zu überzeugen und so von seiner Ehephobie zu kurieren. Zum anderen will er ihn dazu bewegen, seine Reproduktionspflicht anzuerkennen. Sein zentrales Argument setzt bei der Kategorie des Standes an. Meister Marcus erklärt, dass es Jungfrauen, Witwen, Ehe- und Ordensleute gebe und in einem Herrschaftsverbund verschiedene Stände nötig seien: König und Fürsten, Geistliche sowie Bauern, Fischer und Handwerker. Jeder müsse sich seinem Stand gemäß verhalten und die ihm von Gott zugedachten Aufgaben erfüllen. Diese allgemeine Standeslehre bezieht Marcus direkt auf den Markgrafen. Als Fürst sei es seine soziale wie religiöse Pflicht, einen Erben zu zeugen. Gott selbst habe ihn mit der Herrschaft beauftragt und damit auch zur Reproduktion bestimmt.

Persönliche Konsequenzen zu ziehen, würde Meister Marcus gern dem Betroffenen überlassen. Er fordert ihn auf, das Gehörte abzuwägen, und mahnt zu bedenken, was »das Nützlichste und Beste« sei. Wie frei ist der fromme Markgraf noch in seiner Entscheidung, wenn sein Widerstand gegen die Ehe eine Auflehnung gegen die göttliche Ordnung bedeutet? Dass er dennoch ein weiteres Mal Widerspruch einlegt, zeugt von seiner ausgeprägten Abneigung, Ehemann und Vater werden zu müssen. Der Protagonist beruft sich auf das paulinische Keuschheitsideal, das Marcus nicht gelten lässt. Nur ein einfacher Mann dürfe zwischen verschiedenen Lebensformen wählen, ein Herrscher müsse sich dagegen dem Willen seines Volkes beugen. Dem Markgrafen bleibt, wie Marcus resümiert, keine Wahl. Der Fall kann nicht anders entschieden werden, weil die Sache so ist, wie sie ist.[23] Die gesellschaftliche Anforderung führt zu einem regelrechten Heiratszwang. Dennoch suggeriert die Disputation, dass der Markgraf eine selbstbestimmte Entscheidung getroffen habe, was aber allein für die Wahl der Braut zutrifft.

Fruchtbarkeit als Fehler

Der Markgraf entscheidet sich für ein armes Mädchen aus dem Dorf. Seine Hochzeit ist eine Mesalliance, die Boccaccio nur wenig beschönigt, indem er von Gualtieris vorgängigem Interesse an der jungen Frau berichtet. Die Wahl der Braut lässt sich als Ausdruck des Widerwillens gegen die Institution der Ehe und als subtiler Protest gegen das gesellschaftliche Reproduktionsdiktat lesen. Gualtieri nutzt die Heirat nicht, um seinen Herrschaftsbereich auszudehnen, Ansehen zu gewinnen oder sich ökonomische Vorteile zu verschaffen. Vielmehr entscheidet er sich für eine Frau, die ihm ständisch weit unterlegen ist, die er umso leichter beherrschen und auf ihre Gebärfunktion reduzieren kann. Der Markgraf erfüllt die Ansprüche seiner Untertanen minimal und fordert dafür Zustimmung ein. Auch von Griselda verlangt er absoluten Gehorsam. Sie muss versprechen, ihm zum Gefallen zu leben, nie wegen seiner Worte oder Taten zu zürnen und sich stets unterzuordnen. Wenn Gualtieri schon heiraten muss, will er sich zumindest möglichst große Handlungsmacht sichern.

Griselda erweist sich als äußerst glückliche Wahl: Sie ist gehorsam, demütig, diensteifrig und erfüllt zugleich alle ständischen Pflichten. Am Hof verhält sie sich so angemessen, als ob sie aus einer adligen Familie stammen würde. Neben ihren Repräsentationsaufgaben wird Griselda auch der wichtigsten Anforderung gerecht: Zur großen Freude des Markgrafen gebärt sie eine Tochter. Bald darauf kommt Gualtieri jedoch auf »den seltsamen Gedanken«, wie Boccaccios Erzähler tadelnd anmerkt, die Geduld seiner Frau auf die Probe zu stellen.[24] Der Markgraf instrumentalisiert Griseldas Fruchtbarkeit, um sie wegen ihrer niederen Herkunft zu diskriminieren. Er täuscht vor, dass seine Untertanen höchst unzufrieden seien und ihre gemeinsame Tochter niemals als Erbin akzeptieren würden. Damit blendet Gualtieri den eigentlichen Heiratsgrund aus und verschweigt das Ergebenheitsversprechen seiner Leute. Stattdessen suggeriert er, dass diese nur von Adligen beherrscht werden wollten. Die Fruchtbarkeit seiner Frau stellt er als unerwünschtes Nebenprodukt seiner Ehe, ja als schwerwiegenden Fehler dar.[25] Anders als man angesichts der erbrechtlichen Einschränkungen erwarten könnte, macht er Griselda nicht etwa das Geschlecht des Kindes, sondern ihre eigene ständische Herkunft zum Vorwurf. Gegenüber seiner Frau tritt Gualtieri als Vollstrecker der Volksmeinung auf. Wenn er im Frieden mit seinen Untertanen leben wolle, müsse er die Ursache aller Kritik beseitigen. Er nimmt Griselda ihre kleine Tochter weg und lässt sie glauben, das Kind werde getötet.

Der kolorierte Holzschnitt stellt die Deportation des Kindes bildlich dar (Abb. 11). Er stammt aus einem illustrierten Druck von Steinhöwels *Griseldis*, der um 1473 in Ulm publiziert wurde, und umfasst ein gutes Drittel der Folio-Seite.[26] Links ist ein Innenraum zu sehen, in dem eine in ein rotgefärbtes Gewand gekleidete Dame auf einem gepolsterten Stuhl sitzt. Die Wiege zu ihren Füßen scheint sich noch zu bewegen, doch das Bettchen ist leer. Der in das Zimmer eingetretene Bote hat das Kind schon an Arm und Schultern ergriffen, noch hält aber auch die Mutter körperlich Kontakt. Ob sie ihr Kind freiwillig übergibt oder seine Beinchen schützend umfasst, ist schwer zu sagen. Die Nacktheit des Kindes und die fehlenden Abschiedsgaben deuten auf eine plötzliche Trennung hin. Widerstandslos lässt die Dame den Boten gewähren und blickt ihn mit offenen Augen an. In der rechts anschließenden Szene hat der Bote das geschützte Zimmer verlassen. In der freien Natur verstaut er das Kind in die Tragetasche eines Esels, um es fortzubringen. Der Vater des Kindes bleibt unsichtbar.

Die Markgräfin besteht die schwere Prüfung glänzend. Ohne sich zu sträuben oder Vorwürfe zu erheben, beugt sie sich dem Willen ihres Mannes. Nach einiger Zeit wird Griselda abermals schwanger und bringt einen Jungen zur Welt. Obwohl ihr zweites Kind das für einen adeligen Erben ersehnte Geschlecht besitzt, stellt Gualtieri seine Frau ein weiteres Mal auf die Probe. Er vermittelt ihr erneut den Eindruck, dass ihre Fruchtbarkeit nichts wert sei und gravierende Probleme verursache. Keinesfalls wollten seine Leute den Enkel eines armen Bauern als künftigen Herrscher akzeptieren. Mit dieser Scheinklage begründet Gualtieri, warum er seiner Frau auch ihr zweites Kind wegnehmen muss. Auf ihre Kosten kritisiert er die adlige Reproduktionspflicht, indem er den Stand zum ausschlaggebenden Faktor für den Wert von Fruchtbarkeit erklärt. Die doppelte Prüfung wird in den illustrierten Inkunabeln bildlich markiert. Der Holzschnitt mit der Trennung von Mutter und Kind wird zweimal verwendet, ohne zwischen Tochter und Sohn zu unterscheiden. Eine solche mehrfache Verwendung eines Holzschnitts ist für den frühen Buchdruck zwar typisch, hat hier aber auch einen narrativen Mehrwert: Bei dem zweiten Kindesentzug handelt es sich um eine fast identische Wiederholung des ersten.

Griselda ordnet sich erneut widerspruchslos Gualtieri unter, der von seinem grausamen Verhalten nicht mehr ablassen kann. Schließlich gibt er vor, sich von seiner Frau trennen und eine ständisch ebenbürtige Partnerin heiraten zu wollen. Die Diskrepanz zwischen der wahren Wert- und der vorgetäuschten Geringschätzung der Leute von Salerno ist frappierend. Obwohl sich vor allem die weiblichen Untertanen für Griselda einsetzen, handelt Gualtieri mitleidlos. Er schickt sie fast nackt zu ihrem armen Vater zurück. Erst als Griselda auch diesmal ihre Demut beweist und weiterhin bereitwillig dient, löst der Markgraf sein grausames Spiel auf. Er enthüllt, dass es sich bei der vermeintlichen neuen Braut und ihrem jungen Begleiter um ihre gemeinsamen Kinder handelt, und nimmt Griselda wieder als seine Frau auf.

Imagination des Verschwindens

Das Verhalten des Protagonisten ist rätselhaft. Weshalb wandelt sich der freiheitsliebende junge Jäger in einen herrschsüchtigen und grausamen Ehemann? Warum meint er seine fügsame Frau auf die Probe stellen zu müssen, obwohl diese keinerlei Anlass zum Misstrauen bietet? Der Erzähler in Boccaccios *Decameron* tadelt Gualtieri scharf. Dieser gehöre zu jenen Herrschern, die besser Schweine hüten als über Menschen herrschen sollten. Spätere Übersetzer und Bearbeiter der Novelle haben allerlei Anstrengungen unternommen, das Verhalten des Markgrafen zu beschönigen, ohne die Problematik je auflösen zu können.[27] In einer normativitätskritischen Analyse erscheint Gualtieris Handeln dagegen weniger überraschend. Meine Deutung setzt bei seiner ausgeprägten Abneigung gegen eine Heirat, dem gesellschaftlichen Reproduktionsdiktat und den Geburten der Kinder an.

Auffälligerweise ändert sich Gualtieris Einstellung zu seiner Frau, nachdem das Paar Nachwuchs bekommen hat. Statt mit ungetrübter Freude reagiert er mit Gewalt auf den Familienzuwachs. Der Markgraf beklagt zwar nicht explizit, Vater geworden zu sein, doch projiziert er diese negativen Gefühle auf seine Gefolgsleute. Damit bezieht er das Motiv der Reue ausgerechnet auf jene Instanz, die ihn in die Ehe und zur Vaterschaft gedrängt hat. Unter einem ständischen Vorwand gelingt es Gualtieri, eine Familiensituation zu schaffen, die seinem Lebenswunsch viel eher entspricht. Der Mann, der ›Vater von Niemandem‹ werden wollte, hat seine feudale Pflicht erfüllt und sorgt nun für seine persönliche Entlastung. Was er vor sich selbst als Prüfung seiner Frau rechtfertigt, verschafft ihm zugleich Freiheit von seinen Kindern. Phantasien vom Verschwinden sind charakteristisch für das Phänomen der bereuten Mutterschaft, wie Orna Donath erklärt. In ihren Interviews sehnen sich Frauen danach, familiäre Bindungen aufzulösen oder zumindest getrennt von ihren Kindern zu leben. Sie entwickeln Phantasien, die von dem Wunsch getragen sind, sie selbst oder ihre Kinder könnten plötzlich verschwinden.[28]

Eine solche Imagination vom verschwindenden Kind stellt der Ulmer Holzschnitt bildlich dar (Abb. 11). Die Wiege in der linken Bildseite wird von einer Helferfigur leergeräumt, die das Kind anschließend im Korb versenkt und weit wegbringt. Im Vergleich zu bereuenden Müttern der Moderne verfügte ein adliger Herrscher in der Vormoderne über mehr Möglichkeiten, die Familienverhältnisse in seinem Sinn zu ordnen. Leibliche Kinder wegzugeben und an anderen Höfen oder in anderen Haushalten erziehen zu lassen, war im Mittelalter keineswegs unüblich.[29] Gualtieri verstößt jedoch gegen die gängige Praxis, indem er seine eigentliche Intention verheimlicht und seiner Frau vorspielt, ihre Kinder beseitigen zu müssen. Da er Griselda zu völligem Gehorsam verpflichtet hat, kann er die Vaterschaft ganz aus seinem Bewusstsein bannen. Dreimal setzt der Markgraf die vermeintliche Reue seiner Untertanen als Machtinstrument ein, um sich völlige Autonomie zu sichern und das Unumkehrbare rückgängig zu machen. Widerspruchslos spielt Griselda in seiner Inszenierung mit. Nach dem Verschwinden der Kinder leben die Eheleute zusammen, als ob sie nie Eltern geworden wären.

Fragwürdiger als Gualtieris ›Prüfungen‹ erscheint in meiner normativitätskritischen Lesart das Ende der Geschichte. Hat Griselda durch ihre Demut den Markgrafen eines Besseren belehrt und davon überzeugt, dass eine Familie doch eine erstrebenswerte Lebensform ist? Arrangiert sich Gualtieri zuletzt mit seiner Vaterschaft und sehnt sich nach seinen Kindern? Vorgespielt wirkt in Boccaccios Novelle nicht nur die Heimführung der Tochter als Braut, sondern auch das späte Familienglück nach langen Jahren der Trennung. Nach

Donaths Beobachtungen neigen bereuende Mütter dazu, ihre wahren Gefühle performativ zu verschleiern. Weil bereute Elternschaft ein Tabu sei, imitierten betroffene Frauen das Handeln anderer Mütter und versuchten so, sich den normativen Erwartungen anzupassen. Sie stellten Mutterglück zur Schau, unabhängig davon, ob dies ihren wahren Empfindungen entspreche. Was das Markgrafenpaar ›wirklich‹ empfindet, bleibt in Boccaccios Novelle wie den deutschen Adaptationen natürlich fiktiv. Aus reproduktionsnormativer Perspektive freilich kann das Ende nicht glücklicher sein: Die gesellschaftliche Erwartung, dass Ehe und Elternschaft Erfüllung bringen und »Anpassung letztlich zum Happy End« führt,[30] wird durch das Familienfest bestätigt.

Reproduktionserwartungen: Wenn Frauen bereuen

Im Gespräch mit der Soziologin Donath klagten Frauen darüber, dass ihr Wunsch nach einem kinderlosen Leben kaum beachtet worden sei. Andere machten sich selbst dafür verantwortlich, ihre eigenen Bedürfnisse zurückgestellt und sich dem Partner untergeordnet zu haben. Schon in der mittelalterlichen Erzählliteratur wird problematisiert, dass auch die Anliegen von Frauen mit den Reproduktionserwartungen anderer kollidieren können. Protagonistinnen, die gerne auf Ehe und Familie verzichten würden, begegnen in verschiedenen Gattungskontexten, sei es im Epos, im Roman oder in der Legende. Die Gründe, warum sich weibliche Figuren gegen eine Heirat und implizit auch gegen eine Mutterschaft aussprechen, sind vielfältig:[31] Die irische Prinzessin Isolde würde im *Tristan* Gottfrieds von Straßburg (1200–1220) lieber im vertrauten Umfeld bei ihrer Familie bleiben, statt mit einem unbekannten Mann in die Fremde zu ziehen. Die verwitwete Herrscherin Dido weist im *Eneasroman* Heinrichs von Veldeke (1174/84–85) alle Werber zurück, weil sie ihrem verstorbenen Gatten treu bleiben will. Die junge Königsschwester Kriemhild schließt im *Nibelungenlied* (um 1200) eine Heirat kategorisch aus, damit sie niemals ein so großes Leid erfahren muss, wie ihr im Traum prophezeit wurde. Am häufigsten ist der weibliche Wunsch nach Ehelosigkeit in der mittelalterlichen Literatur jedoch religiös motiviert; auf diese legendarischen Erzählungen werde ich im nächsten Kapitel ausführlich eingehen.

Beim Vergleich mit männlichen Protagonisten fällt auf, dass weiblichen Figuren – jedenfalls in der weltlichen Literatur – nicht allzu viel Raum gelassen wird, sich gegen eine Eheschließung zu wehren. Generell erscheint in der mittelalterlichen Adelskultur wenig relevant, was Frauen wollen. Ehevereinbarungen werden zwischen Männern ausgehandelt, die sich durch neue verwandtschaftliche Bindungen diverse Vorteile versprechen: Schutz, Frieden, Reichtum, Einfluss und Macht. Frauen müssen der Absprache der Männer zwar formal zustimmen, haben aber selten eine wirkliche Entscheidungsfreiheit, weder ob noch wen sie heiraten wollen. Die Heldin des bekanntesten deutschen Heldenepos ist dafür ein gutes Beispiel. Kriemhilds erklärter Wunsch, unverheiratet zu bleiben, ist für den weiteren Handlungsverlauf völlig irrelevant. Als ihr Bruder Gunther sie verheiraten will, um eine politische Allianz mit dem starken Siegfried zu schmieden, erkennt sie seine Autorität widerspruchslos an: »Ja, ich will immer tun, was immer ihr mir gebietet, das soll geschehen.«[32]

Die Reue der Mutter des Gregorius

Über einen größeren Handlungsspielraum verfügt dagegen die Fürstin von Aquitanien im *Gregorius* Hartmanns von Aue (um 1190).[33] Im Unterschied zu Kriemhild kann die namenlose Protagonistin selbst über ihre Lebensform entscheiden, da sie keinem männlichen Vormund unterstellt ist. Nach dem Tod ihres Vaters und ihres Bruders hat sie die Herrschaft über Aquitanien angetreten, sucht aber gleichzeitig ein geistliches Leben zu führen. Ihr Wunsch nach Ehelosigkeit ist biographisch begründet und hängt mit einer Un*fruchtbarkeitsgeschichte zusammen, von der im Narrativ der sozialen Alternative schon die Rede war (Kap. 8, S. 250–253): Durch eine Liebesbeziehung zu ihrem Bruder wurde die Fürstin als junges Mädchen schwanger, was sie nur durch das Aussetzen des Kindes verbergen konnte. Nun sucht sie durch Frömmigkeit, Fasten und Beten für ihre schwere Inzestsünde zu büßen.

Die einflussreichen Männer Aquitaniens kennen die negative Einstellung ihrer Fürstin gegenüber der Ehe und leiden darunter. Ihr Land fällt der Brandschatzung und Verwüstung zum Opfer, weil ein Aggressor die Herrschaft erobern will und die alleinstehende Fürstin sich nicht militärisch verteidigen kann. Nur dank der Einsatzbereitschaft eines fremden Ritters, des jungen Helden Gregorius, wird der Belagerer besiegt, das Land befreit und der Frieden gesichert. Aufgrund dieser leidvollen Erfahrungen fürchten sich die Landesherren vor neuen Angriffen. Solange kein Mann herrscht, halten sie Aquitanien grundsätzlich für bedroht. Im Sinne des Gemeinwohls beschließen sie, ihre Fürstin gemeinsam um eine Heirat zu bitten. Bei diesem Gespräch spielt das Sicherheitsbedürfnis ihrer Untertanen jedoch auffälligerweise keine Rolle mehr. Statt genderspezifisch argumentieren die Landesherren feudalpolitisch und pochen auf die adlige Reproduktionspflicht.

Ihre Argumente sind aus den anderen Un*fruchtbarkeitsgeschichten des Narrativs der erzwungenen Elternschaft gut bekannt. Die Herren halten den

Wunsch der Fürstin, aus religiösen Gründen auf eine Ehe zu verzichten, für einen Fehler. Sie tue Unrecht daran, wenn sie für ihr mächtiges Reich keinen Erben hinterlasse. Die Forderung, die in den vorherigen Geschichten stets an männliche Herrscher gestellt wurde, übertragen die Männer von Aquitanien auf ihre Fürstin. Deren politische Funktion, nicht ihr Geschlecht verlangt die Reproduktion. Die Herren appellieren an die Protagonistin, ihren persönlichen Wunsch den Interessen ihres Landes unterzuordnen. Mehrfach betonen sie, dass eine Ehe für ihren Stand die angemessenere, ja überhaupt die beste Lebensform sei. Das religiöse Anliegen erkennen sie zwar an, doch erklären sie eine Heirat für zielführender: Auf diese Weise würde die Fürstin nicht nur weltlichen Ansprüchen, sondern auch dem göttlichen Gebot viel eher genügen.

Die Protagonistin lässt sich von diesen Forderungen umstimmen und gelobt zu heiraten. Dass die Eheschließung auch diesmal keine individuelle, sondern eine kollektive Angelegenheit ist, hält der Erzähler fest: »Damit geschah der Wille aller.« Wen die Fürstin zum Mann nehmen will, stellen die Landesherren ihr frei; zumindest darüber darf sie selbst entscheiden. Getreu der epischen Grundregel, dass der Erlöser die Prinzessin erhält, fällt ihre Wahl auf Gregorius. Die allgemeine Begeisterung über die Heirat können die Leserinnen und Leser der legendenhaften Erzählung kaum teilen. Sie wissen, dass die Fürstin gerade den eigenen Sohn zum Mann erwählt hat und die Sünde des Inzests unwissentlich wiederholen wird. Das erhoffte Kind ist also schon da, ohne dass es sein Erbe je wird antreten dürfen. Mutterschaft ist für die Fürstin von Aquitanien kein Anlass zur Freude, sondern zur doppelten Klage. Das Kind, das sie einst bekam, brachte den Geschwisterinzest ans Licht und führte zur Trennung wie zum Tod ihres geliebten Bruders. Die Wiedererkennung ihres Sohnes nach vielen Jahren stürzt sie erneut und verstärkt in eine tiefe Krise. Als die Dame merkt, mit wem sie eine glückliche Ehe führt, bedauert sie, je geboren worden zu sein.

Die Reue der Fürstin von Aquitanien über ihre Mutterschaft ist angesichts des doppelten Inzests nur allzu verständlich.[34] Die Protagonistin beklagt nicht, dass sie sich der sozialen Reproduktionsforderung gebeugt, sondern dass sie mit den falschen Partnern geschlafen hat. Damit lassen sich ihre negativen Emotionen einer der wenigen Situationen zuordnen, in denen Frauen heute über ihre familiäre Situation klagen dürfen, ohne gesellschaftlich kritisiert zu werden. Wie Orna Donath klarstellt, wird das Bereuen im Zusammenhang mit Mutterschaft in genau zwei Fällen toleriert, wobei die Reue einmal als soziales Drohmittel und Machtinstrument, das andere Mal zum Zweck der Normierung eingesetzt wird: Zum einen wird gewollt kinderlosen Frauen suggeriert, dass sie es noch bereuen werden, kein Kind bekommen zu haben. Zum zweiten wird die Klage von Müttern dann als legitim betrachtet, wenn ihr Kind in physischer, psychischer oder sozialer Hinsicht vom Durchschnitt abweicht, also ›andersartig‹ ist.³⁵ Für das Mittelalter ist diese zweite Variante bereuter Mutterschaft die Regel, wie sowohl die Geschichte der Fürstin von Aquitanien als auch mein nächstes Beispiel belegen. Auch im Kapitel zur Dämonologie ist uns ein solcher Fall begegnet, als eine Mutter ihr (Wechsel-)Kind auf einem Heuhaufen ablegte und sich nur noch mit roher Gewalt zu helfen wusste (Kap. 4, S. 144).

Die Reue der Mutter des Asinarius

In der anonymen mittellateinischen Versnovelle *Asinarius* (um 1200) steht die Reue einer Frau in auffälligem Kontrast zu ihren eigenen Wünschen. Obwohl die Protagonistin sich lange Zeit sehnlichst Nachwuchs wünschte, bedauert sie ihre Mutterschaft zutiefst, sobald ihr Kind auf der Welt ist.³⁶ Die Erzählung setzt ein mit der Vorstellung eines Königs, dessen Identität unbekannt ist. Ausdrücklich betont der Erzähler, dass niemand seinen Namen oder sein Land kenne, so dass die Geschichte im märchenhaft Ungefähren verbleibt. Im Unterschied zu anderen Herrschern muss der König nicht zur Ehe oder Elternschaft gedrängt werden. Aus eigenem Antrieb wählt er eine seinem Stand gemäße Frau aus, um mit ihr Thron und Bett zu teilen. Das Königspaar genießt viele Privilegien, verfügt über großen Reichtum und hohes Ansehen, doch fehlt zum vollkommenen Glück ein Erbe; die Ehe bleibt wie in den allermeisten Un*fruchtbarkeitsgeschichten lange kinderlos.

Der Erzähler beschreibt das Leiden des Königspaars an seiner Kinderlosigkeit eindringlich. Die Eheleute führen ein reges Sexualleben, ohne den gewünschten Zweck zu erreichen. Niemals haben ihre reproduktiven Bemühungen Erfolg. Zwar werden der König und die Königin nicht von anderen unter Druck gesetzt, doch haben sie die gesellschaftlichen Erwartungen selbst verinnerlicht. Vor allem die Königin scheint an ihrer Unfruchtbarkeit zu verzweifeln, weil sie doppelt leidet. Sie empfindet einerseits tiefes Mitleid mit ihrem Mann, den auch der Erzähler bedauert. Andererseits schämt sie sich zutiefst, ihre wesentliche Aufgabe als Ehefrau nicht erfüllen zu können. Durch ein umfangreiches Selbstgespräch erhalten Rezipientinnen und Rezipienten Einblick in das Innere der unglücklichen Frau, die sich hilflos und überflüssig fühlt. Nachdem sie wieder und wieder vergeblich mit ihrem Mann geschlafen hat, ist ihr das Liebesspiel zuwider.

Ihre Kinderlosigkeit bestimmt die Identität der Königin, wenn sie klagend erklärt: »Ich bin eine bemitleidenswerte Frau.« Ihren Körper vergleicht sie mit einem unfruchtbaren Acker und einem durchlöcherten Sack. Beide Vergleiche sind kulturhistorisch aufschlussreich: In ihnen dokumentiert sich die zeugungstheoretische Vorstellung, dass der männliche Samen das lebensspendende Prinzip verkörpert, das vom weiblichen Körper genährt und zur Reife gebracht werden muss (Kap. 2, S. 55 f.). Als Ursache für die Unfruchtbarkeit kommt für die Königin allein die defizitäre Beschaffenheit ihres Unterleibs in Betracht, nicht die mangelnde Qualität des Samens. Daher weist sie sich die alleinige Schuld an der Unfruchtbarkeit ihrer Ehe zu. Alle anderen Werte erscheinen ihr im Vergleich zur Elternschaft sekundär. Ihr adeliges Geschlecht, der große Reichtum und der königliche Ruhm zählen für sie nicht, solange sie keinen Erben gebären kann. Daher ersetzt die Königin ihre sexuellen durch religiöse Aktivitäten und handelt so, wie es durch das bekannteste mittelalterliche Narrativ der Un*fruchtbarkeit vorgegeben ist: Unaufhörlich fleht sie zu den Göttern, damit sie ihrem Reproduktionsauftrag gerecht werden kann.

Als ihr Wunsch endlich Wirklichkeit geworden ist, ändert sich die Haltung der Dame grundlegend. Sobald das Kind auf der Welt ist, bereut sie es, Mutter geworden zu sein. Innerhalb der Erzählung wird die Reue dadurch motiviert, dass das Kind von der Norm abweicht: Das Wesen, was die Königin gebärt, ist ein Eselchen. Auch der Erzähler kann sein Erschrecken und seine Verwunderung kaum verbergen: »Oh, was für eine Geburt!« Wenn eine menschliche Mutter ein Tierkind gebäre, rufe dies Staunen, aber noch weit mehr Mitleid hervor. Die große Freude, die die Königin nach langer tiefer Verzweiflung während der Schwangerschaft empfunden hat, schlägt erneut ins Negative um. Laut beklagt sie, was für ein Kind sie empfangen hat, und wünscht sich ihr altes Leben zurück: »Sie möchte lieber keine Mutter sein, als die von einem Eselein.«

Die Königin im *Asinarius* darf wie die Fürstin im *Gregorius* Reue über ihre Mutterschaft äußern, weil ihr Kind nicht den gesellschaftlichen Werten und Normen entspricht. Doch bleibt sie mit ihrer Ablehnung des Sohnes allein. Nur die Mutter, nicht aber der Vater bedauert es, je ein Kind bekommen zu haben. Die unterschiedlichen Einstellungen beider Elternteile werden beim Umgang mit dem Kind überdeutlich, so dass die Mutter auf diese Weise subtil abgewertet wird. Die Königin belässt es nämlich nicht bei dem Wunsch, dass ihr Kind verschwinden möge, sondern erteilt gar einen Tötungsbefehl. Das Eselchen soll zerstückelt und an die Fische verfüttert werden, damit jede Erinnerung an seine Existenz schwindet. Der König dagegen vereitelt den Kindsmord, akzeptiert Asinarius als seinen Sohn und bestimmt ihn – ungeachtet seines ungewöhnlichen Äußeren – zu seinem Thronfolger.[37] Das Ende der Novelle gibt dem fürsorglichen Vater, nicht der bereuenden Mutter Recht. Nachdem Asinarius sich verschiedentlich bewährt und eine Königstochter zur Frau gewonnen hat, kann er seine Eselshaut in der Hochzeitsnacht abstreifen. Seine Andersartigkeit erweist sich als märchenhafte Hülle. Im Verlauf der Geschichte wird er zu dem Sohn, den sich seine Eltern immer gewünscht haben: der perfekte Erbe der Königsherrschaft. Ob sich die Einstellung der Mutter je ändert, ob sie Asinarius Hass spüren lässt und ob sie mit ihm über ihre Reue spricht, ist nicht Teil der Geschichte. Eine mittelalterliche Erzählung über die Glückssuche eines Königssohns ist kein soziologischer oder psychologischer Erfahrungsbericht zur bereuten Mutterschaft. Der ihr zugeschriebene Mordplan lässt die Königin jedoch insgesamt in einem sehr schlechten Licht erscheinen.

Gute Mutter, schlechte Mutter

Donaths Studie belegt, dass bereuende Mütter vielfach abgewertet werden. Ihnen werden psychische Defizite oder Persönlichkeitsstörungen unterstellt. Mitunter werden Frauen, die lieber keine Kinder bekommen hätten, sogar dämonisiert oder kriminalisiert, indem ihnen Tötungsabsichten unterstellt werden.[38] Dass Frauen ihre Mutterschaft bereuen könnten, ohne eine spezifische Ursache zu haben, scheint kaum vorstellbar. Die Erwartungen, die an Frauen durch die Kategorie der Un*fruchtbarkeit herangetragen werden, gehen aber noch weiter. Von ihnen wird nicht nur verlangt, Kinder zu bekommen und Fürsorgefunktionen zu übernehmen, sondern auch spezifisch mütterliche Gefühle auszubilden. Als die englische Schriftstellerin Rachel Cusk in ihrer autobiographischen Erzählung *Lebenswerk. Über das Mutterwerden* (2001) eindrucksvoll erzählte, wie sie sich nach der Geburt ihrer Tochter nach ihrem »verlorenen, vormütterlichen Ich« sehnte, wurde dies als skandalös gewertet.[39] Von einer ›guten Mutter‹ wird einfach erwartet, dass sie ihr Kind bedingungslos liebt und mit ihrer familiären Situation glücklich ist. Eine Frau, die ihre Mutterschaft in Frage stellt, gilt dagegen als ›schlechte Mutter‹, unabhängig davon, ob sie ihre Kinder liebt und wie sie diese behandelt.

Möchte man die Protagonistinnen meiner Un*fruchtbarkeitsgeschichten nach ihren mütterlichen Gefühlen klassifizieren, steht man bei Griselda vor einem Problem: Wie ist das Verhalten einer Mutter zu bewerten, die ihre Kinder ohne jeglichen Einwand einem Auftragsmörder ausliefert? Wundern kann man sich bei Boccaccios Novelle nämlich nicht nur über Gualtieris grausame Proben, sondern auch über Griseldas Fügsamkeit. Nachdem sie Gehorsam versprochen hat, scheint sie kein Eigenleben mehr zu besitzen. Alle Empfindungen, die sie nach außen zeigt, entsprechen den Vorgaben ihres Mannes, der sie wieder und wieder zu einem Gefühlsausbruch zu verleiten sucht. Die deutschen Übersetzer ringen damit, die unterwürfige Ehefrau mit ihrem Mutterideal übereinzubringen. Erhart Groß etwa stilisiert Grisardis zu einer vorbildlichen Mutter, indem er sie ihre Kinder sogar stillen lässt. Anders als im Adel üblich ernähre sie die Kleinen selbst, um zu vermeiden, dass mit der Milch auch die schlechten Gewohnheiten einer Amme auf ihre Kinder übergingen.⁴⁰

Heinrich Steinhöwel legt dagegen offen, dass die Ansprüche an eine ›gute Ehefrau‹ mit den Erwartungen an eine ›gute Mutter‹ kollidieren. Als der Markgraf ihre kleine Tochter verschwinden lassen will, antwortet Griseldis, wie es sich für eine ›gute Ehefrau‹ gehört. Sie erklärt sich und das Kind zum Eigentum ihres Mannes. Nichts, was er wolle, könne ihr missfallen. Auch gegenüber dem Diener, der die Kleine mitten in der Nacht abholt, zeigt Griseldis keinerlei Anzeichen der Erregung. Obwohl sie davon ausgehen muss, dass ihr Kind getötet werden soll, sind weder Tränen zu sehen, noch ist ein Seufzen von ihr zu hören. Steinhöwels Erzähler weist eigens darauf hin, wie wenig dieses Verhalten den üblichen Erwartungen an eine ›gute Mutter‹ entspricht: Selbst von einer Amme würde man in einer solchen Situation lautes Klagen hören, ganz zu schweigen von einer Mutter. Griseldis hingegen übergibt ihr Kind mit fröhlichen Gebärden. Ihre einzige Bitte zielt darauf ab, den zarten Körper nicht von wilden Tieren zerreißen zu lassen, sofern dies nicht dem Wunsch ihres Mannes widerspreche.

Beim Entzug des Sohnes reagiert die Markgräfin nicht anders. Sie beugt sich Walters Anordnungen kritiklos und übergibt erneut ein Kind seinem mutmaßlichen Mörder. Griseldis definiert sich nicht als Mutter, sondern als Dienstleisterin ihres Gatten. Deshalb erklärt sie, durch die Kinder nur Mühe, keine Vorteile zu haben.⁴¹ Zwar ist Griseldis' Willfährigkeit dadurch gerechtfertigt, dass sie als eine ›gute Ehefrau‹ lediglich den Anweisungen ihres Mannes gehorcht. Doch weicht ihr Verhalten erneut von den Erwartungen an eine ›gute Mutter‹ ab und erscheint zunehmend fragwürdiger. Steinhöwels Erzähler merkt entschuldigend an, dass der äußere Eindruck den inneren Gefühlen nicht entsprechen müsse. Wenngleich sich Griseldis mit unverändertem Gesicht von ihrem Sohn verabschiede, wisse er nicht, wie ihr innerlich zumute sei. Selbst Walter, der seine Frau aufmerksam beobachten lässt, ist diese Gleichmütigkeit unheimlich. Ihre Mutterliebe erscheint nicht mehr selbstverständlich, sondern muss betont werden. Wenn der Markgraf nicht um Griseldis' große Liebe zu ihren Kindern wüsste, würde ihn ihr Verhalten argwöhnisch stimmen, stellt der Erzähler klar. Für die Ehrenrettung seiner Protagonistin nimmt er sogar innertextuelle Unstimmigkeiten in Kauf. Walters Gewissheit in Bezug auf die Mutterliebe passt wenig zu seinen sonstigen Zweifeln an seiner Frau. Doch kommt eine Mutter, die den Tod ihrer Kinder leichtnimmt, nach Aussage des Erzählers einem Tyrannen gleich. Griseldis entspräche damit nicht mehr den Anforderungen und Ansprüchen, die an eine vorbildliche weibliche Figur gestellt werden.

Ausblick

In der mittelalterlichen Erzählliteratur werden fertile Normen durchgesetzt, Wertvorstellungen vermittelt und Differenzen zwischen einer ›guten Mutter‹ und einer ›schlechten Mutter‹ verhandelt. Vom Reproduktionsdrang, wie ihn Martin Luther allen Menschen bescheinigte (Kap. 1, S. 45 f.), ist in diesen Un*fruchtbarkeitsgeschichten nichts zu merken. Vielmehr wird auf manche Protagonisten ein regelrechter Reproduktionszwang ausgeübt; sie würden sich gerne der Ehe und Elternschaft verweigern, müssen aber zuletzt in eine Heirat einwilligen. Wie sehr die Forderung, dass Menschen heiraten und Kinder bekommen sollen, im Mittelalter von ständischen Kriterien abhängt, ist in allen Geschichten des Narrativs der erzwungenen Elternschaft ersichtlich geworden. Zwar stehen kinderlose Männer – im Gegensatz zur Gegenwart – unter einem erhöhten Rechtfertigungsdruck, doch ist die Kategorie des Standes vielfach wichtiger als die des Geschlechts. Herrscherinnen und Herrscher dürfen nicht wählen, wie sie leben möchten, sondern müssen ihre Nachfolge reproduktiv regeln.

So begrenzt wie im Mittelalter sind die Entscheidungsmöglichkeiten bei der Frage der Elternschaft heute nicht mehr. Die meisten Menschen können wählen, ob sie heiraten und Kinder bekommen wollen. Doch ist die verbreitete Annahme, dass sich mittlerweile alle Frauen selbstständig und aus freien Stücken zur Mutterschaft entscheiden, nicht haltbar. Orna Donaths Studie deckt auf, dass die Vorstellung einer allumfassenden Wahlfreiheit auch in den westlichen Gesellschaften der Gegenwart eine Illusion ist. Manche Frauen bekommen nur deswegen Kinder, weil sie von ihrem Partner, von Angehörigen und Freunden dazu gedrängt werden oder weil sie dazu gehören und nicht von der Norm abweichen wollen. Die wenigsten können vorher erahnen, was eine Mutterschaft überhaupt für sie bedeutet. Wie das eigene Selbstverständnis und das bisherige Lebenskonzept durch die Geburt eines Kindes komplett umgestülpt wird, führt Rachel Cusks *Lebenswerk* an der inneren Zerrissenheit einer jungen Mutter vor Augen.[42]

Gewollt kinderlosen Frauen wird oft suggeriert, dass sie es noch bereuen werden, keine Kinder bekommen zu haben. Das implizite Versprechen, dass Frauen nur durch biologische Mutterschaft wirkliche Erfüllung und Befriedigung finden können, wird man in der mittelalterlichen Literatur vergeblich suchen. Menschen werden zwar zur Ehe und Reproduktion gedrängt, doch wird das soziale Interesse noch nicht durch Glücksrhetorik verschleiert. Erst in der Reformationszeit wird das Familienleben mit emphatischer Bedeutung aufgeladen und die Reproduktionsnorm zum individuellen Lebenssinn verklärt. Das Narrativ der erzwungenen Elternschaft führt vor Augen, dass Reproduktionsforderungen nicht nur für Menschen, die keine Kinder bekommen können, negative Folgen haben. Eine Aufhebung der Dichotomie zwischen Fruchtbarkeit und Unfruchtbarkeit und eine Relativierung der damit verbundenen Wertehierarchie können für Eltern wie Nicht-Eltern entlastend sein.

11
Keusche Ehe: Kein Kind wollen

Abb. 12 *Marias Widerstand – Miniatur aus den* Driu liet von der maget *des Priesters Wernher (um 1220)*

Viele kinderlose Frauen setzen sich ab Mitte dreißig zunehmend selbst unter Druck oder geraten gar in fertile Torschlusspanik. Dass manche dagegen nie ein Begehren nach Mutterschaft entwickeln, stellt die deutsche Publizistin Sarah Diehl klar. In ihrem Buch *Die Uhr, die nicht tickt* (2014) beschreibt sie ihre Situation als glückliche Kinderlose und erzählt auch von anderen Frauen, die ein erfülltes Leben ohne Kind führen. Diehl ist davon überzeugt, dass sich ihre eigene Einstellung gegenüber einer Familie nie verändern wird. Das beliebte gesellschaftliche Druckmittel der Reue, das viele Frauen verinnerlicht haben, greift in ihrem Fall also nicht. Kritisch setzt sich Diehl mit dem Image kinderloser Frauen auseinander, das sie für miserabel und mit Klischees überfrachtet hält. Für Frauen scheine es nur zwei Alternativen zu geben: das Reproduktions- oder das Verweigerungsmodell. Während das erste angesehen sei und mit Engagement, Loyalität, Verantwortung, Erfüllung und Glück gleichgesetzt werde, stoße das andere auf Kritik. Gewollte Kinderlosigkeit werde einerseits mit Egoismus, Selbstzentriertheit und Karrierefixiertheit und andererseits mit Scheitern, Unerfülltheit und Einsamkeit verbunden. Diehl bedauert, dass es kaum positive weibliche Vorbilder für ein Leben ohne Kinder gebe. Die Rede über Mutterschaft sei so allgegenwärtig, dass gewollt kinderlose Frauen gar ihrer Urteilsfähigkeit misstrauten und sich fragten, ob sie nicht doch Nachwuchs bekommen sollten.[1]

Geschichten von Vorzeige-Frauen, aber auch von -Männern, die gewollt kinderlos bleiben, gibt es im Mittelalter viele. Späte Reue oder Zweifel sind diesen Figuren völlig fremd. Das Narrativ der keuschen Ehe erzählt von Menschen, die zur Elternschaft verpflichtet werden sollen, sich aber dauerhaft dem reproduktiven Futurismus ihrer Umgebung verweigern. Doch unterscheidet sich ihre Überzeugung grundlegend von dem, was Lee Edelman in *No future* (2004) zum queeren Lebensprogramm erklärt.[2] Die Protagonistinnen und Protagonisten dieser mittelalterlichen Un*fruchtbarkeitsgeschichten lehnen es zwar ab, alles dem Wohlergehen der nächsten Generation unterzuordnen, handeln aber ebenso zukunftsbezogen: Ihr ganzer Einsatz dient dazu, nach dem Tod einmal zu Gott zu gelangen. Anknüpfend an Edelman könnte man daher davon sprechen, dass die Akteure in diesem Erzähltyp den reproduktiven durch einen religiösen Futurismus ersetzen.

Mein sechstes Narrativ beginnt wie das vorherige, nimmt aufgrund der festen Entschlossenheit der Figuren jedoch einen anderen Verlauf. Die Protagonisten lassen sich zwar ebenfalls in eine ungewollte Ehe drängen, doch passen sie sich nur scheinbar der sozialen Norm an. Unbemerkt überformen sie das weltliche Modell mit monastischen Idealen und leben trotz bzw. mit Ehepartner zölibatär. Damit wird die Verbindung zwischen Ehelosigkeit und Kinderlosigkeit, die ich in den vorherigen Kapiteln vorausgesetzt habe, entkoppelt; der Wunsch nach Ehelosigkeit wird im Narrativ der keuschen Ehe durch das Streben nach Enthaltsamkeit ersetzt. Was andere für verantwortungslos und gefährlich halten, erscheint Keuschheitswünschenden als die einzig richtige Lebensform. Während gewollt Kinderlose von ihrem sozialen Umfeld massiv unter Druck gesetzt werden, erhalten sie auf narrativer Ebene einflussreiche Unterstützung. Die Erzähler von Marienleben, Heiligenviten, Legenden, Kanonisationsakten und Brautwerbungsepen werten Kinderlosigkeit als Beleg für besondere Frömmigkeit. Die Bewertung von Un*fruchtbarkeit unterscheidet sich im Mittelalter grundlegend, je nachdem, ob sie aus feudalpolitischer oder religiöser Sicht betrachtet wird.[3] Wer absichtlich keinen Nachwuchs bekommt, ist prädestiniert dafür, heiliggesprochen zu werden.

Wider die Norm: Keuschheit als Lebensideal

In den aktuellen Diskussionen über Un*fruchtbarkeit wird die Gebärunwilligkeit von Frauen problematisiert, obwohl in Partnerschaften oft Männer keine Kinder wollen oder eine Entscheidung aufschieben. Für sie hat Kinderlosigkeit eine andere Bedeutung, vor allem müssen sie sich im Unterschied zu Frauen kaum dafür rechtfertigen.[4] Im Mittelalter sah dies anders aus. Wie im letzten Kapitel ersichtlich wurde, geraten in der Erzählliteratur vor allem männliche Figuren unter Druck, heiraten und zeugen zu müssen. Erklärlich ist dies durch die größere Handlungsmacht, die Männer in der mittelalterlichen Gesellschaft besaßen. Überredet werden müssen nur diejenigen, die selbst über ihre Lebensform entscheiden dürfen. Der Wunsch, keusch zu leben, war zwar nichts Außergewöhnliches, doch nur innerhalb von Kirche und Kloster. Im Narrativ der keuschen Ehe machen Männer mit politischer Verantwortung dieselbe Erfahrung wie der Ritter von Staufenberg und der Markgraf von Salerno. Weil ein vorbildlicher Herrscher zugleich Ehemann und Vater sein muss, werden sie von ihren Lehnsleuten, Beratern und Angehörigen zur Eheschließung gedrängt.

Dass auch Frauen in mittelalterlichen Un*fruchtbarkeitsgeschichten Widerstand gegen eine Eheschließung leisten dürfen, hängt mit der christlich-asketischen Tradition zusammen, die das Narrativ der keuschen Ehe entscheidend geprägt hat. Schon die Kirchenväter gestanden christlichen Frauen zu, zwischen einem Leben als Jungfrau und Ehefrau wählen zu können, so war im Kapitel zur Ethik zu lesen. Dies schlägt sich in genderspezifischen Gattungsunterschieden nieder: Während weiblichen Figuren in der weltlich-höfischen Literatur kaum Widerspruchsmöglichkeiten eingeräumt werden, dürfen sie sich in der geistlich-legendarischen Literatur engagiert gegen eine Heirat wehren. Die Position von Männern und Frauen unterscheidet sich primär darin, wer Ansprüche an sie stellt. Herrscher werden in der Regel von Untergebenen, Damen von einer übergeordneten Instanz, ihrem Vormund, Eltern, Geistlichen und Werbern, zur Reproduktion aufgefordert.

Oswalds und Heinrichs Zeugungsunwilligkeit

Von Männern, die keine Kinder wollen, erzählen mehrere mittelalterliche Legenden. Weil Könige, Grafen und Ritter ihre Nachfolge durch Zeugung sichern sollen, wird etwa König Oswald von England zur Eheschließung aufgefordert. Der Legendenstoff um den im Jahr 642 gefallenen Märtyrer und Missionar war im Mittelalter sehr beliebt. Seit dem 12. Jahrhundert wurde die Geschichte seiner gefährlichen Werbung um eine ferne Braut in verschiedenen volkssprachigen Vers- und Prosa-Fassungen wiedererzählt. Oswald wird als sehr junger, sehr mächtiger und sehr angesehener König eingeführt. Könige, Bischöfe, Herzöge, Grafen und Ritter sind ihm zum Dienst verpflichtet. Als der Held ins heiratsfähige Alter kommt, raten ihm im *Wiener Oswald* (überliefert 2. Hälfte 15. Jh.) alle zur Eheschließung. Er solle eine tugendhafte Frau auswählen, die ihm hinsichtlich ihres Standes ebenbürtig ist. In *Der Heiligen Leben* (um 1400) wird der Heiratsappell ausdrücklich mit Oswalds Vorbildlichkeit und der Hoffnung auf Nachwuchs begründet. Weil der König so ehrenhaft und fromm ist, denken seine Lehnsleute, dass er auch einen vortrefflichen Sohn zeugen wird. Sie drängen ihn, die Thronfolge zu sichern; Oswald aber will sich nicht sexuell betätigen.[5]

Auf welches Unverständnis ein zeugungsunwilliger Herrscher stößt, stellt Ebernand von Erfurt in der Verslegende vom Kaiserpaar Heinrich und Kunigunde (um 1220) heraus. Noch vor seiner Kaiserkrönung entschließt sich Heinrich, bis zum Tod keusch zu bleiben. Mit diesem Vorsatz gerät er in Konflikt zu seinen Fürsten, die eine Heirat fordern. Heinrich hat sich zu diesem Zeitpunkt bereits im Kampf bewährt, sein Reich erweitert und Gotteshäuser ausgestattet. Erneut wächst mit dem Ansehen der soziale Druck. Die Fürsten freuen sich, dass keiner ihrem gerechten und mildtätigen Herrscher gleichkommt. Alle hoffen, dass Heinrich einen Sohn zeugt, der das Reich in seinem Sinne weiterregiert. Seine Berater verwenden viel Energie darauf, den König zur Ehe zu drängen. Täglich bitten sie ihn, dass er »zum Wohl des Reiches« heirate.[6] Heinrich aber sieht in seiner Kinderlosigkeit keinen Nachteil. Statt einem leiblichen Sohn will er den der himmlischen Jungfrau Maria zu seinem

Erben einsetzen, hält diesen Plan aber geheim. Die Heiratsbereitschaft spitzt sich schließlich auf die Frage der Herrschaftsfähigkeit zu. Die Fürsten sind einhellig der Ansicht, dass sich Ehelosigkeit für einen Herrscher nicht gehöre und nie vorgekommen sei. Heinrich wird mit Vorwürfen konfrontiert, seine Pflicht nicht zu erfüllen und sein Reich zu zerstören; seine Machtstellung ist folglich gefährdet. Man würde erwarten, dass er sich nun dem Drängen beugt, doch gibt der König nur vor, seine Meinung geändert zu haben. Während die erfreuten Fürsten eine Braut aussuchen, besteht Heinrichs Keuschheitswunsch in unverminderter Stärke fort.

Marias Gebärunwilligkeit

Der christliche Prototyp einer Frau, die um keinen Preis heiraten und gebären will, ist die spätere Mutter Jesu. In allen mittelalterlichen Marienleben leistet sie erbitterten Widerstand gegen eine Eheschließung. Man kann sich fragen, weshalb Maria von den Legendenerzählern überhaupt als Keuschheitswünschende dargestellt wird. Eine erste Antwort liegt auf der Hand: Das Wunder der Jungfrauengeburt wird zusätzlich beglaubigt, wenn die spätere Mutter Jesu auf keinen Fall heiraten und schon gar nicht mit einem Mann schlafen will. Da Maria immer an diesem Entschluss festhielt, muss ihre Schwangerschaft eine nichtmenschliche Ursache haben. Eine zweite Erklärung ergibt sich aus der normativitätskritischen Perspektive meiner Studie: Gewollte Kinderlosigkeit wird in der christlich-asketischen Tradition höher gewertet als zufällige oder ungewollte. Hätte Maria nur aufgrund äußerer Umstände nicht mit Josef verkehrt, könnte man ihr dies kaum zugutehalten. Viel größer erschien ihre Leistung dagegen, wenn sie sich selbst aus religiösen Gründen für ein kinderloses Leben entschied und ihren Entschluss auch noch gegen Widerstände durchsetzen musste.

Priester Wernher erzählt in den *Driu liet von der maget* (Drei Verserzählungen von der Jungfrau; 1172), wie ein edler Mann Maria zur Schwiegertochter und Mutter seiner Enkel gewinnen will.[7] Diese aber schlägt das Angebot kategorisch aus. Eine Ehe ist für sie unvorstellbar, weil sie bis an ihr Lebensende Jungfrau bleiben will. Der Werber zieht die Tempelherren, in deren Obhut Maria lebt, auf seine Seite. Alle Priester raten mit Nachdruck, den Antrag anzunehmen. Als die junge Frau ihre Position verteidigt, versucht der ranghöchste Geistliche, sie mit religiösen Argumenten umzustimmen. Seine Einwände sind aus den theologischen Reflexionen der Un*fruchtbarkeit gut bekannt: Gott selbst habe die Ehe bei der Schöpfung gestiftet, und die Welt wäre wüst und leer geblieben, wenn Eva keine Kinder bekommen hätte. Der Bischof wertet das Gebären als Voraussetzung sowohl für das Lob Gottes als auch für die Erlösbarkeit von Frauen. Maria muss demnach heiraten und Kinder gebären, wenn sie zum Heil gelangen will.

Die Protagonistin hält dagegen. Sie verweigert den Gehorsam und stellt ihr Lebensideal gegen die Lehre des Bischofs, wobei sie sich auf die biblischen Vorbilder des frommen Abel und des keuschen Elias beruft. Ihr Entschluss scheint unumstößlich: Bevor die Herren sie in eine Ehe drängen, werden sie Wasser aus einem Stein pressen.[8] Verstimmt ziehen sich die Geistlichen zurück und überlegen, wie sie den Widerstand der jungen Frau brechen können. Auch ohne ihre Zustimmung wird die Hochzeit terminiert. Die Feierlichkeiten beginnen mit einer bischöflichen Klage über Marias Eigensinnigkeit. Viele Mädchen wurden im Tempel großgezogen, doch keine habe sich je gegen die Ehe gewehrt, wie hoch ihr Stand auch gewesen sei. Wie schon in Heinrichs Fall wird das, was der Norm entspricht, als normal und richtig dargestellt. Für den Bischof ist die Gebärunwilligkeit neu; bislang kannte er nur das weibliche Reproduktions-, nicht das Verweigerungsmodell. Deshalb ist er davon überzeugt, dass die Geschichte so nicht gut ausgehen kann. Keinesfalls darf Maria als einzige abweichen und sich nicht nach seinem Rat richten.

In der Illustration der Krakauer Bilderhandschrift (um 1220/1225) ist die Auseinandersetzung zwischen Maria und den Männern in Szene gesetzt (Abb. 12). Im Zentrum des mehr als die Hälfte der Seite füllenden Bildes steht die Figur, die den Anlass für den Streit liefert. Ein Werber trägt den beiden linken Männern sein Anliegen vor und deutet mit der Hand auf die weibliche Figur ganz rechts. An der Kopfbedeckung und der Körperhaltung des linken Paars lässt sich die religiöse Machtposition ablesen. Die Priester bleiben während des Gesprächs sitzen und sind urteilsberechtigt. Dass sie eine figurale Einheit bilden, sich der Faltenwurf ihrer Kleidung kaum auseinanderhalten lässt und sie mit einer gemeinsamen Stimme durch ein Spruchband sprechen, verleiht ihrer Aussage doppeltes Gewicht. Maria hingegen scheint in der Bildkomposition regelrecht an den Rand gedrängt, doch sorgt ihr Spruchband dafür, dass sie präsent bleibt. Ihr Körper ist leicht abgewandt und drückt so eine distanzierte Haltung aus, ihr Gesicht aber wendet sie den Sitzenden zu. Alle drei Köpfe befinden sich auf einer Linie, was durch die innerbildliche Rahmung und Farbgebung hervorgehoben wird. Maria kommuniziert mit den Herren buchstäblich auf Augenhöhe. Der ausgestreckte rechte Zeigefinger macht deutlich, dass sie etwas zu sagen hat. Ihr langes Haar trägt Maria offen. Sie muss sich nicht wie eine verheiratete Frau verschleiern und will an diesem Familienstand nichts ändern. Das Spruchband, das die Geistlichen in der Hand halten, fasst deren Forderung zusammen: »Wende diesem Mann dein

Herz zu. Das raten wir dir alle, junge Dame.«⁹ Wer die Antwort auf Marias Spruchband lesen möchte, muss die Illustration um 180 Grad drehen. Deutlicher lässt sich nicht zeigen, dass ihre Gebärunwilligkeit die geltende Ordnung auf den Kopf stellt.

Im *Marienleben* Wernhers des Schweizers (14. Jh.) verschärft sich dieser Konflikt.¹⁰ Dass Frauen gebären sollen, ist nicht nur unmarkierte Norm, sondern religiöses Gesetz. Vor Marias 15. Geburtstag geben die Priester einen Erlass heraus, der alle jungen Frauen ihres Alters zur Heirat verpflichtet. Frauen, die nicht fruchtbar sind, verstoßen demnach gegen den Willen Gottes und das Gesetz des Mose. Wie in den *Driu liet von der maget* wird Maria von der religiösen Elite zur Ehe gedrängt. Viele edle Männer werben um sie und bieten reiche Geschenke. Maria darf zwar entscheiden, wen sie heiraten will, doch die Ehe selbst steht nicht zur Disposition. Unerschrocken bekennt sie sich auch in dieser jüngeren deutschen Version zu ihrem Lebensideal und argumentiert, dass sie aufgrund eines früheren Gelübdes von der allgemeinen Heiratspflicht befreit sein müsse.

Die irritierten Priester stellen die Rechtmäßigkeit ihres Handelns in Frage und werfen Maria vor, neue Sitten einzuführen. An der Überzeugung, dass kinderlose Frauen bei Gott verhasst und verflucht sind, halten die Geistlichen fest. Maria lässt sich dadurch nicht einschüchtern. Sie differenziert zwischen Fruchtbarkeit im Diesseits und im Jenseits und ersetzt so die Reproduktionsnorm durch ihr Keuschheitsideal. Die Priester wissen nicht, wie sie der jungen Frau beikommen sollen. Doch sind sie sich einig, dass eine Verweigerung nicht ohne Folgen bleiben wird. Zwingen sie Maria nicht zur Ehe, werden ihr andere Frauen nacheifern. Die religiösen Machthaber fürchten, dass alle Männer verschmäht werden und sie in Schande geraten. Das vermeintlich göttliche Gesetz erweist sich als Instrument patriarchaler Herrschaft. Ist eine Frau von der Gebärpflicht ausgenommen, wird die gesamte Bewertungsskala der Un*fruchtbarkeit relativiert.

Gottesliebe statt Familiengründung

Von den Argumenten, die in den ethischen Diskussionen seit der Antike gegen Reproduktion vorgebracht werden, ist in der mittelalterlichen Legendenliteratur der Freiraum für Wichtigeres ausschlaggebend. Keuschheitswünschenden geht es zwar auch darum, familiäre Belastungen zu vermeiden, doch wollen sie sich vor allem religiösen Belangen widmen können. Marias Keuschheitswunsch wird in den *Driu liet von der maget* damit begründet, dass Gott selbst sie zur Braut erwählt habe. Die junge Frau kann nicht mehr heiraten, weil sie schon an einen metaphysischen Partner vergeben ist. Diesen Aspekt hält der Illustrator der Bilderhandschrift fest (Abb. 12). In Marias Spruchband ist zu lesen, »dass ich mich Gott versprochen habe«.[11] Dass sie mit diesem zentralen Argument als Siegerin aus dem Streit mit den Priestern hervorgehen wird, zeigen Länge und Form ihres Spruchbandes. Marias Band wird zu einem eigenen Rahmen, der das gesamte Bild durchzieht und sogar darüber hinaus wächst. Die Konkurrenz zwischen beiden Positionen wird klar zu ihren Gunsten entschieden.

Auch Wernher der Schweizer hebt in seiner Bearbeitung die emotionale Bindung der Protagonistin zu Gott hervor. Maria bezeichnet Christus als ihren Bräutigam, dem sie sich anvertraut habe. Ihr inniges Verhältnis beschreibt sie mit Hilfe von Einheitsformeln, wie sie aus den höfischen Liebesromanen und dem Minnesang bekannt sind: »denn er ist mein und ich bin sein.«[12] Gott nimmt die Stelle eines menschlichen Lebenspartners ein, dem Maria Treue versprochen hat und mit dem sie alt werden möchte. Im privaten Gebet und vor den Priestern legt sie ein spirituelles Liebesbekenntnis ab und beschreibt ihre Beziehung zu Gott in leuchtenden Farben. Bei ihm gebe es nur Freude, kein Leid, sie bleibe vor Hunger und Durst, Kälte und Alter verschont. Für Gott will sie keusch und rein, ehe- und kinderlos bleiben.

Die Liebe zu Gott ist auch der wichtigste Charakterzug des Protagonisten in Konrads von Würzburg Legende *Alexius* (um 1274).[13] Der Erzähler stellt seine Hauptfigur als jungen Mann vor, der ein heiliges Leben führte, seine Keuschheit stets bewahrte und frei von schweren Sünden blieb. Alexius fällt von Anfang an durch seine Frömmigkeit auf; er liebt Gott mehr als alles andere. Seine Eltern, die lange auf das ersehnte Kind warten mussten, können sich glücklich schätzen: Ihr Sohn ist überaus klug, angesehen und ehrenhaft, sein Aussehen tadellos, sein Verhalten frei von Schande. Zweimal wird seine Gottesliebe erwähnt und ihre Intensität durch Feuermetaphorik hervorgehoben: Sein Herz brannte wie eine heiße Kohle in Liebe zu Gott. Dass Alexius deshalb nie mit einer Frau schlafen und kein Kind zeugen möchte, merkt seine Familie erst, als er in der Hochzeitsnacht davonläuft. Religiöse und sexuelle Liebe sind für Alexius Alternativen, zwischen denen er sich entscheiden muss.

Die Gegensätze zwischen verschiedenen Liebesformen werden auch in der Vita der englischen Rekluse (eingeschlossen in einer Zelle lebenden) Christina von Markyate (1096/98 – um 1155) scharf kontrastiert.[14] Als das Mädchen zum ersten Mal mit Ordensleuten in Kontakt kommt, keimt in ihm sofort der Wunsch nach dem Klosterleben. Die Hagiographie zeigt, wie sich Christina früh von ihrem sozialen Umfeld distanziert. Während andere sich bei Festivitäten vergnügen, bleibt sie betend und meditierend allein. Als die Eltern erste Heiratspläne schmieden, erklärt Christina, dass sie Jungfrau bleiben will. Dabei beruft auch sie sich auf ein Keuschheitsgelübde, das sie heimlich im Gottesdienst abgelegt hat. Die Eltern nehmen diesen Wunsch aber nicht sonderlich ernst, weil ein ehe- und kinderloses Leben jenseits ihres Vorstellungsvermögens liegt.

Christina muss ihre Standhaftigkeit bald beweisen. Im Familienkreis begegnet ihr Bischof Ralph von Durham, der mit ihrer Tante liiert ist, doch zugleich Christina nachstellt. Der Erzähler führt vor Augen, wie gefährlich die Situation für die unschuldige junge Frau ist. Wie soll sie sich gegen einen sexuell erfahrenen, gewieften und einflussreichen Kirchenmann wehren? Die Protagonistin aber ist dem Bischof intellektuell überlegen. Sie durchschaut seine Strategie, lässt sich vorgeblich auf eine Verführung ein und ergreift rechtzeitig die Flucht. Ihre Keuschheit bleibt gewahrt, aber sie gewinnt einen mächtigen Feind. Da Ralph einsieht, dass Christina nie freiwillig mit ihm schlafen wird, soll ein anderer ihre Jungfräulichkeit zerstören. Er beeinflusst einen jungen Adligen namens Burthred, um ihre Hand anzuhalten. Nun muss Christina ihr Keuschheitsideal nicht mehr gegenüber einem übergriffigen Fremden, sondern gegenüber ihren weisungsberechtigten Eltern verteidigen.

Mit Schmeicheleien, Versprechungen, Drohungen, Geschenken und Strafen wollen die Eltern erreichen, dass ihre Tochter der weiblichen Norm entspricht. Selbst Christinas beste Freundin spannen sie zu Manipulationszwecken ein. Die Protagonistin erhält keine Gelegenheit mehr, sich mit Gleichgesinnten zu treffen. Sie darf das Kloster nicht mehr besuchen und ihr bleibt kein Freiraum mehr für das Gebet. Stattdessen muss sie an öffentlichen Empfängen teilnehmen, Wein einschenken und mit Gästen speisen. Christina gerät somit noch vor einer Heirat in eine Situation, vor der der Kirchenvater Hieronymus christliche Frauen warnte: Bei den ganzen gesellschaftlichen Pflichten, die eine Ehefrau erfüllen müsse, bleibe ihr kaum noch Zeit für Gott (Kap. 5, S. 156). Umso positiver lässt sich Christinas Verhalten bewerten. Auch in der höfisch-festlichen Sphäre lässt sie sich nicht von ihrem religiösen Begehren abbringen. Schon der Blick auf das Kloster, den sie aus dem Festsaal erhaschen kann, stärkt ihren Entschluss. Ihre Liebe zu Gott ist so groß, dass alle Verlockungen und Repressalien nicht fruchten. Diese Sicherheit teilt Christina mit anderen Keuschheitswünschenden, die niemals an ihrem Ideal zweifeln. Dass eine gewollt kinderlose Frau ihre Entscheidung später einmal bereuen könnte, ist im Narrativ der keuschen Ehe ausgeschlossen. Von den Legendenerzählern wird diese reproduktionskritische Haltung nicht nur akzeptiert, sondern – im Unterschied zu den Bewohnerinnen und Bewohnern der erzählten Welt – als vorbildlich gewertet.

Das Ticken der eschatologischen Uhr

Für Frauen, die Kinder bekommen wollen, aber noch keine haben, ist das Lebensalter ein wichtiges Thema. Viele Wunschmütter fragen sich besorgt, wie lange ihr Reproduktionsvermögen wohl noch erhalten bleibt. Mit steigendem Alter neigen Frauen mit einem unerfüllten Kinderwunsch verstärkt dazu, die Ursache sich selbst zuzuschreiben, aber auch Männer vermuten den Hinderungsgrund für eine Schwangerschaft primär bei Frauen.[15] Im Narrativ der keuschen Ehe spielt der Faktor Zeit ebenfalls eine entscheidende Rolle, doch geht es nicht um die begrenzte Zeit weiblicher Fruchtbarkeit, sondern menschlichen Lebens überhaupt. Mehrfach entscheiden sich Figuren, enthaltsam zu bleiben, um sich möglichst gut auf das Jenseits vorzubereiten. Sie wissen, dass sie in absehbarer Zeit sterben müssen, und wollen alles Förderliche für ihr Seelenheil tun. Warnungen, das Wesentliche nicht aus den Augen zu verlieren und sich religiösen Dingen zu widmen, ziehen sich wie ein roter Faden durch die christliche Diskursgeschichte. Dieser eschatologisch motivierte Imperativ der Kinderlosigkeit wird im Narrativ der keuschen Ehe in Handlung überführt.

In Ebernands Legende ist die Angst vor dem Sterben das treibende Motiv für die verweigerte Vaterschaft. Beunruhigt durch einen Traum bereitet sich Heinrich auf sein Ableben vor. Er meint, in sechs Tagen sterben zu müssen, weil er die Worte »nach sechs« auf einer Grabinschrift gelesen hat. Als er am siebten Tag noch am Leben ist, geht der König von einer Wochenfrist aus und intensiviert seine Bemühungen. Aus sechs Wochen werden sechs Monate und schließlich sechs Jahre. Vor diesem Hintergrund erklärt sich Heinrichs hartnäckiges Sträuben gegen eine Heirat. Sein Entschluss, keusch zu leben, erwächst aus einer ständigen Todeserwartung. Die Reproduktionspflicht ist irrelevant und sogar kontraproduktiv, wenn das Jüngste Gericht naht.[16]

Das Ticken der eschatologischen Uhr hören die Protagonisten meiner Un*fruchtbarkeitsgeschichten unterschiedlich laut. Deshalb entscheiden sie sich auch nicht immer aus eigenem Antrieb für ein keusches und kinderloses Leben. In der legendarischen Brautwerbungsepik erteilt Gott selbst den Auftrag, bis an das nahende Lebensende enthaltsam zu sein. Im *Münchner Oswald* verlangt Christus von dem Helden, der den glücklichen Abschluss seiner Werbungsreise feiert, die Ehe nicht zu vollziehen. Diese plötzliche Wendung hat in der Forschung für einige Diskussionen gesorgt.[17] Die gesamte Brautwerbung scheint ins Leere zu laufen, wenn sie in eine keusche Ehe mündet. Für Oswald aber stehen seine Anstrengungen, eine Braut zu gewinnen, und ihre gemeinsame Enthaltsamkeit in keinem Widerspruch. Von Anfang an beschäftigte den jungen König die Frage, ob eine Eheschließung ohne Sünde möglich sei. Zwar hatte er die soziale Norm, dass ein Herrscher einen Erben zeugen muss, fest verinnerlicht. Sein eigenes Herz trieb ihn dazu an, sich eine ebenbürtige Braut zu suchen. Doch machte er sein Vorhaben davon abhängig, dabei nicht sündigen zu müssen. Die Liebe zur Braut blieb stets der Liebe zu Gott nachgeordnet. Am Hochzeitstag erhält Oswald nun eine negative Antwort auf seine Ausgangsfrage. Ehelicher Sex kann nicht ohne Sünde vollzogen werden. Da die jungen Eheleute nur noch zwei Jahre zu leben haben, sollen sie sich nicht mehr mit Geschlechtslust beflecken.[18]

Aus demselben Grund werden die Protagonisten im Legendenroman *Orendel* (um 1190) zur Keuschheit aufgefordert. Nachdem König Orendel bereits in der ersten gemeinsamen Nacht beauftragt worden ist, neun Jahre lang nicht mit seiner Braut zu schlafen, wird dieses Gebot später auf absehbare Zeit verlängert. Orendel und Bride sollen in der verbleibenden Spanne ihres Lebens – ein halbes Jahr und zwei Tage – abstinent bleiben, damit sie umso eher ins Himmelreich gelangen.[19]

Gewollte Kinderlosigkeit aus eschatologischen Gründen ist ein kulturspezifisches Motiv, das sich durch die christliche Erbsündenlehre erklären lässt. Die theologischen Unfruchtbarkeitslehren wirken in die mittelalterliche Erzählliteratur unmittelbar hinein, wenn etwa eine biblische Figur so argumentiert, als ob sie ein mittelalterlicher Scholastiker wäre. Im *Marienleben* Wernhers des Schweizers thematisiert Josef den problematischen Zusammenhang von Ehe, Sex und Sünde, als er Gott inständig darum bittet, von einer Heirat verschont zu bleiben.[20] Wehmütig erinnert er an die ursprüngliche Fortpflanzung im Paradies, bei der Menschen in immerwährender Freude, ohne Sünde und Schmerz, gezeugt wurden. Der Sündenfall markiert für Josef einen endgültigen Einschnitt in der Geschichte menschlicher Sexualität. Der glückselige Anfangszustand ist unwiederbringlich verloren, Zeugung, Empfängnis und Geburt sind untrennbar mit Sünde verbunden. Nur durch Enthaltsamkeit meint Josef den Zusammenhang zwischen Reproduktion und Sündhaftigkeit durchbrechen zu können. Da alle Menschen in Sünde geboren werden, müsse die ganze Aufmerksamkeit dem eigenen Seelenheil gelten. Nicht um irdischen Nachwuchs, sondern um ihr himmlisches Wohlergehen sollten Menschen sich kümmern. Die Entschiedenheit, mit der die Protagonistinnen und Protagonisten ihre Ehe- und Kinderlosigkeit in diesem Narrativ verteidigen, hängt damit zusammen, dass sie von der größeren Relevanz ihrer religiösen Lebensaufgabe überzeugt sind.

Perfekte Partner: Gemeinsame Ideale

Im Narrativ der keuschen Ehe geraten das religiöse und das politische Wertesystem miteinander in Konflikt. Die Interpretation von Un*fruchtbarkeit durch die Hauptfiguren unterscheidet sich diametral von ihrer Umgebung. Was einzelne für die beste Lebensform halten, bringt aus gesellschaftlicher Sicht gravierende Nachteile mit sich. Konstitutiv für das Narrativ ist, dass sich Keuschheitswünschende zwar gegenüber religiösen Autoritäten, Lehnsleuten und Angehörigen nicht durchsetzen können, doch ihr Lebensideal nicht einfach preisgeben. Die beste Voraussetzung, sich mit einer erzwungenen Ehe zu arrangieren, ist ein Partner, der die eigenen Wertvorstellungen teilt. Wenn zwei Menschen heiraten, die beide keinen Sex haben wollen, können sie ihr Ideal gemeinsam realisieren. Auf diese Weise entsteht ein neues, drittes Lebensmodell, das Ehe und Enthaltsamkeit verbindet. Bei dieser Konstellation, die ich als harmonische Variante des Narrativs bezeichne, lassen sich zwei Motivierungstypen unterscheiden: Keuschheitswünschende suchen entweder gezielt nach einem passenden Partner oder er wird ihnen auf wundersame Weise zugeführt.

Gezielte Partnersuche

Im *Wiener Oswald* will der Held sich nicht tatenlos seinem Eheschicksal beugen. Von Anfang an sucht der junge König nach einer hochadligen Braut, die sich auf eine keusche Ehe einlässt. Im Unterschied zum *Münchner Oswald* nimmt die Geschichte also keine überraschende Wende, vielmehr ist der Keuschheitswunsch durchgängig handlungsleitend. Nachdem keiner seiner Ratgeber eine ebenbürtige Frau nennen konnte, erkundigt sich Oswald bei einem weitgereisten und sprachgewandten Pilgerbruder. Ihm verheimlicht er nicht, dass ihm sexuelle Abstinenz ebenso wichtig ist wie die adlige Abstammung der Braut. Zweimal muss Oswald seinen Gast befragen, bis der Pilger mit einer Empfehlung herausrückt. Die schöne und tugendreiche Königstochter Spange wäre ihm eine keusche Frau, besitzt aber einen schrecklichen Vater, der sie selbst heiraten will und deshalb alle Werber töten lässt. Oswald lässt sich von der drohenden Gefahr nicht abschrecken. Die Aussicht auf eine Wunschpartnerin erscheint dem Helden so verlockend, dass alle Warnungen des Pilgerbruders ins Leere gehen.

Bei seiner Werbung sorgt Oswald gleich für klare Verhältnisse. Seinem sprechenden Raben gibt er einen Keuschheitsring und die Botschaft mit auf den Weg, dass er seiner Frau immer treu und keusch bleiben will.[21] Oswalds

Versprechen stimmt hinsichtlich der Dauerhaftigkeit und Unauflöslichkeit mit der kirchlichen Ehelehre überein, ersetzt den körperlichen Vollzug aber durch gewollten Verzicht. Die Kategorie der Sexualität scheint für den Helden sogar wichtiger als die der Religion. Während die Braut im *Münchner Oswald* ihre Bereitschaft erklären muss, zum Christentum zu konvertieren, geht es im *Wiener Oswald* primär um ihre Zustimmung zur Keuschheit. Spange willigt freudig ein. Die keusche Ehe ermöglicht ihr, die tödliche Spirale von Werbung und Hinrichtung zu durchbrechen und den drohenden sexuellen Übergriffen des eigenen Vaters zu entgehen.

Für seine keusche Braut nimmt Oswald gewaltige Anstrengungen auf sich. Mit ihrem Einverständnis sticht er mit 72 Schiffen in See und erlebt eine regelrechte Odyssee. Statt der erwarteten acht Tage ist er acht Jahre unterwegs und gerät in immer größere Bedrängnis; fast alle Schiffe sinken, mit einem einzigen gelangt er schließlich ans Ziel. Im Land der Braut warten neue Herausforderungen auf den Helden. Oswald muss die Prinzessin befreien und vor ihrem erzürnten Vater mitsamt seinen 30 000 Kriegern fliehen. Bei allen Mühen verliert er nie seinen Keuschheitswunsch aus den Augen. Immer wieder erinnert er betend daran, warum er die ganze Reise unternommen hat. Als er Spange endlich das erste Mal in die Arme schließen kann, gelten seine Gedanken dem gemeinsamen Ideal. Ohne sexuelle Hintergedanken, wie der Erzähler versichert, küsst Oswald seine Braut auf den Mund und bittet Gott um seinen Keuschheitssegen.[22] Nach seinem Sieg über das heidnische Heer verlangt der Protagonist von Spange ein eigenes Keuschheitsgelübde, bevor er die Bitte ihres Vaters erfüllen und dessen gefallene Kämpfer auferwecken will. Oswalds Bedingung wirkt im Handlungsverlauf fast redundant, macht aber einmal mehr deutlich, wie viel ihm Enthaltsamkeit bedeutet. Spange ist von der Lebensform ihrerseits so überzeugt, dass sie selbst ein gedankliches Begehren für sich ausschließt. Ohne jeden Zweifel will sie an ihrer Jungfräulichkeit festhalten und erweist sich gerade darin als perfekte Braut.

Göttliche Wunder

Andere Protagonistinnen und Protagonisten begeben sich nicht selbst auf die Suche, aber finden dank göttlicher Fügung einen passenden Partner. In den mittelalterlichen Marienleben wird Maria ausgerechnet dem Mann zugesprochen, der ebenso wenig wie sie selbst heiraten will. Die geistlichen Führer, die ihre Gebärunwilligkeit nicht hinnehmen, setzen auf ein Gottesurteil. In den *Driu liet von der maget* fordert der Bischof alle unverheirateten Männer zu einer Rutenprobe auf. Jeder muss einen Stock auf den Altar legen, an dem sich ein Fruchtbarkeitswunder ereignen soll. Derjenige, bei dem das tote Holz über Nacht grünt, darf Maria heiraten.[23] Alle Teilnehmer sind voll freudiger Erwartung, nur ein einziger wünscht sich sehnlichst einen negativen Befund. Bei Wernher dem Schweizer erscheint Josef nicht einmal im Tempel und muss nach einem ersten erfolglosen Durchlauf nachträglich zur Beteiligung gezwungen werden. Bei Priester Wernher bringt er absichtlich einen kleinen Stock mit, um seine Chancen zu minimieren. Umso größer ist seine Bestürzung, dass ausgerechnet seine Rute zu grünen beginnt. Vergeblich versucht Josef, sich aus der Affäre zu ziehen. Sobald er ausfindig gemacht ist, wird er durch ein weiteres Wunder gleich doppelt ausgezeichnet. Vor aller Augen kommt eine Taube über ihm hernieder.

Mit ganzen Kräften wehrt sich Josef gegen die ungewollte Ehe, indem er mit seinem hohen Alter und seiner körperlichen Gebrechlichkeit argumentiert. Bei Priester Wernher war der Protagonist zwar schon einmal verheiratet, hält eine zweite Ehe aber aufgrund des großen Altersunterschieds für völlig unangemessen und bietet stattdessen seine Söhne an. Bei Wernher dem Schweizer trifft die erzwungene Heirat den Protagonisten noch härter; bis ins hohe Alter ist er ehe- und kinderlos geblieben, um sich der sündigen Sexualität zu enthalten. Während Josef am Willen Gottes fast verzweifelt, erkennen Leserinnen und Leser längst einen übergeordneten Plan: Josef ist der ideale Mann für Maria. Bei Priester Wernher klärt der Bischof den Protagonisten über Marias Keuschheitswunsch auf. Zwar kann er dem alten Mann die Ehe nicht erlassen, doch nimmt er ihm die Angst, seine Potenz beweisen zu müssen. Unter diesen Umständen lassen sich nun beide auf eine Heirat ein. Maria verspricht Josef Gehorsam, nimmt aber ihren Körper vom ehelichen Verfügungsrecht aus. Keinem werde sie jemals gestatten, mit ihr zu schlafen. Die geistliche Obrigkeit, die eingangs noch auf Marias Gebärpflicht pochte, hält diese Einstellung nun sogar für lobenswert. Legitimiert durch das göttliche Wunder dürfen beide ein Eheversprechen ablegen, das Keuschheit und Kinderlosigkeit einschließt. Die sogenannte Josefsehe, über deren Gültigkeit sich die mittelalterlichen Scholastiker viele Gedanken machten, ist als Modell akzeptiert.

Heimliche Absprachen

Im Unterschied zu den anderen perfekten Paaren weiß Heinrich in Ebernands Verslegende vor der Hochzeit nicht, was Kunigunde denkt und fühlt. Weder konnte er die Keuschheit zur Heiratsbedingung machen, noch wurde er von einem mitteilsamen Engel besucht. Deshalb muss Heinrich am Hochzeitstag eine gemeinsame Lebensform mit seiner Braut aushandeln. Das prächtige Fest, zu dem sich die Edelsten des Reiches versammelt haben, entspricht der Machtposition des Bräutigams. Zielstrebig steuert der Erzähler auf die Pointe des Rituals zu. Er berichtet nicht etwa von der vergnüglichen Unterhaltung, dem wohlschmeckenden Essen oder der kirchlichen Trauung, sondern lenkt den Blick ins königliche Schlafgemach. Die Gäste geleiten das Brautpaar zu Bett, wo die Bischöfe den Fruchtbarkeitssegen spenden. Als die Leute verschwunden sind, weiß Heinrich nicht recht, wie er beginnen soll. Höflich spricht er Kunigunde als ›Frau Königin‹ an und respektiert somit schon vor dem Vollzug ihren neuen Status. Dann eröffnet er ihr, dass er seine Ehe anders als üblich gestalten will: Er sei bisher enthaltsam gewesen und werde daran nichts ändern.[24]

Kunigunde ist unsagbar erleichtert und gesteht ihrem überraschten Bräutigam, dass sie ebenfalls ein Keuschheitsversprechen abgelegt habe. Als Heinrich und Kunigunde erkennen, dass sie einen gleichgesinnten Partner gefunden haben, fühlen sie sich zueinander hingezogen. Beide entbrennen in Liebe, wobei es sich nicht um sexuelle Leidenschaft, sondern um ›wahre Liebe‹ (»wâre minne«) handelt, wie der Erzähler versichert. Unter Ausschluss der Öffentlichkeit einigen sie sich auf ein Modell, das die sozialen Erwartungen unterläuft. Heinrich verspricht Kunigunde in die Hand, sie immer als seine Gemahlin in Ehren zu halten und nie mit ihr zu schlafen. Ihr Ehebett soll zur religiösen Begegnungsstätte werden, wo sie im Namen Jesu beisammen sind. Die Machtverhältnisse der Eheleute sind in dieser Szene ungleich verteilt. Heinrich sichert seiner Frau körperliche Unversehrtheit zu, wohingegen diese nur Gott danken kann, vor dem Verlust ihrer Jungfräulichkeit und ihres Ansehens bewahrt worden zu sein. Hätte Heinrich ihren Keuschheitswunsch nicht akzeptiert, wäre die Hochzeit schlecht für die Braut ausgegangen: Kunigunde wäre entweder vergewaltigt oder in Schimpf und Schande entlassen worden. Gelegenheit, ihren Lebenswunsch vor der Eheschließung öffentlich zu äußern, erhält sie im Unterschied zu Heinrich nicht. Das gemeinsame Ideal ermöglicht beiden, keusch und kinderlos zu leben und zugleich gesellschaftlich anerkannt zu bleiben.

Die Brisanz ihrer Absprache ist Heinrich nur zu gut bewusst, weshalb er Verschwiegenheit verlangt. Nach außen wahrt der König den Schein und erfüllt seine Heiratspflicht. Dass die Ehe gewollt kinderlos bleibt, ist für Außenstehende nicht zu erkennen.[25] Kunigunde hält sich an Heinrichs Forderung, bis sie aufgrund einer teuflischen List des Ehebruchs bezichtigt wird. Besonders schwer trifft die Königin, dass auch ihr Mann an ihrer Treue zweifelt. Um sich von dem bösen Verdacht zu befreien, stellt sich Kunigunde einem Gottesurteil, bei dem sie mit blanken Füßen über glühende Pflugscharen schreiten muss. Ihr Reinigungseid geht weit darüber hinaus, was für diesen Anlass nötig wäre. Die Königin beteuert nicht nur, dass sie keinen Ehebruch begangen habe, sondern weder von Heinrich noch einem anderen je berührt worden sei. Entsetzt versucht der König, das implizite Geständnis zu verhindern. Er hält Kunigunde den Mund zu und nimmt bei diesem Übergriff sogar ihre Verwundung in Kauf. Blut spritzt auf ihr Gewand, woraufhin Heinrich beschämt beiseitetritt.[26] Seine Reaktion kommt ohnedies zu spät, ihr Ehegeheimnis ist ans Licht gelangt. Die gewollte Kinderlosigkeit zieht jedoch keine negativen Folgen nach sich. Vor dem Ruhm, den Kunigunde durch ihre Jungfräulichkeit erlangt, verblasst in der Legende die Un*fruchtbarkeitsproblematik. Keiner verlangt mehr von Heinrich, einen Thronfolger zu zeugen.

Einseitiges Begehren: Auswegszenarien

Problematisch ist eine Beziehung, wenn Partner unterschiedliche Auffassungen über Berufung, Familie und Sexualität haben. Sie müssen sich auf eine gemeinsame Lebensform einigen, sei es, dass einer sich durchsetzt, oder sie einen Kompromiss aushandeln. Im Narrativ der keuschen Ehe wünschen keineswegs immer beide Partner Enthaltsamkeit, was zu Spannungen und Verwerfungen führt. Keuschheitswünschende verwehren dem Ehepartner den Zugriff auf ihren Körper; sie verhindern, dass sexuelles Begehren gestillt und ein Kind gezeugt werden kann. Nach theologischer und eherechtlicher Auffassung haben Verheiratete daher keinen Anspruch darauf, dass ihr Keuschheitswunsch respektiert wird. Nur im gegenseitigen Einverständnis dürfen sich Eheleute einander entziehen, jeder kann vom anderen die Erfüllung seiner sexuellen Pflicht einfordern. Daher strengen sich die Protagonisten in dieser konfliktgeladenen Variante des Narrativs sehr an, ihren Partner vom eigenen Ideal zu überzeugen und seine Einwilligung in eine keusche Ehe zu erlangen. Gelingt ihnen dies nicht, bleiben nur der Verzicht auf den eigenen Lebenswunsch oder Trennung und Flucht. Wie schon in verschiedenen Wissensbereichen und anderen literarischen Inszenierungen zu beobachten war, kann Sexualität auch im Narrativ der keuschen Ehe zu einem Feld der Macht werden, auf dem Hierarchien zwischen Eheleuten und zwischen den Geschlechtern ausgehandelt werden.

Verbale Verführung

Alexius wird in Konrads von Würzburg gleichnamiger Legende nie gefragt, ob er überhaupt heiraten möchte.[27] Seit seiner Kindheit ist er einer sehr schönen und wohlhabenden Tochter aus kaiserlichem Hause versprochen. Verabredungsgemäß werden die beiden im passenden Alter vermählt. Ihre Ehe wird in der Kirche geschlossen, unter den Segen Gottes gestellt und mit einem prächtigen Fest gefeiert. Der Erzähler weist vorzeitig darauf hin, dass sich die gesellschaftlichen Erwartungen nicht erfüllen werden: die Brautleute bleiben jungfräulich. Wie Alexius den Geschlechtsakt abwendet, wird genau ausgeleuchtet. Sein Vater fordert ihn auf, die Feier zu verlassen und sich seiner Braut zu widmen. Die Weiterführung der Familientradition und die Zeugung eines Kindes wären ganz im elterlichen Sinne. Als die Braut ihn in all ihrer Schönheit, Liebenswürdigkeit und Tugendhaftigkeit empfängt, ist Alexius jedoch nicht an Sex interessiert. Stattdessen versucht er, sie mit zärtlichen Worten für sein Keuschheitsideal zu gewinnen. Dabei setzt Alexius vor allem auf Abschreckung und erklärt Sexualität zur weltlichen Täuschung und zur Gefahr für das Seelenheil. Anschließend überreicht er seiner Braut zwei Gaben, die auf einen Konsens hindeuten. Doch sind Ring und Schleier nicht Zeichen der körperlichen Einheit der Eheleute, sondern ihrer religiösen Verbundenheit mit Gott. Was die Braut über Enthaltsamkeit denkt, bleibt unklar. Sie erhält in der Hochzeitsnacht keine eigene Stimme.

Bei Christina von Markyate kann sich ihr Erzähler kaum erklären, warum sie überhaupt in die Heirat eingewilligt hat. Ein Jahr versucht ihre Familie vergeblich, sie zur Ehe mit Burthred zu drängen, dann ist sie plötzlich – trotz Keuschheitsgelübde – gebunden. Ihre Beziehung beginnt mit einem Moratorium. Das Haus der Brautleute ist noch nicht fertiggestellt, Christina lebt weiterhin bei ihrer Familie und achtet darauf, jede Form körperlicher Nähe zu vermeiden. Ihre Eltern haben keinerlei Verständnis für diese Zurückhaltung. Daher sorgen sie dafür, dass Burthred seine Braut im Schlaf überraschen und gefügig machen kann. Christina aber ist gewappnet. Wach und vollständig angezogen empfängt sie ihren Bräutigam wie einen Bruder. Sie verwickelt ihn in ein Gespräch, bei dem sie die Vorzüge der Keuschheit preist und die Geschichte der Heiligen Cecilia und ihres Manns Valerian erzählt. Ihr Vorschlag, eine keusche Ehe zu führen, orientiert sich am legendarischen Muster. Wie bei allen anderen Lebensformen der Un*fruchtbarkeit brauchen die Figuren auch im Narrativ der keuschen Ehe Vorbilder, die sie imitieren können. Das Begehren, sei es nach einem leiblichen oder einem heiligen Kind, nach einer Familie oder Ehelosigkeit, ist immer durch das Denken, Reden und Handeln anderer beeinflusst. Eindringlich appelliert Christina an Burthred, dem Beispiel der Heiligen zu folgen und so himmlischen Ruhm zu erlangen. In ihrer Vision einer idealen Beziehung halten Ehepartner einander nur keusch die Hand, werfen niemals einen begehrlichen Blick aufeinander und treten nach wenigen Jahren gemeinsam ins Kloster ein.

Was der zurückgewiesene Mann auf den Verführungsversuch antwortet, wird in der *Vita der Christina von Markyate* ebenso wenig berichtet wie in Konrads *Alexius*. In Legenden dürfen Keuschheitswünschende für ihr Ideal werben, doch interessiert wenig, was ihr Partner dazu zu sagen hat. Die Machtverhältnisse zwischen Reproduktionsbefürwortern und -kritikern können wechseln, je nachdem, in welchem soziokulturellen und literarhistorischen Kontext sich Paare bewegen. In der ersten gemeinsamen Nacht bleibt Christina unberührt. Als ihre Angehörigen erfahren, dass der sexuelle Anschlag gescheitert ist, richtet sich ihr Zorn gegen Burthred. Sie werfen ihm Versagen vor und beschimpfen ihn als Dummkopf. Seine Männlichkeit wird in Frage gestellt und marginalisiert, weil er sich Christina untergeordnet hat. Die vielen Schmähungen bewegen Burthred, seine Braut ein zweites Mal nachts zu überfallen. Vorher muss er sich Ermahnungen anhören, sich nicht noch einmal durch verführerische Reden effeminieren zu lassen.[28] Durch Christinas Weigerung, ihren Körper einem Mann zu überlassen, wird die Geschlechterordnung destabilisiert. Gewollt kinderlose Frauen gelten als gefährlich, weil sie das patriarchale System in Frage stellen. Diese Bewertung innerhalb der erzählten Welt unterscheidet sich jedoch deutlich von jener der Legendenerzähler. Ihre Sympathien gehören den Figuren, die aus religiösen Gründen Ehe und Familie ablehnen.

Emotionale Erpressung

Fest entschlossen ihre Keuschheit zu wahren, ist auch Dauphine de Puimichel (gest. 1360). Ihre lebenslange Enthaltsamkeit ist ein wichtiges Thema bei ihrer Heiligsprechung, wie die vom 14. Mai bis zum 30. Oktober 1363 aufgezeichneten Kanonisationsakten dokumentieren. Aus feudalpolitischer Rücksichtnahme willigt die vierzehnjährige Dauphine in eine Heirat ein, in der Hoffnung, ihren zwei Jahre jüngeren Mann Elzeario di Sabrano zu einer keuschen Ehe zu überreden. Zu diesem Zweck greift sie auf zwei bewährte Argumentationsmuster zurück. Zum einen präsentiert sie ihm mit der Heiligen Cecilia und ihrem Mann Valerian sowie Alexius und seiner Braut Vorbilder, die sich zur Identifikation eignen. Zum anderen argumentiert sie eschatologisch mit der Kürze des irdischen Lebens und der Notwendigkeit, sich um das ewige Heil zu kümmern. Elzearios Zustimmung erhält Dauphine aber nicht, weil sie ihn religiös überzeugt, sondern weil sie ihn emotional erpresst. Als sie an einer Fieberkrankheit leidet, stellt sie ihren Mann vor die Wahl: entweder er verzichte auf Sex oder auf sie. Nur wenn er ihr verspreche, sie niemals zum Geschlechtsverkehr zu drängen, werde sie ihr Bett lebendig und gesund verlassen können. Der Jüngling, der seine Frau zärtlich liebt, geht auf ihre Forderung ein. Dauphines Hagiograph versichert, dass Elzeario sein Versprechen 27 Ehejahre lang hielt. Je länger er mit seiner Frau zusammenlebte, umso mehr hätte er sich für das Keuschheitsideal begeistern lassen. Die allgemeine Bewunderung gilt freilich Dauphine, die ihren Mann »durch Klugheit, Frömmigkeit und Heiligkeit« zu einer keuschen Ehe verleitete.[29]

Zahlreiche Zeugen bestätigen im Kanonisationsprozess die keusche Lebensweise des Paares. Der siebte Zeuge, Bertrand Jusbert, weiß zu berichten, dass Dauphine nicht so schlimm krank war, dass sie nicht hätte aufstehen können. Sie behauptete dies nur, um den Druck auf ihren Mann zu erhöhen. Der achte Zeuge, Durand Andree, spricht sogar von einer gezielten Täuschung. Dauphine hätte nur vorgegeben, an einer schweren Krankheit zu leiden, und wäre so lange im Bett geblieben, bis die Ärzte sie für unheilbar erklärten. Dann rief sie Elzeario zu sich, schickte alle Angehörigen hinaus und offenbarte ihm ihr Anliegen. In Andrees Version muss Elzeario sogar ein Versprechen ablegen, ohne überhaupt zu wissen, was von ihm verlangt wird. Erst nachdem er zugestimmt hat, erfährt er von Dauphines Keuschheitswunsch. Weinend wendet Elzeario ein, dass sie dann keine Kinder bekommen können. Wie werden ihre Eltern reagieren, die sich doch so sehr Nachwuchs wünschen? Seine Frau schiebt diese Bedenken beiseite; Gott werde die verhinderten Großeltern schon trösten. Mit ihrer Abstinenz geht aber auch Dauphine nicht offen um, weswegen sie mit ihrem Mann Haus, Raum und Bett teilt. Das Narrativ der keuschen Ehe funktioniert in Prozessakten wie in poetischen Verserzählungen nur unter dem Siegel der Verschwiegenheit. Gesellschaftlich akzeptiert ist gewollte Kinderlosigkeit nicht.

Eheliches Tauschgeschäft

Eine andere Konstellation liegt der Ehe von Margery und John Kempe zugrunde. Mit etwa zwanzig Jahren hat Margery (um 1373–1439) geheiratet und ist schon Mutter, als sie einen starken Keuschheitswunsch entwickelt. Sie liefert damit ein Beispiel dafür, dass die fertile Identität von Figuren nicht ein für alle Mal festgelegt ist, sondern sich im Verlauf ihrer Lebensgeschichte verändern kann. Selbst eine Ehefrau und Mutter kann zu einer überzeugten Anhängerin von Ehelosigkeit und Kinderfreiheit werden. Ausschlaggebend dafür ist ein religiöses Erweckungserlebnis, von der das *Book of Margery Kempe* (späte 1430er) ebenso erzählt wie vom Ringen der Eheleute um eine gemeinsame Lebensweise.[30] Eines Nachts hört Margery im Bett eine so süße und beglückende Melodie, dass sie sich im Himmel wähnt. Nach ihrem imaginären Ausflug ins

Paradies verspürt sie kein Verlangen mehr, mit John zu schlafen. Zwar lässt sie ihren Mann gewähren, weil sie ihm Gehorsam schuldet. Doch macht sie aus ihrer Abneigung keinen Hehl. Nur über ihren Körper könne John verfügen, ihre Liebe hingegen gehöre Gott. Die Auseinandersetzung um Sex wird zum Dauerthema der Eheleute. Margery macht es sehr zu schaffen, dass John immer wieder mit ihr schlafen will. Nie lässt sie ihn vergessen, was die überlegene Lebensform darstellt. John aber bleibt ungerührt, wenn Margery ihm vorhält, dass sie Gott durch Geschlechtslust verärgerten. Obwohl er seiner Frau zustimmt, dass Enthaltsamkeit gut wäre, sieht er sich außer Stande so zu leben.

Ihre Not klagt Margery im Gebet. Dass sie auf die Erfüllung ihres Keuschheitswunsches Jahre warten und insgesamt vierzehn Kinder gebären muss, lässt der narrative Zeitsprung im *Book of Margery Kempe* fast vergessen. Als ihr Mann in einer Osterwoche wieder einmal Sex verlangt und Margery Christus zu Hilfe ruft, geschieht das ersehnte Wunder. John leidet plötzlich an einer Potenzstörung und kann seine Frau nicht penetrieren.[31] Die Szene markiert den Wendepunkt im Sexualleben der Kempes. Acht Wochen lang wagt John es nicht, sich seiner Frau zu nähern. Jedes Mal wenn er sie berühren will, überfällt ihn eine unbestimmte Angst. An einem heißen Sommerabend wird sich das Ehepaar auf einer Wanderung endlich einig. Ein letztes Mal schlägt John Margerys Bitte aus, ein Keuschheitsgelübde ablegen zu dürfen; er weiß genau, dass er damit jedes Anrecht auf ihren Körper verliert und nicht mehr mit ihr schlafen kann, ohne eine Todsünde zu begehen. Seine Ablehnung macht Margery Angst. Sie fürchtet, ihr Mann könne den Worten Taten folgen lassen und sie noch unterwegs vergewaltigen.[32]

John denkt aber längst nicht mehr an Sex, sondern will sich seinen Verzicht nur möglichst gut entgelten lassen. An einem symbolisch wie religiös bedeutungsvollen Ort, nämlich an einem Wegekreuz, bietet er Margery ein Tauschgeschäft an. Wenn sie seinen Wunsch erfüllt, wird er ihre Bitte erhören. Der Preis, den John für das Keuschheitsgelübde verlangt, setzt sich aus drei Einzelforderungen zusammen: Margery soll erstens wie bisher mit ihm in einem Bett schlafen, zweitens all seine Schulden begleichen und drittens ihr freitägliches Fasten aufgeben. Die Protagonistin ist sich unschlüssig, ob sie sich auf diesen Handel einlassen darf. Vor allem das Fastenbrechen bereitet ihr Kummer, weshalb sie sich im Gebet rückversichert. Danach sagt Margery zu, Johns Forderungen komplett zu erfüllen. Dieser wiederum gibt seine Frau frei und willigt ein, dass ihr Körper künftig Gott allein gehört. Was aus den Kindern des Paares wird, ist nicht Teil dieser Un*fruchtbarkeitsgeschichte. Alles Begehren, Sorgen und Erzählen wird vom Keuschheitsideal absorbiert.

Radikaler Bruch

Gewollte Kinderlosigkeit betrifft nicht nur das Verhältnis zum Partner, sondern stellt auch das Lebensmodell der eigenen Eltern in Frage.[33] Akzeptieren diese die Wertvorstellungen ihres Kindes nicht, kann es zum Bruch kommen. In der Legendenliteratur entziehen sich manche Keuschheitswünschende dem Zugriff ihrer Familie durch Trennung und Flucht. Auf radikale Weise löst Christina von Markyate den Konflikt mit ihren Eltern und Burthred. Nachdem sie ihn in der ersten Nacht nicht für eine keusche Ehe gewinnen konnte, weiß sie, dass weitere Reden nutzlos sind. Beim zweiten nächtlichen Überfall versteckt sie sich unter einem Wandbehang und hält sich an einem Nagel fest. Weder der Bräutigam noch seine Begleiter, die ungeduldig vor der Tür warten, können sich ihr Verschwinden erklären. Vor dem dritten Versuch nimmt Christina Reißaus und springt über einen hohen spitzen Zaun. Rückblickend meint sie, nur knapp dem Teufel entkommen zu sein. Der sexuelle Übergriff stellt also für sie eine unmenschliche Bedrohung dar. Mehrmals muss die öffentliche Hochzeitsfeier abgesagt werden. Einmal macht ein Feuer die Vorbereitungen zunichte, ein andermal erkrankt die Braut an Fieber. Zuletzt flieht Christina in Männerkleidern aus ihrem Elternhaus. Nur durch den Wechsel der Geschlechtsidentität kann sie verhindern, sexuelle Forderungen erfüllen zu müssen.[34] Das Konzept einer keuschen Ehe funktioniert nicht, weil sich Burthred – aufgrund des massiven familiären Drucks – nicht darauf einlassen will.

Weshalb auch Alexius die Flucht ergreift, bleibt lange unklar. In Konrads Legende wirbt der Protagonist bei seiner Braut für Enthaltsamkeit, probiert das Modell einer keuschen Ehe aber nicht in der Praxis aus. Noch in der Hochzeitsnacht verlässt er seine Heimat und fährt mit einem Schiff nach Syrien, wo er als Büßer lebt. Vergeblich lässt der Vater nach ihm suchen. Die römischen Boten gelangen zwar an ihr Ziel, erkennen Alexius aber nicht. Dieser lässt sie unverrichteter Dinge abziehen, ohne je zu reflektieren, was sein Verschwinden für seine Familie bedeutet. Der prächtige Palast hat sich in ein Trauerhaus verwandelt. Seine Eltern sind verzweifelt, und auch die Braut ist tief getroffen. Wie eine Turteltaube will sie dem Geliebten die Treue halten und im Haus des Schwiegervaters ausharren, bis sie etwas über seinen Verbleib erfahren hat.

Nach zehnjähriger Abwesenheit kehrt Alexius endlich in sein Elternhaus zurück, ohne aber seine Identität zu offenbaren. Statt seine Privilegien als Alleinerbe zu genießen, tritt er als Almosenempfänger auf. Siebzehn Jahre lebt Alexius unerkannt in einem Treppenverschlag und nimmt alle Demütigungen des Dienstpersonals geduldig auf sich. Erst nach seinem Tod erfahren die Eltern in einem Abschiedsbrief, wen sie eigentlich beherbergt haben. Erschüttert fragt sich der Vater, wie Alexius ihnen so bitteres Leid zufügen konnte. Niemals werde er den Schmerz überwinden, dass sich sein Sohn so lange verstellt hat. Weinend bricht die Mutter am Totenbett zusammen und wirft Alexius Grausamkeit und Hartherzigkeit vor. Wie konnte derjenige, den sie mit eigenen Brüsten genährt hat, sie so sehr quälen?[35] Ihr Bedürfnis nach Nähe und Zärtlichkeit kann die Mutter nur am Leichnam stillen. In tiefer Trauer umarmt sie Alexius, legt ihn an ihre Brust und küsst seinen ganzen Körper. Zuletzt stimmt die Braut, die jungfräulich zur Witwe geworden ist, in das familiäre Klagelied ein. Das grenzenlose Leid zeigt die Kehrseite eines Strebens nach Keuschheit und Heiligkeit. Selbst der Erzähler, der dem Protagonisten stets Bewunderung zollt, empfindet Mitleid. Dass Alexius seine unglücklichen Angehörigen nicht getröstet hat, hält er für »ein wildes Wunder«.

Alexius mutet seinen Eltern einiges zu, doch lässt sich die kritische Sicht auf das Familienverhältnis auch umkehren. Warum erkennen Vater und Mutter ihren Sohn nicht wieder, obwohl dieser sogar im Namen des Verschwundenen um ein Obdach bittet? Die Eltern wünschen sich nichts mehr als die Rückkehr ihres Kindes, merken aber nicht, dass sich ihr Begehren längst erfüllt hat. Weil sein Erscheinungsbild und Lebensideal ihren Erwartungen nicht entsprechen, verkennen sie den innig geliebten Sohn. Durch diese Blindheit und den Verlustschmerz um einen Anwesenden führt Konrad von Würzburg biologische Familienbeziehungen ad absurdum.[36] Derjenige aber, der gewollt kinderlos bleibt, ist mit seiner Außenseiterposition völlig zufrieden.

Identitätsfragen: Asexualität und Keuschheit

Der Diskurs über Un*fruchtbarkeit wird in diesem sechsten Narrativ in Bezug auf Sexualität geführt. Nicht der Nachwuchs ist das Problem, sondern der für die Reproduktion notwendige sexuelle Akt. Damit rückt das Narrativ der keuschen Ehe in die Nähe der Diskussion um Asexualität, die in den letzten Jahren vermehrt Interesse auf sich gezogen hat. Volkmar Sigusch erklärt in dem Artikel *Der Nichtgebrauch der Lüste* (2011), dass es immer schon Menschen gab, die weder sexuelles Verlangen spürten noch sich sexuell betätigten, doch dass diese sich erst seit jüngster Zeit entsprechend definierten.[37] Wollen die Protagonisten dieses Narrativs vielleicht nur deshalb enthaltsam und kinderlos bleiben, weil sie keinen Menschen begehren? Handelt es bei Keuschheitswünschenden im Mittelalter etwa um Asexuelle avant la lettre?

Die Rückprojektion eines modernen Sexualitäts- und Identitätskonzepts auf das Mittelalter ist generell problematisch, worauf ich schon verschiedentlich – unter anderem bei dem Begehren von Mystikerinnen nach dem Jesuskind – hingewiesen habe.[38] Zudem ist Asexualität eine persönliche Kategorie, wie das Netzwerk AVEN (›Asexual Visibility and Education Network‹) auf seiner Homepage betont. Zwar teilten Asexuelle bestimmte Gemeinsamkeiten, doch gebe es weder eine genaue Anzahl an Kriterien noch ein festgelegtes Prüfverfahren, vielmehr sei das eigene Selbstverständnis entscheidend.[39] Durch das Recht auf Selbstdefinition soll verhindert werden, dass Menschen gegen ihren Wunsch auf eine sexuelle Orientierung festgelegt, normiert oder gar pathologisiert werden. Auch bei einer Historisierung sollte man sich vor solchen Zuschreibungen tunlichst hüten. Für eine kulturwissenschaftliche Untersuchung hilfreich sind jedoch jene Kriterien, mit denen verschiedene Empfindungen und Erfahrungen von Asexualität beschrieben werden: die Stärke der Anziehung, die Häufigkeit erlebter Erregung und die Beziehungswünsche. Für meine Frage nach dem Verhältnis von Asexualität und Keuschheit sind zwei Aspekte besonders wichtig: die sexuelle Anziehung und der eigene Wille.

Sexuelle Anziehung

Das Nichtvorhandensein sexueller Anziehung gilt in der Forschung als Hauptmerkmal asexueller Menschen. Betroffene können sich durchaus emotional zu jemandem hingezogen fühlen, haben aber kein Bedürfnis nach sexueller Vereinigung.[40] Wie die Erfahrungen asexueller Menschen in der Gegenwart sind auch die Empfindungen keuscher Figuren in der mittelalterlichen Literatur plural und divers. Manche – allen voran Maria und Josef – haben tatsächlich nie ein Verlangen nach sexueller Interaktion. Gläubigen mag es geradezu skandalös erscheinen, sich eine erotische Schlafzimmerszene in der Heiligen Familie vorzustellen. Die Verfasser mittelalterlicher Marienleben beugen vor, indem sie Josef als einen gebrechlichen Alten charakterisieren und auf fehlende Erregbarkeit abzielen. Die Kategorie des Alters dient also auch im legendarischen Kontext dazu, einen Mann zu marginalisieren, damit er nicht als Vater eines Kindes in Frage kommt. Andere keusche Eheleute empfinden trotz eines deutlich geringeren Alters und großer körperlicher Nähe kein sexuelles Begehren. Dauphine schläft mit Elzeario Jahrzehnte in einem Bett, nimmt ihn aber nicht als geschlechtliches Wesen wahr. Seinen Körper berührt sie nur aus hygienischen und medizinischen Gründen; sie wäscht ihm den Kopf, fühlt den Puls und kühlt bei Krankheit die Stirn. Darüber hinaus wissen Zeugen im Kanonisationsprozess zu berichten, dass Dauphine im Bett großen Abstand hielt und nie unbekleidet schlief.[41]

In anderen Varianten des Narrativs kennen die Protagonisten Gefühle emotionaler, körperlicher und sexueller Erregung besser, als ihnen lieb ist.[42] So erklärt Alexius seine rätselhafte Flucht später mit der Anziehungskraft seiner Braut. Im Abschiedsbrief teilt er mit, dass er Gott zuliebe von ihr davongelaufen sei. Alexius geht nicht ins Detail, doch scheint ihm das Mittelmeer als Grenzraum sicherer gewesen zu sein, als im Bett auf Abstand zu achten. Nach der langen Trennung fühlt er sich noch immer emotional zu ihr hingezogen. Während Alexius den Eltern ungerührt begegnet, schmerzt ihn der Anblick der Braut. Dass er sich in ihrer Nähe befindet und nicht mit ihr sprechen kann, ruft regelrechten Liebeskummer hervor.

Noch offensichtlicher ist der fehlende Mangel sexueller Anziehung in der Brautwerbungsepik. Die Helden treffen gezielt Sicherheitsvorkehrungen, damit sie Keuschheit wahren können.[43] Als Orendel den Auftrag erhält, neun Jahre enthaltsam zu bleiben, legt er ein blankes Schwert in die Bettmitte. Eine Annäherung wäre so nur noch zum Preis der Selbstverletzung möglich. Seine Braut Bride hält diese Vorsorgemaßnahme jedoch für überflüssig und erklärt, sogar zehn Jahre abstinent bleiben zu können. Dagegen benötigt das junge Ehepaar im *Münchner Oswald* regelmäßig ein Verhütungsmittel gegen Sex. Christus selbst gibt dem Helden den Tipp, wie sich Begehren dämpfen lässt. Neben dem Ehebett steht ein Zuber mit Wasser, in den Oswald und seine Frau wechselweise springen. Das Paar teilt zwei Jahre lang das Bett und bleibt enthaltsam, weil jede Erregung durch ein kaltes Bad ausgelöscht wird. Vom fehlenden Verlangen nach sexueller Interaktion kann man in diesem Werk also keinesfalls sprechen.

Besonders komplex ist Margery Kempes Verhältnis zur Sexualität. Nach ihrem Erweckungserlebnis hat sie kein Bedürfnis mehr, mit John zu schlafen. Ihr Empfinden beim Geschlechtsverkehr geht weit darüber hinaus, was Asexualität nach heutigem Verständnis ausmacht. Auf der Homepage von AVEN wird explizit darauf hingewiesen, dass Asexualität nichts mit Ekel oder einer Abneigung gegen Sex zu tun hat, sondern lediglich fehlendes Verlangen meint. Menschen, die sich selbst als asexuell bezeichnen, schildern, dass Sex für sie nicht mehr bedeutet als alltägliche Haushaltsaufgaben – wie etwa Geschirr spülen oder Nudeln kochen. Margery empfindet Geschlechtsverkehr dagegen als abscheulich. Lieber würde sie Fäkalien schlucken, als mit anderen Körperflüssigkeiten in Kontakt zu kommen.[44]

Anders als Margery denkt, ist ihre sexuelle Erregbarkeit nicht ganz geschwunden. Nachdem sie schon ein Jahr lang kein Verlangen mehr nach John entwickelt hat, fühlt sie sich stark zu einem anderen Mann hingezogen. Ein Bekannter, der ihr sexuelle Avancen gemacht hat, geht ihr nicht mehr aus dem

Sinn. Im Gottesdienst kann sie sich nicht konzentrieren, und in der Nacht liegt sie erregt wach. Während ihr Sex mit dem anwesenden Gatten unerträglich erscheint, wünscht sie sich leidenschaftlich den Anderen ins Bett. Aus Mangel an Gelegenheit bleibt es bei der Unkeuschheit in Gedanken und Worten. Als Margery sich auf den Ehebruch einlassen will, weist der Werber sie kühl zurück. Die Protagonistin ist tief beschämt und zweifelt, göttlichen Erbarmens würdig zu sein. Auch bei einer späteren sexuellen Vision verstört Margery die Erkenntnis, gegen ihren Willen Lust zu empfinden. Sie bezeichnet es als Höllenqual, zahllose männliche Genitalien präsentiert zu bekommen und sich ein Objekt der Befriedigung auswählen zu müssen. Nicht der Mangel, sondern die Erfahrung sexueller Anziehung und Erregung versetzt jene, die enthaltsam leben wollen, in größte Nöte.

Wille und Wahrnehmung

Gegen die Gleichsetzung von Asexualität und Keuschheit spricht auch die unterschiedliche Relevanz des menschlichen Willens. Eine sexuelle Orientierung ist etwas anderes als ein religiöses Ideal. Wer ein Keuschheitsgelübde ablegt, entscheidet sich – mehr oder minder – freiwillig für den Verzicht auf Sex. Menschen, die sich als asexuell definieren, können hingegen nicht wählen, ob sie sich zu einem Sexualpartner hingezogen fühlen wollen.[45] In der biblischen und legendarischen Literatur des Mittelalters ist die bewusste Entscheidung fester Bestandteil des Narrativs. Auch der Illustrator der Miniatur, in der Maria Widerstand gegen ihre Verheiratung leistet, hebt diesen Aspekt hervor (Abb. 12). Auf ihrem Spruchband begründet Maria ihre Ablehnung damit, dass sie sich Gott versprochen habe, und fügt im zweiten Teil schlussfolgernd hinzu: »deshalb will ich immer Jungfrau bleiben«.[46] Nicht der Mangel an Gelegenheit, sondern der bewusste Verzicht zeichnet fromme Protagonistinnen und Protagonisten aus. Marias Gebärunwilligkeit wird im Bild schon positiv gewertet, als die Priester im Text noch arge Zweifel an der Rechtmäßigkeit ihres Verhaltens hegen. Die junge Frau trägt als einzige einen goldenen Lichtkranz um ihren Kopf. Ihr Entschluss zur Enthaltsamkeit macht Maria schon vor der unbefleckten Empfängnis zu einer Heiligen.

Keuschheit ist ein kulturell-religiöses Konzept, das nur handelnd realisiert werden kann und stets aktualisiert werden muss. Deshalb dürfen sich Keuschheitswünschende nie zu sicher fühlen, müssen sie ihr Ideal gegen äußere Widerstände wie innere Anfechtungen verteidigen und können keine reproduktiven Zugeständnisse machen. Auch der gute Zweck, die Thronfolge zu sichern, rechtfertigt nach Heinrichs Auffassung keinen Geschlechtsverkehr;

dem Kaiser geht es in Ebernands Legende ums keusche Prinzip. Für Dauphine steht sogar fest, dass sie lieber sterben will, als mit ihrem Mann zu schlafen.[47] Auch Margery ist Enthaltsamkeit so wichtig, dass sie dafür einen Tod in Kauf nähme. Ehrlich antwortet sie John, dass sein Leben für sie zweitrangig wäre. In dem hypothetischen Fall, sich zwischen Mord oder Sex entscheiden zu müssen, würde sie ihm lieber den Kopf abschlagen lassen. Diese Rigorosität unterscheidet Keuschheitswünschende in der Legendenliteratur von asexuellen Menschen heute. Während diese in Interviews und Erfahrungsberichten von unterschiedlichen Kompromissen in Partnerschaft oder Familie erzählen, zeigen die Figuren im Narrativ der keuschen Ehe eine Nulltoleranz gegen Sex aus Angst um ihr Seelenheil. Der Stellenwert, den Sexualität bei Asexuellen und Keuschheitswünschenden besitzt, könnte nicht unterschiedlicher sein. Den einen bedeutet Sex nichts, den anderen bedeutet er alles.

Die Wahrnehmung des Erzählers unterscheidet sich im Narrativ der keuschen Ehe nur wenig von der seiner Figuren. Auch im sozialen Umfeld der Keuschheitswünschenden spielt Sexualität eine wichtige Rolle. In der narrativen Welt können sich Eltern, Partner, Verwandte, Lehnsleute und geistliche Autoritäten gar nicht vorstellen, dass Eheleute dauerhaft enthaltsam bleiben. Daher ruft eine keusche Ehe ambivalente Reaktionen hervor: Ungläubigkeit und Kritik, Staunen und Lob. Der Zeuge Durand Andree berichtet im Kanonisationsprozess, dass viele an Dauphines Keuschheit zweifelten. Sie meinten, dass es unmöglich sei, so lange unberührt mit einem Partner zusammenzuleben. Doch jene, die an Dauphines Enthaltsamkeit glaubten, rühmten ihr Verhalten umso mehr.[48] Trotz aller Freundlichkeit skeptisch erscheint im *Book of Margery Kempe* der Bischof Philip von Lincoln. Immer wieder schiebt er es auf, Margery wie eine Nonne einzukleiden. Erst verlangt er die Zustimmung ihres Mannes, dann befragt er seinen Rat und will das Eheleben der Kempes genauer prüfen lassen. Zuletzt versucht er, die Angelegenheit an den Erzbischof von Canterbury weiterzureichen. Einer verheirateten Frau das Keuschheitsgelübde abzunehmen, ist heikel. Auch andere sind misstrauisch und bezichtigen Margery der Heuchelei.[49]

Erzähltechnisch sind solche Zweifel sehr wirksam. Je schwieriger ein enthaltsames Leben erscheint, umso größere Anstrengungen vollbringen keusche Helden. Auch für den Autor der Kaiserlegende ist undenkbar, dass Heinrich und Kunigunde keinerlei Interesse an Sex hatten. Vielmehr geht er davon aus, dass alle Menschen von einem Partner des anderen Geschlechts angezogen werden und sexuell erregbar sind. Vor allem in der Jugend falle Enthaltsamkeit schwer, merkt Ebernand von Erfurt an und weist darauf hin, dass das Kaiserpaar von seinem Alter her sehr gefährdet gewesen sei. Leicht hätte ein

Funken der Leidenschaft überspringen können, so wie Stroh durch Feuer entflammt werde. Die Schlussfolgerung, dass bei so intimer Vertrautheit keine Enthaltsamkeit möglich ist, entkräftet Ebernand durch eine metaphysische Erklärung: Gott passt selbst auf Heinrich und Kunigunde auf.[50] Dennoch quälen sich seine Protagonisten nicht wenig, wenn sie keusch nebeneinander liegen. Weil sie diese Leiden freiwillig auf sich nehmen, kann ihre Enthaltsamkeit als Christusnachfolge interpretiert werden. Auf übergeordneter Ebene sorgen Legendenerzähler dafür, dass alle Zweideutigkeiten beseitigt werden und reine Bewunderung übrigbleibt. Das keusche Eheleben erscheint als Martyrium, dessen Überwindung Protagonisten zu Heiligen macht.

Ausblick

Das Narrativ der keuschen Ehe ist im Unterschied zur aktuellen Kinderlosigkeitsdiskussion sexualitätsfixiert. Den frommen Protagonisten geht es primär darum, keine Geschlechtslust zu empfinden und nicht sexuell zu sündigen. Kinderlosigkeit ist nicht Zweck der Enthaltsamkeit, doch unvermeidbare Folge. Bewusst entscheiden sich Keuschheitswünschende dafür, keinen Geschlechtsverkehr zu haben und verweigern sich so der Elternschaft. Die negative Bewertung von Unfruchtbarkeit ändert sich im Gattungskontext der Legende mit wachsender zeitlicher und räumlicher Distanz. Auf der Metaebene des Erzählens wird der dynastische Störfall sakralisiert und die kinderlose Ehe etwa von Heinrich und Kunigunde als Ausweis von Heiligkeit verstanden. Das Kaiserpaar erwirbt religiöse Verdienste, weil es freiwillig auf Sexualität und Reproduktion verzichtet.

Die Auffassung, dass Keuschheit von Gott besonders wertgeschätzt wird, folgt einer spezifischen kulturellen Logik: Der Preis der Enthaltsamkeit funktioniert nur dann, wenn man Sex eine eminent große und gefährliche Bedeutung zuschreibt. Die Idealisierung von Keuschheit führt daher nicht zu einer Marginalisierung von Sexualität, sondern bewirkt paradoxerweise ihr Gegenteil: Der Sexualtrieb erscheint als Naturgewalt, die nur durch übermenschliche Kraftanstrengungen und mit metaphysischem Beistand gebändigt werden kann. Von Luthers Konzept des Fortpflanzungsdrangs sind solche Vorstellungen nicht allzu weit entfernt. Im Narrativ der keuschen Ehe müssen sich die Protagonisten im Bett beweisen, indem sie trotz Anziehung und Erregbarkeit enthaltsam sind. Deshalb erhält gewollte Kinderlosigkeit in der religiösen Literatur eine völlig andere Bedeutung als ungewollte Kinderlosigkeit. Während diese als Zeichen des Frevels gilt, wird jene als Zeichen der Frömmigkeit interpretiert. Im Rückblick ist Enthaltsamkeit keine Lebensaufgabe mehr, sondern ein Wesensmerkmal keuscher Helden und Seinszustand der Heiligkeit. Die reproduktive Matrix verändert sich im Narrativ der keuschen Ehe allerdings nur bedingt, da Enthaltsamkeit und Kinderlosigkeit eine absolute Ausnahme darstellen.

Gewollte Kinderlosigkeit differenzierter zu betrachten, fordern heute Autorinnen wie Sarah Diehl und jüngst Sheila Heti, die sich selbst gegen Nachwuchs entschieden haben.[51] Statt gewollt kinderlosen Frauen pauschal Egoismus und Karrierebesessenheit zu unterstellen, sollten auch weibliche Leistungen jenseits von Mutterschaft wertgeschätzt werden. Eine Anerkennung ihres sozialen, künstlerischen und beruflichen Engagements setzte freilich voraus, dass Frauen nicht immer als potentielle, tatsächliche, verhinderte oder sich verweigernde Mütter wahrgenommen werden. Mit dem Narrativ der keuschen Ehe öffnet sich in der mittelalterlichen Erzählliteratur eine dritte Option, die Binaritäten wie Enthaltsamkeit oder Ehe, Kind oder Karriere, Mutter oder Nicht-Mutter aufhebt. Das Narrativ zeigt, dass es vielfältige Möglichkeiten der Lebensgestaltung gibt, die sich nicht auf die Alternative Reproduktions- oder Verweigerungsmodell reduzieren lassen. Dieser dritte Weg stellt etablierte Genderhierarchien in Frage, weshalb geistliche und weltliche Machthaber in der Literatur intervenieren. Auch in der aktuellen gesellschaftspolitischen Debatte beschweren sich jene besonders laut über die gewollte Kinderlosigkeit von Frauen, die um den Verlust patriarchaler Privilegien fürchten.

12
Höfische Liebe: Kinderwunschlos glücklich

Abb. 13 *Vereinigung der Liebenden – Miniatur aus dem* Roman de la rose *(1. Hälfte 14. Jh.)*

Die Glücksforschung sorgte Anfang der 2010er Jahre für einige Furore. Die Jahrhunderte lang tradierte Auffassung, dass Menschen mit Kindern glücklich und Menschen ohne Kinder zu bemitleiden sind, geriet durch mehrere großangelegte Studien ins Wanken. Kinderlose Paare, so lautete der übereinstimmende Tenor, sind glücklicher als Eltern. Der norwegische Wirtschaftswissenschaftler Thomas Hansen, der italienische Ökonom Luca Stanca und die amerikanischen Wissenschaftler Angus Deaton und Arthur A. Stone kamen zu dem Ergebnis, dass es Menschen weltweit im Schnitt besser geht, wenn sie keine Kinder haben. Hansen kontrastierte gängige Meinungen mit empirischen Daten und versuchte zu klären, warum die Vorstellung vom Elternglück den gesellschaftlichen Diskurs dominiert, obwohl die Vorteile der Kinderlosigkeit objektiv überwiegen. Besonders drastisch drückte sich Stanca aus: »the optimal number of children may be zero«.[1] Dagegen blieben Deaton und Stone vorsichtiger, wiesen auf Unwägbarkeiten und Schwierigkeiten bei der Vergleichbarkeit hin und warnten davor, Eltern per se als unglücklicher zu betrachten.

Den Eindruck, dass Kinderlose glücklicher sind, kann man auch bei einem ersten Blick auf die Liebesgeschichten dieses Kapitels gewinnen: Tristan und Isolde, Erec und Enite, Iwein und Laudine, die dauerhaft ohne Nachwuchs bleiben, sind länger miteinander glücklich als Riwalin und Blanscheflur, Herzeloyde und Gahmuret oder Kriemhild und Siegfried, die gemeinsam ein Kind bekommen. Bei genauerer Betrachtung wird jedoch klar, dass das Glück dieser Paare überhaupt nicht durch die Kategorie der Un*fruchtbarkeit beeinflusst wird. Weder belastet die einen ein unerfüllter Kinderwunsch noch bereuen die anderen ihre Elternschaft, ebenso wenig handelt es sich – anders als bei den Keuschheitswünschenden im vorangegangenen Kapitel – um überzeugte Nicht-Eltern. Un*fruchtbarkeit scheint für die Protagonisten des Narrativs der höfischen Liebe kein relevantes Thema zu sein. Ihr Glück hängt einzig von der Gegenwart und Gegenliebe des Partners bzw. der Partnerin ab.

Mit meinem siebten und letzten Erzählmodell nehme ich den Zusammenhang von Glück, Sexualität und Reproduktion in den Blick. In den höfischen Liebesromanen und im Minnesang rückt die emotionale und erotische Beziehung zwischen zwei Liebenden ins Zentrum, wohingegen fertile Konsequenzen weitgehend ausgeblendet bleiben oder erst im Moment des Scheiterns relevant werden. Dass der Fokus auf der Partner- und nicht auf der Elternliebe liegt, zeigt die beigegebene Miniatur (1. Hälfte 14. Jh.) exemplarisch (Abb. 13). Sie stammt aus einem Florentiner Codex des im Mittelalter sehr einflussreichen *Roman de la rose*,[2] einer allegorischen Liebesgeschichte aus dem 13. Jahrhundert. Ähnliche Darstellung des Liebesakts lassen sich freilich vielfach finden.

Zu sehen sind zwei liegende Figuren, die unter einer Decke stecken. Die feinen Linien auf dem roten Grund lassen das Betttuch wie bewegt erscheinen. Nur die nackten Schultern des Paars, Arm, Hals und Kopf ragen hervor. Die verhüllten Körper nehmen das untere Bildfeld fast vollständig ein, so dass Betrachtende animiert werden, sich das Geschehen unter dem Laken vorzustellen; der Genitalbereich müsste sich genau in der unteren Bildmitte befinden. Vergleicht man diese Bettszene mit dem Coverbild meines Buches, fallen wesentliche Merkmale des Narrativs der höfischen Liebe sofort auf: Während das Kinderwunschpaar dort apathisch nebeneinander liegt und müde aneinander vorbeischaut, bilden die Liebenden hier durch das sie umschließende Tuch eine innige Einheit. Ihre Gesichter sind einander zugewandt, beide suchen den Blick des anderen. Im Unterschied zum Coverbild, wo der nackte Arm der Frau ungeschützt, regungslos und steif auf dem Betttuch ruht, umschlingt sie hier mit ihrem Arm den Geliebten. Die Fläche über dem Paar ist in einem himmlischen Blau gehalten. Wäre links oben ein kleines Kind eingezeichnet, würden die Liebenden dies nicht einmal merken, weil sie nur Augen füreinander haben. Wunschlos glücklich sind in den mittelalterlichen Romanen jene, die sich über das Thema Un*fruchtbarkeit überhaupt keine Gedanken machen.

Isoldes Kinderlosigkeit: Liebe statt Reproduktion

Tristan und Isolde gehören zu den großen Liebenden der Weltliteratur. Obwohl die mittelalterliche Liebesgeschichte immer wieder rezipiert und adaptiert worden ist, stellt sich niemand die beiden als junge Eltern vor. Das Schweigen über die Un*fruchtbarkeitsthematik ist besonders auffällig, wenn man die ästhetisch anspruchsvolle Version Gottfrieds von Straßburg (1200–1220) liest. Gottfried, der mit den beiden Liebenden stark sympathisiert, spricht nämlich durchaus über Kinderlosigkeit, aber nur in Bezug auf Isoldes Ehemann Marke.

Markes Zeugungsauftrag

Die Kinderlosigkeit des englischen Königs ist anfangs selbstgewählt. Lange bevor er heiratet, entscheidet er sich bewusst gegen Kinder.[3] Ausschlaggebend dafür ist sein Neffe Tristan, den Marke immer an seiner Seite haben möchte. Durch Zufall hat er den Sohn seiner Schwester kennengelernt und ist von ihm fasziniert. Tristan ist höflich, sprachgewandt und klug, er versteht sich auf Jagd, Schach und Saitenspiel und ist der beste Gesellschafter, den Marke sich nur wünschen kann. Aus Angst, Tristan könne ihn verlassen und die väterliche Herrschaft antreten, verspricht Marke ihm den Thron. Öffentlich gelobt er, seinen Besitz und sein Reich immer mit Tristan zu teilen und ihn zu seinem Alleinerben zu machen. Dies setzt freilich voraus, dass es keinen näheren Verwandten als den Neffen geben darf. Das mittelalterliche Erbrecht wirkt sich auch in Gottfrieds *Tristan* auf das Herrschaftshandeln aus. Markes Strategie, zu Tristans Gunsten auf Ehe und Elternschaft zu verzichten, hat den gewünschten Erfolg. Tristan geht zwar nach Parmenien, tötet den Besetzer seines Landes und ordnet seine Herrschaftsverhältnisse; doch kehrt er danach zurück. Gegenüber seinen Gefolgsleuten rechtfertigt Tristan dies mit seiner Bestimmung zum englischen Thronfolger. In Cornwall legitimiert Tristan seine Berufung durch immer neue Heldentaten. Er befreit das Land seines Onkels von den hohen Tributzahlungen an den irischen König, indem er dessen Gesandten tötet. Anschließend veranlasst er die Schwester des Getöteten durch eine List, seine vergiftete Wunde zu heilen. Unerkannt hält sich Tristan bis zu seiner Genesung im Feindesland auf und lernt dabei die junge Isolde kennen. Seine schier unglaublichen Erfolge rufen am englischen Königshof jedoch Hass und Neid hervor. Dadurch wird Markes Kinderlosigkeit zum Konfliktfall.

Der Kronrat intrigiert gegen den Thronfolger und verlangt vom König, seine Reproduktionspflicht zu erfüllen. Unentwegt bedrängen ihn seine Ratgeber, sich eine Frau zu nehmen und mit ihr ein Kind zu zeugen. Selbst das Geschlecht ist zweitrangig; nicht nur ein Sohn, auch eine Tochter wäre als Erbin willkommen. Der König lässt sich von seinem Entschluss jedoch nicht abbringen. Für ihn ist seine Kinderlosigkeit kein Mangel, sondern ein Privileg, da er sich seinen Wunschkandidaten aussuchen kann. Ganz ähnlich wurde auch im juristischen Kapitel argumentiert, als die personifizierte Vernunft in Petrarcas *Glücksbuch* einen Wahlsohn dem leiblichen Sohn vorzog (Kap. 3, S. 105). Nach Markes Ansicht ist seine Nachfolge bestens geregelt. Tristans Ernennung legitimiert er sogar mit dem göttlichen Willen, der ihnen diesen trefflichen Erben geschenkt habe. Zweimal beruft sich Marke auf Gott, um seine Entscheidung zu bekräftigen. Niemals werde er heiraten und eine Königin am Hof akzeptieren, solange Tristan lebe. Statt die Position seines Neffen zu stärken, erreicht Marke das genaue Gegenteil. Tristans Feinde setzen diesem so zu, dass er um sein Leben fürchtet und den Onkel selbst um eine Heirat bittet. Auch gegenüber Tristan bleibt Marke zunächst ungerührt. Er heißt ihn schweigen und erneuert seinen Vorsatz, kinderlos zu bleiben. Er begehre keinen anderen Erben als ihn allein. Erst als Tristan droht, die Erbfolgeregelung seinerseits aufzukündigen und nach Parmenien zurückzukehren, lässt sich der König umstimmen. Er beteuert seine Schuldlosigkeit und beugt sich Tristans Wünschen.

Bei der Suche nach einer Frau bindet Marke den Kronrat ein. Schnell fällt der Name Isoldes von Irland, deren Schönheit und Tugendhaftigkeit Tristan zuvor gerühmt hat. Isolde wäre zweifellos eine würdige Gemahlin und die Heirat würde einen erheblichen machtpolitischen Gewinn bedeuten. Allerdings erscheint eine Allianz aufgrund der langjährigen Feindschaft von England und Irland vollkommen unrealistisch. Marke weiß um diese Problematik und stimmt der Empfehlung gerade deshalb zu. Er hofft, eine Eheschließung doch noch vermeiden zu können. Aus Berechnung schwört er, keine andere als Isolde zu heiraten. Auch diesmal verfolgen Markes Berater andere Pläne. Sie sind weniger an der Erbin des irischen Reiches als an Tristans Tod interessiert. Dieser soll die Werbung am feindlichen Königshof vorbringen und dabei möglichst ums Leben kommen. Trotz Markes Protest erklärt sich Tristan sofort zur gefährlichen Brautwerbung bereit und ist auch bei diesem Vorhaben erfolgreich. Er tötet in Irland einen schrecklichen Drachen, gewinnt die Gunst der Königin und erhält Isolde zugesprochen. Ihr und ihrer Mutter übermittelt Tristan nicht nur Markes Heiratsantrag, sondern erzählt auch von dessen ursprünglichem Anliegen, ehe- und kinderlos zu bleiben. Einmal mehr wird der geliebte Neffe als Grund für Markes Lebenswunsch benannt, aber implizit auch die Pflicht der künftigen Königin bestimmt: Sie soll dem Reich einen Erben schenken.

Umgeschriebene Un*fruchtbarkeitsdiskurse

Mit der Eheschließung müsste sich das Problem der Kinderlosigkeit eigentlich von Marke auf Isolde verlagern. In der mittelalterlichen Erzählliteratur hat ein Herrscher gewöhnlich mit der Heirat seine Schuldigkeit getan, nun muss seine Frau für die Geburt eines Thronfolgers sorgen. Dass Isolde kein Kind bekommt, obwohl sie regelmäßig Sex hat und sogar mit zwei Männern schläft, wird jedoch nie problematisiert. Dieses Schweigen ist symptomatisch für das Narrativ der höfischen Liebe. Im *Tristanroman* werden durchaus Aspekte aufgegriffen, die für die Un*fruchtbarkeitsthematik relevant sein könnten, doch werden sie umgeschrieben und neu interpretiert. An diesen abgewiesenen Deutungsalternativen lässt sich meine These besonders gut belegen: Im siebten Narrativ ist Kinderlosigkeit bedeutungslos, weil die Liebe alles absorbiert.

Auf der Rückfahrt von Irland nach England kommt es zu einem ›Kurzschluss‹ zwischen dem Werbungshelfer und der Braut.[4] Versehentlich konsumieren Tristan und Isolde den Minnetrank, der für die Hochzeitsnacht mit Marke bestimmt war. Obwohl Gottfried die Wirkkraft des Tranks im Vergleich zu anderen mittelalterlichen Autoren reduziert, bildet dieser auch bei ihm den

Beginn der leidenschaftlichen Liebesbeziehung. Mit einem Mal verschwinden Isoldes feindselige Gefühle gegenüber Tristan, und die Liebe gewinnt immer mehr die Oberhand. Beide werden ein Herz und eine Seele, empfinden alle Freude und jedes Leid gemeinsam und sehnen sich schmerzlich nach körperlicher Nähe. Der Minnetrank gehört so fest zum Tristanstoff, dass kaum jemand an seiner Sinnhaftigkeit zweifeln mag. Aus der Perspektive der Un*fruchtbarkeitsforschung muss man sich jedoch wundern, warum die Mutter Isolde ausgerechnet einen Liebestrank mit auf die Reise gibt. Für eine junge Königin, die eine Dynastie begründen soll und sich in einem fremden Reich bewähren muss, wäre ein Pharmakon gegen Sterilität viel eher angebracht gewesen. Schon vor der Heirat wird der Un*fruchtbarkeitsdiskurs somit zum ersten Mal umgebogen. Die zauberkundige Königin handelt nicht nach feudalpolitischen Prinzipien, sondern gemäß dem höfischen Liebesideal: Die gegenseitige Zuneigung ist wichtiger als die Reproduktion.

Noch während der Schifffahrt gestehen Tristan und Isolde sich ihre Liebe und schlafen miteinander. Dennoch führt der Protagonist seinen Auftrag wie geplant aus und übergibt die Geliebte seinem Onkel. Doch auch nach der Heirat können und wollen Tristan und Isolde nicht voneinander lassen. Heimlich setzen sie ihre Liebesbeziehung am englischen Königshof fort, wo sie bald ins Gerede geraten und mit List und Täuschung den Schein zu wahren suchen. Marke fühlt sich in seinen Zweifeln hin- und hergerissen. Viele Anzeichen deuten darauf hin, dass sein Neffe und seine Frau ihn betrügen, doch hat er keine Gewissheit. Schließlich verlangt er, dass Isolde sich einem Gottesurteil stellt. Erneut wird auf einen historischen Un*fruchtbarkeitsdiskurs angespielt, doch die Problematik umgeschrieben. Das Gerichtsverfahren erinnert an kirchliche Eheprozesse, doch geht es im *Tristan* nicht um Gebärfähigkeit. Wie Kunigunde in Ebernands Kaiserlegende muss Isolde in Gottfrieds Roman ihre Treue beweisen. Auch ihre zeitweilige Verbannung vom Hof wird nicht mit ihrer Unfruchtbarkeit begründet. Vielmehr kündigt Marke die Gemeinschaft mit seiner Gattin auf, weil er ihr zärtliches Gebaren gegenüber Tristan nicht mehr ertragen kann.

Die gravierendsten Abweichungen von den gelehrten Un*furchtbarkeitsdiskursen sind im Bereich der Theologie zu beobachten. Tristan und Isolde sündigen aus kirchlicher Sicht schwer, indem sie Ehebruch begehen. Die Kinderlosigkeit der Königin ließe sich gemäß dem reproduktionstheologischen Grundprinzip als Strafe Gottes verstehen, doch gibt es keinerlei Anzeichen für eine solche Auffassung. Vielmehr sympathisiert der Autor, der sich in der mittelalterlichen Literatur kaum vom Erzähler trennen lässt, von Anfang an mit den Liebenden und zeigt großes Verständnis für ihr Verhalten. Gottfried gelingt das Kunststück, der illegitimen Liebesbeziehung sogar mehr Legitimität als der Ehe zu verleihen. Der Kontrast zur negativen Wertung der Geschlechtslust, wie sie im Narrativ der keuschen Ehe begegnet, könnte nicht größer sein. Die sexuelle Vereinigung tilgt alle Herzensqualen und spendet Tristan und Isolde größtes Glück, das allerdings aufgrund der prekären Dreieckskonstellation nie von Dauer sein kann. Gottfried schreibt den theologischen Diskurs um, indem er die Leidensbereitschaft der Liebenden verklärt. Tristan und Isolde werden als Märtyrer ihrer Liebe präsentiert, deren Geschichte allen unglücklich Liebenden Trost spenden soll.[5]

Auf das vorbildliche Liebespaar wirft Isoldes Kinderlosigkeit keinen Schatten, wohl aber auf den englischen König. Was für ungünstige Zeugungsbedingungen in seiner Ehe bestehen, stellt Gottfried beim Blick ins königliche Schlafgemach heraus. Während alle Begegnungen von Tristan und Isolde erotisch aufgeladen sind und nonverbal funktionieren, tragen Marke und Isolde im Bett Redegefechte aus. Marke nutzt intime Situationen, um Isolde nach ihrem Verhältnis zu Tristan auszufragen. Sein Sexualtrieb wird dadurch erheblich beeinträchtigt. Wenn er mit Isolde schlafen wollte, verhinderte dies sein Misstrauen, bemerkt der Erzähler lapidar.[6] Dass Marke seiner Zeugungspflicht nicht nachkommt, ist deshalb so problematisch, weil sich Tristan als Thronfolger disqualifiziert hat. Durch seine Liebschaft mit der Königin ist die Stabilität des Reiches bedroht. Dass es Marke nicht gelingt, sich von seiner unfruchtbaren Gattin und seinem untreuen Neffen zu lösen, zeugt von seiner Impotenz als Herrscher. Als defizitär wird allein der englische König gekennzeichnet.

Glück durch Partnerliebe: Das Ideal der Zweisamkeit

Die Glücksformel der höfischen Literatur lautet: Glücklich sind Menschen, deren Liebe erwidert wird. Schwer leiden müssen dagegen jene, die an der Zuneigung der oder des Geliebten zweifeln, zurückgewiesen werden oder ihren Partner verlieren. Weil der Geliebte als herausragend, unvergleichlich und einzigartig gilt, kann er nicht ersetzt werden. Mit dem deutschen Soziologen und Gesellschaftstheoretiker Niklas Luhmann lassen sich drei verschiedene Arten der Liebe unterscheiden: die höfische, die passionierte und die romantische Liebe. Anders als Luhmann in seinem Buch *Liebe als Passion* (1982) meinte, markieren die drei nicht epochale Evolutionsstufen, sondern sind allesamt bereits in der höfischen Literatur ausgebildet.[7] Daher verwende ich die Bezeichnung ›höfische Liebe‹ als Oberbegriff für die verschiedenen mittelalterlichen Liebeskonzepte und spreche bei der höfischen Liebe im engeren, Luhmann'schen

Sinne von einer werbenden Liebe oder von hoher Minne. Die drei Liebesarten unterscheiden sich zwar in der Realisierbarkeit und Dauerhaftigkeit des Glücks, doch eint sie alle die Kinderwunschlosigkeit ihrer Akteurinnen und Akteure.

Unerreichbares Glück in der hohen Minne

Am wenigsten überrascht der fehlende Kinderwunsch in der werbenden Liebe, die im hohen Minnesang entwickelt wird und gemeinhin als typisch mittelalterliche Liebesform gilt.[8] Ein singendes Ich wirbt um seine Herzensdame, die so weit über ihm steht, dass sie sich nie auf eine Beziehung einlassen wird. Dennoch kann der Liebende nicht aufhören, seine Dame zu preisen und ihr zu dienen. Seit er mit der Werbung begonnen habe, erklärt Meinloh von Sevelingen (2. Hälfte 12. Jh.), gefalle ihm seine Auserwählte mit jedem Tag besser. Deshalb bejaht er in dem Lied *Ich bin holt einer frowen* (Ich bin einer Dame treu ergeben) die einseitige Liebe mit allen schmerzlichen Konsequenzen. Selbst wenn er vor Sehnsucht sterben sollte, würde er, wieder zum Leben erweckt, erneut um sie werben. Andere Minnesänger variieren diese Grundkonstellation der hohen Minne. Sie geben sich nicht mit einer Sublimierung und Ästhetisierung ihres Liebesleids zufrieden, sondern stellen Forderungen an die Dame.

Walther von der Vogelweide (um 1203) fragt in dem Lied *Saget mir ieman* (Sagt mir jemand) nach dem Wesen der Minne. Provokativ schlägt er vor, die Liebe nach den durch sie ausgelösten Affekten zu bewerten. Nur wenn sie guttue, trage die Liebe ihren Namen zu Recht. Walthers Verständnis von Glück basiert auf Gegenseitigkeit. Die Leidenschaft müsse zweigeteilt sein, damit man von wirklicher Liebe sprechen könne; werde sie nicht erwidert, könne ein Liebender sie alleine auch nicht am Leben halten. Ähnlich argumentiert der Sänger in dem Lied *Bin ich dir unmaere* (Bin ich dir gleichgültig). Nachdem er seine Liebe bekannt und sich über fehlende Aufmerksamkeit beklagt hat, versucht er seine Dame zu einer Reaktion zu bewegen. Sie möge nachdenken, ob er ihr nicht doch etwas bedeute. Aus seiner Auffassung, dass nur gegenseitige Liebe etwas tauge, leitet der Werber in beiden Liedern einen Hilfsappell ab. Seine Dame soll ihm zu Hilfe eilen, zu lange und zu schwer leide er an seiner unerfüllten Liebe. Anders als Meinloh ist Walther nicht bereit, sein Werben ohne Hoffnung auf Erfolg fortzusetzen. Auf diese Weise sucht der Sänger im ersten Lied, seine Dame unter Druck zu setzen. Will sie weiter gerühmt werden, muss sie ihm entgegenkommen. Damit offenbart Walther, dass die ideale Frau eine männliche Projektion ist.

Imaginiert wird die Minnedame stets als Geliebte, nie als Mutter. Die Werber spielen nicht mit der Vorstellung, die Dame zu schwängern oder ein gemeinsames Kind zu bekommen. Vielmehr übertrifft die Gepriesene alle anderen Frauen, weil sie keinen profanen Zwecken dienen und keine reproduktiven Aufgaben erfüllen muss. Die Liebe ist exklusiv, wie Walther in *Bin ich dir unmaere* erklärt: Sie soll zwei Herzen durchdringen, keines mehr. Eine Erweiterung um ein drittes Wesen, wie im Familienglück der Frühen Neuzeit vorgesehen, wird ausdrücklich ausgeschlossen. Wenn Kinder im Minnesang überhaupt erwähnt werden, geschieht dies vor allem, um die Liebe zeitlich auszudehnen:[9] Das Motiv der Kinderminne suggeriert, dass der Werber seine Dame schon seit frühester Jugend liebt. Heinrich von Morungen (um 1200) erweitert diese Perspektive in Richtung Zukunft, in der sein Sohn einmal seine Position einnehmen soll. Die Pointe seines Liedes *Het ich tugende niht sô vil* (Hätte ich nicht so viel Tugendhaftigkeit) besteht darin, dass mit dem Generationenwechsel ein Rollentausch erfolgt. Das Ich stellt sich vor, dass später die Dame aufgrund einer unerfüllten Liebe zu seinem Sohn schwer leiden muss.

Von dem ungewöhnlichen Fall, dass ein Kind in der werbenden Minne als Bindeglied fungiert, erzählt Johannes Hadlaub (um 1300) im Lied *Ach ich sach si triuten* (Ach ich sah sie liebkosen).[10] Der Sänger beobachtet seine Dame beim Streicheln eines Kindes und ist davon im Innersten berührt. Ihre Umarmungen und Küsse kann der Liebende kaum ertragen, alle Zärtlichkeiten erscheinen ihm erotisiert. Johannes Hadlaub kontrastiert mütterliche und werbende Liebe, wobei die eine zur Steigerung der anderen führt. Sehnlichst wünscht sich der Werber, den Platz des Kindes einnehmen zu können. Zwar bleibt dieser Wunsch im hohen Minnesang unerfüllbar, doch kann das Ich sein Begehren zumindest übertragen. Als sich das Kind ihm nähert, imitiert der Liebende das Verhalten der Dame. Er küsst das Kind genau an jenen Stellen, wo es vorher von der Geliebten berührt worden ist. Auf diese Weise wird das Kind zum Medium der Liebe, nicht aber zu ihrem Zweck. Der Unterschied zur Elternliebe liegt auf der Hand: Das Kind bildet eine Relaisstation, um eine unerfüllbare in eine erfüllbare Liebe zu übersetzen.

Gefährdetes Glück in der passionierten Liebe

Die passionierte Liebe hebt sich von der werbenden Liebe dadurch ab, dass das Begehren nicht sublimiert werden kann. Sexualität ist für diese Liebesform essentiell und schenkt beiden Partnern größtes Glück. Von der romantischen unterscheidet sich die passionierte Liebe wiederum darin, dass sie außerhalb der Ehe verwirklicht wird. Die Liebenden können sich nur heimlich treffen und müssen sich stets vor Entdeckung fürchten. Die begrenzten Gelegenheiten und die permanente Gefährdung des Glücks führen dazu, dass das Verlangen stets neu geschürt wird. Der Schweizer Philosoph Denis de Rougemont sah in seinem Werk *Die Liebe und das Abendland* (1939) die Existenz des störenden Gatten als Hauptursache für die Dauer der Liebe von Tristan und Isolde.[11] Ohne ein solches Hindernis würde sich ihre Liebesglut nicht immer wieder entfachen lassen. Die Vorstellung, Tristan hätte Isolde heiraten können, hielt de Rougemont für völlig abwegig und äußerte Verständnis für den Liebhaber: Isolde sei der Typ Frau, den man auf keinen Fall heirate, denn dann würde man aufhören sie zu lieben, weil sie aufhören würde, sie selbst zu sein.

In den höfischen Romanen dient eine passionierte Liebe oft als Kontrast, um das Verhalten eines Ehemanns zu problematisieren und die Legitimität seines Anspruchs zu hinterfragen. Gottfried von Straßburg stellt bereits im Prolog klar, dass Tristan und Isolde füreinander bestimmt und wahrhaft Liebende sind. Aus seiner Sicht sorgt der Minnetrank nicht dafür, dass ein legaler Heiratsplan durchkreuzt wird, sondern dass jene zusammenfinden, die zusammengehören. Marke, der lieber mit einem Mann zusammenleben will, nur notgedrungen in die Ehe einwilligt, in der Hochzeitsnacht nicht einmal merkt, dass ihm die falsche Braut untergeschoben wird, und seine Frau misstrauisch beäugt, hat eine Isolde überhaupt nicht verdient.

Eine ähnliche Konstellation liegt zwei Verserzählungen von Marie de France zugrunde.[12] Ihre Protagonistinnen sind für eine passionierte Liebe empfänglich, weil sie in ihrer Ehe kreuzunglücklich sind. In den Lais *Guigemar* und *Yonec* (um 1170) wird eine edle, schöne und kluge Frau mit einem alten, engstirnigen und eifersüchtigen Mann verheiratet, der sie einsperrt und streng überwacht. Ehefrauen haben nach Ansicht solcher Männer nur einen Zweck: Nachkommen zu gebären. Da die jungen Frauen in beiden Lais emotional vernachlässigt werden, erscheint es nur allzu berechtigt, dass sie sich auf ein Verhältnis mit einem einfühlsamen Ritter einlassen. In beiden Geschichten bereiten die sexuellen Begegnungen der Dame größtes Vergnügen. Im *Yonec* gewinnt die Protagonistin durch diese Glückserfahrung ihre frühere Schönheit zurück, die sie in der Leidenszeit ihrer Ehe verloren hatte. Ihr Ritter schenkt ihr all die zärtliche Aufmerksamkeit, die sie bisher nur aus Erzählungen kannte. Sexualität ist in der passionierten Liebe immer Selbstzweck und nie nur Mittel zur Reproduktion.

Die Wahrnehmung von Geschlechtlichkeit kann gar nicht unterschiedlicher sein als zwischen dem Narrativ der höfischen Liebe und dem Narrativ der keuschen Ehe. Während Sex in der Legendenliteratur und im theologisch-scholastischen Kontext höchst negativ bewertet wird, fällt das Urteil in den höfischen Liebesromanen enthusiastisch aus. Die Geschlechtslust gilt nicht als sündig, sondern gehört zu einem glücklichen Leben wesentlich dazu.

Bemerkenswerterweise greifen die höfischen Autoren bei ihren Beschreibungen des Geschlechtsakts auf Bilder und Begriffe aus dem religiösen Bereich zurück. Als Engelhard und Engeltrud in Konrads von Würzburg Freundschaftslegende (2. Hälfte 13. Jh.) das erste Mal miteinander schlafen, wird ihre Begegnung als kosmisches Naturschauspiel und überirdische Gnadenerfahrung inszeniert. Ihre Freude vergleicht Konrad mit der Erleichterung eines Mannes, der an großem Hunger leidet und sich bei einem Festmahl sattessen kann. Dem Paar wurde das Tor zum Paradies geöffnet, kommentiert der Erzähler überschwänglich. Diese Glücksmetapher steht in auffälligem Kontrast zur kirchlichen Sexualmoral. Nicht die Enthaltsamkeit, sondern die Geschlechtslust ermöglicht einen Vorgeschmack auf die ewige Seligkeit bzw. eine Rückkehr zum freudenreichen Anfangszustand der Menschheit. Auch der Ort des Treffens, ein idyllischer Baumgarten, deutet auf das Paradies hin. Die Blumen, die roten Rosen und das Gras scheinen den Liebenden gleichsam zuzulächeln, so wie sie sich auch gegenseitig anstrahlen. Wiederholt spricht Konrad von Freude (»freude«), Wonne (»wunne«) und Seligkeit (»saelde«), um die überwältigende Glückserfahrung zu beschreiben.[13]

Im Paradies der passionierten Liebe ist nur für zwei Menschen Platz. Dass jede weitere Person die glückliche Zweisamkeit stört, stellt Gottfried in der Minnegrotten-Episode heraus. Tristan und Isolde werden zeitweilig vom Hof verbannt und erschaffen sich im Wald eine eigene Liebeswelt, in der sie einander vollkommen genügen. Statt in kulinarischen Genüssen zu schwelgen oder in der Wildnis zu hungern, laben sich die Liebenden am gegenseitigen Anblick und ihrer Herzensfreude. Wen hätten sie dort noch benötigen können und weshalb sollten sie jemanden hinzunehmen, fragt der Erzähler rhetorisch. Eins und eins ist seines Erachtens eine perfekte Kombination. Jeder Dritte sei einer zu viel und könne den Liebenden nur lästig sein.[14] Gottfried erstellt diese Glücksformel genau wissend, dass die Minnegrotte nur wenig später von Marke entdeckt wird. Isoldes Ehemann übernimmt im *Tristan* immer wieder die Rolle des überzähligen Dritten, der die Liebenden stört und in ihre Gemeinschaft eindringt. Eine Gefahr für das Glück stellt freilich nicht nur ein unerwünschter Ehemann dar, sondern würde auch vom potentiellen Nachwuchs ausgehen. Die Vorstellung, Isolde wäre Mutter und kümmerte sich um ein Kind, ist mit dem Konzept der passionierten Liebe noch weniger zu vereinbaren als Denis de Rougemonts Verdikt einer ›Frau Tristan‹.[15]

Gesichertes Glück in der romantischen Liebe

In der romantischen Liebe kommen Sexualität, Liebe und Ehe überein. Die Protagonisten dürfen heiraten, wen sie lieben, so dass ihr Glück dauerhaft gesichert scheint. Doch treten in der romantischen Liebe neue Probleme auf. Wie lassen sich die feudalen Pflichten mit der Leidenschaftlichkeit und Absolutheit der höfischen Liebe vereinbaren? Von den daraus erwachsenden Schwierigkeiten erzählt Hartmann von Aue in den ersten beiden deutschen Artusromanen, wobei er fertile Fragen absichtlich ausklammert.

In Hartmanns erstem Roman (um 1180/85) heiratet der Königssohn Erec die wunderschöne Enite, in die er sich auf seiner ersten Abenteuerfahrt verliebt hat. Bei der Hochzeitsfeier bittet die Protagonistin in der altfranzösischen Vorlage, Chrétiens de Troyes *Erec et Enide* (um 1165), vor einem Marienaltar ausdrücklich darum, ihre Gebärpflicht erfüllen zu können. Jesus und Maria mögen ihr und ihrem Mann einen Nachkommen schenken, der das Reich einmal erben soll.[16] Im deutschen Roman hingegen fehlt Enites Bitte um Elternschaft. Indem Hartmann das Un*fruchtbarkeitsmotiv streicht und die Intensität der sexuellen Begegnungen steigert, entwirft er das Bild eines romantischen Liebespaars, dessen Glück nicht von Reproduktion abhängig ist. Erec liebt seine hübsche Frau so sehr, dass er nur noch mit ihr allein sein will. Statt sich weiterhin ritterlich zu betätigen oder königliche Repräsentationspflichten zu erfüllen, zieht sich der junge Herrscher aus der Hoföffentlichkeit zurück und verbringt den größten Teil des Tages mit seiner Frau im Bett. Während Chrétiens Erec häufig bis mittags liegen bleibt, kehrt Hartmanns Protagonist mittags schon wieder ins Bett zurück. Nur zum Besuch der Messe und zu den Mahlzeiten verlassen die Eheleute ihr Liebesgemach. Durch dieses ›Sich-Verliegen‹ (»verligen«) gerät Erec ins Gerede und verliert all sein Ansehen. Die Glücksregel der Zweisamkeit mag für eine passionierte Liebe gelten, funktioniert bei einer romantischen Liebe aber nur bedingt. Adlige Eheleute müssen gesellschaftliche Aufgaben erfüllen und dürfen sich nicht nur ihrem Partner bzw. ihrer Partnerin widmen. In Chrétiens Roman werfen die Gefährten Erec genau dies vor: Er behandle Enite nicht wie seine Ehefrau, sondern wie eine Geliebte.

In Hartmanns Version ist der Held so sehr auf seine schöne Frau fixiert, dass er nicht einmal merkt, wie andere über ihn reden. Erst durch Enite erfährt er von seinem schlechten Ruf, obwohl diese die abfälligen Kommentare am liebsten geheim halten würde. Nur weil sie fürchtet, dass Erec ihr Schlimmeres vorwerfen könnte, erzählt sie von ihrem Wissen. Auch dieses Motiv lässt sich als ausgeblendeter Un*fruchtbarkeitsverweis lesen. Denn wovor könnte Enite sich fürchten? Der Verdacht der Untreue, wie manche Mediävisten und Mediävistinnen vermuteten,[17] passt nicht zum Handlungskontext. Einer jungen Frau, die rund um die Uhr mit ihrem Gemahl im Bett liegt, bleibt kaum noch Zeit für einen Liebhaber. Stimmiger wäre es, Enite sorgte sich darum, dass sie trotz intensiver sexueller Betätigung noch nicht schwanger geworden ist. Doch statt einen solchen Zusammenhang explizit zu machen, hüllt sich der Erzähler und mit ihm sein Protagonist in Schweigen. Ohne jede Erklärung befiehlt Erec seiner Frau, sich reisefertig zu machen. Zusammen mit ihr zieht er noch einmal aus und behandelt Enite auf dieser gemeinsamen Abenteuerfahrt denkbar schlecht. Von der übergroßen Leidenschaft scheint nichts mehr übrig; die intime Gemeinschaft bei Tisch und im Bett hebt Erec auf und lässt Enite die Arbeit eines Pferdeknechts verrichten. Der Held spielt seine patriarchale Herrschaftsgewalt voll aus, bis er schließlich nach zahlreichen Treuebeweisen wieder für Enites Gefühle empfänglich wird. Am Ende des Romans hat Erec gelernt, Liebe und Herrschaft miteinander zu vereinbaren und eine Ehe zu führen, in der sein Begehren keine Gefahr mehr für die Gesellschaft darstellt.

Im zweiten Artusroman, dem *Iwein* (um 1200), kehrt Hartmann diese Problematik um.[18] Aus Angst, sich wie Erec zu verliegen, vernachlässigt Iwein seine Frau und seine Herrschaftspflichten. Dabei liegt auch diesem Roman das Konzept einer romantischen Liebe zugrunde: Iwein verliebt sich leidenschaftlich in die gerade verwitwete Landesherrin eines geheimnisvollen Brunnenreichs, deren Gemahl er selbst getötet hat. Sein Verlangen schmerzt ihn sehr, weshalb er überglücklich ist, als er die schöne Laudine für sich gewinnen kann. Die Sicherung der Herrschaft spielt dabei eine entscheidende Rolle. Laudine lässt sich nur deshalb so schnell auf einen neuen Mann ein, weil sie einen Verteidiger ihres Reiches benötigt. Im Unterschied zu Iwein ist die Liebe nicht Ursache für Laudines Zustimmung zur Hochzeit, sondern ihre Folge. Obwohl die sozialen Pflichten stärker hervorgehoben werden als im *Erec*, wird die Aufgabe der Reproduktion auch im *Iwein* mit keinem Wort erwähnt. Laudine sorgt sich darum, dass ihr Reich in der Gegenwart gut verteidigt wird, nicht um eine ferne Zukunft. Beide Protagonisten glauben, dass ihre Liebe gesichert ist, aber erfahren, dass eine Ehe kein Glück garantiert. Laudine wird davon überrascht, dass ihr Mann schon nach wenigen Tagen wieder aufbrechen und an Turnieren teilnehmen will; Iwein lernt schmerzlich, dass sich eine Frau von einem unzuverlässigen Ehemann lossagen kann. Zuletzt finden beide wieder zusammen, nachdem sie gemerkt haben, wie sehr sie aufeinander angewiesen sind.

Man sollte erwarten, dass sich in der romantischen Liebe Verschiebungen in Bezug auf die Un*fruchtbarkeitsthematik ergeben. Wenn von Herrschern verlangt wird, dass sie Kinder zeugen, wäre es nur schlüssig, dass Elternschaft eine wesentliche Bedingung einer glücklichen Ehe darstellt. Doch weder im *Erec* noch im *Iwein* wird die Glücksvorstellung vom liebenden Paar auf eine fröhliche Familie erweitert. Die Protagonisten in Hartmanns Romanen wünschen sich keine Kinder und bekommen keine Kinder. Auch im Umfeld der Paare erhebt niemand die Forderung, für einen Thronfolger zu sorgen. Laudine soll nicht heiraten, um einen Erben zu gebären, und Erec und Enite geraten nicht wegen einer fehlenden Schwangerschaft ins Gerede. Nicht einmal beim Ausblick am Ende des ersten Artusromans, der sich bis zum ewigen Leben des Paars erstreckt, werden noch Kinder erwähnt.[19] Im Narrativ der höfischen Liebe ist das reproduktionspolitische Grundprinzip außer Kraft gesetzt. Die gegenseitige Zuneigung genügt zum Glücklichsein, wohingegen Elternschaft und Kinderlosigkeit völlig nebensächlich sind – jedenfalls solange die Liebe erhalten bleibt.

Verlorenes Glück: Kinder als Kompensation

Kinder werden in mittelalterlichen Romanen dann relevant, wenn eine Beziehung endet. Ersehnte Elternschaft ist im Narrativ der höfischen Liebe ein spezifisch weibliches Motiv. Frauen sehnen sich danach, dass der verschwundene oder verstorbene Geliebte in seinem Sohn weiterlebt. Das Kind ist also nicht Krönung einer erfüllten Liebe, sondern Kompensation für einen erlittenen Verlust. Durch die Mutterschaft hoffen Frauen, ihr Glück über das Ende einer Beziehung hinaus festhalten zu können.

Didos Kinderwunschphantasie

Für einen solchen kompensierenden Kinderwunsch liefert die antike Heldin Dido in Vergils *Aeneis* (29–19 v. Chr.) und ihren späteren Adaptationen ein eindrückliches Beispiel. Die mächtige Herrscherin Karthagos denkt erstmals an ein Kind, als ihr Geliebter sie verlassen will. Ihre machtpolitische Position ist durch das Liebesverhältnis mit dem trojanischen Flüchtling nachhaltig geschwächt. Bevor Aeneas mit seinen Begleitern in Libyen strandete, war Dido eine unangefochtene Herrscherin, die sich durch Klugheit und Geschick ein eigenes Reich aufgebaut hatte. Ihren Vorsatz, keine Ehe mehr einzugehen und ihrem verstorbenen Gatten treu zu bleiben, gab sie für den trojanischen Helden preis. Bei einem Jagdausflug schlief die verliebte Dido mit Aeneas und setzte ihre Liaison anschließend am Hof fort. Sie ignorierte das Gerede der Leute, überließ dem Geliebten ihre Regierungsgeschäfte und gab sich der Illusion einer lebenslangen Liebe hin.

Als Aeneas seine Weiterreise nach Italien vorbereitet, realisiert Dido, in welche prekäre Lage sie geraten ist. Nachdem sie sich freiwillig einem Mann untergeordnet hat, wird sie als Herrscherin nicht mehr akzeptiert und wegen ihrer Unbeständigkeit verachtet. In einer großen Klage bereut sie ihr Verhalten und wünscht inständig, sich nie auf eine Beziehung eingelassen oder zumindest ein Kind von Aeneas empfangen zu haben.[20] Wenn der Trojaner ihr »ein Pfand der Liebe« hinterlassen würde, käme sie sich nicht ganz so schlimm betrogen und verlassen vor. Didos Begehren nach einem Kind kommt also erst auf, als es nicht mehr erfüllbar ist. Der kleine Aeneas, der in ihrer Burg spielt und seinem Vater ähnlich sieht, ist eine als irreal markierte Projektion. Didos Kinderwunschphantasie entspringt einer explosiven Mischung an Gefühlen: Liebe, Leidenschaft, Reue, Enttäuschung, Angst und Wut. Einerseits zeugt der Wunsch von einer anhaltenden emotionalen Bindung, insofern Dido ihre Liebe gerne auf einen potentiellen Sohn übertragen würde. Andererseits konfrontiert sie Aeneas damit, dass er sowohl als Liebender als auch als Zeugungspartner versagt hat.

Ovid akzentuiert diesen Kinderwunsch in den *Heroides* (Briefe antiker Heldinnen; 23 v. Chr.) neu. Seine Dido klagt in ihrem Liebesbrief nicht über die Unfruchtbarkeit ihrer Beziehung, sondern spielt mit der Möglichkeit einer Schwangerschaft. Wie in den meisten Briefen besteht der besondere Reiz der *Heroides* darin, dass die Schreiberin noch hofft, den geliebten Mann halten zu können, während der tragische Ausgang des Mythos längst feststeht. Dido schildert Aeneas eindringlich, welche schrecklichen Konsequenzen seine Abreise für sie hätte. Sie könnte verjagt, bekämpft, erobert, vergewaltigt und getötet werden. Den ausgemalten Schrecken sucht sie dadurch zu vergrößern, dass sie ein ungeborenes Kind als Opfer der Gewalt imaginiert. Dido erwähnt ihre potentielle Fruchtbarkeit, um emotionalen Druck auszuüben, den Geliebten zu manipulieren und ihren eigenen Wert zu erhöhen. Wenn Aeneas schon kein Mitleid mit ihr habe, möge er zumindest an ein mögliches Kind denken.[21] Ovids Dido ist eine gewiefte Rhetorikerin. Sie inszeniert sich als werdende Mutter und Aeneas als flüchtigen Vater, der die Ermordung seines fiktiven Kindes provoziert und toleriert. Besonders plastisch wirkt die beschworene Gefahr dadurch, dass sich Dido auf den realen Sohn des Geliebten bezieht. Wenn Aeneas ein fürsorglicher Vater sein will, muss er bei ihr bleiben und den ungeborenen Bruder seines Ascanius schützen.

Im mittelhochdeutschen *Eneasroman* Heinrichs von Veldeke (1174/84–85) erhält das Kinderlosigkeitsmotiv eine zusätzliche Funktion. Dido erhofft sich von dem imaginären Kind sowohl emotionalen Trost als auch politischen Halt. In ihrer Klage problematisiert sie, dass sie weder ein Kind noch andere

Verwandte habe. Dringend bräuchte sie männlichen Beistand, um ihr Herrschaftsrecht zu verteidigen. Anders als in der *Aeneis* lastet Dido die Schuld für ihr Unglück weder dem Geliebten an, noch formuliert sie den Kinderwunsch aus ihrer eigenen Perspektive. Stattdessen hadert sie mit sich selbst: »Hättet ihr doch ein Kind von mir bekommen!«[22] Didos ersehnte Vaterschaft lässt den Aufbruch des Eneas und die Verachtung der nordafrikanischen Fürsten in einem anderen Licht erscheinen. Zumindest aus ihrer Sicht trennt sich der geliebte Mann auch von ihr, weil sie ihm kein Kind geboren hat. Mit ihrem Eingeständnis, ihre Ehre selbst verspielt zu haben, liefert sie eine implizite Erklärung für ihre Unfruchtbarkeit. Bei Veldeke erscheint die Kinderlosigkeit als eine Strafe Gottes, weil Dido leichtfertig mit einem Mann geschlafen hat. Die Nachbarfürsten verfügen in der deutschen Version somit über ein weiteres Argument, Dido gering zu schätzen. Keiner ihrer früheren Werber ist mehr an einer Frau interessiert, die treulos und unfruchtbar ist. Da Eneas Dido weinen lässt und sich nicht zum unterstellten Kinderwunsch äußert, bleibt ihre Trennungshypothese unwidersprochen im Raum.[23] Die kinderlose Herrscherin bleibt mit ihrer Schande allein und begeht – wie im antiken Epos – Selbstmord.

Weiterleben nach dem Tod

Höfische Liebesgeschichten, in denen ein Wunschkind eine wesentliche Rolle spielt, weisen eine klare Zeitstruktur auf. Weil die höfische Liebe eine dyadische Grundstruktur aufweist, können Beziehungen zum begehrten Mann und zum umsorgten Sohn nicht parallel geführt werden. Entweder ist eine Frau eine ideale Liebespartnerin oder fürsorgliche Mutter. Deshalb muss der geliebte Mann ausscheiden, bevor das Kind die wichtigste Position im Leben einer Frau besetzen kann. Wie Maries de France *Yonec* und Wolframs von Eschenbach *Parzival* (1200–1210) zeigen, gilt diese temporale Logik sowohl für eine passionierte als auch für eine romantische Liebesgeschichte. Die Titelhelden treten genau in dem Moment in die Erzählwelt ein, als der Platz an der Seite ihrer Mutter frei wird.

Bei Marie wird die Schwangerschaft der Dame erstmals erwähnt, nachdem ihr Geliebter tödlich verwundet worden ist.[24] Der Ritter, der sich nur in der Gestalt eines Habichts seiner Herzensdame nähern konnte, ist in die Falle gegangen, die der eifersüchtige Ehemann ihm gestellt hat. Im Wissen um seinen nahen Tod prophezeit er der Geliebten die Geburt eines gemeinsamen Sohnes. In der Situation ohnmächtigen Leidens erfüllt das Kind eine Doppelfunktion: Zum einen soll es die liebende Frau über den großen Verlust hinwegtrösten und zum anderen das Unglück seiner Eltern rächen. Der Sterbende instruiert seine Dame genau, wann sie den Sohn über seine Herkunft aufklären, ihm sein Schwert übergeben und ihn zur Tötung ihres Ehemanns auffordern soll. Alle Anweisungen erfüllt die Liebende treulich. Sie bringt das Kind zur Welt, behütet es sorgsam und liebt es zärtlich. Yonec ähnelt seinem Vater in Schönheit und Ansehen. Dieser gilt als der stärkste, tapferste, schönste, beliebteste und beste Ritter aller Zeiten, jener wird als unvergleichlich edel, tapfer, freigebig und großmütig gerühmt. Zum bezeichneten Zeitpunkt offenbart die Mutter Yonec seine Geburtsgeschichte. Kaum hat sie den letzten Willen ihres Ritters erfüllt, bricht sie tot über seinem Grab zusammen.

Wie sich die Liebe einer Frau vom verstorbenen Mann auf den ungeborenen Sohn verschiebt, zeichnet Wolfram im *Parzival* detailliert nach.[25] Obwohl Herzeloyde durch einen schlechten Traum gewarnt ist, trifft sie die Nachricht von Gahmurets Tod wie ein Schlag. Ohnmächtig sinkt sie zu Boden und stirbt ihrem Mann fast nach. Erneut teilt ein Erzähler erst anlässlich eines Todes mit, dass eine Frau von ihrem Geliebten ein Kind erwartet. Das übermächtige Leiden der Witwe und der starke Wille des Ungeborenen kämpfen miteinander ums Überleben. Als Herzeloyde wieder zu sich kommt, gelten ihre ersten Gedanken dem aufgegangenen Samen Gahmurets. Das Kind bedeutet ihr viel mehr als ein letztes Vermächtnis, meint sie doch, dass ihr Mann in seinem Sohn wieder lebendig werde. Um den Geliebten kein zweites Mal zu töten, bezwingt sie ihren Schmerz. In der Totenklage wechselt Herzeloyde ihre Lebensrolle von einer liebenden Ehefrau zu einer überbesorgten Mutter. Angesichts ihres schweren Unglücks meint sie, geradezu einen Anspruch auf eine komplikationslose Geburt zu haben. Wenn Gott treu sei, müsse er ihr Kind wohlbehalten zur Welt kommen lassen.

Die Mutterschaft wird zum Rettungsanker, der Herzeloyde ihre Trauer überwinden lässt. Doch führt diese Kompensation dazu, dass sich die Protagonistin auf ihren kleinen Sohn fixiert und in ihm seinem Vater wiederbegegnen will. Daher richtet sie ihre Aufmerksamkeit zuerst auf den Genitalbereich des Neugeborenen; zufrieden registriert sie, dass sich zwischen seinen Beinen ein »visellîn« befindet. Immer wieder küsst Herzeloyde den Kleinen und gibt ihm diverse Kosenamen. Nie ruft sie ihn bei seinem eigentlichen Namen, stets spricht sie ihn mit wechselnden Attributen als guten Sohn, lieben Sohn, schönen Sohn an. Das Stillen des Kindes übernimmt sie selbst, was für eine adlige Dame im hohen Mittelalter höchst ungewöhnlich ist, wie der Erzähler anerkennend hervorhebt.[26] Herzeloyde geht es allerdings – im Gegensatz etwa zu Grisardis bei Erhart Groß (Kap. 10, S. 325) – weniger darum, eine vorbildliche Mutter zu sein, als die Sehnsucht nach dem Geliebten zu stillen. Bei der zärtlichen Interaktion mit dem Kind erscheint es ihr so, als hielte sie wieder

Gahmuret in ihren Armen. Herzeloyde tut alles dafür, sich diese Liebe zu bewahren. Damit Parzival nicht dasselbe Schicksal wie sein Vater erleidet, zieht sie sich mit ihm aus der höfischen Zivilisation zurück und lebt in einer waldreichen Einöde. Doch alle Anstrengungen, die Ritterwelt vor dem Jungen zu verbergen, scheitern. Als Parzival sie verlässt, wird Herzeloyde buchstäblich vom Herzeleid überwältigt und stirbt. Getrennt von Gahmurets Sohn gibt es nichts mehr, was sie am Leben hält.

Kein Trost durch Fruchtbarkeit

Eine Schwangerschaft ist kein Allheilmittel für den Verlust eines geliebten Menschen. In den mittelalterlichen Liebesromanen hilft ein Kind manchen Frauen zeitweilig über den Tod ihres Partners hinweg, andere bleiben untröstlich. Nie kommt im Narrativ der höfischen Liebe die Freude über ein Kind dem überwältigenden Glück der Partnerschaft gleich. Immer sind Liebende glücklicher als Eltern, zumal sie ihre Kinder in der höfischen Literatur meist alleine großziehen müssen. Dass ein Kind ein unzureichender Ersatz für einen Partner ist, zeigt sich besonders deutlich, wenn Frauen trotz Schwangerschaft oder Geburt an Liebeskummer sterben.

Die Lehre, dass sich ein Kind nicht als Glückstherapie eignet, lässt sich der ersten Liebesgeschichte in Gottfrieds *Tristan* entnehmen. Der Roman beginnt mit Tristans späteren Eltern, die das Liebesschicksal der Hauptfiguren teilweise vorwegnehmen. Riwalin und Blanscheflur verlieben sich leidenschaftlich ineinander, sind von ihren Empfindungen hin- und hergerissen und kommen sich immer näher. Die fehlende Gelegenheit zum Sex empfinden sie als so quälend, dass sie schon fürchten, sterben zu müssen. Umso beglückender ist für beide die Zeit, in der sie ein heimliches Liebesverhältnis führen. Ihre Wonne sei so vollkommen gewesen, beteuert der Erzähler, dass sie diese nicht einmal für das Himmelreich eingetauscht hätten.[27] Als Riwalin in seine Heimat zurückkehren muss, lässt sich die schwangere Blanscheflur von ihm entführen. Doch ihr Glück hat keinen Bestand. Kaum verheiratet fällt Riwalin im Kampf, und Blanscheflur versteinert in ihrem Schmerz. Ihr Inneres wird von lebendiger Liebe und heftigem Leid geflutet, wodurch ihr Lebenswille zu ersticken droht. Die Unglückliche spricht kein Wort mehr – weder in Bezug auf den toten Geliebten noch auf sein ungeborenes Kind. Ihre Mutterschaft lässt sie nicht länger leben als für den Fortgang der Geschichte unbedingt erforderlich. Vier Tage lang liegt Blanscheflur in den Wehen, bevor sie ihren Sohn zur Welt bringt und stirbt.

Ebenso wenig erfährt die Mutter Willehalms von Orlens, dessen Schicksal ich beim Narrativ der sozialen Alternative (Kap. 8) schon behandelt habe, im Roman Rudolfs von Ems (1. Hälfte 13. Jh.) Trost durch Fruchtbarkeit.[28] Am selben Tag, an dem ihr geliebter Mann stirbt, gebärt die Herzogin einen Sohn. Elye reagiert zunächst so, wie man es feudalpolitisch erwarten würde. Sie verkündet die Geburt des Thronfolgers, der alle für den erlittenen Verlust entschädigen soll, und lässt ihre Gefolgsleute ihm die Treue schwören. Erst als Elye die Herrschaftsposition ihres Sohns gesichert hat, gibt sie sich ihrer Trauer hin. Lieber will sie sterben, als sich immer nach dem geliebten Mann zu sehnen. Mit einem Jammerschrei bricht sie über dem geöffneten Sarg tot zusammen. Die Regel der Nachfolge greift in diesem Roman nicht. Nur als Herrscher, nicht aber als Geliebter vermag ein Sohn den Vater zu ersetzen.

Wie fremd vielen Frauen in der mittelalterlichen Literatur die Vorstellung ist, ein Kind könne den Verlust des geliebten Mannes kompensieren, belegt auch das *Nibelungenlied* (um 1200).[29] Zwar erwähnt der Erzähler, dass die schöne Kriemhild zur Freude des niederländischen Königshauses nach zehn Ehejahren einen Sohn gebärt. Doch ist der kleine Gunther für den weiteren Handlungsverlauf völlig irrelevant. Nachdem Siegfried beim gemeinsamen Familienbesuch in Worms ermordet worden ist, kehrt Kriemhild nicht mehr nach Xanten zurück. Vergeblich erinnert der Schwiegervater an das Kind, das zuhause auf sie wartet. Das Argument, ihr Sohn werde sie in ihrem Leid trösten, wenn er erst älter geworden sei, lässt Kriemhild nicht gelten. Statt an eine Zukunft ohne Siegfried zu denken und als Mutter des niederländischen Thronfolgers zu agieren, bleibt sie lieber in der Nähe des Grabes und widmet ihr weiteres Leben der Trauer und der Rache. Ihr Kind stellt für Kriemhild keine bleibende Verbindung zu seinem Vater dar. Siegfrieds Schwert, nicht sein Sohn erinnert sie kurz vor dem eigenen Tod noch an den Geliebten. Der Sohn ist für die trauernde Witwe kein Glücks- und Trostfaktor, weil er keine individuelle Liebesgabe darstellt und die gesellschaftliche Bedeutung der Elternschaft überwiegt.

Glücksvorstellungen im Wandel: Leben und Literatur

Die neuere Glücksforschung zu Un*fruchtbarkeit rief Widerspruch hervor. Wissenschaftler, Journalistinnen und Laien wollten nicht glauben, dass Kinderlose glücklicher als Eltern sein sollen. Wie aussagekräftig sind eigentlich diese Studien, fragt Malte Buhse im Artikel *Der kollektive Baby-Blues* (2014) der *Zeit online*.[30] Wenn Eltern mit leuchtenden Augen beobachten, wie ihre Kinder die ersten Schritte machen oder bei der Theater-AG auf der Bühne stehen, deute das schließlich auf das Gegenteil hin. Bei vielen Studien ließe sich überhaupt nicht feststellen, ob es tatsächlich die Kinder seien, die das Glück von Paaren beeinträchtigten. Möglicherweise verzerrten andere Faktoren die Ergebnisse. Zum Beispiel könnten glückliche und selbstbewusste Menschen häufiger kinderlos bleiben, weil sie keine Schwierigkeit damit hätten, sich gesellschaftlichen Erwartungen zu entziehen und gegen das traditionelle Familienbild zu verstoßen.

Fiktionales Glück

Für vergangene Epochen ist es noch schwerer, Glücksforschung zu betreiben. Menschen vor der Moderne können nicht mehr selbst befragt werden, wie zufrieden sie mit ihrem Leben waren. Während historische Quellen wenig aussagekräftig sind, beschreiben Romanautoren detailreich, was ihre Protagonisten glücklich macht. Man mag einwenden, dass literarische Inszenierungen wenig mit der historischen Wirklichkeit zu tun haben und keine Rückschlüsse auf die mittelalterliche Gesellschaft erlauben. Zweifellos: Das Liebesglück, das im Narrativ der höfischen Liebe ausgestellt wird, ist fiktional. Wie die mentalitätsgeschichtliche Forschung betont, handelt es sich um ein genuin literarisches, aber auch epochentypisches Motiv. Der österreichische Mentalitätshistoriker Peter Dinzelbacher proklamierte eine »Entdeckung der Liebe im Hochmittelalter« (1981), und der germanistische Mediävist Walter Haug sprach von einer »Geburtsstunde der modernen Liebesidee« (2004); das menschliche Leben finde in einer personal verstandenen erotischen Beziehung von Mann und Frau seine Erfüllung.[31] Die Beliebtheit dieses Narrativs im 12. Jahrhundert ist deshalb so erstaunlich, weil die höfische Liebe die Normen und Werte der mittelalterlichen Feudalgesellschaft in Frage stellt. Weder die passionierte noch die romantische Liebe sind mit der Heiratspraxis des Adels übereinzubringen.

Einige höfische Autoren markieren selbst, dass es sich um fiktionale Glücksgefühle handelt. So vergleichen Gottfried von Straßburg und Wolfram von Eschenbach ihre literarische Beschreibung des Liebesakts mit anderen künstlerischen Verfahren.[32] Als Isolde und Tristan im Bett überrascht werden, erscheinen die beiden wie ein goldenes Kunstwerk aus einem Guss. Ihre Arme sind ineinander geflochten, Wange schmiegt sich an Wange, Mund presst sich auf Mund. Die Decke über ihnen stellt die intime Nähe mehr aus, als dass sie ihre Nacktheit verhüllt. Oberhalb des Lakens sind Arme und Hände, Achseln und Brust so eng aneinander geschmiegt, dass das Paar literarisch gleichsam verschmolzen ist. Ähnlich wetteifert Wolfram von Eschenbach im Tagelied *Den morgenblic bî wahtaeres sange erkôs* (Das Morgenlicht beim Ruf des Wächters sah; um 1200–1220) mit einem Maler. Wenn dieser darstellen wollte, wie eng die hellen, glatten Körper ineinander geschlungen seien, hätte er mehr als genug zu tun. Fast wirkt dieser Seitenhieb so, als hätte Wolfram die Miniatur aus dem Florentiner Codex oder eine vergleichbare Illustration eines Liebesakts gesehen (Abb. 13). Der Maler hat bei der Handschrift des *Rosenromans* darauf verzichtet, die Verschmelzung ganzer Körperpartien bildlich darzustellen und die Einheit der Liebenden stattdessen durch das stoffliche Arrangement angedeutet. Wichtiger als das Wetteifern der Künstler ist mir, was durch die selbstreferentiellen Liebesbeschreibungen offengelegt wird: Das sexuelle Glück in der höfischen Literatur ist ästhetisch gemacht.

Ein fiktionaler Charakter mindert jedoch nicht den Aussagewert literarischer Erzählungen für die Erforschung mittelalterlicher Vorstellungen von Liebe, Glück und Un*fruchtbarkeit. Dass historische Narrative und fiktionale Gefühle für das Glücksempfinden alles andere als irrelevant sind, stellt die israelische Soziologin Eva Illouz in ihrer Kultursoziologie der Liebe heraus. In der Studie *Warum Liebe weh tut* (2011) zeichnet sie nach, wie durch die Vermittlung diverser Medien kulturspezifische Gefühle ausgebildet werden.[33] Die Frage, wie ein Begehren nach Elternschaft entsteht, hat mich in diesem Buch schon mehrfach beschäftigt: etwa bei den Kinderwünschen, die trennungswillige Frauen vor dem kirchlichen Ehegericht formulierten, dem großen Kummer, den das kinderlose Ich im protestantischen Gebetbuch beklagt, oder der Lust der Mystikerinnen, Mutter des Jesuskindes zu sein. Statt die Sehnsucht nach einem Kind mit einer naturhaften Anlage, als anthropologische Konstante oder Mutterinstinkt zu begründen, habe ich auf die kulturwissenschaftliche Theorie Foucaults und das kommunikationstheoretische Modell Luhmanns zurückgegriffen und die Affekte der Un*fruchtbarkeit durch historische, diskursive und soziokulturelle Einflussfaktoren erklärt.

Illouz bietet nun einen weiteren Ansatz, der für eine literaturwissenschaftliche Analyse besonders geeignet ist, weil sie die Bedeutung ästhetischer und narrativer Formen betont. Wenn sich Menschen auf literarische Erzählungen einlassen, werden fiktionale Gefühle hervorgerufen, die denselben kognitiven Inhalt wie reale Gefühle haben können. Aus ihnen bilden sich kognitive Schablonen, mit deren Hilfe Menschen Gefühle ausbilden und vorwegnehmen. Deshalb tragen die verschiedenen historischen Narrative entscheidend dazu bei, wie Menschen Elternschaft wahrnehmen, erfahren und deuten. Geschichten der Kinderlosigkeit und ihre emotionale Bewertung folgen immer einem vorformulierten Drehbuch, wobei die Liebesvorstellungen vom Mittelalter bis zur Moderne einen bedeutsamen Wandel erfahren und die Kinderwunschlosigkeit aufgegeben wird.

Das höfische Skript für fiktionales Liebesglück wird in der Frühen Neuzeit umgeschrieben. Die zweigliedrige Grundstruktur, wie sie für das Narrativ der höfischen Liebe charakteristisch ist, wird um den Faktor Kind erweitert und von der Partnerliebe auf die Elternliebe umgestellt. Damit wird Elternschaft zu einem wesentlichen Bestandteil eines erfüllten Lebens. Dieser Zusammenhang schlägt sich eindrücklich in den ehedidaktischen Traktaten und Hochzeitsreden, aber auch in einem Wachstum der poetischen Fertilitätsrate nieder. Während die Protagonisten in den höfischen Romanen meist Einzelkinder bleiben, gebärt Melusine im frühneuhochdeutschen Prosaroman (Erstdruck 1456) zehn Söhne und zeugt Hug Schapler (Erstdruck 1500) mit seinen diversen Affären einen Sohn nach dem anderen.[34] Für das individuelle Glück genügt es im 16. Jahrhundert nicht mehr, dass Partner einander lieben, sondern sie müssen dies auch reproduktiv beweisen. Kinder gelten als Ausdruck der Liebe ihrer Eltern, als Beleg einer glücklichen Beziehung, als Krönung der Partnerschaft.

Möglich und erfolgreich war diese Uminterpretation von Glücksvorstellungen, weil die frühen Massenmedien einen entscheidenden Vermittlungsbeitrag leisteten. Die Vorstellung, dass eine Ehe ohne Kinder einem Leben ohne Sonne gleichkommt, verbreitete sich durch Buchdruck und Predigt über regionale, sprachliche, ständische, konfessionelle und epochale Grenzen hinweg. Jahrhunderte lang bildeten Menschen ihre Gefühle mit Hilfe dieser Schablone aus. »Unter der Vorstellung, ihr Glück zu suchen, dienen Individuen der Reproduktion der Menschheit«, merkt Niklas Luhmann spitz an.[35] In den letzten Jahrzehnten scheint das frühneuzeitliche Drehbuch für Ehe- gleich Elternglück an Einfluss zu verlieren. Indizien dafür sind einzelne Publikationen wie die Streitschrift von Sarah Diehl, die im Untertitel ihres Buches *Die Uhr, die nicht tickt* (2014) selbstbewusst ankündigt, ›kinderlos glücklich‹ zu sein. Doch dokumentieren auch die Ergebnisse der neueren Glücksforschung, dass Kinder in der individuellen Wahrnehmung nicht mehr notwendigerweise zu einem glücklichen Leben dazu gehören.

Wahlfreiheit und Zweifel

In einer Studie der Universität Princeton schlagen Angus Deaton und Arthur A. Stone vor, die generelle Einstellung von Menschen gegenüber Elternschaft in die Glücksforschung einzubeziehen. Man müsse nach den Gründen fragen, warum Menschen Kinder bekommen. Wenn sich Eltern gezielt für Nachwuchs entschieden und Nicht-Eltern bewusst kinderlos blieben, dürfe es den einen kaum besser als den anderen ergehen, mutmaßen die Forscher. Damit erklären sie eine selbstbestimmte Entscheidung zum ausschlaggebenden Kriterium für Glück.[36] Ist die Lebenszufriedenheit also vor allem eine Frage der

Wahlmöglichkeit? Wenn man diesen Ansatz weiterdenkt, müsste das Glücksgefühl kontinuierlich gewachsen sein. In der Gegenwart verfügen Männer und Frauen in der westlichen Welt über ganz andere Freiheiten als vor der Moderne. Sie können sowohl ihre Partner als auch ihre bevorzugten Liebes- und Lebensformen weitgehend frei wählen, ohne durch ständische, religiöse, moralische und familiäre Vorgaben allzu sehr eingeschränkt zu sein.

Nach der Diagnose von Eva Illouz ist jedoch das Gegenteil der Fall.[37] Durch die sexuelle Befreiung und die daraus resultierende Vielzahl an Wahlmöglichkeiten seien neue Unsicherheiten entstanden; die Intensität der Liebe wurde geschwächt und das Glücksempfinden nachhaltig beeinträchtigt. Illouz vertritt die These, dass »die kulturelle Grammatik des Kapitalismus« in Partnerschaften eingedrungen ist und einen tiefgreifenden Wandel in der Geschichte der Liebe ausgelöst hat. Im digitalen Zeitalter handelten sexuelle nicht anders als ökonomische Akteure und folgten der Logik des freien Marktes. Sie wissen um Konkurrenz, bewerten andere hinsichtlich ihres sexuellen Kapitals und suchen die eigene Leistungsfähigkeit wie den Lustgewinn zu steigern. Wahlfreiheit, Rationalität, Interesse und ein Überangebot verändern nach Illouz' Beobachtung, wie Menschen Partnerinnen und Partner suchen, Beziehungen führen und Gefühle entwickeln. Das überwältigende Gefühl der Einzigartigkeit, wie es für das mittelalterliche Narrativ der höfischen Liebe kennzeichnend war, ist in der schieren Masse potentieller Partner untergegangen. Die zahllosen Optionen veranlassen Menschen, ihr Gegenüber permanent zu vergleichen, die eigenen Gefühle zu prüfen und sich nicht festzulegen. Deshalb bescheinigt Illouz Beziehungen in der Moderne eine negative Struktur. Viele Menschen wüssten nicht mehr, wie sie eine glückliche Partnerschaft definieren und beurteilen sollten. Die Folge sei eine allgemein chronische und strukturelle Ungewissheit.

Die mittelalterliche Literatur kennt durchaus Unsicherheiten in der Liebe, wenn Figuren wegen drohender Konsequenzen zögern, eine Beziehung einzugehen. Doch zweifeln die Protagonisten in der Regel an der Zuneigung des Partners, nicht aber an den eigenen Empfindungen. Gottfried erzählt etwa von den Sorgen, die Riwalin bedrücken, nachdem er sich in Blanscheflur verliebt hat. Er überlegt hin und her, ob sie ihn ebenfalls liebt oder vielleicht sogar verachtet. Die ganzen Zweifel führen nur dazu, dass Riwalin sich immer tiefer in die Liebe verstrickt. Gottfried veranschaulicht diese typische Liebesphase mit einem Vergleich aus dem Bereich des Vogelfangs. Mit der Liebe verhalte es sich wie mit einer Leimrute. Ein Vogel, der sich auf einem präparierten Ast niederlässt, merkt zu spät, dass er festklebt. Jeder Flugversuch ist vergebens und verteilt den Leim nur weiter im Gefieder. Ebenso wird Riwalin umso stärker von der Liebe angezogen, je mehr er ihr zu entkommen sucht.[38] Auch andere beliebte Metaphern und Symbole wie der Minnetrank oder der Pfeil Amors machen deutlich, dass die höfische Liebe als Zwang und Gewalt erfahren wird. Rational lässt sich eine solche Leidenschaft weder erklären noch rechtfertigen. Das Wohlergehen von Liebenden hängt komplett voneinander ab, so dass ihr Glück gerade nichts mit Entscheidungsfreiheit zu tun hat.

Zur modernen Freiheit der Wahl gehört auch die Möglichkeit, nicht wählen zu müssen. Eva Illouz führt in ihrem jüngsten Buch *Warum Liebe endet* (2018) aus, dass immer mehr Menschen keine Beziehung eingehen wollen oder eine bestehende auflösen. In der gesunkenen Fertilitätsrate sieht sie ein Indiz für kulturelle Bindungsangst insbesondere von Männern. Die strukturelle Ungewissheit, die Illouz vornehmlich für die partnerschaftliche Liebe beschreibt, lässt sich auch auf Elternschaft übertragen. In dem mit autobiographischen Elementen spielenden Roman *Mutterschaft* (2018) denkt die kanadische Autorin Sheila Heti intensiv darüber nach, ob sie ein Kind bekommen möchte. Mit zahlreichen Leuten spricht sie darüber, was Mutterschaft bedeutet bzw. für sie und ihren Partner bedeuten würde. Konfrontiert mit verschiedenen gesellschaftlichen Idealen, kulturellen Normen, familiären Prägungen, hormonellen Schwankungen, freundschaftlichen Ratschlägen, Beziehungskrisen und eigenen intellektuellen Ansprüchen fällt ihr eine Entscheidung sehr schwer. Lange überlegt sie hin und her, ob sie ein Kind glücklicher oder unglücklicher machen würde. Die Sorge, den Verzicht auf ein Kind zu bereuen, ist für die Ich-Erzählerin genauso präsent wie die Angst, die Mutterschaft unerträglich zu finden. Sie kann sich kaum vorstellen, im Versorgen dieselbe Erfüllung wie im Schreiben zu finden. Daher entscheidet sie sich schließlich für die »Wahl der Nichtwahl«, wie Illouz formulieren würde.[39]

Solche Un*fruchtbarkeitszweifel sind der mittelalterlichen Erzählliteratur fremd. Vergleichbare Überlegungen sind uns nur im Wissensbereich der Ethik begegnet, als humanistische Autoren das Für und Wider einer Heirat erörterten, bevor sie dann eine eindeutige Empfehlung für eine Ehe und Familie aussprachen. Im Narrativ der höfischen Liebe denken die Protagonistinnen nicht einmal darüber nach, ob sie mit dem Geliebten ein Kind bekommen wollen oder nicht. Eine Schwangerschaft kann zwar die Folge einer passionierten oder romantischen Liebesbeziehung sein, ist aber weder ein Grund, mit dem Partner zu schlafen, noch Sex kategorisch auszuschließen. Kinderwunschlosigkeit bedeutet also nicht, dass Menschen Kinder generell ablehnen, sondern dass Un*fruchtbarkeit für höfisch Liebende belanglos ist. Damit entwickeln mittelalterliche Autoren die Vision einer Gesellschaft, in der keine Aufspaltung in Eltern und Kinderlose erfolgt.

Alternative Modelle

In der Glücksforschung wird diskutiert, welche Bedingungen erfüllt sein müssten, damit Menschen mit und ohne Kind in gleicher Weise mit ihrem Leben zufrieden sind. Luca Stanca sieht die wichtigste Ursache für die negativere Selbstbewertung von Eltern in der unterschiedlichen finanziellen Belastung. Mittels einer weltweiten Umfrage weist er nach, dass Menschen mit Kindern deutlich häufiger Geldprobleme ansprechen als Menschen ohne Kinder. Der empirische Sozialforscher Matthias Pollmann-Schult beobachtet, dass sich Berufstätigkeit nur bei Müttern, nicht aber bei Vätern negativ auf die Lebenszufriedenheit auswirkt, was er mit ihrer Doppelbelastung durch Erwerbs- und Reproduktionsarbeit erklärt.[40] In der primären Verantwortlichkeit von Frauen für Kindererziehung und Haushalt sehen auch feministische Autorinnen einen Hauptgrund für gewollte Kinderlosigkeit. Eingeschränkte Betreuungsangebote, zu wenig berufliche und private Unterstützung, ungleiche häusliche Aufgabenverteilung, finanzielle und emotionale Abhängigkeiten vom Hauptverdiener und fehlende Freiräume tragen dazu bei, dass sich Mütter überfordert fühlen können und mit ihrer Lebenssituation weniger zufrieden sind als Kinderlose. Eva Illouz und Sarah Diehl fordern daher, über alternative Modelle der Liebe und neue Konzepte des Zusammenlebens nachzudenken.[41] Für eine solche Suche nach weiteren Möglichkeiten lohnt ein letzter Blick in die mittelalterliche Erzählliteratur.

Die Protagonisten der höfischen Romane finden ihr Glück nicht in der Kleinfamilie, sondern in einer innigen Liebesbeziehung oder im Kreis Gleichgesinnter, wie dies für die Artusritter kennzeichnend ist. Viele mittelalterliche Liebes- und Abenteuergeschichten sind in der Erzählwelt des sagenumwobenen Königs Artus angesiedelt. Iwein und Erec brechen vom Artushof auf, um sich als Ritter zu bewähren; Parzival eilt als junger Mann zuerst zum König, um eine Rüstung zu erhalten. Der Artushof ist eine ideale Welt, in der verschiedene Charaktere aufeinandertreffen und doch keiner mehr als der andere gilt; die berühmte Tafelrunde bringt diese Gleichstellung aller Ritter symbolisch zum Ausdruck. Am Hof des idealen Königs gibt es keine schreienden Babys, keine stillenden Mütter und keine badenden Väter. Der Artushof reproduziert sich nicht selbst, sondern wird durch die Aufnahme neuer Mitglieder verjüngt. Biologische Eltern-Kind-Beziehungen spielen dabei kaum eine Rolle.[42] Väter erkennen ihre leiblichen Söhne nicht wieder, aber erfahrene Männer übernehmen Verantwortung für den ritterlichen Nachwuchs und führen junge Helden in die Kunst des Turnierens ein. Damen kümmern sich um ihre Ritter, die sich mit Turnierpreisen revanchieren. Die Liebe heterosozialer Paare lässt sich in die höfische Gemeinschaft ebenso integrieren wie die Freundschaft homosozialer Paare oder das Unabhängigkeitsstreben einzelner. Das alternative Sozialmodell der Artusgesellschaft sieht vor, dass diejenigen zusammenleben, die dieselben Wertvorstellungen und Lebensideale teilen. Un*fruchtbarkeit ist kein Thema, über das man sich in der Artuswelt überhaupt Gedanken macht.

Der Gegensatz zur Gegenwart könnte kaum größer sein: Viele Überlegungen werden heute in Politik und Gesellschaft angestellt, wie sich die Bereitschaft von Menschen, Kinder zu bekommen, erhöhen lässt. Einen von den bekannten bevölkerungspolitischen Maßnahmen in erfrischender Weise abweichenden Vorschlag brachte Illouz (2011) in die Diskussion ein. In einem Interview empfahl sie Frauen, ihren Kinderwunsch nicht von der Idee einer romantischen Liebe abhängig zu machen. Wenn sie Kinder haben wollten, sollten sie diese entweder allein oder in einer Gemeinschaft mit anderen Frauen oder auch Männern bekommen, die ebenfalls Kinder wollten, aber nicht ihre Partner seien.[43] Ähnlich argumentierte die deutsche Journalistin Teresa Bücker im *SZ Magazin online* (2020): Man müsse ein Kind nicht selbst austragen oder zeugen, um es zu lieben. Vielmehr bringe es viele Vorteile mit sich, wenn sich mehrere Erwachsene zu einer Familie zusammenfänden. Angesichts der Anforderungen des Arbeitslebens und des Mangels an Betreuungsangeboten seien Familienmodelle mit mehr als zwei Elternteilen sehr hilfreich, wenn es allen Beteiligten in gleicher Weise gut gehen solle. Ungewollt Kinderlose müssten dann auch nicht mehr zuerst an eine Arztpraxis denken, sondern könnten ihren Wunsch nach Elternschaft durch ein Zusammenleben mit anderen Erwachsenen und ihren Kindern realisieren. Beide Autorinnen plädieren somit für eine Trennung von Partnerliebe und Elternschaft, wie sie für das mittelalterliche Narrativ der höfischen Liebe kennzeichnend ist. Unwissentlich greifen sie auf eine bewährte Glücksvorstellung zurück, die in der Frühen Neuzeit zugunsten eines reproduktiven Familienideals verabschiedet wurde. Ihr Argument, man brauche für die Erziehung von Kindern keine traditionelle Familienstruktur, deckt sich mit zahllosen Geschichten der mittelalterlichen Literatur.

Ausblick

In meiner Kulturgeschichte der Kinderlosigkeit habe ich verschiedenste Glücksvorstellungen der Un*fruchtbarkeit vorgestellt: das Glück der Kinderfreien, das die Kirchenväter und Philosophen für sich reklamierten, das Glück der Eltern, das die Reformatoren und Hochzeitsprediger enthusiastisch priesen, das Unglück der Kinderwünschenden, das im Zentrum von Reproduktionstheologie und Un*fruchtbarkeitskatechese stand, das Unglück, das die Zeugungsbeteiligung von gefährlichen Dritten Wunscheltern bescherte, das Glück, das soziale Eltern und spirituelle Mütter angesichts ihres angenommenen oder des heiligen Kindes empfanden, und das Unglück, das aus einer erzwungenen Elternschaft erwuchs oder von bereuenden Müttern beklagt wurde. Ob Menschen mit Kindern oder Menschen ohne Kinder glücklicher sind, lässt sich also kaum pauschal beantworten. Vielmehr hängen jede Selbstwahrnehmung und Bewertung von Un*fruchtbarkeit – nicht nur im Mittelalter und der Frühen Neuzeit – von zahlreichen individuellen, sozialen, religiösen, kulturellen, diskursiven und narrativen Bedingungen ab. Fertile Emotionen sind, so zeigt meine kurze Zusammenschau, divers und heterogen.

Diese Vielfalt verkennen diejenigen, die Eltern und Kinderlose kontrastieren und sie als zwei in sich homogene Gruppen betrachten. Genau dies kann man auch der neueren Glücksforschung zu Un*fruchtbarkeit vorhalten. Einerseits wird eine Dichotomie zwischen Menschen mit Kindern und Menschen ohne Kinder vorausgesetzt, andererseits trägt die Anlage der Studien erst zu ihrer Entstehung und Erhaltung bei. Überspitzt formuliert erzeugt die Glücksforschung also selbst fertiles Unglück, weil sie der Kategorie der Un*fruchtbarkeit eine solche Bedeutung beimisst. Ziel meiner normativitätskritischen Studie war dagegen, ein solches Denken in Binaritäten zu überwinden und die gesellschaftliche Kluft zwischen Eltern und Nicht-Eltern in Frage zu stellen. Entscheidend dafür ist die Offenlegung kulturhistorischer Pluralität und Mehrdimensionalität im Umgang mit Kinderlosigkeit, die verschiedene Facetten von der ersehnten über die verweigerte bis zur bereuten Elternschaft umfasst. In den vergangenen zwölf Kapiteln dominierten mal die Reproduktionsbefürworter, mal die Reproduktionskritiker, doch zu guter Letzt sind die Unterschiede zwischen Eltern und Kinderlosen im Narrativ der höfischen Liebe belanglos geworden. In der Literatur des Mittelalters und der Frühen Neuzeit gibt es unterschiedliche soziale Modelle, mit und ohne Kind glücklich zu sein, und es gibt mindestens sieben verschiedene Narrative, davon zu erzählen.

Epilog

Abb. 14 *Fertilitätsappell – Entwurf für eine Kampagne des italienischen Gesundheitsministeriums (2016)*

Schönheit hat kein Alter. Fruchtbarkeit schon. Mit diesem Spruch wollte das italienische Gesundheitsministerium Frauen dazu animieren, Kinder zu bekommen. Das Bild, auf dem der implizite Appell zu lesen ist, war Teil einer großangelegten Kampagne (Abb. 14). Die Gesundheitsministerin Beatrice Lorenzin plante 2016 einen ›Fertility Day‹, um auf die geringe Geburtenrate in Italien aufmerksam zu machen und das Reproduktionsverhalten der Bevölkerung zu beeinflussen.[1] Auf dem Plakat abgelichtet ist eine junge Frau mit langem braunen Haar, dunklen Augen, sorgfältig gezupften Brauen und auffallend hellem Teint. Lächelnd blickt sie die Betrachtenden an und streckt ihnen ihre Rechte entgegen. In der computertechnisch vergrößerten Hand hält sie eine Sanduhr, in der die Zeit sichtbar verrinnt. Ihre linke Hand ruht auf dem Bauch, auf dem sich keine Rundung abzeichnet. Auch ohne textuellen Kommentar wäre die Bildaussage leicht zu entschlüsseln: Die Zeit, in der Frauen schwanger werden können, ist begrenzt. Die großen Lettern sind überwiegend in Weiß gehalten, nur der Begriff ›Alter‹ ist in ein auffälliges Rot gesetzt, das farblich mit dem Oberteil der Dame korreliert und warnend hervorleuchtet.

Bild und Text fokussieren ein Problem, das in den aktuellen Kinderlosigkeitsdiskussionen von verschiedenen Seiten thematisiert wird:[2] Demographen stellen fest, dass Frauen heute im Durchschnitt deutlich später und weniger Kinder bekommen als vor fünfzig Jahren. Gynäkologinnen weisen darauf hin, dass die Erfolgsquote reproduktionsmedizinischer Behandlungen mit steigendem Lebensalter rapide sinkt. Sozialforscherinnen und Sozialforscher problematisieren, dass Jugendliche bei der Sexualerziehung einseitig über Verhütung und die Vermeidung einer Teenagerschwangerschaft aufgeklärt, Unfruchtbarkeit und ihre Ursachen aber völlig ausgeblendet werden. Vor allem scheinen die Klagen Kinderloser, nicht ausreichend über die wachsende Gefahr von Sterilität informiert worden zu sein, der italienischen Gesundheitsministerin Recht zu geben: Besser ist es, Frauen zu einer frühen Mutterschaft zu raten, weil sie ihr Warten andernfalls bitter bereuen könnten.

Die niedrige Fertilitätsrate in Italien und vielen europäischen wie manchen ostasiatischen Ländern lässt sich nicht nur mit geänderten sozialen Bedingungen wie langen Ausbildungszeiten, der Berufstätigkeit von Männern und Frauen oder einem höheren Heiratsalter erklären. Ebenso wenig sind allein ökologische Faktoren wie Umweltgifte oder im Trinkwasser verbreitete Östrogene für eine geringe Zahl an Kindern pro Haushalt verantwortlich. Ungewollte Kinderlosigkeit ist ein uraltes Phänomen, das bis in die Anfänge der schriftlichen Überlieferung der jüdisch-christlichen Religion zurückreicht. Die historische Forschung, die sich normativitätskritisch mit Un*fruchtbarkeit beschäftigt und nach den zugrundeliegenden Machtstrukturen fragt, ist dagegen noch sehr jung. Zu den Perspektiven, die mir für künftige Untersuchungen besonders wichtig erscheinen, gehören Genderspezifik, Erzählanalyse und Komparatistik. Kinderlosigkeit muss als relevantes Thema der Vormoderne überhaupt erst wahrgenommen werden, damit die Situation betroffener Frauen und Männer Bedeutung erlangt. Dabei ist zwischen den Zuschreibungen anderer und den Selbsterzählungen Kinderloser sorgsam zu unterscheiden. Vergleicht man Un*fruchtbarkeitsgeschichten verschiedener Erzählinstanzen, Gattungen und Epochen, zeigt sich die Veränderlichkeit und Kontextabhängigkeit von Wertungen.

Ungleiche Sichtbarkeit: Kinderlose Männer und kinderlose Frauen

Die italienische Fertilitätskampagne sollte Kinderlosigkeit als soziales Problem sichtbar machen. Der damaligen Gesundheitsministerin Lorenzin könnte man positiv anrechnen, dass ihr der Schmerz verhinderter Eltern nicht gleichgültig war und sie andere dafür sensibilisieren wollte. Eine solche Aktion hätte zu einer Enttabuisierung ungewollter Kinderlosigkeit führen können, indem nicht nur hinter vorgehaltener Hand, sondern im öffentlichen Raum über ersehnte Elternschaft gesprochen wird. Wie in den Gender Studies, den Disability Studies und der Intersektionalitätstheorie herausgestellt wird, ist Sichtbarkeit eine wichtige Maßnahme, Menschen nicht länger zu marginalisieren.[3] Doch hängt Diskriminierung nicht nur davon ab, ob Angehörige einer Minderheit in der gesellschaftlichen Wahrnehmung überhaupt vorkommen, sondern wie ihre Andersheit thematisiert wird. Kritisch ist folglich danach zu fragen, wie Kinderlose präsentiert, ob ihre eigenen Bedürfnisse berücksichtigt und welche verdeckten Wertungen vorgenommen werden. Auf den ersten Blick scheint das Fertilitätsplakat lediglich naturbedingte, objektive Zusammenhänge offenzulegen. Doch wird aus einer normativitätskritischen Perspektive schnell deutlich, dass damit spezifische Machtkonstellationen und Rollenzuweisungen verbunden sind. Meine zentrale These, dass Kinderlosigkeit zwar eine körperliche Dimension hat, doch kulturell konstruiert wird, findet durch das aus der Gegenwartskultur stammende Bild eine letzte Bestätigung.

Bei der Betrachtung des Werbeplakats sticht die Bedeutung der Kategorie ›Gender‹ hervor. Die Rolle des Fruchtbarkeitsboten ist weiblich besetzt. Dass Un*fruchtbarkeit durch eine Frau verkörpert wird, ist bezeichnend und entspricht der jahrtausendealten Tradition. Seit der Antike wird Kinderlosigkeit in erster Linie mit Frauen in Verbindung gebracht, ohne Männer in gleicher Weise in die Pflicht zu nehmen. Die biblischen Un*fruchtbarkeitsgeschichten von Sara, Rahel und Hanna und die antiken Zeugungslehren von Aristoteles, Hippokrates und Galen liefern dafür hinreichend Belege. Doch wurde der biblische Reproduktionsauftrag am Anfang der Welt – im Gegensatz zu den jüngsten Fruchtbarkeitsappellen – Mann und Frau gemeinsam erteilt. Zudem bleibt die Kinderlosigkeit einer Ehe nicht ohne Auswirkungen auf Männer. Einige medizinische Verfahren, wie Sperma- oder Urintests, und reproduktive Ersatzhandlungen, wie etwa Hagars stellvertretende Mutterschaft, wären ohne männliche Beteiligung unmöglich. Auch bei den meisten reproduktionstheologischen Maßnahmen, bei frommen Stiftungen, Gebeten und Wallfahrten, wirken Wunschväter vor der Moderne kräftig mit.

In der mittelalterlichen Literatur wird Kinderlosigkeit sogar überraschend oft als männliches Problem dargestellt, wie in diesem Buch immer wieder zu lesen war. Zwar sind Frauen und Männer in unterschiedlicher Weise von sozialer Diskriminierung betroffen, wenn sie die Reproduktionsnorm nicht erfüllen, doch leiden beide unter ihrer Marginalisierung. Zu denken ist nur an die kirchenrechtlichen Verfahren, bei denen Ehemänner öffentlich der Impotenz bezichtigt wurden, oder an die Vertreibung Joachims aus dem Tempel in den mittelhochdeutschen Marienleben. Daher wäre es verfehlt, wenn sich die Un*fruchtbarkeitsforschung nur mit Frauen beschäftigte, ohne nach den Konsequenzen von Kinderlosigkeit für Männer zu fragen. Im Mittelalter geraten jene, die nicht heiraten und keine Kinder bekommen wollen, feudalpolitisch unter massiven Druck. Von realen und von fiktiven Herrschern wie Kaiser Heinrich und König Marke, aber auch einem Markgrafen wie Gualtieri von Salerno wird einfach verlangt, dass sie einen Erben zeugen und die Thronfolge sichern. Sichtbar wird Kinderlosigkeit in der historiographischen und der erzählenden Literatur vornehmlich dann, wenn sie Adlige und Hochadlige betrifft. Die historische Un*fruchtbarkeitsforschung steht hier vor einem Quellenproblem: Wie sich Kinderlosigkeit in unteren Gesellschaftsschichten auswirkt, lässt sich kaum noch rekonstruieren. Insgesamt beeinflusst die Kategorie ›Stand‹ das Leben im Mittelalter noch stärker als die des Geschlechts. Erst mit der Ausbreitung der Reformation erfolgt eine solche Engführung von Weiblichkeit und Mutterschaft, dass kinderlose Frauen an ihrem Lebenssinn und ihrer Daseinsberechtigung vermehrt zu zweifeln beginnen.

Die in der Frühen Neuzeit etablierten Geschlechtskonzepte haben sich in den vergangenen zwei Jahrhunderten stark gewandelt. Die rechtliche Situation von Frauen ist seit der Einführung des allgemeinen Wahlrechts kontinuierlich besser geworden und ihre Gleichstellung mit Männern längst gesetzlich verankert. Sobald sich jedoch die Kategorien ›Gender‹ und ›Fertilität‹ kreuzen, geraten partnerschaftliche und hierarchisierende, feministische und sexistische Vorstellungen miteinander in Konflikt. Fertile Werte wurzeln vielfach in einer deutlich älteren Geschlechterordnung, was sich in einer ungleichen Sichtbarkeit von Kinderlosigkeit bei Männern und Frauen niederschlägt. Zu beobachten ist dies auch an der italienischen Fertilitätskampagne: Die Fotomontage von der Frau mit Sanduhr ist zwar nicht die einzige ihrer Art, andere Plakate sollten auch vor dem Verlust männlicher Zeugungskraft warnen. Doch wurden für diese Abbildungen keine menschlichen Körperaufnahmen verwendet. Statt Männer als Repräsentanten der Unfruchtbarkeit dar- und bloßzustellen, beschränkten sich die Macher auf symbolische Analogien: Eine weggeworfene Bananenschale oder eine geknickte Zigarette sollten für die Gefahr männlicher Impotenz sensibilisieren.[4] Fast unbemerkt wurde so eine Wahrnehmungsbarriere errichtet: Während eine Frau mit ihrem Gesicht für ihr Reproduktionsverhalten geradestehen muss, genießen Männer den Schutz der Anonymität. Schief und ungleich ist der Umgang mit den Geschlechtern aber auch aus einem zweiten Grund: Sterilität und Impotenz sind nicht dasselbe, selbst wenn sie kulturhistorisch immer wieder verknüpft wurden. Im Vergleich mit den medizinischen Perspektiven des Mittelalters scheint sich wenig geändert zu haben: Noch immer wird Un*fruchtbarkeit genderspezifisch unterschiedlich konzeptualisiert und gerät die Zeugungsunfähigkeit von Männern vor allem dann in den Blick, wenn sie mit mangelnder Erektionsfähigkeit einhergeht. Die unmarkierte Norm für Männlichkeit ist und bleibt also Fruchtbarkeit.

Die Dame in Rot wiederum erscheint aufgrund ihrer Sichtbarkeit als typische Vertreterin ihres Geschlechts, die alle anderen Frauen zur Vorsicht mahnt. Die Auftraggeber der Kampagne scheinen – zumindest vor der Menopause – nur zwei weibliche Optionen zu kennen: entweder Frauen verhüten oder sie wollen Mutter werden. Die optischen Größenverhältnisse auf dem Plakat vermitteln eine klare Botschaft: Jede Frau hat es selbst in der Hand, ob sich ihr Kinderwunsch realisieren lässt. Implizit wird suggeriert, dass Kinderlose für ihr Schicksal selbst verantwortlich sind, weil sie ihre fruchtbare Zeit ungenutzt verstreichen ließen. Dabei bleibt völlig ausgeblendet, dass manche Frauen schon in jungen Jahren keinen Nachwuchs bekommen können und andere überhaupt keine Mutter werden wollen. Ein fortgeschrittenes Alter mag zwar auf vergangene Fruchtbarkeit hindeuten, doch ist es weder mit Kinderlosigkeit gleichzusetzen noch zwangsläufig als ihre Ursache zu identifizieren.

Dass diese Kategorie weniger eine reproduktionsbiologische Erklärung als ein reproduktionspolitisches Argument liefern soll, belegen bereits die Un*fruchtbarkeitsgeschichten vor der Moderne. Das Alter dient in der mittelalterlichen Erzählliteratur dazu, jene abzuwerten, die von der Reproduktionsnorm abweichen. Ehemänner, die für eine Zeugung die Hilfe Dritter in Anspruch nehmen müssen, werden – wie Philipp von Makedonien in den Alexanderromanen oder Nikias in Niccolò Machiavellis *Alraune* – als törichte Alte marginalisiert. Geändert hat sich die Verwendung des Motivs, nicht aber seine Instrumentalisierung: Während das Alter im Mittelalter dazu genutzt wurde, kinderlose Männer zu stigmatisieren, wird heute mit seiner Hilfe bei kinderlosen Frauen Angst vor Unfruchtbarkeit geschürt. Epochenübergreifend wird der Alterstopos also dazu verwendet, die fertile Wertehierarchie aufrechtzuerhalten. Wie sehr Frauen diese Auffassung verinnerlicht haben, dokumentiert die Studie des Bundesfamilienministeriums *Kinderlose Frauen und Männer* (2014). Mit zunehmendem Alter tendieren Frauen mehr dazu, die Ursache für ihre Kinderlosigkeit bei sich selbst zu vermuten und fühlen sich auch dafür verantwortlich, eine Lösung zu finden.[5]

Eine ungleiche Sichtbarkeit der Geschlechter ist in den Un*fruchtbarkeitsdiskursen allerorten zu beobachten. Auch auf dem Büchermarkt und bei dem stetig wachsenden Literaturangebot sind kinderlose Frauen viel stärker präsent. Die überwiegende Mehrzahl der Schreibenden, die sich selbstreflexiv und autobiographisch mit ersehnter, verweigerter und bereuter Elternschaft beschäftigen, ist weiblich. Die hier verschiedentlich zitierten oder frisch erschienenen Bücher *Abschied vom Kinderwunsch*, *Ungestillte Sehnsucht*, *Wenn ich noch eine glückliche Mami sehe, muss ich kotzen*, aber auch *Kinderfrei statt kinderlos*, *Die Uhr, die nicht tickt* und *Wenn Mutter Sein nicht glücklich macht* stammen allesamt von Frauen.[6] Kinderlosigkeit scheint in die Rubrik ›Frauenliteratur‹ zu gehören, zumindest wenn es um Selbstberichte von Betroffenen und nicht um Ratgeber für Hilfesuchende geht. Die Asymmetrien im Geschlechterverhältnis werden vor allem von jenen Autorinnen problematisiert, die sich bewusst gegen Elternschaft entschieden haben. Immer wieder müssen sie sich für ihr Lebensmodell rechtfertigen und Farbe bekennen, warum sie keinen Nachwuchs haben. Kinderlosigkeit von Männern, sei sie gewollt oder ungewollt, kommt in der öffentlichen Wahrnehmung hingegen kaum vor. Dieses Missverhältnis spiegelt sich auch in objektiven Bevölkerungsstatistiken wider. Die Fertilitätsrate, mit der raumzeitliche Unterschiede im generativen Verhalten erfasst werden sollen, basiert auf einer Berechnung der Anzahl von Geburten pro Frau.[7] Die einseitige Erhebung mag technische und pragmatische Gründe haben, bestärkt aber die gängige Auffassung, dass Reproduktion primär eine weibliche Aufgabe ist.

Eine gendersensible Un*fruchtbarkeitsforschung muss solche visuellen Ungleichheiten aufdecken und kinderlose Männer verstärkt ins Visier nehmen. Durch ihre Sichtbarmachung wird zugleich die traditionelle Rollenaufteilung zwischen männlichen Fertilitätsexperten und weiblichen Ratsuchenden aufgebrochen. Dass auch Männer, unabhängig davon, ob sie in einer gegen- oder einer gleichgeschlechtlichen Partnerschaft leben, einen unerfüllten Kinderwunsch haben und darunter leiden können, belegen die wenigen publizierten Erfahrungsberichte.[8] In der Männlichkeitsforschung besteht in Bezug auf Un*fruchtbarkeit ein großer Nachholbedarf, der auch viel über die gesellschaftliche Bedeutung von Vaterschaft und die männliche Geschlechtsidentität verraten wird. Welches große Interesse, aber auch welche schamvolle Zurückhaltung bei Frauen und Männern beim Thema Kinderlosigkeit besteht, merkte ich bei Berichten von meinem Buchprojekt immer wieder. Vor allem jene wollten mehr über die verschiedenen Wissensbereiche und Narrative erfahren, die selbst eine Un*fruchtbarkeitsgeschichte zu erzählen hatten.

Erzählen von Kinderlosigkeit: Vorgebrachte und verschwiegene Geschichten

Die Wahrnehmung von Kinderlosigkeit wird entscheidend davon bestimmt, wie Menschen über sie sprechen. Daher gehört es zu den Grundaufgaben normativitätskritischer Forschung, Un*fruchtbarkeitsgeschichten nicht nur zu sammeln und zu archivieren, sondern narratologisch zu analysieren. Was und wie wird von ersehnter, verweigerter und bereuter Elternschaft erzählt? Welchen Verlauf nimmt eine Un*fruchtbarkeitsgeschichte? Was wird explizit gesagt, was nur angedeutet oder absichtlich ausgespart? In welchem Verhältnis stehen die Erzählerinnen und Erzähler zur erzählten Geschichte? Ordnen sie sich selbst der kinderbesitzenden Mehrheit zu oder definieren sie sich als kinderlos, distanzieren sie sich von anderen, sei es von Menschen mit oder ohne Kind? Haben sie ihre Lebensform selbst gewählt, sind sie mit ihrer familiären Situation glücklich oder unzufrieden? Wem tragen die Sprecherinnen und Sprecher ihre Geschichten vor, ändert sich ihre Präsentationsweise in anderen Gesprächskontexten und welche Funktion soll ihre Rede erfüllen? Manche Erzählungen, die die fertile Wertehierarchie zunächst in Frage zu stellen scheinen, können diese zuletzt bestätigen und umgekehrt.

Un*fruchtbarkeitsgeschichten sind ambivalent. Das Erzählen von Kinderlosigkeit kann für Betroffene einerseits eine befreiende, therapeutische und selbstbestimmte, andererseits eine normierende, verletzende und abwertende Wirkung haben. In dem Buch *The Wounded Storyteller* (1995) weist der amerikanische Medizinsoziologe Arthur W. Frank auf die heilsame Funktion von

Krankheitsgeschichten hin.[9] Kranke hätten das Bedürfnis, ihre Geschichte zu erzählen, um ihrem Körper eine Stimme zu geben und ihr Verhältnis zur Welt neu zu bestimmen. Ihr Leiden sei daher nicht nur Thema, sondern auch Bedingung ihres Erzählens. Werde das Selbstbild durch eine schwere Krankheit in Frage gestellt, müssten Menschen erst ein neues Konzept von und für sich entwickeln. Auch eine Unfruchtbarkeitsdiagnose kann eine solche Erschütterung auslösen, insbesondere wenn eine Elternschaft fest zum eigenen Lebensplan gehörte. Für Kinderlose, die sich schmerzlich nach Nachwuchs sehnen, kann es tröstlich sein, die eigene Leidensgeschichte zu versprachlichen. Erzählen bietet ihnen eine Möglichkeit, ihre Kinderlosigkeit narrativ zu bewältigen und ihr einen Sinn zu geben. Zudem erfahren Menschen, die teils zahllose reproduktionsmedizinische Behandlungen über sich ergehen lassen und ihre Un*fruchtbarkeitsgeschichte erzählen, dass sie mit ihrem Schicksal nicht alleine sind. Die individuellen Erfahrungen, die eine Person gemacht hat und von denen sie vielleicht erstmals erzählt, sind in der Regel exemplarisch für viele. Durch ihr Sprechen werden Kinderlose gleichsam zu Zeugen, die anderen ebenfalls ein Erzählen ermöglichen oder zu einem besseren Verstehen ihrer Emotionen beitragen. Von vergleichbaren Fällen berichtet auch Orna Donath in ihrer Studie zur bereuten Mutterschaft.[10] Erst nachdem ihre Interviewpartnerinnen von den Zweifeln anderer Frauen erfahren hatten, konnten sie ihre eigenen negativen Affekte erklären und ihre Erfahrungen in Worte fassen.

Marginalisierte haben jedoch keineswegs die alleinige, nicht einmal eine vorrangige Deutungsmacht über ihre Geschichte. In den öffentlichen Debatten geht es stets darum, was andere über sie denken, nicht um ihre eigenen Wünsche. Frauen, die ihre Mutterschaft bereuen, werden diffamiert oder ihre Geschichten verheimlicht. Frauen ohne Kinder treten in den Erzählungen anderer meist entweder als unglückliche, leidende und verbitterte Hysterikerinnen oder als selbstsüchtige und kaltherzige Karrieristinnen auf. Mein aktuelles Bildbeispiel setzt die Vorstellung von der verzweifelten, reuegeplagten Kinderlosen voraus und nutzt dies für reproduktionspolitische Propaganda. Von außen wird die Unfruchtbarkeitsproblematik auf eine junge Frau projiziert, die zwar erwartungskonform auf ihren Unterleib deutet, doch selbst schweigt (Abb. 14). Ob sie überhaupt Nachwuchs bekommen möchte oder sich vielleicht vor einer Schwangerschaft fürchtet und ihre Mutterschaft bereuen würde, erfahren Betrachtende nicht. Doch scheint sich die Protagonistin in der ihr zugewiesenen Rolle als Un*fruchtbarkeitsexempel nicht ganz wohl zu fühlen. Mit leicht seitwärts gedrehter Körperhaltung steht sie am Rand des Bildes. Ihr versetzter Schritt deutet an, dass sie sich in Bewegung befindet und gleich von der eintönig grauen Bildfläche verschwinden könnte. Möglicherweise ist ihr der Rahmen, in den sie gepresst werden soll, viel zu eng. Auch ihr wichtiges Requisit scheint sie nicht länger bei sich behalten zu wollen. Ihre rechte Hand greift fast aus dem Bild heraus, als ob sie die Sanduhr weiterreichen und sich selbst aus der Affäre ziehen wollte.

Eine Kulturgeschichte der Kinderlosigkeit, in der nur die Sicht von Betroffenen berücksichtigt wird, lässt sich über die Vormoderne schwerlich schreiben. Gerade in älteren Epochen wird zwar häufig über Un*fruchtbarkeit gesprochen, doch nur in seltensten Fällen von Marginalisierten.¹¹ War seine Kinderlosigkeit für Eduard den Bekenner (um 1004–1066) wirklich so ein »furchtbares und schreckliches Los«, wie sein Biograph meinte? Wie erlebte die spanische Königin Elisabeth von Valois (1545–1568) die Zeit des Bangens und Wartens, bis sie endlich schwanger wurde? Ihre Empfängnisschwierigkeiten sind durch den Briefwechsel ihrer Mutter, Katharina de Medici (1519–1589), mit den Hofdamen und dem französischen Gesandten gut bezeugt. Kontinuierlich erkundigte sich Katharina nach dem körperlichen Befinden der Tochter, der Regelmäßigkeit ihrer Blutungen und möglichen Symptomen einer Schwangerschaft. Die besorgte Mutter sandte Fruchtbarkeitsrezepte, erstellte einen Ernährungsplan und erteilte sogar ihrem Schwiegersohn, König Philipp II. (1527–1598), Ratschläge, wie Elisabeth am besten zu behandeln sei. Was diese selbst über Mutterschaft dachte, was sie fühlte und hoffte, war nicht Teil der regen Briefkommunikation über Un*fruchtbarkeitsfragen zwischen dem französischen und dem spanischen Königshof.

Kinderlosigkeit vor der Moderne zu untersuchen, kann bedeuten, mehr Fragen zu stellen als Antworten zu finden. Behutsam versuchte die amerikanische Judaistin Charlotte Newman Goldy in einer mikrohistorischen Studie (2008), sich den Lebensumständen einer anglojüdischen Frau aus Oxford zu nähern, deren Ehe um 1240 wegen ihrer Unfruchtbarkeit aufgelöst wurde. Welche Maßnahmen könnten Muriel und ihr wohlhabender, einflussreicher Ehemann David vor der Trennung ergriffen haben? Gab es in Oxford reproduktionsmedizinische Behandlungsmöglichkeiten für jüdische Frauen, wendete sich Muriel an eine örtliche Hebamme oder musste sie eigens nach London reisen? Suchte sie möglicherweise sogar einen christlichen Arzt auf, obwohl zeitgenössische Rabbis ausdrücklich vor der Gefahr einer Behandlung mit nichtkoscheren Mitteln warnten? Mit wem könnte Muriel über ihre Sorgen gesprochen haben, als sie wieder und wieder nicht schwanger wurde und David schließlich die Scheidung verlangte? Wie reagierten wohl ihre jüdischen, wie die christlichen Nachbarn auf die Trennung und die Wiederheirat ihres Mannes, der in seiner zweiten Ehe schon nach kurzer Zeit Vater wurde? All die offenen Fragen deuten an, welche verschiedenen Facetten diese Un*fruchtbarkeitsgeschichte umfassen könnte, hätte Muriel selbst von ihren Erlebnissen und Erfahrungen berichtet.

Doch auch bei den wenigen historischen Eigenerzählungen von Menschen, die sich nach Elternschaft sehnen, ist Vorsicht angebracht. Die Bekenntnisse, die Kinderwünschenden in der Literatur des Mittelalters in den Mund gelegt werden, folgen vorgängigen diskursiven und narrativen Mustern. Die verzweifelten Gebete kinderloser Figuren in der religiösen Literatur orientieren sich an biblischen Vorbildern, und die Selbstaussagen von Frauen in kirchlichen Impotenzprozessen entsprechen dem, was vor Gericht von ihnen erwartet wird. Auch in späteren Zeiten sind die Eigenzeugnisse, Erfahrungsberichte und Tagebuchaufzeichnungen so stark von gesellschaftlichen Vorstellungen geprägt, dass eine Unterscheidung zwischen authentischen Erfahrungen und kollektiven Erwartungen weder sinnvoll noch möglich ist. Menschen sind von den Wertvorstellungen ihres sozialen Umfelds geprägt, weshalb ungewollt Kinderlose eine negative Identität ausbilden. Unbemerkt greifen sie kulturelle Narrative auf und identifizieren sich genau mit den Positionen, die ihnen von der Gesellschaft zugedacht sind. Nirgends zeigt sich die Programmierung von Ich-Aussagen durch die Erzählungen anderer stärker als bei der frühneuzeitlichen Unfruchtbarkeitskatechese. Betend-meditierend lernten fromme Frauen, sich die Rolle der unglücklichen Kinderlosen anzueignen und ihre eigene Lebensgeschichte nach den vorgegebenen Idealen zu beurteilen.

Gesprächskontexte, Rezeptionssituationen und Textsorten zu berücksichtigen, ist für eine literaturwissenschaftliche Analyse von Un*fruchtbarkeitsgeschichten selbstverständlich. Doch auch Betroffene reflektieren in ihren Erfahrungsberichten, dass sie das Reden über ihre Kinderlosigkeit dem Anlass und dem Publikum anpassen.[12] Sie bewerten ihre Lebenssituation selbst als defizitär und entwickeln narrative Schutzstrategien, wie sie sich gegenüber anderen präsentieren und von diesen wahrgenommen werden wollen. So erzählt eine ungewollt kinderlose Wissenschaftlerin, dass sie gelernt hat, ihrem sozialen Umfeld nicht zu viel zumuten zu dürfen. Nachdem sie die Erfahrung gemacht hat, dass andere ihren tiefen Schmerz weder nachvollziehen noch aushalten können, stellt sie sich selbst gefasster und ihr Leiden geringer dar, als sie es selbst empfindet. Das Erzählen über Kinderlosigkeit hat hier also nicht etwa eine entlastende Funktion für die unglückliche Ich-Erzählerin, vielmehr sucht diese, ihre Gefühle zu verschleiern und Zuhörenden Trost zu spenden. Eine überzeugte Nicht-Mutter wiederum gibt im Umfeld wissenschaftlicher Konferenzen vor, ihre Lebenssituation nicht selbst gewählt zu haben. Sie behauptet gegenüber anderen Frauen, dass sie diese um ihre Familie beneiden würde, weil sie für ihre Lebensform nicht kritisiert werden will. Frauen sprechen also nicht nur vor dem mittelalterlichen Ehegericht, sondern auch in gegenwärtigen Gesprächen noch so über ihre Kinderlosigkeit, wie sie annehmen, dass dies ihre Gesprächspartner gerne hören wollen.

Kinderlose verhalten sich beim Erzählen damit vielfach so, wie dies nach Erving Goffman typisch für Stigmatisierte und ihre Beziehung zur Gesellschaft ist:[13] Von jenen, die aufgrund einer Normabweichung ausgegrenzt werden, wird auch noch erwartet, dass sie anderen den Umgang mit ihrem Stigma erleichtern. Durch überlegtes Handeln sollen sie Spannungen reduzieren und selbst dafür sorgen, dass sie besser akzeptiert werden. Doch wirkt sich eine solche Anpassung letztlich negativ für Kinderlose aus: Die assimilierenden Erzählungen führen dazu, dass die Vorstellungen der Mehrheitsgesellschaft auch durch diejenigen bestätigt werden, die die reproduktiven Forderungen selbst nicht erfüllen können oder nicht erfüllen wollen.

Internalisierte Normen zu hinterfragen, verdeckte Machtmechanismen offenzulegen und Mehrdeutigkeiten herauszustellen, sind weitere Ziele normativitätskritischer Forschung. Liest man Erzählungen von Kinderlosigkeit gegen den Strich, können Un*fruchtbarkeitsgeschichten eine überraschende Wende nehmen. Aus vorgegebenen Motiven lassen sich verschiedene Erzählungen von Kinderlosigkeit konstruieren, wie sich an meinem Bildbeispiel veranschaulichen lässt (Abb. 14): Das Lächeln der jungen Frau kann froh und erleichtert, aber auch entschuldigend und entsagend oder spöttisch und verschmitzt gedeutet werden. Bittet sie mit der linken Hand auf ihrem Unterleib als künftige Mutter um Verständnis für ihre Unpässlichkeit, oder ist sie dankbar, selbst über ihren Bauch entscheiden und sich dem sozialen Druck entziehen zu können? Macht sie sich vielleicht gar über jene lustig, die die Vieldeutigkeit ihrer Körpersprache nicht erkennen und sich mit einem zweideutigen Fruchtbarkeitsappell abspeisen lassen? Die Sanduhr auf dem Plakat ist leicht gekippt. Jeden Moment könnte sich die vergrößerte Hand weiterbewegen, das Glas umdrehen und den Sand in die Gegenrichtung rinnen lassen. Ob die Zeit wirklich abläuft und zu wessen Ungunsten, hängt von der Sicht des Erzählers oder der Erzählerin ab.

Kinderlosigkeit ist kein körperlicher Defekt, der sich optisch erkennen ließe. Vielmehr sind zusätzliche, verbal oder zeichenhaft zu vermittelnde Informationen erforderlich, damit sich Menschen in Möchtegern-Eltern verwandeln. Erst die Kombination aus Gestik, Requisit und Bildzuschrift machen die Frau auf dem Plakat zu einer potentiellen Mutter. Bei den Rezipierenden werden durch diese Inszenierung Assoziationen geweckt, die sie mit eigenen Erinnerungen verknüpfen und so eine imaginäre Un*fruchtbarkeitsgeschichte konstruieren können. Damit tritt die weitreichendste Konsequenz meines Forschungsansatzes zutage, Texte zur ersehnten Elternschaft normativitätskritisch zu lesen: Erzählen erweist sich als Urform der Genese von Kinderlosigkeit. Während Menschen durch sexuelle Handlungen, sei es geplant oder ungeplant, im biologischen Sinne zu Eltern werden können, werden sie nur durch das Reflektieren und Reden über die nicht eingetretenen Folgen sexuellen Handelns zu Kinderlosen. Ihre fertile Identität bildet sich durch narrative Akte aus.[14] Zugespitzt formuliert entsteht eine Schwangerschaft durch Sex, Kinderlosigkeit dagegen durch Erzählung; die eine ist Sache des Bauches, die andere eine des Kopfes – und zwar zumeist verschiedener Stimmen.

Meine Leitfrage, wie Unterschiede zwischen Menschen mit Kindern und Menschen ohne Kinder zustande kommen, findet hier ihre endgültige Antwort. In der mittelalterlichen Literatur werden immer wieder Frauen und Männer durch das Redeverhalten anderer marginalisiert und so zu unglücklichen Kinderlosen gemacht. Das Begehren nach einem Kind war bei Hanna, Anna und Olympias nicht von ihren Diskriminierungserfahrungen und den Un*fruchtbarkeitserzählungen zu trennen, die andere über sie verbreiteten. Die Geschichten über Kinderlosigkeit, die seit der Antike kursieren, sind Teil unseres kulturellen Gedächtnisses. Menschen, die sich schmerzlich nach Nachwuchs sehnen, stehen in dieser Tradition, unabhängig davon, ob ihnen dies überhaupt bewusst ist. Doch gibt es auch narrative Welten wie den Hof des legendären Königs Artus, in denen niemand über Kinderlosigkeit klagt. Ausschlaggebend dafür ist nicht etwa, dass alle Bewohner Nachwuchs zeugen und alle Bewohnerinnen gebären, sondern dass ersehnte, verweigerte und bereute Elternschaft nie zum Thema wird.

Vergleichende Un*fruchtbarkeitsforschung: Analogien und Differenzen

Vom Mittelalter ist in der öffentlichen Debatte oft die Rede, wenn ein Gegenbild zur Gegenwart entworfen werden soll. Will jemand Vorstellungen und Praktiken als abstrus, rückständig und antiaufklärerisch brandmarken, wird ihnen gerne das Etikett ›mittelalterlich‹ angeheftet. Das Mittelalter erscheint dadurch als homogenes, in Dunkelheit gehülltes Zeitalter. Dass die Wahrnehmung von Kinderlosigkeit in dieser Epoche jedoch keineswegs eindimensional war, belegen die vielen verschiedenen Kommentare, Appelle und Rezepte, Warnungen, Vorschriften und Gesetze, Gebete, Lieder, Klagen und Geschichten der Un*fruchtbarkeit. Eine Verengung der unterschiedlichen, gesellschaftlich akzeptierten Lebensformen mit Kindern und ohne Kinder erfolgte erst in der Frühen Neuzeit, die in mancherlei Hinsicht finsterer als das so gescholtene Mittelalter erscheint. Begrenzt wirken im Vergleich zu den pluralen Perspektiven des Mittelalters auch die gegenwärtigen Diskussionen, in denen Kinderlosigkeit primär medizinisch konzeptualisiert wird. Die Mehrdeutigkeit des Fertilitätsplakats fiel der politischen Auftraggeberin vermutlich deshalb nicht auf, weil sie die wichtigste Interpretation von Un*fruchtbarkeit für die einzige hielt. Ungewollte Kinderlosigkeit ist in der allgemeinen Wahrnehmung heute so stark mit Reproduktionstechnologie verknüpft, dass die Professorinnen für weibliche Gesundheits- und Krankenpflege Margarete Sandelowski und Sheryl de Lacey in ihrem Beitrag *The Uses of a ›Disease‹* (2002) gar behaupteten, Unfruchtbarkeit sei 1978 ›erfunden‹ worden.[15] Seit der Geburt des ersten ›in vitro‹ gezeugten Babys wird ungewollte Kinderlosigkeit nämlich primär reproduktionsmedizinisch betrachtet und Unfruchtbarkeit fast ausschließlich als Krankheit verstanden, von der Frauen kuriert werden müssen.

Im Mittelalter ließen sich Kinderlose zwar auch medizinisch behandeln, doch war der theologische Deutungszusammenhang relevanter. Das Thema Kinderlosigkeit blieb in einen metaphysischen Rahmen eingebettet, so dass eine göttliche Instanz als Spender neuen Lebens galt. Wie Niklas Luhmann in dem Buch *Funktion der Religion* (1977) herausstellt, ist es etwas anderes, von Krankheit auf Gesundheit als von Leid auf Heil hin zu denken.[16] Die Vorstellung, dass Elternschaft allein vom menschlichen Willen oder ärztlichen Wissen abhängig sein könnte, wurde im christlichen Mittelalter negiert. Stattdessen lag es allein in Gottes Hand, ob sich ein Kinderwunsch erfüllte. Dass Fruchtbarkeit nicht durchgängig mit göttlichem Segen und Unfruchtbarkeit mit Verwerfung gleichgesetzt werden können, zeigen die konkurrierenden biblisch-theologischen Un*fruchtbarkeitsmaximen. Im Mittelalter wurde zwischen verschiedenen Statusgruppen und Lebensformen differenziert. Kein Ideal erschien für alle in gleicher Weise empfehlenswert.[17] In der christlichen Legendarik wurde Kinderlosigkeit als Zeichen besonderer Frömmigkeit und Heiligkeit interpretiert, sofern sie auf einer bewussten Entscheidung basierte. Der Gegensatz zu dem schlechten Image, das kinderlose Frauen heute in der Öffentlichkeit haben, könnte kaum größer sein.

Vergleichende Un*fruchtbarkeitsforschung ist nicht nur relevant, weil sie gegenwärtige Positionen relativiert, sondern auch, weil sie diese neu perspektiviert. Manche mittelalterlichen Versatzstücke, Denkmodelle und Erzählschemata sind noch in der Gegenwart prägend, andere tauchen in veränderter, oft säkularisierter Form wieder auf. So weist die unsere Vorstellungen prägende Meistererzählung der IVF-(In-vitro-Fertilisations-)Ära dieselbe Grundkonstellation auf wie das zentrale reproduktionstheologische Narrativ des Mittelalters, auch wenn sich die Rollenbesetzung und die technischen Mittel unterscheiden: Nur durch Unterstützung einer übergeordneten Macht, die früher primär religiös und heute medizinisch definiert wird, können Kinderlose zum Nachwuchs gelangen. Das große Vertrauen, das viele Wunscheltern in die Reproduktionstechnologie setzen, lässt sich kaum ohne die lange Tradition von Geburtswundererzählungen verstehen. Kinderwünschende schenken den glücklichen Einzelfallgeschichten, in denen Paare nach langem Mühen doch noch ein Kind bekommen, mehr Glauben als den ernüchternden Zahlen reproduktionsmedizinischer Behandlungserfolge. Erzählungen überwundener Kinderlosigkeit entwickeln eine regelrechte Verführungskraft, die die Hoffnung auf ein gutes Ende der eigenen Un*fruchtbarkeitsgeschichte nährt und manche Menschen zu immer neuen medizinischen Maßnahmen treibt. Nur auf diese Weise konnte die Reproduktionsmedizin zu einer eigenen, postmodernen Religion werden, die mit fertiler Verheißung und Verdammung spielt.

Bis in Details hinein lassen sich Verbindungslinien zwischen Vergangenheit und Gegenwart ziehen und auf diese Weise verdeckte Machtmechanismen entlarven: Das auffällige Requisit auf dem Fertilitätsplakat etwa ist aus der christlichen Ikonographie vertraut (Abb. 14). Bei der Sanduhr, besser bekannt als Stundenglas, handelt es sich um ein typisches Accessoire des personifizierten Todes. Die Angst von Frauen, ihre fruchtbare Zeit könne ablaufen, gewinnt vor dem Hintergrund religiöser Endzeitvorstellungen eine besondere Dramatik. Gezielt setzten die Plakatmacher das Stundenglas ein, um die Drastik ihrer Argumentation zu verschärfen. Biologische Konzepte werden mit eschatologischen Vorstellungen verknüpft und auf diese Weise rhetorisch funktionalisiert. Aus kulturhistorischer Perspektive erweist sich das Ticken der biologischen Uhr als säkulare Variante einer christlichen Apokalyptik. Geschickt bedienen sich pronatalistische Akteurinnen und Akteure solcher Urängste, um Frauen zur Reproduktion zu animieren. Dagegen ist das Ticken der biologischen Uhr nach Ansicht der überzeugten Nicht-Mutter Sarah Diehl weniger eine Frage körperlicher Funktionen als sozialer Erwartungen.[18] Dass ihr biologisches Stündchen angeblich geschlagen hätte, merkt sie nüchtern an, darauf weise sie weder ihr Körper noch ihrer Psyche, sondern einzig die Gesellschaft hin.

Mit kulturhistorischem Hintergrundwissen lassen sich solche machtpolitischen Strategien entlarven und die damit verbundenen Hierarchien verkehren. Gemäß ikonographischer Tradition nimmt die Frau auf dem Plakat, die mit ihrer Linken eine mögliche Schwangerschaft andeutet, die Position des personifizierten Todes ein. Damit lässt sich ihre Gestik auch konträr interpretieren, so dass das Bild eine völlig andere Aussage erhält: Aus pronatalistischer Perspektive warnt die Frau mit dem Stundenglas vor der Vergänglichkeit der Fruchtbarkeit, aus antinatalistischer Perspektive wird ihre Fruchtbarkeit als Ursache von Vergänglichkeit identifiziert. Nach der Lektüre dieses Buches mag man sich an die Reden der Kirchenväter erinnert fühlen, die den Kreislauf von Geburt und Tod durch Enthaltsamkeit zu durchbrechen suchten. Auch die Keuschheitswünschenden in der mittelalterlichen Erzählliteratur blieben gewollt kinderlos, um sich nicht mit vergänglichen, irdischen Dingen zu belasten. Ob ein Weiterleben nach dem Tod durch Reproduktion oder durch Reproduktionsverzicht gesichert werden kann, wird in der Kulturgeschichte der Kinderlosigkeit sehr unterschiedlich beurteilt.

Die Übereinstimmungen zwischen Mittelalter und Moderne können in den Un*fruchtbarkeitsdiskursen größer sein als die zwischen zeitgenössischen Positionen. Sheila Hetis autobiographischer Roman *Mutterschaft* unterscheidet sich etwa massiv von jenen Un*fruchtbarkeitsgeschichten des 21. Jahrhunderts, in denen Frauen von der Lust, Mutter zu sein, vollständig überwältigt werden. Ihr Entschluss, lieber ein Buch über Mutterschaft zu schreiben, als ein Kind zu gebären, weist dagegen auffällige Gemeinsamkeiten mit den asketisch-philosophischen Plädoyers gegen die Ehe oder den Stellungnahmen keuscher Protagonistinnen in der mittelalterlichen Erzählliteratur auf. Ebenso sind manche Familienmodelle, die ausgesprochen modern anmuten und erst durch die Reproduktionstechnologie oder die veränderten gesellschaftlichen Lebensbedingungen entstanden zu sein scheinen, in der Vergangenheit vorgeprägt. Die historische Un*fruchtbarkeitsforschung kann hier dazu beitragen, emotionale Debatten zu versachlichen und Befürchtungen vom Untergang der Familie zu zerstreuen. Patchwork-Familien und fragmentierte Elternschaft erscheinen weniger bedrohlich, wenn man bedenkt, dass schon in der Vormoderne verschiedene Beziehungstypen ausgebildet wurden: Kinder konnten nicht nur innerhalb einer Ehe gezeugt, sondern auch angenommen, versorgt und gepflegt, mittels Ersatzmutterschaft oder der Samengabe eines Dritten geboren werden. Biologische, soziale und religiöse, singuläre, partnerschaftliche und kollektive Formen der Mutter- wie der Vaterschaft haben eine lange und wechselvolle Geschichte.

Solche Vergleiche zwischen vergangenen und gegenwärtigen Phänomenen der Kinderlosigkeit setzen wechselseitig neue Erkenntnisprozesse in Gang. Auch die Mediävistik profitiert von der Un*fruchtbarkeitsforschung, insofern sie ihren Problemhorizont deutlich erweitern und neue Erklärungsansätze anbieten kann. Dass das Handeln von Herrschern ganz anders zu beurteilen ist, wenn es aus einer fertilitätszentrierten Perspektive betrachtet wird, hat der Kölner Historiker Karl Ubl in dem Aufsatz *Der kinderlose König* (2011) gezeigt.[19] Die ältere Forschung tendierte bei Heinrich II. dazu, politische Aspekte viel höher als seine religiöse Motivation zu werten. Das traditionelle Bild eines idealen Staatsmannes, der das Königtum gegenüber dem Adel stärkte und sein Reich zu zentralisieren suchte, passt jedoch kaum zu Heinrichs familiärer Situation. Besser lassen sich die zahllosen Konflikte seiner Regierungszeit dagegen mit der ungeklärten Nachfolgefrage erklären. Ubl plädiert dafür, Heinrich nicht länger als einen vorbildlichen Realpolitiker zu betrachten. Vielmehr handle es sich um einen Herrscher, der aufgrund seiner Kinderlosigkeit um Anerkennung kämpfen musste.

Der kinderlose Heinrich war kein Einzelfall. Deshalb lässt sich die Forderung nach einer Neubewertung historischer Zusammenhänge in der Mediävistik verallgemeinern. Die Berliner Kunsthistorikerin Jitske Jasperse hat in den *Studies in Iconography* (2018) darauf hingewiesen, dass dem kostbaren Evangelienbuch Heinrichs des Löwen und Mathildes von England ein wichtiges Bildmotiv fehlt:[20] In keiner der aufwändigen Miniaturen ist das Paar gemeinsam mit Nachkommen dargestellt. Jasperse nimmt die auffällige Abwesenheit von Kindern zum Anlass, den wertvollen Codex neu zu datieren und die großzügige Schenkung an die Braunschweiger Stiftskirche St. Blasius zu erklären. Mutmaßlich hatten Heinrich und Mathilde zu diesem Zeitpunkt noch keinen männlichen Erben und hofften darauf, beim Beten um Fertilität vom Klerus unterstützt zu werden. Bedenkt man, wie viele politische Bündnisse, kirchliche Stiftungen, fromme Schenkungen, literarische und künstlerische Förderungen von den konkreten Familienverhältnissen abhingen, zeichnet sich hier eine gewaltige künftige Forschungsaufgabe ab: Die mittelalterliche Reichs- und Herrschaftsgeschichte, aber auch die Frömmigkeits-, die Sozial-, die Wirtschaftsgeschichte und selbst die Kunst- und die Literaturgeschichte müssen in Teilen neu geschrieben werden, wenn man den Faktor Kinderlosigkeit konsequent in die Deutung einbezieht. Die aktuellen Diskussionen über ersehnte, verweigerte und bereute Elternschaft sollten Mediävistinnen und Mediävisten darauf aufmerksam machen, dass Un*fruchtbarkeit eine zentrale Kategorie für das Verständnis menschlichen Handelns ist.

Vergleichende Un*fruchtbarkeitsforschung wäre verfehlt, würde sie nur noch Ähnlichkeiten behaupten. Die kulturellen Differenzen beim Umgang mit Kinderlosigkeit in Vergangenheit und Gegenwart sind gravierend und dürfen nicht nivelliert werden. In der mittelalterlichen Erzählliteratur wollen Menschen nicht Eltern werden, um in ihrem Leben Erfüllung zu finden oder eine tiefere emotionale Bindung zu ihrem Partner einzugehen, sondern um ihrem Haus und Geschlecht einen Erben zu verschaffen. Dieses genealogisch-erbökonomische Motiv schließt liebevolle und innige Eltern-Kind-Beziehungen natürlich in keiner Weise aus, aber erst seit der Frühen Neuzeit kommt Mutterschaft einer generellen Glücksverheißung gleich. Solche beobachtbaren Veränderungen in der Kulturgeschichte der Kinderlosigkeit können erkenntnisleitend sein, zumal markierte und unmarkierte Normen der Un*fruchtbarkeit mit historischem Abstand besonders auffallen. Im Mittelalter mussten Adlige andere Pflichten erfüllen als Geistliche, Lehnsherren sich fertilen Forderungen ihrer Untergebenen beugen. Der Stand, der die zentrale gesellschaftliche Ordnungs- und Identitätskategorie des Mittelalters bildete, hat seine Bedeutung heute weitgehend eingebüßt. Mein Ansatz einer historisierenden Komparatistik regt indes dazu an, auch hier nach strukturellen Analogien zu fragen. Wo werden heute gruppenspezifische Unterschiede bei Reproduktionsforderungen gemacht? Ist eine Elternschaft bei manchen Menschen erwünschter als bei anderen?

Das italienische Gesundheitsministerium ließ für seine Fertilitätsaktion jedenfalls ein optisches Ideal entwerfen, dem kaum alle Bewohnerinnen und Bewohner des Landes entsprechen konnten: Kinder bekommen sollen, so signalisiert die Darstellung, junge, gesunde, schlanke, schöne, weiße Frauen. Das Plakat, das den Leiden ungewollt kinderloser Menschen vorzubeugen vorgibt, erweist sich bei genauerer Betrachtung als sexistisch und rassistisch. Die gesamte Kampagne wurde in den sozialen Medien denn auch so scharf kritisiert, dass sie vorab zurückgezogen werden musste.[21] Vergleichbare Wertvorstellungen liegen jedoch zahlreichen bevölkerungs- und familienpolitischen Maßnahmen in ganz Europa zugrunde – zu denken ist nur an die ungleiche Behandlung von einheimischen und geflüchteten Eltern.

Der erzähl- und diskursanalytische Ansatz, den ich für die Untersuchung von Kinderlosigkeit im Mittelalter entworfen habe, lässt sich auf andere Epochen, Räume, Kulturen und Religionen übertragen. Die Vorstellungen von Un*fruchtbarkeit werden sich weiter vervielfältigen, wenn ihre Bedeutung im alten Ägypten, im attischen Griechenland, bei den Azteken, im spätmittelalterlichen Skandinavien und im viktorianischen England rekonstruiert wird. Wieder andere Perspektiven ergeben sich, wenn der heutige Umgang mit Elternschaft und Kinderlosigkeit im orthodoxen und liberalen Judentum, in islamischen, hinduistischen und buddhistischen Gesellschaften, in China, Japan, Indien und Nigeria untersucht wird.

Interkulturelle Vergleichsstudien lenken nicht nur den Blick auf die marginalisierte Gruppe der Kinderlosen, sondern führen auch vor Augen, dass Fruchtbarkeit und Unfruchtbarkeit keine absoluten Werte darstellen. Menschen können wegen verschiedener Abweichungen von der reproduktiven

Norm diskriminiert werden und sich minderwertig fühlen; sei es, dass sie zu wenig oder zu viel Nachwuchs bekommen, sei es, dass das Geschlecht oder das Körperbild eines Kindes nicht den Erwartungen entspricht. Beim Thema Kinderlosigkeit überlagern sich medizinisch-biologische Auffassungen und soziale Normen mit religiösen, ökonomischen und politischen Interessen. Individuelle Wünsche und kollektive Ansprüche, ethische Werte und kulturelle Praktiken, historische Diskurse und literarische Narrative verschmelzen zu einem kaum durchschaubaren Konglomerat, das mit Prozessen der Privilegierung und Marginalisierung einhergeht. Solche subtilen Machtstrukturen aufzudecken, verschiedene Diskursstränge zu differenzieren, Meistererzählungen der Un*fruchtbarkeit zu dekonstruieren und die heterogenen Geschichten ersehnter, verweigerter und bereuter Elternschaft wiederzuerzählen, bleibt die Aufgabe künftiger Forschung.

Anmerkungen

Einleitung

1 Zahlreiche Beispiele für aktuelle Diskussionsbeiträge finden sich z. B. bei Susanne Garsoffky/Britta Sembach: Der tiefe Riss. Wie Politik und Wirtschaft Eltern und Kinderlose gegeneinander ausspielen. München 2017. Zur drohenden Überalterung der Gesellschaft vgl. z. B. ebd., S. 155–194; Frank Schirrmacher: Das Methusalem-Komplott. München 2004; Thomas Straubhaar: Der Untergang ist abgesagt. Wider die Mythen des demografischen Wandels. Hamburg 2016.

2 Vgl. Michel Foucault: Der Wille zum Wissen, übers. v. Ulrich Raulff u. Walter Seitter. Frankfurt a. M. ¹⁹2012 (Sexualität und Wahrheit 1), S. 103 f.

3 Thietmar von Merseburg: Chronicon I 19, hg. v. Robert Holtzmann. Berlin ²1955 (MGH Scriptores rerum Germanicarum NS 9), S. 24: *Ve populis, quibus regnandi spes in subsecutura dominorum sobole non relinquitur […]*. – Vgl. das Fürbittgebet im Mainzer Krönungsordo von 960: *Frugiferam optineat patriam, et eius liberis tribuas profutura*. In: Le pontifical romano-germanique du dixième siècle. Le Texte I, hg. v. Cyrille Vogel u. Reinhard Elze. Città del Vaticano 1963 (Studi e Testi 226), S. 246–261, hier S. 250, Z. 15 f. Vgl. auch Cordula Nolte: Frauen und Männer in der Gesellschaft des Mittelalters. Darmstadt 2011 (Geschichte kompakt), S. 120 f.

4 Die Fünf burgundischen Äbte an Hildegard. In: Hildegard von Bingen: Briefwechsel. Nach den ältesten Handschriften übers. u. nach den Quellen erläutert v. Adelgundis Führkötter OSB. Salzburg 1956, S. 146 f.

5 Grundlegend zur Problematik vgl. Karl Ubl: Der kinderlose König. Ein Testfall für die Ausdifferenzierung des Politischen im 11. Jahrhundert. In: Historische Zeitschrift 292 (2011), S. 323–363.

6 Vgl. Hans-Werner Goetz: Lothar II. In: LexMA 5 (1991), Sp. 2124 f.; Sebastian Münster: Cosmographei oder beschreibung aller länder / herrschaften / fürnemsten stetten / […]. Basel: Heinrich Petri 1553, S. lxvij. – Dagegen scheiterte der Versuch Eduards des Bekenners (um 1004–1066), sich von seiner Frau Edith zu trennen, am Widerstand ihrer Familie, argumentiert Ubl: Der kinderlose König, S. 336.

7 Vgl. Jack Goody: Die Entwicklung von Ehe und Familie in Europa, übers. v. Eva Horn. Frankfurt a. M. 1989, S. 57; Britta-Juliane Kruse: Verborgene Heilkünste. Geschichte der Frauenmedizin im Spätmittelalter. Berlin/New York 1996 (Quellen und Forschungen zur Literatur- und Kulturgeschichte N. F. 5), S. 155 f.; Mireille Othenin-Girard: Ländliche Lebensweise und Lebensformen im Spätmittelalter. Eine wirtschafts- und sozialgeschichtliche Untersuchung der nordwestschweizeri-

schen Herrschaft Farnsburg. Liestal 1994, S. 69f.; Shulamith Shahar: Kindheit im Mittelalter, übers. v. Barbara Brumm. München/Zürich 1991, S. 47f.; Gabriela Signori: Vorsorgen – Vererben – Erinnern. Kinder- und familienlose Erblasser in der städtischen Gesellschaft des Spätmittelalters. Göttingen 2001 (Veröffentlichungen des Max-Planck-Instituts für Geschichte 160), S. 361; James A. Schultz: The Knowledge of Childhood in the German Middle Ages, 1100–1350. Philadelphia 1995 (Middle Ages Series), S. 108. – Nach einer aktuellen Erhebung sind zwölf Prozent der verheirateten Paare in Deutschland im Alter von 40 bis 69 Jahren – sei es gewollt oder ungewollt – kinderlos. Vgl. Carsten Wippermann: Kinderlose Frauen und Männer. Ungewollte oder gewollte Kinderlosigkeit im Lebenslauf und Nutzung von Unterstützungsangeboten, hg. v. Bundesministerium für Familie, Senioren, Frauen und Jugend. Paderborn 2014, S. 32.

8 Bernhard Kummer: Kindersegen und Kinderlosigkeit. In: Handwörterbuch des deutschen Aberglaubens 4 (1932), Sp. 1374–1385, hier Sp. 1378: *Wer de Welt nich vermihrt, is'n Kirchhof nich wiert.*

9 Claudia Opitz: Evatöchter und Bräute Christi. Weiblicher Lebenszusammenhang und Frauenkultur im Mittelalter. Weinheim 1990, S. 61. Vgl. auch Signori: Vorsorgen; Daphna Oren-Magidor/Catherine Rider (Hg.): Infertility in Medieval and Early Modern Medicine. In: Social History of Medicine 29,2 (2016); Gayle Davis/Tracey Loughran (Hg.): The Palgrave Handbook of Infertility in History. Approaches, Contexts and Perspectives. London 2017.

10 Bezogen werden diese Begriffe auch auf Tiere oder Ackerland. Vgl. Mittelhochdeutsches Wörterbuch. Mit Benutzung des Nachlasses von Georg Friedrich Benecke ausgearb. v. Wilhelm Müller u. Friedrich Zarncke. 3 Bde. Leipzig 1854–1866. Nachdruck Stuttgart 1990, Bd. 1, S. 140f.; Bd. 3, S. 428. Zum Aufkommen und zur Häufigkeit des Begriffs ›Kinderlosigkeit‹ vgl. Google Ngram viewer.

11 Abb. 1: *Faciamus hominem ad imaginem et similitudinem nostram.* – Die Abbreviaturen sind aufgelöst.

12 Vgl. Tracey Loughran/Gayle Davis: Introduction: Infertility in History: Approaches, Contexts and Perspectives. In: dies. (Hg.): The Palgrave Handbook of Infertility, S. 1–25, hier S. 10.

13 Vgl. Chimamanda Adichie: The Danger of a Single Story (Juli 2009). URL: https://www.ted.com/talks/chimamanda_adichie_the_danger_of_a_single_story (Zugriff: 30. 3. 2019). Vgl. auch Rosemarie Garland Thomson: Andere Geschichten. In: Petra Lutz u. a. (Hg.): Der [im-]perfekte Mensch. Metamorphosen von Normalität und Abweichung. Köln 2003, S. 418–424, hier S. 421.

14 Vgl. Judith Butler: Das Unbehagen der Geschlechter. Aus dem Amerikanischen von Katharina Menke. Frankfurt a. M. 1991, S. 9; Foucault: Wille zum Wissen, S. 29, 146. – Vgl. auch Philipp Sarasin: Subjekte, Diskurse, Körper. Überlegungen zu einer diskursanalytischen Kulturgeschichte. In: Wolfgang Hardtwig/Hans-Ulrich Wehler (Hg.): Kulturgeschichte Heute. Göttingen 1996 (Geschichte und Gesellschaft, Sonderheft 16), S. 131–164, hier S. 159. – Mein Ansatz entspricht den historischen Disability Studies, vgl. z. B. Irina Metzler: Disability in Medieval Europe. Thinking about Physical Impairment During the High Middle Ages, c. 1100–1400. London/New York 2006 (Routledge Studies in Medieval Religion and Culture); Cordula Nolte u. a. (Hg.): Dis/ability History der Vormoderne. Ein Handbuch. Premodern Dis/ability History. A Companion. Affalterbach 2017; Joshua R. Eyler (Hg.): Disability in the Middle Ages. Reconsiderations and Rever-

berations. Farnham 2017. – Zur Deutung von Unfruchtbarkeit als Disability vgl. Sally Bishop Shigley: Great Expectations: Infertility, Disability, and Possibility. In: Davis/Loughran (Hg.): The Palgrave Handbook of Infertility, S. 37–55; Cordula Nolte/Alexander Grimm: Fruchtbarkeit/Unfruchtbarkeit. In: Nolte (Hg.): Dis/ability History, S. 448–454; Regina Toepfer: Unfruchtbarkeit/Kinderlosigkeit in der höfischen Gesellschaft: Deutungen und Wertungen der mittelalterlichen Literatur. In: Nolte (Hg.): Dis/ability History, S. 228 f.

15 Vgl. Kimberlé Williams Crenshaw: Demarginalizing the Intersection of Race and Sex. A Black Feminist Critique of Antidiscrimination Doctrine. In: The University of Chicago Legal Forum (1989), S. 139–167; dies.: Mapping the Margins. Intersectionality, Identity Politics, and Violence Against Women of Color. In: Stanford Law Review 43,6 (1991), S. 1241–1299; Gabriele Winker/Nina Degele: Intersektionalität. Zur Analyse sozialer Ungleichheiten. Bielefeld 2009.

16 Vgl. Wippermann: Kinderlose Frauen und Männer, S. 6 f.; 170–172; Ubl: Der kinderlose König, S. 337.

17 Zum Verhältnis des Normalen und des Pathologischen, bei dem das Anormale logisch das zweite, tatsächlich aber das erste ist, vgl. Georges Canguilhem: Das Normale und das Pathologische, übers. v. Monika Noll u. Rolf Schubert. München 1974, S. 167; Anne Waldschmidt: Warum und wozu brauchen die Disability Studies die Disability History? Programmatische Überlegungen. In: Elsbeth Bösl/Anne Klein/Anne Waldtschmidt (Hg.): Disability History. Konstruktionen von Behinderung in der Geschichte. Eine Einführung. Bielefeld 2010 (Disability Studies: Körper – Macht – Differenz 6), S. 13–27, hier S. 25.

18 Vgl. Garsoffky/Sembach: Der tiefe Riss.

1 Theologie: Heilsgeschichten der Un*fruchtbarkeit

1 Vgl. Maria Roßner/Anne-Kathrin Braun (Hg.): Keine Kinder?! Ungewollt kinderlos als Christ. Erfahrungen und Denkanstöße. Lage ²2013 [2012].

2 Vgl. Regina Götz: Der geschlechtliche Mensch – ein Ebenbild Gottes. Die Auslegung von Gen 1,27 durch die wichtigsten griechischen Kirchenväter. Frankfurt a. M. 2003 (Fuldaer Hochschulschriften 42). – Die Bibelzitate stammen aus: Die Bibel. Einheitsübersetzung der Heiligen Schrift, hg. i. A. der Bischöfe Deutschlands, Österreichs u. a. Stuttgart ⁵1988.

3 Bevor Rahel sich an Jakob wendet, fordert sie vom ältesten Sohn ihrer Schwester seine auf dem Feld gefundenen Alraunen. – Zu Alraunen als Mittel gegen Unfruchtbarkeit vgl. Annette Josephs: Der Kampf gegen die Unfruchtbarkeit. Zeugungstheorien und therapeutische Maßnahmen von den Anfängen bis zur Mitte des 17. Jahrhunderts. Stuttgart 1998 (Quellen und Studien zur Geschichte der Pharmazie 74), S. 123 f.

4 Abb. 2: *Hie sitzet elkana mit synen wiben vnnd kynden vnnd penenna spottet annen.*

5 Die Initiative ›Hannahs Schwestern‹ wurde 2007 gegründet, gehört zur Lebensrechtsorganisation Kaleb e. V. und wird von Ehepaaren für Ehepaare organisiert, weshalb sie 2019 unbenannt wurde in ›Hannahs – Initiative für Ehepaare mit unerfülltem Kinderwunsch‹, vgl. https://hannahs-initiative.de/ueber-uns/wer-wir-sind (Zugriff: 16. 3. 2020). – Die Problematik der Namensgebung ist den Mitgliedern bewusst, berufen sie sich doch auch auf die Prophetin Hanna (Lk 2,36–38), die kinderlos blieb. Vgl. Anne-Kathrin Braun:

Gott füllte leere Hände – zwei Frauen namens Hannah. In: dies./Roßner (Hg.): Keine Kinder?!, S. 11–16.

6 Vgl. Konrad Hilpert: Onanie. In: ³LThK 7 (1998), Sp. 1052 f.; Ludger Lütkehaus: »O Wollust, o Hölle«. Die Onanie – Stationen einer Inquisition. Frankfurt a. M. 1992, S. 15–18, 63 f.

7 Zur eschatologischen Bedeutung vgl. Candida R. Moss/Joel S. Baden: Reconceiving Infertility. Biblical Perspectives on Procreation and Childlessness. Princeton/Oxford 2015, S. 103–139.

8 Zu den familienkritischen Aspekten der Lehre Jesu vgl. auch Christian Kiening: *Un*heilige Familien. Sinnmuster mittelalterlichen Erzählens. Würzburg 2009 (Philologie der Kultur 1), S. 19; Albrecht Koschorke: Die Heilige Familie und ihre Folgen. Ein Versuch. Frankfurt a. M. 2000, S. 25–29. Zur Raumsemantik vgl. Jurij M. Lotman: Die Struktur literarischer Texte, übers. v. Rolf-Dietrich Keil. München ⁴1993, S. 311–329.

9 Vgl. Jens Herzer: Pastoralbriefe. In: Das wissenschaftliche Bibellexikon im Internet (WiBiLex). April 2013. URL: https://www.bibelwissenschaft.de/stichwort/53866 (Zugriff: 28. 2. 2020).

10 Vgl. Moss/Baden: Reconceiving Infertility, S. 4 f., 16–20.

11 Vgl. Hans Zeimentz: Ehe nach der Lehre der Frühscholastik. Eine moralgeschichtliche Untersuchung zur Anthropologie und Theologie der Ehe in der Schule Anselms von Laon und Wilhelms von Champeaux, bei Hugo von St. Viktor, Walter von Mortagne und Petrus Lombardus. Düsseldorf 1973 (Moraltheologische Studien 1).

12 Zu den objektiven Ehezwecken vgl. Zeimentz: Ehe, S. 147–155. Vgl. auch Michael Müller: Die Lehre des Hl. Augustinus von der Paradiesesehe und ihre Auswirkungen in der Sexualethik des 12. und 13. Jahrhunderts bis Thomas von Aquin. Regensburg 1954 (Studien zur Geschichte der Katholischen Moraltheologie 1).

13 Vgl. Sententiae Berolinensis, hg. v. Friedrich Stegmüller. In: Recherches de théologie ancienne et médiévale 11 (1939), S. 39–61, hier S. 57: *Spes prolis, quia ob spem prolis debent convenire, et susceptos filios in Dei lege cum reverentia enutrire et regere.* Vgl. auch Zeimentz: Ehe, S. 175.

14 Vgl. In primis hominibus. Clm 22307, Fol. 125 r, zitiert nach Zeimentz: Ehe, S. 147, Anm. 41: *Et sicut sacerdotium quibusdam hominibus est officium generandi spirituales filios, sic coniugium officium est homini generandi carnales filios.* Sententiae Magistri A (29). Clp 3881, Fol. 199 r, zitiert nach Zeimentz: Ehe, S. 176, Anm. 74: *Proles, non ut nascatur tantum, sed ut renascatur, nascitur enim ad penam, si non renascatur ad uitam.*

15 Vgl. Götz: Geschlechtlicher Mensch, S. 92–97.

16 Augustinus: De Genesi ad litteram II 9.5, übers. v. Carl Johann Perl. Paderborn 1964, S. 95 f.

17 Vgl. Thomas von Aquin: Summa Theologica I qu. 92.1, hg. v. Petrus Caramello. 3 Bde. Rom 1952–1956, S. 450 f.; Augustinus: De bono coniugali 1 u. 3. In: CSEL 41, S. 185–231. Vgl. auch Kari E. Børresen: Subordination and Equivalence. The Nature and Mode of Woman in Augustinus and Thomas Aquinas. Washington 1981. – Zu Ähnlichkeiten zwischen den Ehetraktaten der Schulen von Laon und Paris und der *Summa* Alexanders von Hales vgl. Rüdiger Schnell: Frauendiskurs, Männerdiskurs, Ehediskurs. Textsorten und Geschlechterkonzepte in Mittelalter und Früher Neuzeit. Frankfurt a. M./New York 1998 (Geschichte und Geschlechter 23), S. 152; Zeimentz: Ehe, S. 91.

18 Vgl. Zeimentz: Ehe, S. 58, 68–74.

19 Vgl. Zeimentz: Ehe, S. 79–84.

20 Vgl. Rudolf Weigand: Die Lehre der Kanonisten des 12. und 13. Jahrhunderts von

den Ehezwecken (1967). In: ders.: Liebe und Ehe im Mittelalter. Goldbach 1993 (Bibliotheca eruditorum 7), S. 3*–36*, hier S. 27*–30*.

21 Vgl. Weigand: Lehre der Kanonisten, S. 31*–33*; Zeimentz: Ehe, S. 83 f. Zur Sakramentalität der Ehe vgl. auch Rudolf Weigand: Liebe und Ehe bei den Dekretisten des 12. Jahrhunderts (1981). In: ders.: Liebe und Ehe, S. 59*–76*, hier S. 73*–76*. Vgl. Hugo von St. Viktor: De sacramento conjugii. In: PL 176, Sp. 153–174, hier Sp. 156: *Si autem opponit aliquis dicens omnem carnis delectationem esse malam et peccatum sine qua non potest fieri coitus conjugalis, respondemus equidem quod talis delectatio mala est [...]; sed tamen non omnis carnis delectatio peccatum est. [...] Similiter delectatio quae sentitur in coitu naturaliter, nisi sit immoderata, non videtur esse peccatum in conjugibus qui causa prolis coeunt vel debitum reddunt.*

22 Zu den subjektiven Ehezwecken vgl. Zeimentz: Ehe, S. 155–162. Zum *debitum* vgl. ebd., S. 231.

23 Vgl. Zeimentz: Ehe, S. 153, Anm. 84. Ähnlich argumentiert Wilhelm von Champeaux: De coniugio. In: Franz Bliemetzrieder: Paul Fournier und das literarische Werk Ivos von Chartres. In: Archiv für katholisches Kirchenrecht 115 (1935), S. 73–79, hier S. 74 f. Vgl. auch Zeimentz: Ehe, S. 149, 204.

24 Vgl. Hieronymus: Ad Jovinianum 1,49. In: PL 23, Sp. 205–338, hier Sp. 280–282; Augustinus: De bono coniugali 5. In: CSEL 41, S. 193 f. – Zu ihrer Rezeption in der Frühscholastik vgl. Zeimentz: Ehe, S. 155–160, 230–232.

25 Vgl. Schnell: Frauendiskurs, S. 91; Thomas N. Tentler: Sin and Confession on the Eve of the Reformation. Princeton N. J. 1977, S. 186–208. Vgl. auch John T. Noonan: Empfängnisverhütung. Geschichte ihrer Beurteilung in der katholischen Theologie und im kanonischen Recht [übers. v. Nikolaus Monzel]. Mainz 1969 [1965].

26 Vgl. Ambrosius: De institutione virginis 6,41. In: PL 16, Sp. 305–334, hier Sp. 316: *[...] quod ait: Quia Joseph accepit conjugem suam [...]; desponsata enim viro conjugis nomen accepit. Cum enim initiatur conjugium, tunc conjugii nomen adsciscitur; non enim defloratio virginitatis facit conjugium, sed pactio conjugalis.* Augustinus: Sermo 51,13. In: PL 38, Sp. 344. Vgl. auch Zeimentz: Ehe, S. 105 f.

27 Vgl. Hinkmar von Reims: Epistola 22 (De nuptiis Stephani et filiae Regimundi comitis). In: PL 126, Sp. 132–153. Vgl. auch Zeimentz: Ehe, S. 107–109, 114.

28 Vgl. Cum omnia sacramenta. In: Franz Placidus Bliemetzrieder: Anselms von Laon systematische Sentenzen. Münster 1919 (Beiträge zur Geschichte der Philosophie des Mittelalters 18,2–3), S. 147 f.: *Maria [...] nupsit Joseph, proponens ex una parte, quod si ille debitum posceret, solueret ei – aliter enim non pariter consentirent –; confidebat etiam ex alia parte in domino quod ille numquam requireret, sicut nec fecit.* Vgl. Zeimentz: Ehe, S. 127, Anm. 124.

29 Vgl. Hugo von St. Viktor: De beatae Mariae virginitate. In: PL 176, Sp. 857–876, bes. Sp. 857 f.; Zeimentz: Ehe, S. 132 f.

30 Vgl. In primis hominibus. Clm 22 307, Fol. 137 v, zitiert nach Zeimentz: Ehe, S. 129, Anm. 141: *Quibus uero placuerit ex consensu ab usu carnalis concupiscentie in perpetuum continere, absit ut uinculum inter eos rumpatur. Immo firmius erit quo magis ea pacta secum inierunt, que carius concordiusque seruanda sunt, non voluptariis corporum nexibus sed voluntariis affectibus animorum.*

31 Zur Wertung der Ehe und ihrer Güter vgl. Zeimentz: Ehe, S. 163–203.

32 Vgl. Martin Luther: Vom ehelichen Leben (1522). In: WA 10, 2, S. 267–304, hier S. 276:

Denn es ist nitt eyn frey wilkŏre odder radt, ßondern eyn nŏttig naturlich ding, das alles, was eyn man ist, muß eyn weyb haben, und was eyn weyb ist, muß eyn man haben. Vgl. auch Klaus Suppan: Die Ehelehre Martin Luthers. Theologische und rechtshistorische Aspekte des reformatorischen Eheverständnisses. Salzburg/München 1971.

33 Vgl. Luther: Vom ehelichen Leben, S. 276: *Denn diß wort, da gott spricht: ›Wachsset und mehret euch‹, ist nicht eyn gepot ßondern mehr denn eyn gepott, nemlich eyn gottlich werck, das nicht bey uns stehet tzuverhyndern odder noch tzulassen […].* – Zur Kritik an der Heteronormativität vgl. Andreas Kraß: Der heteronormative Mythos. Homosexualität, Homophobie und homosoziales Begehren. In: Mechthild Bereswill/Michael Meuser/Sylka Scholz (Hg.): Dimensionen der Kategorie Geschlecht: Der Fall Männlichkeit. Münster 2007 (Forum Frauen- und Geschlechterforschung 22), S. 136–151.

34 Vgl. Luther: Vom ehelichen Leben, S. 277: *Wachß und mehre dich, das bleybt und regirt ynn dyr, und kanst yhm dich mit nichte nemen […].*

35 Vgl. Luther: Vom ehelichen Leben, S. 301: *›Wachßet und mehret euch‹, das wachßen unnd mehren kanstu widder wehren noch hallten, es ist gottis werck und gehet seynen weg.*

36 Vgl. Luther: Vom ehelichen Leben, S. 290: *das ist denn eygentlich widder die ehe unnd die ehe tzuryssen.* Vgl. auch ebd., S. 300.

37 Vgl. Luther: Vom ehelichen Leben, S. 304.

38 Vgl. Luther: Vom ehelichen Leben, S. 301: *Daher man auch sihet, wie schwach und ungesund die unfruchtbar weyber sind, die aber fruchtbar sind, sind gesunder, reynlicher und lustiger. Ob sie sich aber auch müde und tzu letzt todt tragen, das schadt nicht, laß nur tod tragen, sie sind drumb da. Es ist besser kurtz gesund denn lange ungesund leben.* Zur Opferbereitschaft von Frauen vgl. ebd., S. 296. – Zur protestantischen ›ideology of maternity‹ vgl. Patricia Crawford: The Construction and Experience of Maternity in Seventeenth-Century England. In: Valerie Fildes (Hg.): Women as Mothers in Pre-Industrial England. London u. a. 1990, S. 3–37.

39 Vgl. Gudrun Sailer: Frühmesse: Über den Egoismus, keine Kinder haben zu wollen. In: Vatican News 19. 12. 2017. URL: https://www.vaticannews.va/de/papst-franziskus/santa-marta-messe/2017-12/fruehmesse--ueber-den-egoismus--keine-kinder-haben-zu-wollen.html (Zugriff: 2. 4. 2019).

40 Die Aussage fällt im Kontext der Frage nach einer Segnung homosexueller Paare vgl. Rat der Evangelischen Kirche in Deutschland: Zwischen Autonomie und Angewiesenheit – Familie als verlässliche Gemeinschaft stärken. Eine Orientierungshilfe. Juni 2013. URL: https://www.ekd.de/22588.htm (Zugriff: 3. 4. 2019), Kap. 5, Nr. 51.

41 Katechismus der Katholischen Kirche, München u. a. 1993, Nr. 1654. Zu Kindern als Krönung der Ehe und der ehelichen Liebe vgl. ebd., Nr. 1652 und ›Gaudium et Spes‹ 48,1.

42 Jacobs nennt als Beispiele Gottesdienste für Biker, Gehörlose, in leichter Sprache und für Jazzliebhaber. Vgl. Hanna Jacobs: Kinderlosigkeit: Ein Leben ohne Kinder. In: Die Zeit 18. 3. 2019. URL: https://www.zeit.de/2019/12/kinderlosigkeit-ungewollt-wunschkind-kirche (Zugriff: 4. 4. 2019).

2 Medizin: Körperkonzepte der Un✻fruchtbarkeit

1 Vgl. D. I. R. Jahrbuch 2017. In: Journal für Reproduktionsmedizin und Endokrinologie – Journal of Reproductive Medicine and Endocrinology 15, Sonderheft 1 (2018), S. 1–56, hier S. 8, 22, 43. URL: https://www.deutsches-ivf-register.de/perch/resources/dir-jahrbuch-2017-deutsch-final-4.pdf (Zugriff: 6. 4. 2019). – Pro ›Frischtransfer‹ lag die Wahrscheinlichkeit, Nachwuchs zu bekommen, bei 22,5 Prozent, pro Kryotransfer bei 17,7 Prozent.

2 Vgl. Britta-Juliane Kruse: Verborgene Heilkünste. Geschichte der Frauenmedizin im Spätmittelalter. Berlin/New York 1996 (Quellen und Forschungen zur Literatur- und Kulturgeschichte N. F. 5). – Weitere grundlegende Beiträge stammen von: Jennifer Evans: Aphrodisiacs, Fertility and Medicine in Early Modern England. Woodbridge 2014 (Studies in History); Daphna Oren-Magidor/Catherine Rider: Introduction: Infertility in Medieval and Early Modern Medicine. In: Social History of Medicine 29 (2016), S. 211–223.

3 Vgl. Annette Josephs: Der Kampf gegen die Unfruchtbarkeit. Zeugungstheorien und therapeutische Maßnahmen von den Anfängen bis zur Mitte des 17. Jahrhunderts. Stuttgart 1998 (Quellen und Studien zur Geschichte der Pharmazie 74), S. 108 f. – Zu den Rezipierenden vgl. Kruse: Heilkünste, S. 112. Zu männlichen und weiblichen Akteuren vgl. ebd., S. 113–142.

4 Vgl. z. B. Andrea Kammeier-Nebel: Wenn eine Frau Kräutertränke zu sich genommen hat, um nicht zu empfangen … Geburtenbeschränkung im frühen Mittelalter. In: Bernd Herrmann (Hg.): Mensch und Umwelt im Mittelalter. Stuttgart 1986, S. 65–73; Kruse: Heilkünste, S. 168–182; Larissa Leibrock-Plehn: Hexenkräuter oder Arznei. Die Abtreibungsmittel im 16. und 17. Jahrhundert. Stuttgart 1992 (Heidelberger Schriften zur Pharmazie- und Naturwissenschaftsgeschichte 6); Karl-Heinz Leven (Hg.): Antike Medizin. Ein Lexikon. München 2005, Sp. 5–8 (Ewald Kislinger: Abtreibung), Sp. 329–331 (Daniel Schäfer: Geburtenregelung); Angus McLaren: A History of Contraception. From Antiquity to the Present Day. Oxford 1991; Claudia Opitz: Evatöchter und Bräute Christi. Weiblicher Lebenszusammenhang und Frauenkultur im Mittelalter. Weinheim 1990, S. 64–69.

5 Zur Geschichte der Empfängnislehre vgl. Andreas Bernard: Kinder machen. Neue Reproduktionstechnologien und die Ordnung der Familie. Samenspender, Leihmütter, Künstliche Befruchtung. Frankfurt a. M. 2014, S. 25–74, 186–187, bes. S. 25.

6 Zu den antiken Zeugungslehren vgl. Sabine Föllinger: Differenz und Gleichheit. Das Geschlechterverhältnis in der Sicht griechischer Philosophen des 4. bis 1. Jahrhunderts v. Chr. Stuttgart 1996; dies.: Zeugung. In: Leven: Antike Medizin, Sp. 935–937; Wolfgang Gerlach: Das Problem des ›weiblichen Samens‹ in der antiken und mittelalterlichen Medizin. In: Sudhoffs Archiv für Geschichte der Medizin und der Naturwissenschaften 30 (1938), S. 177–193; Josephs: Kampf, S. 51–53, 60–65, 77, 196, 324; Erna Lesky: Die Zeugungs- und Vererbungslehren der Antike und ihr Nachwirken. Wiesbaden 1950 (Akademie der Wissenschaften und der Literatur, Abhandlungen der geistes- und sozialwissenschaftlichen Klasse 19); Sabine Zur Nieden: Weibliche Ejakulation. Variationen zu einem uralten Streit der Geschlechter. Gießen ²2009 [1994], S. 38–43.

7 Vgl. Hildegard von Bingen: Causae et curae, Kap. 4, 6, 9 f. In: dies.: Heilkunde. Das Buch von dem Grund und Wesen und der Heilung der Krankheiten. Nach den Quel-

len übers. u. erläutert v. Heinrich Schipperges. Salzburg 1957, S. 94–182, bes. S. 101, 125, 171, 179 f.; dies.: Cause et cure, hg. v. Laurence Moulinier, bearb. v. Rainer Berndt. Berlin 2003 (Rarissima mediaevalia Opera latina 1). Vgl. auch Josephs: Kampf, S. 74–76. Zur Bedeutung der Grünkraft, die Gesundheit in all ihren Facetten umfasst, vgl. Hildegard: Heilkunde, S. 301–310.

8 Vgl. Josephs: Kampf, S. 78–83, 86. – Im Mittelalter gelten die Hoden als Sitz der Zeugungskraft, wohingegen der Penis erst im späten 19. Jahrhundert den Diskurs über männliche Sexualität bestimmt. Darin zeigt sich ein Paradigmenwechsel von der »economy of patrilineal reproduction [...] to an economy of pleasure«, argumentiert Gary Taylor: Castration. An Abbreviated History of Western Manhood. New York/London 2002, S. 108.

9 Vgl. Albertus Magnus: De animalibus libri XXVI. Nach der Cölner Urschrift hg. v. Hermann Stadler. 2 Bde. Münster 1916–1920 (Beiträge zur Geschichte der Philosophie des Mittelalters 15 f.), X, 2,1,44 (S. 748): *Fit autem aliquando causa sterilitatis in membris generationis, sicut si debilia sunt vasa spermatis aut etiam abscisa, sicut cui absciduntur venae post auriculas (hic enim amplius non spermatizat) [...]*. Vgl. auch Josephs: Kampf, S. 80.

10 Vgl. Thomas von Cantimpré: De naturis rerum. Liber I: De anatomia corporis humani 59 u. 71. In: Christian Ferckel: Die Gynäkologie des Thomas von Brabant. Ein Beitrag zur Kenntnis der mittelalterlichen Gynäkologie und ihrer Quellen. München 1912 (Alte Meister der Medizin und Naturkunde 5), S. 19–32, hier S. 20, 24: *Omnia autem membra in maribus et feminis sunt similia praeter matricem feminae et virgam viri [...]. Proinde dicunt quidam solum virile semen sufficere ad conceptum nec necessarium semen femineum. Mentiuntur plane qui hoc dicunt.*

11 Vgl. Auszüge aus den ›Problemata‹ des Pseudo-Aristoteles. In: Kruse: Heilkünste, S. 348–369, hier S. 354; Von der Natur der Frauen und ihren Krankheiten. In: Kruse: Heilkünste, S. 272–297, hier S. 274.

12 Vgl. Sieben Erklärungen zur weiblichen Sexualität und Reproduktion. In: Kruse: Heilkünste, S. 268–271, hier S. 269 f. – Zu den gravierenden Folgen fehlender sexueller Betätigung für Frauen vgl. Frauenheilkundliche Rezepte. In: Kruse: Heilkünste, S. 267 f. Zur Therapie der Samenverhaltung durch Sex vgl. auch Günter Elsässer: Ausfall des Coitus als Krankheitsursache in der Medizin des Mittelalters. Berlin 1934 (Abhandlungen zur Geschichte der Medizin und der Naturwissenschaften 3), S. 11–14.

13 Sieben Erklärungen, S. 270: *sÿ sollent sich vor [der] ee mit ein andern rissen mit schimpffen mit küssen vnd halsen das sÿ entpfint das sich jra schlos gegen jm entzündet so mag sÿ den kind entpfachen vnd die natürlich gebern vnd mag oͤch bin jrem man fürbas gesunt beliben [...]*. – Zur Prüfung der Erregbarkeit vgl. auch Von der Natur der Frauen, S. 284; De conceptus impedimento. In: Hermann Grensemann: Natura sit nobis semper magistra. Über den Umgang mit Patienten, die Diät bei akuten Erkrankungen, Sterilität von Mann und Frau, Augenleiden. Vier mittelalterliche Schriften. Münster/Hamburg/London 2001 (Hamburger Studien zur Geschichte der Medizin 2), S. 117–133, Kap. 5, S. 130 f.

14 Vgl. Auszüge aus den ›Problemata‹, S. 349: *die vnkeusch ist ein jn mischung Deß manß vnd deß weibß durch die jnstrüment die die natur dar zu geordnet hat [...]*.

15 Vgl. Kruse: Heilkünste, S. 94; Vern L. Bullough: Medieval Medical and Scientific Views of women. In: Viator 4 (1973), S. 485–501, hier S. 495 f.; Elsässer: Ausfall, S. 3, 25–30. – Erst seit dem 18. Jh. ist der »Krieg gegen die Onanie« einer der großen Machtkomplexe, der den Umgang mit

Sex prägt, argumentiert Michel Foucault: Der Wille zum Wissen, übers. v. Ulrich Raulff u. Walter Seitter. Frankfurt a. M. ¹⁹2012 (Sexualität und Wahrheit 1), S. 104. Vgl. auch Karl Braun: Die Krankheit Onania. Körperangst und die Anfänge moderner Sexualität im 18. Jahrhundert. Frankfurt a. M./New York 1995 (Historische Studien 16); Ludger Lütkehaus: »O Wollust, o Hölle«. Die Onanie – Stationen einer Inquisition. Frankfurt a. M. 1992.

16 Vgl. Martin Luther: Vom ehelichen Leben (1522). In: WA 10, 2, S. 301.

17 Vgl. Kruse: Heilkünste, S. 154; Peter Ukena: Solutus cum soluta. Alexander Seitz' Thesen über die Notwendigkeit des Geschlechtsverkehrs zwischen Unverheirateten. In: Gundolf Keil (Hg.): Fachprosa-Studien. Beiträge zur mittelalterlichen Wissenschafts- und Geistesgeschichte. Berlin 1982, S. 278–290.

18 Von der Natur der Frauen, S. 276, 280. – Zu den Indizien kalter oder heißer Natur von Frauen, vgl. ebd., S. 293 f. Zur Bedeutung von Dyskrasien und Dystemperierung vgl. Josephs: Kampf, S. 325.

19 Vgl. Ludwig Schmugge: Ehen vor Gericht. Paare der Renaissance vor dem Papst. Berlin 2008, S. 164 f.

20 Vgl. Beitexte zum Situsbild, S. 346; Von der Natur der Frauen, S. 294; Frauenheilkundliche Rezepte, S. 316. Vgl. auch Kruse: Heilkünste, S. 151; Bullough: Views, S. 493.

21 Zu den chirurgischen Maßnahmen antiker Gynäkologen vgl. Josephs: Kampf, S. 188–191. Zur Diagnose und Therapie in der Antike vgl. auch Daniel Schäfer: Kinderlosigkeit. In: Leven: Antike Medizin, Sp. 495–497.

22 Vgl. Josephs: Kampf, S. 70, 115 f.; Aristotle: Generation of Animals. With an Englisch Translation by Arthur Leslie Peck. Cambridge, Mass./London 1953 (De generatione animalium II, 7, 747 a, 2–7); Isidorus Hispalensis Episcopus: Etymologiarum sive originum libri XX, hg. v. W. M. Lindsay. 2 Bde. Oxford 1962, XI, 1, 142. Zur kirchlichen Kritik vgl. Josephs: Kampf, S. 116.

23 Vgl. Hildegard von Bingen: Causae et curae, Kap. 10, S. 179; Gynäkologische Rezepte von griechischen Medizinern in deutscher Übersetzung. In: Kruse: Heilkünste, S. 330–334, hier S. 331. Zu den gefährlichen Folgen des anschwellenden Blutes ebd., S. 333. Zur Vorstellung, der Anblick einer menstruierenden Frau könne Menschen vergiften, vgl. Auszüge aus den ›Problemata‹, S. 356 f. Im Folgenden zitiert: Von der Natur der Frauen, S. 275: *je roͤter der vsflusz ist je gesünder die froͤw ist.*

24 Vgl. Beitexte zum Situsbild. In: Kruse: Heilkünste, S. 339–348, hier S. 339; Von Empfängnis und Geburt. In: Kruse: Heilkünste, S. 323–330, hier S. 327. Vgl. auch The Trotula. An English Translation of the Medieval Compendium of Women's Medicine, hg. u. übers. v. Monica H. Green. Philadelphia 2001, S. 76 f. – Zum Welkvermögen vgl. Hildegard von Bingen: Causae et curae, Kap. 4, S. 101, Kap. 10, S. 180.

25 Nach Hildegard von Bingen (Causae et Curae, S. 267–273, bes. 267) zeigt jeder Harn die Beschaffenheit der Krankheit und Gesundheit des Menschen an. – Zu Proben mit Weizen, Gerste und Bohnen bzw. Malve oder Lattich vgl. Josephs: Kampf, S. 116 f. Zur Kritik vgl. Albertus Magnus: De animalibus, X, 2,1,47 (S. 749): *Haec autem omnia nobis absurda esse videntur.* – Vgl. Josephs: Kampf, S. 83; Kruse: Heilkünste, S. 161 f.

26 Vgl. Von Empfängnis und Geburt, S. 323: *Das erste jst zu vill kranchait der man vnd der weyb […]. Das ander ist jügenntt oder kinthaitt dar in plüett vnd natür noch nit zeÿttig jst vnd auch nit perhaft […]. Das dritt jst zw vill essenn vnd trinkenn dar von wirt die natúr vberladenn oder peswertt […]. Das virtte jst zornn vnd traürikaitt dar von zerstrewtt sich die frúchparikhaitt*

der natůr auch des plúettes vnd wo die zerstrewúng jst da mag ye kain kintt nit werdenn empfangenn aún allen zweÿffell [...]. Das fünft jst pösse speyss vnd trannck dar von wirtt die natůr getrůckt vnd das plúett peswertt alle zeÿtt [...]. Das sext jst zw vill vnkawschaitt dar von wirtt die natůr ee vnd das plúett vnperhaft des menschenn antlücz plaich das hirnn swindlen vnd die gedechtnüs krannch der magen vnuerdewig [...]. Das sibenntte ist verbarlossúng oder vnordnung in kindellpettenn vnd in andernn krannckhaitt der weiber dar von die matrix erkaltenntt vnd verdirbtt [...]. – Zu den über dreißig bekannten Krankheiten, an denen Frauen nach einer Geburt leiden konnten, vgl. Kruse: Heilkünste, S. 96.

27 Vgl. Beitexte zum Situsbild, S. 346. Zur Leibesfülle als Reproduktionshindernis vgl. auch Joan Cadden: Meanings of Sex Difference in the Middle Ages: Medicine, Science and Culture. Cambridge 1993 (Cambridge History of Medicine), S. 243.

28 Vgl. Gynäkologische Rezepte, S. 331: *so werdenn die weiber so swach vnd so wee das sÿ ein gedank gewinent vnd mainent das sÿ mannen nit mer mügen nücz sein vnd habennt dauo vil vnrúew vnd wee [...].*

29 Vgl. Von der Natur der Frauen, S. 273. Vgl. auch Dietrich von Engelhardt: Diätetik. In: Werner E. Gerabek u. a. (Hg.): Enzyklopädie Medizingeschichte. Berlin/New York 2005, S. 299–303.

30 Vgl. Beitexte zum Situsbild, S. 344, 346; Von der Natur der Frauen, S. 274. – Seit der Antike verlangen Ärzte, dass sich Frauen nach dem Geschlechtsakt absolut ruhig verhalten, erklärt Josephs: Kampf, S. 130.

31 Schon die hippokratischen Ärzte und Aristoteles unterschieden angeborene und erworbene Unfruchtbarkeit, vgl. Josephs: Kampf, S. 185; Aristoteles: De generatione animalium II, 7, 746 b, 33–747 a, 1.

32 Zu allgemeinen Praktiken vgl. Josephs: Kampf, S. 191-194. Zur heutigen Einschätzung der Wirksamkeit vgl. ebd., S. 296 f. Schröpfen sollte auch bei fehlender Triebabfuhr helfen, vgl. Gynäkologische Rezepte, S. 333. Zur medizinischen Versorgung von Königinnen vgl. Kristen L. Geaman: Anne of Bohemia and Her Struggle to Conceive. In: Social History of Medicine 29 (2014), S. 224–244; Susan Broomhall: ›Women's Little Secrets‹: Defining the Boundaries of Reproductive Knowledge in Sixteenth-Century France. In: Social History of Medicine 15 (2002), S. 1–15.

33 Zur Mäßigung beim Essen und Trinken vgl. Beitexte zum Situsbild, S. 346. Zu günstigen Tageszeiten vgl. Von der Natur der Frauen, S. 273. Zu potenzfördernden Speisen vgl. Josephs: Kampf, S. 136-145. Zu möglichen Heilpflanzen vgl. auch Katja Wendl/Olga Schmidt: Sanfte Hilfe gegen die Unfruchtbarkeit. Wenn der Klapperstorch nicht kommt. In: Kerstin Hornbostel (Hg.): Magie der Natur? Heilpflanzen von und für Frauen gestern und heute. Braunschweig 2006, S. 36–42.

34 Vgl. Julius Pagel: Raymundus de Moleriis und seine Schrift ›De impedimentis conceptionis‹. In: Janus 8 (1903), S. 530–537, hier S. 533; Josephs: Kampf, S. 162 f., 214 f.

35 Vgl. John of Gaddesden: Rosa Anglica Practica Medicinae. Venedig 1502, lib. 2, Kap. 17, Fol. 79 r, zitiert nach Oren-Magidor/Rider: Introduction, S. 217: *Ista cura est valde difficilis et rara, tamen cum quibusdam hic positis lucratus fui magnam pecuniam in multis locis.* – In der Provence wurde 1326 der Fall des Antoni Imbert gerichtlich verhandelt, der kinderlosen Frauen überteuerte und unwirksame Medikamente verkauft haben sollte. Vgl. Cadden: Meanings, S. 231.

36 Vgl. Kruse: Heilkünste, S. 166 f.

37 Vgl. Von Empfängnis und Natur, S. 327; Gynäkologische Rezepte, S. 334; Frauenheilkundliche Rezepte, S. 318; Weitere frauenheilkundliche Rezepte, S. 336. Zu diesen und weiteren Anwendungen wie Pessarien,

Inhalationen und Pflastern, vgl. Josephs: Kampf, S. 259–281. Zu Vaginalwaschungen und Tamponaden vgl. Frauenheilkundliche Rezepte, S. 383.

38 Vgl. Josephs: Kampf, S. 200. Zur Anlockung der Gebärmutter vgl. auch ebd., S. 234 f.; Karl-Heinz Leven: Gebärmutter. In: ders.: Antike Medizin, Sp. 324–327. Zu ihrer Vorstellung als Lebewesen vgl. Josephs: Kampf, S. 37, 44; Platon: Timaios 44,91 B–C. In: ders.: Timaiois, Kritias, Philebos. bearb. v. Klaus Widdra, hg. v. Gunther Eigler. Darmstadt 1972 (Werke in acht Bänden, griechisch und deutsch 7), S. 207.

39 Vgl. Josephs: Kampf, S. 168 f.; Frauenheilkundliche Rezepte, S. 384; Von der Natur der Frauen, S. 282.

40 Vgl. Das hessische Weihnachtsspiel. In: Drama des Mittelalters, hg. v. Richard Froning, 3 Bde. Stuttgart [1891–1892] (Deutsche National-Litteratur 14), Bd. 3, S. 902–939, V. 102. Vgl. auch Regina Toepfer: Vom marginalisierten Heiligen zum hegemonialen Hausvater. Josephs Männlichkeit im *Hessischen* und in Heinrich Knausts *Weihnachtsspiel*. In: European Medieval Drama 17 (2013), S. 43–68, hier S. 47.

41 Vgl. Kruse: Heilkünste, S. 167.

42 Vgl. Josephs: Kampf, S. 182, 321 f.

43 Vgl. Frauenheilkundliche Rezepte, S. 267: *so nim eins wibs spune Die einen knaben sögt vnd er werm die zweÿ by ein andern vnd nim entklein wollen vnd truks dar jnne vnd schüb dz jr an die heimlichen stat […]*. Vgl. auch Gynäkologische Rezepte, S. 331. – Zur Wirkung von Tiermilch vgl. Josephs: Kampf, S. 319.

44 Zum Brauch in Haute-Bretagne vgl. Françoise Loux: Das Kind und sein Körper. Volksmedizin – Hausmittel – Bräuche. Frankfurt a. M./Berlin/Wien 1983, S. 35 f. Zu eucharistischen Fertilitätspraktiken vgl. Peter Browe: Die Eucharistie als Zaubermittel im Mittelalter. In: Archiv für Kulturgeschichte 20 (1930), S. 134–154, hier S. 137; Adolph Franz: Die kirchlichen Benediktionen im Mittelalter. 2 Bde. Freiburg 1909. Reprint Graz 1960, Bd. 2, S. 185. Vgl. auch Josephs: Kampf, S. 119–124; Kruse: Heilkünste, S. 156 f.; Katja Triplett: For Mothers and Sisters: Care of the Reproductive Female Body in the Medico-Ritual World of Early and Medieval Japan. In: Dynamics: Acta Hispanica ad Medicinae Scientiarumque Historiam Illustrandam 34 (2014), S. 337–356, bes. S. 343.

45 Vgl. Iris Origo: »Im Namen Gottes und des Geschäfts«. Lebensbild eines toskanischen Kaufmanns aus der Frührenaissance. Francesco di Marco Datini 1335–1410 [übers. v. Uta-Elisabeth Trott]. München 1985, S. 143–145; Katharine Park: Medicine and Magic. The Healing Arts. In: Judith C. Brown/ Robert C. Davis (Hg.): Gender and Society in Renaissance Italy. London/New York 1998, S. 129–149, hier S. 129 f.; Joseph P. Byrne/Eleanor A. Congdon: Mothering in the Casa Datini. In: Journal of Medieval History 25 (1999), S. 35–56.

46 Vgl. Kruse: Verborgene Heilkünste, S. 57 f.; dies.: »Die Arznei ist Goldes wert«. Mittelalterliche Frauenrezepte. Berlin/New York 1999, S. 48–50. Zu Segensbriefen und geschriebenen Beschwörungsformeln, die gebärenden Frauen auf den Leib gelegt wurden, vgl. auch Don C. Skemer: Binding Words. Textual Amulets in the Middle Ages. University Park 2006, S. 235–239; Franz: Benediktionen, Bd. 2, S. 198–205. Zum Brauch, Gebärende zu umgürten, vgl. ebd., S. 196, 206 f. Zur Bedeutung des Gürtels bei Geburten und als wundertätige Reliquie vgl. auch Claudia Schopphoff: Der Gürtel. Funktion und Symbolik eines Kleidungsstücks in Antike und Mittelalter. Köln/Weimar/Wien 2009 (Pictura et Poesis 27), S. 127–130, 210–217.

47 Vgl. Catherine Rider: Men's Responses to Infertility in Late Medieval England. In: Gayle Davis/Tracey Loughran (Hg.): The

Palgrave Handbook of Infertility in History. Approaches, Contexts and Perspectives. London 2017, S. 273–290; dies.: Men and Infertility in Late Medieval English Medicine. In: Social History of Medicine 29 (2016), S. 245–266. Vgl. auch Jennifer Evans: »It is Caused of the Womans Part or of the Mans Part«. The Role of Gender in the Diagnosis and Treatment of Sexual Dysfunction in Early Modern England. In: Women's History Review 20 (2011), S. 439–457; dies.: »They are Called Imperfect Men«: Male Infertility and Sexual Health in Early Modern England. In: Social History of Medicine 29 (2016), S. 311–332.

48 Vgl. Carsten Wippermann: Kinderlose Frauen und Männer. Ungewollte oder gewollte Kinderlosigkeit im Lebenslauf und Nutzung von Unterstützungsangeboten, hg. v. Bundesministerium für Familie, Senioren, Frauen und Jugend. Paderborn 2014, S. 89.

49 Vgl. Gynäkologische Rezepte, S. 330: *Darvmb jst von erst zw wisenn [...] das die merung aller welt kümpt von frawenn Nún jst gar vil vnd manigerlaÿ jierung vnd swachait der weiber in wendig vnd aus wendig dem leib [...]*. Vgl. auch Cadden: Meanings, S. 249–253; Josephs: Kampf, S. 131–133; Kruse: Heilkünste, S. 166.

50 Vgl. auch Christian Ferckel: Zur Gynäkologie und Generationslehre im Fasciculus medicinae des Johannes de Ketham. In: Archiv für Geschichte der Medizin 6 (1913), S. 205–222; Robert Herrlinger: Geschichte der medizinischen Abbildung. Teil 1: Von der Antike bis um 1600. München 1967, S. 38.

51 Zum Verhältnis männlicher Ärzte und ihrer Patientinnen vgl. auch Daphna Oren-Magidor: Literate Laywomen, Male Medical Practitioners and the Treatment of Fertility Problems in Early Modern England. In: Social History of Medicine 29 (2016), S. 290–310; Monica H. Green: Making Women's Medicine Masculine. The Rise of Male Authority in Pre-Modern Gynaecology. Oxford 2008.

52 Vgl. Geaman: Anne of Bohemia. – Zur Übersetzung der Arzneimittelrechnung vgl. ebd., S. 239–244; The National Archives: E 101/402/18. – Als empfängnisförderndes Mittel wird ›trifera magna‹ etwa in der bekanntesten gynäkologischen Abhandlung des Mittelalters empfohlen, vgl. Trotula, S. 133 f.

53 Vgl. Geaman: Anne of Bohemia, S. 237 f.

54 Vgl. Mareike Nieberding: Was Frauen krank macht. In: SZ Magazin 21 (24. Mai 2019), S. 8–17; Nanette K. Wenger: You've Come a Long Way, Baby. Cardiovascular Health and Disease in Women: Problems and Prospects. In: Circulation 109 (2004), S. 558–560. DOI: https://doi.org/10.1161/01.CIR.0000117292.19349.Do; Martin Spiewak: Wie weit gehen wir für ein Kind? Im Labyrinth der Fortpflanzungsmedizin. Frankfurt a. M. 2002, S. 83 f.

55 Vgl. Wenger: Cardiovascular Health, S. 560. Obwohl nur eine von 29 Frauen an Brustkrebs stirbt, aber eine von 2,4 Frauen an einer Herzkrankheit, gilt jener als größtes gesundheitliches Problem. Vgl. auch Luitgard Marschall/Christine Wolfrum: Das übertherapierte Geschlecht. Ein kritischer Leitfaden für die Frauenmedizin. München 2017.

56 Vgl. Wippermann: Kinderlose Frauen und Männer, S. 125. Überraschende strukturelle Parallelen zwischen der Religion und einem Wirtschaftssektor der Moderne, nämlich dem Finanzwesen, beobachtet auch Jochen Hörisch: Man muss dran glauben. Die Theologie der Märkte. Paderborn 2013.

3 Recht: Gesetze zur Un∗fruchtbarkeit

1 Vgl. Grundgesetz für die Bundesrepublik Deutschland (GG), Artikel 6, Abs. 1–4. URL: http://www.gesetze-im-internet.de/gg/GG.pdf (Zugriff: 3.6.2019).
2 Vgl. Paul Mikat: Ehe. In: HRG 1 (1971), Sp. 809–833, hier Sp. 825. Zum kirchlichen Verständnis und seiner Durchsetzung vgl. Stephan Buchholz: Ehe. In: ²HRG 1 (2008), Sp. 1192–1213.
3 Vgl. Hans Zeimentz: Ehe nach der Lehre der Frühscholastik. Eine moralgeschichtliche Untersuchung zur Anthropologie und Theologie der Ehe in der Schule Anselms von Laon und Wilhelms von Champeaux, bei Hugo von St. Viktor, Walter von Mortagne und Petrus Lombardus. Düsseldorf 1973 (Moraltheologische Studien 1), S. 178. Vgl. auch Rudolf Weigand: Das Scheidungsproblem in der mittelalterlichen Kanonistik (1971). In: ders.: Liebe und Ehe im Mittelalter. Goldbach 1993 (Bibliotheca eruditorum 7), S. 179*–187*.
4 Zwar wird Impotenz im Kirchenrecht geschlechtsübergreifend definiert, doch erfolgt in der Rechtspraxis eine Verengung auf die männliche Potenz. Vgl. Josef Löffler: Die Störungen des geschlechtlichen Vermögens in der Literatur der autoritativen Theologie des Mittelalters. Ein Beitrag zur Geschichte der Impotenz und des medizinischen Sachverständigenbeweises im kanonistischen Impotenzprozeß. Wiesbaden 1958 (Akademie der Wissenschaften und der Literatur, Abhandlungen der geistes- und sozialwissenschaftlichen Klasse 6), v. a. S. 7–44. – Zum seltenen Fall, dass ein Mann wegen eines unüberwindbaren Hindernisses im weiblichen Körper die Trennung beantragt, vgl. Ludwig Schmugge: Ehen vor Gericht. Paare der Renaissance vor dem Papst. Berlin 2008, S. 163 f.
5 Vgl. Rudolf Weigand: Kanonistische Ehetraktate aus dem 12. Jahrhundert (1971). In: ders.: Liebe und Ehe, S. 37*–57*, hier S. 38*; ders.: Kirchenrechtliche Bestimmungen mit möglicher Bedeutung für die Bevölkerungsentwicklung (1988). In: ebd., S. 377*–387*, hier S. 379–381*; Schmugge: Ehen vor Gericht, S. 157 f.
6 Vgl. Zeimentz: Ehe, S. 183, 194; Leon M. Śmiśniewicz: Die Lehre von den Ehehindernissen bei Petrus Lombardus und bei seinen Kommentatoren: Albert d. Gr., Thomas v. Aquin, J. Bonaventura und J. D. Scotus, den Hauptvertretern der Hochscholastik, dargestellt nach Maßgabe der vierfachen Kausalität der Ehe. Posen 1917, S. 102–115. Vgl. auch Angus McLaren: Impotence. A Cultural History. Chicago/London 2007, S. 25–49. – Anders bewerteten Kirchenjuristen den freiwilligen Verzicht auf Sexualität: Wer eine keusche Ehe führe oder seinen Partner in dem Wissen heirate, z. B. aufgrund des Alters keine Kinder bekommen zu können, sei an sein Versprechen gebunden. Vgl. James A. Brundage: The Problem of Impotence. In: Vern L. Bullough/James A. Brundage (Hg.): Sexual Practices & the Medieval Church. Buffalo/New York 1982, S. 135–140, hier S. 137.
7 Vgl. Brundage: Problem, S. 136 f.; Löffler: Störungen, S. 76 f. Vgl. auch Rüdiger Schnell: Frauendiskurs, Männerdiskurs, Ehediskurs. Textsorten und Geschlechterkonzepte in Mittelalter und Früher Neuzeit. Frankfurt a. M./New York 1998 (Geschichte und Geschlechter 23), S. 129–133.
8 Vgl. Albertus Magnus: Commentarii in IV sententiarum dist. 34 B, art. 6, hg. v. Auguste Borgnet. Paris 1893 (Opera omnia 30). Vgl. auch Schnell: Frauendiskurs, S. 47, Anm. 15.
9 Zur Herkunft der Drei-Jahres-Frist vgl. Schmugge: Ehen vor Gericht, S. 161. Zur Impotenz durch Schadenszauber vgl. Catherine Rider: Magic and Impotence in

10 Vgl. Susanna Burghartz: Zeiten der Reinheit – Orte der Unzucht. Ehe und Sexualität in Basel während der frühen Neuzeit. Paderborn u. a. 1999, S. 218–224; Charles Donahue Jr.: Law, Marriage, and Society in the Later Middle Ages. Arguments About Marriage in Five Courts. Cambridge 2007; ders.: Female Plaintiffs in Marriage Cases in the Court of York in the Later Middle Ages: What Can We Learn from the Numbers? In: Sue Sheridan Walker (Hg.): Wife and Widow in Medieval England. Ann Arbor 1993, S. 183–213; Richard H. Helmholz: Marriage Litigation in Medieval England. Cambridge u. a. 1974 (Cambridge Studies in English Legal History); Michael M. Sheehan: The Formation and Stability of Marriage in Fourteenth-Century England: Evidence of an Ely Register. In: Medieval Studies 33 (1971), S. 228–263, bes. S. 261; Schmugge: Ehen vor Gericht/Rudolf Weigand: Zur mittelalterlichen kirchlichen Ehegerichtsbarkeit. Rechtsvergleichende Untersuchung (1981). In: ders.: Liebe und Ehe, S. 307*–341*; ders.: Ehe- und Familienrecht in der mittelalterlichen Stadt (1984). In: ebd., S. 343*–376*, bes. 362*–364*.

11 Vgl. Rudolf Weigand: Die Rechtsprechung des Regensburger Gerichts in Ehesachen unter besonderer Berücksichtigung der bedingten Eheschließung nach Gerichtsbüchern aus dem Ende des 15. Jahrhunderts (1968). In: ders.: Liebe und Ehe, S. 245*–305*, hier S. 248*f., 255*. Vgl. auch ders.: Ehegerichtsbarkeit, S. 311*, 328*f. – Bei den zehn Augsburger Impotenzprozessen ist einmal kein Urteil vermerkt, das andere Mal revidierte das Gericht ein Urteil.

12 Vgl. Schmugge: Ehen vor Gericht, S. 159–165.

13 Vgl. Elisabeth Badinter: Die Mutterliebe. Geschichte eines Gefühls vom 17. Jahrhundert bis heute, übers. v. Friedrich Griese. München/Zürich ⁴1991. Erstausgabe: L'amour en plus. Paris 1980.

14 Śmiśniewicz: Lehre, S. 113: *Causatur mulier: volo esse mater!*

15 Vgl. Judith Butler: Das Unbehagen der Geschlechter, übers. v. Katharina Menke. Frankfurt a. M. 1991, S. 103 f. Erstausgabe: Gender Trouble. Feminism and the Subversion of Identity. New York u. a. 1990. Vgl. auch Michel Foucault: Der Wille zum Wissen, übers. v. Ulrich Raulff u. Walter Seitter. Frankfurt a. M. ¹⁹2012 (Sexualität und Wahrheit 1), S. 50–53 u. a. – Zum Dispositiv der Sexualität vgl. ebd., S. 77–128.

16 Vgl. Dolezalek: Imbreviaturbuch, S. 154; Jacqueline Murray: On the Origins and Role of ›Wise Women‹ in Causes for Annulment on the Grounds of Male Impotence. In: Journal of Medieval History 16 (1990), S. 235–249, hier S. 239. – Zur Herkunft des Siebenhändereids vgl. Schmugge: Ehen vor Gericht, S. 161. Zu den Sachverständigen vgl. Helmholz: Marriage Litigation, S. 88; Löffler: Störungen, S. 79.

17 Vgl. Murray: ›Wise Women‹, S. 240. – Zum Rat, Männer zu untersuchen, vgl. ebd., S. 242; Thomas de Chobham: Summa Confessorum, hg. v. Frederick Broomfield. Louvain/Paris 1968 (Analecta Mediaevalia Namurcensia 25), S. 186.

18 Vgl. Helmholz: Marriage Litigation, S. 89: *Ipsa iurata ostendebat mammillas suas denudatas ac manibus suis ad dictam ignem calefactis virgam et testiculos dicti Johannis palpavit et tenuit ac eundem Johannem amplexabatur et sepius osculabatur ac eundem Johannem ad ostendendum virilitatem et potentiam suam in quantum potuit excitavit, precipiendo sibi quod pro pudore tunc ibidem probaret et redderet se virum.*

19 Weigand (Ehegerichtsbarkeit, S. 331*) beschönigt dieses Verfahren: »Die Gerichte haben sich […] innovationsfreudiger gezeigt als die Wissenschaft.« Dagegen kom-

mentiert Murray (›Wise Women‹, S. 247): »The procedures themselves were crude, and to modern eye perhaps even cruel.«

20 Giovanni Sforza wollte 1497 die Annullierung seiner Ehe mit Lucrezia Borgia anfechten, aber sich keiner öffentlichen Inspektion unterziehen (McLaren: Impotence, S. 36). John Maddyngle argumentierte 1377 vor dem Kirchengericht in Ely, dass seine Ehe nicht wegen Impotenz, sondern wegen zu naher Verwandtschaft annulliert werden müsste. Georg, der 1490 acht Wochen nach der Hochzeit vor dem Regensburger Ehegericht wegen Impotenz verklagt wurde, bezichtigte im Gegenzug seine Frau der Zauberei. Vgl. Murray: ›Wise Women‹, S. 241; Brundage: Problem, S. 139; Weigand: Rechtsprechung des Regensburger Gerichts, S. 278*.

21 Vgl. Thomas von Chobham: Summa Confessorum, S. 186; Murray: ›Wise Women‹, S. 243 f. – Dagegen erklärte der Jesuit Thomas Sanchez die Überwachung des Ehebetts 1602 für sittenwidrig. Vgl. Weigand: Ehegerichtsbarkeit, S. 331*, Anm. 129.

22 So wurde der Münchener Mediziner, Dr. Baldasar Mansfelt, mit einem Gutachten für das Scheidungsverfahren von Barbara und Leonhard Witte aus Teyting beauftragt. Nach der körperlichen Untersuchung teilt er dem Eherichter Johannes Heller vom Freisinger Offizialat am 13. November 1471 schriftlich mit, dass Leonhard für »die eheliche Umarmung nicht geeignet« sei. Vgl. Ludwig Schmugge: Impotenz *ex defectu* – Impotenz *ex maleficio*? Kirchenrechtliche Urteile bei Klagen auf Ehescheidung im späten Mittelalter. In: Cordula Nolte u. a. (Hg.): Dis/ability History der Vormoderne. Ein Handbuch. Affalterbach 2017, S. 301 f. Vgl. auch ders.: Ehen vor Gericht, S. 165 f.

23 Aus guten Gründen verzichtet die römisch-katholische Kirche heute auf eine zeitliche Differenzierung, vgl. CIC (1983), lib. IV, c. III, can. 1084 § 1: »Eine vorausgehende und andauernde Impotenz, sei es auf Seiten des Mannes, sei es auf Seiten der Frau, sei sie absolut oder relativ, löst eine Ehe von ihrer Natur her auf.«

24 Vgl. Brundage: Problem, S. 137 f.; Weigand: Ehegerichtsbarkeit, S. 329*. War die Trennung aufgrund der ungleichen Größe der Geschlechtsteile zustande gekommen, hatte der Mann kein Recht zur Rückforderung.

25 Vgl. Brundage: Problem, S. 138 f.

26 Dass es sich um kein singuläres Urteil handelt, belegt ein Verfahren am Augsburger Ehegericht (1350). Vgl. Weigand: Ehegerichtsbarkeit, S. 328*. – Zur Diskriminierung nichtehelicher Kinder einschließlich rechtlicher Gegenmaßnahmen vgl. Susanne Lepsius: Die Legitimierung nichtehelicher Kinder als Testfall für die Kompetenzen des römisch-deutschen Königs im späten 13. Jahrhundert. In: Zeitschrift der Savigny-Stiftung für Rechtsgeschichte: Kanonistische Abteilung 104 (2018), S. 72–150.

27 Vgl. Nüwe Stattrechten und Statuten der loblichen Statt Fryburg im Pryßgow gelegen, hg. v. Ulrich Zasius. Basel: Adam Petri 1520, Bl. LXXIIII v: *Eliche kind / […] erben ir vatter vnd mütter […] / vor allermengklich / dann die erst vnd fürnemest sach in erbfällen ist das kind ir eltern erben / […]*.

28 Vgl. Pactus Legis Salicae, hg. v. Karl August Eckhardt, Bd. II 1: 65 Titel-Text. Göttingen/Berlin/Frankfurt a. M. 1955 (Germanenrechte N. F.), S. 341, Tit. 59 § 6; Lex Ribuaria, hg. v. Rudolph Sohm. In: Monumenta Germaniae Historica, Legum Sectio, Bd. 5, Hannover 1875–1889, S. 185–268, hier S. 240 f., Tit. 56. Vgl. auch Martin Lipp: Erbfolgeordnung. In: ²HRG 1 (2008), Sp. 1361–1365, hier Sp. 1364.

29 Im weiteren Verwandtenkreis entfällt das männliche Privileg; Angehörige erhalten

geschlechtsunabhängig den gleichen Anteil. Vgl. Der Oldenburger Sachsenspiegel. Codex picturatus Oldenburgensis CIM I 410 der Landesbibliothek Oldenburg. Kommentar v. Ruth Schmidt-Wiegand u. Wolfgang Milde. Text u. Übersetzung v. Werner Peters u. Wolfgang Wallbraun. Graz 2006, Ldr. I, Art. 20 f. (Bd. 2, S. 39); Lnr., Art. 27 (Bd. 2, S. 233).

30 Vgl. u. a. Lipp: Erbfolgeordung; Adrian Schmidt-Recla: Kalte oder warme Hand? Verfügungen von Todes wegen in mittelalterlichen Referenzrechtsquellen. Köln/Weimar/Wien 2011 (Forschungen zur deutschen Rechtsgeschichte 29).

31 Vgl. Nüwe Stattrechten, Bl. XL r, LVII v.

32 Vgl. Gabriela Signori: Vorsorgen – Vererben – Erinnern. Kinder- und familienlose Erblasser in der städtischen Gesellschaft des Spätmittelalters. Göttingen 2001 (Veröffentlichungen des Max-Planck-Instituts für Geschichte 160), S. 63 f. – Zu Rollenzuschreibungen und kulturellen Praktiken von Witwen vgl. Bernhard Jussen: Der Name der Witwe. Erkundungen zur Semantik der mittelalterlichen Bußkultur. Göttingen 2000 (Veröffentlichungen des Max-Planck-Instituts für Geschichte 158); Britta-Juliane Kruse: Witwen. Kulturgeschichte eines Standes in Spätmittelalter und Früher Neuzeit. Berlin/New York 2007.

33 Vgl. Nüwe Stattrechten, Bl. LVI v–LVII r, LX v–LXI r. – Die verbleibenden Teile gehen an die nächsten Verwandten des oder der Verstobenen.

34 Vgl. Signori: Vorsorgen, S. 234. – Das Testament als einseitige letztwillige Verfügung ist eine vergleichsweise junge Erscheinung und setzt sich nördlich der Alpen erst ab Mitte des 13. Jhs. durch. Vgl. Werner Ogris: Testament. In: HRG 5 (1998), Sp. 152–165. Weit ergiebiger sind als rechtshistorische Quellen daher Mächtnisse, Erbeinsetzungen und Schenkungen, betont Signori: Vorsorgen, S. 29.

35 Vgl. Nüwe Stattrechten, Bl. LXI r.

36 Signori: Vorsorgen, S. 44: *dwile sy/er weder vatter, noch müter noch dhein eliche kinder hette.*

37 Das *Freiburger Stadtrecht* differenziert zwischen vorehelichen, ehelichen und außerehelichen Kindern. Hat der Erblasser eheliche Kinder, gehen *naturliche ledige kind* leer aus. In der väterlichen Erbfolge werden sie nur berücksichtigt, wenn es keine Nahverwandten gibt. Beim mütterlichen Erbe werden sie zumindest den Eltern und Großeltern der Verstorbenen gleichgestellt. Kinder, die im Ehebruch, Inzest oder beim Zölibatsverstoß gezeugt wurden (*vnflatskinder*), dürfen nicht bedacht werden. Vgl. Nüwe Stattrechten, Bl. LXXX r–LXXXI v.

38 So riet Hieronymus der Witwe Furia, sich dem Willen ihres Vaters zu widersetzen und Christus durch ihr Erbe zu erfreuen. Auch Basilius und Chrysostomos forderten Gläubige auf, ihren Besitz der Kirche zu schenken. Vgl. Jack Goody: Die Entwicklung von Ehe und Familie in Europa, übers. v. Eva Horn. Frankfurt a. M. 1989, S. 106, 112. Erstausgabe: The Development of the Family and Marriage in Europe. Cambridge 1983.

39 Vgl. Salvian von Marseille: Des Timotheus vier Bücher an die Kirche. Der Brief an den Bischof Salonius, übers. v. Anton Mayer, bearb. v. Norbert Brox. München 1983 (Schriften der Kirchenväter 3), III 2, S. 70 f. Vgl. auch III 13 f., S. 91–93.

40 Vgl. Ogris: Testament, Sp. 154; Goody: Entwicklung, S. 138; Signori: Vorsorgen, S. 357. Zur juristischen Diskussion vgl. auch Julius Kirshner: Baldus de Ubaldis on Disinheritance. Contexts, Controversies, *Consilia*. In: Jus Commune 27 (2000), S. 119–214.

41 Vgl. Johannes Geiler von Kaysersberg: 21 Artikel. In: ders.: Sämtliche Werke, Bd. 1, hg. v. Gerhard Bauer. 1. Teil, 1. Abt. Berlin/New York 1989 (Ausgaben deutscher Literatur des 15. bis 18. Jahrhunderts),

S. 153–200, hier S. 168–171; Marcus von Weida: Spigell des ehlichen ordens, hg. v. Anthony van der Lee. Assen 1972 (Quellen und Forschungen zur Erbauungsliteratur des späten Mittelalters und der frühen Neuzeit 1), S. 81; Deutsche Reichstagsakten: Jüngere Reihe, Bd. 3, hg. v. Wrede, Nr. 71. Vgl. auch Goody: Entwicklung, S. 179 f.

42 Vgl. Goody: Entwicklung.
43 Signori: Vorsorgen, S. 170. Vgl. auch ebd., S. 357. – Zur Kirche als Erbe vgl. auch Karl Ubl: Der kinderlose König. Ein Testfall für die Ausdifferenzierung des Politischen im 11. Jahrhundert. In: Historische Zeitschrift 292 (2011), S. 323–363, hier S. 328–331. Zur Kritik an Goodys Thesen vgl. auch Bernhard Jussen: Verwandtschaftliche Ordnungen. In: Enzyklopädie des Mittelalters, hg. v. Gert Melville u. Martial Staub. 2 Bde. Darmstadt 2008, Bd. 1, S. 163–171.
44 Vgl. Clausdieter Schott: Kindesannahme – Adoption – Wahlkindschaft. Rechtsgeschichte und Rechtsgeschichten. Frankfurt a. M. 2009, S. 108–121, bes. S. 114; Elisabeth Koch: Adoption. In: ²HRG 1 (2008), Sp. 78–81, hier Sp. 78; Bernhard Jussen: Patenschaft und Adoption im frühen Mittelalter. Künstliche Verwandtschaft als soziale Praxis. Göttingen 1991 (Veröffentlichungen des Max-Planck-Instituts für Geschichte 98), S. 55. Zu den gelehrten Diskussionen über das römische Adoptionsrecht im Mittelalter vgl. Franck Roumy: L'adoption dans le droit savant du XIIe au XVIe siècle. Paris 1998 (Bibliothèque de droit privé 279).
45 Vgl. Lex Ribuaria, S. 236 f., Tit. 48: *Si quis procreatione filiorum vel filiarum non habuerit, omnem facultatem suam in praesentia regis […] de proximis vel straneis, adoptare in hereditate vel adfatimi […] licentiam habeat.* – Umfassend zur Affatomie in der *Lex Salica* und in der *Lex Ribuaria* vgl. Schmidt-Recla: Kalte oder warme Hand, S. 131–169.
46 Vgl. Marculfi Formulae II 13. In: Formulae Merowingici et Karolini Aevi, hg. v. Karl Zeumer. Hannover 1882 (MGH Legum Sectio V, Formulae 1), S. 32–112, hier S. 83 f. – Das Konzept kommt dem römischen Adoptionsrecht sehr nahe, vgl. Jussen: Patenschaft, S. 58.
47 Vgl. Jussen: Patenschaft, S. 95 f.
48 Vgl. Schott: Kindesannahme, S. 134–141; Glossen zum Sachsenspiegel-Landrecht. Buch'sche Glosse, hg. v. Frank-Michael Kaufmann. Teil 2. Hannover 2002 (Monumenta Germaniae Historica, Fontes iuris Germanici antiqui. Nova Series VII), S. 717 f. Vgl. auch Bernd Kannowski: Die Umgestaltung des Sachsenspiegelrechts durch die Buch'sche Glosse. Hannover 2007 (Monumenta Germaniae Historica Schriften 56), S. 556.
49 Vgl. Francesco Petrarca: Von der Artzney bayder Glück/ des gůten vnd widerwertigen, hg. v. Sebastian Brant. Augsburg: Heinrich Steiner 1532, Buch 1, Kap. 79, Bl. XCVIv–XCVIIr. Vgl. auch Schott: Kindesannahme, S. 126–129.
50 Vgl. Nüwe Stattrechten, Bl. LXIIIr–LXIIIIr. Vgl. den Artikel ›Anwünschung‹ in der online-Version des Frühneuhochdeutschen Wörterbuchs, URL: http://fwb-online.de/go/anw%C3%BCnschung.s.1f_1543524815 (Zugriff: 17. 10. 2019). Gemäß Deutschem Rechtswörterbuch (DRW I, Sp. 790) wird der Begriff erstmals im *Freiburger Stadtrecht* verwandt.
51 Bei der sogenannten ›Einkindschaft‹ werden Stiefgeschwister wie leibliche Geschwister behandelt. Vgl. auch Schott: Kindesannahme, S. 152–165.
52 Vgl. Nüwe Stattrechten, Kap. III.7, Bl. LXXVIIIv–LXXIXv, hier Bl. LXXVIIIv: *Zuzyten mag sich begebn das erlebte lüt die kein kind haben/ vß gůtem gemůt/ vß barmhertzigkeit oder vß liebe zů den kinden bewegt werden/ das sy vßwendig iung personen an kindßstat*

annemen / das heißt in latin adoptio / wie wol nůn das in vnser Statt bißhår nit vil gebrucht ist / dannocht wőllen wir zů nutz den künfftigen fållen dauon etwas lüttrung thůn.

53 In der Erbfolgeordnung wird das angewünschte zwar wie ein leibliches Kind behandelt, doch gilt dies nicht umgekehrt. Stirbt das angenommene Kind, sind dessen nächste Blutsverwandte erbberechtigt, wie auch das Kind seinen leiblichen ehelichen Geschwistern in Erbangelegenheiten gleichgestellt bleibt.

54 Vgl. Nüwe Stattrechten, Bl. LXXIX r–v. – Mit der Möglichkeit, dass sich eine Mutter von ihrem angewünschten Kind trennen will, wird nicht gerechnet.

55 Vgl. Pactus Legis Salicae, Tit. 24 § 8 f., S. 193; Lex Ribuaria, Tit. 12, S. 216 f. – Für eine freigeborene, reproduktionsfähige Frau fallen in der *Lex Salica* 24 000 Pfennige oder 600 Solidi an, für eine nicht mehr gebärfähige 8000 Pfennige oder 200 Solidi. In der *Lex Ribuaria* ist das Bußgeld für eine gebärfähige Frau dreimal so hoch wie der für ein Mädchen (600 vs. 200 Solidi).

56 Für eine Verstümmelung von Hand, Fuß, Auge oder Nase fallen 4000 Pfennige oder 100 Solidi an, für eine Kastration und für die Tötung eines freien Franken 8000 Pfennige oder 200 Solidi. Vgl. Pactus Legis Salicae, Tit. 29 § 1 u. 17 f., Tit. 41 § 1 f., S. 215, 221, 263. – Grundlegend für meine Quellenauswahl ist: Susanne Tuchel: Kastration im Mittelalter. Düsseldorf 1998 (Studia humaniora 30), S. 61–89. Vgl. auch Gary Taylor: Castration. An Abbreviated History of Western Manhood. New York/London 2002.

57 Vgl. Lex Saxonum, Art. 11. In: Leges Saxonum und Lex Thuringorum, hg. v. Claudius Freiherr von Schwerin. Hannover/Leipzig 1918 (Fontes iuris Germanici antiqui in usum scolarum ex MGH separatim editi), S. 17–34, hier S. 20. – Auch im friesischen Volksrecht muss bei der Abtrennung des Penis oder beider Hoden das volle, bei einem Hoden nur das halbe Wergeld entrichtet werden. Vgl. Tuchel: Kastration, S. 68.

58 Vgl. Das Ostgötenrecht (Ostgotalagen). Aus dem Altschwedischen übers. u. erläutert v. Dieter Strauch. Köln/Wien 1971, S. 91. – In einem anderen altnordischen Rechtstext soll ein kastrierter Mann für zwei Söhne und eine Tochter Entschädigung erhalten. Vgl. Jacob Grimm: Deutsche Rechtsaltertümer, Bd. 1. Darmstadt 1965. Reprint Leipzig ⁴1899, S. 558. Vgl. auch Tuchel: Kastration, S. 64 f.

59 Die *Lex Ripuaria* fordert, die Kastration eines Freien mit zweihundert Solidi zu sühnen, während für einen Knecht nur 36 Solidi aufzubringen sind. Nach den *Leges Thuringorum* (Beginn 9. Jh.) steht einem Adligen die dreifache Höhe der Bußzahlung eines Freien zu. Vgl. Lex Ribuaria, Tit. 6 u. 27, S. 200 f., 220; Lex Thuringorum, Art. 16 f. In: Leges Saxonum, S. 57–66, hier S. 59.

60 Vgl. Lex Ribuaria, Tit. 58, 17, S. 246. Ein Freier wird im gleichen Fall zur Zahlung von 15 Solidi verpflichtet, ohne dass er eine körperliche Strafe fürchten muss. – Auch das angelsächsische Recht Alfreds des Großen bestraft einen Knecht – allerdings für die Vergewaltigung einer Magd – mit Kastration. Umfassend zu Kastration als Strafe vgl. Tuchel: Kastration, S. 73–89; Rolf Lieberwirth: Entmannung. In: ²HRG 1 (2008), Sp. 1352. Vgl. auch Pactus Legis Salicae, Tit. 12 § 2, S. 157.

61 Vgl. Leges Visigothorum, hg. v. Karl Zeumer. Hannover/Leipzig 1902 (MGH Leges 1,1), S. 163, 165; Tuchel: Kastration, S. 79 f.

62 Vgl. Foucault: Wille zum Wissen, S. 47. Vgl. auch Bernd-Ulrich Hergemöller: Sodomiter. Erscheinungsformen und Kausalfaktoren des spätmittelalterlichen Kampfes gegen Homosexuelle. In: ders. (Hg.):

Randgruppen der spätmittelalterlichen Gesellschaft. Neu bearb. Ausgabe. Warendorf 2001, S. 388–431; Sven Limbeck; Lev Mordechai Thoma (Hg.): »Die sünde, der sich der tiuvel schamet in der helle«. Homosexualität in der Kultur des Mittelalters und der frühen Neuzeit. Ostfildern 2009, darin besonders die Beiträge von Andreas Kraß: Sprechen von der stummen Sünde. Das Dispositiv der Sodomie in der deutschen Literatur des 13. Jahrhunderts (Berthold von Regensburg/Der Stricker), S. 123–136 und Christine Reinle: Das mittelalterliche Sodomiedelikt im Spannungsfeld von rechtlicher Norm, theologischer Deutung und gesellschaftlicher Praxis, S. 13–42.

63 Vgl. Deutsche Stadtrechte des Mittelalters, mit rechtsgeschichtlichen Erläuterungen, hg. v. Ernst Theodor Gaupp, Bd. 1. Breslau 1851, S. 53, XXIII: *Item Advocati Vicarius eruet oculos, truncabit testiculos, decollabit et ceteras penas omnes exequetur pro varietate criminium. – Der an dez Vogetes stat da ist, der stichet die ougen uz, die hoden snidet er uz, die houbet sleht er ab, und ist ein wizennere einre iglichen missetat dar nach daz si ist.* Vgl. auch Tuchel: Kastration, S. 87 f.

64 Der Schwabenspiegel in der ältesten Gestalt. Landrecht hg. v. Wilhelm Wackernagel (1840), Lehnrecht hg. v. Heinrich Christian von Senckenberg (1766). Zusammengestellt, mit Vorrede, Zusätzen und Quellenbuch versehen v. Karl August Eckhardt. Aalen 1972 (Bibliotheca Rerum Historicarum Neudrucke 3), S. 147: *dem sol man daz selbe tuon.* Vgl. Tuchel: Kastration, S. 70 f.

65 Vgl. die kriminalstatistischen Auswertungen von Richard van Dülmen: Theater des Schreckens. Gerichtspraxis und Strafrituale in der frühen Neuzeit. München ³1988 [1985], S. 187–193.

66 Vgl. Die Peinliche Gerichtsordnung Kaiser Karls V. und des Heiligen Römischen Reichs von 1532 (Carolina), hg. u. erläutert v. Friedrich-Christian Schroeder. Stuttgart 2000, Art. 133, S. 83: *Item so jemandt eynem weibßbild […] eyn lebendig kindt abtreibt, wer auch mann oder weib vnfruchtbar macht, so solch übel fürsetzlicher vnd boßhafftiger weiß beschicht, soll der mann mit dem schwert, als eyn todtschläger, vnnd die fraw so sie es auch an jr selbs thette, ertrenckt oder sunst zum todt gestrafft werden.* – Zur Ermordung, Aussetzung und Abtreibung von Kindern vgl. auch ebd., Art. 131 f. Vgl. auch Wolfgang P. Müller: Die Abtreibung. Anfänge der Kriminalisierung. 1140–1650. Köln/Weimar/Wien 2000 (Forschungen zur kirchlichen Rechtsgeschichte und zum Kirchenrecht 24); ders.: The Criminalization of Abortion in the West. Its Origins in Medieval Law. Ithaka 2012.

67 Zur Kastration aus Rache, insbesondere bei Klerikern, vgl. Schmugge: Ehen vor Gericht, S. 135–137.

68 Vgl. Liudprand von Cremona: Werke, hg. v. Joseph Becker. Hannover/Leipzig ³1915 (Scriptores rerum germanicarum in usum scholarum ex monumentis Germaniae historicis separatim editi), S. 108 f. (Antapodosis IV 9 f.). Vgl. auch Tuchel: Kastration, S. 92–94.

69 Auch andere Chronisten berichten von Kastrationen als Mittel der Kriegsführung oder der Herrschaftspolitik. Meist wird dies kritisch bewertet, einige sprechen aber auch davon, dass Gegner ›barmherziger Weise‹ nur entmannt worden seien. Vgl. Tuchel: Kastration, S. 91, Anm. 1, 96–98, 100–102; Klaus van Eickels: Hingerichtet, geblendet, entmannt: die anglo-normannischen Könige und ihre Gegner. In: Manuel Braun/Cornelia Herberichs (Hg.): Gewalt im Mittelalter. Realitäten – Imaginationen. München 2005, S. 81–103, hier S. 95.

70 Tuchel (Kastration, S. 308) weist daraufhin, dass Geschichtsschreiber Kastrationen bevorzugt östlichen und heidnischen

Kulturen zuschreiben und auf diese Weise ihre Gegner diffamieren.

71 Vgl. Abaelard: Der Briefwechsel mit Heloisa, übers. u. mit einem Anhang hg. v. Hans-Wolfgang Krautz. Stuttgart ²2001, I. 25, S. 24; IV. 4, S. 81 f.; V. 16 f., S. 104–106. Vgl. auch Regina Toepfer: Die tröstende Funktion der Autobiographie. Abaelards und Heloisas Briefdialog. In: Renate Stauf/Christian Wiebe (Hg.): Erschriebenes Leben. Autobiographische Zeugnisse von Marc Aurel bis Knausgård. Heidelberg 2020 (GRM Beih. 97), S. 275–293.

72 Vgl. Abaelard: Briefwechsel mit Heloisa, V. 19, S. 107; VI. 1, S. 116.

73 Vgl. Kimberlé Williams Crenshaw: Demarginalizing the Intersection of Race and Sex. A Black Feminist Critique of Antidiscrimination Doctrine. In: The University of Chicago Legal Forum (1989), S. 139–167; dies.: Mapping the Margins. Intersectionality, Identity Politics, and Violence Against Women of Color. In: Stanford Law Review 43,6 (1991), S. 1241–1299. Vgl. auch Gabriele Winker/Nina Degele: Intersektionalität. Zur Analyse sozialer Ungleichheiten. Bielefeld 2009. – Zur Historisierung dieser Perspektive vgl. Cordelia Beattie/Kirsten A. Fenton: Intersections of Gender, Religion and Ethnicity in the Middle Ages. Basingstoke 2010; Andreas Kraß: Historische Intersektionalitätsforschung als kulturwissenschaftliches Projekt. In: Nataša Bedeković/Andreas Kraß/Astrid Lembke (Hg.): Durchkreuzte Helden. Das ›Nibelungenlied‹ und Fritz Langs Film ›Die Nibelungen‹ im Licht der Intersektionalitätsforschung. Bielefeld 2014, S. 7–47.

4 Dämonologie: Metaphysik der Un∗fruchtbarkeit

1 Vgl. Gudrun Sailer: Frühmesse: Über den Egoismus, keine Kinder haben zu wollen. In: Vatican News 19. 12. 2017. URL: https://www.vaticannews.va/de/papst-franziskus/santa-marta-messe/2017-12/fruehmesse--ueber-den-egoismus--keine-kinder-haben-zu-wollen.html (Zugriff: 2. 4. 2019).

2 Vgl. Heinrich Kramer (Institoris): Der Hexenhammer. Malleus Maleficarum. Neu aus dem Lateinischen übertragen v. Wolfgang Behringer u. Günter Jerouschek; Werner Tschacher. Hg. u. eingeleitet v. Günter Jerouschek u. Wolfgang Behringer. München ¹¹2015 [2000]. – Zum Druckdatum, zur Neudatierung und zum Verfasserproblem vgl. Günter Jerouschek/Wolfgang Behringer: »Das unheilvollste Buch der Weltliteratur«? Zur Entstehungs- und Wirkungsgeschichte des Malleus Maleficarum und zu den Anfängen der Hexenverfolgung. In: Kramer: Hexenhammer, S. 9–98, hier S. 22–27, S. 31–40.

3 Vgl. Jerouschek/Behringer: »Das unheilvollste Buch«?, S. 18–20. Vgl. auch Helmut Brackert: Der Hexenhammer und seine Bedeutung für die Verfolgung der Hexen in Deutschland. In: Heinz Rupp (Hg.): Philologie und Geisteswissenschaft. Demonstrationen literarischer Texte des Mittelalters. Heidelberg 1977, S. 106–116.

4 Vgl. Kramer: Hexenhammer, S. 186, 239 f., 257 f., 338, 417 f. Zu der schon im Mittelalter verbreiteten Angst, Dämonen könnten die eheliche Sexualität beeinträchtigen, vgl. Adolph Franz: Die kirchlichen Benediktionen im Mittelalter. 2 Bde. Freiburg 1909. Reprint Graz 1960, Bd. 2, S. 178 f.

5 Vgl. z. B. Gerd Schwerhoff: Rationalität im Wahn. Zum gelehrten Diskurs über die Hexen in der frühen Neuzeit. In: Saeculum 37 (1986), S. 45–82; Wolfgang Ziegeler: Möglichkeiten der Kritik am Hexen- und Zauberwesen im ausgehenden Mittelalter. Zeitgenössische Stimmen und ihre soziale

Zugehörigkeit. Köln/Wien 1973 (Kollektive Einstellungen und sozialer Wandel im Mittelalter 2).

6 Vgl. Ulrich Molitor: Von den unholden oder hexen. Augsburg: Johan Otmar 1508, Fol. [avjv]: *ob di böse weiber ainen man mügen verzobren damit er vngeberhafft werd vnd mit seiner frawen das eelich werck nit müg verbringen.* Vgl. auch ebd., Fol. [avijr], eiijr. – Der Name des wissbegierigen Sigmund stellt eine Referenz an den Tiroler Erzherzog dar; die beiden anderen Personen benennt Molitor nach dem Konstanzer Bürgermeister Konrad Schatz und nach sich selbst. Vgl. Julia Gold: ›Von den vnholden oder hexen‹. Studien zu Text und Kontext eines Traktats des Ulrich Molitoris. Hildesheim 2016 (Spolia Berolinensia 35), S. 165–171. – Eine kommentierte Neuübertragung bietet: Ulrich Molitor: Von Unholden und Hexen, hg. v. Nicolaus Equiamicus. Diedorf 2008.

7 Zu den Äußerungen der Kanonisten des 13. und 14. Jhs. vgl. Catherine Rider: Magic and Impotence in the Middle Ages. Oxford 2006, S. 113–134. – Rund dreißig Prozent der rund 250 Exempel des *Hexenhammers* wird nicht auf literarische Quellen, sondern auf zeitgenössische Erfahrung zurückgeführt. Vgl. Jerouschek/Behringer: »Das unheilvollste Buch«?, S. 72; André Schnyder: Malleus Maleficarum von Heinrich Institoris (alias Kramer), unter Mithilfe Jakob Sprengers aufgrund der dämonologischen Tradition zusammengestellt. Kommentar zur Wiedergabe des Erstdrucks von 1487 (Hain 9238). Göppingen 1993, S. 353–408; ders.: Protokollieren und Erzählen. Episoden des Innsbrucker Hexenprozesses von 1485 in den dämonologischen Fallbeispielen des ›Malleus Maleficarum‹ (1487) von Institoris und Sprenger und in den Prozeßakten. In: Der Schlern. Monatszeitschrift für Südtiroler Landeskunde 68 (1994), 695–713, hier S. 697.

8 Vgl. Kramer: Hexenhammer, S. 369–371.

9 Vgl. Kramer: Hexenhammer, S. 540 f., 371 (Impotenz als Folge der Trennung), 261 (Bezug auf das Kirchenrecht mit einem Zitat der *Decretales Gregorii* IX 5,12,5).

10 Vgl. Kramer: Hexenhammer, S. 418. Die Geschichte stammt aus Johannes Niders *Formicarius* (um 1437).

11 Das Werk wurde in mehrere Sprachen – darunter auch das Deutsche – übersetzt, vgl. Johann Weyer: De lamiis. Das ist: Von Teuffelsgespenst Zauberern vnd Gifftbereytern […]. Frankfurt a. M.: Nikolaus Basse 1586, im Folgenden S. 32 f. – Zu Weyer und der Rezeption seines Werks vgl. Hans-Peter Kneubühler: Die Überwindung von Hexenwahn und Hexenprozess. Diessenhofen 1977, S. 62–91; Hartmut Lehmann/Otto Ulbricht (Hg.): Vom Unfug des Hexen-Processes. Gegner der Hexenverfolgung von Johann Weyer bis Friedrich Spee. Wiesbaden 1992 (Wolfenbütteler Forschungen 55).

12 Vgl. Kramer: Hexenhammer, S. 273, 420 f. – Kramer führt noch eine zweite Geschichte an, für deren Authentizität ein Dominikanerpater aus Speyer bürgen soll. Bei einem Beichtgespräch offenbarte diesem ein junger Mann sein pikantes Geheimnis und präsentierte seinen Genitalbereich. Der Pater schloss sofort auf Schadenszauber, erkundigte sich nach einer möglichen Urheberin und riet dazu, die Täterin durch schmeichelnde Worte zu bewegen. Auch von der Rückgabe des Glieds soll er sich durch Augenschein versichert haben. Vgl. auch Walter Stephens: Witches Who Steal Penises: Impotence and Illusion in Malleus maleficarum. In: Journal of Medieval and Early Modern Studies 28 (1998), S. 495–529.

13 Vgl. Weyer: De lamiis, S. 34: *Es wirdt auch den Vnholden nachgesagt […] daß sie […] die Männliche Gliedmaß / hinweg nemmen können / von denselbigen aber / welchen solcher Boß solt widerfahren seyn / judicier vnd*

halt ichs gäntzlichen also / daß sie durch den Teuffel an dem Verstandt vnd Sinn bethöret / [...] welche doch nachmals / wann sie wider zu sich selber komen / den Betrug erstlich vermercken / vnd jhre vorige Kräffte wider bekommen thun. – Vgl. auch Angus McLaren: Impotence. A Cultural History. Chicago/London 2007, S. 47 f.

14 Vgl. Kramer: Hexenhammer, S. 421, 268. – Ein Dämon sei dagegen sehr wohl dazu in der Lage (ebd., S. 427).

15 Kramer (Hexenhammer, S. 426) wertet einen humanistischen Witz als Augenzeugenbericht. Auch andere Autoren halten Penisnester für eine reale Gefahr, vgl. z. B. Jacob von Lichtenberg: Ware Entdeckung vnnd Erklårung aller fůrnembster Articfel der Zauberey [...]. In: Theatrum de veneficis. Das ist: von Teuffelsgespenst Zauberern vnd Gifftbereitern / Schwartzkůnstlern / Hexen vnd Vnholden [...], hg. v. Abraham Saur. Frankfurt a. M.: Nikolaus Basse 1586, S. 306–324, hier S. 311 f.

16 Davon zeugen seine Aussagen über die Bosheit und Manipulierbarkeit von Frauen, vgl. Kramer: Hexenhammer, S. 231–239. – Für eine Relativierung der Genderspezifik plädiert Frank Fürbeth: »Weil ihre Bosheit maßlos ist«. Zur Einengung der thomistischen Superstitionenlehre auf das weibliche Geschlecht im *Malleus Maleficarum*. In: Silvia Bovenschen u. a. (Hg.): Der fremdgewordene Text. Festschrift für Helmut Brackert zum 65. Geburtstag. Berlin/New York 1997, S. 218–232. – Zu Kramers Obsession für sexuelle Themen vgl. Günter Jerouschek: Heinrich Kramer (Institoris) – Zur Psychologie des Hexenjägers. Überlegungen zur Herkunft des Messers, mit dem der Mord begangen wurde. In: Günther Mensching (Hg.): Gewalt und ihre Legitimation im Mittelalter. Würzburg 2003, S. 113–137; Jerouschek/Behringer: »Das unheilvollste Buch«?, S. 78–81.

17 Vgl. Kramer: Hexenhammer, S. 258 f., 537. Zu weiteren Methoden, mit denen ›Hexen‹ den sexuellen Akt verhindern sollen, vgl. ebd., S. 238 f., 259 f., 412, 537–542.

18 Vgl. Hexen und Hexenprozesse in Deutschland, hg. v. Wolfgang Behringer. München ³1995, Nr. 180, S. 284–298, hier S. 298: *Zween hab sie ihre Manheit genommen. Erstlich ihrem verstorbenen Ehewürth Michael Reutter [...] vor vngefähr 11 Jahren, habe sie bey der Nacht, als er geschlaffen, mit einer Handt, welche mit einer teuflischen Salben geschmirt gewesen, an sein männlichs Glidt griffen mit Vermelden: Yezt nimb ich dir dein Zipfel ins Teufels Nahmen, das du nichts mehr mit mir zue schaffen haben kanst. Welchen sie, nachdem sie solchen bekommen, 4 Tag vffbehallten, hernach in das Waßer, die Illm genant, geworfen.*

19 Vgl. Kramer: Hexenhammer, S. 669 f.

20 Martin Spiewak: Wie weit gehen wir für ein Kind? Im Labyrinth der Fortpflanzungsmedizin. Frankfurt a. M. 2002.

21 Kramer: Hexenhammer, S. 272 f. – Wie im vorigen Kapitel dargelegt, war die Unterscheidung zwischen temporärer und dauerhafter Impotenz für die Annullierung einer Ehe kirchenrechtlich relevant.

22 Vgl. Kramer: Hexenhammer, S. 539 f., 357. Kramer berichtet abschreckend von einem Richter in Reichshofen, der ›Hexen‹ nicht verfolgte, woraufhin seine Frau ihr Kind stückweise gebar (ebd., S. 418 f.).

23 Vgl. Kramer: Hexenhammer, S. 260 f., 273.

24 Vgl. Kramer: Hexenhammer, S. 516, 521 f., 364, 510 f.

25 Vgl. Kramer: Hexenhammer, S. 778–782, 786. Zur Gefahr von hexenden Hebammen vgl. ebd., S. 286, 782. Vgl. auch Iris Origo: »Im Namen Gottes und des Geschäfts«. Lebensbild eines toskanischen Kaufmanns aus der Frührenaissance. Francesco di Marco Datini 1335–1410 [übers. v. Uta-Elisabeth Trott]. München 1985, S. 143–145.

26 In diesem gerichtspraktischen Teil werden Verbrechen gegen die Fruchtbarkeit kaum erwähnt, vermutlich weil sich Kramer am *Directorium inquisitorum* des Nicolaus Eymerich orientierte. Vgl. Peter Segl: Spanisches ›Know-how‹ für Ketzerbekämpfer im Heiligen Römischen Reich. In: Klaus Herbers/Nikolas Jaspert (Hg.): »Das kommt mir spanisch vor«. Eigenes und Fremdes in den deutsch-spanischen Beziehungen des späten Mittelalters. Münster 2004 (Geschichte und Kultur der Iberischen Welt 1), S. 475–491, bes. S. 489 f. – Zur Todesstrafe bei ›Hexerei‹ vgl. Kramer: Hexenhammer, S. 316.
27 Vgl. Kramer: Hexenhammer, S. 273, 517, 567.
28 Zur Durchführung des Exorzismus vgl. Kramer: Hexenhammer, S. 572–574. Zum Scheitern des Verfahrens, das u. a. durch die Sünden des Behexten oder die Wahl illegaler Mittel verursacht sein kann, vgl. ebd., S. 578.
29 Vgl. Weyer: De lamiis (dt.), S. 70.
30 Zum Sex auf dem freien Feld vgl. Kramer: Hexenhammer, S. 409.
31 Zu den Holzschnitten, die der Ulmer Johann Zainer mutmaßlich für den deutschen Erstdruck um 1490 anfertigen ließ, vgl. Gold: ›Von den vnholden‹, S. 245–279. Das hier präsentierte Bild ist ein Nachschnitt aus der Augsburger Offizin Johan Otmers.
32 Vgl. Elisabeth Vavra: Kopfbedeckung. In: LexMA 5 (1991), Sp. 1436 f.; Gold: ›Von den vnholden‹, S. 267.
33 Vgl. Molitor: Von den unholden, Fol. [bvjr].
34 Vgl. Weyer: De lamiis (dt.), S. 30: *Wo kein Nachtruck oder Nachkommens ist / zu Erhaltung des Stammes / da ist auch die natürliche Begierde zur Geburt nötig / verloschen.*
35 Vgl. Weyer: De lamiis (dt.), S. 69: *ein lauter Phantasey vnd Teuffelisches Affenspiel.* – Zum Sackvergleich s. Paulus Frisius: Von deß Teuffels Nebelkappen / […]. In: Theatrum de veneficis, S. 214–228, hier S. 227. – Auch die fehlende Existenz von Mensch-Tier-Hybriden wertet Weyer (De lamiis (dt.), S. 29–31) als Beweis teuflischer Unfruchtbarkeit. Wenn der Teufel fremden Samen nutzen könne, sei er dafür nicht auf Menschen angewiesen.
36 Hermann Witekind veröffentlicht unter dem Pseudonym Augustin Lercheimer von Steinfelden: Christlich bedencken vnd Erinnerung von Zauberey […]. Heidelberg: Jakob Müller; Heinrich Hafer 1585. Benutzte Ausgabe: Straßburg: o. D. 1586, hier S. 142 f., 147 f. – Witekind beglaubigt den teuflischen Wiedergänger an drei Beispielgeschichten, von denen er eine von seinem akademischen Lehrer Melanchthon gehört haben will. – Vgl. auch Kneubühler: Überwindung, S. 94–99; Otto Ulbricht: Der sozialkritische unter den Gegnern: Hermann Witekind und sein *Christlich bedencken vnd erjnnerung von Zauberey* von 1585. In: Lehmann/Ulbricht (Hg.): Vom Unfug des Hexen-Processes, S. 99–128. Eine kommentierte Edition enthält der Sammelband: Frank Baron (Hg.): Hermann Witekinds *Christlich bedencken* und die Entstehung des Faustbuchs von 1587. In Verbindung mit einer kritischen Edition des Textes von 1585 v. Benedikt Sommer. Berlin 2009 (Studium Litterarum 17).
37 Vgl. Kramer: Hexenhammer, S. 178; Abraham Saur: Ein kurtze / trewe Warnung / […]. In: Theatrum de veneficis, S. 202–214, hier S. 209; Molitor: Von den unholden, Fol. [dvjv].
38 Vgl. Kramer: Hexenhammer, S. 187–189, 191, 404–406.
39 Vgl. Molitor: Von den unholden, Fol. eijv: *der geburtlichen krafft fürst.* Auch Weyer (De lamiis (dt.), S. 30) verwirft die These vom teuflischen Samentransport. Ausdrücklich grenzt er sich von der Auffassung des Thomas von Aquin ab, dass der Teufel die erforderliche Temperatur durch

schnelle Bewegung und Wärmezufuhr aufrechterhalten könne. – Zur Veränderung des Konzepts männlicher Sexualität in der Neuzeit, bei der die Hoden durch den Penis abgelöst werden, vgl. Gary Taylor: Castration. An Abbreviated History of Western Manhood. New York/London 2002, S. 85–109: »The Rise of the Penis, the Fall of the Scrotum«.

40 Vgl. Frisius: Nebelkappen, S. 227.

41 Vgl. Andreas Bernard: Kinder machen. Neue Reproduktionstechnologien und die Ordnung der Familie. Samenspender, Leihmütter, Künstliche Befruchtung. Frankfurt a. M. 2014, S. 195–217.

42 Vgl. BGB § 1592.1. URL: http://www.gesetze-im-internet.de/bgb/__1592.html (Zugriff: 5.7.2018).

43 Vgl. Kramer: Hexenhammer, S. 187, 191, 593 f. – Ebenso pocht Frisius (Nebelkappen, S. 227) auf die Vaterschaft des Samenproduzenten.

44 Zur modernen Auffassung vgl. Bernard: Kinder machen, S. 87, 97, 153.

45 Vgl. Molitor: Von den unholden, Fol. eiij v: *[…] das der tewffel weder als ain incubus noch als ain succubus. kain kind gebern mag. Ob aber sollich obgemelten kind erfunden wurden das die selben aintweders gestolen oder fantastigi kind seien.* – Ähnlich argumentiert Witekind (Christlich bedencken, S. 147).

46 Vgl. Kramer: Hexenhammer, S. 536.

47 Vgl. Molitor: Von den unholden, Fol. bij r. – Melusines Familiengeschichte wird in der dämonologischen Literatur wiederholt besprochen, u. a. von Martin Luther: Colloquia oder Tischgespräch, Cap. 24: Von Zauberey / Teuffelsgespenst / vnd Hexerei / Campsionibus vnd Wechselkindern. In: Theatrum de Veneficis, S. 11–14, hier S. 12. Vgl. auch Beate Kellner: Melusinegeschichten im Mittelalter. Formen und Möglichkeiten ihrer diskursiven Vernetzung. In: Ursula Peters (Hg.): Text und Kultur. Mittelalterliche Literatur 1150–1450. Stuttgart/Weimar 2001 (Germanistische Symposien Berichtsbände 23), S. 268–295.

48 Vgl. Molitor: Von den unholden, Fol. bij r. Vgl. auch Frisius: Nebelkappen, S. 224.

49 Vgl. Molitor: Von den unholden, Fol. e[j] r–v: *Also main ich. nach dem vnd die müter sich laider dem teüfel ergeben het. das dann der teüffel in ir gemütt vnnd fantasey ain sollich starcke einbildung […] eingeworffen hab […]. also das sy gemainet hat. er sey bey ir gelegen vnd […] hab er iren leib gepleugt. mit lufft oder andern dingen. damit sy hab gewent sy sey schwanger gesein. vnd so dann das zeitt der betroglichen geburt kommen ist. das denn […] der teüffel der müter schmertzen vnd wee in dem leibe gemacht. vnnd den plaust so dann sy gehabt. außgetriben. vnd als bald dann ain ander kind so er vor gestolen hett. ir verborgenlich vnder gelegt habe […].*

50 Frisius (Nebelkappen, S. 224) zieht eine Parallele zwischen Merlins Geburtsgeschichte und einem Dresdner Hexenprozess, von dem Erasmus Sarcerius berichtet habe. Auch die Dresdner Angeklagte behauptete, vom Teufel geschwängert worden zu sein.

51 Vgl. Molitor: Von den unholden, Fol. [bvij r–v], eij r.

52 Vgl. Frisius: Nebelkappen, S. 224.

53 Vgl. Kramer: Hexenhammer, S. 593 f. – Schon im Mittelalter kursierten ähnliche Geschichten, vgl. John Boswell: The Kindness of Strangers: The Abandonment of Children in Western Europe from Late Antiquity to the Renaissance. Chicago 1988. Reprint 1998, S. 378–380.

54 Saur kombiniert zwei Tischreden und präsentiert Luther so als Verfasser einer eigenen Hexenschrift. Vgl. Luther: Colloquia, S. 13 f. – Die Halberstädter Anekdote ist auf den 20. April 1539 datiert (Luther: WA Tischreden, Bd. 4, S. 358, Nr. 4513), die Dessauer auf September 1540 (WA Tischreden, Bd. 5, S. 8 f., Nr. 5207).

55 Vgl. Luther: Colloquia, S. 13 f.: *Kilkropff, Kilkropff*; Frisius: Nebelkappen, S. 225.
56 Vgl. Frisius: Nebelkappen, S. 225 f.
57 Vgl. Orna Donath: #regretting motherhood. Wenn Mütter bereuen, übers. v. Karlheinz Dürr u. Elsbeth Ranke. München 2016.
58 Vgl. Frisius: Nebelkappen, S. 228; Kramer: Hexenhammer, S. 593 f.; Molitor: Von den unholden, Fol. c j v.
59 Vgl. Kramer: Hexenhammer, S. 481, 645, 774 f.
60 Agrippa von Nettesheim: Über die Fragwürdigkeit, ja Nichtigkeit der Wissenschaften, Künste und Gewerbe. Mit einem Nachwort hg. v. Siegfried Wollgast, übers. u. mit Anm. versehen v. Gerhard Güpner. Berlin 1993, S. 238 f. Zur Datierung des Prozesses und zur Identifikation des Inquisitors vgl. Jerouschek/Behringer: »Das unheilvollste Buch«?, S. 85 f.

61 In dem Bioethik-Dokument der Glaubenskongregation werden namentlich In-vitro-Fertilisation (IVF), Intracytoplasmatische Sameninjektion (ICSI) und Kryokonservierung genannt. Erlaubt sind nur solche Eingriffe, mit denen Hindernisse entfernt werden können, die »der natürlichen Fruchtbarkeit entgegenstehen«. Vgl. Kongregation für die Glaubenslehre: Instruktion Dignitas Personae über einige Fragen der Bioethik. Bonn 2008 (Verlautbarungen des Apostolischen Stuhls 183), Nr. 13–20, hier S. 19 u. 28. Vgl. auch Johannes Paul II.: Evangelium vitae. Rom 1995, Art. 14. URL: http://w2.vatican.va/content/john-paul-ii/de/encyclicals/documents/hf_jp-ii_enc_25031995_evangelium-vitae.html (Zugriff: 1. 4. 2019); Michael Schwantge: Der (geplatzte) Traum vom Kind. Die ›künstliche Befruchtung‹ aus der Sicht christlicher Ethik. Hammerbrücke 2010.

5 Ethik: Lebensideale der Un∗fruchtbarkeit

1 Vgl. Sheila Heti: Mutterschaft, übers. v. Thomas Überhoff. Reinbek bei Hamburg 2019, S. 37–39, 52 f. Erstausgabe: Motherhood. London 2018.
2 Zur Eheliteratur allgemein vgl. z. B. Albrecht Classen: Der Liebes- und Ehediskurs vom hohen Mittelalter bis ins 17. Jahrhundert. Münster u. a. 2005 (Volkslied Studien 5); Erika Kartschoke: Einübung in bürgerliche Alltagspraxis. In: Werner Röcke/Marina Münkler (Hg.): Die Literatur im Übergang vom Mittelalter zur Neuzeit. München 2004 (Hansers Sozialgeschichte der deutschen Literatur 1), S. 446–462. – Registereinträge zu Fruchtbarkeit, Unfruchtbarkeit und Kinderlosigkeit sucht man vergeblich in: Repertorium deutschsprachiger Ehelehren der Frühen Neuzeit, hg. v. Erika Kartschoke, Bd. I/1. Berlin 1996, S. 234–236.

3 Johannes Mathesius: Hochzeitpredigten Vom Ehestand vnnd Haußwesen / […], übers. v. Nikolaus Hermann. Nürnberg: Dietrich Gerlach 1575, Bl. 173 r: *Vnfruchtbar vnd on Erben sein / Ist gleich als leucht kein Sonnenschein*. Vgl. auch Nikolaus Selnecker: Der gantze Psalter Dauids ausgelegt […]. Leipzig: Jakob Bärwald (Erben) 1571, Bl. 176 r.
4 Vgl. Verena Brunschweiger: Kinderfrei statt kinderlos. Ein Manifest. Marburg 2019, S. 11. Mit den öffentlichen Reaktionen setzt sich Brunschweiger selbst eingehend auseinander, wobei sie ihre Thesen noch stärker auf einen Ökofeminismus zuspitzt, vgl. dies.: Die Childfree-Rebellion: Warum ›zu radikal‹ gerade radikal genug ist. Marburg 2020, bes. S. 27.
5 Vgl. Johannes Chrysostomos: Ausgewählte Schriften, übers. v. Chrysostomus Mit-

terrutzner. Kempten 1890 (BKV 1: 3), Kap. 53–58.

6 Vgl. Lee Edelman: No Future. Queer Theory and the Death Drive. Durham/London 2004. Vgl. auch die Rezension von Sylvia Mieszkowski: Queere Polemik: Lee Edelman wider den ›Reproduktiven Futurismus‹. In: IASLonline 24.3.2006. URL: http://www.iaslonline.de/index.php?vorgang_id=1513 (Zugriff: 23.2.2020); Claudia Krieg: Die Heilige Familie. Repro-Technik. Die Geschlechterforscherin Ulrike Klöppel über queere Wünsche, Handlungsspielräume und Kritik an Reproduktionstechnologien. In: analyse & kritik 626 (18.4.2017). URL: https://www.akweb.de/ak_s/ak626/26.htm (Zugriff: 23.2.2020).

7 Vgl. Günther Christian Hansen: Molestiae nuptiarum. In: Wissenschaftliche Zeitschrift der Universität Rostock. Gesellschafts- und Sprachwissenschaftliche Reihe 12 (1963), S. 215–219, hier S. 218.

8 Vgl. Eusebius Hieronymus: Über die beständige Jungfrauschaft Mariens. Gegen Helvidius. In: ders.: Ausgewählte historische, homiletische und dogmatische Schriften, übers. v. Ludwig Schade. Kempten/München 1914 (BKV 1: 52), S. 259–292, hier S. 288–290, Kap. 20.

9 Vgl. Peter Brown: Die Keuschheit der Engel. Sexuelle Entsagung, Askese und Körperlichkeit am Anfang des Christentums. München u.a. 1991; Karl Suso Frank: ΑΓΓΕΛΙΚΟΣ ΒΙΟΣ. Begriffsanalytische und begriffsgeschichtliche Untersuchung zum ›engelgleichen Leben‹ im frühen Mönchtum. Münster 1964; Regina Götz: Der geschlechtliche Mensch – ein Ebenbild Gottes. Die Auslegung von Gen 1,27 durch die wichtigsten griechischen Kirchenväter. Frankfurt a. M. 2003 (Fuldaer Hochschulschriften 42), S. 88–92.

10 Vgl. Brunschweiger: Kinderfrei, S. 36; dies.: Die Childfree-Rebellion, S. 11. Vgl. auch David Benatar: Better Never to Have Been. The Harm of Coming into Existence. Oxford 2006.

11 Vgl. Abaelards Trostbrief an seinen Freund (Die Geschichte seiner Niederlagen). In: Abaelard: Der Briefwechsel mit Heloisa, übers. u. mit einem Anhang hg. v. Hans-Wolfgang Krautz. Stuttgart ²2001, S. 5–58, hier S. 14–26 (ep. 1, 12–27).

12 Vgl. Zweiter bis fünfter Brief. In: Abaelard: Briefwechsel, S. 59–115, bes. S. 107, 110 (ep. 5,19 u. 23).

13 Vgl. z. B. Peter von Moos: Post festum. Was kommt nach der Authentizitätsdebatte über die Briefe Abaelards und Heloises? In: Rudolf Thomas (Hg.): Petrus Abaelardus (1079–1142). Person, Werk und Wirkung. Trier 1980 (Trierer theologische Studien 38), S. 75–100; Elisabeth Schmid: Die Regulierung der weiblichen Rede. Zum Problem der Autorschaft im Briefwechsel Abaelard–Heloisa. In: Ingrid Bennewitz (Hg.): *Der frauwen buoch*. Versuche zu einer feministischen Mediävistik. Göppingen 1989 (GAG 517), S. 83–111.

14 Vgl. Susanne Garsoffky/Britta Sembach: Der tiefe Riss. Wie Politik und Wirtschaft Eltern und Kinderlose gegeneinander ausspielen. München 2017.

15 Vgl. Albrecht von Eyb: Ob einem manne sey zunemen ein eelichs weyb oder nicht. Einführung v. Helmut Weinacht. Darmstadt 2006, S. 5, 22 (= Ehebüchlein).

16 Vgl. Francesco Petrarca: Von der Artzney bayder Glück/ des gůten vnd widerwertigen, hg. v. Sebastian Brant. Augsburg: Heinrich Steiner 1532, lib. 1, Kap. 70, Bl. LXXXIX r, lib. II, Kap. 12, 22, Bl. XVI r–XVII v, XXX r–v.

17 Vgl. auch Karl A. E. Enenkel: Der Petrarca des ›Petrarca-Meisters‹: Zum Text-Bild-Verhältnis in illustrierten *De remediis*-Ausgaben. In: ders./Jan Papy (Hg.): Petrarch and His Readers in the Renaissance. Leiden 2006, S. 91–169; Joachim

Knape: Die ältesten deutschen Übersetzungen von Petrarcas ›Glücksbuch‹. Texte und Untersuchungen. Bamberg 1986 (Gratian 15), S. 70–74; Paul Michel: Transformation und Augmentation bei Petrarca und seinem Meister. In: Martin Schierbaum (Hg.): Enzyklopädistik 1550–1650. Typen und Transformationen von Wissensspeichern und Medialisierungen des Wissens. Berlin 2009, S. 349–377.

18 Vgl. Albrecht von Eyb: Ehebüchlein, S. 24. – Schon Boethius hielt jene für glücklich, denen der Ärger und die Sorgen von Eltern erspart blieben. Vgl. Boethius: Trost der Philosophie. Consolatio Philosophiae. Lateinisch u. deutsch, hg. u. übers. v. Ernst Gegenschatz u. Olof Gigon. Darmstadt ⁵1998 (Sammlung Tusculum), 3.7.5. – Auch reformatorische Prediger sind noch davon überzeugt: *So ists auch besser keine Kinder haben / denn böse vngeratene Kinder.* Vgl. Gregor Strigenitz: Votum Bethlehemiticum. […] Christiano II. Hertzogen zu Sachssen […] Vnd […] Hedwigen […]. Leipzig: Franz Schnellboltz Erben für Bartholomäus Voigt d. Ä. 1602, Sign. B[iiij]v.

19 Vgl. Erik Margraf: Die Hochzeitspredigt der Frühen Neuzeit. Mit einer Bibliographie der selbstständig erschienenen Hochzeitspredigtdrucke der Herzog-August-Bibliothek Wolfenbüttel, der Staats- und Stadtbibliothek Augsburg und der Universitätsbibliothek Augsburg. München 2007 (Geschichtswissenschaft 16).

20 Vgl. z. B. Garsoffky/Sembach: Der tiefe Riss, S. 155–193; Berlin-Institut für Bevölkerung und Entwicklung (Hg.): Die Zukunft des Generationenvertrags. Wie lassen sich die Lasten des demografischen Wandels gerechter verteilen. Discussion Paper 14 (2014). URL: https://www.berlin-institut.org/fileadmin/user_upload/Zukunft_des_Generationenvertrags/Zukunft_des_Generationenvertrags_Online.pdf (Zugriff: 5.7. 2018).

21 Vgl. Marcello Palingènio Stellato: […] Zodiacus vitae, das ist / Gůrtel deß lebens […], übers. v. Johannes Spreng. Frankfurt a. M.: Georg Rab; Sigmund Feyerabend; Weigand Han Erben 1564, Bl. 88 v: *Vber das wirstu sterben bloß / | On freund vnd kinder gantz erbloß /*. Johannes Dinckel: Predigt. Auß dem vierden Capittel deß Buchs Ruth/ […]. Coburg: Christoph Truckel 1588, Sign. Bijv: *Kinder […] machen alle můhe vnd arbeit / […] leichter vnd treglicher / dieweil fromme Eltern wissen vnd sehen / wem sie zu gute arbeiten / etwas erwerben / sparen / vnd beylegen / […].* Strigenitz: Votum, Sign. Biijv: *Die lieben Kinderlein sind auch das rechte lenimentum laboris, die linderung aller můhe vnd arbeit / was machet einen Vater frewdiger vnd vnuerdrossener / daß er gerne arbeitet […]? Das tuhn alles die Kinderlein / da wird jhme keine můhe sawer / keine sorge beschwerlich / weil jhm Gott Erben bescheret / daß er weis wem ers lassen vnd fůrarbeiten sol.*

22 Vgl. Palingènio Stellato: Zodiacus vitae, Bl. 88 v–89 v; Johann Georg Marggraf: Hertz-Christlicher Glůcks-Wunsch […]. Celle: Andreas Holwein 1669, S. 14 f.

23 Vgl. Palingènio Stellato: Zodiacus vitae, Bl. 89 r–v: *Sie seind dein fleisch vnd bildnuß eben.* […] *So wirst in deinen Kinden doch / | Gleich lebendig gesehen noch.* – Auf die memoriale Bedeutung weist schon Aischylos hin: »Denn Kinder sichern ihrem Vater, wenn er tot, / Den Ruhm«. Zitiert in: Clemens von Alexandreia: Teppiche. Wissenschaftliche Darlegungen entsprechend der wahren Philosophie (Stromateis), übers. v. Otto Stählin. München 1936–1938 (BKV 2: 17, 19, 20), II 141,3, S. 253. – Clemens führt die Verse irrtümlich auf Sophokles zurück.

24 Vgl. Marggraf: Glůcks-Wunsch, S. 17 f.: *In Bůchern und Kindern wirstu leben / wenn du gleich gestorben bist.*

25 Vgl. *Nascitur indigne, cui non quoque nascitur alter / Viuit et indigne, cui non quoque*

vivit et alter. Marggraf: Glücks-Wunsch, S. 17: *Der lebet kaum mit recht / der sonder Erben bleibt / | Und sein Geschlecht und Stand/ der Welt nicht einverleibt.* Strigenitz: Votum, Sign. B[iiij] r: *Der ist nit werth daß er geboren worden ist / der nicht auch einen andern zeuget. Der ist nit werth daß er auff Erden lebet/ der nicht auch einen andern nach sich am leben hinterlesset / der Gott könne rümen vnd preisen.*

26 Vgl. Albrecht von Eyb: Ehebüchlein, S. 81 u. 22; Mathesius: Hochzeitpredigten, Fol. 172v–173r. Die Stilisierung zärtlicher Eltern-Kind-Beziehung ist in der antiken Literatur vorgeprägt. Catull imaginiert in einem Brautlied, wie bald ein kleiner Sohn im Schoß seiner Mutter sitzen wird. Seine zarten Hände streckt er nach dem Vater aus und lächelt ihn süß mit seinem kleinen, halboffenen Mund an. Vgl. Catull: Carmina. Gedichte. Lateinisch – deutsch, übers. u. hg. v. Niklas Holzberg. Berlin ¹²2011 (Sammlung Tusculum), 61, V. 209–213.

27 Vgl. Niklas Luhmann: Liebe als Passion. Zur Codierung von Intimität. Frankfurt a. M. ¹²2012 [1982].

28 Vgl. Matthias Hafenreffer: Predigt Bey dem Hochzeitlichen Ehrntage / […] Michaëlis Beringeri […] vnd […] Anna […] Aichlin […] 1601 […] gehalten […]. Tübingen: Philipp Gruppenbach 1608, S. 22 f.: *Welche zierde den Eltern nicht allein die Augen zubelustigen / sondern jhr Hertz / Marck vnd Bein […] zu erfrewen pfleget.* Im Folgenden zitiert: Dinckel: Predigt, Sign. Bijv: *Ja sie lindern jhnen viel trübsal vnd schmerztens / wenn sie dieselbige ansehen / auff fassen / tragen / hertzen / küssen […].* Strigenitz: Votum, Sign. Biijv: *Kinderlein sind die besten Spielvogel / vertreiben einen viel vnlusts / bringen viel lust vnd frewd ins Hauß / daß mancher betrübter Vater / dem sein Hertz voller jammer vnd trübnis ist / […] wenn er höret die Kinderlein fürm Tisch die Psalmen beten / schöne sprüchlein hersagen / gleich wieder lebendig / vnd ein newer Mensch wird / vnd solche reden gehen einem zu Hertzen / vnd machen einem ein new Hertz.* – Zu Luther und Agesilaus vgl. ebd., Sign. Biijv–B[iiij] r. Zum Eheglück durch Kinder vgl. auch Rüdiger Schnell: Sexualität und Emotionalität in der vormodernen Ehe. Köln/Weimar/Wien 2002, S. 206–210.

29 Vgl. Konrad von Würzburg: Trojanerkrieg, hg. v. Heinz Thoelen u. Bianca Häberlein. Wiesbaden 2015 (Wissensliteratur im Mittelalter 51), V. 7573 f.: *diz ist der beste prîsant, | den ich in mînem hûse fant […].* Strigenitz: Votum, Sign. Bijv: *daß sind meine Edle Schätzlein vnd bestesten Kleinot / vnnd meine schönste zierde.* Vgl. auch Marggraf: Glücks-Wunsch, S. 12 f.; Petraca: Von der Artzney bayder Glück, lib. II, Kap. 12, Bl. XVI r–XVII v.

30 Vgl. Dinckel: Predigt, Sign. Bijv; Strigenitz: Votum, Sign. Biijr; Marggraf: Glücks-Wunsch, S. 15.

31 Vgl. Albrecht von Eyb: Ehebüchlein, S. 57; Dinckel: Predigt, Sign. Biijr; Marggraf: Glücks-Wunsch, S. 15.

32 Vgl. Marggraf: Glücks-Wunsch, S. 6; Dinckel: Predigt, Sign. Bv; Strigenitz: Votum, Sign. Bv. Vgl. auch Caspar Güthel: Vber das Euangelion Johannis / da Christus seyne Mütter auch seine Junger / waren auff die Hochtzeyt geladen […]. Zwickau: Johann d. J. Schönsperger 1524, Sign. Biij r–v.

33 Vgl. Strigenitz: Votum, Sign. B[iiij] r: *Ja die Kinderlein werden auch von Gott gegeben / daß sie jn sollen loben vnd preisen helffen / seine Kirche hie erbawen vnd den Himmel erfüllen […].* Zu Kindern als Gabe Gottes vgl. Dinckel: Predigt, Sign. Bijv–Biijr; Marggraf: Glücks-Wunsch, S. 11; Strigenitz: Votum, Sign. Bijr, Cr; Jodocus Graßhoff: Dorff Hochzeitpredigt / […]. Magdeburg: Andreas Seydner 1603, Sign. B[iiij] r. Zur

Engführung von Kindern und Engeln vgl. Hafenreffer: Predigt, S. 22: *Die Kinder aber / seind lebendige heiligen / lebendige Engelein / nicht nach Appellis, Zeuxis oder Praxitelis Kunst / sondern nach Gottes selbs eignem Ebenbild formirt vnd gebildet.* Marggraf: Glücks-Wunsch, S. 13 f.

34 Vgl. Dinckel: Predigt, Sign. Bijv. Zum protestantischen Verständnis vom Familienleben als Gottesdienst vgl. Albrecht Koschorke: Die Heilige Familie und ihre Folgen. Ein Versuch. Frankfurt a. M. 2000, S. 149–152.

35 Marggraf: Glücks-Wunsch, S. 15 f.: *Unglücklich heist der Tag / und furchtsam selbe Nacht / | Die ohne Licht und Schein / muß werden hingebracht. | Dem gleichet sich das Haus / da Leibes-Erben fehlen / | Und wo ein einsam Bett / ist lauter Furcht und quälen.* Vgl. auch ebd.: *Wie der Tag ohne Sonnen und die Nacht ohne Sternen ist: Also ist das Leben ohne den Ehestand / und die Ehe ohne LeibesFrucht.* – Marggraf zitiert den Spruch zusätzlich in lateinischer Sprache *(Ut tristis sine Sole dies, sine lumine nox est: | Sic tristis sine prole domus sine compare lectus)* und beruft sich auf Augustinus sowie die Auslegung des 128. Psalms von Nikolaus Selnecker.

36 Vgl. Marggraf: Glücks-Wunsch, S. 14 f., 37–39. Vgl. auch Strigenitz: Votum, Sign. D v–Dij r.

37 Vgl. z. B. Johannes Cochlaeus: Von der heyligen Ehe Sechs Fragstuck […]. Dresden: Wolfgang Stöckel 1534, Sign. b[j] r: *Jn der Ehe gilt mehr die heylikeit diß Sacraments / dann die fruchtbarkeit des leibes.*

38 Vgl. Martin Luther: Vom ehelichen Leben (1522). In: WA 10, 2, S. 296: *Es sind alles eyttell guldene, edele werck.* – Zur Position von Frauen in der Reformation vgl. Lyndal Roper: Das fromme Haus. Frauen und Moral in der Reformation. Aus dem Englischen von Wolfgang Kaiser. Frankfurt a. M./New York 1999.

39 Vgl. z. B. Otho Körber: Ein kurtzer bericht / wie sich die schwangere Weiber / vor vnnd in der Kindtsgeburdt trösten […] sollen. Leipzig: Wolfgang Günther 1553, Sign. Avv; Conrad Wolfgang Platz: Ein Christliche Tröstliche Predig für alle vnnd jede Schwangere vnd geberende Frawen gehalten zů Bibrach. Ulm: Oswald Gruppenbach 1564, Sign. [Biiijv]. – Zur Heilsrelevanz des Gebärens vgl. Ulrike Gleixner: Todesangst und Gottergebenheit: Die Spiritualisierung von Schwangerschaft und Geburt im lutherischen Pietismus. In: Barbara Duden/Jürgen Schlumbohm/Patrice Veit (Hg.): Geschichte des Ungeborenen. Zur Erfahrung und Wissenschaftsgeschichte der Schwangerschaft, 17.–20. Jahrhundert. Göttingen 2002 (Veröffentlichungen des Max-Planck-Instituts für Geschichte 170), S. 75–98, hier S. 76–85.

40 Vgl. Johann Friedrich Starck: Gebetbuch für Schwangere, Gebärende, Kindbetterinnen und Unfruchtbare […]. Frankfurt a. M. ²⁰1833, S. 105–110. Das Werk erschien 1731 zunächst als Anhang eines sehr populären pietistischen Krankentrostbuches, vgl. Gleixner: Todesangst, S. 81. – In der Predigt von Strigenitz (Votum, Sign. B[iiij] r) ist bereits eine tröstende Passage enthalten, die möglicherweise für den Druck hinzugefügt wurde. Die Marginalien machen auf die Thematik aufmerksam: *Obiectio von denen die keine Kinder haben. – Trost für dieselbigen.* Vgl. auch Daphna Oren-Magidor: From Anne to Hannah: Religious Views of Infertility in Post-Reformation England. In: Journal of Women's History 27 (2015), S. 86–108.

41 Vgl. Starck: Gebetbuch, S. 106. – Ähnlich argumentiert Sigfrid, der Ehe und Reproduktion entkoppelt. Zwar habe Gott den ersten Menschen mit der Vermehrung beauftragt, doch keineswegs verlangt, dass jeder zeugen solle. Vgl. Thomas Sigfrid: Antwort auff die Frage / Obs eine rechte

Ehe sey / wenn ein junger Mann ein alt Weib nimet / oder ein jung Weib einen alten Mann nimmet. [...] o. A. d. O. 1590, Sign. Biijr.

42 Vgl. Gleixner: Todesangst, S. 80 f. Zum ›Ehekreuz‹ vgl. auch Margraf: Hochzeitspredigt, S. 446–465.

43 Mit ihrer karitativen Bedeutung tröstet auch Geiler von Kaysersberg unfruchtbare Paare. Kinderlosigkeit sei gottgewollt, denn Reiche bewirkten ohne Kinder mehr für die Allgemeinheit, als wenn sie zwanzig bis dreißig missratene Söhne hätten. Vgl. Johannes Geiler von Kaysersberg: Trostspiegel. In: ders.: Sämtliche Werke, Bd. 1, hg. v. Gerhard Bauer. 1. Teil, 1. Abt. Berlin/New York 1989 (Ausgaben deutscher Literatur des 15. bis 18. Jahrhunderts), S. 201–236, hier S. 229.

44 Ähnlich ermutigt Sigfrid (Antwort, Sign. B[iiij] r) kinderlose Paare. Selbst im hohen Alter bestehe manchmal noch die Möglichkeit einer Schwangerschaft, wie auch zeitgenössische Beispiele zeigten.

45 Selbstzeugnisse kinderloser Frauen in der Frühen Neuzeit sind rar. In den wenigen geistlichen Tagebucheinträgen deuten religiös gebildete Frauen ihre Unfruchtbarkeit – wie von den Seelsorgern vorgegeben – als schwere Prüfung und wenden sie sich hilfesuchend an Gott. Vgl. Oren-Magidor: From Anne to Hannah, S. 92–96.

46 Starck: Gebetbuch, S. 112–114, hier S. 112.

47 Erving Goffman: Stigma. Über Techniken der Bewältigung beschädigter Identität, übers. v. Frigga Haug. Frankfurt a. M. ²³2016, S. 15, 40, 45–55, 154. Erstausgabe: Stigma. Notes on the Management of Spoiled Identity. Englewood Cliffs 1963.

48 Starck: Gebetbuch, S. 114.

49 Vgl. Goffman: Stigma, S. 150–152.

50 Starck: Gebetbuch, Str. 1, S. 114. – Rechtschreibung und Zeichensetzung sind hier und im folgenden Zitat unserem heutigen Sprachgebrauch angepasst (bei *muß, seyn, vergnügt*). – Vgl. auch Str. 2: *Nichts erfreut mich mehr im Herzen, Als ein zartes Kind zu sehn; Mit ihm allezeit zu scherzen, Mit ihm hin und her zu gehn, Dieses pflegt mich zu ergötzen, Und in tausend Freud' zu setzen; Doch die Freude hab' ich nicht, Weils an Kindern mir gebricht.* Str. 12: *Herr! erhöre dieß mein Flehen, Ach! nimm meine Seufzer an, Lasse meine Bitt' geschehen, Du bists, der mir helfen kann; Doch laß mich in allen Fällen Alles dir, mein Gott, heimstellen, Daß ich, wie es immer geh', spreche: Herr! dein Will' gescheh.*

51 Susanne Zehetbauer: Ich bin eine Frau ohne Kinder. Begleitung beim Abschied vom Kinderwunsch. München [2007?], S. 81–84; Martin Spiewak: Wie weit gehen wir für ein Kind? Im Labyrinth der Fortpflanzungsmedizin. Frankfurt a. M. 2002, S. 101 f. Vgl. auch Iris Enchelmaier: Abschied vom Kinderwunsch. Ein Ratgeber für Frauen, die ungewollt kinderlos geblieben sind. Stuttgart 2004.

52 Vgl. Brunschweiger: Kinderfrei, S. 10; Heti: Mutterschaft, S. 52. – Zur bewussten Entscheidung für ein Leben ohne Kinder vgl. auch Dorothee Schmitz-Köster: Frauen ohne Kinder. Motive – Konflikte – Argumente. Reinbek bei Hamburg 1987.

6 Göttliche Hilfe: Auf ein Kind warten

1 Vgl. Carsten Wippermann: Kinderlose Frauen und Männer. Ungewollte oder gewollte Kinderlosigkeit im Lebenslauf und Nutzung von Unterstützungsangeboten, hg. v. Bundesministerium für Familie, Senioren, Frauen und Jugend. Paderborn 2014, S. 150–156, hier S. 152; rira: Mutter Anna hat geholfen. In: urbia. Kinder-

wunsch Forum (23.5.2008), URL: https://www.urbia.de/forum/50-fortgeschrittener-kinderwunsch/1478221-mutter-anna-hat-geholfen-mutmachposting-sehr-lang?page=1 (Zugriff: 16.8.2018).

2 Das Protoevangelium wurde in das lateinische Pseudo-Matthäusevangelium integriert, das die meisten Verfasser volkssprachiger Marienleben als Hauptquelle nutzten. Vgl. Evangelia infantiae apocrypha. Apokryphe Kindheitsevangelien, übers. u. eingeleitet v. Gerhard Schneider. Freiburg u.a. 1995 (Fontes Christiani 18), S. 97–105 (Edition und Übersetzung des Protoevangeliums), S. 21–34, 59–66 (Einleitung); Achim Masser: Bibel- und Legendenepik des deutschen Mittelalters. Berlin 1976 (Grundlagen der Germanistik 19), S. 88–95, 102–111. Vgl. Priester Wernher: Maria. Bruchstücke und Umarbeitungen, hg. v. Carl Wesle. 2. Auflage besorgt durch Hans Fromm. Tübingen 1969 (ATB 26); Das Marienleben des Schweizers Wernher. Aus der Heidelberger Handschrift, hg. v. Max Päpke u. Arthur Hübner. Berlin 1920 (DTM 27). – Bei grundlegenden Informationen zu den Werken des deutschen Mittelalters orientiere ich mich hier wie überall an: Die deutsche Literatur des Mittelalters. Verfasserlexikon. 2., völlig neu bearb. Auflage, hg. v. Kurt Ruh u.a. 14 Bde. Berlin/New York 1978–2008; Killy Literaturlexikon. Autoren und Werke des deutschsprachigen Kulturraumes, 2., vollständig überarb. Auflage hg. v. Wilhelm Kühlmann. 13 Bde. Berlin/New York ²2008–2012. – Vgl. auch Regina Toepfer: Kinderlos werden. Annas und Joachims Diskriminierung im Protevangelium des Jakobus und in den Marienleben des Priesters Wernher und Wernhers des Schweizers. In: Ingrid Bennewitz/Jutta Eming/Johannes Traulsen (Hg.): Gender Studies – Queer Studies – Intersektionalität. Eine Zwischenbilanz aus mediävistischer Perspektive. Göttingen 2019 (Berliner Mittelalter- und Frühneuzeitforschung 25), S. 245–268.

3 Vgl. Priester Wernher: Maria, A 259–348; Wernher der Schweizer: Marienleben, V. 75–156.

4 Vgl. Reinfrid von Braunschweig, hg. v. Karl Bartsch. Tübingen 1871 (Bibliothek des Litterarischen Vereins in Stuttgart 109). Reprint Hildesheim/Zürich/New York 1997, V. 12.921–15.358, bes. V. 12.950–12.957.

5 Vgl. Otte: Eraclius, hg. v. Winfried Frey. Göppingen 1983 (GAG 348), V. 14–19. Eine Übersetzung bietet Otte: Der ›Eraclius‹, übers., mit Einführung, Erläuterungen u. Anmerkungen versehen v. Winfried Frey. Essen 1990 (Erzählungen des Mittelalters 3).

6 Vgl. Konrad von Würzburg: Alexius. In: ders.: Die Legenden II, hg. v. Paul Gereke. Halle 1926 (ATB 20), S. 1–63, hier V. 57–121, bes. V. 100–103. Zur Geburt als Gnadengabe vgl. Peter Strohschneider: Textheiligung. Geltungsstrategien legendarischen Erzählens im Mittelalter am Beispiel von Konrads von Würzburg ›Alexius‹. In: Gert Melville/Hans Vorländer (Hg.): Geltungsgeschichten. Über die Stabilisierung und Legitimierung institutioneller Ordnungen. Köln u.a. 2002, S. 109–147, hier S. 130.

7 Albrecht von Scharfenberg: Jüngerer Titurel, Bd. 1 (Strophe 1–1957), hg. v. Werner Wolf. Berlin 1955 (DTM 45), Str. 146.

8 Vgl. Protoevangelium des Jakobus, 1.2.

9 Vgl. Priester Wernher: Maria, A 385–392: ›[…] got hat dich so verflüchet | daz er niht gerüchet | dencheines wûchers von dir. | diner frevel ist ze vil: | dv mûst dich sundren hinnen, | wan wir niht gewinnen | dich ze einem solhen gesellen, | noch wellen da mit die âe niht vellen.‹

10 Vgl. Wernher der Schweizer: Maria, V. 171–176: *Es waer Gotte unmaere, | Wan er unberhaft waere, | Da von im och nút zaeme | Das er in tempel kaeme; | Und hies in bald*

von der schar | Uss gån und nút me komen dar. |

11 Vgl. Pia Wilhelm: Die gotischen Bildteppiche. Wienhausen 2010 (Kloster Wienhausen 3), S. 40–43; Marie Schütte: Gestickte Bildteppiche und Decken des Mittelalters. Die Klöster Wienhausen und Lüne, das Lüneburger Museum. Leipzig [1927], Tafel 25.

12 Vgl. Priester Wernher: Maria, A 393–396. Zur zeichenhaften Bedeutung von Tränen vgl. Gerd Althoff: Spielregeln der Politik im Mittelalter. Kommunikation in Frieden und Fehde. Darmstadt 1997, S. 258–281.

13 Vgl. Priester Wernher: Maria, D 754–756. – Die biblischen Vorbilder von Elias, Johannes und Jesus zeigen, dass die Wüste sowohl in einer existentiellen Sinnkrise als auch zum Büßen aufgesucht werden kann. – Zur literarischen Bedeutung von Räumen vgl. Uta Störmer-Caysa: Grundstrukturen mittelalterlicher Erzählungen. Raum und Zeit im höfischen Roman. Berlin/New York 2007.

14 Vgl. Wernher der Schweizer: Maria, V. 228–232. – Zur marginalisierten Männlichkeit allgemein vgl. Raewyn Connell: Der gemachte Mann. Konstruktion und Krise von Männlichkeiten. Wiesbaden [4]2015 (Geschlecht und Gesellschaft 8), S. 133–135.

15 Vgl. Protoevangelium des Jacobus, 2.1 f.; Priester Wernher: Maria, A 419–422.

16 Vgl. Priester Wernher: Maria, A 393, 628. Vgl. auch A 621–626: *si sprach: ›waz moht ich dir getůn? | dv hast tohter noch sun, | din man hat dich verlazzen. | ich wil ouch mine strazzen | al von hinnen wenden | vnd wil daz schier vol enden.‹*

17 Vgl. Erving Goffman: Stigma. Über Techniken der Bewältigung beschädigter Identität, übers. v. Frigga Haug. Frankfurt a. M. [23]2016, bes. S. 27, 47, 55, 133, 136, 163.

18 Vgl. Wernher der Schweizer: Maria, V. 313–315. – Noch heute empfinden ungewollt Kinderlose vielfach Scham. Sie befürchten, auf ihren Kinderwunsch reduziert zu werden, schämen sich für ihr Unvermögen und/oder die Intensität ihres Wunsches. Vgl. Millay Hyatt: Ungestillte Sehnsucht. Wenn der Kinderwunsch uns umtreibt. Berlin [3]2017 [2012], S. 46 f.

19 Im Protoevangelium (5.1) verlangt der Protagonist ein weiteres Zeichen und ist erst überzeugt, Gnade gefunden zu haben, als er am priesterlichen Stirnband keine Sünde ablesen kann. Auch bei Priester Wernher (Maria A 753–764) wagt Joachim es kaum, Gott ein neuerliches Opfer darzubringen. – Zum Zwölfstämme-Register, das in den mittelhochdeutschen Versionen fehlt, vgl. Protoevangelium des Jacobus, 1.3.

20 Protoevangelium des Jacobus, 3.2 f. Vgl. auch Priester Wernher: Maria, A 513–522: *›[…] daz dv mich aleinen | so verre hast gescheiden | von allen den sachen | die <du> woldest machen, | […] | darvz hast dv mich genomen, | gesundert vnd gescheiden: | dez můz ich immer wainen.‹*

21 Vgl. Protoevangelium des Jacobus, 2.4. – Zum vestimentären Code allgemein vgl. Andreas Kraß: Geschriebene Kleider. Höfische Identität als literarisches Spiel. Tübingen/Basel 2006 (Bibliotheca Germanica 50).

22 Vgl. Priester Wernher: Maria, A 462–464. Vgl. auch ebd., A 443–445: *waz frevden mag ich vinden, | do dv mir an den kinden | denheine frevde gêbe, | […].*

23 Vgl. Wernher der Schweizer: Maria, V. 191–196.

24 Vgl. Wernher der Schweizer: Maria, V. 288–290. Vgl. auch Angelika Dörfler-Dierken: Die Verehrung der heiligen Anna in Spätmittelalter und früher Neuzeit. Göttingen 1992 (Forschungen zur Kirchen- und Dogmengeschichte 50), S. 161, 236, 242; Kristen L. Geaman: Anna of Bohemia and Her Struggle to Conceive. In: Social History of Medicine 29 (2016), S. 224–244, hier S. 227.

25 Vgl. Reinfried von Braunschweig, V. 12.982 f.: *wie hât dîn süezer trôst allein | mich unberhaft gelâzen?*

26 Vgl. Reinfried von Braunschweig, V. 12.998 f., 13.081. Zum unaufhörlichen Gebet vgl. V. 13.173–13.179.

27 Signori stellt bei der Auswertung spätmittelalterlicher Wunderbücher fest, dass religiöse Maßnahmen gegen Unfruchtbarkeit oft von Männern initiiert wurden. Geaman führt mehrere Beispiele europäischer Hochadeliger an, bei denen kinderlose Eheleute gemeinsam auf Wallfahrt gingen. Vgl. Geaman: Anna of Bohemia, S. 235, 237 f.; Gabriela Signori: Defensivgemeinschaften: Kreißende, Hebammen und ›Mitweiber‹ im Spiegel spätmittelalterlicher Geburtswunder. In: Das Mittelalter. Perspektiven mediävistischer Forschung 1 (1996), S. 113–134, hier S. 121.

28 Abb. 7: *Zwo ersam person auß dem Lannd ob der Enns / sind drew iar vnperhafft beyeinander gewest / vnd khain khind erworben. In dem haben sy sich der gepererin Gottes gen Zell versprochen zu dem lőbwirdigen gotzhauß / vnd sy ward schwanger. 1503.*

29 Für Reisen, bei denen eine reproduktionsmedizinische Behandlung im Ausland erfolgt, kursieren die Begriffe Reproduktionstourismus, Kinderwunschreisen, Fertilitätsreisen oder Repro-Reise, in der englischsprachigen Literatur wird von ›Cross-Border Reproductive Care‹ (CBRC – grenzüberschreitender reproduktionsmedizinischer Versorgung) gesprochen. Vgl. Petra Thorn: Expertise. Reproduktives Reisen. Frankfurt a. M. 2008, S. 5. URL: https://www.profamilia.de//fileadmin/publikationen/Fachpublikationen/expertise_reproduktives_reisen.pdf (Zugriff: 12. 3. 2020). Zum Bedeutungsverlust von Wallfahrten und zur humanistischen Kritik an Fruchtbarkeitswundern vgl. auch Geaman: Anna of Bohemia, S. 236; Daphna Oren-Magidor: From Anne to Hannah: Religious Views of Infertility in Post-Reformation England. In: Journal of Women's History 27 (2015), S. 86–108.

30 Vgl. Albrecht von Scharfenberg: Jüngerer Titurel, Str. 148–151.

31 Vgl. Johann von Würzburg: Wilhelm von Österreich. Aus der Gothaer Handschrift hg. v. Ernst Regel. Berlin 1906 (DTM 3), V. 173–539, im Folgenden zitiert V. 245: *ez wirt uns gŭt.*

32 Der König von Zyzya spricht nicht davon, sich zu bekehren, und hält auch später an seinem Glauben fest (vgl. V. 608–611). – Zur Kategorie der Religion vgl. Andrea Schindler: »von kristen und von haiden«. Die Ordnung der Welt in Johanns von Würzburg *Wilhelm von Österreich*. In: Ina Karg (Hg.): Europäisches Erbe des Mittelalters. Kulturelle Integration und Sinnvermittlung einst und jetzt. Göttingen 2011, S. 95–111.

33 Zur medialen Dimension allgemein vgl. Gabriela Signori: Wunder. Eine historische Einführung. Frankfurt a. M./New York 2007 (Historische Einführungen 2), S. 40–73.

34 Vgl. angelinarummer: Mit Gebet Schwanger geworden. In: urbia. Kinderwunsch Forum (12. 7. 2017), URL: https://www.urbia.de/forum/24-kinderwunsch/4936586-mit-gebet-schwanger-geworden-sehr-lang (Zugriff: 7. 8. 2018). In diesem Post werden die narrative Rahmung und das Gebet wörtlich aus dem Beitrag vom 23. 5. 2008 zitiert, doch stimmen die Jahresangaben nicht überein.

35 Vgl. Don C. Skemer: Binding Words. Textual Amulets in the Middle Ages. University Park 2006. – Priester Wernher (Maria, A 2539–2578) empfiehlt die Textproduktion ausdrücklich als Heilmittel gegen Geburtsnöte. Vgl. dazu Klaus Düwel: Ein Buch als christlich-magisches Mittel zur Geburtshilfe. In: Michael Stausberg (Hg.): Kontinuitäten und Brüche in

der Religionsgeschichte. Festschrift für Anders Hultgård zu seinem 65. Geburtstag am 23.12.2001. Berlin/New York 2001 (Reallexikon der Germanistischen Altertumskunde, Ergänzungsbd. 31), S. 170–193, hier S. 177–183.

36 Zum Post vom 23.5.2008 gibt es 24 Kommentare, zum Beitrag vom 12.7.2017 sogar vierzig. Vgl. rira: Mutter Anna; angelinarummer: Mit Gebet Schwanger.

37 Vgl. Otte: Eraclius, V. 34–74. – Die Zeugung wird zum »himmlisch sanktionierten Festakt«, für den der Ort wie ein Altar vorbereitet werde, argumentiert Jan-Dirk Müller: Höfische Kompromisse. Acht Kapitel zur höfischen Epik. Tübingen 2007, S. 118f.

38 Vgl. Priester Wernher: Maria, A 587–599. – Vgl. allgemein Guntram Haag: Traum und Traumdeutung in mittelhochdeutscher Literatur. Theoretische Grundlagen und Fallstudien. Stuttgart 2003.

39 Vgl. Priester Wernher: Maria, A 796–799. Zur Begegnung am Stadttor vgl. ebd., A 861–907.

40 Zum Brauch, Frauen nach der Entbindung in der Kirche zu segnen, vgl. Adolph Franz: Die kirchlichen Benediktionen im Mittelalter. 2 Bde. Freiburg 1909. Reprint Graz 1960, Bd. 2, S. 213–240; Paula M. Rieder: On the Purification of Women: Churching in Northern France, 1100–1500. New York 2006.

41 Zum Gebet, den Marienerscheinungen und dem Gelübde vgl. Reinfried von Braunschweig, V. 13.180–13.496. Zur Bewunderung des Jesuskindes vgl. ebd., V. 13.258 f.

42 Reinfried scheint das Motiv für die Kreuzfahrt selbst fragwürdig zu sein, jedenfalls spricht er nur mit Yrkane über seine Hoffnung auf ein Kind, wohingegen er den reproduktiven Zweck gegenüber seinen Gefolgsleuten verschweigt. – Zu Reinfried als *miles christianus* und der damit verbundenen Gott-Mensch-Beziehung vgl. Otto Neudeck: Continuum historiale. Zur Synthese von tradierter Geschichtsauffassung und Gegenwartserfahrung im ›Reinfried von Braunschweig‹. Frankfurt a. M. u. a. 1989 (Mikrokosmos 26), S. 130–143.

43 Vgl. Reinfried von Braunschweig, V. 14.926–14.986. – Zu Yrkanes Tierträumen vgl. Herfried Vögel: Naturkundliches im ›Reinfried von Braunschweig‹. Zur Funktion naturkundlicher Kenntnisse in deutscher Erzähldichtung des Mittelalters. Frankfurt a. M. u. a. 1990 (Mikrokosmos 24), S. 137; Klaus Ridder: Mittelhochdeutsche Minne- und Aventiureromane. Fiktion, Geschichte und literarische Tradition im späthöfischen Roman: ›Reinfried von Braunschweig‹, ›Wilhelm von Österreich‹, ›Friedrich von Schwaben‹. Berlin/New York 1998 (Quellen und Forschungen zur Literatur- und Kulturgeschichte N. F. 12), S. 69 f.

44 Vgl. Wernher der Schweizer: Maria, V. 153–156: *Dar umb seit man von in | Das sy unberhaft waerin | Und fruht von in nit kaeme, | Als Got wol zaeme.*

45 Vgl. Protoevangelium des Jacobus, 4.4; Priester Wernher: Maria, A 684 f. Vgl. auch ebd., A 354–356: *si waren verfluchet in der âe | die an ir geburde | gesegenet niht enwurden.*

46 Albrecht von Scharfenberg: Jüngerer Titurel, Str. 157,4: *staete sunder wenken und alles zwivels gar.* Zum Hiobvergleich s. Str. 151,3.

47 Vgl. Otte: Eraclius, V. 29–33, 65–74; Reinfried von Braunschweig, V. 13.272–13.276.

48 Bernhard Kummer: Kindersegen und Kinderlosigkeit. In: Handwörterbuch des deutschen Aberglaubens 4 (1932), Sp. 1374–1385, hier Sp. 1378: *Väl Kinner, väl Vaterunser.*

49 Vgl. Konrad von Würzburg: Alexius, V. 108–114. Zur Gabenlogik vgl. Marcel Mauss: Die Gabe. Die Form und Funktion des Austauschs in archaischen Gesellschaf-

ten, übers. v. Eva Moldenhauer. Frankfurt a. M. 1968.
50 Vgl. Johann von Würzburg: Wilhelm von Österreich, V. 444–453. – Zu den Gaben hochadliger Eheleute, die sich einen Erben wünschten, vgl. auch Jitske Jasperse: Visualizing Dynastic Desire: The Twelfth-Century Gospel Book of Henry and Mathilda. In: Studies in Iconography 39 (2018), S. 135–166, bes. S. 140–144. – Zu Goody vgl. Kap. 3, S. 102 f. »Kinder oder Kirche?«.
51 Zu den höfischen Rezipientinnen und Rezipienten mittelhochdeutscher Marienleben und ihren Interessen an genealogischer Auszeichnung vgl. Müller: Höfische Kompromisse, S. 69; Klaus Schreiner: Nobilitas Mariae. Die edelgeborene Gottesmutter und ihre adeligen Verehrer. Soziale Prägungen und politische Funktionen mittelalterlicher Adelsfrömmigkeit. In: Claudia Opitz u. a. (Hg.): Maria in der Welt. Marienverehrung im Kontext der Sozialgeschichte. 10.–18. Jahrhundert. Zürich 1993 (Clio Lucernensis 2), S. 213–242.
52 Vgl. Heinrich Kaufringer: Der Einsiedler und der Engel. In: ders.: Werke, hg. v. Paul Sappler, Bd. 1: Text. Tübingen 1972, S. 1–13, bes. V. 64–69, 345–368.
53 In dieser Interpretation erhält die Geschichte auch Eingang in die Predigtliteratur. Der Straßburger Domprediger Geiler von Kaysersberg mahnt im *Trostspiegel* (1503), sich nicht zu sehr von weltlichen Bindungen abhängig zu machen. Zur Veranschaulichung erzählt er von kinderlosen Eheleuten, die viele Almosen gaben. Nachdem ihr Kinderwunsch erfüllt worden war, vergaßen sie die Armen und sorgten sich nur noch um ihren Sohn, woraufhin Gott diesen wieder zu sich nahm. Vgl. Johannes Geiler von Kaysersberg: Trostspiegel. In: ders.: Sämtliche Werke, Bd. 1, hg. v. Gerhard Bauer. 1. Teil, 1. Abt. Berlin/New York 1989 (Ausgaben deutscher Literatur des 15. bis 18. Jahrhunderts), S. 201–236, hier S. 228 f.
54 Beispielhaft hierfür ist die Initiative ›Kinderwunschgebet‹, die von der Regionalgruppe des Instituts für Natürliche Empfängnisregelung gegründet wurde. Auf ihrer Homepage lädt die Initiative dazu ein, zu einem festen Zeitpunkt an verschiedenen Orten neun Monate lang für Paare mit unerfülltem Kinderwunsch zu beten. Vgl. URL: http://www.kinderwunschgebet.info (Zugriff: 16. 8. 2018).
55 Zur Entstehung der empirischen Embryologie und ihren Auswirkungen auf die Zeugungsvorstellungen vgl. Andreas Bernard: Kinder machen. Neue Reproduktionstechnologien und die Ordnung der Familie. Samenspender, Leihmütter, Künstliche Befruchtung. Frankfurt a. M. 2014, S. 58, 68.

7 Gefährliche Dritte: Ein Kind um jeden Preis

1 Vgl. Sibylle Lewitscharoff: Von der Machbarkeit. Die wissenschaftliche Bestimmung über Geburt und Tod. Dresdner Rede vom 2. März 2014. In: Deutschlandfunk online 6. 3. 2014. URL: https://www.deutschlandfunk.de/dresdner-rede-von-der-machbarkeit-die-wissenschaftliche.2852.de.html?dram:article_id=279389 (Zugriff: 27. 2. 2020). – Zur Kritik vgl. z. B. Judith Schalansky: Ungeheuerliche Hetze. In: SZ 8. 3. 2014. URL: https://www.sueddeutsche.de/kultur/eklat-um-rede-von-sibylle-lewitscharoff-ungeheuerliche-hetze-1.1907457 (Zugriff: 8. 3. 2020).
2 Zur Figur des Dritten, die binäre Wissensordnungen unterläuft, vgl. Albrecht Koschorke: Ein neues Paradigma der Kultur-

wissenschaften. In: Eva Eßlinger u. a. (Hg.): Die Figur des Dritten. Ein kulturwissenschaftliches Paradigma. Berlin 2010, S. 9–31.

3   Zur Struktur der Stellvertretung vgl. Wolfgang Sofsky/Rainer Paris: Figurationen sozialer Macht. Autorität – Stellvertretung – Koalition. Opladen 1991, S. 112–118; Johannes Weiß: Stellvertretung. Überlegungen zu einer vernachlässigten soziologischen Kategorie. In: Kölner Zeitschrift für Soziologie und Sozialpsychologie 36 (1984), S. 43–55. – Zur pastoraltheologischen Herausforderung vgl. Rüdiger Schnell: Seelsorge und kanonistische Norm – Eine schwierige Vermittlung. Das Fallbeispiel ›Ehefrau mit unehelichem Kind‹. In: Claudia Brinker-von der Heyde/Niklaus Largier (Hg.): Homo medietas. Aufsätze zu Religiosität, Literatur und Denkformen des Menschen vom Mittelalter bis in die Neuzeit. Festschrift für Alois Maria Haas. Bern u. a. 1999, S. 117–138.

4   Vgl. Jack Goody: Die Entwicklung von Ehe und Familie in Europa, übers. v. Eva Horn. Frankfurt a. M. 1989. Erstausgabe: The Development of the Family and Marriage in Europe. Cambridge 1983.

5   Die frühmittelhochdeutsche Genesis. Synoptische Ausgabe nach der Wiener, Millstätter und Vorauer Handschrift, hg. v. Akihiro Hamano. Berlin/Boston 2016 (Hermaea N. F. 138), W 1686 f.: *Abrahames wib sâra | diu was umbare*. Die Handschriften V/M verstärken diesen Aspekt, vgl. V/M 1823 f.: *Von ir selber nature chraft | was sara unberhaft* […]. – Zur Datierung vgl. ebd., S. XIX.

6   Vgl. Frühmittelhochdeutsche Genesis, W 2668: *Rachel wart uil urô*; vgl. auch W 2677.

7   Vgl. Andreas Bernard: Kinder machen. Neue Reproduktionstechnologien und die Ordnung der Familie. Samenspender, Leihmütter, Künstliche Befruchtung. Frankfurt a. M. 2014, S. 283. – Die Figur der Leihmutter ist Mitte der 1980er Jahre, ausgelöst durch einen amerikanischen Sorgerechtsstreit, in den Fokus der Öffentlichkeit gelangt, vgl. ebd., S. 257–265. Vgl. auch ders.: Die Leihmutter. In: Eßlinger u. a. (Hg.): Die Figur des Dritten, S. 304–315; Joseph P. Byrne/Eleanor A. Congdon: Mothering in the Casa Datini. In: Journal of Medieval History 25 (1999), S. 35–56.

8   Vgl. Lewitscharoff: Von der Machbarkeit.

9   Vgl. Bernard: Kinder machen, S. 276, 278. Zur terminologischen Verschleierung vgl. ebd., S. 22.

10 Textgrundlage meiner Analyse sind: Historia Alexandri Magni (Historia de Preliis). Rezension J² (Orosius-Rezension), hg. v. Alfons Hilka. Meisenheim am Glan 1976 (Beiträge zur Klassischen Philologie 79); ihre Übersetzung: Das Buch von Alexander dem edlen und weisen König von Makedonien mit Miniaturen der Leipziger Handschrift, hg. v. Wolfgang Kirsch. Frankfurt a. M. 1991; Rudolf von Ems: Alexander. Ein höfischer Versroman des 13. Jahrhunderts, hg. v. Victor Junk. Leipzig 1928–1929 (Bibliothek des Literarischen Vereins in Stuttgart 272 u. 274). Reprint Darmstadt 1970; Ulrich von Eschenbach [i. e. Etzenbach]: Alexander, hg. v. Wendelin Toischer. Tübingen 1888. Reprint Hildesheim/New York 1974. – Die Geburtsgeschichte gehört zu den meist untersuchten Episoden der volkssprachigen Romane vgl. z. B. Manuel Braun: Vom Gott gezeugt: Alexander und Jesus. Zum Fortleben des Mythos in den Alexanderromanen des christlichen Mittelalters. In: ZfdPh 123 (2004), S. 40–66; Susanne Friede: Alexanders Kindheit in der französischen Zehnsilberfassung und im ›Roman d'Alexandre‹: Fälle ›literarischer Nationalisierung‹ des Alexanderstoffs. In: Jan Cölln/Susanne Friede/Hartmut Wulfram (Hg.): Alexanderdichtungen im Mittelalter. Kulturelle Selbstbestimmung im Kontext literarischer Beziehun-

gen. Göttingen 2000, S. 82–136; Seraina Plotke: Die Geburt des Helden. Mythische Deszendenz in den mittelhochdeutschen Alexanderromanen. In: Hans-Jochen Schiewer/Stefan Seeber (Hg.): Höfische Wissensordnungen. Göttingen 2012 (Encomia Deutsch 2), S. 65–84; Julia Zimmermann: Narrative Lust am Betrug. Zur Nektânabus-Erzählung in Rudolfs von Ems ›Alexander‹. In: Matthias Meyer/Alexander Sager (Hg.): Verstellung und Betrug im Mittelalter und in der mittelalterlichen Literatur. Göttingen 2015 (Aventiuren 7), S. 261–279.

11 Vgl. Rudolf von Ems: Alexander, V. 505 f.: *diu was sîn liep, sîn leit, sîn nôt, | sîn vröude, sîner sinne tôt.* – Bei Ulrich von Etzenbach (Alexander, V. 582–584) setzt die Liebe Nectanabus so zu, dass er seine Minnedame um Gnade fleht: *lâ mich guot unde lip, | frouwe, in dîn genâde geben, | hilf mir daz ich müeze leben.*

12 Vgl. Rudolf von Ems: Alexander, V. 822. Zu den Wünschen des Nectanabus vgl. ebd., V. 845.

13 Vgl. Susan Koslow: The Curtain-Sack: A Newly Discovered Incarnation Motif in Rogier van der Weyden's *Columba Annunciation*. In: artibus et historiae 13 (1986), S. 9–33.

14 Zur Verteidigung wählt Lambrecht eine doppelte Strategie: Zum einen diffamiert er diejenigen, die Philipps leibliche Vaterschaft in Abrede stellen. Zum anderen verstärkt er die verwandtschaftlichen Bezüge, indem er die Genealogie vom Vater bis zum Großvater und von der Mutter bis zum Onkel nachzeichnet. Vgl. Pfaffe Lambrecht: Alexanderroman. Mittelhochdeutsch/Neuhochdeutsch, hg., übers. u. kommentiert v. Elisabeth Lienert. Stuttgart 2007, Vorauer Alexander, V. 71–88, 231–234, hier V. 71, 231.

15 Vgl. Ulrich von Etzenbach: Alexander, V. 764: *er tet als ein wîse man.*

16 Bernard: Kinder machen, S. 77–123, bes. S. 81, 102, hier S. 78. – Zur gesetzlichen Neuregelung vgl. Samenspenderregistergesetz vom 17. Juli 2017 (BGBl. I S. 2513), URL: https://www.gesetze-im-internet.de/saregg/SaRegG.pdf (Zugriff: 14. 2. 2020).

17 Otnit. Wolf Dietrich. Frühneuhochdeutsch/Neuhochdeutsch, hg. u. übers. v. Stephan Fuchs-Jolie, Victor Millet u. Dietmar Peschel. Stuttgart 2013, Str. 164,4: *wie gros aber ir euch dunket, so seit ir doch mein kind.* – Zur Datierung vgl. Stephan Fuchs-Jolie u. a.: Nachwort. In: Otnit, S. 694–712, hier S. 699. Zur Kinderwunschphantasie vgl. Uta Störmer-Caysa: Ortnits Mutter, die Drachen und der Zwerg. In: ZfdA 128 (1999), S. 282–308, hier S. 305 f.

18 Vergleichbare Rollenkonflikte lassen sich in der Frühgeschichte der Samenspende finden, als Empfängnis und Sex bereits entkoppelt, ärztliche Assistenz und Spermaproduktion aber noch verquickt waren. Bis in die 1960er beauftragten Gynäkologen Medizinstudenten oder Ärzten im Praktikum mit der Produktion. Vgl. Bernard: Kinder machen, S. 208 f. Zur fertilen Bedeutung der Alraune vgl. ebd., S. 197 und Gen 30,14–16.

19 Vgl. Niccolò Machiavelli: Die Alraune (La Mandragola), übers. v. Jürgen Wüllrich. Norderstedt 2010.

20 In der *Historia de preliis* bezieht sich die Königin auf das Gerücht einer baldigen Trennung, ohne dies mit ihrer Unfruchtbarkeit zu begründen. Erst die mittelalterlichen Bearbeiter gestalten dieses Motiv aus. Bei Rudolf von Ems (Alexander, V. 654 f.) bemüht sich Olympias selbst um Beschwichtigung. Sie spricht von einem kleinen Makel und geht von einer temporären Phase aus.

21 Vgl. Rudolf von Ems: Alexander, V. 430–433, V. 445–450. Zur Zurückweisung vgl. ebd., V. 567 f.

22 Vgl. Ulrich von Etzenbach: Alexander, V. 204–215. Zum Liebesappell und Olympias' Ablehnung vgl. ebd., V. 414–624.
23 Vgl. Rudolf von Ems: Alexander, V. 867.
24 Ulrich von Etzenbach: Alexander, V. 747 f.: *von minne und rehter liebe kraft | wart die frouwe berhaft.* Vgl. auch V. 680–688: ›[…] | *du solt fruht von im nemen.*‹ | […] *dô twanc frouwe Minne | der küniginne sinne | und ir gemüete in fremde ger | gegen dem gote Jupiter.*
25 Noch in der Frühgeschichte der Samenspende wird der weibliche Orgasmus als unverzichtbar für eine Empfängnis betrachtet, was die Beteiligung des Arztes bisweilen fragwürdig erscheinen lässt. Vgl. Bernard: Kinder machen, S. 178–190.
26 Vgl. Rudolf von Ems: Alexander, V. 875–890, hier V. 882 f. In ihrer Not wendet sich die Protagonistin noch einmal an Nectanabus, der erneut seine Zauberkräfte einsetzt und seine Beteiligung verschleiert.
27 Vgl. Ulrich von Etzenbach: Alexander, V. 809 f.: *hân ich fruht von dir genomen, | wie sol mir die ze vröiden komen?* – Zur Fruchtbarkeitsklage, dem Schuldbekenntnis und dem Susannavergleich vgl. ebd., V. 768–843.
28 Zu Philipps Freispruch vgl. Rudolf von Ems: Alexander, V. 1052–1061. – Aus Sicht des Erzählers ist die Situation nicht ganz so einfach. Er erklärt Olympias für unschuldig schuldig (V. 1071 f.), weil sie sich zwar nur ihrem Mann zuliebe auf den Samensender eingelassen habe, aber eben doch untreu geworden sei.
29 Vgl. Otnit, Str. 168,4: *du solt mit ir nicht zürnen, es geschach an iren dank.* – Zu den Auswirkungen auf die Herrschaftslegitimation und zu Ortnits enger Mutterbindung, vgl. Störmer-Caysa: Ortnits Mutter, S. 288–296.
30 Vgl. Machiavelli: Alraune, III.2, S. 39. – Der Vorfall ist nicht nur durch den Dramenkontext zu erklären, sondern zeugt auch von der frühneuzeitlichen Kritik am reproduktionstheologischen System und seinen kirchlichen Profiteuren. Zu den folgenden Zitaten vgl. III.10, S. 52; III.11, S. 54; IV. 8, S. 72. – Zur Instrumentalisierung der Religion vgl. Peter Kainz: Politische Anthropologie, erfolgreiche Selbstdurchsetzung und Umwertung der Werte. Die Anwendung der politischen Lehre in Machiavellis Komödie *La Mandragola*. In: Zeitschrift für Politik 56 (2009), S. 197–215, hier S. 210–213.
31 Ob diese Reproduktionsstrategie je zum Ziel führt, bleibt in der *Alraune* offen. Erst in einer späteren Komödie wird von Lucrezias Schwangerschaft berichtet. Vgl. Niccolo Machiavelli: Clizia. In: ders.: Gesammelte Schriften in fünf Bänden. München 1925, Bd. 5, S. 189–250, hier S. 211 (II.3).
32 Vgl. Lewitscharoff: Von der Machbarkeit.
33 Zu den medizinischen, juristischen und ethischen Rahmenbedingungen für gleichgeschlechtliche Paare mit Kinderwunsch vgl. die Beiträge in: Dorett Funcke/Petra Thorn (Hg.): Die gleichgeschlechtliche Familie mit Kindern. Interdisziplinäre Beiträge zu einer neuen Lebensform. Bielefeld 2015.
34 Vgl. Raewyn Connell: Der gemachte Mann. Konstruktion und Krise von Männlichkeiten. Wiesbaden ⁴2015 (Geschlecht und Gesellschaft 8), S. 119–136. Erstausgabe: Masculinities. Cambridge 1995.
35 Zur Frage der Vaterschaft innerhalb der erzählten Welt vgl. Rudolf von Ems: Alexander, V. 921–994. Zur Erzählerkritik vgl. ebd., V. 1075–1083, 1175–1204.
36 Zu Philipps Schwäche vgl. auch Braun: Vom Gott gezeugt, S. 44; Friede: Alexanders Kindheit, S. 91.
37 Philipp wird als vorbildlicher Herrscher eingeführt, der sich durch Macht, Ansehen, Abstammung und Mildtätigkeit auszeichnet. Wie für mittelalterliche Un*fruchtbar-

keitsgeschichten typisch werden ideales Leben und reproduktives Defizit kontrastiert. Vgl. Ulrich von Etzenbach: Alexander, V. 173–202. Zum Bekenntnis der Königin zu ihrem Mann vgl. V. 507–512. Zum Motiv des Alters vgl. V. 402, 509, 511, 855.

38 Vgl. Ulrich von Etzenbach: Alexander, V. 1251–1253: *daz ez vil mangem noch geschiht, | der des gelouben niht | daz man in iht affe | [...].*

39 Vgl. Das hessische Weihnachtsspiel. In: Drama des Mittelalters, hg. v. Richard Froning, 3 Bde. Stuttgart [1891–1892] (Deutsche National-Litteratur 14), Bd. 3, S. 902–939, V. 614–639. Vgl. auch Regina Toepfer: Vom marginalisierten Heiligen zum hegemonialen Hausvater. Josephs Männlichkeit im *Hessischen* und in Heinrich Knausts *Weihnachtsspiel*. In: European Medieval Drama 17 (2013), S. 43–68, hier S. 51 f.

40 Machiavelli: Alraune, II., S. 37. Zum folgenden Zitat vgl. V. 2, S. 83.

41 Vgl. Bernard: Kinder machen, S. 189, 223.

42 Zu den Wunderzeichen der Geburt und Philipps Verzicht auf den Kindsmord vgl. Rudolf von Ems: Alexander, V. 1260–1273. Zu Alexander als Wunderkind vgl. Rudolf von Ems: Alexander, V. 1327–1344. Zur Spannung zwischen heroischer Exorbitanz und dynastischer Tradition vgl. Jan-Dirk Müller: Höfische Kompromisse. Acht Kapitel zur höfischen Epik. Tübingen 2007, S. 72 f.

43 Vgl. Karl Borinski: Eine ältere deutsche Bearbeitung von Robert le diable. In: Germania 37 (1892), S. 44–62, Nachtrag S. 201–203. Zitiert wird im Folgenden S. 49,5: *ein kint vnd ein svn des teuffels*. – Zur Vorlage vgl. die jüngst erschienene englische Übersetzung: Robert the Devil: The First Modern English Translation of Robert le Diable, an Anonymous French Romance of the Thirteenth Century, translated by Samuel N. Rosenberg. Pennsylvania 2018.

44 Vgl. Lewitscharoff: Von der Machbarkeit.

45 Vgl. Heinrich Kramer (Institoris): Der Hexenhammer. Malleus Maleficarum. Neu aus dem Lateinischen übertragen v. Wolfgang Behringer, Günter Jerouschek und Werner Tschacher. Hg. u. eingeleitet v. Günter Jerouschek u. Wolfgang Behringer. München ¹¹2015, S. 479–481.

46 Vgl. die Geschichten, die auf der Homepage des Vereins ›Spenderkinder‹ erzählt werden, URL: http://www.spenderkinder.de/ueberuns/meinungenundgeschichten/ (Zugriff: 8. 3. 2020). Vgl. auch Bernard: Kinder machen, S. 124–144; Millay Hyatt: Ungestillte Sehnsucht. Wenn uns der Kinderwunsch umtreibt. Berlin ³2017 [2012], S. 67–71, 83–90.

8 Soziale Alternative: Ein Kind annehmen

1 Vgl. Millay Hyatt: Ungestillte Sehnsucht. Wenn der Kinderwunsch uns umtreibt. Berlin ³2017 [2012], S. 154–159.

2 Vgl. Albrecht von Eyb: Ob einem manne sey zunemen ein eelichs weyb oder nicht. Einführung v. Helmut Weinacht. Darmstadt 2006 (= Ehebüchlein), S. 109. Für die Analyse nutze ich folgende Editionen: 1) Albanus: a) Die religiösen Dichtungen des 11. und 12. Jahrhunderts. Nach ihren Formen besprochen u. hg. v. Friedrich Maurer, Bd. 3, Tübingen 1970, S. 605–614; b) Albrecht von Eyb: Ehebüchlein, S. 108–118; 2) Gregorius: Hartmann von Aue: Gregorius, hg. v. Hermann Paul, neu bearb. v. Burghart Wachinger. Tübingen ¹⁵2004 (ATB 2); 3) Judas: Das Passional, Bd. 2: Apostellegenden, hg. v. Annegret Haase,

Martin Schubert u. Jürgen Wolf. Berlin 2013 (DTM 91), V. 34.483–35.028; 4) Mose: a) Die altdeutsche Exodus, hg. v. Ernst Kossmann. Straßburg/London 1886 (Quellen und Forschungen 57), V. 141–268; b) Vorauer Mose. In: Deutsche Gedichte des elften und zwölften Jahrhunderts, hg. v. Joseph Diemer. Wien 1849. Reprint Darmstadt 1968, S. 32–34; 5) Fresne: Marie de France: Die Lais, übers., mit einer Einleitung, einer Bibliographie sowie Anmerkungen versehen v. Dietmar Rieger. München 1980 (Klassische Texte des romanischen Mittelalters in zweisprachigen Ausgaben 19), S. 152–185; 6) Beaflor: Mai und Beaflor. Minneroman des 13. Jahrhunderts, hg. v. Christian Kiening u. Katharina Mertens Fleury. Zürich 2008. URL: http://www.ds.uzh.ch/kiening/Mai_und_Beaflor/MaiundBeaflor.pdf (Zugriff: 12. 3. 2020); 7) Willehalm: Rudolf von Ems: Willehalm von Orlens, hg. v. Victor Junk. Berlin 1905 (DTM 2); 8) Lewe und 9) Oleybaum: Herzog Herpin. Kritische Edition eines spätmittelalterlichen Prosaepos, hg. v. Bernd Bastert. Berlin 2014 (Texte des späten Mittelalters und der frühen Neuzeit 51); 10) Fridbert: Jörg Wickram: Knabenspiegel. In: Romane des 15. und 16. Jahrhunderts. Nach den Erstdrucken mit sämtlichen Holzschnitten, hg. v. Jan-Dirk Müller. Frankfurt a. M. 1990 (Bibliothek deutscher Klassiker 54), S. 679–810.

3 Vgl. Altdeutsche Exodus, V. 215: *diu muoter was wise.*

4 Vgl. Passional, V. 34.499–34.567. Vgl. auch Silvia Kehrel: Möglichkeiten, Kindheit zu denken. Darstellungen von Kindheit und ihre ideale Rezeption im mittelhochdeutschen *Passional*. Würzburg 2013 (Würzburger Beiträge zur deutschen Philologie 36).

5 Vgl. Hartmann von Aue: Gregorius, V. 303–450; Albrecht von Eyb: Ehebüchlein, S. 108; Marie de France: Fresne, V. 73–94.

6 Vgl. Herzog Herpin, S. 30 f., 419 f.

7 Vgl. Wickram: Knabenspiegel, S. 689 f. Vgl. auch Manuel Braun: Ehe, Liebe, Freundschaft. Semantik der Vergesellschaftung im frühneuhochdeutschen Prosaroman. Tübingen 2001 (Frühe Neuzeit 60), S. 176–182.

8 Vgl. John Boswell: The Kindness of Strangers: The Abandonment of Children in Western Europe from Late Antiquity to the Renaissance. Chicago 1988. Reprint 1998. Vgl. auch James A. Schultz: The Knowledge of Childhood in the German Middle Ages, 1100–1350. Philadelphia 1995 (Middle Ages Series), S. 124 f.; Christina Tuor-Kurth: Kindesaussetzung und Moral in der Antike. Jüdische und christliche Kritik am Nichtaufziehen und Töten neugeborener Kinder. Göttingen 2010 (Forschungen zur Kirchen- und Dogmengeschichte 101).

9 Vgl. Vorauer Mose, S. 32, Z. 13–15.

10 Vgl. Hartmann von Aue: Gregorius, V. 699–788, 923–977; Passional, V. 34.550–34.579.

11 Vgl. Albrecht von Eyb: Ehebüchlein, S. 108 f.; Marie de France: Fresne, V. 95–210. Von der ältesten deutschen Version der Albanuslegende sind nur zwei Bruchstücke überliefert, von denen das erste mit dem Finden des Kindes einsetzt. – Auch gedungene Mörder ziehen eine Aussetzung der Tötung vor. Im *Herzog Herpin* (S. 423 f.) ist ein Schildknecht von dem Lächeln des Kindes so berührt, dass er das gezückte Messer wieder einsteckt, das Kind in ein Tuch wickelt und es unter einem Baum ablegt.

12 Vgl. Boswell: Kindness, S. 39, 390. Zum Geschlecht der Kinder vgl. ebd., S. 390 f.

13 Vgl. Philippe Ariès: Geschichte der Kindheit. Mit einem Vorwort v. Hartmut von Hentig, übers. v. Caroline Neubaur u. Karin Kersten. München [16]2007. Erstausgabe: L'enfant et la vie familiale sous l'ancien régime. Paris 1960; Elisabeth

Badinter: Die Mutterliebe. Geschichte eines Gefühls vom 17. Jahrhundert bis heute, übers. v. Friedrich Griese. München/Zürich ⁴1991. Erstausgabe: L'amour en plus. Paris 1980. Vgl. auch Edward Shorter: Die Geburt der modernen Familie, übers. v. Gustav Kilpper. Reinbek bei Hamburg 1977, S. 197 f. – Zur Kritik vgl. z. B. Boswell: Kindness, S. 37 f.; Lydia Miklautsch: Studien zur Mutterrolle in den mittelhochdeutschen Großepen des elften und zwölften Jahrhunderts. Erlangen 1991 (Erlanger Studien 88), S. 11; Schultz: Knowledge, S. 110. – Einen Forschungsüberblick bietet Kehrel: Möglichkeiten, S. 16–33.

14 Vgl. Herzog Herpin, S. 30 f., 419 f.

15 Vgl. Altdeutsche Exodus, V. 219: *mit grôzzem ungemache*; Hartmann von Aue: Gregorius, V. 699–788.

16 Vgl. Marie de France: Fresne, V. 121–134; Albrecht von Eyb: Ehebüchlein, S. 108–111; Herzog Herpin, S. 162, 164, 548 f. Erst beim Anblick des Tuchs kann Lewe glauben, dass er ein Findelkind ist. Erschüttert nimmt er es in die Hand, küsst es immer wieder und behandelt es wie eine Reliquie. Er lässt das Tuch sorgfältig aufbewahren, bis er es seiner mutmaßlichen Mutter zeigen kann, die es sofort wiedererkennt.

17 Vgl. Marie de France: Fresne, V. 445–484. Zur Klage von Cyborea vgl. Passional, V. 34.886–34.899.

18 Vgl. Sally Bishop Shigley: Great Expectations: Infertility, Disability, and Possibility. In: Gayle Davis/Tracey Loughran (Hg.): The Palgrave Handbook of Infertility in History. Approaches, Contexts and Perspectives. London 2017, S. 37–55, hier S. 47. Zu phantasierten Kindern vgl. Hyatt: Ungestillte Sehnsucht, S. 19, 39. Zur heutigen Adoptionssituation vgl. ebd., S. 161–163. Die Zahl der Adoptionsbewerbungen ist zwar zurückgegangen, doch gibt es in Deutschland noch immer mehr als siebenmal so viele Anträge wie vermittelbare Kinder.

19 Vgl. Passional, V. 34.580–34.614; Albrecht von Eyb: Ehebüchlein, S. 109.

20 Zur Schönheit des Kindes vgl. Hartmann von Aue: Gregorius, V. 1033 f. Zu Badewins und Elijs Erzählungen vgl. u. a. Herzog Herpin, S. 161, 680.

21 Vgl. Herzog Herpin, 425,15 f.: *Ach, der dich hie hat lassen ligen, der hait dich nit liep. Gott wolle yme ewiclichen verflüchen!* Zur Aufnahme in die Pflegefamilie vgl. ebd., S. 425–427. – Thematisiert wird die Kinderlosigkeit des Hirtenpaares nicht ausdrücklich, doch werden nie eigene Kinder erwähnt. – Zur Pflegeelternschaft vgl. auch Lina Herz: Schwieriges Glück. Kernfamilie als Narrativ am Beispiel des ›Herzog Herpin‹. Berlin 2017 (Philologische Studien und Quellen 258), S. 136–144.

22 Vgl. Rudolf von Ems: Willehalm von Orlens, V. 2498–2500: *So mûete ich das ir mir das kind | Gerûchent ze ainem kinde lan, | Sit ich nit ander kinde han.* Die Annahme des Jungen dient der Wiedergutmachung und als Sühne für die Tötung des leiblichen Vaters. Zur Zustimmung des Rats vgl. ebd., V. 2541–2544. Zur Beauftragung des Senatorenpaars vgl. Mai und Beaflor, V. 574–599. Zu Benignas Antwort vgl. ebd., V. 668–672.

23 Vgl. Wickram: Knabenspiegel, S. 688–690, hier S. 690, Z. 14 f.: *dann wann das jr eigen fleisch vnd blût gewesen were.* – Das Nahverhältnis beider Frauen wird genau austariert. Patrix ist die *naturliche[] Mûter*, das Baby ihr *eigen leiblich kind*, doch kann Concordia es zu *mine[m] Son* erklären (S. 691, Z. 8.11 f.).

24 Zu den Täuschungsstrategien diskreditierbarer Personen vgl. Erving Goffman: Stigma. Über Techniken der Bewältigung beschädigter Identität, übers. v. Frigga Haug. Frankfurt a. M. ²³2016, S. 94–116. – Boswell (Kindness, S. 369) hält die vorgetäuschte biologische Verwandtschaft für

eine Gemeinsamkeit aller Aussetzungsgeschichten, erklärt dies aber nur mit der Rücksichtnahme auf die Schamgefühle der Kinder. Zur Schweigepflicht vgl. Marie de France: Fresne, V. 222–226; Hartmann von Aue: Gregorius, V. 1059–1062.

25 Vgl. Passional, V. 34.615–34.631; Albanus, hg. v. Maurer, 2, 25 f.: *inde spræche dad si eines sunes læge | biz dad mære alsus <uzquæme>*. – Bei Albrecht von Eyb wird die Herkunft ebenfalls geheim gehalten, doch nicht von einer vorgetäuschten Schwangerschaft berichtet. Zu diesem Motiv vgl. auch Schultz: Knowledge, S. 135.

26 Vgl. Hartmann von Aue: Gregorius, V. 1138–1143: ›*sit ich nû hie | sîn geistlich vater worden bin, | durch mînes heiles gewin | sô wil ich ez iemer hân | […] vil gerne an mînes kindes stat.*‹ Wickram: Knabenspiegel, S. 690 f. Zur Taufe und Namensgebung vgl. Herzog Herpin, S. 36,13–16; 427,3–5. – Zu geistigen und geistlichen Vätern vgl. Ursula Storp: Väter und Söhne. Tradition und Traditionsbruch in der volkssprachlichen Literatur des Mittelalters. Essen 1994 (Item mediävistische Studien 2), S. 205–248. Zur Taufe als Art der Adoption vgl. Jack Goody: Die Entwicklung von Ehe und Familie in Europa, übers. v. Eva Horn. Frankfurt a. M. 1989, S. 211–221. Zur Patenschaft als soziale Praxis vgl. Bernhard Jussen: Patenschaft und Adoption im frühen Mittelalter. Künstliche Verwandtschaft als soziale Praxis. Göttingen 1991 (Veröffentlichungen des Max-Planck-Instituts für Geschichte 98), S. 271–311.

27 Einzig Gregorius wird nach dem annehmenden Vater benannt und so seine Zugehörigkeit zum geistlichen Bereich früh markiert. Die zeitweilige Rückkehr in die höfische Welt seiner Herkunftsfamilie erweist sich als inzestuöser Irrweg.

28 Vgl. Rudolf von Ems: Willehalm von Orlens, V. 2508–2513: *Swas rehter trúwen ie gephlac | Ain vatter gen dem sune sîn, | Das sol im von mir werden schin | Mit libe und och mit gûte, | Des ist mir wol ze mûte*. Vgl. auch V. 2561–2563. – Dass der Protagonist weiterhin auf seine Herkunft bezogen bleibt, belegt die Namensgebung. Der Junge wird nach seinem leiblichen Vater benannt. Vgl. auch Michael Mecklenburg: Kill the Father and Adopt the Son: On Constructing a Flawless Hero in Rudolf's ›Willehalm von Orlens‹. In: Johannes Keller/ Michael Mecklenburg/Matthias Meyer (Hg.): Das Abenteuer der Genealogie. Vater-Sohn-Beziehungen im Mittelalter. Göttingen 2006 (Aventiuren 2), S. 105–122.

29 Vgl. Mai und Beaflor, V. 727–729: *ich wil gerne ergetzen dich | der vil liben muter din. | ich wil nu dein muter sin.* – Zu Konzepten der Mutterschaft vgl. Claudia Brinker-von der Heyde: Geliebte Mütter – mütterliche Geliebte. Rolleninszenierung in höfischen Romanen. Bonn 1996 (Studien zur Germanistik, Anglistik und Komparatistik 123); Ann Marie Rasmussen: Mothers and Daughters in Medieval German Literature. New York 1997.

30 Von der Schwierigkeit, sich eine adoptierende Frau überhaupt vorzustellen, zeugt der *Vorauer Mose* (S. 33). Als der Junge entwöhnt ist, verschiebt sich der Fokus von der Mutter- auf eine Vaterfigur. Der König wird zur entscheidenden Bezugsperson.

31 Zur Kompensation des fehlenden Elternteils durch Badewin vgl. Herz: Schwieriges Glück, S. 139.

32 Vgl. Wickram: Knabenspiegel, S. 690, Z. 15–29. – In der christlichen Deutung ist das gottgefällige Verhalten der Eheleute ausschlaggebend für die Erfüllung des Kinderwunschs. Dagegen wird in der Moderne oft angenommen, dass sich eine innere Blockade gelöst habe, wenngleich ein reaktiviertes Sexualleben die wahrscheinlichste Ursache für eine späte Schwangerschaft ist. Vgl. Hyatt: Ungestillte Sehnsucht, S. 128.

33 Vgl. Herzog Herpin, S. 161,8: *du bist nit myn son*. Zur kostenintensiven Erziehung vgl. ebd., S. 52–56; zur Reue vgl. ebd., S. 56–58; 78,19 f.: *das müß mich eweclich rüwen*.
34 Vgl. Herzog Herpin, S. 641,10–13; 650, 21–23.
35 Traurig muss der Abt eingestehen: *dû bist, daz merke ich wol dar an, | des muotes niht ein klôsterman*. (Hartmann von Aue: Gregorius, V. 1635 f.). Vgl. auch Storp: Väter und Söhne, S. 220–226.
36 Vgl. Vorauer Mose, V. 33 f.; Passional, V. 34.662–34.679, 34.718–34.728.
37 Vgl. Wickram: Knabenspiegel, S. 782, Z. 11–16: *O du mein vngehorsammer Son / weh mir das ich dich ye gezogen hab / ach warumb starbest du nicht in deiner kintheit / so werest du nit ein vrsach gewesen an dem todt deiner muter / so wer ich auch meines grossen gûts nit so gar beraubet […]*.
38 Vgl. Hartmann von Aue: Gregorius, V. 1432–1808; Herzog Herpin, S. 168; 652 f.; Mai und Beaflor, V. 1650–1679.
39 Vgl. Eric Breitinger: Vertraute Fremdheit. Adoptierte erzählen. Berlin 2011, S. 45–48. Zur Kritik vgl. C. Dorothee Roer. In: social-net Rezensionen (30. 5. 2012), URL: https://www.socialnet.de/rezensionen/12722.php (Zugriff: 22.10.2018). – Ähnliche Diskussionen werden im Kontext der Reproduktionsmedizin geführt, da die genetische Lücke bei Spenderkindern ein Gefühl von Unzulänglichkeit erzeugen kann. Vgl. Andreas Bernard: Kinder machen. Neue Reproduktionstechnologien und die Ordnung der Familie. Samenspender, Leihmütter, Künstliche Befruchtung. Frankfurt a. M. 2014, S. 97, 151.
40 Vgl. Hartmann von Aue: Gregorius, V. 1306–1358. Zur Abwertung von Findelkindern vgl. Boswell: Kindness, S. 431.
41 Vgl. Herzog Herpin, S. 161 f.
42 Vgl. Rudolf von Ems: Willehalm von Orlens, V. 2822–2870; Passional, V. 34.705–34.714, 34.729–34.737.

43 Vgl. Albrecht von Eyb: Ehebüchlein, S. 110: *dadurch Albanus erlernet die warheit das er wer ein fündel vnd außgelegtes kind vnd nit ein sun des künigs in vngernn*. Hartmann von Aue: Gregorius, V. 1398–1403: *daz ir mich ellenden kneht | von einem vunden kinde | vür allez iuwer gesinde | sô zartlichen habet erzogen. | ich enbin niht der ich wânde sîn.* Herzog Herpin, S. 163,24: *Ich bin eyn armer fundeling*; S. 215,22: *Ich weyß nit, wer ich bin*.
44 Vgl. Hartmann von Aue: Gregorius, V. 2575–2588; Albrecht von Eyb: Ehebüchlein, S. 111; Herzog Herpin, S. 164.
45 Vgl. Herzog Herpin, S. 650–653; vgl. auch 642,15–18: *Oleybaum sprach dicke vnd viele: »Is mag myme hertzen wol wee dün, das ich eins küwe hirten son bin. Ich hette alwege lieber getorniert vnd gestochen dan der kühe gehüt.«* Hartmann von Aue: Gregorius, V. 1799–1805. Zu den verschiedenen Erzähltypen vgl. auch Anthony van der Lee: Zum literarischen Motiv der Vatersuche. Amsterdam 1957.
46 Vgl. Marie de France: Fresne, V. 479–510; Herzog Herpin, S. 686–690, 695–697.
47 So lautet die Überschrift bei Albrecht von Eyb: Ehebüchlein, S. 108: *Das kein sunder verzweyfelnn solle*. Vgl. auch Peter Strohschneider: Inzest-Heiligkeit. Krise und Aufhebung der Unterschiede in Hartmanns ›Gregorius‹. In: Christoph Huber/Burghart Wachinger/Hans-Joachim Ziegeler (Hg.): Geistliches in weltlicher und Weltliches in geistlicher Literatur des Mittelalters. Tübingen 2000, S. 105–133; Jutta Eming: Inzestneigung und Inzestvollzug im mittelalterlichen Liebes- und Abenteuerroman (*Mai und Beaflor* und *Apollonius von Tyrus*). In: dies./Claudia Jarzebowski/Claudia Ulbrich (Hg.): Historische Inzestdiskurse. Interdisziplinäre Zugänge. Königstein 2003, S. 21–45, bes. S. 23.
48 Vgl. Boswell: Kindness, S. 3, 157–160.

49 Zur Inzestangst im Kontext der Reproduktionsmedizin vgl. Bernard: Kinder machen, S. 166.

50 Vgl. Caroline Walker Bynum: Fragmentierung und Erlösung. Geschlecht und Körper im Glauben des Mittelalters, übers. v. Brigitte Große. Frankfurt a. M. 1996, S. 32. Erstausgabe: Fragmentation and Redemption. Essays on Gender and the Human Body in Medieval Religion. New York 1991.

51 Vgl. Schultz: Knowledge, S. 252–254. – Zur Kürze der Eltern-Kind-Beziehungen vgl. Cordula Nolte: Frauen und Männer in der Gesellschaft des Mittelalters. Darmstadt 2011 (Geschichte kompakt), S. 65.

52 Vgl. Hartmann von Aue: Gregorius, V. 1273–1277; Herzog Herpin, S. 635–637; Passional, V. 34.648–34.704. – Zu den ungleichen Brüdern in der Judaslegende vgl. Andreas Hammer: Erzählen vom Heiligen. Narrative Inszenierung von Heiligkeit im *Passional*. Berlin/Boston 2015 (Literatur – Theorie – Geschichte 10), S. 349 f.

53 Vgl. z. B. Wickram: Knabenspiegel, S. 695, Z. 23–28: *Diser wiewol er von geblůt dir gar nicht verwant / sonder von deinem Vatter vnd Můter an eines kindes statt angenummen vnd dir gleich wirt aufferzogen / er tritt in die Adelichen fůßstapffen glich wer er von adelichen Elteren geboren […].*

54 Vgl. Schultz: Knowledge, S. 136: »Not only do foster parents equal real parents, they become real parents.« Breitinger: Vertraute Fremdheit, S. 36–38: »Secondhand ein Leben lang«.

55 Vgl. z. B. Goody: Entwicklung, S. 81–89; Jussen: Patenschaft, bes. S. 16 f.

56 Vgl. Rudolf von Ems: Willehalm von Orlens, V. 3378: *Als ob er von mir wår geborn*; Herzog Herpin, S. 847,12: *als were ich ir eygen kint gewest*. Rudolf von Ems: Willehalm von Orlens, V. 2627–2631: *Wan ich wil mit můte, | Mit libe und och mit gůte | Sin vatter iemer sin genant | Und vatters trúwe iemer tůn erkant | Mit getrúwelichen sitten.* –

Zum Treueschwur vgl. ebd., V. 2641–2543. – Zur elterlichen Norm vgl. auch Schultz: Knowledge, S. 137.

57 Vgl. Herzog Herpin, S. 71,26–72,1: *Er hielde yne vor synen vader, dar vmb dede er ÿme die ere.* S. 161,1–4: *Weres du aber myn son, so echte ichs deste mynner. Du enhorest mir nüst zu, darvmb verdrüsset es mich […].* Zur Dialektik der Vaterschaft vgl. ebd., S. 368.

58 Vgl. Mai und Beaflor, V. 883: *ez ist wider vatersit.* Vgl. auch V. 1551–1556: *daz warn veterliche sit. | er vetert ir michels paz | dann ir vater, wizzet daz, | er was ir getriwer vil, | […] danne ir rehter vater was | […].* – Roboals Vorbildlichkeit bestätigt sich beim Abschied, als er Beaflor selbstlos drängt, ihr Erbe mitzunehmen.

59 Vgl. Rudolf von Ems: Willehalm von Orlens, V. 3376–3378: *Wan ich in zainem sune mir | Mit sólcher liebú han erkorn, | Als ob er von mir wår geborn.* – Vgl. Wickram: Knabenspiegel, S. 690 f., 730.

60 Vgl. Albrecht von Eyb: Ehebüchlein, S. 110.

61 Vgl. Herzog Herpin, S. 368,11–14: *Der ritter ist nit myn vader, er hat aber vmb mich verdient, das ich yn mögelicher lieber sol han dann myn vader vnd ouch die müder, die mich drüch.* Vgl. auch S. 691,6 f.

62 Vgl. Herzog Herpin, S. 847,24 f.: *Die frouwe enhoret mir nit zü vnd hat myr doch alle zijt fruntlich gedan.* 848,2 f.: *Das ein müder ir kint liep hat, das ist von natur wegen.* – Noch heute empfinden es Menschen als wertvoll, »ohne die ›hormonellen Tricks der Natur‹ eine Bindung aufzubauen«, berichtet Hyatt: Ungestillte Sehnsucht, S. 157.

63 Vgl. Herzog Herpin, zu Lewe und Badewin vgl. z. B. 369,21.23; 370,1.4; 371,18 f. u. 24; zu Oleybaum und seinen Eltern vgl. z. B. 691,8; 765,13.17 f. In anderen Geschichten dieses Narrativs lässt sich ähnliches beobachten, vgl. z. B. Hartmann von Aue:

Gregorius, V. 1433–1435; Mai und Beaflor, V. 1194, 1206, 1242.

64 Vgl. Herzog Herpin, S. 408,17 f.: *Ich weyß vff ertrich keynen man, den ich billicher liep habe dan üch.* 408,22–409,1: »*Ffrouwe [...], ich enweyß vff ertrich keynen liebern. Ihesus befahle syn müder sant Iohan, also befelhe ich uch myme vader [...].*« – Zur Freundschaft von Jesus und Johannes vgl. Andreas Kraß: Ein Herz und eine Seele. Geschichte der Männerfreundschaft. Frankfurt a. M. 2016, S. 123–137.

65 Vgl. Joseph P. Byrne/Eleanor A. Congdon: Mothering in the Casa Datini. In: Journal of Medieval History 25 (1999), S. 35–56.

9 Mystische Mutterschaft: Das Kind verehren

1 Vgl. Daphne de Marneffe: Die Lust, Mutter zu sein. Liebe, Kinder, Glück, übers. v. Juliane Gräbener-Müller. München ²2005, S. 286. Erstausgabe: Maternal Desire. On Children, Love, and the Inner Life. New York 2004. Zur ›Höhlenfrau‹ vgl. ebd., S. 293. Zur Problematik, dass die ›Sprache der Natur‹ benutzt wird, um Frauen zur Mutterschaft zu überreden, vgl. Orna Donath: #regretting motherhood. Wenn Mütter bereuen, übers. v. Karlheinz Dürr u. Elsbeth Ranke. München 2016, S. 27–29.

2 Vgl. Millay Hyatt: Ungestillte Sehnsucht. Wenn der Kinderwunsch uns umtreibt. Berlin ³2017 [2012], S. 22–24.

3 Von ›mother mysticism‹ spricht auch Rosemary Drage Hale: Rocking the Cradle. Margaretha Ebner (Be)Holds the Divine. In: Mary A. Suydam/Joanna E. Ziegler (Hg.): Performance and Transformation. New Approaches to Late Medieval Spirituality. Basingstoke/London 1999, S. 211–239, hier S. 215.

4 Vgl. Hyatt: Ungestillte Sehnsucht, S. 22–24.

5 Vgl. Die autobiographischen Aufzeichnungen Hermann Weinsbergs. Digitale Gesamtausgabe, URL: http://www.weinsberg.uni-bonn.de/Edition/Liber_Iuventutis/LI2.HTM (Zugriff: 21. 12. 2018): *Agneis hat auch sinen Jhesus [...] bekomen [...].* URL: http://www.weinsberg.uni-bonn.de/Edition/Liber_Iuventutis/LI6.HTM (Zugriff: 21. 12. 2018): *Mir hatten Annen ein Jesus gegeben [...].*

6 Vgl. Seelenkind. Verehrt. Verwöhnt. Verklärt. Das Jesuskind in Bayerns Frauenklöstern, hg. v. Kuratorium des Diözesanmuseums Freising, Redaktion Christoph Kürzeder u. a. Freising 2012 (Kataloge und Schriften 55). Zum Aufnahmeritual vgl. Irmgard E. Zwingler: »Gekleydter Jesus« im Klarissenkloster St. Jakob am Anger in München. In: Seelenkind, S. 52–59, hier S. 59. – Bezeugt sind mitgebrachte Jesuskinder in den Aussteuerlisten des Münchener Klarissenklosters St. Anger seit 1641 (vgl. ebd., S. 62, Anm. 7). Vgl. auch Peter Keller: Die Wiege des Christuskindes. Ein Haushaltsgerät in Kunst und Kult. Worms 1998 (Manuskripte für Kunstwissenschaft in der Wernerschen Verlagsgesellschaft 54); Charlotte Klack-Eitzen/Wiebke Haase/Tanja Weißgraf: Heilige Röcke. Kleider für Skulpturen in Kloster Wienhausen. Regensburg 2013, S. 11–69.

7 Zum lebensechten Aussehen der Figuren in der Barockzeit vgl. Anna-Laura de la Iglesia y Nikolaus: »Heilige Puppen?« Zur Materialität barocker Jesuskind-Figuren. In: Seelenkind, S. 84–93.

8 Vgl. Christiane Klapisch-Zuber: Holy Dolls: Play and Piety in Florence in the Quattrocento. In: dies.: Women, Family, and Ritual in Renaissance Italy, translated by Lydia Cochrane. Chicago/London 1985,

S. 310–329, hier S. 326. Zur Kritik an der Kompensationsthese vgl. Ulinka Rublack: Female Spirituality and the Infant Jesus in Late Medieval Dominican Convents. In: Gender & History 6 (1994), S. 37–57, hier S. 39.

9   Vgl. Margaretha Ebner: Offenbarungen. In: Philipp Strauch: Margaretha Ebner und Heinrich von Nördlingen. Ein Beitrag zur Geschichte der deutschen Mystik. Freiburg/Tübingen 1882, S. 1–166, hier S. 87–91. Vgl. auch Susanne Bürkle: Die *Offenbarungen* der Margareta Ebner. Rhetorik der Weiblichkeit und der autobiographische Pakt. In: Doerte Bischoff/Martina Wagner-Egelhaaf (Hg.): Weibliche Rede – Rhetorik der Weiblichkeit. Studien zum Verhältnis von Rhetorik und Geschlechterdifferenz. Freiburg 2003, S. 79–102; Drage Hale: Rocking the Cradle.

10 Vgl. auch Heinrich von Nördlingen: Briefe. In: Strauch: Margaretha Ebner, S. 169–270, XLII, Z. 25–30: *das du uns usz deinen mutterlichen vollen megdlichen brusten weiszlich und freintlich gesögen kanst […]. dar umb mugen wir sprechen: wir uf springent und frewent uns in dir, so wir gedenckent deiner brüste […].*

11 Vgl. Oskar Pfister: Hysterie und Mystik bei Margaretha Ebner (1291–1351). In: Zentralblatt für Psychoanalyse 1 (1911), S. 468–485, zitiert S. 468, 477, 485. Zur Kritik vgl. Rublack: Female Spirituality, S. 51. Vgl. auch Wolfgang Beutin: ›Hysterie und Mystik‹. Zur Mittelalter-Rezeption der frühen Psychoanalyse. Die ›Offenbarungen‹ der Nonne Margareta Ebner (ca. 1291–1351), gedeutet durch den Zürcher Pfarrer und Analytiker Oskar Pfister. In: Irene Burg u. a. (Hg.): Mittelalter-Rezeption IV: Medien, Politik, Ideologie, Ökonomie. Göppingen 1991 (GAG 550), S. 11–26.

12 Vgl. Margaretha Ebner: Offenbarungen, S. 119–121.

13 Vgl. Het leven van Liedewij, de maagd van Schiedam, hg. v. Ludo Jongen u. Cees Schotel. Hilversum ²1994, Kap. 29, S. 80 f.; Die Offenbarungen der Adelheide Langmann. Klosterfrau zu Engelthal, hg. v. Philipp Strauch. Straßburg 1878, S. 66; Vita venerabilis Lukardis monialis ordinis Cisterciensis in Superiore Wimaria [hg. v. Josephus de Backer]. In: Analecta Bollandiana 18 (1899), S. 305–367, hier S. 334; Johannes Marienwerder: Das Leben der heiligen Dorothea, hg. v. Max Töppen. In: Scriptores rerum Prussicarum II, hg. v. Theodor Hirsch, Max Töppen u. Ernst Strehlke. Leipzig 1863, S. 179–374, hier S. 365 (Septililium 1,25). Vgl. auch Peter Dinzelbacher: Deutsche und Niederländische Mystik des Mittelalters. Ein Studienbuch. Berlin/Boston 2012, S. 135 f., 172–174, 274; ders.: Körper und Frömmigkeit in der mittelalterlichen Mentalitätsgeschichte. Paderborn u. a. 2007, S. 79–109.

14 Vgl. Michel Foucault: Der Wille zum Wissen, übers. v. Ulrich Raulff u. Walter Seitter. Frankfurt a. M. ¹⁹2012 (Sexualität und Wahrheit 1), S. 103 f. Erstausgabe: La volonté de savoir. Paris 1976 (Histoire de la sexualité 1); Caroline Walker Bynum: Fragmentierung und Erlösung. Geschlecht und Körper im Glauben des Mittelalters, übers. v. Brigitte Große. Frankfurt a. M. 1996, S. 127. Erstausgabe: Fragmentation and Redemption. Essays on Gender and the Human Body in Medieval Religion. New York 1991.

15 Vgl. Elisabeth von Schönau: Werke, eingeleitet, kommentiert u. übers. v. Peter Dinzelbacher. Paderborn u. a. 2006, S. 36 (Visionsbuch 1, Nr. 58).

16 Vgl. Ruth Meyer: Das ›St. Katharinentaler Schwesternbuch‹. Untersuchung, Edition, Kommentar. Tübingen 1995 (MTU 104), Nr. 24, S. 108: *Disú schwester kam ouch in die gnád an dem heiligen tag ze wihenehten in der metti do man an vieng ›Cristus natus‹,*

das sy vnser frówen sah als do si vnsern herren gebar, vnd das kindli ligen in der krippe [...]. – Die schriftliche Überlieferung des *Schwesternbuchs* setzt erst im 15. Jh. ein.

17 Vgl. Fabian Wolf: Die Weihnachtsvision der Birgitta von Schweden: Bildkunst und Imagination im Wechselspiel. Regensburg 2018, S. 34–36; Elizabeth Andersen: Das Kind sehen. Die Visualisierung der Geburt Christi in Mystik und Meditation. In: Ricarda Bauschke/Sebastian Coxon/Martin H. Jones (Hg.): Sehen und Sichtbarkeit in der Literatur des deutschen Mittelalters. Berlin 2011, S. 290–310, hier S. 297–299.

18 Vgl. Leben und Offenbarungen der Wiener Begine Agnes Blannbekin († 1315), hg. u. übers. v. Peter Dinzelbacher u. Renate Vogeler. Göppingen 1994 (GAG 419), S. 403–407.

19 Zu den *Mediationes* als »Drehbuch der Einbildungskraft« und zur Frage der Autorschaft, die lange Bonaventura zugeschrieben wurde, vgl. Wolf: Weihnachtsvision, S. 74, 80, 86–88.

20 Vgl. Andersen: Das Kind sehen, S. 307.

21 Vgl. Christopherus Marianus [i. e. Daniel Mattsperger]: Puerperium Marianum. [...]. Konstanz: Nicolaus Kalt 1601, S. 182–185, zitiert S. 182: *sag mir O heilige Mutter oder laß mich empfinden / was als dann dein Hertz / dein Gemüth vnd dein Seel empfunden habe*; Adam Walasser: Vom zarten Kindlin Jesu [...]. Dillingen: Sebald Mayer 1565, Sign. [Tvj v–Tvij r], Vij r–v, Xij r.

22 Vgl. Het leven van Liedewij, Kap. 29, S. 80 f.; Margaretha Ebner: Offenbarungen, S. 99–102. Zur Imitation Marias in den mystischen Visionen vgl. Drage Hale: Rocking, S. 211 f.

23 Vgl. Die Offenbarungen der Adelheide Langmann, S. 66: *In den selben zeiten kom unser frau, di suzze kunigin Maria, aines nahtes do si in ihrem pet lak, und trug ir kint an arm und gab ir ir kindelein an daz pette an irn arm, und er was als schon daz unsegleichen waz und er sog ir prustlein [...].* Zu Adelheid Langmanns »›imitatio Mariae‹ in der Weihnachtszeit« vgl. Johanna Thali: Beten – Schreiben – Lesen. Literarisches Leben und Marienspiritualität im Kloster Engelthal. Tübingen/Basel 2003 (Bibliotheca Germanica 42), S. 191–193. – Zu den Visionen der Nonnen aus Katharinental vgl. Meyer: ›St. Katharinentaler Schwesternbuch‹, Nr. 20, S. 105 f. (Adelheit von St. Gallen), Nr. 53, S. 139 f. (Adelheit Othwins).

24 Vgl. Margaretha Ebner: Offenbarungen, S. 90; Meyer: ›St. Katharinentaler Schwesternbuch‹, Nr. 41, S. 130 f.

25 Vgl. de Marneffe: Lust, S. 15–18. Zur mütterlichen Selbstzufriedenheit vgl. ebd., S. 118.

26 Vgl. Margaretha Ebner: Offenbarungen, S. 88; Het leven van Liedewij, Kap. 29, S. 80; Leben der Agnes Blannbekin, S. 407–409.

27 Vgl. Meyer: ›St. Katharinentaler Schwesternbuch‹, Nr. 2, S. 97 f. (Adelheit von Spiegelberg), Nr. 18, S. 104 (Adelheit die Huterin), Nr. 24, S. 107 f. (Ite von Hallau), Nr. 27 a, S. 109, Nr. 27 f., S. 110 f. (namenlos).

28 Vgl. de Marneffe: Lust, S. 286; Hyatt: Ungestilltes Begehren, S. 23; Judith Butler: Das Unbehagen der Geschlechter, übers. v. Katharina Menke. Frankfurt a. M. 1991, S. 138–140.

29 Vgl. Johannes Marienwerder: Leben der heiligen Dorothea, S. 365 (Septililium 1,17). Vgl. auch Petra Hörner: Dorothea von Montau. Überlieferung – Interpretation. Dorothea und die osteuropäische Mystik. Frankfurt a. M. 1993 (Information und Interpretation 7).

30 Vgl. Meyer: ›St. Katharinentaler Schwesternbuch‹, Nr. 40 f., S. 125 f., 128 f.

31 Vgl. Margaretha Ebner: Offenbarungen, S. 86: *do ich daz büechelin enmitten scraib, do viel mir der aller gröst lust in in die kinthait unsers herren mit der aller süezzesten genade.* Zur Geburt der Rede vgl. ebd., S. 120 f. Vgl. auch Bruno Quast: *drücken*

und schriben. Passionsmystische Frömmigkeit in den *Offenbarungen* der Margarethe Ebner. In: Manuel Braun/Cornelia Herberichs (Hg.): Gewalt im Mittelalter. Realitäten – Imaginationen. München 2005, S. 293–305, bes. S. 301–304.

32 Vgl. Walasser: Vom zarten Kindlin Jesu, Sign. Ciiijv–Oijv. Vgl. auch Christoph Kürzeder: Frommes Spiel & geistliche Erbauung. Jesuskind-Verehrung in franziskanischen Frauenklöstern des 17. und 18. Jahrhunderts. In: Seelenkind, S. 66–81. – Zu den verschiedenen Formen christlicher Mutterschaft vgl. Clarissa W. Atkinson: The Oldest Vocation. Christian Motherhood in the Middle Ages. Ithaca/London 1991.

33 Vgl. Walasser: Vom zarten Kindlin Jesu, Sign. [Mvijr]. Zum Missverständnis, die Versorgung von Kindern und Hausarbeit gleichzusetzen, vgl. de Marneffe: Lust, S. 61.

34 Vgl. Mattsperger: Puerperium Marianum, S. 120–125.

35 Vgl. Walasser: Vom zarten Kindlin Jesu, Sign. Qv–Riiijr.

36 Vgl. Meyer: ›St. Katharinentaler Schwesternbuch‹, Nr. 2, 18 f., 24, 27 a, 27 f., 31, 40 f., 43, 47. Zu den Hostienwundern vgl. auch Walker Bynum: Fragmentierung, S. 119; Peter Browe: Die eucharistischen Wunder des Mittelalters. Breslau 1938 (Breslauer Studien zur historischen Theologie), S. 100–111; Rosemarie Rode: Studien zu den mittelalterlichen Kind-Jesu-Visionen. Diss. masch. Frankfurt a. M. 1957, S. 9, 49–54.

37 Zur keuschen Zielgruppe vgl. Walasser: Vom zarten Kindlin Jesu, Sign. Ciijv–Ciiijv. Zum weiblichen Leib Christi in mittelalterlichen Texten vgl. Walker Bynum: Fragmentierung, S. 73–81, 170.

38 Vgl. Walasser: Vom zarten Kindlin Jesu, Sign. [Qiiijv]–Rv.

39 Vgl. auch Drage Hale: Rocking, S. 220 f. Vgl. dagegen de la Iglesia y Nikolaus: »Heilige Puppen?«, S. 90. Auch begrifflich wird klar unterschieden: Margaretha Ebner verwendet für ihr Jesuskind niemals die mittelhochdeutsche Bezeichnung für Puppe (*tocke*), sondern spricht stets von einer materiellen Repräsentation (*bilde*).

40 Vgl. de la Iglesia y Nikolaus: »Heilige Puppen?«, S. 91; Elsbet Stagel: Das Leben der Schwestern zu Töß beschrieben, hg. v. Ferdinand Vetter. Berlin 1906 (DTM 6), S. 36: *Won sy nun als fil gewainet, so befalch man ir ze dem adfent únserm heren das bǎdly ze machen [...] und do sy ze ainem mal mit hertzlicher andacht wainet, do erschan ir únser herr gar mineklich, als er ain kindly was, und sass in ainem bǎdly vor ir, und als sy ainen trehen vergos, der ward bald ze ainem schönen gold knöpfly und fiel in das bǎdly, und schlůg in das zart kindly mit dem hendly unden in das bǎdly.*

41 Nur in liturgischen Kontexten interagierten auch Männer mit Jesuskind-Figuren. Heinrich Seuse erwies bei einer Marienprozession an Lichtmess dem Kind die Ehre, und im Kloster Medingen wurde seine Verehrung gar wie die Wandlung in der Messe zelebriert. Der Priester nahm das Kind vom Altar und hob es beim Glockenklang in die Höhe. Vgl. Heinrich Seuse: Deutsche Schriften, hg. v. Nikolaus Heller. Regensburg 1926, S. 31; Klack-Eitzen: Heilige Röcke, S. 59 f.; Klapisch-Zuber: Holy Dolls, S. 311–313; Johannes Tripps: Das handelnde Bildwerk in der Gotik. Forschungen zu den Bedeutungsschichten und der Funktion des Kirchengebäudes und seiner Ausstattung in der Hoch- und Spätgotik. Berlin 1998, S. 67–83 (Das Christkind als selbständige Bildform), bes. S. 68, 79, 82 f.

42 Vgl. Johannes Geiler von Kaysersberg: Der Haß im Pfeffer. In: Das buch Granatapfel. Straßburg: Johann Knobloch 1511, Sign. cijr: *Ich můß éüch leren / als ir hören werdent / vnd koment den mit buppen*

werck / vnd bringen iesus knaben zů ergetz-lichait / [...] Ir wissen nit dz ir jnen so grossen schaden damitt thůnd / es kompt jn grosser berlicher schad dar auß. Vgl. Bernd Neumann: Geistliches Schauspiel im Zeugnis der Zeit. Zur Aufführung mittelalterlicher religiöser Dramen im deutschen Sprachgebiet. 2 Bde. München/Zürich 1987 (MTU 84–85), Bd. 2, Nr. 3738, S. 900; Nr. 3750, S. 906. – Zum Verbot des Kindelwiegens in der Pfalz-Neuburger Kirchenordnung im Jahr 1543 vgl. ebd., Nr. 3705, S. 877.
43 Vgl. Walasser: Vom zarten Kindlin Jesu, Sign. Aiij r: *Dann were das Kindlin nit geboren / so weren wir gewüßlich all verloren.*
44 Die Stillvisionen männlicher Mystiker sind an die Vorstellung einer weiblichen Seele gebunden. So wendet sich das Jesuskind z. B. an die Seele des Kaplans von Kloster Engelthal, Friedrich Sunder, und erlaubt dieser, es zu stillen, vgl. Rublack: Female Spirituality, S. 42; Thali: Beten, S. 139–141. – Caesarius von Heisterbach berichtet von einem Priester, dessen Bauch während der Wandlung auf wundersame Weise anschwoll. – Zu mystischen Schwangerschaften von Männern vgl. Walker Bynum: Fragmentierung, S. 153. Vgl. auch Roberto Zapperi: Der schwangere Mann. Männer, Frauen und die Macht. München 1984.
45 Zur Heiligen Familie und der daraus resultierenden Marginalisierung des Vaters vgl. Albrecht Koschorke: Die Heilige Familie und ihre Folgen. Ein Versuch. Frankfurt a. M. 2000.
46 Walker Bynum: Fragmentierung, S. 164. – Die Vermutung, dass die Verehrung des Jesuskindes von einer neuen Wertschätzung von Kindern zeuge, kehrt Klapisch-Zuber (Holy Dolls, S. 328) um. Sie betrachtet die Verehrung des heiligen Kindes als Ursache, nicht als Symptom einer veränderten Eltern-Kind-Beziehung.

10 Erzwungene Elternschaft: Ein Kind bereuen

1 Vgl. Orna Donath: #regretting motherhood. Wenn Mütter bereuen, übers. v. Karlheinz Dürr u. Elsbeth Ranke. München 2016, bes. S. 13, 42–53, 89–100 u. ö.
2 Donath: #regretting motherhood, S. 51. Zum Unterschied zwischen Willen und Einverständnis, vgl. ebd., S. 52; Catharine MacKinnon: A Sex Equality Approach to Sexual Assault. In: Annals of the New York Academy of Sciences 989 (2003), S. 265–275.
3 Vgl. Marie de France: Fresne. In: dies.: Die Lais, übers., mit einer Einleitung, einer Bibliographie sowie Anmerkungen versehen v. Dietmar Rieger. München 1980 (Klassische Texte des romanischen Mittelalters in zweisprachigen Ausgaben 19), S. 152–185.
4 Die Herkunft spielt in der Reproduktionsmedizin heute noch eine Rolle. Männer, die als Kind adoptiert wurden, sind von der Samenspende ausgeschlossen. Vgl. Andreas Bernard: Kinder machen. Neue Reproduktionstechnologien und die Ordnung der Familie. Samenspender, Leihmütter, Künstliche Befruchtung. Frankfurt a. M. 2014, S. 112.
5 Zu sozialen Rollen, die mit einem Komplex von Verhaltensvorschriften verknüpft sind, von der Gesellschaft bestimmt und an den Einzelnen herangetragen werden, vgl. Ralf Dahrendorf: Homo Sociologicus. Ein Versuch zur Geschichte, Bedeutung und Kritik der Kategorie der sozialen Rolle. Opladen ^{15}1977 [1959] (Studienbücher zur Sozialwissenschaft 20).

6   Zur Problematik von Zwillingsgeburten vgl. Ute von Bloh: Unheilvolle Erzählungen: Zwillinge in Geschichten des 12. und 13. Jahrhunderts. In: Jan-Dirk Müller (Hg.): Text und Kontext. Fallstudien und theoretische Begründungen einer kulturwissenschaftlich angeleiteten Mediävistik. München 2007 (Schriften des Historischen Kollegs. Kolloquien 64), S. 3–20. Vgl. auch Ulrike Vedder: Zwillinge und Bastarde. Reproduktion, Erbe und Literatur um 1800. In: Ulrike Bergermann/Claudia Breger/Tanja Nusser (Hg.): Techniken der Reproduktion. Medien – Leben – Diskurse. Königstein im Taunus 2002 (Kulturwissenschaftliche Gender Studies 4), S. 167–180, bes. S. 170.

7   Vgl. Der Ritter von Staufenberg, hg. v. Eckhard Grunewald. Tübingen 1979 (ATB 88), V. 636–642: *sù sprachent: »soll sin stolzer lip | one lybes erben sterben? | sol er alsus verderben, | daz er sol han enkeines kindelin? | daz müß unß iemer schaden sin. | vil gern git im ein fürst sin kint, | da von wir yemer beraten sint.«* Zur Bitte der Angehörigen vgl. V. 654–672, zum Einwand des Ritters vgl. V. 673–682.

8   Vgl. Michel Foucault: Der Wille zum Wissen, übers. v. Ulrich Raulff u. Walter Seitter. Frankfurt a. M. ¹⁹2012 (Sexualität und Wahrheit 1), S. 105–107.

9   Vgl. Ritter von Staufenberg, V. 698–708, zitiert V. 701: *ich wil kein elich wip*.

10 Zum Erzählschema vgl. Christoph Huber: Mythisches Erzählen. Narration und Rationalisierung im Schema der »gestörten Mahrtenehe« (besonders im *Ritter von Staufenberg* und bei Walter Map). In: Udo Friedrich/Bruno Quast (Hg.): Präsenz des Mythos. Konfigurationen einer Denkform im Mittelalter und Früher Neuzeit. Berlin/New York 2004 (Trends in Medieval Philology 2), S. 247–273; Armin Schulz: Erzähltheorie in mediävistischer Perspektive. Studienausgabe, hg. v. Manuel Braun, Alexandra Dunkel u. Jan-Dirk Müller. Berlin/München/Boston 2015, S. 214–241; Almut Suerbaum: St. Melusine? Minne, Martenehe und Mirakel im ›Ritter von Staufenberg‹. In: Elizabeth Andersen (Hg.): Texttyp und Textproduktion in der deutschen Literatur des Mittelalters. Berlin 2005 (Trends in Medieval Philology 7), S. 331–345; Wei Tang: Mahrtenehen in der westeuropäischen und chinesischen Literatur: Melusine, Undine, Fuchsgeister und irdische Männer. Eine komparatistische Studie. Würzburg 2009 (Literatura 22), S. 56–62.

11 Vgl. Jan-Dirk Müller: Höfische Kompromisse. Acht Kapitel zur höfischen Epik. Tübingen 2007, S. 92 f.; Beate Kellner: Ursprung und Kontinuität. Studien zum genealogischen Wissen im Mittelalter. München 2004, S. 409–411.

12 Vgl. Astrid Lembke: Dämonische Allianzen. Jüdische Mahrtenehenerzählungen der europäische Vormoderne. Tübingen/Basel 2013 (Bibliotheca Germanica 60). – Zur christlichen Interpretation der gestörten Mahrtenehe vgl. Eckhard Grunewald: »Der túfel in der helle ist úwer schlaf geselle«. Heidnischer Elbenglaube und christliches Weltverständnis im ›Ritter von Staufenberg‹. In: Peter Dinzelbacher/Dieter R. Bauer (Hg.): Volksreligion im hohen und späten Mittelalter. Paderborn u. a. 1990 (Quellen und Forschungen aus dem Gebiet der Geschichte NF 13), S. 129–142.

13 Vgl. Stephan Fuchs-Jolie: Von der Fee nur der Fuß. Körper als Allegorien des Erzählens im »Peter von Staufenberg«. In: DVjs 83 (2009), S. 53–69.

14 Vgl. Giovanni Boccaccio: Das Dekameron. Vollständige Ausgabe in der Übertragung v. Karl Witte, durchgesehen v. Helmut Bode. Düsseldorf/Zürich 2001, S. 830–842. Zur Rezeption vgl. Achim Aurnhammer/Hans-Jochen Schiewer (Hg.): Die deutsche

Griselda. Transformationen einer literarischen Figuration von Boccaccio bis zur Moderne. Berlin/New York 2010 (Frühe Neuzeit 146); Mario Zanucchi: Stoische Philosophin – christliche Dulderin – brave Gattin. Die europäischen Metamorphosen von Boccaccios Griselda. In: Christa Bertelsmeier-Kierst/Rainer Stillers (Hg.): 700 Jahre Boccaccio. Traditionslinien vom Trecento bis in die Moderne. Frankfurt a. M. u. a. 2015 (Kulturgeschichtliche Beiträge zum Mittelalter und zur Frühen Neuzeit 7), S. 193–220; Franz Josef Worstbrock: Petrarcas ›Griseldis‹ und ihre Poetik. In: Klaus Grubmüller/Ruth Schmidt-Wiegand/Klaus Speckenbach (Hg.): Geistliche Denkformen in der Literatur des Mittelalters. München 1984 (MMS 51), S. 245–256. – Zur deutschen Rezeption vgl. Christa Bertelsmeier-Kierst: ›Griseldis‹ in Deutschland. Studien zu Steinhöwel und Arigo. Heidelberg 1988 (GRM Beih. 8); dies.: Übersetzungsliteratur im Umkreis des deutschen Frühhumanismus. Das Beispiel ›Griseldis‹. In: Wolfram-Studien 14 (1996), S. 323–343; Ursula Hess: Heinrich Steinhöwels ›Griseldis‹. Studien zur Text- und Überlieferungsgeschichte einer frühhumanistischen Prosanovelle. München 1975 (MTU 43); Ursula Kocher: Boccaccio und die deutsche Novellistik. Formen der Transposition italienischer ›novelle‹ im 15. und 16. Jahrhundert. Amsterdam/New York 2005 (Chloe 38), S. 157–202; Barbara Sasse: Vom humanistischen Frauendiskurs zum frühbürgerlichen Ehediskurs. Zur Rezeption der Griselda-Novelle des Boccaccio in der deutschen Literatur des 15./16. Jahrhunderts. In: Daphnis 37 (2008), S. 409–432.

15 Vgl. Lee Edelman: No Future. Queer Theory and the Death Drive. Durham/London 2004.

16 Vgl. Christina Mundlos: Wenn Mutter sein nicht glücklich macht. Das Phänomen Regretting Motherhood. München ²2016 [2015], S. 18 f. Vgl. auch Verena Brunschweiger: Die Childfree-Rebellion: Warum ›zu radikal‹ gerade radikal genug ist. Marburg 2020, S. 123.

17 Vgl. Heinrich Steinhöwel: ›Griseldis‹, hg. v. Ursula Hess. In: dies: Heinrich Steinhöwels ›Griseldis‹, S. 177–237, hier S. 183, Z. 41 f.: *Ach herr, erledige din uolk von kummernuoß, das du, ob dir villicht icht wider für, nit abgangest on lib erben vnd din volk blib on ain hopt, dar zů sie begird hand.*

18 Vgl. Boccaccio: Dekameron, S. 831 f.

19 Groß verwendet den Begriff der Fruchtbarkeit auch im übertragenen Sinne und bezieht ihn auf literarische Tätigkeiten, die dem Lob und der Ehre Gottes sowie der Besserung der Menschen dienen. Vgl. Die Grisardis des Erhart Grosz. Nach der Breslauer Handschrift, hg. v. Philipp Strauch. Halle 1931 (ATB 29), S. 2–24, hier S. 1, Z. 1–4. Zur Hoffnung auf vorbildliche Nachkommen vgl. ebd., S. 2, Z. 30–36. – Vgl. auch Nina Allweier: Griseldis lernt sprechen. Liebe und Ehe in der *Grisardis* des Erhart Groß von 1432. In: Aurnhammer/Schiewer (Hg.): Die deutsche Griselda, S. 107–123; dies.: Griseldis-Korrektur: Liebe und Ehe in der *Grisardis des Erhart Groß von 1432*. Freiburg 2011. URN: urn:nbn:de:bsz:25-opus-87951.

20 Vgl. Groß: Grisardis, S. 3, Z. 17–21. Mit Grisardis erhält der Markgraf eine Frau, die seinem Ideal ansatzweise entspricht. Wenn er schon nicht keusch wie ein Engel leben darf, kann er zumindest eine engelgleiche Frau heiraten (vgl. ebd., S. 25, Z. 37). Auch im weiteren Handlungsverlauf wird das Geschehen sakralisiert und weist die Protagonistin marianische Züge auf. Vgl. auch Allweier: Griseldis lernt sprechen, S. 192–195.

21 Der Markgraf nennt zahlreiche biblische Beispiele frommer Väter, die geizige, unkeusche und gottlose Kinder hatten. Vgl. Groß: Grisardis, S. 3.

22 Groß: Grisardis, S. 14, Z. 37–39: *waz get uns daz an, wen wir von dieser werld scheiden, daz ein ander genennet wirt nach unserm nomen [...]?*
23 Vgl. Groß: Grisardis, S. 23, Z. 34 f.: *so die ding nicht anders müǵen sich gehaben.* Z. 10: *daz nützte und das peste.* Bis zuletzt fürchten die Untertanen, dass ihr Herr sein Einverständnis widerrufen könnte. Noch am Hochzeitstag bitten sie ihn *mit großer hitziger demud* (ebd., S. 26, Z. 20), sein Versprechen einzulösen.
24 Vgl. Boccaccio: Dekameron, S. 835.
25 Nur Steinhöwel (Griseldis, S. 199, Z. 155 f.) problematisiert das Geschlecht des Kindes. Zwar stören sich weder der Markgraf noch seine Leute an der Geburt eines Mädchens, doch hätte Griseldis lieber einen Sohn bekommen. Auch bei ihm behauptet Walther, dass seine Leute Griseldis wegen ihrer Fruchtbarkeit feindlich gesinnt seien: ›[...] *Nun bist du mir tür vnd lieb gnůg, aber minen edelen nit so lieb, besunder so du berhafft bist vnd an hast gehebt zekinden. So ist es jnen schwer vnd vnlidlich, das sie ainer bürin tochter solten werden vndertan. [...]*‹ (ebd., S. 201, Z. 164–166).
26 Zur standardisierten Illustrierung vgl. Ursula Kocher: Griseldis im medialen Wechselspiel von Bild und Text. In: Aurnhammer/Schiewer (Hg.): Die deutsche Griselda, S. 125–140, bes. S. 136.
27 Vgl. Boccaccio: Dekameron, S. 842. – Petrarca deutet die Geschichte allegorisch als Prüfung der menschlichen Seele durch Gott. Steinhöwel greift auf Petrarcas Briefversion zurück, lässt aber die humanistische Rahmung weg, wodurch Walthers Verhalten erneut sehr fragwürdig erscheint. Groß motiviert die Prüfungen didaktisch. Sein Markgraf will die Beständigkeit von Grisardis offensichtlich werden lassen, um anderen Frauen ein Beispiel zu geben. Der Erzähler beteuert die gute Intention, äußert sich aber erstaunt, wie ein tugendhafter Mann seine untadelige Frau so lange auf die Probe stellen konnte und vergleicht dies mit dem unerforschlichen Willen Gottes.
28 Vgl. Donath: #regretting motherhood, S. 163–180.
29 Vgl. Shulamith Shahar: Kindheit im Mittelalter, übers. v. Barbara Brumm. Düsseldorf ⁴2004, S. 238–256; Joseph P. Byrne/Eleanor A. Congdon: Mothering in the Casa Datini. In: Journal of Medieval History 25 (1999), S. 35–56.
30 Vgl. Donath: #regretting motherhood, bes. S. 138. Zum ausgestellten Mutterglück vgl. ebd., S. 63. Zur Klage über die Vernachlässigung eigener Bedürfnisse vgl. ebd., S. 50 f.
31 Vgl. Gottfried von Straßburg: Tristan. Nach dem Text v. Friedrich Ranke, hg., übers. u. mit Stellenkommentar versehen v. Rüdiger Krohn. 3 Bde. Stuttgart ²1981, V. 11.585–11.591; Heinrich von Veldeke: Eneasroman. Mittelhochdeutsch/Neuhochdeutsch, hg. v. Ludwig Ettmüller, übers. u. kommentiert v. Dieter Kartschoke. Stuttgart ²1997, 65, 28–31; Das Nibelungenlied. Mittelhochdeutsch/Neuhochdeutsch. Nach der Handschrift B hg. v. Ursula Schulze, übers. u. kommentiert v. Siegfried Grosse. Stuttgart 2010, Str. 11–16. – Zu den Träumen vgl. Jerold C. Frakes: Kriemhild's Three Dreams. A Structural Interpretation. In: ZfdA 113 (1984), S. 173–187.
32 Nibelungenlied, Str. 610,3: *jâ wil ich immer sîn, / swi ir mir gebietet! daz sol sîn getân.* Übers. v. RT. – Zur patriarchalen Welt des Epos vgl. Jan-Dirk Müller: Das Nibelungenlied. Berlin ²2005 (Klassiker Lektüren 5), S. 117–119.
33 Vgl. Hartmann von Aue: Gregorius der gute Sünder. Mittelhochdeutsch/Neuhochdeutsch. Nach der Ausgabe v. Friedrich Neumann, übers. v. Burkhard Kippenberg. Stuttgart 1963, V. 2185–2224, bes. V. 2210: *dâ missetaete sî an*; V. 2230: *da geschach ir aller wille an.*

34 Zum Leitmotiv der Reue vgl. Hartmann von Aue: Gregorius, V. 49, 75, 79, 126, 163, 226, 428, 852, 897, 1360, 1456, 2256, 2307, 2347, 2379, 2402, 2491, 2529, 2557, 2701, 2705, 2727, 2780, 2986, 2995, 3337, 3670, 3812, 3848, 3867, 3887, 3987.

35 Vgl. Donath: #regretting motherhood, S. 89.

36 Vgl. Asinarius. In: Waltharius, Ruodlieb, Märchenepen, hg. u. übers. v. Karl Langosch. Darmstadt ²1960, S. 333–357, bes. V. 11: *misero […] marito*; V. 25: *O qualis partus*; V. 15: *Femina sum misera*; V. 29 f.: *Ergo non esse mater quam mater aselli / Maluit*. Die Übersetzungen sind von mir revidiert. – Die höfischen Elemente legen ein frühes Entstehungsdatum nahe, auch wenn die Überlieferung erst im 14./15. Jh. einsetzt. Vgl. Karl Langosch: Asinarius. In: ²VL 1 (1978). DOI: 10.1515/vdbo.vlma.0245. – In den Grimm'schen Märchen ist die Episode der Kinderlosigkeit stark gekürzt. Vgl. Brüder Grimm: Kinder- und Hausmärchen, hg. v. Heinz Rölleke. 2 Bde. Stuttgart 1980, Nr. 144, Bd. 2, S. 252–255.

37 Der König bezeichnet das Kind zwar als *monstrum* (Asinarius, V. 32), doch spricht er ihm Lebensrecht zu. Zu den Vorstellungen von Wunderwesen allgemein vgl. Rudolf Simek: Monster im Mittelalter. Die phantastische Welt der Wundervölker und Fabelwesen. Köln/Weimar/Wien 2015.

38 Vgl. Donath: #regretting motherhood, bes. S. 146. Zu Ansprüchen an die Mutterschaft vgl. ebd., S. 55–67.

39 Vgl. Rachel Cusk: Lebenswerk. Über das Mutterwerden. Roman, übers. v. Eva Bonné. Berlin 2019, S. 10. Erstausgabe: A Life's Work. On Becoming a Mother. London 2001. – Nach Angabe des Suhrkamp Verlags machte die schonungslose Analyse ihrer Mutterschaft Cusk »›zur meistgehassten Schriftstellerin Großbritanniens‹ (*The Guardian*)«. URL: https://www.suhrkamp.de/buecher/lebenswerk-rachel_cusk_42889.html (Zugriff: 23.11.2019).

40 Vgl. Groß: Grisardis, S. 40, Z. 16–28. – Ähnliche Argumente spielen bei der Abschaffung des Ammensystems in der zweiten Hälfte des 18. Jhs. eine Rolle. Zur politischen Funktionalisierung des Stillverhaltens von Frauen und Ähnlichkeiten zur Leihmutterschaft vgl. Bernard: Kinder machen, S. 305–309. Während der Markgraf in allen anderen Versionen das Versteckspiel auflösen muss, erkennt die Protagonistin bei Groß ihre Kinder von allein. – Zu Grisardis als Mutter vgl. Allweier: Griseldis-Korrektur, S. 101–107.

41 Vgl. Steinhöwel: Griseldis, S. 211, Z. 226 f.: *jch […] han och nütz an disen kinden, wann allain arbait*.

42 Vgl. Cusk: Lebenswerk, S. 15; Donath: #regretting motherhood, S. 33.

11 Keusche Ehe: Kein Kind wollen

1 Vgl. Sarah Diehl: Die Uhr, die nicht tickt. Kinderlos glücklich. Eine Streitschrift. Zürich/Hamburg 2018 [2014], S. 11, 118, 165 f. Vgl. auch Orna Donath: #regretting motherhood. Wenn Mütter bereuen, übers. v. Karlheinz Dürr u. Elsbeth Ranke. München 2016.

2 Vgl. Lee Edelman: No Future. Queer Theory and the Death Drive. Durham/London 2004.

3 Vgl. Manuel Braun: Stifterfamilien, Josephs-Ehen, Spitzenahnen. Entwürfe von Familie und Verwandtschaft im Spiegel kulturwissenschaftlicher Forschung. In: PBB

126 (2004), S. 446–466; Jan-Dirk Müller: Höfische Kompromisse. Acht Kapitel zur höfischen Epik. Tübingen 2007, S. 107–169; Maria E. Müller: Jungfräulichkeit in Versepen des 12. und 13. Jahrhunderts. München 1995 (Forschungen zur Geschichte der älteren deutschen Literatur 17); Christian Kiening: *Un*heilige Familien. Sinnmuster mittelalterlichen Erzählens. Würzburg 2009 (Philologie der Kultur 1), S. 87–103; 142–145. – Zur Bedeutung von Jungfräulichkeit und Keuschheit in mittelalterlichen Legenden vgl. Johannes Traulsen: Virginität und Lebensform. In: Julia Weitbrecht u. a.: Legendarisches Erzählen. Optionen und Modelle in Spätantike und Mittelalter. Berlin 2019 (Philologische Studien und Quellen 273), S. 137–158; Julia Weitbrecht: Brautschaft und keusche Ehe. In: dies. u. a.: Legendarisches Erzählen, S. 159–182.

4 Vgl. Diehl: Die Uhr, die nicht tickt, S. 64–66; Meike Dinklage: Der Zeugungsstreik. Warum die Kinderfrage Männersache ist. München 2005, bes. S. 14–29; Christina Mundlos: Wenn Mutter sein nicht glücklich macht. Das Phänomen Regretting Motherhood. München ²2016, S. 166–171.

5 Vgl. Der Wiener Oswald, hg. v. Gertrud Fuchs. Breslau 1920. Reprint Hildesheim/New York 1977 (Germanistische Abhandlungen 52), V. 1–40; Der Heiligen Leben, Bd. 1: Sommerteil, hg. v. Margit Brand u. a. Tübingen 1996 (Texte und Textgeschichte 44), S. 358–368, hier S. 358.

6 Vgl. Ebernand von Erfurt: Heinrich und Kunigunde, hg. v. Reinhold Bechstein. Quedlinburg/Leipzig 1860 (Bibliothek der gesammten deutschen National-Literatur von der ältesten bis auf die neuere Zeit 39), Kap. XII–XIII, zitiert V. 748: *durch nôt des rîches*. Vgl. auch Ebernand von Erfurt: Die Kaiserlegende von Heinrich und Kunigunde, übers. v. Manfred Lemmer, hg. v. Kurt Gärtner. Sandersdorf-Brehna 2012; Müller: Jungfräulichkeit, S. 157–187. – Heinrich II., der 1024 starb, wurde 1146 heiliggesprochen, Kunigunde, die ihn bis 1033 überlebte, 1200. – Zur Bedeutung der Kinderlosigkeit für Heinrichs Herrschaft vgl. Karl Ubl: Der kinderlose König. Ein Testfall für die Ausdifferenzierung des Politischen im 11. Jahrhundert. In: Historische Zeitschrift 292 (2011), S. 323–363.

7 Vgl. Priester Wernher: Maria. Bruchstücke und Umarbeitungen, hg. v. Carl Wesle. 2. Auflage besorgt durch Hans Fromm. Tübingen 1969 (ATB 26), A 1329–1454. Vgl. allgemein Penny S. Gold: The Marriage of Mary and Joseph in the Twelfth-Century Ideology of Marriage. In: Vern L. Bullough/James Brundage (Hg.): Sexual Practices & the Medieval Church. Buffalo/New York 1982, S. 102–117.

8 Vgl. Priester Wernher: Maria, A 1412: *ich volg ev mit nihte*. A 1441–1444: *Ich sage ev minen willen: | ir mohtet âe gepillen | daz wazzer ovz dem steine, | âe ich mich sein vereine.*

9 Abb. 12: *Chere an disen man dinen mv̊t. daz raten wir dir alle fröwe gv̊t.* – Zur Illustration vgl. Nikolaus Henkel: Lesen in Bild und Text. Die ehem. Berliner Bilderhandschrift von Priester Wernhers ›Maria‹. Berlin/Boston 2014 (Wolfgang Stammler Gastprofessur für Germanische Philologie 17), S. 48; Elisabeth Radaj: Wernher. Driu liet von der maget. Farbmikrofiche-Edition der Handschrift Berlin, Ehem. Preussische Staatsbibliothek, Ms. germ. oct. 109 (z. Zt. Kraków, Biblioteka Jagiellońska, Depositum). Beschreibung der Handschrift und kommentierter Bildkatalog. München 2001 (Codices illuminati medii aevi 62), S. 37 f.

10 Vgl. Das Marienleben des Schweizers Wernher. Aus der Heidelberger Handschrift, hg. v. Max Päpke u. Arthur Hübner. Dublin/Zürich ²1967 (DTM 27), V. 1275–1518.

11 Abb. 12: *wan ih mih got entheizen han.*
12 Vgl. Wernher der Schweizer: Maria, V. 1375: ›*Wan erist min und bin ich sin*‹.
13 Vgl. Konrad von Würzburg: Alexius. In: ders.: Die Legenden II, hg. v. Paul Gereke. Halle 1926, S. 1–63, V. 42–56, 120–156.
14 Vgl. The Life of Christina of Markyate: A Twelth Century Recluse, hg. u. übers. v. Charles Holwell Talbot. Oxford 1959. Reprint 1987 (Oxford Medieval Texts), S. 38–49.
15 Vgl. Carsten Wippermann: Kinderlose Frauen und Männer. Ungewollte oder gewollte Kinderlosigkeit im Lebenslauf und Nutzung von Unterstützungsangeboten, hg. v. Bundesministerium für Familie, Senioren, Frauen und Jugend. Paderborn 2014, S. 93. Zum Zeitdruck als Machtinstrument vgl. Diehl: Die Uhr, die nicht tickt, S. 212–214.
16 Vgl. Ebernand von Erfurt: Heinrich und Kunigunde, Kap. IV, V. 229, 231: ›*post sex*‹; ›*nâch sechs*‹.
17 Vgl. Rabea Kohnen: Die Braut des Königs. Zur interreligiösen Dynamik der mittelhochdeutschen Brautwerbungserzählungen. Berlin/Boston 2014 (Hermaea NF 133), S. 242–259; Nikolaus Miller: Brautwerbung und Heiligkeit. Die Kohärenz des *Münchner Oswald*. In: DVjs 52 (1978), S. 226–240; Müller: Höfische Kompromisse, S. 123–129; Müller: Jungfräulichkeit, S. 128–138; Stephan Müller: Das Ende der Werbung. Erzählkerne, Erzählschemata und deren kulturelle Logik in Brautwerbungsgeschichten zwischen Herrschaft und Heiligkeit. In: Andreas Hammer/Stephanie Seidl (Hg.): Helden und Heilige. Kulturelle und literarische Integrationsfiguren des europäischen Mittelalters. Heidelberg 2010 (GRM Beih. 42), S. 181–196; Weitbrecht: Brautschaft, S. 178.
18 Vgl. Münchner Oswald, hg. v. Michael Curschmann. Tübingen 1974 (ATB 76), V. 33–50, 595–597, V. 3510: *du solt aber chainer sunden mit der frauen pflegen!* – Die Angst vor der ewigen Verdammnis ist im ›Münchner Oswald‹ so groß, dass die auferweckten Heiden nach ihrer Taufe lieber sterben wollen, als noch einmal sündigen zu können (vgl. ebd., V. 3160–3168).
19 Vgl. Orendel. Ein deutsches Spielmannsgedicht. Mit Einleitung u. Anmerkungen hg. v. Arnold E. Berger. Bonn 1888. Reprint Berlin/New York 1974, V. 3870–3877.
20 Vgl. Wernher der Schweizer: Maria, V. 1813–1882.
21 Vgl. Wiener Oswald, V. 451–453: *her welde dir sine truwe geben. | und welde mit dir leben | kusche biz an das ende sin.* Vgl. auch Klaus Gantert: Erzählschema und literarische Hermeneutik. Zum Verhältnis von Brautwerbungsschema und geistlicher Tradition im ›Wiener Oswald‹ und in der ›Hochzeit‹. In: Poetica 31 (1999), S. 381–414; Christian Kiening: Heilige Brautwerbung. Überlegungen zum ›Wiener Oswald‹. In: Gisela Vollmann-Profe u. a. (Hg.): Impulse und Resonanzen. Tübinger mediävistische Beiträge zum 80. Geburtstag von Walter Haug. Tübingen 2007, S. 89–100.
22 Vgl. Wiener Oswald, V. 1109–1111: *daz ich […] durch rechte kuscheit | geliten habe dise leit.* V. 1136: *ane allen argen wan.* V. 1142 f.: *der laze uns alle beiden | in rechter kuscheit vorscheiden!* V. 1204 f.: *durch rechte reinikeit | und umbe luter kuschheit.*
23 Vgl. Priester Wernher: Maria, A 1458–1865. Vgl. auch Wernher der Schweizer: Maria, V. 1559–1916.
24 Vgl. Ebernand von Erfurt: Heinrich und Kunigunde, Kap. XIV, V. 897–903: *er sprach: ›vrou kuniginne, | sô getâner minne, | sô man in der werlde phlit, | der bin ich lûter unde quît | und alsô muoz ich immer sîn | ich hân ergeben die kûscheit mîn | mîme schephêre.‹* Zur ›wahren Liebe‹ vgl. ebd., V. 925. – Kunigundes Widerstand gegen die Ehe

wird nur kurz geschildert, vgl. ebd., Kap. XIII. – Beispiele für Ehe- und Brautsegen liefert Adolph Franz: Die kirchlichen Benediktionen im Mittelalter. 2 Bde. Freiburg 1909. Reprint Graz 1960, Bd. 2, S. 180–183.

25 Der Historiker van Eickels dekonstruiert die Logik der Legende. Er kann sich nicht vorstellen, dass Heinrich II. an seiner Gemahlin festgehalten hätte, wenn er nicht selbst unfruchtbar gewesen wäre. Vielmehr mutmaßt van Eickels, dass der König bereits in seiner Kindheit an Blasensteinen litt und seine Zeugungsfähigkeit durch eine Operation verloren haben könnte. Vgl. Klaus van Eickels: Männliche Zeugungsunfähigkeit im spätmittelalterlichen Adel. In: Medizin, Gesellschaft und Geschichte 28 (2009), S. 73–95, hier S. 83.

26 Vgl. Ebernand von Erfurt: Heinrich und Kunigunde, Kap. XXII. – In *Der Heiligen Leben* (S. 238) ist Heinrich so aufgebracht, dass er Kunigunde heftig auf den Mund schlägt.

27 Vgl. Konrad von Würzburg: Alexius, V. 160–241. Vgl. auch Petra Paschinger: An der Schwelle zur Heiligkeit. Die Liminalität der Askese in der Alexiuslegende Konrads von Würzburg. In: Caroline Emmelius u. a. (Hg.): Offen und Verborgen. Vorstellungen und Praktiken des Öffentlichen und Privaten in Mittelalter und Früher Neuzeit. Göttingen 2004, S. 67–82; Peter Strohschneider: Textheiligung. Geltungsstrategien legendarischen Erzählens im Mittelalter am Beispiel von Konrads von Würzburg ›Alexius‹. In: Gert Melville/Hans Vorländer (Hg.): Geltungsgeschichten. Über die Stabilisierung und Legitimierung institutioneller Ordnungen. Köln u. a. 2002, S. 109–147, hier S. 130 f.; Julia Weitbrecht: Keuschheit, Ehe und Eheflucht in legendarischen Texten: *Vita Malchi*, *Alexius*, *Gute Frau*. In: Werner Röcke/Julia Weitbrecht (Hg.): Askese und Identität in Spätantike, Mittelalter und Früher Neuzeit. Berlin 2010 (Transformationen der Antike 14), S. 131–154, hier S. 139–144.

28 Vgl. Life of Christina of Markyate, S. 46–51, zitiert S. 50: *ignavum ac nullius usus iuvenem conclamant. […] ne infinitis ambagibus et candidis sermonibus fallentis effeminetur.*

29 Vgl. Enquête pour le procès de canonisation de Dauphine de Puimichel Comtesse d'Ariano, hg. v. Jacques Cambell. Turin 1978, Art. 7–18, S. 34–42, hier Art. 10, S. 37: *Et sic per prudenciam, devocionem et sanctitatem ipsius Dalphine ipsa Dalphina dictum eius sponsum ad observacionem perpetue virginitatis traxit et induxit.* Zu den Zeugenaussagen vgl. ebd., S. 212, 242 f. Vgl. auch André Vauchez: Das erste heilige Ehepaar: Elzear und Delphina von Sabran oder die Josephsehe. In: ders.: Gottes vergessenes Volk. Laien im Mittelalter, übers. v. Petra Maria Schwarz. Freiburg u. a. 1993, S. 163–185.

30 The Book of Margery Kempe, translated with an Introduction and Notes by Anthony Bale. Oxford 2015, Kap. 3, 9, 11. Vgl. auch Karma Lochrie: Margery Kempe and Translations of the Flesh. Philadelphia 1991. – Von einem ›Tauschgeschäft‹ spricht auch Louise Collis: Leben und Pilgerfahrten der Margery Kempe. Erinnerungen einer exzentrischen Lady, übers. v. Ebba D. Drolshagen. Berlin 1986, S. 30.

31 Auch in ›Die gute Frau‹ bleibt eine Protagonistin vor sexuellen Zugriffen geschützt, weil Männer an Impotenz leiden. Im Unterschied zu Margery will die gute Frau nicht generell keusch leben, sondern ihrem ersten Mann treu bleiben. Vgl. Die Gute Frau. Gedicht des dreizehnten Jahrhunderts, hg. v. Emil Sommer. In: ZfdA 2 (1842), S. 385–481, V. 2099–2130, 2425–2494. Vgl. auch Weitbrecht: Keuschheit, S. 148 f.

32 Trotz seiner sexuellen Übergriffe wird John als guter Ehemann bezeichnet. Es sollte nicht vergessen werden, dass Vergewaltigung in der Ehe auch in Deutschland erst seit 1997 strafbar ist.

33 Zu den familiären Auswirkungen vgl. Diehl: Die Uhr, die nicht tickt, S. 191.

34 Vgl. Life of Christina of Markyate, S. 52–55, 90–95. Zur Travestie und zum Spiel mit sexueller Identität vgl. Andreas Kraß: Geschriebene Kleider. Höfische Identität als literarisches Spiel. Tübingen/Basel 2006 (Bibliotheca Germanica 50), S. 270–308; Erika E. Hess: Literary Hybrids: Cross-Dressing, Shapeshifting, and Indeterminacy in Medieval and Modern French Narrative. New York/London 2004 (Studies in Medieval History and Culture 21).

35 Vgl. Konrad: Alexius, V. 1200–1205: *nu merkent alle, die hie sint, | diz wunderliche wunder, | daz den ich hân besunder | gesöuget an der brüste mîn, | daz der sô herte mohte sîn | daz er sich ie vor uns gehal!* Im Folgenden zitiert ebd., V. 732: *daz was ein wunder wilde.*

36 Müller (Höfische Kompromisse, S. 122) spricht von der »Überwindung und Überhöhung« familialer Ordnung.

37 Vgl. Volkmar Sigusch: Der Nichtgebrauch der Lüste. In: NZZ 21. 5. 2011. URL: https://www.nzz.ch/der_nichtgebrauch_der_lueste-1.10651150 (Zugriff: 24. 1. 2019). Zur historischen Perspektive vgl. auch Anthony F. Bogaert: Understanding Asexuality. Lanham u. a. 2012, S. 27–39. Zur modernen Spezifik, der kulturellen Kontingenz und der Forschung seit den späten 1970ern vgl. Ela Przybylo: Producing Facts: Empirical Asexuality and the Scientific Study of Sex. In: Feminism & Psychology 23 (2012), S. 224–242. – Einen guten Überblick bietet die kommentierte Online-Bibliographie, vgl. URL: https://web.archive.org/web/20161009234142/https://www.asexualexplorations.net/home/extantresearch.html (Zugriff: 14. 2. 2019).

38 Dies legt in Bezug auf Homosexualität offen: Michel Foucault: Der Wille zum Wissen, übers. v. Ulrich Raulff u. Walter Seitter. Frankfurt a. M. ¹⁹2012 (Sexualität und Wahrheit 1), bes. S. 47. – Zur Entwicklung sexueller Konzepte vgl. auch Volkmar Sigusch: Neosexualitäten. Über den kulturellen Wandel von Liebe und Perversion. Frankfurt a. M. 2005.

39 Vgl. AVENde, URL: https://www.aven-info.de/asexualitaet/index.html (Zugriff: 24. 1. 2019). Die Mitglieder des Netzwerks räumen ein, dass mangelnde Informationen zu einer fehlerhaften Selbsteinschätzung führen können.

40 Vgl. Bogaert: Understanding, S. 11–26; AVENde, URL: https://www.aven-info.de/asexualitaet/asex.html (Zugriff: 24. 1. 2019).

41 Vgl. Enquête, Art. 11, S. 37 f.; Zeuge 8: Durand Andree, S. 248; Zeuge 14: Betranda Bartholomea, S. 316; Zeuge 40 (namenlos), S. 462.

42 Vgl. Konrad von Würzburg: Alexius, V. 716–722, 752–755.

43 Vgl. Orendel, V. 1799–1834; Münchner Oswald, V. 3515–3520 und V. 3531–3534: *si begunden lieblich pei einander ligen, | aber weltleicher lieb si sich gar verzigen: | wenn si der welt freud betwang, | ietweders in daz wasser sprang.*

44 Vgl. Book of Margery Kempe, Kap. 3 f., S. 15–19. Zu den sexuellen Phantasien, mit denen Christus Margery für ihre Zweifel an einer Jenseitsvision straft, vgl. ebd., Kap. 59, S. 130–133.

45 Zum Unterschied zwischen Asexualität und dem Zölibat, vgl. Bogaert: Understanding, S. 33 f.; AVENde, URL: https://www.aven-info.de/asexualitaet/asex.html (Zugriff: 24. 1. 2019).

46 Abb. 12: *durh daz so wil ih iemer maget bestan.*

47 Vgl. Enquête, Art. 8, S. 35; Book of Margery Kempe, Kap. 11, S. 25 f.
48 Vgl. Enquête, Zeuge 8: Durand Andree, S. 243. Die Angehörigen lassen Dauphine und Elzeario sogar von verheirateten Damen überwachen, um herauszufinden, ob sie wirklich im selben Bett schlafen, vgl. ebd., S. 248. – Zu ehrbaren Frauen als Kontrollinstanz im ehelichen Schlafgemach vgl. auch Kap. 3, S. 94.
49 Vgl. Book of Margery Kempe, Kap. 3, S. 17, Kap. 15, S. 34–36.
50 Vgl. Ebernand von Erfurt: Heinrich und Kunigunde, Kap. XVIII, V. 1190–1244; Kap. XLIII, V. 3044–3055; Kap. XLIV, V. 3133–3196; V. 3058: *wan kûscheit gote ist wundertrût.*
51 Vgl. Sheila Heti: Mutterschaft, übers. v. Thomas Überhoff. Reinbek bei Hamburg 2019; Diehl: Die Uhr, die nicht tickt. – Zur normativitätskritischen Funktion von Asexualität, deren dekonstruierende und destabilisierende Wirkung mit Keuschheit vergleichbar ist, vgl. Breanne Fahs: Radical Refusals: On the Anarchist Politics of Women Choosing Asexuality. In: Sexualities 13 (2010), S. 445–461; Ela Przybylo: Crisis and Safety: The Asexual in Sexusociety. In: Sexualities 14 (2011), S. 444–461. Zur Wahrung von Pfründen vgl. auch Diehl: Die Uhr, die nicht tickt, S. 252, 259.

12 Höfische Liebe: Kinderwunschlos glücklich

1 Luca Stanca: Suffer the Little Children. Measuring the Effects of Parenthood on Well-being Worldwide. In: Journal of Economic Behavior & Organization 81 (2012), S. 742–750, hier S. 749. Vgl. auch Angus Deaton/Arthur A. Stone: Evaluative and Hedonic Wellbeing Among those With and Without Children at Home. In: PNAS 111,4 (2014), S. 1328–1333. DOI: https://doi.org/10.1073/pnas.1311600111; Thomas Hansen: Parenthood and Happiness: A Review of Folk Theories Versus Empirical Evidence. In: Social Indicators Research 108 (2012), S. 29–64. – Deaton und Stone betonen, dass die Ergebnisse aus den USA nicht weltweit übertragbar sind. In Ländern mit einer hohen Fertilitätsrate wird das Leben mit Kindern deutlich negativer bewertet als in Ländern mit einer niedrigen Rate. Vgl. auch Axel Bojanowski: Kinder machen nicht glücklicher. In: Spiegel online 14.1.2014. URL: http://www.spiegel.de/wissenschaft/mensch/weltweite-umfrage-eltern-sind-nicht-gluecklicher-als-kinderlose-a-943490.html (Zugriff: 20.2.2019); Sarah Diehl: Die Uhr, die nicht tickt. Kinderlos glücklich. Eine Streitschrift. Zürich/Hamburg 2018 [2014], S. 119–123.
2 Vgl. auch Simonetta Mazzoni Peruzzi: Il Codice Laurenziano Acquisti e Doni 153 del ›Roman de la rose‹. Florenz 1986 (Società Dantesca Italiana 3), S. 61.
3 Vgl. Gottfried von Straßburg: Tristan. Nach dem Text v. Friedrich Ranke, hg., übers. u. mit Stellenkommentar versehen v. Rüdiger Krohn. 3 Bde. Stuttgart ²1981, V. 5151–5167, 8350–8577, 10.561–10.566. – Vgl. auch Hanne Hauenstein: Zu den Rollen der Marke-Figur in Gottfrieds ›Tristan‹. Göppingen 2006 (GAG 731); Ina Karg: Die Markefigur im ›Tristan‹. Versuch über die literaturgeschichtliche Position Gottfrieds von Straßburg. In: ZfdPh 113 (1994), S. 66–87.
4 Vgl. Hugo Kuhn: Tristan, Nibelungenlied, Artusstruktur. München 1973 (Sitzungsberichte der Bayerischen Akademie der Wissenschaften, Philosophisch-historische

Klasse, 1973, H. 5), S. 13. Zu ›abgewiesenen Alternativen‹ des Erzählens vgl. Armin Schulz: Erzähltheorie in mediävistischer Perspektive. Studienausgabe, hg. v. Manuel Braun, Alexandra Dunkel u. Jan-Dirk Müller. Berlin/München/Boston 2015, S. 350–359. Zum Minnetrank vgl. z. B. Christoph Huber: Gottfried von Straßburg. Tristan. Berlin ²2001 (Klassiker Lektüren 3), S. 73–85; Sidney M. Johnson: *This Drink Will Be the Death of You*. Interpreting the Love Potion in Gottfried's *Tristan*. In: Will Hasty (Hg.): A Companion to Gottfried von Strassburg's ›Tristan‹. Rochester/Woodbridge 2003, S. 87–112; Anna Keck: Die Liebeskonzeption der mittelalterlichen Tristanromane. Zur Erzähllogik der Werke Bérouls, Eilharts, Thomas' und Gottfrieds. München 1998 (Beihefte zu Poetica 22); Tomas Tomasek: Gottfried von Straßburg. Stuttgart 2007, S. 199–204.

5   Vgl. Gottfried: Tristan, V. 1–244. – Zur »Liebesreligion« im *Tristan* vgl. Friedrich Ranke: Die Allegorie der Minnegrotte in Gottfrieds Tristan (1925). In: Alois Wolf (Hg.): Gottfried von Straßburg. Darmstadt 1973 (Wege der Forschung 320), S. 1–24, hier S. 16. Vgl. auch Ingrid Kasten: Martyrium und Opfer. Der Liebestod im ›Tristan‹. In: Friederike Pannewick (Hg.): Martyrdom in Literature. Visions of Death and Meaningful Suffering in Europe and the Middle East from Antiquity to Modernity. Wiesbaden 2004, S. 245–257.

6   Vgl. Gottfried: Tristan, V. 13.769–13.771.

7   Nach Luhmann wird die Sexualität im Mittelalter in der höfischen Liebe sublimiert, ab Mitte des 17. Jhs. in der passionierten Liebe gelebt und seit dem 19. Jh. in der romantischen Liebe in die Ehe integriert. Vgl. Niklas Luhmann: Liebe als Passion. Zur Codierung von Intimität. Frankfurt a. M. ¹²2012 [1982], bes. S. 49–56. – Zur Kritik vgl. Andreas Kraß: Freundschaft als Passion. Zur Codierung von Intimität in mittelalterlichen Erzählungen. In: Sibylle Appuhn-Radtke/Esther P. Wipfler (Hg.): Freundschaft. Motive und Bedeutungen. München 2006, S. 97–116, hier S. 100. – Zum Konzept höfischer Liebe vgl. z. B. Margreth Egidi: Höfische Liebe: Entwürfe der Sangspruchdichtung. Literarische Verfahrensweisen von Reinmar von Zweter bis Frauenlob. Heidelberg 2002 (GRM Beih. 17); Rüdiger Schnell: Causa amoris. Liebeskonzeption und Liebesdarstellung in der mittelalterlichen Literatur. Bern/München 1985, bes. S. 77–184; James A. Schultz: Courtly Love, the Love of Courtliness, and the History of Sexuality. Chicago/London 2006.

8   Vgl. Deutsche Lyrik des frühen und hohen Mittelalters, hg. u. kommentiert v. Ingrid Kasten, übers. v. Margherita Kuhn. Frankfurt a. M. 2005 (DKV im Taschenbuch 6); Nr. 18, IX, S. 58 f.; Nr. 168, S. 416–419; Nr. 176, S. 438–441.

9   Zur Liebe von Kindheit an vgl. Deutsche Lyrik, S. 1088 (Register); zu Morungen ebd., Nr. 101, Str. 3, S. 240 f.

10 Vgl. Deutscher Minnesang (1150–1300), hg. v. Friedrich Neumann, Nachdichtung v. Kurt Erich Meurer. Stuttgart 1978, S. 160 f.

11 Vgl. Denis de Rougemont: Die Liebe und das Abendland. Köln 1966, S. 54. Erstausgabe: L'amour et l'occident. Paris 1939.

12 Vgl. Marie de France: Die Lais, übers., mit einer Einleitung, einer Bibliographie sowie Anmerkungen versehen v. Dietmar Rieger. München 1980 (Klassische Texte des romanischen Mittelalters in zweisprachigen Ausgaben 19), S. 74–129 (*Guigemar*), S. 268–303 (*Yonec*). Wie Marke heiratet auch der Vogt von Caerwent im *Yonec* (V. 18–20), um einen Erben zu bekommen.

13 Vgl. Konrad von Würzburg: Engelhard, hg. v. Ingo Reiffenstein. Tübingen ³1982 (ATB 17), V. 2955–3167. Zu Konrads Darstellung im Vergleich mit anderen hoch-

mittelalterlichen Diskursen vgl. Gert Hübner: Ältere deutsche Literatur. Eine Einführung. Tübingen/Basel 2006, S. 252–256. Vgl. auch Rüdiger Brandt: Konrad von Würzburg. Kleinere epische Werke. Berlin 2000 (Klassiker-Lektüren 2), S. 111–147.

14 Vgl. Gottfried von Straßburg: Tristan, V. 16.850–16.858: *nu wes bedorften s'ouch dar în | oder waz solt ieman zuo z'in dar? | si haeten eine gerade schar: | dane was niuwan ein und ein. | haeten s'ieman zuo z'in zwein | an die geraden schar gelesen, | sô waere ir ungerade gewesen | und waeren mit dem ungeraden | sêre überlestet und überladen.*

15 Vgl. de Rougemont: Liebe und Abendland, S. 54.

16 Vgl. Chrétien de Troyes: Erec et Enide. Altfranzösisch/Deutsch, übers. u. hg. v. Albert Gier. Stuttgart 1987, V. 2347–2353, 2430–2441; Hartmann von Aue: Erec, hg. v. Manfred Günter Scholz, übers. v. Susanne Held. Frankfurt a. M. 2004 (Bibliothek des Mittelalters 5), V. 2966–2998. Vgl. auch Joachim Bumke: Der ›Erec‹ Hartmanns von Aue. Eine Einführung. Berlin/New York 2006, S. 87–111; Dorothea Klein: Geschlecht und Gewalt. Zur Konstitution von Männlichkeit im ›Erec‹ Hartmanns von Aue. In: Matthias Meyer/Hans-Jochen Schiewer (Hg.): Literarische Leben. Rollenentwürfe in der Literatur des Hoch- und Spätmittelalters. Festschrift für Volker Mertens zum 65. Geburtstag. Tübingen 2002, S. 433–463; Elisabeth Schmid: Spekulationen über das Band der Ehe in Chrétiens und Hartmanns Erec-Roman. In: Dorothea Klein (Hg.): Vom Mittelalter zur Neuzeit. Festschrift für Horst Brunner. Wiesbaden 2000, S. 109–127.

17 Vgl. Hartmann von Aue: Erec, V. 3029–3049. Zur Forschungsdiskussion vgl. Scholz: Kommentar. In: Hartmann von Aue: Erec, S. 747 f.

18 Vgl. Hartmann von Aue: Iwein. In: ders.: Gregorius. Der arme Heinrich. Iwein, hg. u. übers. v. Volker Mertens. Frankfurt a. M. 2004 (Bibliothek des Mittelalters 6), S. 317–767. Vgl. auch Christoph Cormeau/Wilhelm Störmer: Hartmann von Aue. Epoche – Werk – Wirkung. München ³2007, S. 205–208.

19 Vgl. Hartmann von Aue: Erec, V. 10.054–10.135. – Bemerkenswert ist, dass Erec Enites Eltern noch an seinen Königshof holen lässt. Während die ältere Generation in das Glück des Paares einbezogen wird, bleibt die künftige Generation außen vor.

20 Vgl. Vergil: Aeneis. Lateinisch-deutsch. In Zusammenarbeit mit Maria Götte hg. u. übers. v. Johannes Götte. Düsseldorf/Zürich ¹⁰2002 (Sammlung Tusculum), IV 327–330: *saltem si qua mihi de te suscepta fuisset | ante fugam suboles, si quis mihi parvulus aula | luderet Aeneas, qui te tamen ore referret, | non equidem omnino capta ac deserta viderer.* – Auch im altfranzösischen *Roman d'Eneas* (um 1160) wird die Bedeutung des Kindes ex negativo bestimmt. Dido bedauert, kein Kind bekommen zu haben, das sie über den Verlust hinwegtrösten könnte. In ihrer Phantasie malt sie sich aus, wie sie ein Kind, das ein lebendes Memorialbild seines Vaters ist, küsst, herzt und umarmt. Vgl. Le Roman d'Eneas, übers. u. eingeleitet v. Monica Schöler-Beinhauer. München 1972 (Klassische Texte des romanischen Mittelalters 9), V. 1739-1744. Vgl. auch Joachim Hamm: *Infelix Dido*. Metamorphosen einer Liebestragödie. In: Dorothea Klein/Lutz Käppel (Hg.): Das diskursive Erbe Europas. Antike und Antikerezeption. Frankfurt a. M. u. a. 2008 (Kulturgeschichtliche Beiträge zum Mittelalter und der frühen Neuzeit 2), S. 1–24; Regina Toepfer: Höfische Tragik. Motivierungsformen des Unglücks in mittelalterlichen Erzählungen. Berlin/Boston 2013 (Untersuchungen zur deutschen Literaturgeschichte 144), S. 323–360; Anette Syndicus: Dido zwischen Herrschaft und

Minne. Zur Umakzentuierung der Vorlagen bei Heinrich von Veldeke. In: PBB 114 (1992), S. 57–107.

21 Vgl. Publius Ovidius Naso: Liebesbriefe. Heroides epistulae. Lateinisch – deutsch, hg. u. übers. v. Bruno W. Häuptli. Düsseldorf/Zürich ²2001 (Sammlung Tusculum), VII 133–138: *forsitan et gravidam Didon, scelerate, relinquas | parsque tui lateat corpore clausa meo. | accedet fatis matris miserabilis infans | et nondum nato funeris auctor eris. | cumque parente sua frater morietur Iuli | poenaque conexos auferet una duos.*

22 Heinrich von Veldeke: Eneasroman. Mittelhochdeutsch/Neuhochdeutsch, hg. v. Ludwig Ettmüller, übers. u. kommentiert v. Dieter Kartschoke. Stuttgart ²1997, 72,6 f.: *hetet ir doch ein kindelin | an mir gewunnen!*

23 Später wird das Kinderlosigkeitsmotiv noch einmal aufgegriffen, nun aber Eneas angelastet. Die Königin von Latium warnt ihre Tochter Lavinia nachdrücklich vor dem Mann, der Dido in den Selbstmord getrieben habe und sich mehr für Männer als für Frauen interessiere. Wenn alle Männer so handelten, bekämen Frauen bald keine Kinder mehr. Vgl. Heinrich von Veldeke: Eneasroman, 283,4–13.

24 Vgl. Marie de France: Yonec, V. 319–332. – Zu den konkurrierenden Beziehungen allgemein vgl. Claudia Brinker-von der Heyde: Geliebte Mütter – mütterliche Geliebte. Rolleninszenierung in höfischen Romanen. Bonn 1996 (Studien zur Germanistik, Anglistik und Komparatistik 123).

25 Vgl. Wolfram von Eschenbach: Parzival. Nach der Ausgabe Karl Lachmanns, rev. u. kommentiert v. Eberhard Nellmann, übers. v. Dieter Kühn. 2 Bde. Frankfurt a. M. 2006 (Bibliothek des Mittelalters 8), 109, 1–111,14. – Nellmann (ebd., Bd. 2, S. 512) spricht von einer ›Reinkarnation‹ des Vaters. Vgl. auch Joachim Bumke: Wolfram von Eschenbach. Stuttgart/Weimar ⁸2004 (Sammlung Metzler 36), S. 52 f. Zum *visellîn* vgl. Wolfram von Eschenbach: Parzival, 112,25, zu den Kosenamen ›*bon fiz, scher fiz, bêâ fiz*‹ vgl. ebd., 113,4.

26 Vgl. Wolfram von Eschenbach: Parzival, 113,5–114,2. – Noch vor der Geburt reißt Herzeloyde sich das Hemd auf, drückt die nackten Brüste an ihren Mund und presst Milch heraus (110,23–111,2). Zu ihrer Darstellung als *mater lactans* vgl. Brinker-von der Heyde: Geliebte Mütter, S. 220–223; Lydia Miklautsch: Studien zur Mutterrolle in den mittelhochdeutschen Großepen des elften und zwölften Jahrhunderts. Erlangen 1991 (Erlanger Studien 88), S. 54–59.

27 Vgl. Gottfried von Straßburg: Tristan, V. 1369–1372: *sô was ir werltwunne vol, | sô was in sanfte und alsô wol, | daz sî enhaeten niht ir leben | umb kein ander himelrîche gegeben.*

28 Vgl. Rudolf von Ems: Willehalm von Orlens, hg. v. Victor Junk. Berlin 1905 (DTM 2), V. 1632–2022. Vgl. auch Miklautsch: Studien, S. 178–181.

29 Vgl. Das Nibelungenlied. Mittelhochdeutsch/Neuhochdeutsch. Nach der Handschrift B hg. v. Ursula Schulze, übers. u. kommentiert v. Siegfried Grosse. Stuttgart 2010, Str. 712 f.; 1084 f.; 2369. Vgl. allgemein John Greenfield: Frau, Tod und Trauer im *Nibelungenlied*. Überlegungen zu Kriemhilt. In: ders. (Hg.): Das Nibelungenlied. Porto 2001, S. 95–114.

30 Vgl. Malte Buhse: Der kollektive Baby-Blues. In: Zeit online 27. 3. 2014. URL: https://www.zeit.de/wirtschaft/2014-03/kinder-machen-ungluecklich/komplettansicht (Zugriff: 20. 2. 2019).

31 Vgl. Peter Dinzelbacher: Über die Entdeckung der Liebe im Hochmittelalter. In: Saeculum 32 (1981), S. 185–208; Walter Haug: Die höfische Liebe im Horizont der erotischen Diskurse des Mittelalters und der Frühen Neuzeit. Berlin/New York

2004 (Wolfgang Stammler Gastprofessur für Germanische Philologie 10), S. 34. Vgl. auch Ursula Peters: Höfische Liebe. Ein Forschungsproblem der Mentalitätsgeschichte (1987). In: dies.: Von der Sozialgeschichte zur Kulturwissenschaft. Aufsätze 1973–2000, hg. v. Susanne Bürkle, Lorenz Deutsch u. Timo Reuvekamp-Felber. Tübingen/Basel 2004, S. 95–106.

32 Vgl. Gottfried von Straßburg: Tristan, V. 18.195–18.211; Deutsche Lyrik, Nr. 215, Str. 3, S. 534–537.

33 Vgl. Eva Illouz: Warum Liebe weh tut. Eine soziologische Erklärung, übers. v. Michael Adrian. Berlin ⁴2017 [2011], S. 359–386. – Die Erstausgaben beider zitierter Werke erschienen auf Deutsch.

34 Vgl. Romane des 15. und 16. Jahrhunderts. Nach den Erstdrucken mit sämtlichen Holzschnitten, hg. v. Jan-Dirk Müller. Frankfurt a. M. 1990 (Bibliothek deutscher Klassiker 54), S. 46–51, 259–272. – Zu den Einzelkindern vgl. James A. Schultz: The Knowledge of Childhood in the German Middle Ages, 1100–1350. Philadelphia 1995 (Middle Ages Series), S. 113 f.

35 Luhmann: Liebe als Passion, S. 188.

36 Vgl. Deaton/Stone: Evaluative and Hedonic Wellbeing, S. 1328.

37 Vgl. Eva Illouz: Warum Liebe wehtut, S. 23–25, 290–293, 416; dies.: Warum Liebe endet. Eine Soziologie negativer Beziehungen, übers. v. Michael Adrian. Berlin 2018, S. 21, 335.

38 Vgl. Gottfried von Straßburg: Tristan, V. 828–920. Zur Leimmetaphorik vgl. Franziska Wessel: Probleme der Metaphorik und die Minnemetaphorik in Gottfrieds von Straßburg ›Tristan und Isolde‹. München 1984 (MMS 54), S. 274–289. Vgl. auch Johan Nowé: Riwalin und Blanscheflur. Analyse und Interpretation der Vorgeschichte von Gottfrieds ›Tristan‹ als formaler und thematischer Vorwegnahme der Gesamtdichtung. In: Leuvense Bijdragen 71 (1982), S. 265–330.

39 Illouz: Warum Liebe endet, S. 40–48, hier S. 41. Vgl. auch Sheila Heti: Mutterschaft, übers. v. Thomas Überhoff. Reinbek bei Hamburg 2019, S. 37. Erstausgabe: Motherhood. London 2018.

40 Vgl. Stanca: Suffer the Little Children; Matthias Pollmann-Schult: Elternschaft und Lebenszufriedenheit in Deutschland. In: Comparative Population Studies – Zeitschrift für Bevölkerungswissenschaft 38 (2013), S. 59–84, hier S. 59, 70 f.

41 Vgl. Diehl: Die Uhr, die nicht tickt, S. 224–253; Illouz: Wenn Liebe wehtut, S. 440. – Illouz (ebd., S. 198, 428–436) vertritt die Ansicht, dass sexuelle Freiheiten zu neuen Ungleichheiten zwischen den Geschlechtern und einer neuen Form emotionaler Herrschaft von Männern geführt haben.

42 Zur Ersetzung des Vaters und zur Artusgesellschaft als Alternative zur patriarchalen Familie vgl. Jan-Dirk Müller: Höfische Kompromisse. Acht Kapitel zur höfischen Epik. Tübingen 2007, S. 141–150.

43 Eva Illouz: »Macht euren Kinderwunsch nicht von Liebe abhängig«. In: Spiegel online 11. 10. 2011. URL: http://www.spiegel.de/kultur/literatur/soziologin-illouz-macht-euren-kinderwunsch-nicht-von-liebe-abhaengig-a-790592.html (Zugriff: 20. 2. 2019); Teresa Bücker: Ist es radikal, auf leibliche Kinder zu verzichten? In: SZ Magazin online 5. 2. 2020. URL: https://sz-magazin.sueddeutsche.de/freie-radikale-die-ideenkolumne/leibliche-kinder-alternativen-88347 (Zugriff: 23. 2. 2020).

Epilog

1 Verbreitet wurde das Bild über die sozialen Medien, vgl. z. B. Florian Prokop: Sexistische Kampagne: Italien erinnert Frauen daran, Kinder zu kriegen und feiert ›Tag der Fruchtbarkeit‹. In: ze.tt 31. 8. 2016. URL: https://ze.tt/sexistische-kampagne-italien-erinnert-frauen-daran-kinder-zu-kriegen-und-feiert-tag-der-fruchtbarkeit (Zugriff: 11. 1. 2020).

2 Vgl. Carsten Wippermann: Kinderlose Frauen und Männer. Ungewollte oder gewollte Kinderlosigkeit im Lebenslauf und Nutzung von Unterstützungsangeboten, hg. v. Bundesministerium für Familie, Senioren, Frauen und Jugend. Paderborn 2014, S. 6, 106 f., 133; D. I. R. Jahrbuch 2017. In: Journal für Reproduktionsmedizin und Endokrinologie – Journal of Reproductive Medicine and Endocrinology 15, Sonderheft 1 (2018), S. 1–56, hier S. 9, 11, 35–37; Millay Hyatt: Ungestillte Sehnsucht. Wenn der Kinderwunsch uns umtreibt. Berlin ³2017, S. 34.

3 Zum Unterschied der ›intersektionellen Unsichtbarkeit‹ mehrfach Diskriminierter und mehrfach Privilegierter vgl. Gudrun-Axeli Knapp: »Intersectional Invisibility«: Anknüpfungen und Rückfragen an ein Konzept der Intersektionalitätsforschung. In: Helma Lutz/Maria Teresa Herrera Vivar/Linda Supik (Hg.): Fokus Intersektionalität. Bewegung und Verortungen eines vielschichtigen Konzepts. Wiesbaden 2010, S. 223–243; Cornelia Renggli: Disability Studies und die Un-/Sichtbarkeit von Behinderung. In: Psychologie und Gesellschaftskritik 29 (2005), S. 79–94. URL: https://nbn-resolving.org/urn:nbn:de:0168-ssoar-18838 (Zugriff: 12. 3. 2020).

4 Die komplette Fotoserie zum ›Fertility Day‹ ist noch auf der Homepage der italienischen Wochenzeitschrift L'espresso zu finden, vgl. URL: http://espresso.repubblica.it/foto/2016/08/31/galleria/la-campagna-per-il-fertility-day-1.281576#1 (Zugriff: 11. 1. 2020).

5 Vgl. Wippermann: Kinderlose Frauen und Männer, S. 93.

6 Vgl. Hyatt: Ungestillte Sehnsucht; Iris Enchelmaier: Abschied vom Kinderwunsch. Ein Ratgeber für Frauen, die ungewollt kinderlos geblieben sind. Stuttgart 2004; Anna Schatz: Wenn ich noch eine glückliche Mami sehe, muss ich kotzen. Mein Leben mit einem unerfüllten Kinderwunsch. Hamburg 2019; Verena Brunschweiger: Kinderfrei statt kinderlos. Ein Manifest. Marburg 2019; Sarah Diehl: Die Uhr, die nicht tickt. Kinderlos glücklich. Eine Streitschrift. Zürich/Hamburg 2018 [2014]; Christina Mundlos: Wenn Mutter sein nicht glücklich macht. Das Phänomen Regretting Motherhood. München ²2016. – Zur Problematisierung des genderspezifischen Ungleichgewichts vgl. z. B. Diehl: Die Uhr, die nicht tickt, S. 51, 64–66; Mundlos: Mutter sein, S. 166–171; Meike Dinklage: Der Zeugungsstreik. Warum die Kinderfrage Männersache ist. München 2005, bes. S. 14–29.

7 Vgl. Paul Gans: Totale Fruchtbarkeitsrate. In: Lexikon der Geographie in vier Bänden. Heidelberg/Berlin 2001–2002, Bd. 3, S. 356 f.

8 Vgl. z. B. die Geschichte von Benjamin, 30 Jahre: Kinderlosigkeit: Schmerz und Chance. In: Maria Roßner/Anne-Kathrin Braun (Hg.): Keine Kinder?! Ungewollt kinderlos. Erfahrungen und Denkanstöße. Lage ²2013, S. 27–36. Zu Versäumnissen der Männlichkeitsforschung vgl. Jeff Hearn: Vernachlässigte Intersektionalitäten in der Männerforschung: Alter(n), Virtualität, Transnationalität. In: Lutz: Fokus Intersektionalität, S. 105–123.

9 Vgl. Arthur W. Frank: The Wounded Storyteller: Body, Illness, and Ethics. Chicago/

London 1995, S. 1–3, 53, 56, 115. Zur Übertragung dieses Ansatzes auf Un*fruchtbarkeitsgeschichten vgl. Sally Bishop Shigley: Great Expectations: Infertility, Disability, and Possibility. In: Gayle Davis/Tracey Loughran (Hg.): The Palgrave Handbook of Infertility in History. Approaches, Contexts and Perspectives. London 2017, S. 37–55, hier S. 40. Zur Bedeutung des Erzählens, um ungewollte Kinderlosigkeit annehmen und sie trauernd verarbeiten zu können, vgl. z. B. Benjamin, 30 Jahre: Kinderlosigkeit, S. 29 f.

10 Vgl. Orna Donath: #regretting motherhood. Wenn Mütter bereuen, übers. v. Karlheinz Dürr u. Elsbeth Ranke. München 2016, bes. S. 116 f.

11 Vgl. Karl Ubl: Der kinderlose König. Ein Testfall für die Ausdifferenzierung des Politischen im 11. Jahrhundert. In: Historische Zeitschrift 292 (2011), S. 323–363, hier S. 337; Susan Broomhall: ›Women's Little Secrets‹: Defining the Boundaries of Reproductive Knowledge in Sixteenth-Century France. In: Social History of Medicine 15 (2002), S. 1–15; Charlotte Newman Goldy: A Thirteenth-Century Anglo-Jewish Woman Crossing Boundaries: Visible and Invisible. In: Journal of Medieval History 34 (2008), S. 130–145, bes. S. 141–144; dies.: Muriel, a Jew of Oxford: Using the Dramatic to Understand the Mundane in Anglo-Norman Towns. In: dies.; Amy Livingstone (Hg.): Writing Medieval Women's Lives. New York 2012, S. 227–245.

12 Vgl. z. B. Bishop Shigley: Great Expectations, S. 40; Diehl: Die Uhr, die nicht tickt, S. 146 f. Zur Differenz zwischen einer offiziellen und der eigentlichen Motivation vgl. auch Wippermann: Kinderlose Frauen und Männer, S. 7.

13 Vgl. Erving Goffman: Stigma. Über Techniken der Bewältigung beschädigter Identität, übers. v. Frigga Haug. Frankfurt a. M. ²³2016, S. 145, 148 f.

14 Zur Funktion des Erzählens für die Identitätsbildung vgl. Inga Römer: Narrative Identität. In: Matías Martínez (Hg.): Erzählen. Ein interdisziplinäres Handbuch. Stuttgart 2017, S. 263–269; Dirk Johannsen/Anja Kirsch: Religiöse Identitätsbildung. In: Martínez (Hg.): Erzählen, S. 274–280.

15 Vgl. Margarete Sandelowski/Sheryl de Lacey: The Uses of a ›Disease‹. Infertility as Rhetorical Vehicle. In: Marcia C. Inhorn/Frank van Balen (Hg.): Infertility Around the Globe. New Thinking on Childlessness, Gender, and Reproductive Technologies. Berkeley/Los Angeles/London 2002, S. 34–51, hier S. 34–36. Vgl. auch Tracey Loughran/Gayle Davis: Introduction. Defining the ›Problem‹. Perspectives on Infertility. In: dies. (Hg.): The Palgrave Handbook of Infertility, S. 29–35, hier S. 29. – Zur Dominanz des medizinischen Narrativs in den Krankheitsgeschichten der Moderne vgl. auch Frank: Wounded Storyteller, S. 5.

16 Vgl. Niklas Luhmann: Funktion der Religion. Frankfurt a. M. ²1990 [1977], S. 193. Zur zentralen Bedeutung der Religion für die Wahrnehmung von Kinderlosigkeit vor der Moderne vgl. auch Daphna Oren-Magidor: Infertility in Early Modern England. London 2017.

17 Ähnliche Unterschiede in der Bewertung von Un*fruchtbarkeit lassen sich im mittelalterlichen Japan zwischen verheirateten Aristokratinnen und buddhistischen Nonnen beobachten, vgl. Katja Triplett: For Mothers and Sisters: Care of the Reproductive Female Body in the Medico-Ritual World of Early and Medieval Japan. In: Dynamis: Acta Hispanica ad Medicinae Scientiarumque Historiam Illustrandam 34,2 (2014), S. 337–356, hier S. 337. Vgl. auch dies.: Buddhism and Medicine

in Japan. A Topical Survey (500–1600 CE) of a Complex Relationship. Berlin/Boston 2019 (Religion and Society 81), S. 111–133.
18 Vgl. Diehl: Die Uhr, die nicht tickt, S. 18.
19 Vgl. Ubl: Der kinderlose König.
20 Vgl. Jitske Jasperse: Visualizing Dynastic Desire: The Twelfth-Century Gospel Book of Henry and Mathilda. In: Studies in Iconography 39 (2018), S. 135–166, bes. S. 140–144.
21 Vgl. z. B. Prokop: Sexistische Kampagne. – Negative Reaktionen löste 2015 auch eine Initiative in Kopenhagen aus, die Menschen durch ein Plakat mit Hühnereiern mit der Frage konfrontierte: »Heute schon deine Eier gezählt?« und ein Bild männlicher Spermien mit der Bemerkung versah: »Schwimmen sie zu langsam?« Vgl. Isa Romby Nielsen: »Count Your Eggs«: State interference in Danish women's reproduction. In: Fem. 2.0 19. 11. 2015. URL: http://www.fem2pto.com/?p=21892 (Zugriff: 23. 11. 2019); Anna Louie Sussman: The End of Babies. In: The New York Times 16. 11. 2019.

Dank

Sieben Jahre lang hat mich dieses Buchprojekt mal sehr, mal weniger intensiv beschäftigt. Gedacht war es als Hauptprojekt eines Heisenberg-Stipendiums, das ich im Herbst 2013 beantragt hatte und gut neun Monate später von der Deutschen Forschungsgemeinschaft (DFG) bewilligt bekam. Kaum hatte ich mein Stipendium im Frühjahr 2015 an der Humboldt-Universität zu Berlin angetreten, wurde ich an die Technische Universität Braunschweig berufen, wo viele neue Aufgaben und andere Projekte auf mich warteten. Ohne das Forschungsjahr, das mir die VolkswagenStiftung im Rahmen ihrer Förderlinie ›Opus Magnum‹ von April 2018 bis März 2019 gewährte, hätte ich mein Vorhaben kaum mehr durchführen können. Finanziell unterstützt wurde mein Projekt anfangs auch vom Cornelia Goethe Centrum der Goethe-Universität Frankfurt am Main und zwischenzeitlich vom Braunschweiger Zentrum für Gender Studies, die Mittel für eine studentische Hilfskraft bereitstellten. Allen Förderinstitutionen, insbesondere der DFG und der VolkswagenStiftung, gilt mein großer Dank.

Während der gesamten Projektzeit konnte ich meine Beobachtungen und Überlegungen immer wieder zur Diskussion stellen, so in Bad Bevensen, Barchem, Bayreuth, Berlin, Bonn, Braunschweig, Bremen, Erlangen, Heidelberg, Magdeburg, Mannheim, Stuttgart und Würzburg. Für alle Einladungen und zahlreiche Impulse danke ich meinen Gastgeberinnen und Gastgebern, aber auch den Teilnehmerinnen und Teilnehmern der Konferenzen, Seminare und Vorträge sehr. Wertvolle Anregungen habe ich auch in vielen persönlichen Gesprächen erhalten, wofür ich namentlich Lea Braun, Verena Brunschweiger, Glenn Ehrstine, Susanne Friede, Christine Hagenah, Dorothea Klein, Britta-Juliane Kruse, Cornelia Herberichs, Lina Herz, Wiebke Ohlendorf, Jeremias Othman, Steffen Richter, Lea Steinfeld, Gabriela Signori, Gabriel Viehhauser, Ricarda Wagner und Therese Weleda sehr danke.

Ein Buch zu schreiben, das sich sowohl an ein Fachpublikum als auch eine breitere Öffentlichkeit richtet, das Vergangenheit und Gegenwart aufeinander bezieht und das die Grenzen der eigenen Disziplin überschreitet, war für mich eine Herausforderung. Herzlich danken möchte ich meinen lieben Kolleginnen und Kollegen aus der germanistischen Mediävistik wie aus der Medizin-, Pharmazie- und Rechtsgeschichte, die ausgewählte Kapitel vorab lasen und mir viele wichtige Hinweise gaben: Andreas Kraß, Astrid Lembke, Susanne Lepsius, Karl-Heinz Leven, Elisabeth Lienert, Michael Ott und Bettina Wahrig. Für die Interpretationen meines Bildmaterials waren die kunsthistorischen Perspektiven von Katrin Müller und Jitske Jasperse äußerst hilfreich.

Komplett gelesen haben dieses Werk Manuel Hoder und Nadine Lordick und konstruktiv mit mir über meine Thesen diskutiert. Durch die Beschaffung von Literatur, das Einholen von Bildrechten und formale Korrekturen haben mir Melissa Müschen und Anna Wandschneider viel Arbeit abgenommen. Meinem ganzen Team sei herzlich für die zuverlässige und engagierte Mitarbeit gedankt.

Dem J. B. Metzler Verlag ist es zu verdanken, dass dieses Buch genau so erscheinen kann, wie ich es mir gewünscht habe: als ein Sachbuch, das nicht nur von wissenschaftlichen Bibliotheken und wenigen Spezialistinnen und Spezialisten, sondern von allen am Thema interessierten Leserinnen und Lesern erworben werden kann. Für diese Publikationsmöglichkeit und die optimale Betreuung danke ich besonders dem Senior Editor Oliver Schütze.

Gewidmet ist dieses Werk meinem Mann Sebastian, der mich von Anfang an begleitet und vielfach unterstützt hat. Er dürfte nicht minder froh sein, dass dieses Buch hier sein glückliches Ende findet.

Regina Toepfer
Braunschweig, März 2020

Literaturverzeichnis

Ältere Literatur (vor 1800) und Quellen

Abaelard: Der Briefwechsel mit Heloisa, übers. u. mit einem Anhang hg. v. Hans-Wolfgang Krautz. Stuttgart ²2001.

Agrippa von Nettesheim, Heinrich Cornelius: Über die Fragwürdigkeit, ja Nichtigkeit der Wissenschaften, Künste und Gewerbe. Mit einem Nachwort hg. v. Siegfried Wollgast, übers. u. mit Anm. versehen v. Gerhard Güpner. Berlin 1993.

Albanus. In: Die religiösen Dichtungen des 11. und 12. Jahrhunderts. Nach ihren Formen besprochen u. hg. v. Friedrich Maurer. Bd. 3, Tübingen 1970, S. 605–614.

Albertus Magnus: Commentarii in IV sententiarum, hg. v. Auguste Borgnet. Paris 1893 (Opera omnia 30).

Albertus Magnus: De animalibus libri XXVI. Nach der Cölner Urschrift hg. v. Hermann Stadler. 2 Bde. Münster 1916–1920 (Beiträge zur Geschichte der Philosophie des Mittelalters 15 f.).

Albrecht von Eyb: Ob einem manne sey zunemen ein eelichs weyb oder nicht. Einführung v. Helmut Weinacht. Darmstadt 2006.

Albrecht von Scharfenberg: Jüngerer Titurel, Bd. 1 (Strophe 1–1957), hg. v. Werner Wolf. Berlin 1955 (DTM 45).

Die altdeutsche Exodus, hg. v. Ernst Kossmann. Straßburg/London 1886 (Quellen und Forschungen 57).

Ambrosius: De institutione virginis. In: PL 16, Sp. 305–334.

Aristotle: Generation of Animals. With an Englisch Translation by Arthur Leslie Peck. Cambridge, Mass./London 1953.

Asinarius. In: Waltharius, Ruodlieb, Märchenepen, hg. u. übers. v. Karl Langosch. Darmstadt ²1960, S. 333–357.

Augustinus: De bono coniugali. In: CSEL 41, S. 185–231.

Augustinus: De Genesi ad litteram, übers. v. Carl Johann Perl. Paderborn 1964.

Auszüge aus den ›Problemata‹ des Pseudo-Aristoteles (1509). In: Kruse: Heilkünste, S. 348–369.

Beitexte zum Situsbild. In: Kruse: Heilkünste, S. 339–348.

Die Bibel. Einheitsübersetzung der Heiligen Schrift, hg. i. A. der Bischöfe Deutschlands, Österreichs u. a. Stuttgart ⁵1988.

Boccaccio, Giovanni: Das Dekameron. Vollständige Ausgabe in der Übertragung v. Karl Witte, durchgesehen v. Helmut Bode. Düsseldorf/Zürich 2001.

Boethius: Trost der Philosophie. Consolatio Philosophiae. Lateinisch u. deutsch, hg. u. übers. v. Ernst Gegenschatz u. Olof Gigon. Darmstadt ⁵1998 (Sammlung Tusculum).

The Book of Margery Kempe, translated with an Introduction and Notes by Anthony Bale. Oxford 2015.

Das Buch von Alexander dem edlen und weisen König von Makedonien mit Miniaturen der Leipziger Handschrift, hg. v. Wolfgang Kirsch. Frankfurt a. M. 1991.

Catull: Carmina. Gedichte. Lateinisch – deutsch, übers. u. hg. v. Niklas Holzberg. Berlin ¹²2011 (Sammlung Tusculum).

Chrétien de Troyes: Erec et Enide. Altfranzösisch/Deutsch, übers. u. hg. v. Albert Gier. Stuttgart 1987.

Clemens von Alexandreia: Teppiche. Wissenschaftliche Darlegungen entsprechend der wahren Philosophie (Stromateis), übers. v. Otto Stählin. München 1936–1938 (BKV 2: 17, 19, 20).

Cochlaeus, Johannes: Von der heyligen Ehe Sechs Fragstuck [...]. Dresden: Wolfgang Stöckel 1534.

De conceptus impedimento. In: Hermann Grensemann: Natura sit nobis semper magistra. Über den Umgang mit Patienten, die Diät bei akuten Erkrankungen, Sterilität von Mann und Frau, Augenleiden. Vier mittelalterliche Schriften. Münster/Hamburg/London 2001 (Hamburger Studien zur Geschichte der Medizin 2), S. 117–133.

Cum omnia sacramenta. In: Franz Placidus Bliemetzrieder: Anselms von Laon systematische Sentenzen. Münster 1919 (Beiträge zur Geschichte der Philosophie des Mittelalters 18,2–3), S. 147 f.

Deutsche Gedichte des elften und zwölften Jahrhunderts, hg. v. Joseph Diemer. Wien 1849. Reprint Darmstadt 1968.

Deutsche Lyrik des frühen und hohen Mittelalters, hg. u. kommentiert v. Ingrid Kasten, übers. v. Margherita Kuhn. Frankfurt a. M. 2005 (DKV im Taschenbuch 6).

Deutsche Stadtrechte des Mittelalters, mit rechtsgeschichtlichen Erläuterungen, hg. v. Ernst Theodor Gaupp. Bd. 1. Breslau 1851.

Deutscher Minnesang (1150–1300), hg. v. Friedrich Neumann, Nachdichtung v. Kurt Erich Meurer. Stuttgart 1978.

Dinckel, Johannes: Predigt. Auß dem vierden Capittel deß Buchs Ruth / [...]. Coburg: Christoph Truckel 1588.

Ebernand von Erfurt: Die Kaiserlegende von Heinrich und Kunigunde, übers. v. Manfred Lemmer, hg. v. Kurt Gärtner. Sandersdorf-Brehna 2012.

Ebernand von Erfurt: Heinrich und Kunigunde, hg. v. Reinhold Bechstein. Quedlinburg/Leipzig 1860 (Bibliothek der gesammten deutschen National-Literatur von der ältesten bis auf die neuere Zeit 39).

Ebner, Margaretha: Offenbarungen. In: Philipp Strauch: Margaretha Ebner und Heinrich von Nördlingen. Ein Beitrag zur Geschichte der deutschen Mystik. Freiburg/Tübingen 1882, S. 1–166.

Elisabeth von Schönau: Werke, eingeleitet, kommentiert u. übers. v. Peter Dinzelbacher. Paderborn u. a. 2006.

Enquête pour le procès de canonisation de Dauphine de Puimichel Comtesse d'Ariano, hg. v. Jacques Cambell. Turin 1978.

Evangelia infantiae apocrypha. Apokryphe Kindheitsevangelien, übers. u. eingeleitet v. Gerhard Schneider. Freiburg u. a. 1995 (Fontes Christiani 18).

Frauenheilkundliche Rezepte. In: Kruse: Heilkünste, S. 267 f.

Frisius, Paulus: Von deß Teuffels Nebelkappen / [...]. In: Theatrum de veneficis, S. 214–228.

Die frühmittelhochdeutsche Genesis. Synoptische Ausgabe nach der Wiener, Millstätter und Vorauer Handschrift, hg. v. Akihiro Hamano. Berlin/Boston 2016 (Hermaea N. F. 138).

Geiler von Kaysersberg, Johannes: Das buch Granatapfel. Straßburg: Johann Knobloch 1511.

Geiler von Kaysersberg, Johannes: Sämtliche Werke, Bd. 1, hg. v. Gerhard Bauer. 1. Teil: Die deutschen Schriften, 1. Abt.: Die zu Geilers Lebzeiten erschienenen Schriften. Berlin/New York 1989 (Ausgaben deutscher Literatur des 15. bis 18. Jahrhunderts).

Glossen zum Sachsenspiegel-Landrecht. Buch'sche Glosse, hg. v. Frank-Michael Kaufmann. Teil 2. Hannover 2002 (Monumenta

Germaniae Historica, Fontes iuris Germanici antiqui. Nova Series VII).

Gottfried von Straßburg: Tristan. Nach dem Text v. Friedrich Ranke, hg., übers. u. mit Stellenkommentar versehen v. Rüdiger Krohn. 3 Bde. Stuttgart ²1981.

Graßhoff, Jodocus: Dorff Hochzeitpredigt / [...]. Magdeburg: Andreas Seydner 1603.

Groß, Erhart: Die Grisardis des Erhart Grosz. Nach der Breslauer Handschrift, hg. v. Philipp Strauch. Halle 1931 (ATB 29).

Die Gute Frau. Gedicht des dreizehnten Jahrhunderts, hg. v. Emil Sommer. In: ZfdA 2 (1842), S. 385–481.

Güthel, Caspar: Vber das Euangelion Johannis / da Christus seyne Mûtter auch seine Junger / waren auff die Hochtzeyt geladen [...]. Zwickau: Johann d. J. Schönsperger 1524.

Gynäkologische Rezepte von griechischen Medizinern in deutscher Übersetzung. In: Kruse: Heilkünste, S. 330–334.

Hafenreffer, Matthias: Predigt Bey dem Hochzeitlichen Ehrntage / [...] Michaëlis Beringeri [...] vnd [...] Anna [...] Aichlin [...] 1601 [...] gehalten [...]. Tübingen: Philipp Gruppenbach 1608.

Hartmann von Aue: Erec, hg. v. Manfred Günter Scholz, übers. v. Susanne Held. Frankfurt a. M. 2004 (Bibliothek des Mittelalters 5).

Hartmann von Aue: Gregorius der gute Sünder. Mittelhochdeutsch/Neuhochdeutsch. Nach der Ausgabe von Friedrich Neumann, übers. v. Burkhard Kippenberg. Stuttgart 1963.

Hartmann von Aue: Gregorius, hg. v. Hermann Paul, neu bearb. v. Burghart Wachinger. Tübingen ¹⁵2004 (ATB 2).

Hartmann von Aue: Iwein. In: ders.: Gregorius. Der arme Heinrich. Iwein, hg. u. übers. v. Volker Mertens. Frankfurt a. M. 2004 (Bibliothek des Mittelalters 6).

Der Heiligen Leben, Bd. 1: Sommerteil, hg. v. Margit Brand u. a. Tübingen 1996 (Texte und Textgeschichte 44).

Heinrich von Nördlingen: Briefe. In: Philipp Strauch: Margaretha Ebner und Heinrich von Nördlingen. Ein Beitrag zur Geschichte der deutschen Mystik. Freiburg/Tübingen 1882, S. 169–270.

Heinrich von Veldeke: Eneasroman. Mittelhochdeutsch/Neuhochdeutsch, hg. v. Ludwig Ettmüller, übers. u. kommentiert v. Dieter Kartschoke. Stuttgart ²1997.

Herzog Herpin. Kritische Edition eines spätmittelalterlichen Prosaepos, hg. v. Bernd Bastert. Berlin 2014 (Texte des späten Mittelalters und der frühen Neuzeit 51).

Das hessische Weihnachtsspiel. In: Drama des Mittelalters, hg. v. Richard Froning, 3 Bde. Stuttgart [1891–1892] (Deutsche National-Litteratur 14), Bd. 3, S. 902–939.

Hexen und Hexenprozesse in Deutschland, hg. v. Wolfgang Behringer. München ³1995.

Hieronymus, Eusebius: Ad Jovinianum. In: PL 23, Sp. 205–338.

Hieronymus, Eusebius: Über die beständige Jungfrauschaft Mariens. Gegen Helvidius. In: ders.: Ausgewählte historische, homiletische und dogmatische Schriften, übers. v. Ludwig Schade. Kempten/München 1914 (BKV 1: 52), S. 259–292.

Hildegard von Bingen: Briefwechsel. Nach den ältesten Handschriften übers. u. nach den Quellen erläutert v. Hildegard von Adelgundis Führkötter OSB. Salzburg 1956.

Hildegard von Bingen: Cause et cure, hg. v. Laurence Moulinier, bearb. v. Rainer Berndt. Berlin 2003 (Rarissima mediaevalia Opera latina 1).

Hildegard von Bingen: Heilkunde. Das Buch von dem Grund und Wesen und der Heilung der Krankheiten. Nach den Quellen übers. u. erläutert v. Heinrich Schipperges. Salzburg 1957.

Hinkmar von Reims: Epistola 22 (De nuptiis Stephani et filiae Regimundi comitis). In: PL 126, Sp. 132–153.

Historia Alexandri Magni (Historia de Preliis). Rezension J² (Orosius-Rezension), hg. v. Alfons Hilka. Meisenheim am Glan 1976 (Beiträge zur Klassischen Philologie 79).

Hugo von St. Viktor: De beatae Mariae virginitate. In: PL 176, Sp. 857–876.

Hugo von St. Viktor: De sacramento conjugii. In: PL 176, Sp. 153–174.

Isidorus Hispalensis Episcopus: Etymologiarum sive originum libri XX, hg. v. W. M. Lindsay. 2 Bde. Oxford 1962.

Johann von Würzburg: Wilhelm von Österreich. Aus der Gothaer Handschrift hg. v. Ernst Regel. Berlin 1906 (DTM 3).

Johannes Chrysostomos: Ausgewählte Schriften, übers. v. Chrysostomus Mitterrutzner. Kempten 1890 (BKV 1: 3).

Kaufringer, Heinrich: Der Einsiedler und der Engel. In: ders.: Werke, hg. v. Paul Sappler. Bd. 1: Text. Tübingen 1972, S. 1–13.

Konrad von Würzburg: Alexius. In: ders.: Die Legenden II, hg. v. Paul Gereke. Halle 1926 (ATB 20), S. 1–63.

Konrad von Würzburg: Engelhard, hg. v. Ingo Reiffenstein. Tübingen ³1982 (ATB 17).

Konrad von Würzburg: Trojanerkrieg, hg. v. Heinz Thoelen u. Bianca Häberlein. Wiesbaden 2015 (Wissensliteratur im Mittelalter 51).

Körber, Otho: Ein kurtzer bericht / wie sich die schwangere Weiber / vor vnnd in der Kindtsgeburdt trősten […] sollen. Leipzig: Wolfgang Günther 1553.

Kramer (Institoris) Heinrich: Der Hexenhammer. Malleus Maleficarum. Neu aus dem Lateinischen übertragen v. Wolfgang Behringer, Günter Jerouschek u. Werner Tschacher. Hg. u. eingeleitet v. Günter Jerouschek u. Wolfgang Behringer. München ¹¹2015 [2000].

Pfaffe Lambrecht: Alexanderroman. Mittelhochdeutsch/Neuhochdeutsch, hg., übers. u. kommentiert v. Elisabeth Lienert. Stuttgart 2007.

Leben und Offenbarungen der Wiener Begine Agnes Blannbekin († 1315), hg. u. übers. v. Peter Dinzelbacher u. Renate Vogeler. Göppingen 1994 (GAG 419).

Leges Saxonum und Lex Thuringorum, hg. v. Claudius Freiherr von Schwerin. Hannover/Leipzig 1918 (Fontes iuris Germanici antiqui in usum scolarum ex MGH separatim editi).

Leges Visigothorum, hg. v. Karl Zeumer. Hannover/Leipzig 1902 (MGH Leges 1,1).

Het leven van Liedewij, de maagd van Schiedam, hg. v. Ludo Jongen u. Cees Schotel. Hilversum ²1994.

Lex Ribuaria, hg. v. Rudolph Sohm. In: Monumenta Germaniae Historica, Legum Sectio, Bd. 5, Hannover 1875–1889, S. 185–268.

Lichtenberg, Jacob von: Ware Entdeckung vnnd Erklärung aller fürnembster Artickel der Zauberey […]. In: Theatrum de veneficis, S. 306–324.

The Life of Christina of Markyate: A Twelth Century Recluse, hg. u. übers. v. Charles Holwell Talbot. Oxford 1959. Reprint 1987 (Oxford Medieval Texts).

Liudprand von Cremona: Werke, hg. v. Joseph Becker. Hannover/Leipzig ³1915 (Scriptores rerum germanicarum in usum scholarum ex monumentis Germaniae historicis separatim editi).

Luther, Martin: Colloquia oder Tischgesprech, Cap. 24: Von Zauberey / Teuffelsgespenst / vnd Hexerei / Campsionibus vnd Wechselkindern. In: Theatrum de Veneficis, S. 11–14.

Luther, Martin: Vom ehelichen Leben (1522). In: D. Martin Luthers Werke. Kritische Gesamtausgabe, Bd. 10, 2. Abteilung. Weimar 1907 (WA 10,2), S. 267–304.

Machiavelli, Niccolo: Clizia. In: ders.: Gesammelte Schriften in fünf Bänden. München 1925, Bd. 5, S. 189–250.

Machiavelli, Niccolò: Die Alraune (La Mandragola), übers. v. Jürgen Wüllrich. Norderstedt 2010.

Mai und Beaflor. Minneroman des 13. Jahrhunderts, hg. v. Christian Kiening u. Katharina

Mertens Fleury. Zürich 2008. URL: http://www.ds.uzh.ch/kiening/Mai_und_Beaflor/MaiundBeaflor.pdf (Zugriff: 19.02.2020).

Marculfi Formulae. In: Formulae Merowingici et Karolini Aevi, hg. v. Karl Zeumer. Hannover 1882 (MGH Legum Sectio V, Formulae 1), S. 32–112.

Marcus von Weida: Spigell des ehlichen ordens, hg. v. Anthony van der Lee. Assen 1972 (Quellen und Forschungen zur Erbauungsliteratur des späten Mittelalters und der frühen Neuzeit 1).

Marggraf, Johann Georg: Hertz-Christlicher Glücks-Wunsch […]. Celle: Andreas Holwein 1669.

Marie de France: Die Lais, übers., mit einer Einleitung, einer Bibliographie sowie Anmerkungen versehen v. Dietmar Rieger. München 1980 (Klassische Texte des romanischen Mittelalters in zweisprachigen Ausgaben 19).

Marienwerder, Johannes: Das Leben der heiligen Dorothea, hg. v. Max Töppen. In: Scriptores rerum Prussicarum II, hg. v. Theodor Hirsch, Max Töppen u. Ernst Strehlke. Leipzig 1863, S. 179–374.

Mathesius, Johannes: Hochzeitpredigten Vom Ehestand vnnd Haußwesen / […], übers. v. Nikolaus Hermann. Nürnberg: Dietrich Gerlach 1575.

[Mattsperger, Daniel] Christopherus Marianus: Puerperium Marianum. […]. Konstanz: Nicolaus Kalt 1601.

Molitor, Ulrich: Von Unholden und Hexen, hg. v. Nicolaus Equiamicus. Diedorf 2008.

Molitoris, Ulrich: Von den unholden oder hexen. Augsburg: Johan Otmar 1508.

Münchner Oswald, hg. v. Michael Curschmann. Tübingen 1974 (ATB 76).

Münster, Sebastian: Cosmographei oder beschreibung aller länder / herrschaften / fürnemsten stetten / […]. Basel: Heinrich Petri 1553.

Das Nibelungenlied. Mittelhochdeutsch/Neuhochdeutsch. Nach der Handschrift B hg. v. Ursula Schulze, übers. u. kommentiert v. Siegfried Grosse. Stuttgart 2010.

Nüwe Stattrechten und Statuten der loblichen Statt Fryburg im Pryßgow gelegen, hg. v. Ulrich Zasius. Basel: Adam Petri 1520.

Die Offenbarungen der Adelheide Langmann. Klosterfrau zu Engelthal, hg. v. Philipp Strauch. Straßburg 1878.

Der Oldenburger Sachsenspiegel. Codex picturatus Oldenburgensis CIM I 410 der Landesbibliothek Oldenburg. Kommentar v. Ruth Schmidt-Wiegand u. Wolfgang Milde. Text und Übersetzung v. Werner Peters u. Wolfgang Wallbraun. Graz 2006.

Orendel. Ein deutsches Spielmannsgedicht. Mit Einleitung u. Anmerkungen hg. v. Arnold E. Berger. Bonn 1888. Reprint Berlin/New York 1974.

Das Ostgötenrecht (Ostgotalagen). Aus dem Altschwedischen übers. u. erläutert v. Dieter Strauch. Köln/Wien 1971.

Otnit. Wolf Dietrich. Frühneuhochdeutsch/Neuhochdeutsch, hg. u. übers. v. Stephan Fuchs-Jolie, Victor Millet u. Dietmar Peschel. Stuttgart 2013.

Otte: Eraclius, hg. v. Winfried Frey. Göppingen 1983 (GAG 348).

Ovidius Naso, Publius: Liebesbriefe. Heroides epistulae. Lateinisch – deutsch, hg. u. übers. v. Bruno W. Häuptli. Düsseldorf/Zürich ²2001 (Sammlung Tusculum).

Pactus Legis Salicae, hg. v. Karl August Eckhardt. Bd. II 1: 65 Titel-Text. Göttingen/Berlin/Frankfurt a. M. 1955 (Germanenrechte N. F.).

Palingènio Stellato, Marcello: […] Zodiacus vitae, das ist / Gürtel deß lebens […], übers. v. Johannes Spreng. Frankfurt a. M.: Georg Rab; Sigmund Feyerabend; Weigand Han Erben 1564.

Das Passional, Bd. 2: Apostellegenden, hg. v. Annegret Haase, Martin Schubert u. Jürgen Wolf. Berlin 2013 (DTM 91).

Die Peinliche Gerichtsordnung Kaiser Karls V. und des Heiligen Römischen Reichs von

1532 (Carolina), hg. u. erläutert v. Friedrich-Christian Schroeder. Stuttgart 2000.

Petrarca, Francesco: Historia Griseldis (dt.), übers. v. Heinrich Steinhöwel. [Ulm: Johann Zainer d. Ä. um 1473].

Petrarca, Francesco: Von der Artzney bayder Glück/ des gůten vnd widerwertigen, hg. v. Sebastian Brant. Augsburg: Heinrich Steiner 1532.

Platon: Timaiois, Kritias, Philebos, bearb. v. Klaus Widdra, hg. v. Gunther Eigler. Darmstadt 1972 (Werke in acht Bänden, griechisch und deutsch 7).

Platz, Conrad Wolfgang: Ein Christliche Tröstliche Predig für alle vnnd jede Schwangere vnd geberende Frawen gehalten zů Bibrach. Ulm: Oswald Gruppenbach 1564.

Le pontifical romano-germanique du dixième siècle. Le Texte I, hg. v. Cyrille Vogel u. Reinhard Elze. Città del Vaticano 1963 (Studi e Testi 226).

Reinfrid von Braunschweig, hg. v. Karl Bartsch. Tübingen 1871 (Bibliothek des Litterarischen Vereins in Stuttgart 109). Reprint Hildesheim/Zürich/New York 1997.

Der Ritter von Staufenberg, hg. v. Eckhard Grunewald. Tübingen 1979 (ATB 88).

Robert the Devil: The First Modern English Translation of Robert le Diable, an Anonymous French Romance of the Thirteenth Century, translated by Samuel N. Rosenberg. Pennsylvania 2018.

Le Roman d'Eneas, übers. u. eingeleitet v. Monica Schöler-Beinhauer. München 1972 (Klassische Texte des romanischen Mittelalters 9).

Romane des 15. und 16. Jahrhunderts. Nach den Erstdrucken mit sämtlichen Holzschnitten, hg. v. Jan-Dirk Müller. Frankfurt a. M. 1990 (Bibliothek deutscher Klassiker 54).

Rudolf von Ems: Alexander. Ein höfischer Versroman des 13. Jahrhunderts, hg. v. Victor Junk. Leipzig 1928–1929 (Bibliothek des Literarischen Vereins in Stuttgart 272 u. 274). Reprint Darmstadt 1970.

Rudolf von Ems: Willehalm von Orlens, hg. v. Victor Junk. Berlin 1905 (DTM 2).

Salvian von Marseille: Des Timotheus vier Bücher an die Kirche. Der Brief an den Bischof Salonius, übers. v. Anton Mayer, bearb. v. Norbert Brox. München 1983 (Schriften der Kirchenväter 3).

Saur, Abraham: Ein kurtze / trewe Warnung / [...]. In: Theatrum de veneficis, S. 202–214.

Der Schwabenspiegel in der ältesten Gestalt. Landrecht hg. v. Wilhelm Wackernagel (1840), Lehnrecht hg. v. Heinrich Christian von Senckenberg (1766). Zusammengestellt, mit Vorrede, Zusätzen und Quellenbuch versehen v. Karl August Eckhardt. Aalen 1972 (Bibliotheca Rerum Historicarum Neudrucke 3).

Selnecker, Nikolaus: Der gantze Psalter Dauids ausgelegt [...]. Leipzig: Jakob Bärwald (Erben) 1571.

Sententiae Berolinensis, hg. v. Friedrich Stegmüller. In: Recherches de théologie ancienne et médiévale 11 (1939), S. 39–61.

Seuse, Heinrich: Deutsche Schriften, hg. v. Nikolaus Heller. Regensburg 1926.

Sieben Erklärungen zur weiblichen Sexualität und Reproduktion. In: Kruse: Heilkünste, S. 268–271.

Sigfrid, Thomas: Antwort auff die Frage / Obs eine rechte Ehe sey / wenn ein junger Mann ein alt Weib nimet / oder ein jung Weib einen alten Mann nimmet. [...] o. A. d. O. 1590.

Stagel, Elsbeth: Das Leben der Schwestern zu Töß, hg. v. Ferdinand Vetter. Berlin 1906 (DTM 6).

Starck, Johann Friedrich: Gebetbuch für Schwangere, Gebärende, Kindbetterinnen und Unfruchtbare [...]. Frankfurt a. M. ^{20}1833 [1731].

Steinhöwel, Heinrich: ›Griseldis‹, hg. v. Ursula Hess. In: dies: Heinrich Steinhöwels ›Griseldis‹, S. 177–237.

Strigenitz, Gregor: Votum Bethlehemiticum. [...] Christiano II. Hertzogen zu Sachssen

[…] Vnd […] Hedwigen […]. Leipzig: Franz Schnellboltz Erben für Bartholomäus Voigt d. Ä. 1602.

Theatrum de veneficis. Das ist: von Teuffelsgespenst Zauberern vnd Gifftbereitern / Schwartzkünstlern / Hexen vnd Vnholden […], hg. v. Abraham Saur. Frankfurt a. M.: Nikolaus Basse 1586.

Thietmar von Merseburg: Chronicon, hg. v. Robert Holtzmann. Berlin ²1955 (MGH Scriptores rerum Germanicarum NS 9).

Thomas de Chobham: Summa Confessorum, hg. v. Frederick Broomfield. Louvain/Paris 1968 (Analecta Mediaevalia Namurcensia 25).

Thomas von Aquin: Summa Theologica, hg. v. Petrus Caramello. 3 Bde. Rom 1952–1956.

Thomas von Cantimpré: De naturis rerum. Liber I: De anatomia corporis humani. In: Christian Ferckel: Die Gynäkologie des Thomas von Brabant. Ein Beitrag zur Kenntnis der mittelalterlichen Gynäkologie und ihrer Quellen. München 1912 (Alte Meister der Medizin und Naturkunde 5), S. 19–32.

The Trotula. An English Translation of the Medieval Compendium of Women's Medicine, hg. u. übers. v. Monica H. Green. Philadelphia 2001.

Ulrich von Eschenbach [i. e. Etzenbach]: Alexander, hg. v. Wendelin Toischer. Tübingen 1888. Reprint Hildesheim/New York 1974.

Vergil: Aeneis. Lateinisch-deutsch. In Zusammenarbeit mit Maria Götte hg. u. übers. v. Johannes Götte. Düsseldorf/Zürich ¹⁰2002 (Sammlung Tusculum).

Vita venerabilis Lukardis monialis ordinis Cisterciensis in Superiore Wimaria [hg. v. Josephus de Backer]. In: Analecta Bollandiana 18 (1899), S. 305–367.

Von der Natur der Frauen und ihren Krankheiten. In: Kruse: Heilkünste, S. 272–297.

Von Empfängnis und Geburt. In: Kruse: Heilkünste, S. 323–330.

Walasser, Adam: Vom zarten Kindlin Jesu […]. Dillingen: Sebald Mayer 1565 (VD 16 V 2413).

Weinsberg, Hermann von: Die autobiographischen Aufzeichnungen Hermann Weinsbergs. Digitale Gesamtausgabe. URL: http://www.weinsberg.uni-bonn.de (Zugriff: 19. 02. 2020).

Priester Wernher: Maria. Bruchstücke und Umarbeitungen, hg. v. Carl Wesle. 2. Auflage besorgt durch Hans Fromm. Tübingen 1969 (ATB 26).

Wernher der Schweizer: Das Marienleben des Schweizers Wernher. Aus der Heidelberger Handschrift, hg. v. Max Päpke u. Arthur Hübner. Dublin/Zürich ²1967 (DTM 27).

Weyer, Johann: De lamiis. Das ist: Von Teuffelsgespenst Zauberern vnd Gifftbereytern […]. Frankfurt a. M.: Nikolaus Basse 1586.

Wickram, Jörg: Knabenspiegel. In: Romane des 15. und 16. Jahrhunderts. Nach den Erstdrucken mit sämtlichen Holzschnitten, hg. v. Jan-Dirk Müller. Frankfurt a. M. 1990 (Bibliothek deutscher Klassiker 54), S. 679–810.

Der Wiener Oswald, hg. v. Gertrud Fuchs. Breslau 1920. Reprint Hildesheim/New York 1977 (Germanistische Abhandlungen 52).

[Witekind, Hermann] Augustin Lercheimer von Steinfelden: Christlich bedencken vnd Erinnerung von Zauberey […]. Straßburg: o. D. 1586.

Wilhelm von Champeaux: De coniugio. In: Franz Bliemetzrieder: Paul Fournier und das literarische Werk Ivos von Chartres. In: Archiv für katholisches Kirchenrecht 115 (1935), S. 73–79.

Wolfram von Eschenbach: Parzival. Nach der Ausgabe Karl Lachmanns, rev. u. kommentiert v. Eberhard Nellmann, übers. v. Dieter Kühn. 2 Bde. Frankfurt a. M. 2006 (Bibliothek des Mittelalters 8).

Neuere Literatur (nach 1800) und Forschung

Adichie, Chimamanda: The Danger of a Single Story (Juli 2009). URL: https://www.ted.com/talks/chimamanda_adichie_the_danger_of_a_single_story (Zugriff: 30.03.2019).

Allweier, Nina: Griseldis lernt sprechen. Liebe und Ehe in der *Grisardis* des Erhart Groß von 1432. In: Aurnhammer/Schiewer (Hg.): Die deutsche Griselda, S. 107–123.

Allweier, Nina: Griseldis-Korrektur: Liebe und Ehe in der *Grisardis des Erhart Groß von 1432*. Freiburg 2011. URN: urn:nbn.de:bsz:25-opus-87951.

Althoff, Gerd: Spielregeln der Politik im Mittelalter. Kommunikation in Frieden und Fehde. Darmstadt 1997.

Andersen, Elizabeth: Das Kind sehen. Die Visualisierung der Geburt Christi in Mystik und Meditation. In: Ricarda Bauschke/Sebastian Coxon/Martin H. Jones (Hg.): Sehen und Sichtbarkeit in der Literatur des deutschen Mittelalters. Berlin 2011, S. 290–310.

Ariès, Philippe: Geschichte der Kindheit. Mit einem Vorwort v. Hartmut von Hentig, übers. v. Caroline Neubaur u. Karin Kersten. München [16]2007. Erstausgabe: L'enfant et la vie familiale sous l'ancien régime. Paris 1960.

Atkinson, Clarissa W.: The Oldest Vocation. Christian Motherhood in the Middle Ages. Ithaca/London 1991.

Aurnhammer, Achim/Hans-Jochen Schiewer (Hg.): Die deutsche Griselda. Transformationen einer literarischen Figuration von Boccaccio bis zur Moderne. Berlin/New York 2010 (Frühe Neuzeit 146).

Badinter, Elisabeth: Die Mutterliebe. Geschichte eines Gefühls vom 17. Jahrhundert bis heute, übers. v. Friedrich Griese. München/Zürich [4]1991. Erstausgabe: L'amour en plus. Paris 1980.

Baron, Frank (Hg.): Hermann Witekinds *Christlich bedencken* und die Entstehung des Faustbuchs von 1587. In Verbindung mit einer kritischen Edition des Textes von 1585 v. Benedikt Sommer. Berlin 2009 (Studium Litterarum 17).

Beattie, Cordelia/Kirsten A. Fenton: Intersections of Gender, Religion and Ethnicity in the Middle Ages. Basingstoke 2010.

Benatar, David: Better Never to Have Been. The Harm of Coming into Existence. Oxford 2006.

Berlin-Institut für Bevölkerung und Entwicklung (Hg.): Die Zukunft des Generationenvertrags. Wie lassen sich die Lasten des demografischen Wandels gerechter verteilen. Discussion Paper 14 (2014). URL: https://www.berlin-institut.org/fileadmin/user_upload/Zukunft_des_Generationenvertrags/Zukunft_des_Generationenvertrags_Online.pdf (Zugriff: 05.07.2018).

Bernard, Andreas: Die Leihmutter. In: Eva Eßlinger u.a. (Hg.): Die Figur des Dritten, S. 304–315.

Bernard, Andreas: Kinder machen. Neue Reproduktionstechnologien und die Ordnung der Familie. Samenspender, Leihmütter, Künstliche Befruchtung. Frankfurt a.M. 2014.

Bertelsmeier-Kierst, Christa: ›Griseldis‹ in Deutschland. Studien zu Steinhöwel und Arigo. Heidelberg 1988 (GRM Beih. 8).

Bertelsmeier-Kierst, Christa: Übersetzungsliteratur im Umkreis des deutschen Frühhumanismus. Das Beispiel ›Griseldis‹. In: Wolfram-Studien 14 (1996), S. 323–343.

Beutin, Wolfgang: ›Hysterie und Mystik‹. Zur Mittelalter-Rezeption der frühen Psychoanalyse. Die ›Offenbarungen‹ der Nonne Margareta Ebner (ca. 1291–1351), gedeutet durch den Zürcher Pfarrer und Analytiker Oskar Pfister. In: Irene Burg u.a. (Hg.): Mittelalter-Rezeption IV: Medien, Politik, Ideologie, Ökonomie. Göppingen 1991 (GAG 550), S. 11–26.

Bishop Shigley, Sally: Great Expectations: Infertility, Disability, and Possibility. In: Davis/Loughran (Hg.): The Palgrave Handbook of Infertility, S. 37–55.

Bloh, Ute von: Unheilvolle Erzählungen: Zwillinge in Geschichten des 12. und 13. Jahrhunderts. In: Jan-Dirk Müller (Hg.): Text und Kontext. Fallstudien und theoretische Begründungen einer kulturwissenschaftlich angeleiteten Mediävistik. München 2007 (Schriften des Historischen Kollegs. Kolloquien 64), S. 3–20.

Bogaert, Anthony F.: Understanding Asexuality. Lanham u. a. 2012.

Bojanowski, Axel: Kinder machen nicht glücklicher. In: Spiegel online 14.01.2014. URL: http://www.spiegel.de/wissenschaft/mensch/weltweite-umfrage-eltern-sind-nicht-gluecklicher-als-kinderlose-a-943490.html (Zugriff: 20.02.2019).

Borinski, Karl: Eine ältere deutsche Bearbeitung von Robert le diable. In: Germania 37 (1892), S. 44–62, 201–203.

Børresen, Kari E.: Subordination and Equivalence. The Nature and Mode of Woman in Augustinus and Thomas Aquinas. Washington 1981.

Boswell, John: The Kindness of Strangers: The Abandonment of Children in Western Europe from Late Antiquity to the Renaissance. Chicago 1988. Reprint 1998.

Brackert, Helmut: Der Hexenhammer und seine Bedeutung für die Verfolgung der Hexen in Deutschland. In: Heinz Rupp (Hg.): Philologie und Geisteswissenschaft. Demonstrationen literarischer Texte des Mittelalters. Heidelberg 1977, S. 106–116.

Brandt, Rüdiger: Konrad von Würzburg. Kleinere epische Werke. Berlin 2000 (Klassiker-Lektüren 2).

Braun, Anne-Kathrin: Gott füllte leere Hände – zwei Frauen namens Hannah. In: Roßner/Braun (Hg.): Keine Kinder?!, S. 11–16.

Braun, Karl: Die Krankheit Onania. Körperangst und die Anfänge moderner Sexualität im 18. Jahrhundert. Frankfurt a. M./New York 1995 (Historische Studien 16).

Braun, Manuel: Ehe, Liebe, Freundschaft. Semantik der Vergesellschaftung im frühneuhochdeutschen Prosaroman. Tübingen 2001 (Frühe Neuzeit 60).

Braun, Manuel: Stifterfamilien, Josephs-Ehen, Spitzenahnen. Entwürfe von Familie und Verwandtschaft im Spiegel kulturwissenschaftlicher Forschung. In: PBB 126 (2004), S. 446–466.

Braun, Manuel: Vom Gott gezeugt: Alexander und Jesus. Zum Fortleben des Mythos in den Alexanderromanen des christlichen Mittelalters. In: ZfdPh 123 (2004), S. 40–66.

Braun, Manuel/Cornelia Herberichs (Hg.): Gewalt im Mittelalter. Realitäten – Imaginationen. München 2005.

Breitinger, Eric: Vertraute Fremdheit. Adoptierte erzählen. Berlin 2011.

Brinker-von der Heyde, Claudia: Geliebte Mütter – mütterliche Geliebte. Rolleninszenierung in höfischen Romanen. Bonn 1996 (Studien zur Germanistik, Anglistik und Komparatistik 123).

Broomhall, Susan: ›Women's Little Secrets‹: Defining the Boundaries of Reproductive Knowledge in Sixteenth-Century France. In: Social History of Medicine 15 (2002), S. 1–15.

Browe, Peter: Die Eucharistie als Zaubermittel im Mittelalter. In: Archiv für Kulturgeschichte 20 (1930), S. 134–154.

Browe, Peter: Die eucharistischen Wunder des Mittelalters. Breslau 1938 (Breslauer Studien zur historischen Theologie).

Brown, Peter: Die Keuschheit der Engel. Sexuelle Entsagung, Askese und Körperlichkeit am Anfang des Christentums, übers. v. Martin Pfeiffer. München u. a. 1991. Erstausgabe: The Body and Society. Men, Women, and Sexual Renunciation in Early Christianity. New York 1988.

Brundage, James A.: The Problem of Impotence. In: Bullough/Brundage (Hg.): Sexual Practices, S. 135–140.

Brunschweiger, Verena: Kinderfrei statt kinderlos. Ein Manifest. Marburg 2019.

Brunschweiger, Verena: Die Childfree-Rebellion: Warum ›zu radikal‹ gerade radikal genug ist. Marburg 2020.

Buchholz, Stephan: Ehe. In: ²HRG 1 (2008), Sp. 1192–1213.

Bücker, Teresa: Ist es radikal, auf leibliche Kinder zu verzichten? In: SZ Magazin online 05.02.2020. URL: https://sz-magazin.sueddeutsche.de/freie-radikale-die-ideenkolumne/leibliche-kinder-alternativen-88347 (Zugriff: 23.02.2020).

Buhse, Malte: Der kollektive Baby-Blues. In: Zeit online 27.03.2014. URL: https://www.zeit.de/wirtschaft/2014-03/kinder-machen-ungluecklich/komplettansicht (Zugriff: 20.02.2019).

Bullough, Vern L.: Medieval Medical and Scientific Views of women. In: Viator 4 (1973), S. 485–501.

Bullough, Vern L./James A. Brundage (Hg.): Sexual Practices & the Medieval Church. Buffalo/New York 1982.

Bumke, Joachim: Der ›Erec‹ Hartmanns von Aue. Eine Einführung. Berlin/New York 2006.

Bumke, Joachim: Wolfram von Eschenbach. Stuttgart/Weimar ⁸2004 (Sammlung Metzler 36).

Burghartz, Susanna: Zeiten der Reinheit – Orte der Unzucht. Ehe und Sexualität in Basel während der frühen Neuzeit. Paderborn u. a. 1999.

Bürkle, Susanne: Die *Offenbarungen* der Margareta Ebner. Rhetorik der Weiblichkeit und der autobiographische Pakt. In: Doerte Bischoff/Martina Wagner-Egelhaaf (Hg.): Weibliche Rede – Rhetorik der Weiblichkeit. Studien zum Verhältnis von Rhetorik und Geschlechterdifferenz. Freiburg 2003, S. 79–102.

Butler, Judith: Das Unbehagen der Geschlechter, übers. v. Katharina Menke. Frankfurt a. M. 1991. Erstausgabe: Gender Trouble. Feminism and the Subversion of Identity. New York u. a. 1990.

Byrne, Joseph P./Eleanor A. Congdon: Mothering in the Casa Datini. In: Journal of Medieval History 25 (1999), S. 35–56.

Cadden, Joan: Meanings of Sex Difference in the Middle Ages: Medicine, Science and Culture. Cambridge 1993 (Cambridge History of Medicine).

Canguilhem, Georges: Das Normale und das Pathologische, übers. v. Monika Noll u. Rolf Schubert. München 1974. Erstausgabe: Essai sur quelques problèmes concernant le normal et le pathologique. Clermont-Ferrand 1943.

Classen, Albrecht: Der Liebes- und Ehediskurs vom hohen Mittelalter bis ins 17. Jahrhundert. Münster u. a. 2005 (Volkslied Studien 5).

Collis, Louise: Leben und Pilgerfahrten der Margery Kempe. Erinnerungen einer exzentrischen Lady, übers. v. Ebba D. Drolshagen. Berlin 1986.

Connell, Raewyn: Der gemachte Mann. Konstruktion und Krise von Männlichkeiten. Wiesbaden ⁴2015 (Geschlecht und Gesellschaft 8). Erstausgabe: Masculinities. Cambridge 1995.

Cormeau, Christoph/Wilhelm Störmer: Hartmann von Aue. Epoche – Werk – Wirkung. München ³2007.

Crawford, Patricia: The Construction and Experience of Maternity in Seventeenth-Century England. In: Valerie Fildes (Hg.): Women as Mothers in Pre-Industrial England. London u. a. 1990, S. 3–37.

Crenshaw, Kimberlé Williams: Demarginalizing the Intersection of Race and Sex. A Black Feminist Critique of Antidiscrimination Doctrine. In: The University of Chicago Legal Forum (1989), S. 139–167.

Crenshaw, Kimberlé Williams: Mapping the Margins. Intersectionality, Identity Politics, and Violence Against Women of Color. In: Stanford Law Review 43,6 (1991), S. 1241–1299.

Cusk, Rachel: Lebenswerk. Über das Mutterwerden. Roman, übers. v. Eva Bonné. Berlin 2019. Erstausgabe: A Life's Work. On Becoming a Mother. London 2001.

D. I. R. Jahrbuch 2017. In: Journal für Reproduktionsmedizin und Endokrinologie – Journal of Reproductive Medicine and Endocrinology 15, Sonderheft 1 (2018), S. 1–56. URL: https://www.deutsches-ivf-register.de/perch/resources/dir-jahrbuch-2017-deutsch-final-4.pdf (Zugriff: 06. 04. 2019).

Dahrendorf, Ralf: Homo Sociologicus. Ein Versuch zur Geschichte, Bedeutung und Kritik der Kategorie der sozialen Rolle. Opladen ¹⁵1977 [1959] (Studienbücher zur Sozialwissenschaft 20).

Davis, Gayle/Tracey Loughran (Hg.): The Palgrave Handbook of Infertility in History. Approaches, Contexts and Perspectives. London 2017.

Deaton, Angus/Arthur A. Stone: Evaluative and Hedonic Wellbeing Among those With and Without Children at Home. In: PNAS 111,4 (2014), S. 1328–1333. DOI: https://doi.org/10.1073/pnas.1311600111.

Die deutsche Literatur des Mittelalters. Verfasserlexikon. 2., völlig neu bearb. Auflage, hg. v. Kurt Ruh u. a. 14 Bde. Berlin/New York 1978–2008.

Diehl, Sarah: Die Uhr, die nicht tickt. Kinderlos glücklich. Eine Streitschrift. Zürich/Hamburg 2018 [2014].

Dinklage, Meike: Der Zeugungsstreik. Warum die Kinderfrage Männersache ist. München 2005.

Dinzelbacher, Peter: Über die Entdeckung der Liebe im Hochmittelalter. In: Saeculum 32 (1981), S. 185–208.

Dinzelbacher, Peter: Körper und Frömmigkeit in der mittelalterlichen Mentalitätsgeschichte. Paderborn u. a. 2007.

Dinzelbacher, Peter: Deutsche und Niederländische Mystik des Mittelalters. Ein Studienbuch. Berlin/Boston 2012.

Donahue, Charles Jr.: Female Plaintiffs in Marriage Cases in the Court of York in the Later Middle Ages: What Can We Learn from the Numbers? In: Sue Sheridan Walker (Hg.): Wife and Widow in Medieval England. Ann Arbor 1993, S. 183–213.

Donahue, Charles Jr.: Law, Marriage, and Society in the Later Middle Ages. Arguments About Marriage in Five Courts. Cambridge 2007.

Donath, Orna: #regretting motherhood. Wenn Mütter bereuen, übers. v. Karlheinz Dürr u. Elsbeth Ranke. München 2016.

Dörfler-Dierken, Angelika: Die Verehrung der heiligen Anna in Spätmittelalter und früher Neuzeit. Göttingen 1992 (Forschungen zur Kirchen- und Dogmengeschichte 50).

Drage Hale, Rosemary: Rocking the Cradle. Margaretha Ebner (Be)Holds the Divine. In: Mary A. Suydam/Joanna E. Ziegler (Hg.): Performance and Transformation. New Approaches to Late Medieval Spirituality. Basingstoke/London 1999, S. 211–239.

Dülmen, Richard van: Theater des Schreckens. Gerichtspraxis und Strafrituale in der frühen Neuzeit. München ³1988 [1985].

Düwel, Klaus: Ein Buch als christlich-magisches Mittel zur Geburtshilfe. In: Michael Stausberg (Hg.): Kontinuitäten und Brüche in der Religionsgeschichte. Festschrift für Anders Hultgård zu seinem 65. Geburtstag am 23. 12. 2001. Berlin/New York 2001 (Reallexikon der Germanistischen Altertumskunde, Ergänzungsbd. 31), S. 170–193.

Edelman, Lee: No Future. Queer Theory and the Death Drive. Durham/London 2004.

Egidi, Margreth: Höfische Liebe: Entwürfe der Sangspruchdichtung. Literarische Verfahrensweisen von Reinmar von Zweter bis Frauenlob. Heidelberg 2002 (GRM Beih. 17).

Eickels, Klaus van: Hingerichtet, geblendet, entmannt: die anglo-normannischen Könige und ihre Gegner. In: Braun/Herberichs (Hg.): Gewalt im Mittelalter, S. 81–103.

Eickels, Klaus van: Männliche Zeugungsunfähigkeit im spätmittelalterlichen Adel. In: Medizin, Gesellschaft und Geschichte 28 (2009), S. 73–95.

Elsässer, Günter: Ausfall des Coitus als Krankheitsursache in der Medizin des Mittelalters. Berlin 1934 (Abhandlungen zur Geschichte der Medizin und der Naturwissenschaften 3).

Eming, Jutta: Inzestneigung und Inzestvollzug im mittelalterlichen Liebes- und Abenteuerroman (*Mai und Beaflor* und *Apollonius von Tyrus*). In: dies./Claudia Jarzebowski/Claudia Ulbrich (Hg.): Historische Inzestdiskurse. Interdisziplinäre Zugänge. Königstein 2003, S. 21–45.

Enchelmaier, Iris: Abschied vom Kinderwunsch. Ein Ratgeber für Frauen, die ungewollt kinderlos geblieben sind. Stuttgart 2004.

Enenkel, Karl A. E.: Der Petrarca des ›Petrarca-Meisters‹: Zum Text-Bild-Verhältnis in illustrierten *De remediis*-Ausgaben. In: ders./Jan Papy (Hg.): Petrarch and His Readers in the Renaissance. Leiden 2006, S. 91–169.

Engelhardt, Dietrich von: Diätetik. In: Werner E. Gerabek u. a. (Hg.): Enzyklopädie Medizingeschichte. Berlin/New York 2005, S. 299–303.

Eßlinger, Eva u. a. (Hg.): Die Figur des Dritten. Ein kulturwissenschaftliches Paradigma. Berlin 2010.

Evans, Jennifer: »It is Caused of the Womans Part or of the Mans Part«. The Role of Gender in the Diagnosis and Treatment of Sexual Dysfunction in Early Modern England. In: Women's History Review 20 (2011), S. 439–457.

Evans, Jennifer: Aphrodisiacs, Fertility and Medicine in Early Modern England. Woodbridge 2014 (Studies in History).

Evans, Jennifer: »They are Called Imperfect Men«: Male Infertility and Sexual Health in Early Modern England. In: Social History of Medicine 29 (2016), S. 311–332.

Eyler, Joshua R. (Hg.): Disability in the Middle Ages. Reconsiderations and Reverberations. Farnham 2017.

Fahs, Breanne: Radical Refusals: On the Anarchist Politics of Women Choosing Asexuality. In: Sexualities 13 (2010), S. 445–461.

Ferckel, Christian: Zur Gynäkologie und Generationslehre im Fasciculus medicinae des Johannes de Ketham. In: Archiv für Geschichte der Medizin 6 (1913), S. 205–222.

Föllinger, Sabine: Differenz und Gleichheit. Das Geschlechterverhältnis in der Sicht griechischer Philosophen des 4. bis 1. Jahrhunderts v. Chr. Stuttgart 1996.

Föllinger, Sabine: Zeugung. In: Karl-Heinz Leven (Hg.): Antike Medizin. Ein Lexikon. München 2005, Sp. 935–937.

Foucault, Michel: Der Wille zum Wissen, übers. v. Ulrich Raulff u. Walter Seitter. Frankfurt a. M. ¹⁹2012 (Sexualität und Wahrheit 1). Erstausgabe: La volonté de savoir. Paris 1976 (Histoire de la sexualité 1).

Frakes, Jerold C.: Kriemhild's Three Dreams. A Structural Interpretation. In: ZfdA 113 (1984), S. 173–187.

Frank, Arthur W.: The Wounded Storyteller: Body, Illness, and Ethics. Chicago/London 1995.

Frank, Karl Suso: ΑΓΓΕΛΙΚΟΣ ΒΙΟΣ. Begriffsanalytische und begriffsgeschichtliche Untersuchung zum ›engelgleichen Leben‹ im frühen Mönchtum. Münster 1964.

Franz, Adolph: Die kirchlichen Benediktionen im Mittelalter. 2 Bde. Freiburg 1909. Reprint Graz 1960.

Friede, Susanne: Alexanders Kindheit in der französischen Zehnsilberfassung und im *Roman d'Alexandre*: Fälle ›literarischer Nationalisierung‹ des Alexanderstoffs. In: Jan Cölln/Susanne Friede/Hartmut Wulfram (Hg.): Alexanderdichtungen im Mittelalter. Kulturelle Selbstbestimmung im Kontext literarischer Beziehungen. Göttingen 2000, S. 82–136.

Fuchs-Jolie, Stephan: Von der Fee nur der Fuß. Körper als Allegorien des Erzählens im »Peter von Staufenberg«. In: DVjs 83 (2009), S. 53–69.

Funcke, Dorett/Petra Thorn (Hg.): Die gleichgeschlechtliche Familie mit Kindern. Interdisziplinäre Beiträge zu einer neuen Lebensform. Bielefeld 2015.

Fürbeth, Frank: »Weil ihre Bosheit maßlos ist«. Zur Einengung der thomistischen Superstitionenlehre auf das weibliche Geschlecht im *Malleus Maleficarum*. In: Silvia Bovenschen u. a. (Hg.): Der fremdgewordene Text. Festschrift für Helmut Brackert zum 65. Geburtstag. Berlin/New York 1997, S. 218–232.

Gans, Paul: Totale Fruchtbarkeitsrate. In: Lexikon der Geographie in vier Bänden. Heidelberg/Berlin 2001–2002, Bd. 3, S. 356 f.

Gantert, Klaus: Erzählschema und literarische Hermeneutik. Zum Verhältnis von Brautwerbungsschema und geistlicher Tradition im ›Wiener Oswald‹ und in der ›Hochzeit‹. In: Poetica 31 (1999), S. 381–414.

Garland Thomson, Rosemarie: Andere Geschichten. In: Petra Lutz u. a. (Hg.): Der [im-]perfekte Mensch. Metamorphosen von Normalität und Abweichung. Köln 2003, S. 418–424.

Garsoffky, Susanne/Britta Sembach: Der tiefe Riss. Wie Politik und Wirtschaft Eltern und Kinderlose gegeneinander ausspielen. München 2017.

Geaman, Kristen L.: Anna of Bohemia and Her Struggle to Conceive. In: Social History of Medicine 29 (2016), S. 224–244.

Gerlach, Wolfgang: Das Problem des ›weiblichen Samens‹ in der antiken und mittelalterlichen Medizin. In: Sudhoffs Archiv für Geschichte der Medizin und der Naturwissenschaften 30 (1938), S. 177–193.

Gleixner, Ulrike: Todesangst und Gottergebenheit: Die Spiritualisierung von Schwangerschaft und Geburt im lutherischen Pietismus. In: Barbara Duden/Jürgen Schlumbohm/Patrice Veit (Hg.): Geschichte des Ungeborenen. Zur Erfahrung und Wissenschaftsgeschichte der Schwangerschaft, 17.–20. Jahrhundert. Göttingen 2002 (Veröffentlichungen des Max-Planck-Instituts für Geschichte 170), S. 75–98.

Goffman, Erving: Stigma. Über Techniken der Bewältigung beschädigter Identität, übers. v. Frigga Haug. Frankfurt a. M. ^{23}2016. Erstausgabe: Stigma. Notes on the Management of Spoiled Identity. Englewood Cliffs 1963.

Gold, Julia: ›Von den vnholden oder hexen‹. Studien zu Text und Kontext eines Traktats des Ulrich Molitoris. Hildesheim 2016 (Spolia Berolinensia 35).

Gold, Penny S.: The Marriage of Mary and Joseph in the Twelfth-Century Ideology of Marriage. In: Bullough/Brundage (Hg.): Sexual Practices, S. 102–117.

Goody, Jack: Die Entwicklung von Ehe und Familie in Europa, übers. v. Eva Horn. Frankfurt a. M. 1989. Erstausgabe: The Development of the Family and Marriage in Europe. Cambridge 1983.

Götz, Regina: Der geschlechtliche Mensch – ein Ebenbild Gottes. Die Auslegung von Gen 1,27 durch die wichtigsten griechischen Kirchenväter. Frankfurt a. M. 2003 (Fuldaer Hochschulschriften 42).

Green, Monica H.: Making Women's Medicine Masculine. The Rise of Male Authority in Pre-Modern Gynaecology. Oxford 2008.

Greenfield, John: Frau, Tod und Trauer im *Nibelungenlied*. Überlegungen zu Kriemhilt. In: ders. (Hg.): Das Nibelungenlied. Porto 2001, S. 95–114.

Grimm, Jacob/Wilhelm Grimm: Kinder- und Hausmärchen, hg. v. Heinz Rölleke. 2 Bde. Stuttgart 1980 [1812–1815].

Grimm, Jacob: Deutsche Rechtsaltertümer, 1. Bd. Leipzig ^{4}1899. Reprint Darmstadt 1965 [1828].

Grundgesetz für die Bundesrepublik Deutschland. URL: http://www.gesetze-im-internet.de/gg/GG.pdf (Zugriff: 03.06.2019).

Grunewald, Eckhard: »Der túfel in der helle ist úwer schlaf geselle«. Heidnischer Elbenglaube und christliches Weltverständnis im ›Ritter von Staufenberg‹. In: Peter Dinzelbacher/Dieter R. Bauer (Hg.): Volksreligion im hohen und späten Mittelalter. Paderborn u. a. 1990 (Quellen und Forschungen aus dem Gebiet der Geschichte N. F. 13), S. 129–142.

Haag, Guntram: Traum und Traumdeutung in mittelhochdeutscher Literatur. Theoretische Grundlagen und Fallstudien. Stuttgart 2003.

Hamm, Joachim: *Infelix Dido*. Metamorphosen einer Liebestragödie. In: Dorothea Klein/ Lutz Käppel (Hg.): Das diskursive Erbe Europas. Antike und Antikerezeption. Frankfurt a. M. u. a. 2008 (Kulturgeschichtliche Beiträge zum Mittelalter und der frühen Neuzeit 2), S. 1–24.

Hammer, Andreas: Erzählen vom Heiligen. Narrative Inszenierung von Heiligkeit im *Passional*. Berlin/Boston 2015 (Literatur – Theorie – Geschichte 10).

Hansen, Günther Christian: Molestiae nuptiarum. In: Wissenschaftliche Zeitschrift der Universität Rostock. Gesellschafts- und Sprachwissenschaftliche Reihe 12 (1963), S. 215–219.

Hansen, Thomas: Parenthood and Happiness: A Review of Folk Theories Versus Empirical Evidence. In: Social Indicators Research 108 (2012), S. 29–64.

Hauenstein, Hanne: Zu den Rollen der Marke-Figur in Gottfrieds ›Tristan‹. Göppingen 2006 (GAG 731).

Haug, Walter: Die höfische Liebe im Horizont der erotischen Diskurse des Mittelalters und der Frühen Neuzeit. Berlin/New York 2004 (Wolfgang Stammler Gastprofessur für Germanische Philologie 10).

Hearn, Jeff: Vernachlässigte Intersektionalitäten in der Männerforschung: Alter(n), Virtualität, Transnationalität. In: Lutz u. a. (Hg.): Fokus Intersektionalität, S. 105–123.

Helmholz, Richard H.: Marriage Litigation in Medieval England. Cambridge u. a. 1974 (Cambridge Studies in English Legal History).

Henkel, Nikolaus: Lesen in Bild und Text. Die ehem. Berliner Bilderhandschrift von Priester Wernhers ›Maria‹. Berlin/Boston 2014 (Wolfgang Stammler Gastprofessur für Germanische Philologie 17).

Hergemöller, Bernd-Ulrich: Sodomiter. Erscheinungsformen und Kausalfaktoren des spätmittelalterlichen Kampfes gegen Homosexuelle. In: ders. (Hg.): Randgruppen der spätmittelalterlichen Gesellschaft. Neu bearb. Ausgabe. Warendorf 2001, S. 388–431.

Herrlinger, Robert: Geschichte der medizinischen Abbildung. Teil 1: Von der Antike bis um 1600. München 1967.

Herz, Lina: Schwieriges Glück. Kernfamilie als Narrativ am Beispiel des ›Herzog Herpin‹. Berlin 2017 (Philologische Studien und Quellen 258).

Herzer, Jens: Pastoralbriefe. In: Das wissenschaftliche Bibellexikon im Internet (WiBiLex). April 2013. URL: https://www.bibelwissenschaft.de/stichwort/53866 (Zugriff: 28.02.2020).

Hess, Erika E.: Literary Hybrids: Cross-Dressing, Shapeshifting, and Indeterminacy in Medieval and Modern French Narrative. New York/London 2004 (Studies in Medieval History and Culture 21).

Hess, Ursula: Heinrich Steinhöwels ›Griseldis‹. Studien zur Text- und Überlieferungsgeschichte einer frühhumanistischen Prosanovelle. München 1975 (MTU 43).

Heti, Sheila: Mutterschaft, übers. v. Thomas Überhoff. Reinbek bei Hamburg 2019. Erstausgabe: Motherhood. London 2018.

Hilpert, Konrad: Onanie. In: ³LThK 7 (1998), Sp. 1052 f.

Hörisch, Jochen: Man muss dran glauben. Die Theologie der Märkte. Paderborn 2013.

Hörner, Petra: Dorothea von Montau. Überlieferung – Interpretation. Dorothea und die osteuropäische Mystik. Frankfurt a. M. 1993 (Information und Interpretation 7).

Huber, Christoph: Gottfried von Straßburg. Tristan. Berlin ²2001 (Klassiker Lektüren 3).

Huber, Christoph: Mythisches Erzählen. Narration und Rationalisierung im Schema der »gestörten Mahrtenehe« (besonders im *Ritter von Staufenberg* und bei Walter Map). In: Udo Friedrich/Bruno Quast (Hg.): Präsenz des Mythos. Konfigurationen einer Denkform im Mittelalter und Früher Neuzeit. Berlin/New York 2004 (Trends in Medieval Philology 2), S. 247–273.

Hübner, Gert: Ältere deutsche Literatur. Eine Einführung. Tübingen/Basel 2006.

Hyatt, Millay: Ungestillte Sehnsucht. Wenn uns der Kinderwunsch umtreibt. Berlin ³2017 [2012].

Iglesia y Nikolaus, Anna-Laura de la: »Heilige Puppen?« Zur Materialität barocker Jesuskind-Figuren. In: Seelenkind, S. 84–93.

Illouz, Eva: »Macht euren Kinderwunsch nicht von Liebe abhängig«. In: Spiegel online 11. 10. 2011. URL: http://www.spiegel.de/kultur/literatur/soziologin-illouz-macht-euren-kinderwunsch-nicht-von-liebe-abhaengig-a-790592.html (Zugriff: 20. 02. 2019).

Illouz, Eva: Warum Liebe weh tut. Eine soziologische Erklärung, übers. v. Michael Adrian. Berlin ⁴2017 [2011].

Illouz, Eva: Warum Liebe endet. Eine Soziologie negativer Beziehungen, übers. v. Michael Adrian. Berlin 2018.

Jacobs, Hanna: Kinderlosigkeit: Ein Leben ohne Kinder. In: Die Zeit 18. 03. 2019. URL: https://www.zeit.de/2019/12/kinderlosigkeit-ungewollt-wunschkind-kirche (Zugriff: 04. 04. 2019).

Jasperse, Jitske: Visualizing Dynastic Desire: The Twelfth-Century Gospel Book of Henry and Mathilda. In: Studies in Iconography 39 (2018), S. 135–166.

Jerouschek, Günter: Heinrich Kramer (Institoris) – Zur Psychologie des Hexenjägers. Überlegungen zur Herkunft des Messers, mit dem der Mord begangen wurde. In: Günther Mensching (Hg.): Gewalt und ihre Legitimation im Mittelalter. Würzburg 2003, S. 113–137.

Jerouschek, Günter/Wolfgang Behringer: »Das unheilvollste Buch der Weltliteratur«? Zur Entstehungs- und Wirkungsgeschichte des Malleus Maleficarum und zu den Anfängen der Hexenverfolgung. In: Kramer: Hexenhammer, S. 9–98.

Johannes Paul II.: Evangelium vitae. Rom 1995. URL: http://w2.vatican.va/content/john-paul-ii/de/encyclicals/documents/hf_jp-ii_enc_25031995_evangelium-vitae.html (Zugriff: 01. 04. 2019).

Johannsen, Dirk/Anja Kirsch: Religiöse Identitätsbildung. In: Martínez (Hg.): Erzählen, S. 274–280.

Josephs, Annette: Der Kampf gegen die Unfruchtbarkeit. Zeugungstheorien und therapeutische Maßnahmen von den Anfängen bis zur Mitte des 17. Jahrhunderts. Stuttgart 1998 (Quellen und Studien zur Geschichte der Pharmazie 74).

Jussen, Bernhard: Der Name der Witwe. Erkundungen zur Semantik der mittelalterlichen Bußkultur. Göttingen 2000 (Veröffentlichungen des Max-Planck-Instituts für Geschichte 158).

Jussen, Bernhard: Patenschaft und Adoption im frühen Mittelalter. Künstliche Verwandtschaft als soziale Praxis. Göttingen 1991 (Veröffentlichungen des Max-Planck-Instituts für Geschichte 98).

Jussen, Bernhard: Verwandtschaftliche Ordnungen. In: Enzyklopädie des Mittelalters, hg. v. Gert Melville/Martial Staub. 2 Bde. Darmstadt 2008, Bd. 1, S. 163–171.

Kainz, Peter: Politische Anthropologie, erfolgreiche Selbstdurchsetzung und Umwertung der Werte. Die Anwendung der politischen Lehre in Machiavellis Komödie *La Man-*

dragola. In: Zeitschrift für Politik 56 (2009), S. 197–215.

Kammeier-Nebel, Andrea: Wenn eine Frau Kräutertränke zu sich genommen hat, um nicht zu empfangen … Geburtenbeschränkung im frühen Mittelalter. In: Bernd Herrmann (Hg.): Mensch und Umwelt im Mittelalter. Stuttgart 1986, S. 65–73.

Kannowski, Bernd: Die Umgestaltung des Sachsenspiegelrechts durch die Buch'sche Glosse. Hannover 2007 (Monumenta Germaniae Historica Schriften 56).

Karg, Ina: Die Markefigur im ›Tristan‹. Versuch über die literaturgeschichtliche Position Gottfrieds von Straßburg. In: ZfdPh 113 (1994), S. 66–87.

Kartschoke, Erika: Einübung in bürgerliche Alltagspraxis. In: Werner Röcke/Marina Münkler (Hg.): Die Literatur im Übergang vom Mittelalter zur Neuzeit. München 2004 (Hansers Sozialgeschichte der deutschen Literatur 1), S. 446–462.

Kasten, Ingrid: Martyrium und Opfer. Der Liebestod im ›Tristan‹. In: Friederike Pannewick (Hg.): Martyrdom in Literature. Visions of Death and Meaningful Suffering in Europe and the Middle East from Antiquity to Modernity. Wiesbaden 2004, S. 245–257.

Katechismus der Katholischen Kirche. München u. a. 1993.

Keck, Anna: Die Liebeskonzeption der mittelalterlichen Tristanromane. Zur Erzähllogik der Werke Bérouls, Eilharts, Thomas' und Gottfrieds. München 1998 (Beihefte zu Poetica 22).

Kehrel, Silvia: Möglichkeiten, Kindheit zu denken. Darstellungen von Kindheit und ihre ideale Rezeption im mittelhochdeutschen *Passional*. Würzburg 2013 (Würzburger Beiträge zur deutschen Philologie 36).

Keller, Peter: Die Wiege des Christuskindes. Ein Haushaltsgerät in Kunst und Kult. Worms 1998 (Manuskripte für Kunstwissenschaft in der Wernerschen Verlagsgesellschaft 54).

Kellner, Beate: Melusinegeschichten im Mittelalter. Formen und Möglichkeiten ihrer diskursiven Vernetzung. In: Ursula Peters (Hg.): Text und Kultur. Mittelalterliche Literatur 1150–1450. Stuttgart/Weimar 2001 (Germanistische Symposien Berichtsbände 23), S. 268–295.

Kellner, Beate: Ursprung und Kontinuität. Studien zum genealogischen Wissen im Mittelalter. München 2004.

Kiening, Christian: Heilige Brautwerbung. Überlegungen zum ›Wiener Oswald‹. In: Gisela Vollmann-Profe u. a. (Hg.): Impulse und Resonanzen. Tübinger mediävistische Beiträge zum 80. Geburtstag von Walter Haug. Tübingen 2007, S. 89–100.

Kiening, Christian: *Un*heilige Familien. Sinnmuster mittelalterlichen Erzählens. Würzburg 2009 (Philologie der Kultur 1).

Killy Literaturlexikon. Autoren und Werke des deutschsprachigen Kulturraumes, 2., vollständig überarb. Auflage hg. v. Wilhelm Kühlmann. 13 Bde. Berlin/New York 2008–2012.

Kirshner, Julius: Baldus de Ubaldis on Disinheritance. Contexts, Controversies, *Consilia*. In: Jus Commune 27 (2000), S. 119–214.

Klack-Eitzen, Charlotte/Wiebke Haase/Tanja Weißgraf: Heilige Röcke. Kleider für Skulpturen in Kloster Wienhausen. Regensburg 2013.

Klapisch-Zuber, Christiane: Holy Dolls: Play and Piety in Florence in the Quattrocento. In: dies.: Women, Family, and Ritual in Renaissance Italy, translated by Lydia Cochrane. Chicago/London 1985, S. 310–329.

Klein, Dorothea: Geschlecht und Gewalt. Zur Konstitution von Männlichkeit im ›Erec‹ Hartmanns von Aue. In: Matthias Meyer/Hans-Jochen Schiewer (Hg.): Literarische Leben. Rollenentwürfe in der Literatur des Hoch- und Spätmittelalters.

Festschrift für Volker Mertens zum 65. Geburtstag. Tübingen 2002, S. 433–463.

Knape, Joachim: Die ältesten deutschen Übersetzungen von Petrarcas ›Glücksbuch‹. Texte und Untersuchungen. Bamberg 1986 (Gratian 15).

Knapp, Gudrun-Axeli: »Intersectional Invisibility«: Anknüpfungen und Rückfragen an ein Konzept der Intersektionalitätsforschung. In: Lutz u. a. (Hg.): Fokus Intersektionalität, S. 223–243.

Kneubühler, Hans-Peter: Die Überwindung von Hexenwahn und Hexenprozess. Diessenhofen 1977.

Koch, Elisabeth: Adoption. In: ²HRG 1 (2008), Sp. 78–81.

Kocher, Ursula: Boccaccio und die deutsche Novellistik. Formen der Transposition italienischer ›novelle‹ im 15. und 16. Jahrhundert. Amsterdam/New York 2005 (Chloe 38), S. 157–202.

Kocher, Ursula: Griseldis im medialen Wechselspiel von Bild und Text. In: Aurnhammer/Schiewer (Hg.): Die deutsche Griselda, S. 125–140.

Kohnen, Rabea: Die Braut des Königs. Zur interreligiösen Dynamik der mittelhochdeutschen Brautwerbungserzählungen. Berlin/Boston 2014 (Hermaea NF 133).

Kongregation für die Glaubenslehre: Instruktion Dignitas Personae über einige Fragen der Bioethik. Bonn 2008 (Verlautbarungen des Apostolischen Stuhls 183).

Koschorke, Albrecht: Die Heilige Familie und ihre Folgen. Ein Versuch. Frankfurt a. M. 2000.

Koschorke, Albrecht: Ein neues Paradigma der Kulturwissenschaften. In: Eßlinger u. a. (Hg.): Die Figur des Dritten, S. 9–31.

Koslow, Susan: The Curtain-Sack: A Newly Discovered Incarnation Motif in Rogier van der Weyden's *Columba Annunciation*. In: artibus et historiae 13 (1986), S. 9–33.

Kraß, Andreas: Freundschaft als Passion. Zur Codierung von Intimität in mittelalterlichen Erzählungen. In: Sibylle Appuhn-Radtke/Esther P. Wipfler (Hg.): Freundschaft. Motive und Bedeutungen. München 2006, S. 97–116.

Kraß, Andreas: Geschriebene Kleider. Höfische Identität als literarisches Spiel. Tübingen/Basel 2006 (Bibliotheca Germanica 50).

Kraß, Andreas: Der heteronormative Mythos. Homosexualität, Homophobie und homosoziales Begehren. In: Mechthild Bereswill/Michael Meuser/Sylka Scholz (Hg.): Dimensionen der Kategorie Geschlecht: Der Fall Männlichkeit. Münster 2007 (Forum Frauen- und Geschlechterforschung 22), S. 136–151.

Kraß, Andreas: Sprechen von der stummen Sünde. Das Dispositiv der Sodomie in der deutschen Literatur des 13. Jahrhunderts (Berthold von Regensburg/Der Stricker). In: Limbeck/Thoma (Hg.): Sünde, S. 123–136.

Kraß, Andreas: Historische Intersektionalitätsforschung als kulturwissenschaftliches Projekt. In: Nataša Bedeković/Andreas Kraß/Astrid Lembke (Hg.): Durchkreuzte Helden. Das ›Nibelungenlied‹ und Fritz Langs Film ›Die Nibelungen‹ im Licht der Intersektionalitätsforschung. Bielefeld 2014, S. 7–47.

Kraß, Andreas: Ein Herz und eine Seele. Geschichte der Männerfreundschaft. Frankfurt a. M. 2016.

Krieg, Claudia: Die Heilige Familie. Repro-Technik. Die Geschlechterforscherin Ulrike Klöppel über queere Wünsche, Handlungsspielräume und Kritik an Reproduktionstechnologien. In: analyse & kritik 626 (18. 4. 2017) https://www.akweb.de/ak_s/ak626/26.htm (Zugriff: 23. 02. 2020).

Kruse, Britta-Juliane »Die Arznei ist Goldes wert«. Mittelalterliche Frauenrezepte. Berlin/New York 1999.

Kruse, Britta-Juliane: Verborgene Heilkünste. Geschichte der Frauenmedizin im Spätmittelalter. Berlin/New York 1996 (Quellen und Forschungen zur Literatur- und Kulturgeschichte N. F. 5).

Kruse, Britta-Juliane: Witwen. Kulturgeschichte eines Standes in Spätmittelalter und Früher Neuzeit. Berlin/New York 2007.

Kuhn, Hugo: Tristan, Nibelungenlied, Artusstruktur. München 1973 (Sitzungsberichte der Bayerischen Akademie der Wissenschaften. Philosophisch-historische Klasse, 1973, 5).

Kummer, Bernhard: Kindersegen und Kinderlosigkeit. In: Handwörterbuch des deutschen Aberglaubens 4 (1932), Sp. 1374–1385.

Kürzeder, Christoph: Frommes Spiel & geistliche Erbauung. Jesuskind-Verehrung in franziskanischen Frauenklöstern des 17. und 18. Jahrhunderts. In: Seelenkind, S. 66–81.

Lee, Anthony van der: Zum literarischen Motiv der Vatersuche. Amsterdam 1957.

Lehmann, Hartmut/Otto Ulbricht (Hg.): Vom Unfug des Hexen-Processes. Gegner der Hexenverfolgung von Johann Weyer bis Friedrich Spee. Wiesbaden 1992 (Wolfenbütteler Forschungen 55).

Leibrock-Plehn, Larissa: Hexenkräuter oder Arznei. Die Abtreibungsmittel im 16. und 17. Jahrhundert. Stuttgart 1992 (Heidelberger Schriften zur Pharmazie- und Naturwissenschaftsgeschichte 6).

Lembke, Astrid: Dämonische Allianzen. Jüdische Mahrtenehenerzählungen der europäische Vormoderne. Tübingen/Basel 2013 (Bibliotheca Germanica 60).

Lepsius, Susanne: Die Legitimierung nichtehelicher Kinder als Testfall für die Kompetenzen des römisch-deutschen Königs im späten 13. Jahrhundert. In: Zeitschrift der Savigny-Stiftung für Rechtsgeschichte: Kanonistische Abteilung 104 (2018), S. 72–150.

Lesky, Erna: Die Zeugungs- und Vererbungslehren der Antike und ihr Nachwirken. Wiesbaden 1950 (Akademie der Wissenschaften und der Literatur, Abhandlungen der geistes- und sozialwissenschaftlichen Klasse 19).

Leven, Karl-Heinz (Hg.): Antike Medizin. Ein Lexikon. München 2005.

Lewitscharoff, Sibylle: Von der Machbarkeit. Die wissenschaftliche Bestimmung über Geburt und Tod. Dresdner Rede vom 2. März 2014. In: Deutschlandfunk online 06. 03. 2014. URL: https://www.deutschlandfunk.de/dresdner-rede-von-der-machbarkeit-die-wissenschaftliche.2852.de.html?dram:article_id=279389 (Zugriff: 27. 02. 2020).

Lieberwirth, Rolf: Entmannung. In: ²HRG 1 (2008), Sp. 1352.

Limbeck, Sven/Lev Mordecai Thoma (Hg.): »Die sünde, der sich der tiuvel schamet in der helle«. Homosexualität in der Kultur des Mittelalters und der frühen Neuzeit. Ostfildern 2009.

Lochrie, Karma: Margery Kempe and Translations of the Flesh. Philadelphia 1991.

Löffler, Josef: Die Störungen des geschlechtlichen Vermögens in der Literatur der autoritativen Theologie des Mittelalters. Ein Beitrag zur Geschichte der Impotenz und des medizinischen Sachverständigenbeweises im kanonistischen Impotenzprozeß. Wiesbaden 1958 (Akademie der Wissenschaften und der Literatur, Abhandlungen der geistes- und sozialwissenschaftlichen Klasse 6).

Lotman, Jurij M.: Die Struktur literarischer Texte, übers. v. Rolf-Dietrich Keil. München ⁴1993.

Loughran, Tracey/Gayle Davis: Introduction. Defining the ›Problem‹. Perspectives on Infertility. In: dies. (Hg.): The Palgrave Handbook of Infertility, S. 29–35.

Loughran, Tracey/Gayle Davis: Introduction: Infertility in History: Approaches, Contexts and Perspectives. In: dies. (Hg.): The Palgrave Handbook of Infertility, S. 1–25.

Loux, Françoise: Das Kind und sein Körper. Volksmedizin – Hausmittel – Bräuche. Frankfurt a. M./Berlin/Wien 1983.

Luhmann, Niklas: Funktion der Religion. Frankfurt a. M. ²1990 [1977].

Luhmann, Niklas: Liebe als Passion. Zur Codierung von Intimität. Frankfurt a. M. ¹²2012 [1982].

Lütkehaus, Ludger: »O Wollust, o Hölle«. Die Onanie – Stationen einer Inquisition. Frankfurt a. M. 1992.

Lutz, Helma/Maria Teresa Herrera Vivar/Linda Supik (Hg.): Fokus Intersektionalität. Bewegung und Verortungen eines vielschichtigen Konzepts. Wiesbaden 2010.

MacKinnon, Catharine: A Sex Equality Approach to Sexual Assault. In: Annals of the New York Academy of Sciences 989 (2003), S. 265–275.

Margraf, Erik: Die Hochzeitspredigt der Frühen Neuzeit. Mit einer Bibliographie der selbstständig erschienenen Hochzeitspredigtdrucke der Herzog-August-Bibliothek Wolfenbüttel, der Staats- und Stadtbibliothek Augsburg und der Universitätsbibliothek Augsburg. München 2007 (Geschichtswissenschaft 16).

Marneffe, Daphne de: Die Lust, Mutter zu sein. Liebe, Kinder, Glück, übers. v. Juliane Gräbener-Müller. München ²2005. Erstausgabe: Maternal Desire. On Children, Love, and the Inner Life. New York 2004.

Marschall, Luitgard/Christine Wolfrum: Das übertherapierte Geschlecht. Ein kritischer Leitfaden für die Frauenmedizin. München 2017.

Martínez, Matías (Hg.): Erzählen. Ein interdisziplinäres Handbuch. Stuttgart 2017.

Masser, Achim: Bibel- und Legendenepik des deutschen Mittelalters. Berlin 1976 (Grundlagen der Germanistik 19).

Mauss, Marcel: Die Gabe. Die Form und Funktion des Austauschs in archaischen Gesellschaften, übers. v. Eva Moldenhauer. Frankfurt a. M. 1968. Erstausgabe: Essai sur le don. Forme et raison de l'échange dans les sociétés archaïques. In: L'Année Sociologique 1 (1923/24), S. 30–186.

Mazzoni Peruzzi, Simonetta: Il Codice Laurenziano Acquisti e Doni 153 del ›Roman de la rose‹. Florenz 1986 (Società Dantesca Italiana 3).

McLaren, Angus: A History of Contraception. From Antiquity to the Present Day. Oxford 1991.

McLaren, Angus: Impotence. A Cultural History. Chicago/London 2007.

Mecklenburg, Michael: Kill the Father and Adopt the Son: On Constructing a Flawless Hero in Rudolf's ›Willehalm von Orlens‹. In: Johannes Keller/Michael Mecklenburg/Matthias Meyer (Hg.): Das Abenteuer der Genealogie. Vater-Sohn-Beziehungen im Mittelalter. Göttingen 2006 (Aventiuren 2), S. 105–122.

Metzler, Irina: Disability in Medieval Europe. Thinking about Physical Impairment During the High Middle Ages, c. 1100–1400. London/New York 2006 (Routledge Studies in Medieval Religion and Culture).

Meyer, Ruth: Das ›St. Katharinentaler Schwesternbuch‹. Untersuchung, Edition, Kommentar. Tübingen 1995 (MTU 104).

Michel, Paul: Transformation und Augmentation bei Petrarca und seinem Meister. In: Martin Schierbaum (Hg.): Enzyklopädistik 1550–1650. Typen und Transformationen von Wissensspeichern und Medialisierungen des Wissens. Berlin 2009, S. 349–377.

Mieszkowski, Sylvia: Queere Polemik: Lee Edelman wider den ›Reproduktiven Futurismus‹. In: IASLonline 24.03.2006. URL: http://www.iaslonline.de/index.php?vorgang_id=1513 (Zugriff: 23.02.2020).

Mikat, Paul: Ehe. In: HRG 1 (1971), Sp. 809–833.

Miklautsch, Lydia: Studien zur Mutterrolle in den mittelhochdeutschen Großepen des elften und zwölften Jahrhunderts. Erlangen 1991 (Erlanger Studien 88).

Miller, Nikolaus: Brautwerbung und Heiligkeit. Die Kohärenz des *Münchner Oswald*. In: DVjs 52 (1978), S. 226–240.

Moos, Peter von: Post festum. Was kommt nach der Authentizitätsdebatte über die Briefe Abaelards und Heloises? In: Rudolf

Thomas (Hg.): Petrus Abaelardus (1079–1142). Person, Werk und Wirkung. Trier 1980 (Trierer theologische Studien 38), S. 75–100.

Moss, Candida R./Joel S. Baden: Reconceiving Infertility. Biblical Perspectives on Procreation and Childlessness. Princeton/Oxford 2015.

Müller, Jan-Dirk: Das Nibelungenlied. Berlin ²2005 [2002] (Klassiker Lektüren 5).

Müller, Jan-Dirk: Höfische Kompromisse. Acht Kapitel zur höfischen Epik. Tübingen 2007.

Müller, Maria E.: Jungfräulichkeit in Versepen des 12. und 13. Jahrhunderts. München 1995 (Forschungen zur Geschichte der älteren deutschen Literatur 17).

Müller, Michael: Die Lehre des Hl. Augustinus von der Paradiesesehe und ihre Auswirkungen in der Sexualethik des 12. und 13. Jahrhunderts bis Thomas von Aquin. Regensburg 1954 (Studien zur Geschichte der Katholischen Moraltheologie 1).

Müller, Stephan: Das Ende der Werbung. Erzählkerne, Erzählschemata und deren kulturelle Logik in Brautwerbungsgeschichten zwischen Herrschaft und Heiligkeit. In: Andreas Hammer/Stephanie Seidl (Hg.): Helden und Heilige. Kulturelle und literarische Integrationsfiguren des europäischen Mittelalters. Heidelberg 2010 (GRM Beih. 42), S. 181–196.

Müller, Wolfgang P.: Die Abtreibung. Anfänge der Kriminalisierung. 1140–1650. Köln/Weimar/Wien 2000 (Forschungen zur kirchlichen Rechtsgeschichte und zum Kirchenrecht 24).

Müller, Wolfgang P.: The Criminalization of Abortion in the West. Its Origins in Medieval Law. Ithaka 2012.

Mundlos, Christina: Wenn Mutter sein nicht glücklich macht. Das Phänomen Regretting Motherhood. München ²2016 [2015].

Murray, Jacqueline: On the Origins and Role of ›Wise Women‹ in Causes for Annulment on the Grounds of Male Impotence. In: Journal of Medieval History 16 (1990), S. 235–249.

Neudeck, Otto: Continuum historiale. Zur Synthese von tradierter Geschichtsauffassung und Gegenwartserfahrung im ›Reinfried von Braunschweig‹. Frankfurt a. M. u. a. 1989 (Mikrokosmos 26).

Neumann, Bernd: Geistliches Schauspiel im Zeugnis der Zeit. Zur Aufführung mittelalterlicher religiöser Dramen im deutschen Sprachgebiet. 2 Bde. München/Zürich 1987 (MTU 84–85).

Newman Goldy, Charlotte: A Thirteenth-Century Anglo-Jewish Woman Crossing Boundaries: Visible and Invisible. In: Journal of Medieval History 34 (2008), S. 130–145.

Newman Goldy, Charlotte: Muriel, a Jew of Oxford: Using the Dramatic to Understand the Mundane in Anglo-Norman Towns. In: dies./Amy Livingstone (Hg.): Writing Medieval Women's Lives. New York 2012, S. 227–245.

Nieberding, Mareike: Was Frauen krank macht. In: SZ Magazin 24. 05. 2019, S. 8–17.

Nolte, Cordula: Frauen und Männer in der Gesellschaft des Mittelalters. Darmstadt 2011 (Geschichte kompakt).

Nolte, Cordula u. a. (Hg.): Dis/ability History der Vormoderne. Ein Handbuch. Premodern Dis/ability History. A Companion. Affalterbach 2017.

Nolte, Cordula/Alexander Grimm: Fruchtbarkeit/Unfruchtbarkeit. In: Nolte (Hg.): Dis/ability History, S. 448–454.

Noonan, John T.: Empfängnisverhütung. Geschichte ihrer Beurteilung in der katholischen Theologie und im kanonischen Recht [übers. v. Nikolaus Monzel]. Mainz 1969. Erstausgabe: Contraception. A History of Its Treatment by the Catholic Theologians and Canonists. Cambridge, Mass. 1965.

Nowé, Johan: Riwalin und Blanscheflur. Analyse und Interpretation der Vorgeschichte von Gottfrieds ›Tristan‹ als formaler und thematischer Vorwegnahme der Gesamtdichtung. In: Leuvense Bijdragen 71 (1982), S. 265–330.

Ogris, Werner: Testament. In: HRG 5 (1998), Sp. 152–165.

Opitz, Claudia: Evatöchter und Bräute Christi. Weiblicher Lebenszusammenhang und Frauenkultur im Mittelalter. Weinheim 1990.

Oren-Magidor, Daphna: From Anne to Hannah: Religious Views of Infertility in Post-Reformation England. In: Journal of Women's History 27 (2015), S. 86–108.

Oren-Magidor, Daphna: Literate Laywomen, Male Medical Practitioners and the Treatment of Fertility Problems in Early Modern England. In: Social History of Medicine 29 (2016), S. 290–310.

Oren-Magidor, Daphna/Catherine Rider (Hg.): Infertility in Medieval and Early Modern Medicine. In: Social History of Medicine 29,2 (2016).

Oren-Magidor, Daphna/Catherine Rider: Introduction: Infertility in Medieval and Early Modern Medicine. In: Social History of Medicine 29 (2016), S. 211–223.

Oren-Magidor, Daphna: Infertility in Early Modern England. London 2017.

Origo, Iris: »Im Namen Gottes und des Geschäfts«. Lebensbild eines toskanischen Kaufmanns aus der Frührenaissance. Francesco di Marco Datini 1335–1410 [übers. v. Uta-Elisabeth Trott]. München 1985.

Othenin-Girard, Mireille: Ländliche Lebensweise und Lebensformen im Spätmittelalter. Eine wirtschafts- und sozialgeschichtliche Untersuchung der nordwestschweizerischen Herrschaft Farnsburg. Liestal 1994.

Pagel, Julius: Raymundus de Moleriis und seine Schrift ›De impedimentis conceptionis‹. In: Janus 8 (1903), S. 530–537.

Park, Katharine: Medicine and Magic. The Healing Arts. In: Judith C. Brown/Robert C. Davis (Hg.): Gender and Society in Renaissance Italy. London/New York 1998, S. 129–149.

Paschinger, Petra: An der Schwelle zur Heiligkeit. Die Liminalität der Askese in der Alexiuslegende Konrads von Würzburg. In: Caroline Emmelius u. a. (Hg.): Offen und Verborgen. Vorstellungen und Praktiken des Öffentlichen und Privaten in Mittelalter und Früher Neuzeit. Göttingen 2004, S. 67–82.

Peters, Ursula: Höfische Liebe. Ein Forschungsproblem der Mentalitätsgeschichte (1987). In: dies.: Von der Sozialgeschichte zur Kulturwissenschaft. Aufsätze 1973–2000, hg. v. Susanne Bürkle, Lorenz Deutsch u. Timo Reuvekamp-Felber. Tübingen/Basel 2004, S. 95–106.

Pfister, Oskar: Hysterie und Mystik bei Margaretha Ebner (1291–1351). In: Zentralblatt für Psychoanalyse 1 (1911), S. 468–485.

Plotke, Seraina: Die Geburt des Helden. Mythische Deszendenz in den mittelhochdeutschen Alexanderromanen. In: Hans-Jochen Schiewer/Stefan Seeber (Hg.): Höfische Wissensordnungen. Göttingen 2012 (Encomia Deutsch 2), S. 65–84.

Pollmann-Schult, Matthias: Elternschaft und Lebenszufriedenheit in Deutschland. In: Comparative Population Studies – Zeitschrift für Bevölkerungswissenschaft 38 (2013), S. 59–84.

Prokop, Florian: Sexistische Kampagne: Italien erinnert Frauen daran, Kinder zu kriegen und feiert ›Tag der Fruchtbarkeit‹. In: ze.tt 31. 08. 2016. URL: https://ze.tt/sexistische-kampagne-italien-erinnert-frauen-daran-kinder-zu-kriegen-und-feiert-tag-der-fruchtbarkeit (Zugriff: 11. 01. 2020).

Przybylo, Ela: Crisis and Safety: The Asexual in Sexusociety. In: Sexualities 14 (2011), S. 444–461.

Przybylo, Ela: Producing Facts: Empirical Asexuality and the Scientific Study of Sex. In: Feminism & Psychology 23 (2012), S. 224–242.

Quast, Bruno: *drücken und schriben*. Passionsmystische Frömmigkeit in den *Offenbarungen* der Margarethe Ebner. In: Braun/

Herberichs (Hg.): Gewalt im Mittelalter, S. 293–305.

Radaj, Elisabeth: Wernher. Driu liet von der maget. Farbmikrofiche-Edition der Handschrift Berlin, Ehem. Preussische Staatsbibliothek, Ms. germ. oct. 109 (z. Zt. Kraków, Biblioteka Jagiellońska, Depositum). Beschreibung der Handschrift und kommentierter Bildkatalog. München 2001 (Codices illuminati medii aevi 62).

Ranke, Friedrich: Die Allegorie der Minnegrotte in Gottfrieds Tristan (1925). In: Alois Wolf (Hg.): Gottfried von Straßburg. Darmstadt 1973 (Wege der Forschung 320), S. 1–24.

Rasmussen, Ann Marie: Mothers and Daughters in Medieval German Literature. New York 1997.

Rat der Evangelischen Kirche in Deutschland: Zwischen Autonomie und Angewiesenheit – Familie als verlässliche Gemeinschaft stärken. Eine Orientierungshilfe. Juni 2013. URL: https://www.ekd.de/22588.htm (Zugriff: 03.04.2019).

Reinle, Christine: Das mittelalterliche Sodomiedelikt im Spannungsfeld von rechtlicher Norm, theologischer Deutung und gesellschaftlicher Praxis. In: Limbeck/Thoma (Hg.): Sünde, S. 13–42.

Renggli, Cornelia: Disability Studies und die Un-/Sichtbarkeit von Behinderung. In: Psychologie und Gesellschaftskritik 29 (2005), S. 79–94. URL: https://nbn-resolving.org/urn:nbn:de:0168-ssoar-18838 (Zugriff: 23.02.2020).

Repertorium deutschsprachiger Ehelehren der Frühen Neuzeit, hg. v. Erika Kartschoke, Bd. I/1. Berlin 1996.

Ridder, Klaus: Mittelhochdeutsche Minne- und Aventiureromane. Fiktion, Geschichte und literarische Tradition im späthöfischen Roman: ›Reinfried von Braunschweig‹, ›Wilhelm von Österreich‹, ›Friedrich von Schwaben‹. Berlin/New York 1998 (Quellen und Forschungen zur Literatur- und Kulturgeschichte N. F. 12).

Rider, Catherine: Magic and Impotence in the Middle Ages. Oxford 2006.

Rider, Catherine: Men and Infertility in Late Medieval English Medicine. In: Social History of Medicine 29 (2016), S. 245–266.

Rider, Catherine: ›They are called Imperfect men‹: Male Infertility and Sexual Health in Early Modern England. In: Social History of Medicine 29 (2016), S. 311–332.

Rider, Catherine: Men's Responses to Infertility in Late Medieval England. In: Davis/Loughran (Hg.): The Palgrave Handbook of Infertility, S. 273–290.

Rieder, Paula M.: On the Purification of Women: Churching in Northern France, 1100–1500. New York 2006.

Rode, Rosemarie: Studien zu den mittelalterlichen Kind-Jesu-Visionen. Diss. masch. Frankfurt a. M. 1957.

Romby Nielsen, Isa: »Count Your Eggs«: State interference in Danish women's reproduction. In: Fem. 2.0 19.11.2015. URL: http://www.fem2pto.com/?p=21892 (Zugriff: 23.11.2019).

Römer, Inga: Narrative Identität. In: Martínez (Hg.): Erzählen, S. 263–269.

Roper, Lyndal: Das fromme Haus. Frauen und Moral in der Reformation, übers. v. Wolfgang Kaiser. Frankfurt a. M./New York 1999. Erstausgabe: The Holy Household. Women and Morals, in Reformation Augsburg. Oxford 1989.

Roßner, Maria/Anne-Kathrin Braun (Hg.): Keine Kinder?! Ungewollt kinderlos als Christ. Erfahrungen und Denkanstöße. Lage ²2013 [2012].

Rougemont, Denis de: Die Liebe und das Abendland. Köln 1966. Erstausgabe: L'amour et l'occident. Paris 1939.

Roumy, Franck: L'adoption dans le droit savant du XIIe au XVIe siècle. Paris 1998 (Bibliothèque de droit privé 279).

Rublack, Ulinka: Female Spirituality and the Infant Jesus in Late Medieval Dominican

Convents. In: Gender & History 6 (1994), S. 37–57.
Sailer, Gudrun: Frühmesse: Über den Egoismus, keine Kinder haben zu wollen. In: Vatican News 19.12.2017. URL: https://www.vaticannews.va/de/papst-franziskus/santa-marta-messe/2017-12/fruehmesse--ueber-den-egoismus--keine-kinder-haben-zu-wollen.html (Zugriff: 02.04.2019).
Sandelowski, Margarete/Sheryl de Lacey: The Uses of a ›Disease‹. Infertility as Rhetorical Vehicle. In: Marcia C. Inhorn/Frank van Balen (Hg.): Infertility Around the Globe. New Thinking on Childlessness, Gender, and Reproductive Technologies. Berkeley/Los Angeles/London 2002, S. 34–51.
Sarasin, Philipp: Subjekte, Diskurse, Körper. Überlegungen zu einer diskursanalytischen Kulturgeschichte. In: Wolfgang Hardtwig/Hans-Ulrich Wehler (Hg.): Kulturgeschichte Heute. Göttingen 1996 (Geschichte und Gesellschaft, Sonderheft 16), S. 131–164.
Sasse, Barbara: Vom humanistischen Frauendiskurs zum frühbürgerlichen Ehediskurs. Zur Rezeption der Griselda-Novelle des Boccaccio in der deutschen Literatur des 15./16. Jahrhunderts. In: Daphnis 37 (2008), S. 409–432.
Schäfer, Daniel: Kinderlosigkeit. In: Leven (Hg.): Antike Medizin, Sp. 495–497.
Schalansky, Judith: Ungeheuerliche Hetze. In: SZ 08.03.2014. URL: https://www.sueddeutsche.de/kultur/eklat-um-rede-von-sibylle-lewitscharoff-ungeheuerliche-hetze-1.1907457 (Zugriff: 08.03.2020).
Schatz, Anna: Wenn ich noch eine glückliche Mami sehe, muss ich kotzen. Mein Leben mit einem unerfüllten Kinderwunsch. Hamburg 2019.
Schindler, Andrea: »von kristen und von haiden«. Die Ordnung der Welt in Johanns von Würzburg *Wilhelm von Österreich*. In: Ina Karg (Hg.): Europäisches Erbe des Mittelalters. Kulturelle Integration und Sinnvermittlung einst und jetzt. Göttingen 2011, S. 95–111.
Schirrmacher, Frank: Das Methusalem-Komplott. München 2004.
Schmid, Elisabeth: Die Regulierung der weiblichen Rede. Zum Problem der Autorschaft im Briefwechsel Abaelard–Heloisa. In: Ingrid Bennewitz (Hg.): *Der frauwen buoch*. Versuche zu einer feministischen Mediävistik. Göppingen 1989 (GAG 517), S. 83–111.
Schmid, Elisabeth: Spekulationen über das Band der Ehe in Chrétiens und Hartmanns Erec-Roman. In: Dorothea Klein (Hg.): Vom Mittelalter zur Neuzeit. Festschrift für Horst Brunner. Wiesbaden 2000, S. 109–127.
Schmidt-Recla, Adrian: Kalte oder warme Hand? Verfügungen von Todes wegen in mittelalterlichen Referenzrechtsquellen. Köln/Weimar/Wien 2011 (Forschungen zur deutschen Rechtsgeschichte 29).
Schmitz-Köster, Dorothee: Frauen ohne Kinder. Motive – Konflikte – Argumente. Reinbek bei Hamburg 1987.
Schmugge, Ludwig: Ehen vor Gericht. Paare der Renaissance vor dem Papst. Berlin 2008.
Schmugge, Ludwig: Impotenz *ex defectu* – Impotenz *ex maleficio*? Kirchenrechtliche Urteile bei Klagen auf Ehescheidung im späten Mittelalter. In: Nolte (Hg.): Dis/ability History, S. 301 f.
Schnell, Rüdiger: Causa amoris. Liebeskonzeption und Liebesdarstellung in der mittelalterlichen Literatur. Bern/München 1985.
Schnell, Rüdiger: Frauendiskurs, Männerdiskurs, Ehediskurs. Textsorten und Geschlechterkonzepte in Mittelalter und Früher Neuzeit. Frankfurt a. M./New York 1998 (Geschichte und Geschlechter 23).
Schnell, Rüdiger: Seelsorge und kanonistische Norm – Eine schwierige Vermittlung. Das Fallbeispiel ›Ehefrau mit unehelichem Kind‹. In: Claudia Brinker-von der Heyde/Niklaus Largier (Hg.): Homo mediatas. Aufsätze zu Religiosität, Literatur und Denkformen des

Menschen vom Mittelalter bis in die Neuzeit. Festschrift für Alois Maria Haas. Bern u. a. 1999, S. 117–138.

Schnell, Rüdiger: Sexualität und Emotionalität in der vormodernen Ehe. Köln/Weimar/Wien 2002.

Schnyder, André: Malleus Maleficarum von Heinrich Institoris (alias Kramer), unter Mithilfe Jakob Sprengers aufgrund der dämonologischen Tradition zusammengestellt. Kommentar zur Wiedergabe des Erstdrucks von 1487 (Hain 9238). Göppingen 1993.

Schnyder, André: Protokollieren und Erzählen. Episoden des Innsbrucker Hexenprozesses von 1485 in den dämonologischen Fallbeispielen des ›Malleus Maleficarum‹ (1487) von Institoris und Sprenger und in den Prozeßakten. In: Der Schlern. Monatszeitschrift für Südtiroler Landeskunde 68 (1994), S. 695–713.

Schopphoff, Claudia: Der Gürtel. Funktion und Symbolik eines Kleidungsstücks in Antike und Mittelalter. Köln/Weimar/Wien 2009 (Pictura et Poesis 27).

Schott, Clausdieter: Kindesannahme – Adoption – Wahlkindschaft. Rechtsgeschichte und Rechtsgeschichten. Frankfurt a. M. 2009.

Schreiner, Klaus: Nobilitas Mariae. Die edelgeborene Gottesmutter und ihre adeligen Verehrer. Soziale Prägungen und politische Funktionen mittelalterlicher Adelsfrömmigkeit. In: Claudia Opitz u. a. (Hg.): Maria in der Welt. Marienverehrung im Kontext der Sozialgeschichte. 10.–18. Jahrhundert. Zürich 1993 (Clio Lucernensis 2), S. 213–242.

Schultz, James A.: The Knowledge of Childhood in the German Middle Ages, 1100–1350. Philadelphia 1995 (Middle Ages Series).

Schultz, James A.: Courtly Love, the Love of Courtliness, and the History of Sexuality. Chicago/London 2006.

Schulz, Armin: Erzähltheorie in mediävistischer Perspektive. Studienausgabe, hg. v. Manuel Braun, Alexandra Dunkel u. Jan-Dirk Müller. Berlin/München/Boston 2015.

Schütte, Marie: Gestickte Bildteppiche und Decken des Mittelalters. Die Klöster Wienhausen und Lüne, das Lüneburger Museum. Leipzig [1927].

Schwantge, Michael: Der (geplatzte) Traum vom Kind. Die ›künstliche Befruchtung‹ aus der Sicht christlicher Ethik. Hammerbrücke 2010.

Schwerhoff, Gerd: Rationalität im Wahn. Zum gelehrten Diskurs über die Hexen in der frühen Neuzeit. In: Saeculum 37 (1986), S. 45–82.

Seelenkind. Verehrt. Verwöhnt. Verklärt. Das Jesuskind in Bayerns Frauenklöstern, hg. v. Kuratorium des Diözesanmuseums Freising, Redaktion Christoph Kürzeder u. a. Freising 2012 (Kataloge und Schriften 55).

Segl, Peter: Spanisches ›Know-how‹ für Ketzerbekämpfer im Heiligen Römischen Reich. In: Klaus Herbers/Nikolas Jaspert (Hg.): »Das kommt mir spanisch vor«. Eigenes und Fremdes in den deutsch-spanischen Beziehungen des späten Mittelalters. Münster 2004 (Geschichte und Kultur der Iberischen Welt 1), S. 475–491.

Shahar, Shulamith: Kindheit im Mittelalter, übers. v. Barbara Brumm. München/Zürich 1991.

Sheehan, Michael M.: The Formation and Stability of Marriage in Fourteenth-Century England: Evidence of an Ely Register. In: Medieval Studies 33 (1971), S. 228–263.

Shorter, Edward: Die Geburt der modernen Familie, übers. v. Gustav Kilpper. Reinbek bei Hamburg 1977. Erstausgabe: The Making of the Modern Family. New York 1975.

Sidney M. Johnson: *This Drink Will Be the Death of You*. Interpreting the Love Potion in Gottfried's *Tristan*. In: Will Hasty (Hg.): A Companion to Gottfried von Strassburg's ›Tristan‹. Rochester/Woodbridge 2003, S. 87–112.

Signori, Gabriela: Defensivgemeinschaften: Kreißende, Hebammen und ›Mitweiber‹ im Spiegel spätmittelalterlicher Geburtswunder. In: Das Mittelalter. Perspektiven mediävistischer Forschung 1 (1996), S. 113–134.

Signori, Gabriela: Vorsorgen – Vererben – Erinnern. Kinder- und familienlose Erblasser in der städtischen Gesellschaft des Spätmittelalters. Göttingen 2001 (Veröffentlichungen des Max-Planck-Instituts für Geschichte 160).

Signori, Gabriela: Wunder. Eine historische Einführung. Frankfurt a. M./New York 2007 (Historische Einführungen 2).

Sigusch, Volkmar: Der Nichtgebrauch der Lüste. In: NZZ 21. 5. 2011. URL: https://www.nzz.ch/der_nichtgebrauch_der_lueste-1.10651150 (Zugriff: 24. 01. 2019).

Sigusch, Volkmar: Neosexualitäten. Über den kulturellen Wandel von Liebe und Perversion. Frankfurt a. M. 2005.

Simek, Rudolf: Monster im Mittelalter. Die phantastische Welt der Wundervölker und Fabelwesen. Köln/Weimar/Wien 2015.

Skemer, Don C.: Binding Words. Textual Amulets in the Middle Ages. University Park 2006.

Śmiśniewicz, Leon M.: Die Lehre von den Ehehindernissen bei Petrus Lombardus und bei seinen Kommentatoren: Albert d. Gr., Thomas v. Aquin, J. Bonaventura und J. D. Scotus, den Hauptvertretern der Hochscholastik, dargestellt nach Maßgabe der vierfachen Kausalität der Ehe. Posen 1917.

Sofsky, Wolfgang/Rainer Paris: Figurationen sozialer Macht. Autorität – Stellvertretung – Koalition. Opladen 1991.

Spiewak, Martin: Wie weit gehen wir für ein Kind? Im Labyrinth der Fortpflanzungsmedizin. Frankfurt a. M. 2002.

Stanca, Luca: Suffer the Little Children. Measuring the Effects of Parenthood on Well-being Worldwide. In: Journal of Economic Behavior & Organization 81 (2012), S. 742–750.

Stephens, Walter: Witches Who Steal Penises: Impotence and Illusion in Malleus maleficarum. In: Journal of Medieval and Early Modern Studies 28 (1998), S. 495–529.

Störmer-Caysa, Uta: Ortnits Mutter, die Drachen und der Zwerg. In: ZfdA 128 (1999), S. 282–308.

Störmer-Caysa, Uta: Grundstrukturen mittelalterlicher Erzählungen. Raum und Zeit im höfischen Roman. Berlin/New York 2007.

Storp, Ursula: Väter und Söhne. Tradition und Traditionsbruch in der volkssprachlichen Literatur des Mittelalters. Essen 1994 (Item mediävistische Studien 2).

Straubhaar, Thomas: Der Untergang ist abgesagt. Wider die Mythen des demografischen Wandels. Hamburg 2016.

Strohschneider, Peter: Inzest-Heiligkeit. Krise und Aufhebung der Unterschiede in Hartmanns ›Gregorius‹. In: Christoph Huber/Burghart Wachinger/Hans-Joachim Ziegeler (Hg.): Geistliches in weltlicher und Weltliches in geistlicher Literatur des Mittelalters. Tübingen 2000, S. 105–133.

Strohschneider, Peter: Textheiligung. Geltungsstrategien legendarischen Erzählens im Mittelalter am Beispiel von Konrads von Würzburg ›Alexius‹. In: Gert Melville/Hans Vorländer (Hg.): Geltungsgeschichten. Über die Stabilisierung und Legitimierung institutioneller Ordnungen. Köln u. a. 2002, S. 109–147.

Suerbaum, Almut: St. Melusine? Minne, Martenehe und Mirakel im ›Ritter von Staufenberg‹. In: Elizabeth Andersen (Hg.): Texttyp und Textproduktion in der deutschen Literatur des Mittelalters. Berlin 2005 (Trends in Medieval Philology 7), S. 331–345.

Suppan, Klaus: Die Ehelehre Martin Luthers. Theologische und rechtshistorische Aspekte des reformatorischen Eheverständnisses. Salzburg/München 1971.

Sussman, Anna Louie: The End of Babies. In: The New York Times 16. 11. 2019.

Syndicus, Anette: Dido zwischen Herrschaft und Minne. Zur Umakzentuierung der Vorlagen bei Heinrich von Veldeke. In: PBB 114 (1992), S. 57–107.

Tang, Wei: Mahrtenehen in der westeuropäischen und chinesischen Literatur: Melusine, Undine, Fuchsgeister und irdische Männer. Eine komparatistische Studie. Würzburg 2009 (Literatura 22).

Taylor, Gary: Castration. An Abbreviated History of Western Manhood. New York/London 2002.

Tentler, Thomas N.: Sin and Confession on the Eve of the Reformation. Princeton N. J. 1977.

Thali, Johanna: Beten – Schreiben – Lesen. Literarisches Leben und Marienspiritualität im Kloster Engelthal. Tübingen/Basel 2003 (Bibliotheca Germanica 42).

Thorn, Petra: Expertise. Reproduktives Reisen. Frankfurt a. M. 2008. URL: https://www.profamilia.de//fileadmin/publikationen/Fachpublikationen/expertise_reproduktives_reisen.pdf (Zugriff: 12. 03. 2020).

Toepfer, Regina: Höfische Tragik. Motivierungsformen des Unglücks in mittelalterlichen Erzählungen. Berlin/Boston 2013 (Untersuchungen zur deutschen Literaturgeschichte 144).

Toepfer, Regina: Vom marginalisierten Heiligen zum hegemonialen Hausvater. Josephs Männlichkeit im *Hessischen* und in Heinrich Knausts *Weihnachtsspiel*. In: European Medieval Drama 17 (2013), S. 43–68.

Toepfer, Regina: Unfruchtbarkeit/Kinderlosigkeit in der höfischen Gesellschaft: Deutungen und Wertungen der mittelalterlichen Literatur. In: Nolte (Hg.): Dis/ability History, S. 228 f.

Toepfer, Regina: Kinderlos werden. Annas und Joachims Diskriminierung im Protevangelium des Jakobus und in den Marienleben des Priesters Wernher und Wernhers des Schweizers. In: Ingrid Bennewitz/Jutta Eming/Johannes Traulsen (Hg.): Gender Studies – Queer Studies – Intersektionalität. Eine Zwischenbilanz aus mediävistischer Perspektive. Göttingen 2019 (Berliner Mittelalter- und Frühneuzeitforschung 25), S. 245–268.

Toepfer, Regina: Die tröstende Funktion der Autobiographie. Abaelards und Heloisas Briefdialog. In: Renate Stauf/Christian Wiebe (Hg.): Erschriebenes Leben. Autobiographische Zeugnisse von Marc Aurel bis Knausgård. Heidelberg 2020 (GRM Beih. 97), S. 275–293.

Tomasek, Tomas: Gottfried von Straßburg. Stuttgart 2007.

Traulsen, Johannes: Virginität und Lebensform. In: Weitbrecht u. a.: Legendarisches Erzählen, S. 137–158.

Triplett, Katja: Buddhism and Medicine in Japan. A Topical Survey (500–1600 CE) of a Complex Relationship. Berlin/Boston 2019 (Religion and Society 81).

Triplett, Katja: For Mothers and Sisters: Care of the Reproductive Female Body in the Medico-Ritual World of Early and Medieval Japan. In: Dynamis: Acta Hispanica ad Medicinae Scientiarumque Historiam Illustrandam 34 (2014), S. 337–356.

Tripps, Johannes: Das handelnde Bildwerk in der Gotik. Forschungen zu den Bedeutungsschichten und der Funktion des Kirchengebäudes und seiner Ausstattung in der Hoch- und Spätgotik. Berlin 1998.

Tuchel, Susanne: Kastration im Mittelalter. Düsseldorf 1998 (Studia humaniora 30).

Tuor-Kurth, Christina: Kindesaussetzung und Moral in der Antike. Jüdische und christliche Kritik am Nichtaufziehen und Töten neugeborener Kinder. Göttingen 2010 (Forschungen zur Kirchen- und Dogmengeschichte 101).

Ubl, Karl: Der kinderlose König. Ein Testfall für die Ausdifferenzierung des Politischen im 11. Jahrhundert. In: Historische Zeitschrift 292 (2011), S. 323–363.

Ukena, Peter: Solutus cum soluta. Alexander Seitz' Thesen über die Notwendigkeit des Geschlechtsverkehrs zwischen Unverheirateten. In: Gundolf Keil (Hg.): Fachprosa-Studien. Beiträge zur mittelalterlichen Wissenschafts- und Geistesgeschichte. Berlin 1982, S. 278–290.

Ulbricht, Otto: Der sozialkritische unter den Gegnern: Hermann Witekind und sein Christlich bedencken vnd erjnnerung von Zauberey von 1585. In: Lehmann/Ulbricht (Hg.): Vom Unfug des Hexen-Processes, S. 99–128.

Vauchez, André: Gottes vergessenes Volk. Laien im Mittelalter, übers. v. Petra Maria Schwarz. Freiburg u. a. 1993. Erstausgabe: Les laïcs au Moyen Âge. Pratiques et expériences religieuses. Paris 1987.

Vavra, Elisabeth: Kopfbedeckung. In: LexMA 5 (1991), Sp. 1436 f.

Vedder, Ulrike: Zwillinge und Bastarde. Reproduktion, Erbe und Literatur um 1800. In: Ulrike Bergermann/Claudia Breger/Tanja Nusser (Hg.): Techniken der Reproduktion. Medien – Leben – Diskurse. Königstein im Taunus 2002 (Kulturwissenschaftliche Gender Studies 4), S. 167–180.

Vögel, Herfried: Naturkundliches im ›Reinfried von Braunschweig‹. Zur Funktion naturkundlicher Kenntnisse in deutscher Erzähldichtung des Mittelalters. Frankfurt a. M. u. a. 1990 (Mikrokosmos 24).

Waldschmidt, Anne: Warum und wozu brauchen die Disability Studies die Disability History? Programmatische Überlegungen. In: Elsbeth Bösl/Anne Klein/Anne Waldtschmidt (Hg.): Disability History. Konstruktionen von Behinderung in der Geschichte. Eine Einführung. Bielefeld 2010 (Disability Studies: Körper – Macht – Differenz 6), S. 13–27.

Walker Bynum, Caroline: Fragmentierung und Erlösung. Geschlecht und Körper im Glauben des Mittelalters, übers. v. Brigitte Große. Frankfurt a. M. 1996. Erstausgabe: Fragmentation and Redemption. Essays on Gender and the Human Body in Medieval Religion. New York 1991.

Weigand, Rudolf: Die Lehre der Kanonisten des 12. und 13. Jahrhunderts von den Ehezwecken (1967). In: ders.: Liebe und Ehe, S. 3*–36*.

Weigand, Rudolf: Die Rechtsprechung des Regensburger Gerichts in Ehesachen unter besonderer Berücksichtigung der bedingten Eheschließung nach Gerichtsbüchern aus dem Ende des 15. Jahrhunderts (1968). In: ders.: Liebe und Ehe, S. 245*–305*.

Weigand, Rudolf: Kanonistische Ehetraktate aus dem 12. Jahrhundert (1971). In: ders.: Liebe und Ehe, S. 37*–57*.

Weigand, Rudolf: Das Scheidungsproblem in der mittelalterlichen Kanonistik (1971). In: ders.: Liebe und Ehe, S. 179*–187*.

Weigand, Rudolf: Liebe und Ehe bei den Dekretisten des 12. Jahrhunderts (1981). In: ders.: Liebe und Ehe, S. 59*–76*.

Weigand, Rudolf: Zur mittelalterlichen kirchlichen Ehegerichtsbarkeit. Rechtsvergleichende Untersuchung (1981). In: ders.: Liebe und Ehe, S. 307*–341*.

Weigand, Rudolf: Ehe- und Familienrecht in der mittelalterlichen Stadt (1984). In: ders.: Liebe und Ehe, S. 343*–376*.

Weigand, Rudolf: Kirchenrechtliche Bestimmungen mit möglicher Bedeutung für die Bevölkerungsentwicklung (1988). In: ders.: Liebe und Ehe, S. 377*–387*.

Weigand, Rudolf: Liebe und Ehe im Mittelalter. Goldbach 1993 (Bibliotheca eruditorum 7).

Weiß, Johannes: Stellvertretung. Überlegungen zu einer vernachlässigten soziologischen Kategorie. In: Kölner Zeitschrift für Soziologie und Sozialpsychologie 36 (1984), S. 43–55.

Weitbrecht, Julia: Keuschheit, Ehe und Eheflucht in legendarischen Texten: *Vita Malchi*, *Alexius*, *Gute Frau*. In: Werner Röcke/Julia Weitbrecht (Hg.): Askese und Identität in Spätantike, Mittelalter und Früher Neuzeit.

Berlin 2010 (Transformationen der Antike 14), S. 131–154.

Weitbrecht, Julia: Brautschaft und keusche Ehe. In: dies. u. a.: Legendarisches Erzählen, S. 159–182.

Weitbrecht, Julia u. a.: Legendarisches Erzählen. Optionen und Modelle in Spätantike und Mittelalter. Berlin 2019 (Philologische Studien und Quellen 273).

Wendl, Katja/Olga Schmidt: Sanfte Hilfe gegen die Unfruchtbarkeit. Wenn der Klapperstorch nicht kommt. In: Kerstin Hornbostel (Hg.): Magie der Natur? Heilpflanzen von und für Frauen gestern und heute. Braunschweig 2006, S. 36–42.

Wenger, Nanette K.: You've Come a Long Way, Baby. Cardiovascular Health and Disease in Women: Problems and Prospects. In: Circulation 109 (2004), S. 558–560. DOI: https://doi.org/10.1161/01.CIR.0000117292.19349.D0.

Wessel, Franziska: Probleme der Metaphorik und die Minnemetaphorik in Gottfrieds von Straßburg ›Tristan und Isolde‹. München 1984 (MMS 54).

Wilhelm, Pia: Die gotischen Bildteppiche. Wienhausen 2010 (Kloster Wienhausen 3).

Winker, Gabriele/Nina Degele: Intersektionalität. Zur Analyse sozialer Ungleichheiten. Bielefeld 2009.

Wippermann, Carsten: Kinderlose Frauen und Männer. Ungewollte oder gewollte Kinderlosigkeit im Lebenslauf und Nutzung von Unterstützungsangeboten, hg. v. Bundesministerium für Familie, Senioren, Frauen und Jugend. Paderborn 2014.

Wolf, Fabian: Die Weihnachtsvision der Birgitta von Schweden: Bildkunst und Imagination im Wechselspiel. Regensburg 2018.

Worstbrock, Franz Josef: Petrarcas ›Griseldis‹ und ihre Poetik. In: Klaus Grubmüller/Ruth Schmidt-Wiegand/Klaus Speckenbach (Hg.): Geistliche Denkformen in der Literatur des Mittelalters. München 1984 (MMS 51), S. 245–256.

Zanucchi, Mario: Stoische Philosophin – christliche Dulderin – brave Gattin. Die europäischen Metamorphosen von Boccaccios Griselda. In: Christa Bertelsmeier-Kierst/Rainer Stillers (Hg.): 700 Jahre Boccaccio. Traditionslinien vom Trecento bis in die Moderne. Frankfurt a. M. u. a. 2015 (Kulturgeschichtliche Beiträge zum Mittelalter und zur Frühen Neuzeit 7), S. 193–220.

Zapperi, Roberto: Der schwangere Mann. Männer, Frauen und die Macht. München 1984.

Zehetbauer, Susanne: Ich bin eine Frau ohne Kinder. Begleitung beim Abschied vom Kinderwunsch. München [2007?].

Zeimentz, Hans: Ehe nach der Lehre der Frühscholastik. Eine moralgeschichtliche Untersuchung zur Anthropologie und Theologie der Ehe in der Schule Anselms von Laon und Wilhelms von Champeaux, bei Hugo von St. Viktor, Walter von Mortagne und Petrus Lombardus. Düsseldorf 1973 (Moraltheologische Studien 1).

Ziegeler, Wolfgang: Möglichkeiten der Kritik am Hexen- und Zauberwesen im ausgehenden Mittelalter. Zeitgenössische Stimmen und ihre soziale Zugehörigkeit. Köln/Wien 1973 (Kollektive Einstellungen und sozialer Wandel im Mittelalter 2).

Zimmermann, Julia: Narrative Lust am Betrug. Zur Nektânabus-Erzählung in Rudolfs von Ems ›Alexander‹. In: Matthias Meyer/Alexander Sager (Hg.): Verstellung und Betrug im Mittelalter und in der mittelalterlichen Literatur. Göttingen 2015 (Aventiuren 7), S. 261–279.

Zur Nieden, Sabine: Weibliche Ejakulation. Variationen zu einem uralten Streit der Geschlechter. Gießen ²2009 [1994].

Zwingler, Irmgard E.: »Gekleydter Jesus« im Klarissenkloster St. Jakob am Anger in München. In: Seelenkind, S. 52–59.

Abbildungsverzeichnis

Für Abdruckgenehmigungen danke ich dem Albertina Museum Wien, der Anhaltischen Landesbücherei Dessau, der Bayerischen Staatsbibliothek München, der Biblioteca de l'Arsenal Paris, der Biblioteka Jagiellońska Krakau, der Biblioteca Medicea Laurenziana Florenz, dem Bildarchiv akg-images, dem Museum für Kunst und Gewerbe Hamburg, Walters Art Museum Baltimore und der Württembergischen Landesbibliothek Stuttgart.

Abb. 1 Empfängnis eines kinderlosen Paares. Jean Mansel: Vita Christi, ou livre lequel entre aultres matieres traitte de la nativité Nostre Seigneur Jhesu Crist […]. (15. Jh.), ca. 17,3 × 11,8 cm. Paris Biblioteca de l'Arsenal: Ms. 5206, Fol. 174 r.

Abb. 2 Hannas Leiden. Köthener Historienbibel (wohl um 1475), 19,7 × 11 cm. Dessau Anhaltische Landesbücherei: Georg Hs. 7 b, Fol. 187 v.

Abb. 3 Die ›Krankheitsfrau‹. Petrus [de Tossignano]: Fasciculus medicinae: Venedig 1500/1501, 22,7 × 33,0 cm. München BSB: 2 Inc. c. a. 3894, Fol. 7 r.

Abb. 4 Anklage wegen Impotenz. Gratian: Decretum (um 1280–90), Maße der Initiale: 5,6 × 7,1 cm, Maße der Seite: 27,5 × 42,0 cm. Walters Art Museum Baltimore: MS W. 133, Fol. 277 r.

Abb. 5 Teufelsbuhlschaft. Ulrich Molitor: Von den unholden und hexen. Augsburg: Johan Otmar 1508, ca. 14,7 × 20,7 cm. München BSB: Res/4 H. g. hum. 16 o, Sign. [bvv].

Abb. 6 Bürde der Elternschaft. Holzschnitt des Petrarca-Meisters aus: Francesco Petrarca: Von der Artzney bayder Glück, hg. v. Sebastian Brant. Augsburg: Heinrich Steiner 1532, Buch 2, Kap. 12, Bl. XVI r, ca. 17,7 × 11 cm. München BSB: Rar. 2266.

Abb. 7 Kinderwunschgebet. Holzschnitt des Meisters der Wunder von Mariazell (um 1520), 19,3 × 14,4 cm. Wien Albertina: DG 2014/16/13.

Abb. 8 Alexanders Zeugung. Ausschnitt einer Miniatur des Jean de Grise aus: Lambert le Tort/Alexandre de Bernai u. a.: Romance of Alexander (um 1340), 17 × 12 cm. Oxford Bodleian Library: Ms. Bodl. 264, pt. I, Fol. 2 v. Rechtegeber: akg-images.

Abb. 9 Jofrits Empfang seines Wunschsohns. Miniatur der Werkstatt Diebold Laubers aus: Rudolf von Ems: Willehalm von Orlens (1419), 13 × 17 cm. Stuttgart WLB: HB XIII 2, Fol. 53 v.

Abb. 10 Verehrtes Jesuskind. Figur aus Lindenholz von Gregor Erhart, Augsburg (um 1500). Andachtsbild aus dem Zisterzienserinnenkloster Heggbach, Höhe 56,5 cm, Breite 23,0 cm, Tiefe 16,0 cm. Museum für Kunst und Gewerbe Hamburg: Inventarnr.: 1953. 35. Foto: Hiltmann; Rowinski; Torneberg, MKG.

Abb. 11 Verschwindendes Kind. Francesco Petrarca: Historia Griseldis (dt.), übers. von

Heinrich Steinhöwel. [Ulm: Johann Zainer d. Ä. um 1473], ca. 11,4 × 8,2 cm. München BSB: Rar. 705#Beibd. 1, Fol. 7 v.

Abb. 12 Marias Widerstand. Priester Wernher: Driu liet von der maget (um 1220), 7,6 × 7,7 cm. Krakau Biblioteka Jagiellońska: Ms. Berol. Germ. Oct. 109, Fol. 28 r.

Abb. 13 Vereinigung der Liebenden. Roman de la rose (1. Hälfte 14. Jh.), 3,8 × 5,3 cm. Florenz Biblioteca Medicea Laurenziana: Acquisti e Doni 153, Fol. 196 v.

Abb. 14 Fertilitätsappell. Bildzitat aus: Florian Prokop: Sexistische Kampagne: Italien erinnert Frauen daran, Kinder zu kriegen und feiert ›Tag der Fruchtbarkeit‹. In: ze.tt, 31. August 2016. https://ze.tt/sexistische-kampagne-italien-erinnert-frauen-daran-kinder-zu-kriegen-und-feiert-tag-der-fruchtbarkeit (Zugriff: 06.09.2019).

Namenregister

Abaelard, Petrus   112–114, 157–160
Abel   335
Abraham   25, 26, 218 f.
Adam   47
Adelheid die Huterin   290
Adelheidt von St. Gallen   288
Adelheit von Spiegelberg   290
Adichie, Chimamanda   11
Aeneas   373–375
Agesilaus   168
Agleis   191, 210
Agrant von Zyzya   201
Agrippa von Nettesheim,
     Heinrich Cornelius   146
Albanus   249, 253, 258, 265–267, 272
Alberich   225 f., 230
Albertus Magnus   53, 57, 65, 90
Albrecht von Eyb
     160–163, 166 f., 171, 176, 247, 251
Albrecht von Scharfenberg   191, 209
Alexander der Große   222 f., 233 f., 236, 238 f.
Alexius   337, 345 f., 350 f., 353
Alice of Greyford   92
Allheyt   249, 252 f.
Ambrosius von Mailand   42
Ammon   233
Amor   383
Andree, Durand   348, 355
Anna   81, 187–189, 191, 193–198, 200,
     202–205, 208, 399
Anna von Böhmen   17, 79–81, 199
Anne von Ramschwag   288, 291
Anselm von Laon   36
Ariès, Philipp   252

Aristoteles   55, 58, 64, 155, 391
Arnald von Villanova   53, 57, 70 f., 74
Artus   141, 384, 399
Ascanius   374
Asinarius   322–324
Astrolabius   114
Augustinus   38 f., 41 f., 122
Averroes   58

Baden, Joel S.   36
Badewin   255, 259–261, 263 f., 270 f., 273
Badinter, Elisabeth   91, 252
Bandini, Dominico   76
Beaflor   249, 263, 268, 271
Beatrix, Frau von Elij   255, 272 f.
Beatrix von Burgund   5, 14
Beatrix von Schwaben   5
Behringer, Wolfgang   119
Benigna   256, 260
Bernard, Andreas   220, 224
Bilha   219–221, 226
Birgitta von Schweden   285 f., 290
Bishop Shigley, Sally   254
Blannbekin, Agnes   277, 286, 289
Blanscheflur   361, 377, 382
Boas   171
Boby, Robert   96 f.
Boccaccio, Giovanni   310–312, 315–319, 324
Bonaventura   122
Boswell, John   250 f., 264
Bovattieri, Naddino   76
Breitinger, Eric   264, 270
Bride   340, 353
Brown, Louise Joy   82

505

Brunschweiger, Verena 152, 157, 182
Bücker, Teresa 385
Buhse, Malte 378
Burthred 338, 346 f., 350
Butler, Judith 12, 92, 290

Cassinia 190, 203 f., 206, 209
Cecilia 346
Cecilie von Winterthur 288
Chrétien de Troyes 371
Christina von Hessen 165
Christina von Markyate 337 f., 346 f., 350
Concordia 256–258, 261
Connell, Raewyn 232 f.
Cornelia 169
Crenshaw, Kimberlé 115
Cunradus 121, 141
Cusk, Rachel 324, 326
Cyborea 248, 251, 254

Datini, Francesco 76 f., 220, 274
Datini, Margherita 76 f., 131, 220, 274
Dauphine de Puimichel 347 f., 352, 355
David 189
David von Oxford 396
David von Schottland 6
Deaton, Angus 361, 381
Demokrit 156
Dido 319, 373–375
Diehl, Sarah 331, 357, 381, 384, 401
Dinckel, Johannes 164, 168, 170
Dinzelbacher, Peter 379
Donath, Orna
  145, 212, 303, 311, 318 f., 321, 324, 326, 395
Dorothea von Montau 283, 290

Eberhard von Württemberg 169
Ebernand von Erfurt 333, 339, 343, 355 f., 365
Ebner, Margaretha
  277, 280–283, 285–289, 291, 297
Edelman, Lee 155, 310, 331
Eduard der Bekenner 396
Edward IV. 80
Egica 110
Eike von Repgow 98

Ekkehard II. von Meißen 6
Eli 28
Elias 335
Elij 255, 259, 261 f., 266, 272
Elijas 158
Elisabet, Frau des Zacharias
  32 f., 36, 179, 187, 198
Elisabeth von Schönau 285
Elisabeth von Thüringen 77
Elisabeth von Valois 396
Elischa 158
Elizabel 200, 209
Elkana 27 f.
Elsbeth Hainburgin 291
Elye 378
Elzeario di Sabrano 347 f., 352
Engelhard 370
Engeltrud 370
Enite 361, 371–373
Epiktet 156
Erec 361, 371–373, 384
Erhart, Gregor 279
Eufemian 190 f., 210
Euthine 193
Eva 334
Ezechiel 26

Ferdinand Albrecht von Braunschweig-Lüneburg 165
Florentyne 249, 252
Foucault, Michel
  12, 92, 110, 167, 283, 290, 380
Frank, Arthur W. 394
Franziskus, Papst 48, 119
Fresne 253, 258 f., 267 f., 304–306, 308
Fridbert 258
Friedrich Barbarossa 5, 14
Frisius, Paulus 138, 142, 144 f., 240

Gahmuret 361, 376 f.
Galen 53, 56–58, 60, 70, 391
Gandulph von Bologna 39
Geaman, Kristen L. 79
Geiler von Kaysersberg, Johannes 102, 297
Ghirigora 220 f.

Goffman, Erving 178 f., 194, 398
Goody, Jack 102 f., 210, 218
Gottfried von Straßburg
   319, 362–366, 369 f., 377, 379, 382
Gottlieb 256–259, 261, 263, 272
Gregorius, Abt 262
Gregorius, guter Sünder
   249, 253, 258, 262–267, 320 f.
Grisardis 310, 325, 376
Griselda 310 f., 315–318, 324
Griseldis 310, 325 f.
Groß, Erhart 310, 312 f., 325, 376
Gruderin, Elsa 63, 90
Gualtieri von Salerno
   310–312, 315–318, 324 f., 391
Gunther 320
Güthel, Caspar 171
Guy de Chauliac 94

Hadlaub, Johannes 368
Hafenreffer, Matthias 167, 172
Hagar 218 f., 221, 226, 391
Hammerschmitt, Johannes 63
Hanna, Mutter des Samuel
   26–29, 187, 198, 399
Hanna, Mutter des Tobias 165
Hansen, Thomas 361
Hartmann von Aue
   251, 253, 258 f., 320, 371–373
Haug, Walter 379
Heinrich der Löwe 403
Heinrich II.
   5, 333–335, 339, 343–345, 354–356, 391, 403
Heinrich V. 5
Heinrich VIII. 6
Heinrich von Morungen 368
Heinrich von Nördlingen 280 f.
Heinrich von Veldeke 319, 374
Heloisa 112–114, 157–160, 168
Henricus de Segusio 129
Herzeloyde 361, 376 f.
Heti, Sheila 151, 182, 357, 383, 402
Hieronymus 41, 156, 158, 218, 338
Hildegard von Bingen 5, 53, 56 f., 64 f.
Hinkmar von Reims 42 f.

Hiob 209
Hippokrates 53, 391
Hueber, Maria 297
Hugo von St. Viktor 36, 40, 43
Hug Schapler 381
Huguccio 39 f.
Humel, Anna 90
Hyatt, Millay 247, 277 f., 290

Illouz, Eva 380, 382–385
Isaak 196
Isidor von Sevilla 64
Isolde 20, 319, 361–366, 369 f., 379
Ite von Hallau 285, 289
Iwein 361, 372, 384

Jacobs, Hanna 49
Jakob 26 f., 136, 219
Jakobus 189
Jason 169
Jasperse, Jitske 403
Jehan de Grise 223
Jerouschek, Günter 119
Jesus 32–34, 36, 73, 88, 136, 187,
   236, 249, 273, 284 f., 288, 292, 295,
   312, 334, 344, 371
Joachim 188 f., 191–195, 197 f., 205, 208, 391
Jofrit von Brabant 256, 259 f., 265, 270, 272
Johann von Wesel 60 f.
Johann von Würzburg 200
Johannes, Evangelist 201, 210
Johannes, Jünger Jesu 273
Johannes der Täufer 32
Johannes von Buch 104 f.
Johannes Cassian 135
Johannes Chrysostomos 153–157
Johannes de Ketham 79
Johannes Teutonicus 95
John von Gaddesden 71
Josef 33, 42 f., 73, 236, 284, 286,
   295, 297, 334, 340, 343, 352
Josephs, Annette 74
Judas 258 f., 263, 265–267, 269
Jupiter 228
Jusbert, Bertrand 348

Kallimachus 225 f., 236–238
Kallisthenes, Pseudo-Kallisthenes 222
Karl IV. 80
Karl V. 111
Katharina de Medici 396
Katharina von Aragon 6, 80
Kaufringer, Heinrich 211 f.
Kempe, John 348 f., 353, 355
Kempe, Margery 348 f., 353–355
Konrad von Würzburg
    169, 190 f., 210, 337, 345, 347, 350 f., 370
Koslow, Susan 223
Kramer, Heinrich 17, 119–126, 128–132,
    134, 136 f., 139 f., 142, 145 f., 242
Kriemhild 319 f., 361, 378
Kruse, Britta-Juliane 53
Kunigunde 5, 333, 343–345, 355 f., 365
Kurzhalsin, Barbara 126 f., 146

Lacey, Sheryl de 400
Lambrecht, Pfaffe Lambrecht 223, 239
Langmann, Adelheid 283, 288
Lauber, Diebold 259
Laudine 361, 372 f.
Lea 26, 171, 219, 220
Leopold von Österreich 200 f., 210
Lewe 258 f., 261, 263–266, 270–273
Lewitscharoff, Sibylle 217, 221, 232, 242
Liedewij von Schiedam 283, 287, 289
Liudprand von Cremona 112 f.
Lorenzin, Beatrice 389 f.
Lothar II. 6
Lucrezia 225 f., 231 f., 237
Ludwig der Fromme 102
Luhmann, Niklas 167, 366, 380 f., 400
Lukardis von Oberweimar 283
Lukas, Evangelist 31–33, 284 f.
Luther, Martin 16, 45–48, 61, 143 f., 151,
    166, 168, 172, 174, 240, 278, 298, 326, 356

Machiavelli, Niccolò 225, 231, 236 f., 393
Macrobius 167
Magdalena aus Konstanz 142
Magdalena aus Schiers 90
Mansel, Jean 8

Marcus, Meister Marcus 313–315
Marcus von Weida 102
Margarete von Anjou 80
Margareth von Zürich 297
Margaretha, Heilige 77
Marggraf, Johann Georg 165 f., 169, 171–173
Maria 8, 32 f., 39, 42 f., 73, 77, 189,
    203, 206, 284–288, 293 f., 296–299,
    334–337, 342 f., 352, 354, 371
Marie de France 249, 251, 258, 304, 369, 375
Marke 362–366, 369 f., 391
Markulf 104
Markus, Evangelist 33
Marneffe, Daphne de 277, 289 f.
Mathesius, Johannes 166
Mathilde von England,
    Frau Heinrichs des Löwen 403
Mathilde von England, Frau Heinrichs V. 5
Matthäus, Evangelist 33, 284 f.
Mattsperger, Daniel 293 f.
Medea 169
Meinloh von Sevelingen 367
Meister der Wunder von Mariazell
    198, 203, 205 f.
Melusine 141, 381
Merlin 141
Mirli 75
Molitor, Ulrich 121, 134, 136–138, 140–142, 145
Mose 248, 250–252, 257, 259, 336
Moss, Candida R. 36
Murerin, Anna 90
Muriel 396 f.
Myriados 190, 203 f., 209

Naogeorg, Thomas 298
Nectanabus 222–224, 227 f., 233 f., 236, 239
Newman Goldy, Charlotte 396
Nikias 225 f., 236 f., 393
Noah 25

Oetas 169
Oleybaum
    259, 261–263, 266 f., 269 f., 272 f.
Olympias
    222 f., 226–229, 233–236, 239, 399

Onan   29 f., 41
Opitz, Claudia   7
Orendel   340, 353
Oren-Magidor, Daphna   7
Ortnit   224 f., 230
Oswald   333, 339–342, 353
Othwins, Adelheit   288
Otte   190, 203, 209
Otto IV.   5
Ovid   374

Palingènio Stellato, Marcello   164 f.
Parzival   377, 384
Patrix   250
Paulus   16, 32, 34–37, 40 f., 46, 88, 158
Peninna   27 f.
Peter von Staufenberg   306–310
Petrarca, Francesco
   105, 161–163, 169, 176, 310, 363
Petrarca-Meister   162, 170
Petrus Aureoli   75
Petrus Lombardus   36, 41, 91
Pfister, Oskar   282 f.
Philipp II. von Spanien   396
Philipp von Makedonien
   222 f., 226–229, 233–236, 239, 393
Philip von Lincoln   355
Platon   55
Pollmann-Schult, Matthias   384
Poynant, John   96 f.
Pybell, Isabell   96

Rahel   26 f., 136, 171, 187, 219 f.
Ralph von Durham   338
Reinfried von Braunschweig
   190, 198, 206 f., 209
Reuter, Michael   126
Ricca   92
Richard II.   79–81, 199
Rider, Catherine   7
Riwalin   361, 377, 382
Robert le diable   239
Roboal   256, 260, 271
Rougemont, Denis de   369 f.
Ruben   248, 251

Rudolf, Ehemann der Patrix   250
Rudolf von Ems
   222 f., 227–229, 233 f., 239, 378
Rut   171

Salvian von Marseille   101 f.
Samuel   27 f.
Sandelowski, Margarete   400
Sara   26, 179, 187, 196 f., 218 f.
Saur, Abraham   136
Savini, Nikolaus   146
Schultz, James A.   269, 270
Seitz, Alexander   61
Siegfried   320, 361, 378
Sigmund   121, 134, 141
Sigmund von Tirol   121
Signori, Gabriela   7, 100, 103
Sigusch, Volkmar   351
Sikon, Jean   96 f.
Silpa   220 f., 226
Sokrates   160
Spange   341 f.
Spiewak, Martin   128
Stadelin   123
Stanca, Luca   361, 384
Starck, Johann Friedrich   174–181, 209
Steiner, Heinrich   162
Steinhöwel, Heinrich   310 f., 316, 325
Stone, Arthur A.   361, 381
Strigenitz, Gregor   164, 166, 168–171
Susanna   229

Tancredus   95
Tecchini, Francesca   76, 131
Tecchini, Niccolò   76 f.
Tedbald   112
Theophrast   155, 158
Thietberga   6
Thietmar von Merseburg   5
Thomas von Aquin   38, 122
Thomas von Cantimpré   58
Thomas von Chobham   94
Timotheus   35
Titurison   200, 209
Tristan   20, 361–366, 369 f., 377, 379

Ubl, Karl   402 f.
Ulrich von Etzenbach   224, 227–229, 234–236
Ulricus   121, 141 f.
Uta von Ballenstedt   6

Valerian   346
Vergil   373
Vinzenz von Beauvais   141

Walasser, Adam   292, 294 f., 298
Walker Bynum, Caroline   268, 284, 298
Walter de Fonte   92 f.
Walter von Mortagne   36, 41, 43
Walther von der Vogelweide   367 f.
Weinsberg, Agnes   279
Weinsberg, Anna   279
Weinsberg, Hermann   279
Wenger, Nanette K.   81
Wernher der Schweizer
   189, 192–195, 197, 208, 336 f., 340, 343

Wernher, Priester Wernher
   189, 194, 204, 334, 343
Weyer, Johann   123–125, 133, 135 f., 228
Wickram, Jörg   250, 256, 259, 269
Widmann, Wolf   126
Wilhelm von Champeaux   36, 39
Willehalm von Orlens   249, 265, 270, 272, 377
Wippermann, Carsten   78, 83
Witekind, Hermann   136
Wolfram von Eschenbach   375 f., 379 f.
Woodwille, Elizabeth   80

Xanthippe   158

Yonec   376
Yrkane   190, 197 f., 201 f., 206 f., 209

Zacharias   32 f., 36
Zasius, Ulrich   99, 105 f.
Zeimentz, Hans   36

Printed by Printforce, the Netherlands